国学新读本

吕氏春秋

张富祥 注说

河南大学出版社
·开封·

国学新读本编辑委员会

总策划　马小泉
主　编　李振宏
编　委　(以姓氏笔画为序)
　　　　马小泉　王　健　朱绍侯　刘小敏
　　　　李中华　李振宏　苏凤捷　何晓明
　　　　张云鹏　张富祥　宋会群　杨天宇
　　　　杨寄林　杨朝明　赵国华　郑慧生
　　　　姜建设　袁喜生　曹　峰　曹础基
　　　　曾振宇　戚良德　龚留柱　熊铁基

目　录

序 …………………………………………… 李振宏（ 1 ）
《吕氏春秋》通说 ……………………………………（ 1 ）

卷一　孟春纪第一 凡五篇 ……………………………（100）
　一曰孟春 ……………………………………………（100）
　二曰本生 ……………………………………………（106）
　三曰重己 ……………………………………………（109）
　四曰贵公 ……………………………………………（112）
　五曰去私 ……………………………………………（117）

卷二　仲春纪第二 凡五篇 ……………………………（120）
　一曰仲春 ……………………………………………（120）
　二曰贵生 ……………………………………………（124）
　三曰情欲 ……………………………………………（128）
　四曰当染 ……………………………………………（131）
　五曰功名 一作由道 …………………………………（137）

卷三　季春纪第三 凡五篇 ……………………………（140）
　一曰季春 ……………………………………………（140）

二曰尽数 …………………………………… (144)
三曰先己 …………………………………… (147)
四曰论人 …………………………………… (151)
五曰圜道 …………………………………… (154)

卷四　孟夏纪第四 凡五篇 ………………… (158)
　一曰孟夏 …………………………………… (158)
　二曰劝学—作观师 ………………………… (161)
　三曰尊师 …………………………………… (164)
　四曰诬徒—作诬役 ………………………… (169)
　五曰用众—作善学 ………………………… (172)

卷五　仲夏纪第五 凡五篇 ………………… (175)
　一曰仲夏 …………………………………… (175)
　二曰大乐 …………………………………… (179)
　三曰侈乐 …………………………………… (181)
　四曰适音—作和乐 ………………………… (183)
　五曰古乐 …………………………………… (186)

卷六　季夏纪第六 凡五篇 ………………… (194)
　一曰季夏 …………………………………… (194)
　二曰音律 …………………………………… (198)
　三曰音初 …………………………………… (201)
　四曰制乐 …………………………………… (204)
　五曰明理 …………………………………… (208)

卷七　孟秋纪第七 凡五篇 ………………… (213)
　一曰孟秋 …………………………………… (213)
　二曰荡兵—作用兵 ………………………… (216)

三曰振乱 ································ (219)

四曰禁塞 ································ (221)

五曰怀宠 ································ (224)

卷八　仲秋纪第八 凡五篇 ················ (228)

一曰仲秋 ································ (228)

二曰论威 ································ (231)

三曰简选 ································ (235)

四曰决胜 ································ (239)

五曰爱士 一作慎穷 ······················ (242)

卷九　季秋纪第九 凡五篇 ················ (246)

一曰季秋 ································ (246)

二曰顺民 ································ (249)

三曰知士 ································ (253)

四曰审己 ································ (257)

五曰精通 ································ (259)

卷十　孟冬纪第十 凡五篇 ················ (264)

一曰孟冬 ································ (264)

二曰节丧 ································ (268)

三曰安死 ································ (272)

四曰异宝 ································ (276)

五曰异用 ································ (279)

卷十一　仲冬纪第十一 凡五篇 ············ (282)

一曰仲冬 ································ (282)

二曰至忠 ································ (285)

三曰忠廉 ································ (288)

四曰当务 ………………………………………… (291)
　　五曰长见 ………………………………………… (294)

卷十二　季冬纪第十二 凡五篇 ………………………… (299)
　　一曰季冬 ………………………………………… (299)
　　二曰士节 ………………………………………… (302)
　　三曰介立—作立意 ……………………………… (305)
　　四曰诚廉 ………………………………………… (307)
　　五曰不侵 ………………………………………… (310)
　　序意—作廉孝 …………………………………… (313)

　　　　　　　右为十二纪，凡六十篇，又序意一篇

卷十三　有始览第一 凡七篇 …………………………… (316)
　　一曰有始 ………………………………………… (316)
　　二曰应同 ………………………………………… (322)
　　三曰去尤 ………………………………………… (325)
　　四曰听言 ………………………………………… (328)
　　五曰谨听 ………………………………………… (331)
　　六曰务本 ………………………………………… (334)
　　七曰谕大 ………………………………………… (337)

卷十四　孝行览第二 凡八篇 …………………………… (341)
　　一曰孝行 ………………………………………… (341)
　　二曰本味 ………………………………………… (345)
　　三曰首时—作胥时 ……………………………… (351)
　　四曰义赏 ………………………………………… (356)
　　五曰长攻 ………………………………………… (360)
　　六曰慎人—作顺人 ……………………………… (364)

七曰遇合 …………………………………………（369）

　八曰必己—作本知，又作不遇 ……………………（373）

卷十五　慎大览第三凡八篇……………………（380）

　一曰慎大 …………………………………………（380）

　二曰权勋 …………………………………………（386）

　三曰下贤 …………………………………………（391）

　四曰报更 …………………………………………（396）

　五曰顺说 …………………………………………（401）

　六曰不广 …………………………………………（404）

　七曰贵因 …………………………………………（408）

　八曰察今 …………………………………………（412）

卷十六　先识览第四凡八篇……………………（416）

　一曰先识 …………………………………………（416）

　二曰观世 …………………………………………（421）

　三曰知接 …………………………………………（425）

　四曰悔过 …………………………………………（429）

　五曰乐成 …………………………………………（433）

　六曰察微 …………………………………………（438）

　七曰去宥 …………………………………………（443）

　八曰正名 …………………………………………（446）

卷十七　审分览第五凡八篇……………………（450）

　一曰审分 …………………………………………（450）

　二曰君守 …………………………………………（454）

　三曰任数 …………………………………………（459）

　四曰勿躬 …………………………………………（463）

五曰知度 …………………………………………（467）

　　六曰慎势 …………………………………………（473）

　　七曰不二 …………………………………………（479）

　　八曰执一 …………………………………………（481）

卷十八　审应览第六 凡八篇 ………………………（485）

　　一曰审应 …………………………………………（485）

　　二曰重言 …………………………………………（490）

　　三曰精谕 …………………………………………（493）

　　四曰离谓 …………………………………………（498）

　　五曰淫辞 …………………………………………（502）

　　六曰不屈 …………………………………………（506）

　　七曰应言 …………………………………………（512）

　　八曰具备 …………………………………………（517）

卷十九　离俗览第七 凡八篇 ………………………（521）

　　一曰离俗 …………………………………………（521）

　　二曰高义 …………………………………………（525）

　　三曰上德 …………………………………………（529）

　　四曰用民 …………………………………………（535）

　　五曰适威 …………………………………………（539）

　　六曰为欲 …………………………………………（543）

　　七曰贵信 …………………………………………（547）

　　八曰举难 …………………………………………（550）

卷二十　恃君览第八 凡八篇 ………………………（555）

　　一曰恃君 …………………………………………（555）

　　二曰长利 …………………………………………（559）

三曰知分 …………………………………………（563）

　四曰召类 …………………………………………（568）

　五曰达郁 …………………………………………（572）

　六曰行论 …………………………………………（576）

　七曰骄恣 …………………………………………（582）

　八曰观表 …………………………………………（586）

　　　右为八览,凡六十三篇

卷二十一　开春论第一凡六篇 ………………………（590）

　一曰开春 …………………………………………（590）

　二曰察贤 …………………………………………（594）

　三曰期贤 …………………………………………（595）

　四曰审为 …………………………………………（597）

　五曰爱类 …………………………………………（600）

　六曰贵卒 …………………………………………（603）

卷二十二　慎行论第二凡六篇 ………………………（606）

　一曰慎行 …………………………………………（606）

　二曰无义 …………………………………………（610）

　三曰疑似 …………………………………………（613）

　四曰壹行 …………………………………………（616）

　五曰求人 …………………………………………（619）

　六曰察传 …………………………………………（623）

卷二十三　贵直论第三凡六篇 ………………………（626）

　一曰贵直 …………………………………………（626）

　二曰直谏 …………………………………………（630）

　三曰知化 …………………………………………（632）

四曰过理 …………………………………… (634)

　　五曰壅塞 …………………………………… (637)

　　六曰原乱 …………………………………… (640)

卷二十四　不苟论第四凡六篇 ……………… (643)

　　一曰不苟 …………………………………… (643)

　　二曰赞能 …………………………………… (646)

　　三曰自知 …………………………………… (648)

　　四曰当赏 …………………………………… (651)

　　五曰博志 …………………………………… (653)

　　六曰贵当 …………………………………… (656)

卷二十五　似顺论第五凡六篇 ……………… (660)

　　一曰似顺 …………………………………… (660)

　　二曰别类 …………………………………… (663)

　　三曰有度 …………………………………… (666)

　　四曰分职 …………………………………… (668)

　　五曰处方 …………………………………… (672)

　　六曰慎小 …………………………………… (676)

卷二十六　士容论第六凡六篇 ……………… (679)

　　一曰士容 …………………………………… (679)

　　二曰务大 …………………………………… (683)

　　三曰上农 …………………………………… (686)

　　四曰任地 …………………………………… (692)

　　五曰辩土 …………………………………… (696)

　　六曰审时 …………………………………… (701)

　　　　右为六论,凡三十六篇

主要参考文献 ……………………………………（707）

【说明】此目录除"前言"外，仍依中华书局1986年第5次印刷的《诸子集成》本（东汉高诱注、清毕沅校正）而稍做调整。调整之处有三：一是目录标题原称"吕氏春秋总目"，今已加入"前言"，故只称"目录"；二是原本在每卷标题下的"凡几篇"之后接书"卷第几"（如"孟春纪第一凡五篇卷第一"），今从《四库全书》本，改以"卷几"置于标题之前，去"第"字；三是"凡几篇"诸字，亦从《四库全书》本，用小字。此外，卷三《尽数》篇的标题，毕校本目录同，正文则作《数尽》，当是误排，今仍参照各本作《尽数》。卷十三《应同》篇的标题，旧本皆作"名类"，注云"一作应同"，毕沅以为"名类"乃"召类"之讹，故用"应同"之名，今从之。毕校所依据的底本是元人所刻大字本（元嘉兴路儒学本），今仍其目录以保存旧式，稍作调整之处则为便于翻检。又，原本正文每卷前有"吕氏春秋卷第几"之大题，大题下另起行，顺次列出本卷各篇标题，各篇文字之后则又有本篇标题（即各篇标题皆置于篇后）。今统依目录处理，删去大题及其下所列各篇标题，而将各篇文字之后的标题移置篇前。

序

最近一些年来,一股"国学热"的思潮强劲涌动,在文化学界以至于整个社会上,引起了强烈反响。为什么在这样一个社会的大变革时代,在从传统社会向现代社会的转型期,最为传统的国学,却能引起国人的极大兴趣,这的确是一个值得思考和研究的问题。

"国学"作为一个学术文化概念,产生于近代。从渊源上讲,"国学"概念的产生,与"国粹"有些关联,并且是从对抗西学侵入的角度提出来的。今天,中华民族早已是一个独立于世界民族之林的自立自强的民族,全球经济一体化所带来的世界文化的汇合与交融,也早已是历史发展的必然趋势,而在这样的历史大势中,却会有"国学热"的产生,乍一看来,确有不可思议之处。但实际上,国学的当代走红,则与我们今天所处的历史时代有着一定的关系。

随着改革开放的迅速推进,随着市场经济的强劲发展,传统道德受到了强烈冲击,传统文化与现代文化观念的碰撞也日益强烈。于是,如何看待传统文化的问题,就严峻地提到了国人的面前。传统文化的出路何在,它从何而来,要走向何方,如何对之进行价值重估,一切关心文化问题、有着强烈历史责任感的人们,无不把关注的目光投向中国的传统学术。当然,也不排除一些对改革开放和市场经济所带来的冲击无法理解和接受,对现代经济发展对传统道德的亵渎强烈抗议的人们,自然而然地发出向传统文化复归而倡导国学的呼声。总之,不论是出于积极的思考,还是抱着一种向后看的心态,对国学的重视则成了最近十多年来一种普遍的文化选择。

于是,对待"国学热"就需要有一个分析的态度。对于任何一个民族的发展来说,传统文化都是其牢固的根基,是其一切历史的出发点,摒弃传统、甚至全盘否定传统文化,都是幼稚可笑的,不可取的。但一遇到问题就求助于传统,甚至一味狂热地提倡向传统复归,也是走不通的,过去那句常说的"倒退是没有出路的"话,虽说不是什么至理名言,却也还是有些道理的。这些年来,一些地方出现的中小学生、甚至幼儿园小朋友的读经热,就是一种值得注意的倾向。国学,毕竟是一种学术,需要有一定的文化基础,有一定的分析批判能力,才能对之进行识读、鉴别而决定其取舍。所以,严格地说,对于国学,尤其是经学,在当代中国,需要的是研究以及在此基础上的批判继承,而不是再像传统社会中那样采取唱诗班的方式,对青少年一代进行无分析地灌输。因此,如何弘扬传统文化,就是一个需要思考的问题。

正是基于以上考虑,为着弘扬优秀传统文化的需要,也为着对社会上盲目崇尚读经的风气有所引导,我们组织了这套"国学新读本"丛书,选择一些在中国传统文化中影响较大的国学典籍,对之进行简明扼要的注释,然后在读本前边,用较大篇幅解读该典籍的基本思想文化内涵,评述其在中国文化史上的地位和影响,并对如何阅读该典籍做出读书方法上的引导。通过这样一个较为翔实的导读内容,以批判分析的态度,给青年人的国学典籍阅读提供一个健康的思想导向。根据这样的宗旨,这套丛书,在大的结构上,每本都分为"通说"和"简注"两个部分,"通说"是导读的性质,"简注"在于疏通文字,希望这样的安排,能够为青年朋友和一般社会读者提供一个国学入门的向导。果能如此,也就实现了撰著者和出版者的愿望。

国学所以是国学,就在于它是我们祖国优秀民族文化和民族精神的载体。在这些国学典籍中,包含着民族文化的基因,蕴藏着民族精神的范型。衷心期待这套丛书能够成为广大读者学习国学精华、体认民族精神、继承祖国优秀文化遗产的良师益友。

李振宏

2008年2月28日

《吕氏春秋》通说

春秋战国时期的五六百年间,王纲解纽,社会局势动荡,当时人已曾称说是"圣王不作,诸侯放恣,处士横议"①。在这样的情境之下,社会文化生成、嬗变和发展的多元化特性便得以淋漓尽致地显示出来,从而使得学术文化也获得了前所未有的发展空间,以至百家竞逐,学派如林,陆续出现了一大批代表各学派——民间的和官方的——学术思想和人文智慧的诸子之书。现存的孔、墨、孟、老、庄、荀、韩及兵家的孙武等诸大师的作品,皆曾以巨擘式的大手笔引领时尚、转移风俗,大抵属于"处士横议"潮流中的佼佼者,主要代表了当时在野的学术派别;另有几种书,如号称齐国稷下学宫论文集的《管子》,反映商鞅变法思想的《商君书》,由秦国执政者吕不韦主持编集的《吕氏春秋》等,则都有着官方文献或半官方文献的色彩,与纯粹私家学派的作品有所不同。不过这后一部分书籍,传统上也都列入先秦诸子的范畴,同样具有区分学术派别的性质。就诸子书的署名作者及其流传的先后而言,《吕氏春秋》要算是成书最晚的一种,而它的官方色彩相对来说最为浓厚,集大成式的编纂格局也最为显著。今人谈论和发掘中华文化遗产,以原创

---

① 《孟子·滕文公下》。

性的先秦诸子书列入"元典",《吕氏春秋》固是其中重要的一种,视为国学基本读本仍是理所当然和名副其实的。

一 吕不韦的生平和事迹

《吕氏春秋》一书,如书名所示,是以战国末年的政治人物吕不韦的名义编集起来的。因此,阅读和使用《吕氏春秋》,首先要对吕不韦的生平和事迹有所了解。

吕不韦的生平活动很有些传奇的色彩,但现在还能看到的有关材料不详细,概略的情况主要见于《史记·吕不韦传》及《战国策·秦策五》中的几段记载。《战国策》说他是战国末年卫国濮阳(今河南濮阳西南)人,《史记》则说他是"阳翟(今河南禹州)大贾",也许吕氏家族祖籍濮阳,而到他这一辈已经南迁到阳翟了。旧时所谓"大贾",通常是指世代经商的大户人家,所以史载吕不韦"家累千金",有着丰厚的家产。从现有材料来看,他经商的范围不限于本地,北从赵国的都城邯郸(今属河北),西到秦国的都城咸阳(今属陕西),跨今河南、河北、山东、山西、陕西各省之地,大概都曾在他经常奔走行商的范围之内。这样一位从事"国际贸易"的大商人,凭借着自身的经济实力,便免不了要生出攫取政治权力的野心。据说他经商到邯郸,见一位名叫异人的秦国公子在赵国做人质,遂忽发奇想,以为"奇货可居",因而要赌一把,利用这位公子做一笔"大买卖"。吕不韦后来弃商从政,成为显赫一时的政治人物,就从这次冒风险的"投资"开始。

战国时代,由于各大诸侯国之间的关系错综复杂,国际间的交往还保留着一种互相交换人质的传统。当时担当人质的人,通常都是国君之子或宗室子弟,有时甚至径以太子为人质,或由大臣作陪。这样的人质,当两国关系缓和时,会受到一定的礼遇,表示两国之间有结盟之谊;而当两国关系紧张时,人质就成为名副其实的抵押品了,日子不会好过。吕不韦所瞩目的异人,嬴姓,是秦国昭襄王之孙、孝文王之子。昭襄王名稷(一作侧、则),即史籍通常所称的秦昭王,为秦武王的异母弟,也曾在燕国做过人质;在武王死后,因为武王无子,他才被燕国送回继承了王位。昭王是一位有作为的君主,在位56年,起用了相当一批能人,争城夺地,大力扩张,秦统一六国的基础多半是在他当政时期建立起来的。孝文王名柱(一作式),初封安国君,后来因为他的兄长荡死去,得以继立为昭王的太子。这位太子柱妻妾成群,有二十多个儿子,其中最受他宠幸的妃子是华阳夫人,为楚国公族之女,而他的祖母(昭王母宣太后)也是楚人。异人的生母叫夏姬,不大受太子的宠幸,加上异人在兄弟中又不居长,属于"中子"之列,因而被送到赵国做人质。昭王晚年东向扩张,曾屡次攻赵,两国关系交恶。其时异人仍然为质于赵,确有点像落难王孙,"困不得意"。吕不韦看准了这一点,于是通过一系列精心的策划,成功进行了一次政治上的博弈。《战国策》记载说:

> 吕不韦贾于邯郸,见秦质子异人,归而谓父曰:"耕田之利几倍?"曰:"十倍。""珠玉之赢几倍?"曰:"百倍。"曰:"立国家之主赢几倍?"曰:"无数。"曰:"今力田疾作,不得暖衣余食。今建国立君,泽可以遗世。愿往事之。"

看来吕不韦的家庭是经营土地兼经商的,在当地自应是豪强。照他父亲所说,经营土地做得好,可以获得十倍的利益;从事珠玉财宝的交易,可以博取百倍的赢利。但是在吕不韦看来,这些仍不过是蝇头小利,与"建国立君"的利禄何堪相比!他所谓"往事之",即是决计要为异人回秦国继承王位筹划卖力。异人后来改称子楚,因而《史记》又记载说:

> (吕不韦)乃往见子楚,说曰:"吾能大子之门。"子楚笑

曰："且自大君之门,而乃大吾门!"吕不韦曰："子不知也,吾门待子门而大。"子楚心知所谓,乃引与坐,深语。

吕不韦要替子楚扩大门庭,说到底是为了扩大自己的门庭,只不过后者要借助前者,所以子楚"心知所谓"。有关故事的这类细节,和上面引录的父子对话一样,大约均出于后人的改造,未必一话一言都是当时的实录;但吕不韦曾帮助异人回国争位的事实是确凿无疑的,史籍的记录不会有错。他与异人"深语"的契机是:秦昭王已年老,而异人的父亲安国君为太子,恰好华阳夫人又无亲生儿子做安国君的继承人;如果打通华阳夫人的关节,让安国君和华阳夫人立异人为嫡嗣,事情也就成功地进入预设的轨道了。这项交易一拍即合,异人甚至答应将来若为秦王,可把秦国土地的一半分封给吕不韦,与他共治国家。

实际的操作过程是虽难而并不复杂的。相传吕不韦一方面拿出五百金供异人使用,让他多购置上等的礼品,献殷勤于安国君和华阳夫人,同时倾其财力结交宾客,以树立自己的名誉;另一方面又自备五百金,携带珍奇宝物,西入秦国,游说华阳夫人,以实施他的投机计划。《史记》说他入秦之后,先托关系拜见了华阳夫人的姐姐(《战国策》则说他拜见的是华阳夫人的弟弟阳泉君,总之是通过乃姐或乃弟,或者是一并请托二人),见到了深居后宫的华阳夫人。在华阳夫人面前,他先是添油加醋地说了异人的一大堆好话,称异人如何孝悌贤智,视华阳夫人为自己的生母,虽在赵国为人质,还是日夜涕泣,思念着夫人和为太子的父亲。华阳夫人自己不曾生子,本亦担心色衰爱弛,有朝一日废立难测,经吕不韦一番游说,也禁不住满心欢喜,终于同意收异人为自己的儿子。又传吕不韦安排异人身穿楚人服装拜见华阳夫人,夫人大悦,遂为之改名楚,并且即委派吕不韦做他的师傅(宫廷职务)。随后华阳夫人通过枕边风,使太子安国君答应立子楚为嫡嗣,并刻下玉符作为将来安国君一定要兑现诺言的信用凭证。

　　子楚的继位和吕氏计划的实现,从后来的过程和结果看,出人意料地顺利。秦昭王五十年(前257年),秦发兵攻赵,大将王齮直逼邯郸城下,指挥大军围攻,邯郸告急。赵人欲杀子楚,子楚用吕不韦之计,以六百金厚赂赵国守吏,得以只身逃归秦国。至五十六年(前251年)秋,昭王去世,太子柱继承王位,时年53岁,乃正式立子楚为太子。不料柱在位时间很短,第二年十月为昭王除丧后,正式即位仅三日就发病死了,谥称孝文王。是年子楚32岁,名正言顺地继承王位,尊华阳夫人为华阳太后,生母夏姬为夏太后;而吕不韦由师傅而被委任为相国,封文信侯,从此也开始了他的政治生涯。

　　传说吕不韦还在政治投机之始,就在子楚将来的继承人问题上做了手脚:他先是买下一位绝对美丽又擅长歌舞的邯郸女子,与她同居(可能是妾),使她怀孕,然后又以变相的手法,把她献给了子楚。这位赵姬所生下的男孩,取名政(一作正),便是后来的秦王政,也就是再后来所称的秦始皇。政出生在赵国,当他父亲子楚逃回秦国时,他和母亲未能随父亲一起出走;后母子被藏匿起来,得以活命。算起来,其时政还不满3岁,乃随舅家而姓赵氏,故载籍或称之为"赵政"。到秦孝文王时,子楚为太子,秦、赵关系缓和,赵人将母子二人送还秦国,他才又改从秦王室的本姓,故史书称"嬴政"。①

　　子楚为秦王的时间也不长,到他正式即位的第三年(前247年)五月就去世了,谥称庄襄王。是年子政13岁,继位为秦王,其

---

①　按:载籍所见的"赵政"、"嬴政"都是俗称,正式的称呼应是"子政",犹如其父名楚而称"子楚"。春秋战国时期仍流行女子称姓、男子称氏的习俗,男子的私名前一般不加姓。又,秦、赵皆为嬴姓,所谓"赵政"其实类似氏称,非是姓号,唯史书用后人习惯而称之为姓赵氏。

母赵姬被立为王太后；而吕不韦因与王太后的特殊关系，仍继续担任相国，总揽国政，并被秦王政尊称为"仲父"。这"仲父"的称呼，尚承上古称父辈兄弟皆曰父而不称伯、叔的习惯，盖特以表示吕不韦犹如生身父亲的亲兄弟，与王室宗亲无别。① 因之，吕不韦的势力在他当政期间，便也迅速膨胀。他的封地（即所谓"食邑"），在庄襄王时已有蓝田（今属陕西）的12个县，向他缴纳租税的民户达十万家，后来又包括了燕国献给秦国的河间10座城（在今河北献县一带），并有家僮数万人，食客三千人，一时在秦国贵族中无人可比。然而在他与赵姬及王室的关系上，也始终埋伏着隐忧，他的得势和失势都牵连着这一种特殊的关系。

秦王政的真实血缘身份，现在已不大好考究了。据载籍所记，秦王政乃是吕不韦的私生子，只因其母怀胎十二月而生之，故不被怀疑。这大概只是一种掩盖，不必较真。旧时怀疑这一传说的人很多，近世学者或亦否定吕不韦献赵姬之事，或又认为二人根本就不存在暧昧关系。郭沫若先生还推测，这传说是西汉初年吕后称制的时候，由吕氏家族的人，如吕产、吕禄之辈，仿照《战国策·楚策》所见春申君与女环的故事编造出来的。② 这类看法或有一面之理，然都无确据。实际上，就古代政治权力的转移而言，利用女色求进也是一种常见的手段，后人不必因此"为尊者讳"。唯是对于秦王政自己，不论从亲属关系还是从普通人情上说，他当然都不

---

① 齐桓公曾尊称管仲为"仲父"，《管子》中此称极多。《韩非子·外储说左下》："管仲相齐，曰：'臣贵矣，然而臣贫。'桓公曰：'使子有三归之家。'曰：'臣富矣，然而臣卑。'桓公使立于高、国（齐国宗亲贵族）之上。曰：'臣尊矣，然而臣疏。'乃立为仲父。"此虽传说，而以"仲父"为宗亲之意最为显豁。秦王政尊吕不韦为"仲父"，盖亦仿此，以表彰吕氏之功，非是私意以为生父。在此之前，魏惠王亦曾尊称其国相惠施为"仲父"，见本书《不屈》篇。

② 郭沫若：《十批判书·吕不韦与秦王政的批判》，北京：东方出版社，1996年版，第370页。

可能承认自己是吕不韦之子,而当时也不会有人敢于在他面前道此飞短流长。与此相牵连的另一个事实是,传说吕不韦在攫取政治权力的过程中,一直与赵姬保持着私通的关系,甚至在赵姬成为太后之后依然如此。对此也不必用后世的道德观念做评价,因为类似的事情在战国时代还是见怪不怪的,上层社会本习以为常,各国皆有,况且即便在后世,道德观念也仍然管不了所谓"中冓之言不可道也"的事体。不过在赵姬成为王太后之后,吕不韦考虑到自己的政治前程,不能不对这种明里暗里的私通有所顾忌,必须有所收敛。于是他再次偷梁换柱,暗渡陈仓,找了一位名叫嫪毐的"大阴人"做替身,使他假充宦官进入后宫,以满足太后的淫欲,稍让自己抽身。据说这位寡居而年龄尚不满三十的太后并不以此为嫌,很快就本性流露而转至"绝爱"嫪毐。为此她不得不付出作为一个女人虽不情愿却又不可避免的代价——先后两次怀孕生子。为遮人耳目,她在远离都城咸阳的雍城(今陕西凤翔南)建了别宫,时时出居到那里,两个私生子也养在那里。嫪毐常为贴身侍从,得赏赐无数,家资暴涨,羽翼渐丰。到秦王政八年(前239年),这个假宦者竟被封为长信侯,不但领有在山阳(今河南焦作东)的采邑,而且还有太原郡作为封国,凡宫室、车马、衣服、苑囿、驰猎,一应所需物品,任其铺张挥霍。他还借助太后的威权控制朝政,事无大小,皆得参决,成为秦国政坛上炙手可热的人物,以至当秦攻魏时,竟有策谋之士劝说魏王只结交嫪毐,以使天下尽"弃吕氏而从嫪氏"①。据说这位下贱的货色还曾自称为秦王的"假父",与太后共谋,要在秦王死后以他的私生子继承王位——大约他以为秦王政身体有宿疾而活不了多久。嫪毐最强势的时候,也有家僮数千,食客千余,虽规模尚逊于吕不韦,而太后集团与吕氏集团之间既相

---

① 见《战国策·魏策四》。

互依存又相互对立的局面已开始显现出来了。

或许吕不韦过于迷信自己商人式的"交换"权术,自以为利用嫪毐不啻是化腐朽为神奇,其不知正因此而埋下了他在日后宫廷斗争中失势的祸根。秦王政之为人,史称其"蜂准(马鞍鼻)、长目、鸷鸟膺(鸡胸)、豺声……居约易出人下,得志亦轻食人……诚使秦王得志于天下,天下皆为虏矣"①。这样的人物君临一国,原不是可以任人玩弄于股掌之间的。秦王政九年(前238年),即当他22岁时,正式举行加冕典礼,戴冠佩剑,亲理政务。而还在加冕之前,他已一改"居约"之态,开始借机对嫪、吕两党进行打击。其时有人告发嫪毐不是宦官,常与太后私通,生有儿子,藏匿私养,外人不知。秦王政下令按治,得其情实,而事连相国吕不韦。嫪毐得知其丑行败露,竟盗取秦王与太后玉玺,矫诏发太后卫兵、县卒、官骑、家丁及戎狄部卒,欲乘秦王去蕲年宫加冕之机,进攻蕲年宫。秦王政探得消息,急令昌平君、昌文君率官军平叛,战于咸阳,大败叛兵,又搜捕于国中,一举消灭了嫪毐集团的所有势力。在这场血腥的清洗中,嫪毐被夷三族,依附于他的卫尉、内史、左弋、中大夫令等高官有二十余人被枭首、车裂;其舍人亦几乎全被削除爵位、籍没家产而流放到蜀地充军,只有少数牵连较轻者被罚为工徒。太后私生的二子被杀,太后本人亦被迁出咸阳,幽居于雍城,不准再干预朝政。

事情闹大了,一向号称"仲父"的吕不韦自然难脱干系。他是否也曾参与对嫪毐势力的镇压,不得而知。不过秦王政念其奉立先王功大,其众多宾客辩士又力为其说情,故当时并未触动他,直到第二年十月才免去他的相国职务,而仍然保留了他的文信侯爵位。时有齐人茅焦在秦国为客卿,以母子之情说服秦王政迎回太

---

① 《史记·秦始皇本纪》引尉缭语。

后,仍使她居住在咸阳甘泉宫。为防止吕不韦再与太后私下交往,秦王政下令吕不韦以文信侯身份出居他在蓝田的封国。接着又下令遍搜于国中,大规模地驱逐在秦国的各国游士,因吕不韦的舍人李斯上书劝谏,驱逐的行动才停止了下来。吕不韦执秦政十余年,其时在各诸侯国中还有着相当的威望,因此在他出就封国的一年多时间里,各国派往秦国请求赦免其罪的宾客使者相望于道。秦王政恐发生变故,于是在公元前 235 年下令吕不韦及其家属一并迁往蜀地。吕不韦接令,自知穷途末路,早晚不免被诛,遂饮鸩自杀。其人之死,最终结束了秦国历史上从昭王去世到秦王政亲政这样一个特殊的时期。

吕不韦的享年无从确考。秦王政生于公元前 259 年,现在假定吕不韦初识异人在此前一年,且其时他的年龄在 30 岁左右,那么他死时应该有 55 岁左右。据可靠的文献记载,吕不韦死后,他往日的门客数千人曾自动聚集起来,把他秘密合葬于他亡妻的墓中。① 秦王政查知其事,乃穷加案治,处分结果是:凡是吕不韦的舍人,如果参加了葬礼,是晋人的一律驱逐出境,是秦人的一律夺爵流放;是秦人而未参加葬礼的,爵禄在六百石以上的高级官吏亦

---

① 事见《史记·秦始皇本纪》及索隐并《吕不韦传》集解。按:后世在河南洛阳北邙山下有一大冢,俗传为"吕母冢",认为即不韦妻之墓,亦即不韦死后合葬之墓。《史记》集解及索隐均用此说,然不一定可靠。据《战国策》,吕不韦实封于蓝田,不在洛阳。秦庄襄王时初置三川郡,汉高祖时更名河南郡,见《汉书·地理志》;《史记·吕不韦传》谓不韦"食河南洛阳十万户",盖以汉郡言之,索隐已指出。是知不韦夫妻墓未必即在洛阳。不过《秦始皇本纪》明载"文信侯不韦死,窃葬",其门客临葬之说是可以相信的。现存的"吕母冢"实在今偃师首阳山镇大冢头村,其传说源流倒有可能与汉初吕后的家世有关。

夺爵流放，爵禄在五百石以下的中下级官吏则流放而不夺爵。①这年秋天，秦王政下诏准许原流放于蜀地的嫪毐舍人返回原居地，而后来却不见有对吕不韦舍人的同样宽免，或是史书漏记。

吕不韦的历史功过，在封建时代不可能有客观的评价，至近世始有据实论说的文章。郭沫若先生的《吕不韦与秦王政的批判》一开头就说："吕不韦在中国历史上应该是一位有数的大政治家，但他在生前不幸被迫害而自杀，在他死后又为一些莫须有的事迹所掩盖。他的存在的影子已经十分稀薄，而且呈现着一个相当歪曲了的轮廓。"②为此，郭先生力图恢复"吕氏的真面目"，且欲顺便把有关吕氏的"莫须有的事迹"打扫干净。其文着重于吕不韦与秦王政二人"绝对对立"的政治思想之比较，以表彰吕不韦是一位"进步的政治家"，可能别有寓意，不免有所偏主，而对吕氏的"功业"未做集中的发掘。近年朱绍侯先生撰《秦相吕不韦功过简论》一文，指出："吕不韦是战国后期风云际会中的显赫人物之一，是一位具有灵活经营头脑的大富商，也是一位具有远见卓识的政治家，对于秦国的社会发展，对秦统一六国事业，做出过突出的贡献，但也犯了政治性的错误，在历史上是一位有争议性的人物。"文中具体举证了吕不韦的四项贡献：一是提倡"义兵"，减少了战争中的大屠杀，也减少了统一战争的阻力；二是招贤纳士，收罗人才，为秦统一六国准备了人才基础；三是兴修水利，重视农业生产，特别是

---

① 见《史记·秦始皇本纪》。按：关于秦国官吏的等级划分，1975年在湖北云梦出土的《睡虎地秦墓竹简》中有《法律答问》，曾谈到"宦及知于王，及六百石吏以上，皆为显大夫"。依此标准，大抵秦时担任郡尉、郡丞、县令以上职务，俸禄在六百石以上（含六百石）者，皆属高级官吏；其下"有秩吏"，俸禄在五百石至一百石之间（含一百石）者，当皆属中级官吏；而待遇在一百石以下的所谓"斗食之吏"，方为下级官吏。汉初仍大致承袭这一划分标准。可参栾劲：《秦律通论》，济南：山东人民出版社，1985年版，第365～366页。

② 郭沫若：《十批判书》，前引本，第367页。

郑国渠、都江堰的兴修都在吕不韦当政时期;四是以杂家代替法家为政治指导思想,调整秦国的政策,使经济实力不断充实,国家局势趋于稳定。朱先生同时论及,吕不韦的主要错误在于把嫪毐推上政治舞台,扰乱了秦国的政治稳定,并为秦始皇独揽政权、打击相权提供了契机,又从而造成了吕氏自身的悲剧结局,"功高不赏,而含冤九泉"①。因史书记载不详,如今要更多地揭示吕不韦的业绩是有困难的。这里还可补述的是,吕不韦自担任相国时起,就继续奉行秦昭王东向扩张的策略,曾协助庄襄王命大将蒙骜攻占韩国的成皋、荥阳之地,设置了三川郡(今黄河、洛河、伊河交汇地区);又攻取赵国的上党、榆次等37城,设置了太原郡。这两片地方,在此后秦国的统一战争中,都成为不亚于秦本土的重要基地。由太原郡北上及东向则赵、燕不保,由汉中、三川郡南下及东向则楚地可得,"秦王扫六合"之势因此而成,秦灭六国的过程也证明了这一点。这些都须放到具体的历史环境中做考量,不可仅由政治家的个人品质和行为定褒贬。

　　从文化史与思想史的角度来看,吕不韦的最大贡献还是留下了《吕氏春秋》这部影响久远的典籍,而他所以能够名留青史也多半得力于此书。

二　《吕氏春秋》的撰写和编集

　　宋末黄震校读《吕氏春秋》,曾引南宋淳熙间韩彦直序云:"《吕氏春秋》言天地万物之故,其书最为近古。今独无传焉,岂不以吕不韦而因废其书邪?"又引蔡伯尹跋云:"今其书不得与诸子

---

① 朱绍侯:《秦相吕不韦功过简论》,《河南大学学报》2000年第5期,第26~30页。

争衡者,徒以不韦病也,然不知不韦固无与焉者也。"①这些话是说,《吕氏春秋》包罗万象,犹存上古典籍遗风,而后世流传较少,又不能与先秦诸子书并驾,也只是由于吕不韦的名声不好,而不知吕不韦实与本书的内容和价值无关系。他们都强调以人、书分别看待,反映了近世以前对《吕氏春秋》的一种相当普遍的评价观念,但此种观念是否合乎实际,还是需要检视和讨论的。

关于此书的编纂缘起和经过,《史记·吕不韦列传》有简要的记载:

> 当是时,魏有信陵君,楚有春申君,赵有平原君,齐有孟尝君,皆下士喜宾客以相倾。吕不韦以秦之强,羞不如,亦招致士厚遇之,至食客三千人。是时诸侯多辩士,如荀卿之徒,著书布天下。吕不韦乃使其客人人著所闻,集论以为八览、六论、十二纪,二十余万言。以为备天地万物古今之事,号曰《吕氏春秋》。布咸阳市门,悬千金其上,延诸侯游士宾客,有能增损一字者予千金。

文中"集论"二字犹言编集,"论"的本义即指编联竹木简而成册。所说吕不韦编书的动机,涉及战国时代的养士制度,而于各"著所闻"的作者问题没有具体的指示。

史所盛称的齐、楚、赵、魏"四公子",各以其别号著称,生平年代大致与吕不韦相近或稍早。这类人物为巩固自己的权力和地位,都倾心收养"食客",以至流风所及,士人"游食"者众,遂成为战国时代的一大文化景观。盖自春秋以来,伴随旧有的秩序和"世卿世禄"制度的逐渐解体,以新型"知识分子"为主体的士阶层也随之兴起,并且人数一天比一天增多。他们当中的绝大多数散布于社会中下层,原不具备相对稳定的经济基础,至于时常以"游

---

① 黄震:《黄氏日抄》卷五十六《读诸子二·吕氏春秋》。

食"为急的等而下之者,更是只能靠一技之长游走度日。所以到了战国晚期,随着士阶层人数的激增,大批游士便以托身贵族私门作为谋食谋利或仕宦进身的途径,纷纷拥入各诸侯国卿相权臣的门下。通常所谓"食客",在早不过是"度身而衣,量腹而食"①,以有衣蔽体、填饱肚子为准,并无更高的要求;但利禄的追求可以使人发奋,技能的提高有助于个人境遇的改善,其中的优秀人才也不乏进身的机会。因为这些人都是寄居在大贵族的门舍之下的,所以通称为"客"或"食客"、"门客",又称"舍人"。当养客之风盛行时,舍人也是有组织和分等级的。如齐国孟尝君的门下,就有代舍、幸舍、传舍之分,每舍皆有舍长,各舍的居处、交通和饮食条件都不一样,所属士人自然也就有上、中、下之别。② 舍人的等级地位并不是固定不变的,所有的舍人都对主人负责,可以根据能力和贡献升迁降黜,有着类似考核制度的规定。高等级的门客格外受到主人的礼遇,一般被称为"上客"或"宾客"。有突出贡献和专长的宾客可以为官,并且不仅是私属官吏,也可以是国家官吏,后者实际上兼具公、私两种身份。如吕不韦的门下,从上文已提到的在他死后参加送葬的舍人情况就可以知道,其中有相当一批俸禄在六百石以上的高级官吏及更多的俸禄在五百石以下的各级官吏。这样的群体组织,无疑即成为门主控制国家权力的关系网。依此而言,高等级而有官爵的宾客也不一定都常住在专门的居舍中,他们对于门主可能仅仅保持着一种从属的关系和类似于门生故吏的

---

① 《吕氏春秋·高义》。
② 《史记·孟尝君列传》索隐:"传舍、幸舍及代舍,并当上、中、下三等之客所舍之名耳。"但按本传所记,冯驩初至孟尝门下时居传舍,次迁幸舍,又次迁代舍;代舍"出入乘舆车",幸舍"食有鱼",传舍则无此等待遇,则三舍之等级自上而下,应以代、幸、传为次。三舍之名,当是皆以交通条件言之:"代"指有专备的舆车代步,"幸"应指可随主人出行,"传"则指替主人外出做事可乘驿站之车马。

身份。

战国时代的"士",出身、身份和职业都五花八门,流品极杂。即就权贵门下的所谓"舍人"而言,其中既有或擅长谋略、或精于辩说、或特以才干见称之士,也有豪侠死士、刑余之人乃至鸡鸣狗盗之徒,甚至不乏浑浑噩噩、一无所能之辈。不过大概言之,这类群体的构成还是以"文士"居多,其中总有不少人可以归属于"知识分子"之列。当然,就学术谈学术,这些"知识分子"也不见得都能够著书立说。《史记》说吕不韦使三千门客人人著论其所闻,虽浑言之如此,事实上却不可能每人都能做得到。《汉书·艺文志》说《吕氏春秋》为"秦相吕不韦辑,智略士作",这"智略士"三字便确切地道出了撰写此书的人只是吕氏门下的一部分学者。但这些学者究竟是些什么人,他们是怎样分工写作撰写此书的,现在也全无资料可供查考了。就连当初曾为吕不韦舍人兼郎官的李斯,后来官至秦王朝的丞相,他先前对编纂《吕氏春秋》是否也出过一些力,或者参加过一些什么意见,史书上也无半句提及。不过这里可以提出一种推测,即参加编书的人可能有一部分原是齐国稷下学宫的学者。

秦国偏处西陲,向以富国强兵为急务,文化事业原相对落后。余英时先生因此指出:"秦国从来对学术思想本身的价值缺乏同情的了解。它所用的三晋客卿,如商鞅、张仪、范雎、李斯等人都是一些纵横法术之士,对学术思想未见有真正的兴趣。而且鸟尽弓藏,这些人谁都没有好下场。"[1]这种状况,起码到秦昭王在位时还变化不大。史称秦昭王"厌天下辩士,无所信"[2],因而当荀子西游入

---

[1] 余英时:《士与中国文化》,上海:上海人民出版社,1987年版,第63页。

[2] 《史记·范雎蔡泽列传》。

秦而会见昭王时,昭王劈头便问:"儒无益于人之国?"①荀子不同意昭王的看法,认为秦地"无儒"正是"秦之所短"②。不过由荀子入秦的事实也可以看出,其时秦国也开始受到东方儒学的沾染了。郭沫若先生推断荀子游秦或者与吕不韦的初入秦约略在同时,"而在这'无儒'的秦国,仅仅十年之后,吕不韦却把大量的儒者输入了";又说:"李斯是荀子的弟子,在初当然还未放弃儒术,因此吕氏之所以特别要大量地引用儒者入秦,并大量地引用儒术著书,我相信李斯一定参加了意见,而且这意见也就是荀卿的意见。"③这类推断虽无直接的史料证明,但有一定的合理性。就当时列国间的形势而言,大抵自公元前260年秦、赵长平之战后,赵国一蹶不振,秦国独霸的局面逐渐形成,东方诸国已无力与秦抗衡。在这样的局面下,各国的人才——包括各个派别的学术人才——也逐渐向秦国流动和集中。所以我们怀疑在吕不韦的门下,可能曾有相当一批来自齐国稷下学宫的学者,或者是曾经受到稷下学术熏陶的学者。稷下学宫曾是战国中叶盛况空前的学术中心,为一时百家诸子的聚集地,然中经几起几落,到公元前264年齐王建即位之后,已迅速走向衰微。④ 有资料表明,此时稷下学者流散各地,而以入楚、入秦的为多。荀子曾三为稷下学宫的祭酒(主持人),当学宫衰落时入秦,其随从弟子可能有些就留在了秦国。这些又都使人想到《吕氏春秋》一书与齐学的关系。据我们研究的结果,《吕氏春秋》的整体风貌,不论是兼收并蓄、容纳百家的著作风格,还是特重黄老、兼重儒学的主体思想倾向,都是和齐学极为相近

---

① 《荀子·儒效》。
② 《荀子·强国》。
③ 郭沫若:《十批判书》,前引本,第380、401页。
④ 可参见孔宝:《稷下学宫与齐国政治》,《齐国治国思想论集》,济南:山东文艺出版社,2002年版,第224~228页。

的；而书中有许多具体的言论，也极似稷下学者的说话，特别是《长见》篇等所录有关齐、鲁两国文化路线和政策的对比性论说。下文还将谈到，《吕氏春秋·序意》篇述本书宗旨，追溯于"黄帝之道"，而"黄帝之学"最早也是在齐国流行的。就目前所知，以黄帝为华夏共祖的观念起于田齐，"黄帝"一词在金文中即始见于齐威王的一件敦铭。齐人历久传习太公、管子之学，至战国乃溯源于黄帝，以稷下为学府，融合传说的五帝三王故事及道、法、儒等学术，渐次创成"百家言黄帝"的局面。稷下黄老学派以道家学术为主，而并不排斥儒家的仁义礼乐，其中慎到、田骈一派更向法家的方向发展，而成为特征鲜明的"道法家"。这些都与传统的太公、管子之学不相悖。《吕氏春秋》的主体思想，在某种程度上也可以说是主承稷下黄老学派而来的，因此推论撰写此书的骨干学者大都属于齐学的流派，并非没有理由。按说像这样一部带有官修性质的综合性大著，本应出于人才荟萃的稷下才是，且以齐国曾经称霸的实力也足以成就这样的文化事业；而也许因为稷下学术巨擘过分注重了各自的著书立说，战国末年的齐国政坛上又缺少一位吕不韦式的学术组织者，结果最终使得这种百科全书式的总结性工作转移到了秦国，齐国则只留下了一部体例散漫的论集《管子》。要展开说明《吕氏春秋》的作者问题及其学派特征，需要有专篇的论文，在此不遑详述，仅暂存疑以备考。

《吕氏春秋》的始撰年份不详，估计必在秦王政即位之后；其最后成书，按之本书《序意》篇所称"维秦八年"，当是在秦王政八年(前239年),亦即秦王政亲政的前一年。① 此时吕不韦尚可悬金请士人增损其书,而次年秦王政剪除嫪毐势力,又次年吕不韦罢相,又转二年吕氏自尽,其书遂成为吕氏生平绝响。依据汉代学者对先秦诸子的划分,此书一向被视为"杂家"的代表作。这"杂家"

---

① 《吕氏春秋·序意》所说的"维秦八年",一般认为即指秦王政八年(前239年)。按后人推排的干支纪年法,是年为壬戌年;然《序意》又谓是年"岁在涒滩",用太岁年名,则对应于干支纪年法的庚申年,较壬戌年早2年。宋末王应麟以为:"涒滩者,申也。《通鉴》、《皇极经世》始皇八年,岁在壬戌,后《吕氏春秋》二年。不韦当时人,必不误,盖后世算历者之差也。"(《汉艺文志考证》卷七《吕氏春秋》条自注)清人钱大昕、钱塘以太岁纪年的超辰法推算,以为作"岁在涒滩"不误,只不过失于计数超之岁(见钱大昕《十驾斋养新录·余录》及《吕氏春秋·序意》毕沅校注)。孙星衍则以为这里的"维秦八年",应是指秦庄襄王灭东周之后的第八年,即从庄襄王二年(癸丑年)至秦王政六年(庚申年),前后共8年(《问字堂集·太阴考》);姚文田亦主此说(《邃雅堂集·吕览维秦八年岁在涒滩考》)。陈奇猷先生从后一说,故确定《吕氏春秋》成书于公元前241年(见《吕氏春秋校释》的《序意》篇校释[二]及书末附录《吕氏春秋成书的年代与书名的确立》,上海:学林出版社,1984年版,第649~650、1885~1889页)。按:古人将黄道附近的一周天分为12个等分,称为"十二次",又配以"十二辰"(即子丑寅卯等十二地支),用岁星(即太阳系最大行星木星)或太岁(与木星运行方向相反而对称的假设的岁星)每年所在星次的位置纪年,此即载籍所称的岁星纪年法或太岁纪年法。由于木星的实际公转周期为11.8622年,而古人的测量难以准确,故有超辰和不超辰两种推算方法。战国时的天文历算家尚以岁星12年一周天为定率,推算不计误差,故未见有使用超辰法的;至西汉末,刘歆等人制定《三统历》,为弥补误差,乃以岁星144年运行145个星次为率,也就是每遇岁星运行至12个周天的终点即加一个星次,是为超辰法。超辰和不超辰,推算结果是不一样的,且战国时人与西汉时人用做推算起点的岁星位置亦不相同;同时干支纪年法也仅起于西汉末年或东汉初年,因而以相当晚起的干支年与早期的太岁年对照是有风险的。王应麟认为吕不韦以当时人言及当时测定的太岁年,必不误,所说甚有理据。所以对于《吕氏春秋》的成书年代,我们仍采取"维秦八年"即秦王政八年之说。另有学者曾据《吕氏春秋》中的个别记载,推测其书初稿成于秦八年,补缀则在秦亡以后,恐不可从。

之名也许多少有些贬义,所以近世学者或认为"杂家"本不成家。①不过就书论书,《吕氏春秋》的编著既经过精心的筹划和设计,虽分题写作,采取广泛,而在材料的选择和组织上也是有义例、有裁定的;尤其是全书的思想倾向基本一致,内容似松散而宗旨并不支离,因此它"杂"中有不杂,绝非一般的杂纂之书或类书可比。《汉书·艺文志》杂家类的小序所谓"兼儒墨,合名法,知国体之有此,见王治之无不贯",正可说是对于本书宗旨的确当的揭示,是以《吕氏春秋》不自鸣家而适可成一家。

从当时的国际环境和秦国的政治格局来看,吕不韦发意主编《吕氏春秋》应是有深意的。说他广罗门客乃仿齐、楚、赵、魏"四公子",或有其事;而编书之举则无所依傍,"四公子"亦未尝有此类行为。郭沫若先生说:"(《吕氏春秋》)成书于(秦王政)八年,草创或当在六七年时。在这时候,内则始皇已近成人,而嫪氏势力日益膨大,外则六国日见衰颓,天下将趋于一统。吕氏在这时候纂成这一部书,综合百家九流,畅论天地人物,决不会仅如司马迁所说,只是出于想同列国的四公子比赛比赛的那种虚荣心理的。"②吕不韦本出身于豪富巨商,在他初入政界时,自然同样对学术思想未必

---

① 胡适就说过:"如《吕览》之类,皆杂糅不成一家之言。"(《诸子不出于王官论》,《古史辨》第4册,海口:海南出版社,2005年版,第3页)梁启超也认为,杂家无"家法"可言,"以之与儒道名法墨等比类齐观,不合论理"(《论中国学术思想变迁之大势·论诸家之派别》)。赵吉惠先生质疑"十家九流"说,也考其源流云:"作为一种学术思想、作为战国至秦汉时期百家争鸣中的一家,并不存在'杂家'一派。所谓'杂家'者无家也。"(《〈汉书·艺文志〉"十家九流"说质疑》,《汉唐史籍与中国文化》,西安:三秦出版社,1992年版,第119页)不过如清人章学诚所说,"《吕氏春秋》,先儒与《淮南鸿烈》之解同称,盖谓集众宾客而为之,不能自命专家,斯固然矣。然吕氏、淮南,未尝以集众为讳"(《文史通义》卷2《言公上》)。其实"杂家"虽不为"专家",而自有体裁的"杂家"之书亦足可"成一家之言"。

② 郭沫若:《十批判书》,前引本,第377页。

有真正的兴趣;而当他渐次成为秦国的政治舵手,并经过庄襄王之世的几年执政,已取得了相当的经验之后,必然也会对国家政治的决策做更为长久的打算。秦王政即位后的秦国政治格局,如《史记·秦始皇本纪》所说,"吕不韦为相,封十万户,号曰文信侯。招致宾客游士,欲以并天下。李斯为舍人,蒙骜、王齮、麃公等为将军。王年少,初即位,委国事大臣"。兼并天下乃是秦国的既定目标,吕不韦意欲促成此项空前的大事业,其宏大抱负绝非列国"四公子"所能有。但在秦国宫廷的权力结构之下,他一方面不得不提防着太后之党与嫪毐的势力,思考着怎样消除隐患;另一方面,对于"王年少"、"委国事大臣"的状况,他也不能不做更深层的考虑。秦人尚军功,领兵大将的地位一向在丞相之上①,这是适应强兵称霸的需要而形成的传统。从《吕氏春秋》提倡"王道"、不尚"霸道"的主导倾向来看,吕不韦对于秦国自商鞅以来所奉行的"霸道"政策,未必是通盘赞同、顺承不变的。可以相信,随着历史形势的发展和意识形态领域"百家争鸣"局面的渐趋消歇,他也会以政治家的敏感领悟到"王道"的价值,意图通过有组织的学术活动,以求"齐万不同,愚智工拙,皆尽力竭能,如出乎一穴",达成"圣人"之业②,并从而折中和调整秦国一味重武轻文的传统观念。先秦诸子皆欲以各自的学术拨乱救弊的总体取向,不会在吕不韦的编书活动中没有影响。

吕不韦曾为秦王政的师傅,又有"仲父"的地位,在考察他的编书动机时,对他与秦王政之间的君臣兼"师徒"、"父子"关系是应当格外留意的。无须赘说,吕不韦对于这位少年君主的性格、为

---

① 秦始皇称帝后东游琅邪台的石刻,其文末署名,尚以大将武城侯王离、通武侯王贲、建成侯赵亥、武信侯冯毋择等,居于丞相隗状、王绾及诸卿李斯等之上。石刻原文见《史记·秦始皇本纪》。

② 见《吕氏春秋·不二》篇。

人和发展轨迹一定有着很深的了解,而在秦王政亲政之前,吕氏也还承担着负责训导他的任务。《吕氏春秋·序意》篇对全书的编纂意图和宗旨有着提纲挈领的叙述,其文云:

> 维秦八年,岁在涒滩,秋甲子朔。朔之日,良人请问《十二纪》。文信侯曰:"尝得学黄帝之所以诲颛顼矣:'爰有大圜在上,大矩在下,汝能法之,为民父母。'盖闻古之清世,是法天地。凡《十二纪》者,所以纪治乱存亡也,所以知寿夭吉凶也。上揆之天,下验之地,中审之人。若此则是非、可不可无所遁矣。天曰顺,顺维生;地曰固,固维宁;人曰信,信维听。三者咸当,无为而行。行也者,行其理也。行数循其理,平其私。夫私视使目盲,私听使耳聋,私虑使心狂。三者皆私设精,则智无由公。智不公,则福日衰,灾日隆,以日倪而西望知之。"

这段序言中最值得注意的是"尝得学黄帝之所以诲颛顼"一语,此语可谓开门见山,直接道出了吕不韦欲以其书训导秦王政的用意。所引"爰有"以下十六字,当出自古所传黄帝书,今已不知所本。而现存古籍中另有传说云:"帝颛顼年十五而佐黄帝,二十而治天下。其治天下也,上缘黄帝之道而行之,学黄帝之道而常之。"①这是说"古帝王"颛顼还在15岁的时候就开始辅佐黄帝,到20岁代替黄帝做"天子"之后,就一直仿效和沿用黄帝治理天下的措施,并使之成为后世常行的法规制度。假如《吕氏春秋·序意》篇确是比附此种传说而言的,那么从中不但可以看出吕不韦重视"黄帝之道"的政治价值取向,而且可以明白他确是以师傅自居,意图通过著书以引导秦王政走上常规的"王道"正途的。同时这里还可据以推测,吕不韦发意编《吕氏春秋》,可能就在秦王政15岁时,即秦王政正式即位的第二年(前245年)。如果是这样,那么全书到

---

① 见《四库全书》本所收唐人逢行珪注《鹖冠子》。

秦王政八年最后纂成，前后历时就共有六年余，这也符合古人编书用时的一般情况。像这样一部集体创作的大部头书籍，在当时的条件下，竹木简材料的收集及作者的组织、文章的写作等都不易，用时不会很短。

根据《序意》，"十二纪"的写作宗旨在于法天地、纪治乱、知吉凶、辨是非、循天地之理、行无为之术、去私存公、消灾致福。这也可以说是《吕氏春秋》全书的纲领。审察于此，即可知吕不韦在秦王政继大位之后，是怎样地处心积虑，意图汇聚典籍故实，综合诸子百家，笼括天地万物，鉴取古今人事，编成一部前所未有的帝王教科书，既借以改善秦国的王政，又期以垂范于后世，用做将来大一统政治的指南。其期望值甚高，而现实性也很强，故书中有大量的言论，总使人感觉是针对秦王政而发的。宋人高似孙曾说："不韦相秦，盖始皇之政也。始皇不好士，不韦则徕英茂，聚畯豪，簪履充庭，至以千计；始皇甚恶书也，不韦乃极简册，攻笔墨，采精录异，成一家言。吁！不韦何为若此者也？不亦异乎！〔其〕《春秋》之言曰：'十里之间，耳不能闻；帷墙之外，目不能见；三亩之间，心不能知。而欲东至开梧，南抚多鹦，西服寿靡，北怀儋耳，何以得哉？'此所以讥始皇也。"①照高氏所说，秦王政既不喜欢士人，也甚厌恶书籍，而吕不韦偏偏要招聚大批文化精英，广搜博采，著成一家之书，真是可怪！所以他引用《吕氏春秋·任数》篇的"十里之间"云云一段文字（个别字有异），以为这是"讥（批评）始皇"的。其看法虽未必然，但此类言论的针对性确实很强，并有普遍的意义，也难说不然。明人方孝孺《读〈吕氏春秋〉》也说："其《节丧》、《安死》篇讥厚葬之弊，其《勿躬》篇言人君之要在任人，《用民》篇言刑罚不如德礼，《达郁》、《分职》篇皆尽君人之道，切中始皇之病。其后

---

① 高似孙：《史略》卷四《吕氏春秋》。

秦卒以是数者偾败亡国，非知几之士，岂足以为之哉！"①所谓"知几"，是指能见微知著，看到事情的预兆，以喻吕不韦对秦国政治的弊端和后来秦王朝的灭亡有先见之明。不过老实说，《吕氏春秋》的纂修并非就是主于讥评。宋人刘彝曾指出："不韦相秦十余年，此时已有必得天下之势，故大集群儒，损益先王之礼，而作此书。名曰《春秋》，将欲为一代兴王之典礼也。"②这话尤为破的之言。想来吕不韦以此书悬千金求损益，虽不无"显其名于后世"之意，而更为深切著明的考虑恐怕还在以此书诱导秦王，并用做一代"兴王之典礼"，即建立一统王朝的大典章。

根据上述，我们以为对于《吕氏春秋》一书的性质做作如下概括：

——它是先秦诸子中"杂家"的代表作（就其整合性与学术价值而言也可说是"杂家"的开山之作③）；

——它是吕氏学派（吕氏门下学者）的一部政治文化论文集；

——它是一部古典王政全书，是一部百科全书式的帝王教科书。

这样来看，《吕氏春秋》一书当然也是反映吕不韦本人的政治

---

① 方孝孺：《逊志斋集》卷四《杂著·读〈吕氏春秋〉》。

② 陈澔：《礼记集说》卷三引"刘氏曰"。

③ 《汉书·艺文志》杂家类所录之书，在《吕氏春秋》之前者，有《孔甲盘盂》、《大禹》、《伍子胥》、《子晚子》、《由余》、《尉缭》、《尸子》。此类皆掇拾杂传文字而成，或又出于伪托，实不可与体大思精之《吕氏春秋》并列。继承《吕氏春秋》之体制而作者，唯汉初《淮南子》可以当之，故其《要略》云"所以纪纲道德，经纬人事，上考之天，下揆之地，中通诸理"，正与《吕氏春秋·序意》如出一辙。学者对此已早有论说，如侯外庐等先生曾指出："《汉书·艺文志》著录杂家言二十家四百三篇，《吕氏春秋》当是其中的巨擘，也是此类纂书的滥觞。汉初成书的《淮南子》，体制就是仿效它的。"（侯外庐、赵纪彬、杜国庠：《中国思想通史》，北京：人民出版社，2004年版 第8次印本，第656页）

思想和学术观念的,以为他与本书价值无关系的说法不妥当。中国文化注重道德评价,故往往因人废书,然而在今对于吕不韦其人也还需要重新评价,他并非就是盖棺定论的反面人物。有关其书性质的界定依据,后面各节还将分别做些解说。

《吕氏春秋》的体裁、体例问题颇有些复杂,这里提出几点来说一说。

(一)《吕氏春秋》以"春秋"为名,但它并不是先秦时期通常以"春秋"为编年记事之书的体例,以内容言之也不是史书。战国秦汉之际,因相传曾经孔子删定的鲁史《春秋》之广传,"春秋"一词已有超出正规史书的用法,尤其不限于编年记事之书。《史记·十二诸侯年表序》说:"鲁君子左丘明惧弟子人人异端,各安其意,失其真,故因孔子史记,具论其语,成《左氏春秋》。铎椒为楚威王传,为王不能尽观《春秋》,采取成败,卒四十章,为《铎氏微》。赵孝成王时,其相虞卿上采《春秋》,下观近世,亦著八篇,为《虞氏春秋》。吕不韦者,秦庄襄王相,亦上观尚古,删拾《春秋》,集六国时事,以为八览、六论、十二纪,为《吕氏春秋》。"所说《左氏春秋》即《左传》,尚保存《春秋》之文;而《虞氏春秋》实已为政事论集,与《铎氏微》相近。《吕氏春秋》虽云"上观尚古,删拾《春秋》",然采取范围更远较铎氏、虞氏为广,则所谓"删拾"者毋乃指所有传世典籍,绝非止于《春秋》一书。唯其"十二纪"按月编排,尚略存编年系月之例,故汉末郑玄云:"吕氏说月令而谓之《春秋》,事类相近焉。"唐孔颖达疏之云:"吕氏谓吕不韦也。说十二月之令,谓为《吕氏春秋》,事之伦类,与孔子所修《春秋》相附近焉。"①这是说吕氏自名其书为"春秋",皆因"十二纪"的体例与《春秋》有相似之处。南宋《中兴馆阁书目》用此说,因谓"是书凡百六十篇,以月纪

---

① 见《礼记·礼运》郑注及孔疏。

为首,故以'春秋'名书"①。此说自有理,后世亦以"纪"为编年体史书之称。不过从《吕氏春秋》全书的内容来看,毋宁说吕氏的用意更在仿承孔子著书以论世,与铎氏、虞氏之书的宗旨相近,因而其书以"春秋"为名亦初不限于"十二纪"。此外则又有《晏子春秋》、《李氏春秋》、《楚汉春秋》等,亦皆用"春秋"之名,亦当与《虞氏春秋》等归属于一类。②

(二)《吕氏春秋》全书由三大部分构成,通称"十二纪"、"八览"、"六论"。《史记·吕不韦传》和《十二诸侯年表序》都记三大部分以"八览"、"六论"、"十二纪"为序,而传世本皆以"十二纪"居于"八览"、"六论"之前,且至迟自东汉高诱注本以来即如此。学者或说司马迁所记应是本书原来的次序,故世称《吕览》。③ 但纯从数字上考虑,当初本书的编辑应是或以十二、八、六为序,或以六、八、十二为序,似不应以"六论"夹在"八览"、"十二纪"之间。结合《序意》言之:"十二纪"各卷的首篇讲四时节令,主于王者行

---

① 王应麟:《玉海》卷四十一《吕氏春秋·吕览》条引。
② 《晏子春秋》8篇,杂记春秋末晏婴言论行事,今有传本。《李氏春秋》2篇,见于《汉书·艺文志》,而作者不详,当是战国末年人。《楚汉春秋》为汉初陆贾作,后世亦无传。《史记·陆贾传》载陆氏著秦亡汉兴之理及古成败之国,为《新语》12篇;《汉书·司马迁传赞》则谓太史公"述《楚汉春秋》",不及《新语》。疑《新语》即《楚汉春秋》,二者实为一书。今存《新语》仍为12篇,各有篇题,其撰述体例实与《吕氏春秋》无异,可以对看。或说今本《新语》为伪托,证据尚不充分,唯其中文字有窜脱情况是可能的。
③ 清毕沅校正《吕氏春秋》高诱注本,于高序中有夹注,引梁伯子(梁玉绳)云:"世称《吕览》,举其首者言之。今《吕氏春秋》以十二纪为首,似非本书序次。"后梁氏改变看法,复以为其书"纪当居首,八览、六论乃其附见者"(引见陈奇猷《吕氏春秋校释》,第3页,高序校释[五])。然近世杨树达先生仍谓《序意》"独在篇中者,乃后人移易吕书次第致然,盖今本次第非吕书之旧"(同上,第649页,《序意》校释[一]引)。张政烺先生亦曾谈及"十二纪今在八览六论之前,似是后人移动"(《张政烺文史论集》,北京:中华书局,2004年版,第799页)。

政要顺"天时",且"春秋"之名亦与此有关,是可况之以"揆之天";"八览"的第一篇《有识览》讲"天地合和",而主于地之分野及形势,是可况之以"验之地";"六论"的第一篇《开春论》从"开春始雷"谈起,讲"王者厚其德,积众善",是可况之以"审之人"。这样理解,则"十二纪"理应居首,由"纪"入"览",复终之以"论",亦顺理成章。清初四库馆臣以为"所谓'纪'者犹内篇,而'览'与'论'者为外篇、杂篇"①,以内、外为先后轻重,或有其理。若是,则今本的顺序亦有其内在的逻辑安排。不过司马迁所说亦当有据,西汉时人应该已经习称《吕氏春秋》为《吕览》,并可能曾有以"八览"居首的本子。疑其书三大部分原是各自单行的,传抄者亦分抄而单独成帙。秦王朝建立后,明诏其数尚"六",传抄《吕氏春秋》者或曾以六、八、十二为序,倒置之即今本之序。汉初抄本或以"八览"置前,亦即以八、六、十二为序,则即成司马迁所见之本。或者汉人曾以"十二纪"归入"月令"书之类,而以"八览"、"六论"合抄,故世称《吕览》。这些都不是不可变通的,而按全书的著述格局及后人的读书习惯,仍当以十二、八、六为序。司马迁著《史记》,记录"五帝"时代以至汉武帝事迹而首列"十二本纪",仍与今本《吕氏春秋》以"十二月纪"居首相仿。刘勰《文心雕龙·史传》篇说,《史记》纂"帝绩",乃"取式《吕览》,通号曰纪";刘知幾《史通·本纪》篇也说:"《吕氏春秋》肇立纪号……及司马迁之著《史记》也,又列天子行事,以本纪名篇。"他们都注意到了《史记》用做分篇体裁

---

① 《四库全书总目》,北京:中华书局,1987年版,四次印本,上册,第1009页。

的"纪"名上承《吕氏春秋》的现象,虽然这看法不一定十分确实。①

陈奇猷先生据《史记·太史公自序》所说的"不韦迁蜀,世传《吕览》",考证《吕氏春秋》在秦八年(陈先生认为是年当秦王政六年)所完成的只是"十二纪"的60篇,"八览"、"六论"则完成于吕不韦迁蜀之后;又说三部分统称为《吕氏春秋》,"是后人给予的,不是吕氏自命之名"②。这些看法还需要有更充分的材料为佐证。从《史记·吕不韦传》来看,吕不韦应死于秦王政下令他自河南(蓝田)封地迁蜀之时,他本人并未至蜀,所以历代学者自东汉高诱以下,都无人论及《吕览》成书于吕不韦迁蜀之后。其书《序意》篇也并不能表明这一点。从此篇现存的文字来看,可以认为它只是"十二纪"的序,但以"纪"涵盖"览"、"论",实际上也可以看成是全书的序;况且因其文已残缺,也难说原文就不曾提及"览"、"论"。三部分的完成自有先后,而发布应该在同时,司马迁记其悬金于咸阳市门求增损,也是以三部分并举的,且即总名之为《吕氏春秋》,并未说当时发布的只是"十二纪"。《太史公自序》说:"昔西伯拘羑里,演《周易》;孔子厄陈、蔡,作《春秋》;屈原放逐,著《离骚》;左丘失明,厥有《国语》;孙子膑脚,而论兵法;不韦迁蜀,世传《吕览》;韩非囚秦,《说难》、《孤愤》;《诗》三百篇,大抵圣贤发愤之所为作也。此人皆意有所郁结,不得通其道也,故述往事,思来者。"对此也需要通融看待,不可因文害义。孙人和先生曾说:

---

① 据现在所知,先秦已有《纪年》之书,而《世本》的体裁中也已有"纪"之名,《史记·大宛列传》亦尝言及《禹本纪》。司马迁列"本纪"可能本于《世本》,但《吕氏春秋》无疑是使用"纪"这一名目较早的书,且太史公用"十二"之数也和吕氏一样,受到同一古俗的影响。

② 陈奇猷:《吕氏春秋校释》附录《吕氏春秋成书的年代与书名的确立》。

"称《吕览》者,则行文之便矣。不韦著书之旨,当在十二纪,则览、论置前殿末,并无不可,不得拘执于司马迁之文也。"①此言甚是。以情理言之,《吕氏春秋》也不可能大部分文字都作于吕氏失势之后。《吕览》之为其书别名,也许仅出于俗称的习惯:一来为的是简洁明快,用其"览"名比仅称"纪"、"论"更为恰当而顺口;二来也含有吕氏之书必当观览阅读的意思,与其当初悬金求增损的用意相符。

(三)《吕氏春秋》的著录,《汉书·艺文志》作 26 篇,后来的目录书基本上都作 26 卷,而亦有误作 36 卷或 20 卷者。② 古时所称的"篇"实指竹木简书的一编,即相当于帛书及后世纸书的一卷。"十二纪"、"八览"、"六论"各为一卷,即共有 26 卷,今本无变化。

《吕氏春秋》的篇章结构非常整齐。纯从篇数看,原本应是"十二纪"各有 5 篇,"八览"各有 8 篇,"六论"各有 6 篇,合而计之,共有 160 篇;每篇自为标题,各"纪"、"览"、"论"则以首篇的标题为标题。③ 这个 160 篇之数是既定的,但是否包括《序意》篇在内,尚不无疑问;如果《序意》篇本来就不算正文,那么原本正文为 160 篇,外加此篇,便应共有 161 篇。今本实存 160 篇,然《有始览》部分只有 7 篇,必定缺去了一篇,所以须将《序意》篇也算在内,才能凑足 160 篇之数。今《序意》标题下有旧注云"一作《廉

---

① 孙人和:《吕氏春秋集释序》,前引《吕氏春秋集释》影印本卷首。
② 南朝梁庾仲容《子抄》、北宋官修《崇文总目》及南宋末陈振孙《直斋书录解题》作"三十六卷",南宋初晁公武《郡斋读书志》衢州刻本及元初马端临《文献通考·经籍考》作"二十卷",《史记·吕不韦传》索隐又作"三十余卷",当皆为误抄或误刻。参见毕沅校正本《附考·卷帙》注及陈奇猷《吕氏春秋校释》附录《吕氏春秋考证资料辑要》。《郡斋读书志》袁州刻本及四库全书本《史记索隐》卷 21 仍作"二十六卷",不误。
③ 古人著书,习惯以标题置后,今《诸子集成》本《吕氏春秋》尚保存这一古式,标题皆在篇后。

孝》",与序文全无涉,学者或疑《有始览》部分脱去的即是《廉孝》篇,然无从证实。《序意》之文也已有残缺,今所存者,在上面引录的一段之后还有一段,忽而叙及赵襄子及青荓、豫让的故事,前人多以为是《序意》之上《不侵》篇的错简。我们怀疑《有始览》部分的缺篇实由当初作者移动篇章造成(见下),并非后来佚去;而《序意》篇原是包括在"十二纪"的60篇之内的,作者在最后编辑时本当由"十二纪"部分移出一篇入《有始览》部分,或因某种原因而未及移补。古人自序文字实皆入正文,如《史记·太史公自序》为列传之第七十,《汉书·叙传》亦然,《庄子·天下篇》、《淮南子·要略》、《论衡·自纪》等亦与正文无别。如是,若以《吕氏春秋·序意》篇充于"十二纪"的60篇之数,即全书包括《序意》在内本来共有160篇,则今本"十二纪"中的论文即当移出一篇补入《有始览》部分。

这里要特别关注的是《吕氏春秋》的编撰型式,即其中所牵连的所谓"神秘数字"的组合问题。杨希枚先生曾专门谈及于此,并着重就本书《序意》篇的"文信侯曰"分析说:

> 显然的,文信侯自己明确地指出,《吕氏春秋》十二纪的编撰型式是意在法象天地($12 = 3 \times 4$)。甚至于十二纪可说就是据天地之道而讨论人事是非的一部天书;依此而行事,就是法天地而行事,如是也才能够"为民父母",克享清世之乐,达到统治者所向往的长治久安的目的。

> 虽然,就《吕氏春秋》全书而言,法象天地的却似乎仍不限于十二纪,且至少仍有两事可以注意。首先,就十二纪而言,除十二月下多《序意》以外,余者十一纪各有五篇。《序意》旨在综述十二纪的要义,当非专属于第十二纪。这样,十二纪本文原来应各有五篇,合计为六十篇。如果我们想到六合、六十甲子之类的数字,想到六十或六是天地两数($6 = 3 \times$

2) 或参天两地的小衍神秘数 $[60 = 5(3 \times 4) = 10(3 \times 2)]$，则十二纪六十篇之数也显然是法象天地的了。

其次，《吕氏春秋》的八览、六论也同样是或象地数，或象天地交泰之数；尤或隐寓六合、六虚、六漠、八极、八表、八纮之类的宇宙观思想。①

古人以从一到十的十个自然数中的五个奇数为天数，五个偶数为地数，又由天数和地数的组合衍生出一系列带有神秘性的数字，或说是赋予了加减乘除的运算法则以各种神秘性。这点渗透到社会生活的各个领域，具有多层次的象征意义，反映出古人的宇宙观，也影响到书籍的编撰。张政烺先生的《"十又二公"及相关问题》一文，把《吕氏春秋》的编撰结构与考古所见的《楚帛书》联系起来，更提出一种独到的看法：

> 1942年，长沙子弹库战国楚墓出土楚帛书，在一幅方整的帛上，四周有文字和图画，中间写着两段文字。第一段直行写共八行，第二段倒过来即逆行写，共十三行。一顺一倒左右相对，极似宋代人所作太极图，大约这里也寓有阴阳之意。四周每边分为三区，画着十二个不同的神怪。左方是春，上方是夏，右方是秋，下方是冬，皆见于文字。按这次序从左方下一区起，先逆书，到上方又右转，回环写出十二个月名及关于每月的宜忌问题的文字……用楚帛书可以解释《天问》"天何所沓？十二焉分"两句，也可以解释《吕氏春秋》的结构，吕不韦著书的思想和楚帛书是相同的……古人相信天圆地方，天是半个圆球，地是一方平板，平板托着半球，四周

---

① 杨希枚：《先秦文化史论集·古籍神秘性编撰型式》，北京：中国社会科学出版社，1995年版，第722页。该文原载台湾《国立编译馆馆刊》1972年第1卷第3期。

略有盈余,像楚帛书一样可以画出十二个神灵,写出十二月宜忌。八览六论相当于楚帛书中间的一倒(十三行)一正(八行)两段文字,十二纪相当于四周的十二月。《礼记·礼运》言"故圣人作则,必以天地为本,以阴阳为端,以四时为柄",其意相似。

张先生是因清理自宋以来即考证纷纭的秦公钟、秦公簋铭文所见"十又二公",遂论及"法天之数"问题的。他的结论是:"十二之数起于实数,由于它成了天之大数,又变成了虚数。于是不足十二之物便设法凑齐,如《史记》的十二本纪;其超出十二者则隐瞒几个,如《十二诸侯年表》。《史记·天官书》中宫、东宫、南宫的十二星,竟没有一个准确的,可见古代的'文史星历'习惯如此,毫不足奇。根据古人的这种观念看,秦公钟、秦公簋铭的十又二公当是虚数,下面可增,上面可斫,并不是实有所指的,对于考证作器的年代没有什么意义。"①

古人常称"十二"为"天之大数"或"天地之大数",或又称"五"为"天地之大数"。②"五"是十进位数制的基本因子,而"六"由最基本的地数"二"和天数"三"相乘而得("叁天两地"),其用并不亚于"五"。郭沫若先生说:"古人以三为众,数欲知十,殊非易易。"③古人对数字的迷信实起于质朴的生活观念,而一旦赋予它们神秘的意义之后,其影响又非常规的生活制度所能规范。由

---

① 张政烺:《张政烺文史论集·"十又二公"及相关问题》,第 799~802 页。其文原载《纪念顾颉刚学术论文集》,成都:巴蜀书社,1990 年版。

② 如《左传》哀公七年载子服景伯说:"周之王也,制礼上物不过十二,以为天之大数也。"明朱载堉《乐律全书》卷 1 说:"十二者,天地之大数也。"而今本《子华子》卷下则又说:"天地之大数莫过乎五,莫中乎五,五居中宫,以制万品。"

③ 郭沫若:《甲骨文字研究·释支干》,《郭沫若全集》考古编第 1 卷,北京:科学出版社,1982 年版,第 168 页。

张政烺先生的考证可以知道,秦人之习用"十二"亦早就如此,而秦朝之尚"六"虽出于五德终始说,亦有其习惯基础。《吕氏春秋》的"六论"各有 6 篇,"十二纪"是"六"的倍数,全书共有 160 篇,这些都合于秦人尚"六"的习惯。而"十二纪"各有 5 篇,合于"五行";"八览"共有 64 篇,又合于"八卦"。这些显然都是有意安排的,然而这些安排背后的思维模式究竟如何,今已无从审知了。也许作者思维的基本形式逻辑是这样:道生天地,天地生阴阳,阴阳变化而生万物;①天地三月为一季,一年有四时,四时有十二月,故首列"十二纪";四时合于阴阳五行,五行贯十二月,故"十二纪"各有 5 篇;四时、五行生八卦,八卦重叠组合得六十四卦,故继之以"八览",各有 8 篇;六十四卦各有六爻,爻自为辞,故终之以"六论",论各 6 篇。这种编撰型式的外壳不纯出于数字游戏,要了解作者的宇宙观及其在各个思想层面上的表现,是不能不加以留意的。

(四)如上所说,对于《吕氏春秋》的编撰型式,从宇宙观上分析是别有意义的;但从文献编纂学上看,则又恰恰因此而导致问题丛生,完全不是古人所设想的那么一回事。古人著书往往整齐其体制,篇数既有一定,各篇长短也约略相等,《吕氏春秋》最可称是这方面的典型。实际上,这种片面追求形式的做法,对于全书内容上的系统性和体例上的合理性是极有害的,适足为文献编纂之大病。其直接后果便是为凑足篇数而割裂篇章,或至一篇割裂为数篇,由此不但造成内容结构上的杂乱,而且使材料和文字也不免重

---

① 《吕氏春秋·大乐》:"太一出两仪,两仪出阴阳。阴阳变化,一上一下,合而成章。""万物所出,造于太一,化于阴阳。"高诱注:"两仪,天、地也。出,生也。""造,始也。太一,道也。阴阳,化成万物者也。"此即《易·系辞上》所谓"易有太极,是生两仪,两仪生四象,四象生八卦",亦即《淮南子·天文训》所谓"一生二,二生三,三生万物"。

复和抵牾。据我们初步检查,《吕氏春秋》的下列各篇是可以明显寻出割裂痕迹的。

1.《应同》(卷十三)和《召类》(卷二十)本为一篇而割裂为二。原篇应是以《召类》为题的,因编书时标题都放在篇末,故割裂之后,后一篇仍题为《召类》,前一篇则别题为《应同》。实则按主题和常规,应该前者用本题,后者另起名,《应同》和《召类》互换标题才是。

2.《去尤》(卷十三)和《去宥》(卷十六)本为一篇而割裂为二。割裂之后,《去尤》篇末事实不足,用"解在乎"云云指出参见某事,实用互见法,其事则在《去宥》篇中。

3.《听言》(卷十三)和《淫辞》、《不屈》、《应言》(卷十八)大约本为一篇而割裂为四。后三篇在同一卷中且排在一起,可能先与《听言》离为二,后因内容较多,分出的部分又复离为三。《听言》篇末亦用互见法,而参见事实分见于后三篇。

4.《下贤》(卷十五)和《谨听》(卷十三)本为一篇而割裂为二。从内容来看,《谨听》篇似是由《下贤》篇中抽出来的,而不是上下割断的一分为二,所以要使两篇合并的话,须将《谨听》穿插在《下贤》篇中间,而不能前后相接。《谨听》篇还有与《观世》篇相同的文字。

5.问题最严重的是《务本》、《谕大》(卷十三)、《务大》(卷二十六)三篇的分合关系。这三篇属于同一内容,而《务大》篇与前两篇的文字都有重复。如果把三篇合起来,算做它们的原稿(篇题应是《务大》),并将原稿分为五段,那么就可看出:作者先是把第一、第二段单独取出成了《务本》篇,又把第三、第四段单独取出成了《谕大》篇;然后又重复取出第一、第四段,与第五段缀合,而成了《务大》篇(仍用原稿标题)。《务大》篇在全书最后的《士容论》卷内、农学四篇之上,内容与同卷诸篇毫无联系,显见是在全书编定时为凑足6篇之数而临时补进去的,所以只好抄截《务本》篇的开头和《谕大》篇的后半部分而成文;而篇中故事有与《谕大》篇相同者,又一云"季子曰",一云"孔子曰",则是抄合时失于检校。问题还不止此,从内容看,《务本》、《谕大》之后的《孝行览》、《本味》两篇(卷十四),也与这三篇有密切联系。我们怀疑这五篇原有一个总稿,现在的《孝行览》、《本味》两篇是其前半部分,《务本》、《谕大》、《务大》三篇则是其后半部分,而两部分割裂之后,又各分为两篇、三篇,结果是越分越糊涂,重复越多。①

　　以上只是略举几例,以见《吕氏春秋》编纂上的复杂情况。还有些篇章,如《察贤》和《期贤》、《遇合》与《必己》、《执一》和《不二》等,内容都很相近,而一般没有重复文字,也不见有互见之语。这类篇章,虽不能肯定是否曾经割裂,而至少是同类内容的分写。与此相反的是,有些篇章有互见之语,其内容却与记录互见事实的篇章不相应。按说这类互见应是常规,只要各篇文字涉及同一事实,就可以采取互见法,不必篇目内容相近;但既然使用互见法,则当注明互见的篇章题目,今只出事实而不出篇题,则甚不便于阅读时的对照检查。而且有的事实虽说明互见,而在全书中都找不到,可见集体修书,在最后定稿时也难免有检视不周之处。

　　纯按后世的标准要求,《吕氏春秋》的编制体裁是甚成问题的。近世学者或疑这类问题都出于后人的窜乱,而从今本的体制看,这种可能性应该是不存在的,后人无由也无力作这种通盘性的串联改编。我们猜测,全书写作时未必有定谱,初稿可能在百篇左右,而一旦硬要凑成160篇,各种问题就都出来了。现在如果有人

---

① 今本《有始览》部分缺一篇,疑即由《务大》篇的移动及原卷的失补所致。据此还可推测,全书文字虽有脱误,却并无整篇佚去者,后人所辑本书佚文亦甚少,且不见有可以成篇者。

能够下工夫详加校勘,将可以发现的割裂痕迹一一剔出,再将有关篇章归整,自然是方便阅读的;但如果是正式整理本书,则不允许这么做,因为古籍整理的基本原则是求真复原,特别是像《吕氏春秋》这样仍大体保持原貌的古籍更不允许随意更动。从初步检查的结果来看,此书编纂上的问题主要出在"八览"的第一部分和"六论"之间,原编应该是先成"十二纪",后成"八览"部分,"六论"则最晚成而附于"八览"。形式和内容的统一问题,古今为难,而世事变迁,风俗无恒,亦未可以此苛求古人。现在读这部书,重视的是它的内容价值,有关编纂上的弊端,在专业学者可以继续研究,一般读者则可以忽略不计。同时编纂上的问题与文章的写作也应两分来看,不能因此而忽视其文学价值。

  本书现存最早的传本是东汉高诱的注本。《史记》说全书有"二十余万言",但今本的字数实际只有十几万,远不足二十万,而且从篇章结构来看,也并未有多少缺脱。恐怕司马迁只是根据流行的说法记录,并未做过仔细的统计;或者所说"二十余万"本作"十余万","二"字为后来传抄《史记》者误衍。高注本的自序中说到:"故复依先师旧训,辄乃为之解焉,以述古儒之旨,凡十七万三千五十四言。"此数应是连注文都计算在内的,今本正文亦不足此数。唐初孔颖达说吕不韦集诸儒士著书,"合十余万言,名为《吕氏春秋》"①,得其实数。高诱注较为简明,注重疏通文字,但也有不少附会和误解。今《诸子集成》收录的是清人毕沅根据高注本所作的复校本,保存了高注原文,并对高注有一些驳正。

  自高注本通行之后,《吕氏春秋》即流传不绝,历代大型类书的编纂皆有取材,学者亦多所征引。北宋时曾有余杭刊本,又有元丰中官校本及元祐中贺铸手校本,今本书后尚有贺氏(镜湖遗老)

---

① 见《礼记·月令》标题下孔疏。

短跋。毕校所依据的元刻大字本仍保存旧本体制。明代刻本有十余种,流传渐广,而时有学者训解点评。清代朴学大盛,迄至章太炎以前,治《吕氏春秋》者多至五六十家,研究工作相继展开。20世纪前半期,校释、补正、疏通、研究本书的亦有数十家,而逐渐转向现代学术会通的途径,几乎涉及现代人文科学及文化史、科技史的所有领域。近几十年间,随着国学研究的时起时落,专题研究及论文的数量累至二百种(篇)以上,各种校读、选注、白话及外文翻译等本子也在不断增多,并有更方便使用的知见书目、译著书目、索引、词典等编出;尤其近年有多种评传、通论著作出现,总结前人成果,做宏观与微观相结合的多层面考察,探讨的广度和深度都超过以往,有关论文也增加较多,可说形成了一个专题研究领域的高潮。① 到目前为止,注释和校勘较为详细的本子是许维遹先生的《吕氏春秋集释》(清华大学1935年版)、蒋维乔等先生的《吕氏春秋汇校》(上海中华书局1937年版)、陈奇猷先生的《吕氏春秋校释》(学林出版社1984年版)、王利器先生的《吕氏春秋注疏》(巴蜀书社2002年版),其中许、陈二家之书尤为学者所习用。

三 《吕氏春秋》的内容结构

《吕氏春秋》既不是系统的专门著作,也不是完全按主题类别编排的政论书籍,所以全书的内容结构较为松散。其文章体裁,如果按内容性质粗略区分的话,可以指出这样三种类型:一类是"十

---

① 关于近百年来《吕氏春秋》的研究情况,可参看俞长保:《20世纪〈吕氏春秋〉研究综述》,《徐州师范大学学报》2002年第4期;陈宏敬:《〈吕氏春秋〉研究综述》,《中华文化论坛》2001年第2期;李家骧:《中外〈吕氏春秋〉学评考综要》(上、下),《湘潭大学学报》1998年第6期、1999年第1期;王纪纲:《建国以来〈吕氏春秋〉研究评述》,《文史知识》1991年第6期。

二纪"各卷的首篇(下称"十二月纪"),大体上是传统"月令"文字的改编,兼记上古习俗和制度,不同于一般的论说文字;另一类是近似专题文化史的写作,如有关上古教育、音乐、军事、农学的专篇等,多叙传说或当世史实,亦不尽是相关议论;其余的绝大多数篇章,基本上都属于政论的性质,可以总归为一类。为便于初读此书者的参考,这里仍先按原书"十二纪"、"八览"、"六论"的分别,略为提示各部分的内容梗概,并择要做些学术源流上的补充说明。

(一)"十二纪"

"十二纪"中的"月纪"部分,每月一篇,记录农历(夏历)一年四季的时令物候、行政措施和相关事物等,内容简单而丰富。我国古代的"月令"文字,经过系统整理而至今完整保存下来的,大概要以这 12 篇为最早。

关于这类文字的起源时代,目前尚无确定的说法。《国语·周语中》载单子之言,引有《夏令》"九月除道,十月称梁"之语,并称之为"先王之教"。韦昭注:"教,谓月令之属也。"又说:"《夏令》,夏后氏之令,周所因也。"可知古人以为"月令"文字起于夏代。传世《大戴礼记》中有《夏小正》一篇,文字简古,亦按月记载物候时令,即相传为夏代的历书,可说是现在所知的此类文字之祖。不过此亦就传统的农历(夏历)言之,据学者考证,《夏小正》的出现可能也不早于战国。《管子》书中保存此类材料特多,如《幼官》、《幼官图》、《四时》、《轻重己》、《五行》等篇,大致都是谈时令行政的,而且都是按阴阳五行学说的框架组织起来的,该书其他篇章也有一些散见的同类材料。现在通行的《礼记》(《小戴礼》)中有《月令》篇,文字几乎与《吕氏春秋》的"十二月纪"全无异,每篇所增添者不过三五字,只是有不少异字。《淮南子》中的《时则训》显然是由《吕氏春秋·十二月纪》或《礼记·月令》(或它们所依据的底本材料)改编而来的,对于"月纪"本文并无多大变动,但增加了一些汉代流传或新出的相关内容。《逸周书》中也有《时训解》,篇幅不大,差不多全是谈物候,而皆以"五日"为程做记录,又较诸书为简略。

对于《吕氏春秋·十二月纪》和《礼记·月令》的先后关系,历来学者存在许多争议。清初四库馆臣于宋人张虙《月令解》一书的提要中说:"《月令》于刘向《别录》属《明堂阴阳记》,当即《汉书·艺文志》所云古明堂之遗事,在《明堂阴阳》三十三篇之内者。《吕氏春秋》录以分冠十二纪,马融、贾逵、蔡邕、王肃、孔晁、张华皆以为周公作,郑康成、高诱以为即不韦作。"①以为《月令》为周公所作的看法,现在恐怕不大会有人相信了。郑玄的看法是:"名曰《月令》者,以其纪十二月政之所行也,本《吕氏春秋》十二月纪之首章也。礼家好事,抄合之,后人因题之,名曰'礼记',言周公所作。然其官名、时事,多不合周法。"②这是明言《礼记·月令》乃抄合《吕氏春秋·十二月纪》而成。隋陆德明撰《经典释文》,采取郑玄的看法。③唐杜佑则又别出一说云:"按'月令'本出于《管子》,即周时人也。至秦吕不韦编为《吕氏春秋》,汉戴圣又取集成《礼记》,征其根本,并同周制。"④其意盖以为"月令"之书最早见于《管子》,本为周人所编,后来乃为《吕氏春秋》与《礼记》所采用。明方以智认为:"周公《月令》因《夏小正》,《吕览》因《月令》,《淮

---

① 《四库全书总目》,上册,第169页。
② 《礼记·月令》标题下孔疏引郑玄《三礼目录》。按:《隋书·经籍志》礼类的小序说《月令》是马融补进《礼记》的,此说恐不可靠,四库馆臣于《礼记正义》的提要中有驳论,见《四库全书总目》,上册,第168页。
③ 陆德明:《经典释文》卷十一。
④ 杜佑:《通典》卷四十三《大雩》注。

南》因《吕览》,记有异同,非后人笔也。"①清人戴震、孙星衍、黄以周等尚主《月令》为周公作之说,梁玉绳、万斯大、王引之、张文虎等则皆从郑玄说,近人亦或取后说。杨宽先生曾撰《月令考》一文,详论诸家意见而提出新解,以为《礼记·月令》及《吕氏春秋·十二月纪》皆抄合先秦学者的一种旧作而成,这种旧作的作者应是三晋地区的人,其书当属战国末年阴阳五行家的作品;又有《〈今月令〉考》一文,认为郑玄所称的《今月令》是汉代通行的《月令》,当有多本流传,而不是《礼记·月令》。② 近年又有学者结合出土文献,通过对秦汉律令与传世月令书及《管子》等书的比较研究,提出如下推测性的意见:(1)《吕氏春秋·十二月纪》所记的许多行事与秦汉律令的规定不同,而与《管子》的记载相同,表明当时已经存在一种以"明堂"名义命名的月令书,它应当出自齐人邹衍阴阳五行家一派,并且很可能就是汉宣帝时丞相魏相所上《明堂月令》;(2)《吕氏春秋·十二月纪》、《淮南子·时则训》、《礼记·月令》应分别采自《明堂月令》,三种传世月令书之间没有直接的继承关系,但后出者很可能参阅了前出者;(3)《吕氏春秋·十二月纪》于旧文亦有所改动,但改动极少;《淮南子·时则训》则因旧文与汉家制度矛盾甚多,遂大加删改;《月令》之独立成篇而掺入《礼记》则当在元帝以后,至王莽时再加整理而取得独尊的地位,从而使得《明堂月令》地位渐微,最终失传。③ 这个意见,有着清晰的逻辑思路,言之成理,与杜佑的说法亦约略相合。不过《明堂月令》

---

① 方以智:《通雅》卷十二《天文·月令》。
② 二文皆见《杨宽古史论文选集》,上海:上海人民出版社,2003年版。《月令考》原载《齐鲁学报》1941年第2期,收入选集时有增补;《〈今月令〉考》原载《制言半月刊》1935年第5期。
③ 杨振红:《月令与秦汉政治再探讨——兼论月令源流》,《历史研究》2004年第3期。

之书已难考求,此说能否成为定论,也还有待更直接的材料证明,或者将来地下文献的出土会有助于解决这方面的问题。仅就东汉学者所能知道的而言,郑玄以为《礼记·月令》实由《吕氏春秋·十二月纪》抄集而来的看法,目前还不能否定。仔细对勘二者用字的不同,亦可看出其中有不少字应以"十二月纪"为正,是《月令》抄错了,或因传抄者臆改而致误。马、贾、蔡、王等人的托古,主要是鉴于《逸周书》中也有时令文字,但《逸周书》的成书年代更成问题,亦无由据此即认为周公曾作《月令》。杜佑以为"月令"材料当出于周时,这看法有合理的一面,但推断"十二月纪"及《月令》皆本于《管子》,也无确据。今本《管子》中的此类记录,所用阴阳五行体系的基本框架与"十二月纪"相通,然二者内容亦多有不同之处。

战国时代流传的"月令"文字,当不止一种或数种。在中国古代生产力水平还很低下的农业社会,物候时令是与农业生产息息相关的,古人在这方面的经验积累历代都有增加,相关记载也应该很早就已出现。对这类记载的较有系统的整理,当与官方的档案积存有关系,特别是与上古统治者颁正朔、授时历的传统有关。汉以后各代王朝仍多奉行的"读令"制度,或按季按月定期举行仪式,宣时令而正服色,显然尚存上古遗风。历法和历书为农业生产所必需,或者可以说,后世所见粗糙而简朴的"月令"材料即是原始农历书的孑遗。吕不韦主编《吕氏春秋》时,肯定对这类成文资料有所依据和参考,并不都是自出心裁的创作,甚至对其中的主要部分都照录原文也是可能的;不过能够将当时所见系统地整理和记录下来,构成有条不紊的专门文献,这在文化史上也是一项贡献,即使说这些文献本为吕氏门下所创作也不算过分。与《管子》书中的同类材料相比较,《吕氏春秋》的"十二月纪"逐月详述,内容要条理、清晰、简要、系统得多,而且所记注重五行学说中所包含的自然规律因素,附会其迷信成分的地方较少。仅就现存古文献言之,后世层出不穷的物候时令之书,在源流上仍当推本于《吕氏春秋》的系统记录。

"十二月纪"在《吕氏春秋》中具有特殊的意义和位置,这可从全书的定名、篇章结构和《序意》的写作得到证明。"十二月纪"的写法有一定格式,内容大致可分为四项:一是从历法入手,记录当月的时令、天象、物候、常规祭祀的古"帝王"和神灵、五行学说所包含的对应诸元素、天子的时服和饮食器物等;①二是当月王政活动的主要节目,包括节令礼仪、朝政大典、重点事务及其注意事项等;三是根据时令指导民事活动的原则规定和时令禁忌等;四是在每篇之末各有专门文字,指出不按时节采取合乎自然规律的行政措施,将会带来与季节变化不相应的自然灾害。由于一年时令的运转是连续不间断的,特别是在每一季度之内,各月的时令变化有

---

① 各"月纪"首段所涉及的术数内容,都是和古人的占卜活动有关系的。1986年在甘肃天水市放马滩1号秦墓中出土的竹简《律书》中也有同类内容,发掘报告认为其下葬年代为秦王政八年(前239)冬或九年初(《甘肃天水放马滩秦汉墓群的发掘》,《文物》1989年第2期),则正与《吕氏春秋》的成书在一时。戴念祖先生通过对《律书》与《吕氏春秋·十二月纪》等相关记载的比较研究认为:"秦汉时期日者利用某些自然现象的有机联系,借以排定术数。时间(如季节、月份、时辰)的顺序流转;抬头仰望天空,从北向东、向南、向西、再回北环顾一周所见心宿的位置;一年的风向变换;加上干支、律名、阶名的轮回,甚至数字的加减递变,这些都成为日者借以占卜的手段。虽然术数的排法是任意的、主观的,但自然现象及其有机联系却成为日者占卜的理论依据。"见氏著:《试析秦简〈律书〉中的乐律与占卜》,《中国音乐学》2002年第2期(又见《文物》2002年第1期,题《秦简〈律书〉的乐律与占卜》)。学者或据这类术数内容,将"十二月纪"都视为阴阳家言,恐不够确当。事实上,有关阴阳五行及其所包含的"天人感应"观念起源极早,古人治学很难完全摆脱这类观念的羁绊,所以直到汉代,董仲舒围绕"天人感应"创立他的庞大儒学体系,仍以阴阳五行学说为基本学术框架。故尔我们以为,从比较宽泛的意义上讲,《吕氏春秋》的"十二月纪"仍当列入传统儒学的范畴,它们被抄集为《月令》而入于《礼记》也是古人即如此看待的明证。

同有异,因此王事活动的月程安排也不可能都不相同。不过"月纪"的记录在异而不在同,所以各"月纪"的内容异者多,同者少,每季每月都突出各自的时令特点。这样,把各月的事项连贯起来,也就可以展示一年之中王者行政的大体过程。又由于以年为单位的季节变化是循环的,年复一年,有规律地转换,历久如此,所以"十二月纪"的记录有着长期的指导意义,所凝聚的经验知识也具有普遍的价值。纯从文献学的角度看,著书以月令为"纪",欲以囊括天地古今,可说是一种巧妙的安排。其《序意》说:"凡十二纪者,所以纪治乱存亡,所以知寿夭吉凶也。"由此可以窥见作者的著述宗旨和意图。唯是"纪治乱存亡"而不用史体,古今社会变迁的实迹无由概见,剩下的就只有"知寿夭吉凶"了。然连贯史实于一编是一事,探讨社会变迁的动因又是一事,由"寿夭吉凶"预测"治乱存亡",毋乃是一种更高层次的"纪"。尽管"月令"材料都是很浅近的记录,而它们的文化内涵事实上是既深且远的,于古于今都不容小觑。通观《吕氏春秋》全书可知,作者的著述宗旨仍不离《易经》等元典所展示的一个中国文化的古老命题——"天人合一",即从人与自然的关系这个基本点出发而议论政治人事。这也就是该书《序意》篇所强调的"上揆之天,下验之地,中审之人",亦即全书以"十二月纪"为纲领的用意之所在。

重复地说,《吕氏春秋》并没有通记中国古代历史文化的变迁过程,而是截取一年的时段以为"纪",用系月的方式展示王者施政的历程,所以我们称之为"上古王政的年历"。这样的年历是经过了整合与加工的,在一定程度上可说是一部微观的文化史。说它是微观的,是因为它的记录以"年"为单位,记事亦是显微型的"元素"之罗列;然此微观中有宏观的内容,所记各种自然和人事现象都不是一年到头之后就过时或不再发生了的。所以这类史料有着多方面的意义和价值。其一,"十二月纪"中的岁时内容保存了古人相当丰富的观察经验,反映了我国上古历法的起源特点、形成机制和成熟过程,是研究上古历法依据的很好的材料。其二,"十二月纪"所记农事节日和岁时祭祀名目繁多,体现出我国上古社会的民俗和礼制,而且其中的礼制事体绝大多数都是古代王政日程上必不可少的项目,因而关系民俗文化与礼制史的研究非浅,诸篇所以被改题而收入《礼记》的原因即在此。其三,由"十二月纪"的岁时节令内容,可进而研究和还原我国上古先民最基本的生产结构、生活方式和社会形态;尤可注意的是其中还包含着朴素而宝贵的生态环境保护意识和持续发展的观念,虽往往表现为"禁忌"的风俗,而绝非仅是迷信。其四,透过作者欲以"十二月纪"浓缩天、地、人三者关系的意图,可以深切了解我国上古"国之大事在祀与戎"的政治特点,而强调王政活动"无变天之道,无绝地之理,无乱人之纪"(《孟春纪》),必须顺应自然以经理人事的观念,则直到今天仍是具有普适价值的社会管理学遗产。后人研究《礼记·月令》,几乎忘记了它原出于《吕氏春秋》,这是不公道的。宋人张虙的《月令解》奏表说,用它可以"裁成天地之道,辅相天地之宜";《四库提要》说:"今考其书,古帝王发政施令之大端皆彰彰具存,得其意而变通之,未尝非通经适用之一助。"[①]这些都应复归于对《吕氏春秋·十二月纪》的评价。

古人的宇宙观多出于日用经验,简质的表达原未必难懂,而在后人看来往往成为神秘的包装。如《易经·乾卦》的"元亨利贞",类似代码,释者纷纭。金景芳先生说,"古人把元亨利贞讲为春夏秋冬","元,就是开始;亨,就是发展;利,就是成熟;贞,就是收

---

① 《四库全书总目》,上册,第169页。

藏"。① 此语可以解密。这里欲以引证的是:《吕氏春秋》的"十二纪"是按春、夏、秋、冬的顺序编排的,不仅12篇"月纪",而且其余48篇论文的内容,也都与春生、夏长、秋收、冬藏的自然规律若合符节,从中可以看出作者的安排框架。清初《四库提要》曾谈及该书"夏令多言乐,秋令多言兵,似乎有义,其余则决不可晓"。余嘉锡先生对此有详细的驳论,指出:"盖阴阳五行之学,出于《周易》及《洪范》,而盛于战国,大行于秦汉之间。十二月纪言某时行某令则某事应之,正言天人相感之理……故十二月纪以第一篇言天地之道,而以四篇言人事(其实皆言天人相应),以春为喜气而言生,夏为乐气而言养,秋为怒气而言杀,冬为哀气而言死,所谓春生夏长秋收冬藏也。"②细读"十二纪"的诸论即可明此。

1."春纪"诸论。这一部分的12篇专论,以谈性理为主,包括《本生》、《重己》、《贵生》、《情欲》、《当染》、《功名》、《尽数》、《先己》、《论人》诸篇,基本上都属这类内容。所谓"性理",也就是有关性命、性情或心性的义理之学,故可以人之生与春之生相比附。在中国文化史上,道家法自然,儒家重伦常,佛家求解脱,乃至其他各家有关人生的理论,几乎无不与性命之说相关联,而又各有一套自己的义理。《吕氏春秋》中的性理言论特多,但作者不是一般地

---

① 金景芳讲述、吕绍纲整理:《周易讲座》,长春:吉林大学出版社,1987年版,第101～102页。

② 余嘉锡:《四库提要辩证·吕氏春秋》。按《史记·太史公自序》评论阴阳家说有云:"夫春生、夏长、秋收、冬藏,此天道之大经也,弗顺则无以为天下纲纪。故曰:四时之大顺,不可失也。"董仲舒《春秋繁露》卷十二《阴阳义》篇又云:"天之道,以三时成生,以一时丧死。死之者,谓百物枯落也;丧之者,谓阴气悲哀也。天亦有喜怒之气、哀乐之心,与人相副。以类合之,天人一也。春,喜气也,故生;秋,怒气也,故杀;夏,乐气也,故养;冬,哀气也,故藏。四者,天人同有之。有其理而一用之,与天同者大治,与天异者大乱。"此可说是对《吕氏春秋·十二纪》宗旨的最恰当概括。

讲性情涵养的原理,而是主要着眼于帝王的修身养性和全生之道。其主导倾向是综合和折中着儒家、道家的性理学说的,但在养生、全生的层面上,更多采取了道家的观念和说法,所以有关论述多与道家着力倡导的"无为"政治相联系。如说"天子"之名即是就涵养和保全天性而言的,能设官分职,使各尽本分,而不致自身劳神而"害生",故"谓之天子"(《本生》)。又说"天下"、"国家"相对于天子的性命而言都是次要的,"帝王之功"不过是"圣人之余事","非所以完身养生之道"(《贵生》);圣王以自身为"大宝",欲治天下,必先治身,治身至于"无为",才能达到"胜天"的境界(《先己》)。性命之说直接涉及人与物的关系问题,故《本生》篇引进了"轻重"的概念以论说性情,认为"性寿"为重,乱性之"物"为轻,主张"以物养性",反对"以性养物"。为此,《吕氏春秋》全书中批判利欲害性伤生的言论极多,并认为人的欲望要能够"胜理","胜理以治身则生全,以生全则寿长"(《适音》)。所谓"胜理",也就是遵从生命规律和伦常义理,以使"六欲皆得其宜"(《贵生》)。《尽数》、《情欲》等篇都是专讲情欲要有节制,不可放纵而违反"天地之数"的。

《孟春纪》的《贵公》、《去私》两篇,着重谈用人要出以公心,也与性理之说有关。如《有度》篇所说:"能治天下者,固必通乎性命之情者,当无私矣。"其意以为统治者若能"节性"、"节情"、"节欲"、"节己",则不会有"贪污之心",无"贪污之心"则必能"法天地"而"无私"。《季春纪》的《圜道》篇讲循环运动,仍落实于"无为"政治。在性理之学的层面上,《吕氏春秋》讲"全生"多用道家言,讲"修身"则逐渐步入儒家修齐治平的轨道。如《论人》篇说"主道约,君守近,太上反诸己,其次求诸人";《执一》篇说"身为而家为,家为而国为,国为而天下为","以身为家,以家为国,以国为天下,此四者异位同本"。这些都是儒家一贯的思想路线,而在吕氏书中皆与道家学说相融通。

2."夏纪"诸论。这一部分有"劝学"4篇,论乐8篇,虽亦为政治目的而写作,而都带有文化史专篇的性质,宜分别看待。学为成人,乐求谐和,犹如万物在夏天的成长,故作者属之于"夏纪"。

中国文化有着悠久的尊师重教、劝学励行的传统,《论语》以《学而》为第一章,《荀子》以《劝学》为首篇,孟子提倡"学"为收"放心"①,都把"学"提到了关系人之存在的心性本体的认识高度。《吕氏春秋》的《劝学》篇强调"不知义理生于不学",学者能"师达而有材"即可为圣人;又强调力学在于尊师,而为师者既要有理论修养、又要能身行德义才能"位尊"。《尊师》篇专论尊师之道,一开头就列举了自神农以至越王勾践的"十圣人"、"六贤者"尊师之事,十分明显地透露出吕不韦的师傅口吻,也许确是针对秦王政而发的;而全篇归结于"知之盛者莫大于成身,成身莫大于学",可说是对"学"为本体的最明确的表述,又说从师而不听从、不尽力、不用师说即是"背叛"。此篇犹有特别值得注意的是,文中罗列的"所以尊师"各项,涉及当时私学的教学形式和宗旨、要求等,在先秦诸子书中保存有关私学的史料最为具体。《诬徒》篇批评了为师者不德、为学者不专两种情况,《用众》篇则指出善学者要博采众长以补己之短。这4篇文字的内容划分不甚条理,也可能原总为一篇而后来又分写,然合而观之,仍不失为反映先秦教育状况的重要文献。

论乐8篇既因中国古代特重礼乐制度而有着很强的政治意义,同时又有着鲜明的文化史的意义,并且在今天看来,其文化史

---

① 《孟子·告子上》:"学问之道无他,求其放心而已。""放心"指不能专心致志的放散之心,"求"犹收。朱熹《孟子集注》卷五:"学问之事,固非一端,然其道则在于求其放心而已。盖能如是,则志气清明,义理昭著,而可以上达;不然,则昏昧放逸,虽曰从事于学,而终不能有所发明矣。"

的意义实大于政治意义。《大乐》篇讲音乐的起源,认为万物莫不有形,有形即有声,"声出于和,和出于适",先王即根据"和"、"适"的原则定乐,其理论可与《礼记·乐记》对看。《侈乐》篇反对淫侈音乐,《适音》专讲音乐的和谐,都强调"音乐通乎政"的功用,即所谓"治世之音安以乐","乱世之音怨以怒","亡国之音悲以哀"。《古乐》篇记载了从传说的朱襄氏(或说为炎帝别号)直到周文王共十一代的乐舞资料,可说是我国现存最早的音乐简史。此篇看上去神话满纸,凌乱不可信,但若联系考古发掘所得的原始乐器及传说文献中的乐舞材料探赜索隐,几乎在在可考,具有很高的专门史的价值。① 《音律》篇属于乐律学的专作,记有全部十二律的名称及其相生关系、音高顺序、对应月份等,具有科学的因素,相关知识可与《国语·周语下》所记伶州鸠论律之语、《管子·地员》篇所记十二律相生的"三分损益法"及天水放马滩出土的秦简《律书》等互相参考;篇中所列各律对应月份的岁时禁忌和相宜事务,则可与该书的"十二月纪"对照理解。《音初》篇记载东、南、西、北之音的初始创作,保存了一些传说的上古地区音乐史料。《制乐》、《明理》篇多记灾异,以明用乐制度与治道的关系。这8篇作品,唯后两篇内容单薄且稍嫌文字拖沓,前6篇则都是难得的先秦音乐史料文献。

3."秋纪"诸论。这一部分的主要内容是《孟秋纪》和《仲秋纪》的论兵8篇,主题集中,在全书中类似独立单元;《季秋纪》的《顺民》、《知士》、《审己》、《精通》4篇则各有所主,内容上的内在联系不甚紧密。

秋天是成熟的季节,也是天气肃杀的时候,古人常在秋收以后

---

① 对此有兴趣者可参考拙作:《东夷乐舞与舜乐》,《齐鲁文化通史·远古至西周卷》,中华书局,2004年版,第326~341页。

整顿刑法和准备用兵,这也是《吕氏春秋》将论兵8篇放在"秋纪"部分的理念。中国兵学成熟极早,堪称举世无双,而先秦兵学的大本营原在东夷故地的齐国。齐国的开国君主姜太公是公认的兵家元祖,自唐以来在各地武庙中所奉祀的武成王就是这位太公吕尚,与文庙所奉祀的大成至圣文宣王孔子并称文武"二圣"。齐国稷下学宫传承太公思想的管子之学也极重军事,现存《管子》书中的《兵法》、《地图》、《参患》、《制分》、《九变》、《七法》及《幼官》等篇都不厌其详地谈兵论兵。春秋战国时期,齐国兵学一枝独秀,传世《孙子兵法》、《孙膑兵法》及《司马穰苴兵法》等兵家要籍皆出于齐人。《吕氏春秋》的论兵8篇,也很可能出于齐学之士,且其中的一些观点和言论与《荀子·议兵》篇及《管子》书中的军事论述甚相契合。不过这8篇文字基本上是谈军事理论问题的,对于具体的用兵之道讨论较少。所论重点内容在《孟秋纪》的《荡兵》、《振乱》、《禁塞》、《怀宠》诸篇。这几篇都是带有一定论战性的文章,很能体现齐学的开放风格,对传统军事思想的阐述有所深化,而同时也反映出战国末年军事思想的变化动向及秦国在军事上的实力地位。其突出特点是极力主张以"义兵"诛暴禁乱的战争观,而严厉批评和反对墨家、名家所宣传的"非攻"、"偃兵"、"救守"诸说。"义兵"学说是《吕氏春秋》全书军事思想的核心。作者认为:(1)战争是不以人的意志为转移的,自古"大刑用甲兵,其次用斧钺","天下无诛罚,则诸侯之相暴也立见";(2)战争有正义与非正义之分,"善用之则为福,不能用之则为祸","义兵为天下之良药";(3)"义兵"攻战的目的在于"诛暴君而振(救)苦民","长有道而息无道","赏有义而罚不义","以利天下之民为心"。故不可非议,不可偃息;(4)兵入敌国之境,要与民约信,保护、救助、尊重、服化当地人民;(5)"非攻"、"偃兵"之说皆以"兼爱天下"为名,都是因噎废食、因乘舟死而禁船的悖论;(6)对于一国兵民及各国之间的相互援救守备,亦应区分"义"与"不义","兵苟义,攻伐亦可,救守亦可;兵不义,攻伐不可,救守不可";(7)兵者凶器,不得已而用之,欲息兵须先国治。这些思想,相对于战国时期各国之间的所谓"无义"战而言,会有不同的评判,但在局部战争中仍有其实践价值,也符合大一统战争的要求,并具有军事理论的意义。翻检先秦兵书可知,"义兵"的概念并非《吕氏春秋》所特有,然论述之突出详细者无过于此书。

《仲秋纪》的诸篇,《论威》谈兵威问题,《简选》谈选士练兵及兵器的改进,《决胜》谈制胜之道,亦有吸收和突破传统兵法之处;唯《爱士》篇内容褊狭,非是指爱兵。《季秋纪》的《顺民》篇专论"顺民心"、"得民心"问题,内容值得重视,而文末所述"凡举事必先审民心"亦与攻伐相联系。书中其他部分也多有军事论述文字,可以参照这 8 篇阅读。

4."冬纪"诸论。这一部分的 12 篇专论内容较杂,而有着较浓厚的墨学色彩。《节丧》、《安死》二篇提倡节丧、反对厚丧,明显是采用了墨家学说,不但主题思想与《墨子·节丧》篇无异,而且概括了《墨子·节用》篇的一些内容。《异宝》、《异用》二篇谈对财用的态度问题,应该也是墨家后学的文字。诸篇之所以入"冬纪",皆因节丧、节用与冬藏有关,进而论及财用之异与生死之分,而倡舍生取义之道。《至忠》、《忠廉》、《士节》、《介立》、《诚廉》、《不侵》诸篇,大要在谈士人的节操与人主的用士问题,从中也不难看到墨家士人特立独行的影子。《当务》篇归结于用法须适应实际事务,而所举的事例都是批判特异行为和过甚言论的。《长见》篇讲处事要有远见,录有周公、太公各言治国方针的预言性故事,涉及周代齐、鲁两国不同的文化路线问题,后来《史记》、《汉书》及《淮南子》等书中亦屡有近似的记载,为研究齐鲁文化的重要史料。

（二）"八览"

先秦文献以"览"为文体之名者，仅见于本书的这一部分。"览"为临视、观看之意，用于书籍则指阅读。唐颜师古《匡谬正俗》卷二云："览者谓习读之人，犹言学者尔。"《吕氏春秋》著其论说而名之曰"览"，盖取"习读"之义，以示所论皆为学者所当研习熟读。

"八览"皆以首篇题卷，亦即各以所属首篇的标题为卷题。卷题应是显示本卷主题的，故其下 8 篇论说有着某种程度上的归类；但因不是每卷一题的专门写作，又因编定时存在篇章割裂的情况，故各卷诸篇也不都是相近的内容。

1.《有始览》。此卷首篇若去"览"字，即可称《有始》，是讲"天地合和"的，亦即以自然界为一个整体，并强调自然界为生命的本源。文末概括说："天地万物，一人之身也，此之谓大同。"这个"大同"是典型的"天人合一"词语，参透了这个"大同"的真谛，也就可以明了"一人之身"即包含了宇宙的全部信息——这真可说是跨越数千年的超前科学观念。①《孟子·尽心上》所说的"万物皆备于我"是个认识论的命题，指向身心修养，而这里的"天地万物，一人之身"却是一个本体论的判断。照作者的意见，无论是"一人之身"的耳目口鼻，还是自然界的寒暑变化、五谷生殖，这些"众异"都不过是万物毕备而"大同"的条件或体现；天地汇聚万物，"圣人"观其类而察其情，懂得了宇宙天地之所以形成，风雨雷电等自

---

① 此处"大同"借用了名家的概念。《庄子·天下》篇引惠施说："大同而与小同异，此之谓小同异；万物毕同毕异，此之谓大同异。"意谓万物都相同的特征叫"大同"，万物都不同的特征叫"大异"；反之，只有部分事物相同的特征叫"小同"，只有部分事物不同的特征叫"小异"。"大同"和"小同"、"大异"和"小异"都是不同的概念。

然现象之所以发生,阴阳二气之所以化生万物材用,人类与禽兽之所以各得其所,也就可以因任而治,求得社会与自然的统一。换言之,顺天、法地而信人,"三者咸当",也就可以"知寿夭吉凶",避祸而趋福。可见本篇主旨与《序意》相合,是与"十二月纪"相照应的篇章,也可看成是"八览"的总序。《有始》以下各篇,《应同》讲符瑞,而有按五行相克顺序编排的五德转移说,是较之现存先秦其他古籍所记都更为详尽的材料;①《去尤》、《听言》、《谨听》诸篇皆谈人主之听言,而各有侧重;《务本》篇实以吏治为本,而亦涉及以忠孝为本;《谕大》篇则讲大小贵贱的维持关系。如前所说,后5篇割裂都较重,须与有关篇章合看。

2.《孝行览》。此卷首篇专谈孝道,强调人主"务本莫贵于孝",并引有曾子、乐正子春之言,把"庄"、"敬"、"仁"、"义"、"礼"、"信"、"忠"、"友"、"勇"、"强"等一大套道德名目都归到了"孝"字的户头下。"孝"是中国古代人伦关系的起点,中国传统的伦理文化即以孝道为根本。不过在先秦时代,秦人受儒学沾染较少,一向以好勇斗狠著称,其地"野人"(乡下百姓)或至"以小利之故,弟兄相狱,亲戚相忍(互相残杀)"②,原是并不怎么讲求孝道的。《吕氏春秋》如此重视孝道,甚至比儒家还要崇尚孝道,这多少有点出人意外;也许作者正欲反其意而用之,以求拨正秦人孝道不足的风俗。本书《察微》篇引有"《孝经》曰",在现存先秦典籍中是最早见到引及《孝经》之名的;《孝行览》的"爱其亲"以至"天子之孝也"三十余字,其实也是《孝经》之文,只是用一个"故"字开头而没有写出书名。本卷其他各篇,大致都是谈人主的求贤、

---

① 顾颉刚先生认为《应同》篇所记即是齐人驺衍的五德终始说,见氏著:《五德终始说下的政治和历史》,《古史辨》,海口:海南出版社,2005年版,第5册,第246页。

② 见本书《高义》篇。

用贤之道的,而主于君臣之遇合,同时兼及因时而动、教化赏罚等事。

3.《慎大览》。此卷《慎大》篇论贤主不可因国力的强大而骄人,《权勋》篇论君臣不可贪小利而失大利,《下贤》、《报更》二篇主张人主应礼贤下士及养士,这几篇仍与上卷内容有些联系。其余4篇,包括《顺说》、《不广》、《贵因》、《察今》,则都转向道家所注重的因任之道。"因"是道家学说中的一个重要概念,《管子·心术》篇即主要讲"静因"之道。《心术上》指出:"无为之道,因也。因也者,无益无损也。以其形,因为之名,此因之术也。"又说:"因也者,舍己而以物为法者也。感而后应,非所设也;缘理而动,非所取也……故道贵因。"这些话的大意是说,行"无为"之术要能够"因","因"就是因物之实,"以物为法",如实地反映客观事物,既不要增加,也不要减少,遵循事物发展的客观规律行事,而不要有脱离客观的主观设置。古人也常用"因任"一词,其义仍大体相当于"因循",而强调以"因"为用,在"因"的基础上做出决策并付诸实施。稷下黄老之学的田骈、慎到一派即多从政治上讲"因循"之策,现存《慎子》辑本有《因循》篇,立论于"天道因则大,化(变)则细",而着重主张人主依法治国要"因人之情"、循民之欲,使天下之人皆得"自为"(各自从事他们的职业为国家服务),而不是硬性地变更民俗、抑制民欲,使天下之人皆趋就于人主之"为我"(强迫他们为统治者所用)。《吕氏春秋》全书中言及因任之道的文字甚多,大致都是承稷下黄老之学而来的,但也和稷下道法家一样,同时主张因时变法,并非就是只讲"因循"而不讲变化。本卷《贵因》篇强调"三代所宝莫如因,因则无敌",《察今》篇又强调"察今则可以知古","变法者,因时而化",二者相反相成,并不矛盾。

4.《先识览》。此卷前5篇的论说,大致都是围绕人主的求贤用人问题展开的:《先识》篇批判亡国之主不能用"有道之士";《观世》篇倡言对"有道之士"应访求于民间而礼遇之;《知接》篇劝诫人主近贤智而远佞臣;《悔过》篇则提醒人主,如果不能精思明敏地接纳正确意见,便有可能铸成大错;《乐成》篇论人主用人要讲求事功,但采取了秦法家"民不可与虑始而可与乐成"观念①,其中有统治阶级的偏见。其下《察微》篇喻治乱存亡或起于微小的事体,人主故当慎小以全大;所举事例颇多,其中的一例述及吴、楚之女争桑于境上,结果导致两国间以兵戎相见,战争连年不休,愈演愈烈,是研究春秋时期吴、楚关系的重要史料。②《去宥》篇当与《有始览》的《去尤》篇并观,而篇中所记秦惠王时墨家学者西行的事实,也是仅见的先秦学术史料。《正名》篇属于"刑(形)名"之学,是从政治上批判名辩家的"淫说"的,不同于通常所理解的儒家正名分之学。

5.《审分览》。此卷各篇是集中讲说道家"无为"之术的,内容相当整齐,唯《慎势》、《不二》篇稍有扩展。"无为"概念的典型表述最早见于《老子》。《老子》五千言开宗明义即告诉人们,"道"是不可称道、不可命名的,如果可以称道、可以命名,那么它就不是"道"了;可是作者自己分明又在用通行的语言文字描述它、诠释它,并且仍然明白无误地把它称为"道",对此又该如何解释呢?这是不是可以说明,"道"尽管"玄而又玄",尽管是"不得已"而名之,而到底还是可以称道、可以名状的呢?作者并且提出了一种自认为可行而有效地把握"道"的方法:"致虚极,宁静笃","解其纷,和其光,同其尘",去追求一种"玄同"的境界。又认为,要达到这种境界,就要"绝圣弃智"、"绝学无忧",把一切都是"罪恶"的知识

---

① 语见《商君书·更法》篇。
② 《晋书·刘毅传》谈到"桑妾之讼,祸及吴楚;斗鸡之变,难兴鲁邦",当即据《吕氏春秋》本篇言之。后一例载籍尚多见,前一例则在今已仅见于《吕氏春秋》本篇。

全部抛弃;等到"损之又损",真正"涤除玄览",把内心打扫得干干净净、一无所知的时候,那就可以知道这个迷离惝恍的"道"是"无为而无不为"的了。可是这样,人们在一无所知之际又增加了一种关于"无为"的新知识,"涤除玄览"和"无为"本身又不知该安放在何处了。道家的"方外"世界在先秦诸子中是哲学层次最高的境界,他们有关"道"的论说充满了奇妙的智慧和辩证法,但哲学上的"无为"不易解释,这里暂且略而不述;至于应用到政治上,则"无为"便成为一种手段、策略、方针、权术或政策、纲领、路线,并且自秦汉以来仍长期与儒家、法家的政治学说鼎足而三,时或为大一统政权的统治者所遵用。《吕氏春秋》一书中关乎"无为"政治的论说不一而足,大要可归纳为几个方面:第一,提倡因任而治。这点上文已简要提及,本卷《审分》、《君守》、《任数》、《知度》、《执一》各篇亦皆言之。第二,主张人主处虚守静。如《君守》篇说:"得道者必静,静者无知。知乃无知,可以言君道也。"《任数》篇说:"去听无以闻则聪,去视无以见则明,去智无以知则公……故至智弃智,至仁忘仁,至德不德。无言无思,静以待时,时至而应,心暇者胜。"《勿躬》篇说:"凡君也者,处平静,任德化,以听其要。"这些都是要人主守住"道"的根本,务"虚"务"静",按"道"所要求的治理原则处事,而不要专靠一己的聪明才智任意而为,以避免私心和忙乱。第三,强调人主设官分职,总领政要,不可干涉职能部门的职事。《勿躬》篇即专门论此,他篇中的同类言论亦往往随文而有。简单地说,道家以为天地间存在着一种自然的法则,按照这种法则行事而"因任自然",对于人事活动的正常规律不乱加干涉,社会就能够得到治理;否则,不按这种法则行事,而扰乱了人事活动的正常规律,就是人与天"争职",会产生种种弊端。所以道家主张"我无为而民自化,我好静而民自正,我无事而民自富,我无欲而民自朴"(《老子》),其结果则是"无为而无不为"。就《吕氏春秋》全书的"无为"论述而言,这里归纳的几个方面还远不能概全,而无论怎么概括,相关言论都是互相涵摄的,作者在写作时亦未有分擘的准界。所以读者在阅览时,亦应联系起来做综合的领会。

本卷《慎势》篇是专谈法家所讲求的"势"(人主权势)的。此篇开头说:"失之乎数(术),求之乎信,疑;失之乎势,求之乎国,危。"这话出自法家特重"术"的代表人物申不害,《韩非子·难三》篇引其上半句作"申子曰"。法家讲"势"始于稷下道法家的代表人物慎到,至韩非而大张之,以其与商鞅之"法"、申不害之"术"相综合,从而构筑起法家集大成式的以"法"、"术"、"势"并重的理论体系。《吕氏春秋》本篇引有"慎子曰",而看上去也吸收了韩非的一些看法;不过篇中赞扬上古宗法贵族的"封建"制,与吕不韦及韩非的思想都不相合。全书讲"势"不多,也没有像《韩非子》那样,把"势"的功用推向极端。倒是书中(特别是本卷)另有好些语句,与《慎子》辑本及逸文所见很相似,可能《吕氏春秋》在写作时,曾以慎到的著作为重点参考书之一。①

本卷《不二》篇,从标题上看,是与其下《执一》篇相应的,内容似乎也相接,只是其文残缺太多,已无法弥补。现存的首段说:"老聃贵柔,孔子贵仁,墨翟贵廉,关尹贵清,子列子贵虚,陈骈贵齐,阳生贵己,孙膑贵势,王廖贵先,儿良贵后。"语虽简括,而为有关先秦学术史的重要史料,可与《荀子·非十二子》、《庄子·天下篇》及

---

① 慎到的著作,《史记·孟子荀卿列传》谓有"十二论",《汉书·艺文志》则著录为"四十二篇"。《史记》集解引徐广曰:"刘向所定有四十一篇。"马总《意林》称有"十二卷",《隋书·经籍志》及《史记》正义、《旧唐书·经籍志》、《新唐书·艺文志》又并云"十卷"。疑其书原有42篇,而厘为"十二论",亦用所谓"天地之大数"的"十二"为结构体系;或其中六论各有3篇,另外六论则各有4篇,合之即为42篇。其完本已佚,宋时已仅剩5篇,明时所传者又非宋本5篇之旧。清人严可均及钱熙祚先后辑校,虽得7篇,而皆为片断文字,实无一篇完整,另附有佚文44条及可疑佚文16条。

《史记·太史公自序》做对照研究。所列十人，唯"子列子"特用两"子"字的敬称，疑其文原出于列子后学。《安死》篇中自"故反以相非，反以相是"至"此惑之大者也"一段，清人以为当是《不二》篇之文误窜入该篇者（见毕沅校注），或是。

6.《审应览》。本卷内容亦甚集中，各篇所论皆与春秋战国时期曾经流行的名辩思潮有关系。所谓"名辩"，重在指称事物的名实关系。一般地说，当社会相对稳定的时候，各种事物及其相互关系的称谓大体上也比较固定；而一旦社会进入大变动的阶段，各种事物及其相互关系也就随之发生变动，从而导致旧有的称谓不能适应新的指称内容，新起的称谓又大都不能得到一时的公认，于是在"名"和"实"之间便不期而然地生出无穷无尽的纠葛和矛盾。还在春秋末年，孔子已提出"正名"之说，其本意还是要求称谓概念、用词用字要符合指称实际，而后人也常把"正名"当做指称社会关系的用语（即所谓"正名分"）。战国时的各家学术，都有关于名实关系的讨论，其中以惠施、公孙龙等人为代表的一派（即经常被指为"白马非马"论者的一派），汉人称之为"名家"；不过在先秦诸子书中，并无严格的"名家"界定，其时大凡善辩之人，包括一些纵横游说的人物，往往统被称为"辩者"或"察士"。《吕氏春秋》有《正名》篇，本卷各篇尤多涉及名辩问题，但文章的主旨不在讨论名实关系，而在提倡人主为政要慎言、慎听、善应对、精谕意、却"淫辞"、伐吊诡、知言用言、不自辩察等等。这类论说的背后，都以人主的"无为"之术为支撑，所以作者在《审分览》之后接以《审应览》，也应是合乎逻辑的安排。

7.《离俗览》。此卷内容大要转向"德治"问题，吸收儒家学说的倾向最为明显。《离俗》篇表彰"穷则独善其身，达则兼善天下"的"高节厉行"，而提出"以爱利为本，以万民为义"；《高义》篇与上篇相辅，更突出了一个"义"字；《上德》篇明确提出"为天下及国，莫如以德,莫如行义";《用民》篇复接述"凡用民,太上以义,其次以赏罚",强调赏罚之威应当建立在"爱利"的基础上;《适威》篇再言使民不可"重为任而罚不胜",当"仁义以治之,爱利以安之,忠信以导之,务除其灾,思致其福";《为欲》篇又倡导统治者顺民之欲以行己之欲;《贵信》篇则主于取信于民。这些论说可能都是有针对性的,中心思想与秦国自商鞅变法以来所形成的严刑重法传统完全唱反调。唯本卷末《举难》篇别述一题,主于人主用人要各用其所长,不应责备求全,可与下卷内容合并观看。

8.《恃君览》。此卷各篇论及君主制度的起源及人主的职责、行为等,仍以治国之道为中心内容。《恃君》篇认为,人类自别于动物界的根本特征在于能够"群聚",也就是能够组成社会,由此便产生出立长立君的要求;但在人类还"知母不知父"的母系时代,君主制度也还是不存在的,只是在进入父系社会阶段以后,随着各种等级礼制的逐步建立和完善,君主制度才得以确立下来。作者据此指出,天子、国君、官长本为社会公利而设,因此他们都须有"利天下"、"利国"、"利官"之行,社会的治乱兴废即系于此。这些论说都包含了值得认可的社会进化观念和"公天下"的思想。《长利》篇即由此立论,揭示统治者要能长久享国,就要为天下民众的长远利益着想,以德政化天下,而不是只以国家利益私其子孙。《知分》篇表彰"达士"的"知命",有宿命论的成分,但仍归结于人主用人要公平赏罚。《召类》篇由国际关系论及国家兴亡,则是反对宿命论的,强调国治则不为外力所迫而可以致强,国乱则易为他人所攻而致亡国。《达郁》篇论欲去国家积弊在用贤,《行论》篇论人主之行不得以快意为事,《骄恣》篇论人主不可以傲慢态度对待士人和臣下,多举有批判性的反面事例。卷末《观表》篇实论知人当知人心,而文中的举证亦以国家的治乱兴亡为言。

（三）"六论"

"六论"的部分，除最后的农学 4 篇外，政论的性质都很强，但在内容分类上与"八览"相似，并无固定的格局，而且因编纂上的问题，系统性又不如"八览"。"论"主于议论，重在判断是非，而在该书中作为一种文体，仍可与"览"通观。

1.《开春论》。此卷首篇亦由时令谈起而及于人事，仍与"十二月纪"注重天人关系的宗旨相应；然其文偏于对"善说"的举证，与开题所说的"王者厚其德，积众善"不合。《察贤》、《期贤》谈用贤、礼贤，皆篇幅短小，似是由一篇分割而来的。《审为》篇着重谈"尊生"、"重生"问题，疑原当系于《开春》篇下。《爱类》篇讲"利民"，是值得注意的篇章之一。作者认为："仁于他物，不仁于人，不得为仁；不仁于他物，独仁于人，犹若为仁。仁也者，仁乎其类者也。"这样的"爱类"观念，比之孔子所说的"仁者爱人"还要宽泛。《贵卒》篇意谓谋事尚疾速，而举例并不恰当。这几篇的内容看上去有些混乱，且不免有凑合的痕迹，大约在编定时未能仔细地加以条理。

2.《慎行论》。此卷各篇，内容亦少有关联。《慎行》篇讲行事要深思熟虑；《无义》篇论"义"为"百事之始"、"万利之本"；《壹行》篇阐释人伦关系的"十际"；《求人》篇复言求贤之道；《疑似》、《察传》二篇则是讨论疑似之迹和传言的辨察问题的。诸篇多涉及思想方法，仍主要着眼于人主政治，而亦有一般性。

3.《贵直论》。此卷内容较为集中。《贵直》、《直谏》二篇提倡人臣的直言与君主的纳谏；《知化》、《过理》、《壅塞》三篇皆批判亡国之主的拒谏、腐化之弊。《原乱》篇则分别类型，具体指出致乱之由。

4.《不苟论》。此卷内容大要与人主的用人和纳谏有关。《不苟》篇主张任用正直不苟之士;《赞能》篇称道荐举贤能之人;《自知》篇则论人主当有自知之明,善于采纳直言,以去"掩蔽之道"。《当赏》篇谓赏当其功、罚当其罪,不可以好恶行赏罚。《博志》篇言及才能之士的养成问题,转向"学"为本体的论说,所举宁越之例也是不多见的私学史料。《贵当》篇仍归结于人主用人及行事贵在各得其所。

5.《似顺论》。此卷《似顺》、《别类》、《慎小》诸篇都是谈思想方法的,可与《疑似》、《察传》、《察微》、《观表》等篇对照阅读。《有度》篇谈"无为而无不为",似亦由相关篇章分出,其中有批判儒家"仁义之术"的言论,视之为"外",清楚地显示出道家的立场。《分职》篇所论,反对人主自以其智、其能、其为"处人臣之职"的观念最为分明,亦为"无为"政治的要点之一。《处方》篇以"定分"为言,实谓治国当以纲常和法纪为本,带有综合儒、法的倾向。

6.《士容论》。此卷居首的《士容》、《务大》二篇,当与前载诸论通看;其下农学4篇,包括《上农》、《任地》、《辩土》、《审时》,则独成一个单元,为本卷重点内容。《吕氏春秋》全书属于政治文化论集的性质,作者将这4篇文字排在全书的最后,看上去似是作为附录处理的,并不是临时补上去的,但在今已是难得的先秦农学文献。王毓瑚先生说:"《上农》一篇泛论重农,以下三篇都是讨论的耕作种植技术,颇为详尽,具体地反映了那个时代的农学水平,也是保存到今天的最早的关于农业生产知识的著作,因此非常可贵。"[①]秦国自商鞅变法以来,即以奖励耕战为基本国策。此处《上农》篇第一段所反映的重农思想及其具体表现,大体上都是与当时秦国的耕战政策相吻合的;其下文追述古帝王"教民尊地产"、"力

[①] 王毓瑚:《中国农学书录》,北京:农业出版社,1964年版,第6页。

妇教"的传统,有些内容可与"十二月纪"相参照;又叙及"圣人之制"的"大任地之道"及各种"野禁"等,虽未必尽合于战国时代的实际情形,也可反映出当时农业生产者的生存环境和状况。《任地》篇主要论畎田的耕作,包括土壤性能的改造、畎田的耕作方式、沟垄的尺度和翻耕深度,以及保墒、耘锄、施肥、浇水等田间管理,从中可以考见古代畎田制的基本情况,同时谈及农时问题。《辩土》篇补论土地的利用和种植技术,对土地的分类和不同类型土地的垦殖,以及下种、保苗、正行、间苗、通风、耘耨等农事程序,都有非常细致的记载,也多就畎田制度言之。《审时》篇则专门讨论农时问题,历举粟、黍、稻、麻、菽、麦六种作物,分别以其"得时"、"先时"、"后时"的性状做对照,表现出古人对季节时令与作物关系的精细观察。后三篇的技术含量很高,可见至迟到春秋战国时期,我国传统的耕作种植技术已趋向完全成熟。诸篇皆文字古奥,而且两次引及"后稷曰",研究学者一般认为应出自一部名为《后稷》的古农书。①

以上略述《吕氏春秋》各部分的内容梗概,并顺便就某些部分或篇章的学术源流及特别值得注意的史料做了一些简要的说明。这些说明已显得繁琐,但也还不是全面的概括,书中各部分及各篇中旁骛别出的细节内容事实上不胜枚举。大抵全书的叙述和论说虽紧紧围绕人主政治而展开,而作者的意图实欲囊括古今、笼盖百家,所以对当时所能有的知识和学说都尽量加以吸取和改造,以求

---

① 参见夏纬瑛:《吕氏春秋上农等四篇校释·后记》,农业出版社1956年版。夏先生认为《后稷》出现于战国时,应是与《汉书·艺文志》所著录的《神农》、《野老》为同时的著作,而后来失传,唯在《吕氏春秋》中保存了一部分,故《吕氏春秋》的农学4篇可以看做我国现存最古的农书。夏先生此作首次对4篇文字做了系统的解读;另可参看王毓瑚:《先秦农家言四篇别释》,农业出版社,1981年版。

熔铸剪裁,自成一家。对于书中所征引的古籍,近世李峻之先生曾就有明文可见者作辑录,凡得儒家6种,道家6种,阴阳家2种,法家2种,名家3种,农家1种,共20种。① 这个辑录,仅以《汉书·艺文志》的诸子略所收诸书为断限,而所列尚缺墨家、纵横家、杂家,恐怕要相差很远。先秦诸子的著作,在早大都有单篇流传,《吕氏春秋》所引者绝不止此数;尤其墨家、兵家言论,书中采择甚多,李先生均未能指出其来源。有关"月令"之书,《吕氏春秋》倚为纲领,吕氏门下所见者亦必多,而如今已难知其详。至于农学4篇,李先生属之《神农书》,恐亦不当,《后稷》之书未必即在《神农书》中。《汉书·艺文志》所录"九流十家"之书,其出于先秦者,大率为秦代焚书之余,用以推断《吕氏春秋》的引书是有很大局限性的。以现在所知的先秦各种典籍及有名氏的诸子书粗略估计,《吕氏春秋》的引用应该至少在百种以上,这也是吕氏门下的学术人才所能搜集和习知的数量,而在各"著其所闻"之际还会涉及更多的传说文献。只是像这样大规模的总结工作,在当时的学术认知和技术条件下是有许多困难的,况且集体修书,体例难以统一,从而不可避免地造成框架结构上的局促和牵强、内容编排上的松散和混乱等情况。相比较而言,"十二纪"的写作有内在的逻辑理路,"八览"亦各有侧重,唯"六论"类似杂谈。不过这些在今都可通融,就全书整体言之,它基本上反映了战国晚期的社会知识系统和学术状况,仍不失为一部成功的综合性大著。先秦学术由百家争鸣走向融会消解的趋势,当以本书的编著为阶段性标志之一。

《吕氏春秋》中所涉及的人物,有名氏可查者,以孔子为最多,

---

① 李峻之:《吕氏春秋中古书辑佚》,《古史辨》,海口:海南出版社,2005年版,第6册,第217~227页。

凡引述孔子故事及采其语录者有 33 篇;孔子的弟子亦多见,如曾参、颜渊、子贡、子夏、子路、宓子贱、巫马期、颜阖等。其次是墨子,有 13 篇叙及其事,另外又有腹䵍、爰旌目、田鸠、田赞、唐姑果、谢子、中山王的"墨者师"及孟胜、田襄子、戎夷等墨家学者至少 10 人。齐国稷下系统的先辈和学者,引见最多的是管子和晏子,另外又有慎到、田骈、驺衍、淳于髡等。其余人物,属于道家的有老子、庄子、关尹子、杨子、子华子、尹文子、宋荣子、列子、鹖子,属于名家的有兒说、惠施、公孙龙、邓析、惠盎,属于法家的有李悝(李子)、吴起、商鞅、申不害,同时还有难以划分家派的一时名流宁越、季札(季子)、白圭、詹何(詹子)、公孙牟、沈尹华、匡章等。仅仅这些就已达五十余人,还不包括"黄帝曰"、"后稷曰"等引书称呼及兵家、纵横家的人物名氏、故事和言论。现在所知的先秦诸子名氏,《吕氏春秋》引录殆遍,而唯独不见孟、荀、韩三大家。《韩非子》的系统成书可能在《吕氏春秋》之后,此当作别论。《孟子》之书则早有流传,《吕氏春秋·用众》篇亦言及"楚人生乎楚、长乎楚而楚言",似乎用的就是《孟子》书中的掌故,而仅称"学士曰",未出孟子之名。这很可能是由于孟子的学术不讲功利,时称"迂远阔于事情",故吕氏门下不愿采取。《荀子》之书则有所不同,拿《荀子》与《吕氏春秋》相比较,可知后者采取前者的观点甚多,甚至有的不但篇名相同(如《劝学》、《不苟》、《正名》),连字句也有很相近之处。造成这一现象的原因,有可能是荀子曾游秦而不受礼遇,故吕氏门下虽用其说,却因某种避讳而不便明引。由书中所见人物名氏亦可考察《吕氏春秋》的内容结构和思想倾向,然此亦不可拘泥,因为先秦百家互相称引的情况本来就不鲜见。

四 《吕氏春秋》的思想体系

上述分析《吕氏春秋》的内容结构,实已多涉及该书的思想倾向。现在综合起来,谈谈《吕氏春秋》的思想体系问题。

这里首先要面对的是:《吕氏春秋》究竟有无自己完整的思想体系?古今学者对此看法不一。冯友兰先生曾谈到,"其书成于众手,各记所闻,形式上虽具系统,思想上不成一家"①。近时仍有学者认为,《吕氏春秋》辑合众书,并未拆散、割裂、打乱百家九流的学说系统,任凭自己折中齐合一番,所以各家学说在书中的独立性依然是强的,同时还采辑了各家当中显然分歧和相非的说法。②如果是这样,要梳理《吕氏春秋》的思想体系就无从谈起了。我们以为,《吕氏春秋》融合百家,绝非只是资料整理或类编的性质,其自主撰述而欲成"一家言"的动机未可否定,其思想体系也是完整可求的。像这类"杂家"之书,若欲尽量保存各家学说的本来面貌是一面,而按特定标准所进行的取舍、加工、融通、整合又是一面。一部流传二千余年的名著而无自己的思想体系,那是不可理解的,历来学术界对这一问题的众多讨论,事实上也还是以承认它有着自己的思想体系为前提的。

在以往研究《吕氏春秋》的学者中间,较为普遍的看法是认为它主要综合着儒、道而兼采各家,唯是或说它以道家学说为主,或说它以儒家思想为主,于畸轻畸重之间有不同的判断。该书高诱序说:"此书所尚,以道德为标的,以无为为纲纪,以忠义为品式,以

---

① 冯友兰:《吕氏春秋集释序》,见前引许维遹《吕氏春秋集释》影印本卷首。
② 王范之:《〈吕氏春秋〉研究》,呼和浩特:内蒙古大学出版社,1993年版,第14页。

公方为检格,与孟轲、孙卿、淮南、扬雄相表里也,是以著在《录》、《略》……寻绎案省,大出诸子之右。"这是说,《吕氏春秋》的政治思想是以道家所提倡的"道德"学说为准则和目标的,而以统治者的"无为"作为"道德"致治的总纲领,同时辅之以儒家所倡导的忠义等行为规范,又以公正无私作为检正标准,与《孟子》、《荀子》、《淮南子》及扬雄《法言》等书相表里,故西汉末刘向、刘歆父子在整理皇家藏书时,已将此书编入了《叙录》和《七略》,其价值甚至远在诸子书之上。高氏之意,盖以为《吕氏春秋》的主导理念偏重于道家学说,而亦重视传统的儒家思想,与历代通儒的著述宗旨并不相悖。这一种看法,或与此相近的看法,至近世仍然占着上风。如胡适先生较早引进现代学术的观点作评判,认为《吕氏春秋》是用贵生之道、安宁之道、听言之道三大纲来汇总古代思想,综合成一个思想体系,主张"黄老一系的自然主义"和"爱利主义"的政治哲学。① 郭沫若先生全面考察吕不韦其人、其书,强调《吕氏春秋》大体上是"折中着道家与儒家的宇宙观和人生观,尊重理性",而对"墨家的宗教思想"、"法家的严刑峻法"和"名家的诡辩苛察"都加以批判和摒弃的。② 侯外庐等先生一方面批评《吕氏春秋》"是'兼听杂学'的糅合,而没有创造精神,颇倾向于统一思想的路数";另一方面也认为,这书"与其说是偏爱儒家,毋宁说是兼畸儒、道",并且"在吕不韦的主观上,比较是有意畸重于道家"。③ 别有刘文典先生之说,以为吕不韦"独能明黄帝、伊尹之道",其书"斟酌阴阳、儒、法、刑名、兵、农百家众说,采撷其精英,捐弃其珍

---

① 胡适:《读〈吕氏春秋〉》,《胡适文存》三集,上海:亚东图书馆,1930年版。
② 郭沫若:《十批判书·吕不韦与秦王政的批判》,前引本,第380页。
③ 侯外庐、赵纪彬、杜国庠:《中国思想通史》,北京:人民出版社,2004年版,第8次印本,第1卷,第658页。

挈,一以道术之经纪条贯统御之,诚可谓怀囊天地,为道关门者",仍以《吕氏春秋》之学总归于道家。① 近些年对战国秦汉之际道家学术的研究颇盛,《吕氏春秋》思想中的道家取向也因之格外受到瞩目。陈鼓应先生称道《吕氏春秋》是以道家思想为主体兼采阴阳、儒墨、名法、兵农诸家学说而贯通完成的一部晚周巨著,集先秦道家之大成,是秦道家的代表作。② 田昌五先生则区分老庄之学为"道家右翼"、稷下黄老之学为"道家左翼",认为《吕氏春秋》的指导思想属于"道家左翼"。③ 熊铁基先生也强调《吕氏春秋》不是所谓"杂家"之始,而是"新道家"(黄老学派)的最早代表作,亦即与先秦老、庄那样的"道家"有别的秦汉之际道家的作品,其思想特点是由批判儒墨变成了"兼儒墨,合名法",由逃世变成了入世,发展了老子天道自然无为的思想,把它创造性地运用到人生和政治上去了。④ 牟钟鉴先生以《吕氏春秋》与《淮南子》做合并研究,认为它们同属道家思潮,是秦汉之际道家著作的姊妹篇,"两书的基本思想倾向一致,都推崇老庄哲学,并以其为主干,融合、贯串各家学说,从而形成一种综合性理论",而"这种理论的综合性,恰巧就是秦汉道家的特色"。⑤ 王范之先生也认为《吕氏春秋》把道家放在主要地位上,并具体指出其书保存了道家的十家之说,包括

---

① 刘文典:《吕氏春秋集释序》,见前引许维遹《吕氏春秋集释》影印本卷首。

② 陈鼓应:《从〈吕氏春秋〉看秦道家思想特点》,《中国哲学史》2001年第1期。

③ 田昌五:《吕不韦和〈吕氏春秋〉》,《西北大学学报》1981年第1期。

④ 熊铁基:《秦汉新道家》,上海:上海人民出版社,2001年版,《历史篇》第5章:《从〈吕氏春秋〉到〈淮南子〉——论秦汉之际的新道家》。其文原载《文史哲》1981年第2期。

⑤ 牟钟鉴:《〈吕氏春秋〉与〈淮南子〉思想研究·序言》,济南:齐鲁书社,1987年版,第2~3页。

黄帝学在内则有十一家。① 这一路向的看法，今后可能还会有延展。

主张《吕氏春秋》以儒学为主的看法，在某种程度上也不占下风。清初四库馆臣已提出："是书较诸子之言独为醇正，大抵以儒为主，而参以道家、墨家，故多引六籍之文与孔子、曾子之言。"②近年学者对此多所发挥。如金春峰先生着眼于儒家和道家两种思想体系的对立，认为《吕氏春秋》的根本指导思想是儒家的"天人合一"而不是道家的"天人对立"的思想，是儒家的人文主义思想而不是道家的反人文主义的思想；在天人合一思想指导下，《吕氏春秋》全书贯穿着人文主义的社会政治思想，强调儒家的仁政、德治、王道、爱民是为政的根本指导原则，强调伦理道德的作用，强调理性和文化、知识及教育的重要性，可见其思想体系是属于儒家的。③ 李泽厚先生也认为《吕氏春秋》是以采用儒家学说为主干的，而又特别论证它是"新"儒家，已大不同于原始儒家，无论从实践上或理论上，它都是"在讲求功利效率的法家政治实践的基础上，尽量吸收改造各家学说后的一种新创造"④。新近各种论著，采纳这种意见的不在少数，或换一种说法，指认《吕氏春秋》并没有平均地对待各派学说，而是以儒家学说为主干来编织它的思想体系，在很多篇章里都对儒家思想进行了正面的阐发，并注入了

---

① 王范之：《〈吕氏春秋〉研究》，前引本，第3、13页。
② 《四库全书总目》，前引本，第1009页。
③ 金春峰：《论〈吕氏春秋〉的儒家思想倾向》，《哲学研究》1982年第2期。
④ 李泽厚：《中国古代思想史论·秦汉思想简议》，北京：人民出版社，1986年版，第137～140页。其文原载《中国社会科学》1984年第2期。

新的内容。①

　　比较特别的看法，一是清初校勘学家卢文弨认为："《吕氏春秋》一书，大约宗墨氏之学，而缘饰以儒术。其《重己》、《贵生》、《节丧》、《安死》、《尊师》、《下贤》，皆墨道也。然君子犹有取焉，秦之君臣曷尝能行哉？独墨子非乐，而此书不然。要由成之者非一人，其近墨者多也。"②二是陈奇猷先生认为《吕氏春秋》的主导思想是阴阳家，或说阴阳家的学说是全书的重点，故其《校释》所论证的本书中属于阴阳家说的篇数比任何一家都多得多。③ 这两种观点的分析方法也值得斟酌研究。

　　上举历代学者的不同看法，都是以综合分析《吕氏春秋》各篇的具体内容和思想倾向为前提的。对于《吕氏春秋》的内容结构，如果就各篇的论述性质及其引用书名、人名、语词的情况，略按先秦诸子的学派划分归类，自然也是一种办法。不过这点甚不易做到，因为先秦各学派之间的学术畛域原先并不那么泾渭分明，而本书各篇作者原属哪个学派又全然不知，其引用出处亦多不能详求；况且书中所用各家学说都已经过选择、消化、改造，并非原封不动地照搬杂凑，所以要返回去一一对号也不可能。近世刘汝霖、陈奇猷先生皆曾尝试按《汉书·艺文志》"九流十家"的分类法及各自的理解，将《吕氏春秋》的篇章各归其类，以见本书包蕴各家的基本情况。二家的划分多有相合，而亦大有不同，可见此项工作实非

---

　　①　见辛冠洁、蒙登进、丁健生主编：《中国古代著名哲学家评传·吕不韦》（张智彦作），齐鲁书社，1980年版。
　　②　卢文弨：《抱经堂文集》卷十《书〈吕氏春秋〉后》。
　　③　参见陈奇猷：《吕氏春秋校释》附录《吕氏春秋成书的年代与书名的确立》及《补论》。

易事。①

现在看来，如果仍从传统学术的类分方法归纳《吕氏春秋》的思想体系，大多数学者认为它主要综合着儒、道的意见还是首先要

---

① 刘汝霖先生所归类者共有104篇，正好相当于原书总篇数的65%，包括：儒家26篇，道家17篇，墨家10篇，法家13篇，名家5篇，阴阳家2篇，纵横家10篇，农家4篇，小说家1篇，兵家16篇。（见氏著：《吕氏春秋之分析》，《古史辨》，前引本，第6册，第229～239页）陈奇猷先生的大著《吕氏春秋校释》，则于每篇皆论证其所属家派（见各篇校释〔一〕），凡分十余类，多联络稽考，下及各家之"别派"，研究最为细密。据笔者粗略翻检统计，陈先生的论证结果大体如下：阴阳家言57篇，儒家言30篇（大多属漆雕氏、北宫黝、孟施舍学派），道家伊尹学派之言8篇、子华子学派之言3篇，墨家及"墨家别派"（主要是料子、宋钘、尹文学派）之言21篇，法家言12篇，兵家言18篇，形法家言2篇，方技家言3篇，小说家言1篇，农家言4篇。这样就包括了今本《吕氏春秋》除《序意》之外的全部159篇，确可称是"椎轮始创"。不过笔者的这个统计不一定完全符合陈先生的原意，因为陈先生对有关"别派"未做详细的阐释，且有以同篇而两属者；尤其是所称"墨家别派"，学术界一般划归道家，这里仅权从所称缀于墨家之下。读者若欲详细了解，仍请自检陈先生原书。又按：笔者亦曾尝试变通此法，按《吕氏春秋》各篇所偏重的思想倾向，将全部论述内容分为18个小类，依类归纳，然后指出与各类别相关联的各篇之学派性质。根据这样归纳的结果，我们以为若不计"十二月纪"，书中凡有道家言24篇，墨家言5篇，与法家言相牵连的5篇，名辩内容较多的11篇，兵学8篇，农学4篇，阴阳家言3篇，以上合计共60篇，其余87篇（《序意》除外）则皆可统归入儒家之学的范畴；倘若将"十二月纪"也归入儒家，那么属于儒学范畴的总共就有99篇，占了全书总篇数的大半。如果粗略划分一个比例的话，也可说书中较宽泛的儒家资料约占60%，道家资料约占15%，其余各家合起来约占25%。（详见拙作：《王政全书——〈吕氏春秋〉与中国文化》，开封：河南大学出版社，2001年版，第195～197页。）不过这种归纳是宽泛的，实际上古籍中有大量属于传统文化的内容，很难说它们就是纯粹儒学的东西。道家资料集中于君道、君人之术的一类，其次是性理之说；墨家看上去虽只有5篇，然而书中有不少墨学材料与儒学、名学的材料纠缠在一起；法家资料甚为松散，而多与道法派的学术相关联；阴阳家资料尤多错落杂出；而有关名辩资料，则难以专归于名家，先秦诸子中事实上没有哪一家不谈名辩；至于所谓纵横家、小说家之言，《吕氏春秋》中也并非没有这两类材料，只是从思想体系上无法归类。

着重考虑的。先秦诸子皆相因于春秋战国时期社会动荡的局面,为清理和改造传统的思想和价值、救治时弊、转移风气而起,它们有着不同的学说和主张,但也有着共同的文化渊源。这种文化渊源的主要根系是古典王官文化(即上古官府文化)的大传统,其最大特色是礼乐文化,价值核心则是道德致治,亦即至迟自西周以来已逐渐凸显的德治主义、贤人作风、"敬德保民"思想和人本观念。这些后来都被纳入了儒家学说的体系之中,并且为社会各阶层所普遍接受,其基本精神广泛渗透到社会生活的各个领域。所以在先秦学术史上,儒家学派不但兴起最早,而且一向被视为古典王官文化乃至整个社会文化思想的嫡系和正宗。这样也就可以明白,为什么后世仅存的《易》、《书》、《诗》、《礼》、《乐》、《春秋》等上古王官学典籍,在人们的通常意识下都被统称为儒家经典。实则"六经"并非儒家所专属,儒家之外的先秦诸子各家也都远远近近地与"六经"所代表的主流价值系统相联系。这点在《汉书·艺文志》"诸子略"的序言中其实已经说得很清楚:"诸子十家,其可观者九家而已,皆起于王道既微,诸侯力政,时君世主,好恶殊方。是以九家之术,蜂出并作,各引一端,崇其所善,以此驰说,取合诸侯。其言虽殊,辟犹水火,相灭亦相生也;仁之与义,敬之与和,相反而皆相成也。《易》曰:'天下同归而殊途,一致而百虑。'今异家者各推所长,穷知究虑,以明其指,虽有蔽短,合其要归,亦六经之支与流裔。"因此,现在要全面衡量《吕氏春秋》的思想体系,就不能不考虑到儒家学说关系传统文化全局的大背景。换言之,其书综合百家,汇纳群流,无论采用什么样的编纂方式,最后还是以摄取儒家的言论和观念为最多。通观全书,不仅在表面上是这样,事实上也是如此。单就礼乐文化而言,《吕氏春秋》中没有专门谈"礼"的篇章,但"十二月纪"其实就是礼制文献,并且是关系到王政日程和政治生活的最基本的礼制文献;同时书中还有8篇专门论"乐",比

《礼记·乐记》还要详细，可见作者对礼乐文化的重视并不亚于正统的儒者。体现儒家思想的重要概念，在《吕氏春秋》中也差不多是全都可以找到的，只不过作者有自己的取舍标准，使用的频率和解释的程度不一样。据我们所考察，本书对儒学的汲纳在如下几个方面亦较为突出：

（1）尚贤。如主张区分"尊贤上（尚）功"与"亲亲上（尚）恩"的两条路线（《长见》），打破传统宗法制度"用人唯亲"的窠臼，以察贤、访贤、举贤、用贤为治国立功之本；倡言"置君非以阿君也，置天子非以阿天子也，置官长非以阿官长也"，以为选举制度的终极目的唯在利官、利国、利天下，甚至因此而宣称君位当授予贤者而不"与（予）其子孙"（《圜道》），"废其非君而立其行君道者"（《恃君览》）。其他如强调人主礼贤不可骄士、举贤用贤以德行为先、贤人政治贵在至公等等，有关言论几于连篇累牍，无不与向来儒家所着力提倡的尚贤传统相关联。

（2）贵德。如谓先王所以治天下者有五，首在"贵德"（《孝行览》）；"为天下及国，莫如以德"（《上德》）；"德也者，万民之宰"（《精通》）等。"德"字在全书中出现甚多，除少量偏向道家观念外，绝大多数都基于儒家的"德治"思想。

（3）崇义。书中所见"义"字不胜枚举，为本书政治思想、社会思想的重要特色之一。作者所理解的"义"，基本涵义是与儒家观念相合的，即认为"义"是与"利"相对立的一种道德命令、行为准则，故谓"君子计虑行义，小人计行其利"（《慎行论》）。但有时也强调"义"的功利基础，偏向墨家"义，利也"（《墨子·经上》）的定义，故谓"义者，百事之始也，万利之本也"（《无义》）；又从人、己两个方面作界定，认为"义者利身"（《先己》），"义之大者，莫大于利人"（《尊师》）。作者谈"士节"问题，尤重一个"义"字，而往往指向战国时代曾经流行的"侠义"观念和侠客作风。

（4）尚忠。该书是主张君贤臣忠的，也强调"行激节，厉忠臣"（《恃君览》），大要符合儒家之说；但作者谈"忠"往往与"义"不分，尚未把"忠"字当做指称君臣关系的专用语，显示先秦时期的"忠臣"观念尚不成熟。

（5）重信。战国时代，诸侯列国一方面是不遗余力地以诈力相竞，一方面又纷纷标榜重然诺、守信用，所谓"讲信修睦"之风不绝如缕。《吕氏春秋》亦大讲"重信"，以至称"三代之道无二，以信为管（总关键）"（《用民》）。其说集中见于《贵信》篇，此篇由天、地、四时运行之"信"，以论证"人主必信"，与"十二月纪"的宗旨相呼应，有很强的哲学意味。

（6）重孝。此类内容集中见于《孝行览》，强调孝道为"万事之纪"，大致本于《孝经》及曾子之学，这点上节已提及。关于忠、孝两难的问题，书中亦有引述（见《当务》、《高义》篇），而作者是不赞成"父为子隐，子为父隐"的，因此又特别指出："子不遮乎亲，臣不遮乎君，君同则来，异则去。故君虽尊，以白为黑，臣不能听；父虽亲，以黑为白，子不能从。"（《应同》）

（7）利仁。"仁"字在《吕氏春秋》中出现十几次，多以"仁爱"、"仁义"、"仁人"连称，无疑与儒家观念相通；特别是《爱类》篇的标题，与孔子所说的"仁者爱人"十分接近。但作者在这方面的论述，大都不是顺着孔、孟"内圣"的路线展开，以探讨"仁"的内在修养价值的；而是着重从"外王"的角度，解释"仁"的外在功利主义特征，与吕氏门下对"义"的理解有近似之处。书中频繁使用"爱利"一词（见《精通》、《适威》、《离俗》、《用民》、《顺说》、《听言》等篇），可能受到荀子的影响，《荀子·强国》篇亦有"爱利"一词，且其论说与《吕氏春秋·适威》篇如出一辙；不过从辞源上看，这"爱利"二字决然应是墨家学派所称"兼相爱，交相利"的缩写，《墨子·经说下》亦有对"爱利"的具体解释。《爱类》篇可能出于墨家后学之手，然已用儒家观念改造墨家之说。

《吕氏春秋》对儒学的汲纳不止于上述几个侧面，其他如以忠信勇并举、以辩信勇法并举、以圣勇义智仁并举等论说还有不少。这中间最根本的因素，是中国文化历久形成的一整套人伦纲常具有普遍的价值，故《吕氏春秋》亦充分加以肯定而绝不排斥。其《壹行》篇说："凡人伦，以十际为安者也。释十际，则与麋鹿虎狼无以异。"所说"十际"，指君臣、父子、兄弟、朋友、夫妻五种十端传统伦理的基本关系。就传统社会而言，抛弃了这五种关系的正常法则，确无异于要退化到动物世界去了，所以《吕氏春秋》凡涉及传统伦理的内容，儒学气味都很浓厚。不过传统伦理纲常并不专属儒家，吕氏门下在编书时也没有按学派对号入座的意思，因而书中的论述多糅合各家，有些看上去必须归属儒学的篇章，内容和举例其实也并不单纯，又不可过分拘泥于学派的划分。

相对来说，儒家学说广泛波及社会生活的各个层面，《吕氏春秋》的采取亦不拘一格；而在人主政治的层面上，《吕氏春秋》则几乎全用道家学说，着力倡导的还是"无为而无不为"的主张。历代学者之所以多认为本书的思想体系以道家为主，原因即在此。相关要点，我们在上节介绍《审分览》部分时已做概括，这里不再赘述。有必要指出，"无为"作为一种人主政治的控驭之"术"来看待，必须以人主的威权、严格的法治及公正的赏罚为基础，所以从慎到以至韩非的法家学说体系，都强调法、术、势的统一。从理论上说，"无为"政治与尚贤政治是不能兼容的，此即《慎子》已明确提出的"官不私亲，法不遗爱，上下无事，唯法所在"，"法立则私议不行，君立则贤者不尊"，"立君而尊贤，是贤与君争，其乱甚于无君"；《韩非子》更公开反对贤人政治，比之为权佞之专权误国。《吕氏春秋》不取这类说法，仍主张"无为"与尚贤两方面相结合，要求君主慎势位、存公心、大度量、不自用、多存抚、少生事、戒满盈、守虚静,臣下立诚心、善奉事、有协同、无争持、不阿主、勿党附、兢兢业业、恪尽职守,从而达到君明臣贤、国治民安的目标。战国时代,"霸道"流行,诈伪四起,"无为"政治事实上并不能行得通,尤其在强盛的法治传统流于严刑酷法的秦国,更无实行的可能。吕氏门下将黄老之学的"无为"嫁接于贤人政治,反映的还是中国文化传统历来所崇尚的一种"王道"政治的愿望,或说是贤人政治的一种理想特征。这与吕不韦本人的执政地位和他对预期的大一统政治的设计应该有着直接的关系。

《吕氏春秋》对其他各家学说,采取的程度不同,而以扬弃为主,其中最值得注意是有关墨家的材料。清人或说本书主宗墨家,虽不可从,而亦确因有见于书中多存先秦墨学遗迹。细按有关记载,可知吕氏学派对于孔子、墨子两位大师是给以同等的尊敬的,书中仅以孔、墨并称的文字就达11处。此亦由于"孔、墨之弟子徒属充满天下,皆以仁义之术教导于天下"(《有度》),一度并称"显学"。其《当染》、《节丧》、《安死》诸篇明显取自墨家,"爱利"观点亦脱胎于墨家学说,而全书有关"义"的论说也散溢着浓厚的墨家情调,此外还有不少关于墨家巨子的事例。这些都可见墨家之学对于《吕氏春秋》的大面积浸润。不过在主要的学理上,《吕氏春秋》与墨家差距极大,墨家思想的"尚同"、"天志"、"明鬼"、"非攻"、"非乐"、"非儒"等大项,吕氏皆所不取;所取者主要是"兼爱"、"节丧"、"贵义"诸项,"亲士"、"修身"、"尚贤"也时有采撷。书中明确批评墨家的文字主要针对"非乐"、"非攻",而对"非攻"的批评同时也是针对惠施、公孙龙等名家的。

《吕氏春秋》中的名辩言论不算少,但处处与政治挂钩,几乎没有纯粹的知识论,应该主要出于作者的自撰,并非取自通常所称"名家"的学说。其要点包括:(1)主张"取其实以责其名"(《审应览》),实论事物的名实统一问题,而归结于人主应以事功质证人臣的言论;(2)强调"言者以谕意"(《离谓》),反对言意不一;(3)提倡"言不欺心"(《淫辞》),重在指斥口是心非或别有用心的不正当言行;(4)指斥"淫辞诡辩",强调凡辩说务必要有"义理"根据。这后一点主要针对"好空言虚辞"的名家。

关于《吕氏春秋》与法家学说的关系,这里需要特别提出来说一说。先秦法家源流,大抵可分为齐法家与三晋及秦法家两派。齐法家以管仲为先驱,后来稷下习学管子思想,慎到是由道入法的转关人物,至于荀子提倡"隆礼"和"重法",乃对这一派的法家思想有系统的总结和阐释。三晋及秦法家以郑国子产为先驱,后来李悝、商鞅、申不害先后在魏、秦、韩推行法治,至韩非而集各派法家之大成,形成完备的法家理论。齐法家对三晋及秦法家有明显的影响,子产的法治可能是效法管仲的,韩非则是荀子的学生。相对来说,齐法家以礼、法并重,或说以德、刑并重,虽然在他们的理念上或者法重于礼,而礼法与刑法的关系还远不至于高度紧张;以商鞅、韩非为代表的法家学说则强调极端对立的辩证法,认为"矛盾不可和而解",治国主张实行严刑峻法,文化政策主张"以法为教"、"以吏为师",政治和文化都趋向专制主义。《吕氏春秋》成书于秦国,按说应对商鞅的法治学说多有采取,然事实并不如此。一方面是全书论法的文字所占的比重不大,不但比之儒、道两家之言要少得多,而且连有关兵家、名家甚至阴阳家、农家的篇幅也不如;另一方面,本书论法的基调仍大致倾向于儒家所倡导的"导之以政(德),齐之以刑",反复申明赏罚要"充实"(合乎功罪实际)、要"当务",要建立在忠义诚信的基础上,不可以亲疏远近、主观好恶为赏罚。综合观之,《吕氏春秋》的法治观念相当平和,与齐法家,特别是稷下道法家之学有诸多相近之处,而绝无类似《韩非子》书中的那种连篇累牍的极端言论;反之,书中指斥严刑苛法的文字则所在多有,可见作者对秦国的重刑传统不感兴趣,有些言词还可看出是直接针对商鞅的政策而发的。吕氏门下并不否认商鞅的事功，时或以管、商并提，同时诸如"因时变法"等思想也与《商君书》相通，然亦曾批评商鞅不信不义（见《无义》篇）。

秦法家的绝对尊君观念，在《吕氏春秋》中也无影响。尊君和重民是中国传统政治的两翼。按商鞅、韩非的学说，君主是具有无上威权的，臣民只能供畜养驱使，唯命是从。但是通检《吕氏春秋》，除了《慎势》篇中的"势不厌尊"一语外，其余几乎找不到着力倡导尊君的文字；倒是有关"道尊于势"、"义尊于势"、"威不可无有而不足专恃"等论说，以及儆戒和批判人主不可"骄恣"、不可"害人"、不可"以白为黑"等言词，在书中不断出现，甚至还保留着"废其非君而立其行君道者"的犯上言论。与秦法家的绝对尊君和"愚民政策"相反的是，《吕氏春秋》表现出明显的民本思想。如《务本》篇说："安危荣辱之本在于主，主之本在于宗庙，宗庙之本在于民。"这话与《孟子·尽心下》的著名论断"民为贵，社稷次之，君为轻"是完全一致的，只不过更强调了民为宗庙（社稷）、国家的根本之根本。《用众》篇说："凡君之所以立，出乎众也。立已定而舍其众，是得其末而失其本。"也是对民本思想的具体阐释。《功名》篇说："大寒既至，民煖是利；大热在上，民清是走……欲为天子，民之所走，不可不察。"《慎势》篇说："天下之民穷矣苦矣……凡王也者，穷苦之救也。"《顺民》篇说："先王先顺民心，故功名成。夫以德得民心以立大功名者，上世多有之矣；失民心而立功名者，未之曾有也。"《行论》篇说："（人主）执民之命，重任也，不得以快志为故。"这些话都包含了"民惟邦本，本固邦宁"的观念。《吕氏春秋》讲"爱利"，有个基本的思想脉络，即从民之欲—顺民之情—爱民所善—利民之利—宽以待民，上升到伦理哲学的层次上，即是性—信—仁—义—德。这一链条上的每一个环节，在书中都有专篇或专题，总起来看皆以民本为观念基础。民本思想的提法，通常是指中国古代政治生活中对于民众的社会基础地位和民心、民意的一种肯定性的意识、观念或主张,在学术上一般归入儒学的范畴,其涵义与近现代西方所称的"人本主义"完全不同,应当注意区分。

对于《吕氏春秋》所有思想的理性或理论基础,现代学者多从宇宙观、历史观上作分析。所谓宇宙观,或谓之自然观、世界观,在古人实当称之为天道观,包括对天、地、四时的运行规律及其与人事的关系的总的看法。《吕氏春秋》的编撰宗旨既在"法天地"、审人事,自然是重视天道问题的,"十二月纪"是展示其天道观的主要篇章,他篇亦时而述及,全书的编撰型式也隐藏着此种观念的某种数字化的模式。不过本书的政治性极强,所有论说都极重理性,并不甚纠缠于对天道问题的具体解释。从一些片断的言论来看,作者的天道观念应大略本于《易传》和《管子》的《心术》上下、《内业》、《白心》四篇。《易传》立足于"一阴一阳之谓道"、"阴阳不测之谓神",《管子》则明确提出"道"或"太一"、"太极"即是作为物质的"精气"。《吕氏春秋·大乐》篇说:"太一出两仪,两仪出阴阳。阴阳变化,一上一下,合而成章。浑浑沌沌,离则复合,合则复离,是谓天常(天道)。天地车轮,终则复始,极则复反(返),莫不咸当。日月星辰,或疾或徐,日月不同,以尽其行。四时代兴,或暑或寒,或短或长,或柔或刚。万物所出,造于太一,化于阴阳。"这种讲哲理的韵文出于道家学者之手,语言风格和内容都接近于《易传》。篇中对"道"和"太一"的定义,也套用了《老子》的语言。《圜道》篇解释"天圆地方",以"精气一上一下"、"万物殊类殊形"为言,可见所称的"道"或"太一"就是指"精气"。《尽数》篇还对"精气"的运动和表现形式有具体的描述。这样的认识是与传统的神学世界相脱离的,所以《吕氏春秋》论及"鬼神"之事,也只是把它看成"不知其所以然而然"的东西,几乎全不见称举人格化的神灵。《博志》篇以学者的"精而熟之"为"鬼神",《观表》篇说"无道至则以为神,以为幸。非神非幸,其数不得不然",都排除了超越于客观事物之上的神秘性。"十二月纪"中的术数内容虽与古人的占卜有关系,然《吕氏春秋》对于卜筮之类媒介人神的工具往往持否定的态度,如《尽数》篇说到"今世上(尚)卜筮祷祠,故疾病愈来",《察贤》篇也谈及"时日、卜筮、祷祠无事(无用)"。《明理》篇历举种种天妖、人妖、物妖之祸,以说明妖祸之兴皆由于人事之不善;《慎大览》更称"子不听父,弟不听兄,君令不行"为"妖之大者",揭示作者重人事、轻鬼神的思想倾向最为明白。关于"天命",《吕氏春秋·知分》篇中有"生,性也;死,命也"的话,但全篇强调的是"达士者,达乎死生之分","命也者,不知其所以然而然","就之未得,去之未失",故应"以义为之决而安处之",与作者对待"鬼神"的立场一致。

先秦诸子一般都是承认事物的发展变化的,当时格外流行的是变易循环观念。这一观念的总根源是中国古代农业社会所特有的生产和生活方式,人们在周而复始的生产活动和习蹈故常的社会活动中,很容易产生出循环论的思维方式。《吕氏春秋》的"十二月纪"正是截取了农业生产周期的一个循环阶段,组织有关"月令"材料,并冠以编年史的名号,从而构造出古典王政的一个固定框架模式。其《圜道》篇在现存先秦典籍中,则是阐释循环论最为典型、完整、系统的专作。文章开篇即说:"天道圜,地道方,圣王法之,所以立上下。何以说天道之圜也?精气一上一下,圜周复始,无所稽留,故曰天道圜。何以说地道之方也?万物殊类殊形,皆有分职,不能相为,故曰地道方。"所举例证,从日夜的转换、二十八宿星象的分布、日月四时的运行、植物从萌芽生长到成熟衰亡的过程、江河湖海与水汽云雨的交换规律等自然现象,进而及于人体功能的系统运作,直到社会行政领域的号令下行和下情上达,无不是一个个圆周,而这些圆周上的每一个点又都是"方"。全文主旨在论证"主执圜,臣处方,方圜不易,其国乃昌",仍归结于道家的"无为"政治主张。《察微》篇说:"凡持国,太上知始,其次知终,其次知中。三者不能,国必危,身必穷。"这种重视"始、中、终"相异而不相离的三段论,是"圜道"观念赖以流行的重要思维基础,也包含着深刻而精到的辩证法。《应同》篇所保存的近乎原版的"五德终始"说(可能出于阴阳家的代表人物驺衍的著作),则是有关整个社会运动的一种循环论,也可说是一种循环论的历史观。不过这样的历史观并非只是附会五行说的产物,其经验基础仍在肯定国家政权的转移更替是不可抗拒的历史趋势,所谓"数备将徙"也揭示了事物发展的一种普遍规律。《吕氏春秋》的历史观,更值得重视的有两点。第一是朴素的进化观念。《恃君览》论社会的起源,认为人类区别于动物界的根本特征在于能够"群聚"而立"君道",所论差不多就是《荀子·王制》篇"明分使群"说的翻版;同时将社会进化的初始阶段追溯到太古"知母不知父"的时代,又与先秦后进民族的社会组织做比较观察,正可用以印证华夏民族文化共同体由初级母系社会一步步发展到高级父系社会的历史行程。第二是贱古贵今的思想倾向。《察今》篇强调"以近知远,以今知古",不同意一味照搬先王之法,认为先王之法传之后世都是有损益的,固"不可得而法";即使"人弗损益,犹若不可得而法"。盖上古法度皆"有要于时","世易时移,变法宜矣",否则时已徙而法不徙,便无异于刻舟求剑。文中还提出"择先王之成法而法其所以法",即法其意而不法其事,这是对"法先王"主张的一种辩证的解释。此种观念受到前期法家的影响,是故《吕氏春秋》虽时时征引古典,而绝无提倡复古的言论。

《吕氏春秋》的宇宙观或天道观,无疑是与阴阳五行学说纠葛在一起的,陈奇猷先生以为书中最多阴阳家言,也并非没有理由。

但从思想体系上追寻,阴阳家说却往往难以归类。《史记·孟子荀卿列传》说,驺衍的学术"要其归,必止乎仁义节俭、君臣上下六亲之施",似乎仍归结于儒家学说。实则如《太史公自序》所言,阴阳家说一方面是禁忌太多,"使人拘而多畏";另一方面,"夫春生、夏长、秋收、冬藏,此天道之大经也,弗顺则无以为天下纲纪,故曰四时之大顺不可失也"。就后一方面而言,先秦各家事实上是无不采取的,此亦一种天人关系上的共识,只不过在阴阳家那里特别构造为一种体系而已。所以凡是各家学说与阴阳五行或其他术数内容相牵连之处,我们只把它看成是一种外在的学术框架或扭曲的、耗散性的表达形式,并不以为它所体现的就是各家的思想实质。对于《吕氏春秋》中的术数言论,亦当如此看待。

由于《吕氏春秋》的"杂家"本色和书成于众手的特点,纯按古典学派的划分以确定它的性质,看来总是会有许多分歧的。洪家义先生主张跳出《汉书·艺文志》所设定的框框,不拘泥于某家某派的格局,而采用现代分类法,根据全书内容,重新给它定立一个名号,以标志该书的性质,故而提出把《吕氏春秋》定性为政治理论著作,确切点说是早期封建政治理论著作。① 这一定性估计不会引起争议,因为现存先秦诸子的主要著作大概都可如此定性。不过对其间关乎各家思想体系的重大差别还是要厘析论证的。先秦诸大师都是摩登"圣人",都有自己的一套欲以应时救弊的政治主张。概括言之:一贯习学管子思想的稷下齐学流派注重现实功利;开创传统王官学与鲁学新局面的孔子把理性寄托在恢复"周礼"上;鲁学的另一位大师墨子要追踪更古老的原始宗教传统;老、

---

① 洪家义:《吕不韦评传·序言》,收入《中国思想家评传丛书》,南京:南京大学出版社,1995年版。按:其书第3章专论《吕氏春秋》对诸子学说的扬弃,以下四章则分论本书的政治思想、社会观和历史观、科技思想、哲学思想,均按现代学术分类。

庄更要倒退到文明社会之前而建立一个超越"方内"的"方外"世界("道"的境界);孟子的"仁政"学说偏重于民本思想的一面;荀子的"王制"思想提倡"隆礼"和"重法"双轨并行;至于韩非的极端法治观念乃通向绝对君权的政治独裁。《吕氏春秋》出于执政者的设计,集中集体智慧,融会各家学说,建立起一大套围绕帝王政治而展开的指向大一统的价值系统,与私家学者各有偏重的理论探讨又有所不同。我们称之为"王政全书",也就是认为它所包容的是可以看做一个整体的传统"王道"思想。"王道"思想散布于各家学说之中,即法家亦不全部否定,而尤以儒家为代表;但就书论书,《吕氏春秋》则可说是囊括"王道"思想于一编的唯一代表作品。学者或称之为"杂家帝王学",意思有相近之处。据前面所述,我们以为《吕氏春秋》的思想体系或价值系统的要点可归纳如下:

(1)主张君主"无为",通过最高统治者的虚静守素,调整等级关系,设官分职,各尽其责,构成"圜道"式的良性行政循环系统,力求上下和谐,保证政令的畅通,反对君主独裁。

(2)赞成修齐治平的贤人政治,强调以帝王的修身养性为中心,发扬尚贤传统,任人唯贤,注重士节,贵公去私,反对苟合取容;走"内圣外王"的思想路线,倡导为国家、为天下建立功名。

(3)实行"德治",尊重民意,"以爱利民为心","执民之命",顺民之欲,"忧民之利,除民之害",治民以"信",用民以"义",不与民争利,安定社会局面。

(4)注重社会教化,维护传统礼乐制度和人伦纲常,劝学尊师,显荣忠孝,移风易俗,提倡节丧;赏罚务求公平而当务,反对"严罚厚赏"及专恃刑威和恩私,同时不准以私义害公法,以察辩乱纲纪。

(5)重视农业生产,以耕织为本务,改进生产技术,不以工、商、土木工程、无故兴兵害农,使民产逐步有所增加;同时强化社会宗族统治和对人口流动的控制,禁止农民舍本趋末和迁徙、逃亡。

(6)肯定"义兵"的作用,主张以"有道"伐"无道",诛暴、平乱、救民,怀远抚近,反对"非攻"和保守的"救守"主义;强调选士练兵,改进兵器,统一号令,提高军民战斗力,不战而屈人之兵。

(7)在学术文化上,主张齐不同,一是非。

这些要点都是古典政治文化所本有的,经过先秦诸子的水火斗争,进一步被提炼为明确的思想形态,《吕氏春秋》可算是第一次全面系统的荟萃综合。其中占重要地位的"无为"思想,往往被认为是道家的发明,其实也不尽然,《论语·卫灵公》就明明记载着孔子的话说:"无为而治者,其舜也与(欤)!夫何为也哉?恭己正南面而已。"可见垂拱而治的理念也早就有了,只不过在儒家表现为帝王修身,在道家、道法家和后期法家则更多地表现为一种醒目的控驭之"术",在秦汉间的黄老之学方逐渐展现为一种政策。《吕氏春秋》对于上述要点,用大量正反两个方面的事例做了分论,各个分论整合起来,便构成了自己的思想体系。

《吕氏春秋》的这个思想体系,在大一统前夕的战国末年还不具备实施的客观条件,从实质上说,它所反映的仍只是吕氏学派的"王政"理想或初步方案。在这之前,孟子是曾经喜谈"王道"和"仁政"的,然被时人讥为不切实际,在齐、魏等国处处碰壁;《吕氏春秋》的"王道"思想与孟子有很大不同,而在秦国也无推行的可能,所以等到吕不韦一死,其理想或方案就被秦王政抛到九霄云外去了。秦王政在扫灭六国的过程中,仍然打着"义兵"的旗号,这点与吕不韦的思想相通;然而当他完成统一大业,正式采用"始皇帝"的名号之后,就大张旗鼓地继续推行商、韩的法家路线,传统王政也就只剩了一具空壳。秦始皇的政治实践完全是以韩非的理论设计为蓝图的,对传统文化动了大手术,包括废除"封建"制和世卿世禄制,建立新型的中央集权机构,完善郡县制,开拓疆域,加强各地区之间的交通联系,统一文字、车轨、度量衡及各种具体制度,对华夏民族文化共同体的成熟和发展做出过巨大的贡献;但同时他也过分依赖独裁权力和严刑酷法,把几十万乃至上百万人民变成了苦役、刑徒和奴隶,又崇法教,禁私学,粗暴地焚书、坑儒、黜道,忽视对文化遗产的批判继承和对新式上层建筑的改造,结果是自食其果,使秦王朝很快就在农民战争浪潮的冲击下灭亡了。这也给楚汉战争之后重新建立起来的大一统政权提出了稳定政治统治的新课题,而《吕氏春秋》一书的价值也从此渐渐显示出来。

五 《吕氏春秋》的价值和影响

战国时代学术界的百家争鸣和先秦诸子对上古文化与当时社会现实的多维度思考,为华夏民族和文化的持续发展提供了丰富的精神资源。《吕氏春秋》以其内容上的总结性质和撰述上的独到风格,在诸子之书和中华"元典"的系统中占据重要的一席,对后世政治、学术和文化都有着久远的影响。

(一)《吕氏春秋》的"元典"地位

"元典"的提法始创于冯天瑜先生,虽然系统的论说还只是近十几年间的事情,而对数千年中华元典精神的概括已为学术界所接受,李振宏先生主编的《元典文化丛书》即是首次全面展示这一理念的学术工程。照冯先生本人的阐释,中华元典和"轴心时代"(公元前6世纪前后的几百年间)南亚印度人、西亚希伯莱人、南欧希腊人的元典一样,都是各民族的创造力空前旺盛时代的产物,表明那时人们的思考已"不满足于对现实的直观反映,而开始对世界的本质和运动规律作深层次探索,并思考作为实践和思维主体的人类在茫茫时空中的地位,进而反省自处之道,首次系统地而不是零碎地、深刻地而不是肤浅地、辩证地而不是刻板地表达出对于宇宙、社会和人生的观察与思考,用典籍的形式将该民族的'基本精神'或曰'元精神'加以定型"①;另一方面,"元典率先系统荟萃先民智慧,其思想富于原创性,其主题具有恒久性,因而元典有着立足于现实基础上的超越性,它们的思考指向宇宙、社会、人生等普遍性问题,在回答这些普遍性问题时,所提供的并非实证性结论,而是哲理式原型;并非僵固式的教条,而是开放性的框架,有着广阔的'不确定域',从而为历代阅读者和解释者保留了'具体化'和'重建'的无限空间,使之可以纵横驰骋……以至在两千余年间,元典常释常新"②。依据这两个要义界定中华元典,冯先生以为应包括三个系列:一是《诗》、《书》、《礼》、《乐》、《易》、《春秋》等传统"六经"(后世《乐经》失传);二是孔、孟、老、庄、墨、荀、韩等诸子要籍;三是诸如《孙子兵法》、《黄帝内经》等专科创始之作。《吕氏春秋》既不是经书,也不属于专科的作品,在今无疑应归入第二系列;但它的"元典"地位是曾经有争议的,其间主要的原因之一是旧时对吕不韦的评价有偏颇,其次则在它杂取各家而往往被认为不成一家之言。实则在古典文献学上,该书与传统的经学、史学、子学和文学都有着密切的关系;在古典政治学上,其思想体系也有着其他古籍所不能代替的理论意义。由该书的基本学术价值,即可考见其内在的"元典"文化要素和特征。

1. 经学价值。《吕氏春秋》重视天人之学,以"十二月纪"为纲组织全书,实际上已将传统的"月令"内容系统地纳入了经学的体

---

① 冯天瑜:《中华元典精神》,上海:上海人民出版社,1994年版,第5页。

② 冯天瑜:《元典文化丛书序》,1994年版,见该丛书(河南大学出版社版)所收各书卷首。

系,并在相当程度上扩大了经学的范畴。这点相对于汉人的经学而言是超前的,在中国文化史上还是首次。宋人蔡伯尹跋《吕氏春秋》曾说:"汉兴,高堂生、后仓、二戴之徒取此书之十二纪为《月令》,河间献王与其客取《大乐》、《适音》为《乐记》,司马迁多取其说为《世家》、《律历书》。"① 高堂生、后仓、二戴(戴德、戴圣)都是汉代著名的礼学家,他们重视《月令》,实已将此篇正式视同经书,而此篇最可能即抄集《吕氏春秋·十二月纪》而成。同属经学文献的《乐记》,学者对其来源也还有不同说法,而认为它与《吕氏春秋》的论乐文字有联系,当非无据。西汉律历的整理和改定,最早出于张苍,此即《史记·太史公自序》所说的"张苍为章程"及《汉书·律历志》所说的"北平侯张苍首律历事"。张苍秦时为御史(专管图书),是否曾为吕不韦门人不得而知,而他的学术多承战国阴阳家之学,十有八九曾受到《吕氏春秋》的影响。② 以"十二月纪"为代表的"月令"内容,实质上不仅是传统农事经验及相关礼俗的总结,而且秦汉间进入朝廷律令,成为王家政典的自然哲学基础与政策依据。近几十年间出土的一些秦汉简牍律令材料,如四川青川战国秦牍《更修为田律》(秦武王二年)、湖北云梦睡虎地秦简《田律》、湖北张家山汉简《二年律令·田律》(吕后二年)、江苏连云港尹湾汉简东海郡《集簿》(成帝元延年间)、甘肃敦煌悬泉置《诏令四时月令五十条》(平帝元始五年)等,都有"月令"内容,多可与《吕氏春秋·十二月纪》、《礼记·月令》、《管子·四时》篇及《淮南子·时则训》等对读;西汉时期的一系列养老制度、赈贷鳏寡孤独穷困的措施,乃至奖励孝悌力田、劝务农桑、省徭赋、轻刑

---

① 黄震:《黄氏日抄》卷五十六《读诸子二·吕氏春秋》引。
② 张苍推"五德"之运,尚以为汉承秦制,汉德仍当建于水,色尚黑,以十月为岁首,见《史记·孝文本纪》及《历书》、《封禅书》、《张丞相列传》等。《汉书·艺文志》以其著作16篇列入阴阳家。

罚、行恩惠等基本国策,也都与"月令"礼俗有关。① 这些举措的思想基础,均在史所称"理阴阳,顺四时","布德和令",以"育万物之宜"。《汉书·艺文志》谓"儒家者流,盖出于司徒之官,助人君顺阴阳,明教化者也",虽以儒家之学追溯于某种官职的看法不可从,而将"顺阴阳,明教化"视为宰相的职责,仍可见"月令"内容为儒学所本有,故与经学相辅而不相离。

2. 史学价值。冯友兰先生是特别注重《吕氏春秋》的史书性质的,曾经谈道:"此书不名《吕子》而名《吕氏春秋》,盖文信侯本自以其书为史也。《史记》谓吕不韦以其书为'备天地万物古今之事,号曰《吕氏春秋》',亦以为吕不韦以其书为史耳。《史记·十二诸侯年表叙》以《吕氏春秋》与《左氏春秋》、《虞氏春秋》并列,是史公亦以此书为史也。以此书为史,则其所记先哲遗说,古史旧闻,虽片言只字,亦可珍贵。故此书虽非子部之要籍,而实乃史家之宝库也。"②子、史之分,在秦汉之际未必已有十分明确的畛域,以为此书本非"子部之要籍"的看法还可商量;然《吕氏春秋》确带有很强的文化史的性质,与一般的诸子书有所不同。其中的专篇,特别是"十二月纪"和有关音乐史、军事理论及农学文献的部分,都是大别于他书的文化史料,其价值历来为学者所重;而书中全部论述所包含的大量现实材料,广泛涉及春秋战国时代人文历史与社会生活的变迁,或为本书所独有,或可与他书互参,在今也都有着多方面的史料价值。清人汪中曾说:"是书之成不出于一人之手,故不名一家之学,而为后世《修文御览》、《华林遍略》之所托始,《汉书·艺文志》列之杂家,良有以也。然其所采摭,今见于

---

① 参见杨振红:《月令与秦汉政治再探讨——兼论月令源流》,《历史研究》2004年第3期。

② 冯友兰:《吕氏春秋集释序》,见前引许维遹《吕氏春秋集释》影印本卷首。

周、汉诸书者,十不及三四;其余则本书已亡,而先哲之话言,前古之佚事,赖此以传于后世,其善者可以劝,其不善者可以惩焉。亦有间里小智,一意采奇词奥旨,可喜可观,庶几乎立言不朽者矣。"①把《吕氏春秋》看做类书的源头,并不妥当;但说它所引述的古籍绝大多数已经亡佚,正可借以征文考献,则自是实情。专就广义的文献史学而言,《吕氏春秋》的此种价值要大大高于其他先秦诸子书。

3. 子学价值。《吕氏春秋》保存了丰富的诸子思想史料,这点应是全书学术价值的重心所在。许维遹先生说:"夫《吕览》之为书,网罗精博,体制严谨,析成败升降之数,备天地名物之文,总晚周诸子之精英,荟先秦百家之眇义,虽未必一字千金,要亦九流之喉襟,杂家之管键也。"②因为是"喉襟",是"管键",所以备此一书可征群书,观此一家可知百家,这也是本书内容的基本特色之一。纯按传统文献的分类法,不论从著述性质还是从内容结构、思想体系上看,本书仍当列入子学的范畴,其经学、史学、文学的价值则皆为此种宽泛的子学所兼包。先秦诸子的原创性思想史料,后世所保存下来的事实上只是其中很少的一部分,而本书的广征博引大大超过他书,仅此就足可使它成为诸子学界探赜索隐的渊薮。举例言之,陈奇猷先生校释本书《去尤》篇曾指出:"考《尸子·广泽》云:'料子贵别囿',《庄子·天下》云:'宋钘、尹文接万物以别宥为始',囿与宥同。则此篇及《去囿》为料子、宋钘、尹文等流派之言也。料子无考,《汉书·艺文志》亦未见著录料子之书。……料子之学早已亡佚,此二篇乃料子学之仅存者,斯亦可贵也矣。"③这只

---

① 汪中:《述学补遗·吕氏春秋序》,《四部丛刊》本。
② 许维遹:《吕氏春秋集释·自序》。
③ 陈奇猷:《吕氏春秋校释》,前引本,第690页。

是一个微例,但对说明《吕氏春秋》在诸子学和文献学上的价值是有典型意义的,《去尤》、《去囿》二篇显然采取了料子等人的"别宥"观念,虽然所述不一定全同于料子之学。就《吕氏春秋》辑录诸子佚书的工作,前人已做过一些,然存在诸多困难,还很不够,相关的研究工作还有待进一步展开。另外还须注意到,本书所体现的诸子学实是战国晚期作者心目中的诸子学,亦即经过作者扬弃、整合、改造而注入了新内容的诸子学,故在全书整体意义的框架内,已与各家原始文献的学术内涵有差异。由此结合出土文献,细致剖析先秦诸子学的源流,正是研究本书的要义所在,也是发掘其创新价值的途径之一。

4. 文学价值。先秦诸子的散文,风格不同,《庄》、《孟》、《荀》、《韩》,各有千秋。《吕氏春秋》的绝大多数篇章都是经过细心揣摩的,文笔简练流畅,推理有条不紊,用语明白而典雅,谕例浅直而意深,有时文之风,无造作之弊,亦不失为先秦散文的典范。其《怀宠》篇说:"凡君子之说也,非苟辨也;士之议也,非苟语也;必中理然后说,必当义然后议。"这也可看成是该书的文学宗旨,可以类比后世所称"文以载道"的主张。《四库提要》说"是书较诸子之言独为醇正",正当视为作者临文不苟的表现。

5. 理论价值。《吕氏春秋》依据"王道"观念所建立的思想体系,在中国古代政治思想的领域是具有普遍的理论价值和实践意义的。高诱序《淮南子》曾说:"夫学者不论《淮南》,则不知大道之深也。"①如果套用这话来说,亦可谓学者不论《吕氏春秋》,则不知古代王政之要。中国古代政治以帝王为中心,《吕氏春秋》的政治主张也是围绕这一中心而展开的。书中突出强调帝王的修身养性和虚静"无为",又格外反对帝王以不正当权术控驭臣下,乃至流

---

① 见《诸子集成》本《淮南子》卷首。

于秘密统治,这不仅是出于对王者行政求其"圜道"运转、保持政令畅通的设计,同时也有着超越于具体政务之上的更深涵义,就是用儒家、道家的政治理论限制王权,以防止人主权力和威势的滥用。由此便引出尚贤使能的哲人政治和公而去私、为官方正的传统,引出"天视自我民视,天听自我民听"的民本思想和礼乐教化的政策风俗,引出"德治"和刑政的辩证关系以及各项具体的开明政治思想。所谓"开明政治",近世曾有许多争议,然在秦汉以后两千余年的中央集权专制制度下,这一传统仍不绝如缕,为大众所接受和期盼。这是由于"开明政治"乃是中国传统政治文化在长期发展过程中所形成的正面价值,而不是取决于一两个人或某一群人主观动机的东西,所以即使在现代民主与法治的社会,它也还有着存在与传续的社会基础。

冯友兰先生的《吕氏春秋集释序》曾指出,先秦诸子的述作原先"皆仅具篇章,未有如后世所有之整书",如《墨子》、《庄子》等乃秦以后人所结集;独《吕氏春秋》依预定计划写成,"纲具目张,条分理顺,此在当时,盖为创举"。这当然还只是《吕氏春秋》"原创性"的一面,而因为有这一面,展示其内在价值的各个方面也就都带有一定的"原创性"。至于此书在两千余年间流传不绝,至今仍为研究中国传统文化不可缺少的重要古籍,则又显示其思想的"恒久性"和"超越性"。这些都足可证明它完全有资格与先秦诸子要籍并驾,当之无愧地应被列入"元典"的系列。

(二)《吕氏春秋》与汉初思想界

《吕氏春秋》在后世政治领域与思想界的影响,以汉初七八十年间最有迹象可寻。这不仅表现在"月令"系统的变化及其律令功能的提升方面,更涉及当时政治路线与学术界、思想界的种种复杂情况。

《吕氏春秋》在汉代流传和应用的详情,今已无法搞清,但它曾为西汉官府的重要藏书没有疑问,高诱所谓"著在《录》、《略》"是其证。汉高祖刘邦的帝王功业始于在汉中称王,当他最初率军攻占秦都咸阳时,大臣萧何即首先收取秦王朝的律令图书,以便掌握全国的山川险要、郡县户口和各地社会情况。《吕氏春秋》原为秦博士所藏,经历秦王朝的焚书劫难而能完整保存下来,估计即出于萧何的接收和保存;而曾在秦时为官的一些学者,如张苍等人,可能也有抄存。汉惠帝时初除"挟书之律",到汉武帝时又"大收篇籍,广开献书之路","于是建藏书之策,置写书之官,下及诸子传说,皆充秘府"①,则该书的整理写校亦必在其中,使用当已渐广。郭沫若先生还曾推测吕后的父亲吕公可能是吕不韦的族人②,若此说当真,或虽不为真而吕后族党要假借吕不韦后裔的名义以抬高自己的身份,那么《吕氏春秋》在汉初上层统治者中间流传就更非意外之事了。相传秦末著名隐士"商山四皓"(东园公、甪里先生、绮里季、夏黄公),高祖聘之而不至,吕后时乃令太子卑词安车与之游,说不定这四人早年即曾为吕不韦的门人。这些自然尚无直接的证据,然而种种迹象表明,《吕氏春秋》在大一统前夕所提供的政治统一与思想统一的初步方案或理想模式,在汉初思想界仍像一股潜流在涌动着,并且时时呈现出引领潮流的动向。

汉初思想界,如既往许多学者已经指出的那样,一方面是尚承战国百家争鸣的余风,仍然流派纷出,议论杂沓,不归一虑;另一方面,百家思想互相混合,皆失去本来面目,其间会通综合、趋时应变的倾向也较之战国晚期更加明显。由于中国社会历经战国以至秦楚、楚汉间的长期战乱,地方残破,田园荒芜,人口稀少,因此西汉

---

① 《汉书·艺文志序》。
② 郭沫若:《十批判书》,前引本,第371页。

开国之初,即着力推行"与民休息"的政策,从而使得"无为而治"的道家思想成为一时统治思想的主流。先是萧何为丞相,"谨守管籥,因民之疾,奉法顺流,与之更始"①,其执政方针已转向以黄老思想为主导。同时曹参初为齐相九年,自觉采用齐人盖公的建议,亦以黄老之术为治道;后来他入朝继萧何为丞相,乃一切率由旧章,"举事无所变更,壹遵何之约束"②,时称"萧规曹随",又明确开出"无为"政治的新格局。《汉书·刑法志》因此说:"萧、曹为相,填(镇)以无为,从民之欲而不扰乱,是以衣食滋殖,刑罚用稀。"下及文、景之世,因文帝皇后、景帝之母窦太后"好黄帝、老子言,(景)帝及太子、诸窦不得不读《黄帝》、《老子》,尊其术"③,仍承萧、曹路线。不过此种黄老之学虽承战国稷下学术而来,而综合性又较之先前大为加强,实是道家学说的一种新变形态,已大不同于原始道家。如《史记·太史公自序》评论道家所说:"因阴阳之大顺,采儒、墨之善,撮名、法之要,与时迁移,应物变化,立俗施事,无所不宜,指约而易操,事少而功多。"此实指内涵已经扩大的黄老之学。是知其学仍以"阴阳之大顺"为认知基础,而以"无为"之术为主干,综汇各家,采精撮要,力求随时更化,以便施事之宜,于原始道家学说改观良多,故近世学者率称之为"新道家"。这里想说的是,汉初"无为"政治的大格局,就统治者的主导意识和"与民休息"的政策基础而言,毋宁就是《吕氏春秋》政治主张的翻版。这当然不是说汉初统治者都是照《吕氏春秋》的政治论纲去做的,而是说在汉承秦制的历史条件下,统治者尽力顺从民心,改变旧朝酷虐的统治形式,以稳定大一统政权的社会基础为要务,从而使得

---

① 《史记·萧何传》。
② 《史记·曹参传》。
③ 《史记·外戚世家·窦太后》。

《吕氏春秋》的王政理想在许多方面变成了现实。由此还可推测，《吕氏春秋》可能在汉朝建立前后已经为决策者所重视。

仔细考究起来，《吕氏春秋》对汉初政治思想的影响可能不止表现在一个或几个方面。从学术流派的大类别上划分，汉初在官学系统上逐渐占据上风的是齐学。最早对秦亡的教训做理论反思的陆贾，初擅纵横家之风，与齐人蒯通、主父偃及"狂生"郦其实属于同一路人，而所作《新语》实并取儒、道两家思想；其书凡为十二篇，或称《楚汉春秋》，大概即是依仿《吕氏春秋》的"十二纪"而来的。为汉高祖制定朝廷礼仪的叔孙通，齐地薛县人，秦时曾为待诏博士；其初投高祖，高祖仍拜以为博士，而号之曰"稷嗣君"，其学完全是继承趋时通变的齐学而来的。① 改定汉初历法的张苍，后来也官至丞相，据说他曾为荀子的学生，也与齐学有着很深的瓜葛。文、景之际"隆推儒术，贬道家言"的博士申培公、辕固生等人，也是齐、鲁之士。此外，"新道家"的代表人物黄生（司马谈之师），生平不详，而他的学术也不是纯守道家之说的；他曾在景帝面前公言"汤、武非受命"，乃是"篡弑"，强调的还是儒家大力倡导的等级名分，只不过因为用了极端的引例，直接触及汉高祖代秦称帝的敏感现实，故而导致辕固生等人的激烈批评。② 其时所谓"新法家"，以贾谊、晁错等人为代表，他们的激进改革主张多承先秦法家之风，而同样渗透着浓厚的儒学意识，或者可以说他们的政治思想实是儒学的法家化，并且照例夹杂着道家思想的辩证法，又特别突出了民为"万世之本"的民本思想。这些都表明各家在学术路线上虽各有所承，而在思想上却互相吸收，大要属于齐学的风格，因

---

① "稷嗣君"之义，《史记·叔孙通传》集解引徐广曰："盖言其德业足以继踪齐稷下之风流也。"

② 事见《史记·儒林传·辕固生》。

而都与《吕氏春秋》的政治主张息息相通——如前所说,《吕氏春秋》的整体风貌及思想主流实源于齐国稷下之学。此外,如历事景、武二帝的大臣韩安国"受韩子(韩非)、杂家说于邹田生所",武帝前期的丞相田蚡"学《槃盂》诸书(杂家书)",①则可能都曾直接汲取《吕氏春秋》之学。

显示汉初学术综合倾向的代表作品,首推由淮南王刘安组织门下士撰成的《淮南子》(原称《淮南鸿烈》)。高诱序其书说:"初,安为辨达,善属文……天下方术之士多往归焉。于是……共讲论道德,总统仁义,而著此书。其旨近《老子》,淡泊无为,蹈虚守静,出入经道。言其大也,则焘天载地;说其细也,则沦于无垠。及古今治乱,存亡祸福,世间诡异瑰奇之事,其义也著,其文也富,物事之类,无所不载。然其大较,归之于道。号曰《鸿烈》,鸿、大也,烈、明也,以为大明道之言也。"②此书从编撰形式到文章体制、思想脉络,皆完全秉承《吕氏春秋》的衣钵。其《要略》篇说:"夫作为书论者,所以纪纲道德,经纬人事。上考之天,下揆之地,中通诸理,……然足以观终始矣。""故著书二十篇,则天地之理究矣,人间之事接矣,帝王之道备矣。"又自谓其书"观天地之象,通古今之事……理万物,应变化,通殊类,非循一迹之路,守一隅之指"。以此与《吕氏春秋·序意》篇相对照,即可见其著述宗旨亦与吕氏无异。是书思想体系虽说以道家黄老之学为主,然亦综合百家,且重在兼综儒、道,与《吕氏春秋》并无两样,其文字与故事亦时时采及《吕氏春秋》。这些在今大抵已为学者共识。

《史记》一书,是从史学角度综合传统学术的巨著。司马谈、司马迁父子的历史哲学亦倾向于齐学,以黄老之学为本,而推崇孔

---

① 见《史记》韩安国、田蚡本传。
② 《诸子集成》本《淮南子》卷首。

子,兼顾其他各家,不排斥功利。所谓"究天人之际,通古今之变,成一家之言"的撰述宗旨,正可与《吕氏春秋·序意》及《淮南子·要略》篇对看。而上已言及,其书"十二本纪"的编排,亦约略本于《吕氏春秋》的"十二月纪"。

汉初统治思想初不以儒学为主体,故其时思想界亦无纯儒。然儒家思想重守成,历代新朝创业,一俟天下粗定,必然仍要提倡儒学。故至汉武帝时,及时擢用公孙弘、董仲舒等人,乃有"罢黜百家,独尊儒术"之举,儒家终于上升到思想界盟主的地位。公孙弘为齐人,他的学术亦基于"明天人分际,通古今之谊(义)"①,以选贤举能、赏功罚罪、斥邪佞、省赋敛、使民以时等为"治民之本",又以仁、义、礼、智为"治之本,道之用"②。董仲舒也是齐学化的儒家,他的思想和理论固然以儒学为主,而同时吸收道家黄老之学,又糅合阴阳、名、法等各家的理念,并且仍旧以阴阳五行学说为框架,依然是一个庞杂的体系。这一体系在许多基本的方面,诸如取法天地,重视伦理,主张改姓易王可以"有道伐无道",强调帝王修身及顺从民意,突出权变和"更化",以"德教"统率刑政,"固守其德以附其民",轻徭薄赋"以宽民力"等等,仍皆与《吕氏春秋》的主张相通;③而董氏学说所高张的"天人感应",毋宁是直承《吕氏春秋》的"十二月纪"而来的,其《春秋繁露》的《阳尊阴卑》、《阴阳义》、《天辨在人》诸篇,以及他的《对策》中的相关言论,尤可看做是对"十二月纪"基本理论的诠释。不过董氏借《公羊春秋》的"微言大义"神化孔子、神化皇权,以至提倡"天不变道亦不变"、"正其谊(义)不谋其利",又带上新的时代烙印,而与《吕氏春秋》大有不

---

① 《汉书·儒林传序》引公孙弘等奏议。
② 《汉书·公孙弘传》。
③ 《汉书·董仲舒传》。

同。如果说董氏学术的特点之一是将儒家的"内圣"和"外王"路线综合为一体的话,那么此种综合也可约略推本于《吕氏春秋》。

还有学者从更宽泛的意义上理解《吕氏春秋》对汉代学术的影响,因而评价也更高。如徐复观先生曾反复强调,汉初思想家对《吕氏春秋》"有直传或再传的关系",两汉人士有"许多是在《吕氏春秋》影响之下来把握经学"的,两汉思想家"几乎没有一个人没有受到十二纪纪首——《月令》的影响",特别是董仲舒,他的思想的特性"可以说全是由十二纪纪首发展出来的";因而《吕氏春秋》对汉代思想的影响"至深至巨","离开了《吕氏春秋》,即不能了解汉代学术的特性"。① 这些话似乎显得有些拔高,但在今日溯流及源,确有不少汉代学术史、思想史上的重大侧面可与《吕氏春秋》的综合观念联系起来。诚如牟钟鉴先生所说:"《吕氏春秋》不是一部孤立出现的可有可无的书,它是历史从先秦向两汉转变时期的产物,是前一个时代的文化向后一个时代的文化过渡时期中间型的著作。要了解先秦的学术史和哲学史,固然不可不读《吕氏春秋》;要了解秦汉的学术史和哲学史,尤其不可不深研《吕氏春秋》。"②

近年有学者论《吕氏春秋》的自然哲学,概括指出:"《吕氏春秋》的自然哲学具有丰富的内容,反映出很强的综合性、超越性和前瞻性。它综合而又超越了先秦诸子的自然哲学思想,开启了汉代哲学的端绪,成为汉代以董仲舒为代表的儒家学者的思想前驱……因此,《吕氏春秋》的自然哲学思想,是先秦到汉代的思想转折进程中的重要环节,为汉武帝时期的思想统一、价值整合做了

---

① 徐复观:《两汉思想史·〈吕氏春秋〉及其对汉代学术与政治的影响》,见前引牟钟鉴《〈吕氏春秋〉与〈淮南子〉思想研究》第一部分的附录资料,第143~145页。

② 牟钟鉴,上引书,第113页。

思想理论方面的准备。"① 这话大致也可扩展到《吕氏春秋》的整个思想体系。总起来看,中国社会由战国纷争到秦汉大一统,进而由政治统一带动"六合同风,九州共贯"的文化统一,在这一巨大历史变动的过程中,统治者的思想路线和主流意识形态也不断调整,其间《吕氏春秋》的王政理想可以认为是一个有着多层面意义的转关。

(三)《吕氏春秋》的现代价值

先秦诸子之学与经典相辅,自汉代以降随时推移,而终至长盛不衰的首先是孔、孟之道,其次是老、庄、荀、韩。《吕氏春秋》到明代始刊刻稍多,下及清代以至近世,乃渐次呈现出与诸子并成显学之势。

《吕氏春秋》的基本文献学价值,如上文所举,泛及经、史、子、集四部,在文化史和学术史的研究上是永久不过时的。遗产所在,菁芜并存,后人的价值评判标准不同,拣择亦异。现代学术的最大特点是学科分类日趋细密,因此在《吕氏春秋》的研究领域内,已不再局限于综合性的文献考据,而更倾向于专科性的分析研究。浏览当下的研究成果即可知,学者对《吕氏春秋》的价值发掘,广及政治、军事、经济、文化、哲学、人学、史学、文学、文艺学、美学、音乐、农学、法学、医学、管理学、教育学、心理学、逻辑学、语言学乃至民俗、养生、烹饪等众多的领域,因新概念、新理论、新方法的引入,而使该书的研究工作进一步转向与时俱进的现代化、多元化,从而构成网络般的庞大研究框架。此亦由于《吕氏春秋》的"杂家"特点和丰富的资料,可以各适所用,为学者的叙述、诠释和发挥提供了种种可能性。新型的《吕氏春秋》之学,仍须以它的传统价值为

---

① 陈宏敬:《〈吕氏春秋〉的自然哲学》,《中国哲学史》2001年第1期。

基础,而它的整个价值体系经过消解和重构,也必然要超越传统,博古通今,正所谓"常释常新",从而展示出"元典"文化的现代价值和恒久魅力。这些都不再多说。

先秦诸子书有一个共同的特点,就是大量的论说和举例都充满了辩证的思维。这方面的记录可称是一种特别的史料——"智慧"史料。此种史料不仅适用于精英政治,也适用于凡人的人生,善用者可借以增长知识,历练聪明,培养情趣,佐助行实。这里不妨就《吕氏春秋》所载略举几例,以见有用的道理古今无殊,人皆可行。

1. 长见与短见。《长见》篇是专门论说这一道理的:"智所以相过,以其长见与短见也。今之于古也,犹古之于后世也;今之于后世,亦犹今之于古也。故审知今则可知古,知古则可知后,古今前后一也。"《长利》篇亦论此,而举例特别批评了鲁人辛宽对于齐强鲁弱问题的谬说,以阐明"善者得之,不善者失之,古之道也"的普遍准则。智虑长远者养其德而保其利,眼光短浅者行不善而失其利,古今同此一理。

2. 务大与慎小。《谕大》、《务大》等篇皆论人主及人臣欲建立功业,必须目标远大,不能安于逸乐。"地大则有常祥","山大则有虎豹","水大则有蛟龙";燕雀处一屋之下,"区区焉相乐也,自以为安矣",不知灶火一旦上突焚栋梁,祸将及之。《慎小》篇专论"谨小物",故谓"巨防容蚁而漂邑杀人,突泄一熛而焚宫烧积,将失一令而军破身死,主过一言而国残名辱为后世笑"。是以"小物"不可"不审","人情不蹶于山而蹶于垤(蚁封)",小不慎则大无所用。《权勋》篇谓小忠为"大忠之贼",小利为"大利之残",又为另一种辩证法。《察微》篇的主旨亦在论说防微杜渐。

3. 异宝与异用。《异宝》篇举有一个著名的例子:宋国乡下人耕田得宝玉,献之司城子罕,子罕不受,曰:"子以玉为宝,我以不受为宝。"此例又见于《左传》襄公十五年,而载子罕曰:"我以不贪为宝,尔以玉为宝。若以与我,皆丧宝也,不若人有其宝。"是乃千古箴言,足为贪腐者戒。《异用》篇更从大处落笔,谓"万物不同,而用之于人异也,此治乱存亡死生之原",寓意深刻。

4.通识与偏蔽。《去尤》、《去宥》两篇,大意有似于是对《荀子·解蔽》的诠解。人有亡铁(丢失斧子)者,疑为邻人所偷;有劝邻家砍掉枯树者,反被指为"阴险";又有到市上攫金者,只见金而不见人。这些脍炙人口的寓言,都是对蒙蔽偏见的绝妙讽刺。《淫辞》篇还记有名"澄子"者拦路劫人衣服,却振振有辞地声称其行为对被劫者有利。"澄"者清也,此人名清而实不清,和见物而不见人者一样,毋宁都是对公开攫取人民财产的贪官污吏之写照。

5.疑似与别类。"物多类然而不然",世事尤为复杂,故辨疑去惑在所不免。人之患在"不知而自以为知","好小察而不通大理"。其尤为典型者,如鲁人有自称能起死回生者,人问其故,则答曰:我能治偏枯(半身不遂),若将治偏枯之药的剂量加一倍,不就能使死人(两个半身不遂)复活了吗?《疑似》、《别类》两篇亦多谈政治,而可与《去尤》、《去宥》对读。

6.审闻与察传。《察传》篇谈论对于传言的态度,举有极明白的例证:"数传而白为黑,黑为白。故狗似玃,玃似母猴,母猴似人,人之与狗则远矣。"余如"夔一足"、"丁氏穿井得一人"、"三豕"为"己亥"之误诸例,后来常被用做文献校勘学上的典故,皆以证传言不可轻信,务必要仔细审查。不过"夔一足"可能出于极古老的传说,反映的是上古部族首领夔(相传为舜的乐正)擅长独脚舞的形象,本篇假托孔子之言别出一说,可能正失去了传说的本真。夔实有其人,商代甲骨文中尚祀以为王室远祖。

7.美与丑。这一项对立范畴,直接涉及道德评价的标准问题。中国文化在数千年发展过程中所形成的道德评价标准变化不大,至今讲美学虽欲摆脱道德的羁绊,而仍然不可能完全抛开它。该书《去尤》篇记鲁人有子至丑,见人之子至美者,反以为不如己之子。作者因此说:"彼以至美不如至恶(丑),尤乎爱也。故知美之恶,知恶之美,然后能知美恶矣。"这是既承认美、丑为客观存在,又强调二者相互对待,无绝对的美或丑;美中有丑,丑中有美,能知二者的互相包含,才是真知美丑。《遇合》篇还记有一例,说是老两口本为和和睦睦的一对,嫁女时却教其女多存私房钱物,以备将来婚姻失败,结果使得其女很快就被婆家休掉。此由人情之对比言之,以见某些美行虽于己"终身善之",而私心不除,终"不知其所以然"。其下又引及黄帝娶丑女嫫母,相爱不衰,仍落实于德行为美丑评价之本。

《吕氏春秋》为政治论集,非是故事集锦,书中绝大部分论说皆有事证。《史记·太史公自序》引孔子之言曰:"我欲载之空言,不如见之于行事之深切著明也。"是知古人重实行,不欲空言道理;以道理寓于事实之中,乃前贤著书之成法。《吕氏春秋》的讲论皆条理明白,举例亦通俗易懂,明其理而通其事,求诸己而切于用,自可知全书之精神要义原贴近社会生活,不远于人伦日用。所谓"彰善瘅恶,树之风声"(《尚书·毕命》),用于文献著述,强调以道德的讲求存鉴戒,以史事的针砭备典型,以使读之者触类动心,潜移默化。从古为今用的价值理念上说,包括《吕氏春秋》在内的系列"元典"恒久而不磨灭的现实意义,最终都集中体现于此。

《吕氏春秋》内容博杂,结构繁复,研究者各有侧重,初学者或不知从何读起。如果未接触过此书,建议不要急于阅读其本文,而应先看一些学者的介绍和导读文章,对本书的成书年代、历史背景、作者情况、编纂始末、取材范围、撰述体例、内容结构、思想体系、价值评价等有个大概的了解。在有了一定的准备之后,也不要翻开书本即从头读起,一篇一篇地读下去,想一口气读完全书,再回过头来消化,这对初学者不是好办法。较为可行的是先选择一些有代表性的篇章,并且最好是按内容类别选择一些自己觉得有兴趣的篇章,有重点地一字一句地精读,务必读懂原文,了解其本意,领会其主题思想。这样做不但读一篇是一篇,篇篇读而有得,而且可以培养阅读兴趣。各篇文字难易不同,选篇也可分层次。譬如:(1)初读可选各部分较为单纯的论文,如"十二纪"部分的《本生》、《贵公》、《尽数》、《论人》、《劝学》、《尊师》、《顺民》、《异宝》、《当务》、《长见》等篇,"八览"部分的《去尤》、《孝行》、《下贤》、《贵因》、《察微》、《君守》、《任数》、《用民》、《为欲》、《长利》等篇,"六论"部分的《爱类》、《察传》、《贵直》、《自知》、《别类》、《慎小》等篇。选篇的多少及阅读进度因人有别,可随时调整,由少而多,逐渐扩大阅读范围。(2)"十二月纪"各篇可稍后读,这部分文字需要有一定的月令知识和文化史的常识才能真正读得通;不过各篇的内容性质相近,精读其中一二篇,其他即容易兼通。(3)涉及文化史的专篇都不易读,但相对而言,论兵八篇尚不甚难懂,论乐八篇则会有不少障碍,而农学四篇即使是专家也不敢说能够全通;这些专篇皆可视个人情况选读,各作为一个阅读单元处理,其尤难者可以不读,或仅浏览以待将来专攻。总的指导原则,应是循序渐进,由易而难,积少成多。最后,在具备了相当的阅读基础之后,则有必要从头到尾通读全书;而要能够顺利地应用本书,则还须通读多遍,并经常温习,多做读书笔记。初学者选读本书,要用新出的简注本,现在的《国学基本读本》即是为此而作的,注释文字在吸收前人研究成果的基础上,力求简明、准确、便读,可供读者选用。读者在阅读本书渐熟之后,可根据各人需要,进而阅读、研习、参考和使用近世专家学者的详注本及各种旧注本。阅读古籍,要将正文和已有的注解一起读,禁忌只看正文不看注,全凭一己之见理解。若自有心得,确有证据,可以补正旧注及今注之失,则为学入于新境界,方可称真能自出胸臆,而人亦乐见国学后继有人。

该书《尊师》篇说:"凡学非能益也,达天性也。能全天之所生而勿败之,是谓善学。"人生必不可无学,学可以通达天性,而非仅在增益所闻、所见、所言、所知而已。天性与生俱来,善学则全,不学则毁。青年朋友有志于学者,可以此为座右铭。

卷一　孟春纪第一

孟　春　纪①

一曰②　孟春之月,日在营室③。昏参中,旦尾中④。其日甲乙⑤,其帝太皞,其神句芒⑥。其虫鳞⑦。其音角,律中太蔟⑧。其数八⑨。其味酸,其臭膻⑩。其祀户,祭先脾⑪。

【注】①孟春:指春季第一月,即夏历正月。按:"孟春"下"纪"字,依目录可不书,因古本以卷题兼作篇题,故存此字。以下各月纪篇题中"纪"字同此。　②一曰:此二字表示各卷分篇的次第,有引出正文的作用而非正文,但为原书所标,可以不读而不可删。今为清楚起见,以空格与正文隔开。以下全书各篇之"一曰"、"二曰"、"三曰"等皆同此。　③日在营室:指本月太阳在天球上的视运动位置当室宿区域。营室,星宿名,即室宿;二十八宿之一,为北方第六宿,有二星。按:古代天文学家把太阳的周年视运动轨迹称为黄道,把地球赤道在天球上的投影称为赤道,又选择天球上黄道、赤道附近的28组可见恒星作为"坐标",称为二十八宿。二十八宿分为东方苍龙、北方玄武、西方白虎、南方朱雀各七宿,每宿包括若干星。　④昏参中,旦尾中:本月黄昏时候参宿在正南方中天,清晨时候尾宿在正南方中天。参(shēn)、尾,都是二十八宿之一。参宿为西方第七宿,共有七星;尾宿为东方第六宿,共有九星。

按：岁时季节不同，人们观测到的星宿相对于地面的方位亦不同。中，指正南方中天，晨昏时出现在正南方中天的星宿亦称中星。　⑤其日甲乙：本月祭祀的吉日是甲日和乙日。按：古人以十天干与十二地支相配纪日，如甲子、乙丑等。这里所说甲、乙之日皆为简称，实指古人以五行配四时所得每年五个时段的首日和最后一日。如一年按 360 天计算，又均分为五段，则每段为 72 天。又假定正月初一为甲子日，则按每月 30 天及干支纪日 60 天一循环的规律推算，五个时段的首日和最后一日即可得到如下结果：1. 甲子（正月初一）—乙亥（三月十二日）；2. 丙子（三月十三日）—丁亥（五月二十四日）；3. 戊子（五月二十五日）—己亥（八月初六）；4. 庚子（八月初七）—辛亥（十月十八日）；5. 壬子（十月十九日）—癸亥（十二月三十日）。此即古人所称吉日的来历，故本书"十二月纪"于春季各月皆言"其日甲乙"，于夏季各月皆言"其日丙丁"，于《季夏纪》之末"中央土"下言"其日戊己"，于秋季各月皆言"其日庚辛"，于冬季各月皆言"其日壬癸"。汉以后术数家以"纳甲术"说《易》，尚配用此种日期。不过以五行配四时，相互间的日期有交错，并不能整齐相对。纯按一年分五个时段的做法，各季度交替之际的吉日是跨月份的，而六月、七月又皆在"其日戊己"的范围之内。本书"十二月纪"按四时划分，"中央土"一项仅附述于《季夏纪》之末，故所述吉日不尽合于五分法，尤其是六月的"其日丙丁"、七月的"其日庚辛"，更与五分法不相应。盖此类术数文字辗转抄传，该书所录者亦其中的一种，或已失五行家说的原貌。后面各月纪所涉及的吉日皆参此，不另注。　⑥此二句是说：本月祭祀的古帝王是太皞，配祭的神灵是句芒。太皞，即伏羲，传说中的古帝王。相传上古洪荒，人烟灭绝，伏羲与女娲兄妹相婚，始生人类。依古史传说考证，太皞当是东夷族最早的太阳神名号，后来乃转变为华夏民族最古老的祖先名号。古人依据金、木、水、火、土五行所编排的五德终始说，以为太皞伏羲氏以木德王天下，死后被祀于东方。句（gōu）芒，神名，代表五行系统中的木官之神，亦祀于东方。　⑦其虫鳞：指本月与时令、五行相应的动物是鳞甲类。虫，泛指动物。古人称鳞甲类动物为鱼属，龙为之长。　⑧此二句是说：本月与时令、五行相应的音是角音，乐律合于太蔟。按：中国古代音乐以宫、商、角、徵（zhǐ）、羽为五声音阶，相当于现代简谱上的 1、2、3、5、6；又有变徵、变宫，相当于现代简谱上的

4、7。乐律(标准音)则有12个,称十二律,包括阳律6个,阴律6个,详见本书《音律》篇。太蔟(古籍亦通作太簇)为阳律之一,大致相当于现代音乐上的定音D。律本指律管,即定音的竹管。古人以为在十二个定音的律管中纳入用芦苇的薄膜所烧成的灰,因时令随月份变化,每月都会有相应律管中的灰飞动起来,故本书于每月皆书"律中某某"。 ⑨其数八:本月与月令、五行相应的数是八。古人以为五行之数为五,木在五行中属第三,故其成数为八。其依据是以天、地与五行相配,天为奇数,地为偶数,故十以内的搭配顺序是:天一生水,地二生火,天三生木,地四生金,天五生土;地六成水,天七成火,地八成木,天九成金,地十成土。本书以春、夏、秋、冬四季相应于木(东)、火(南)、金(西)、水(北),故其数取八、七、九、六;《季夏纪》附录的"中央土"一项,则其数取五,不取十。 ⑩此二句是说:本月与时令、五行相应的味道是酸味,气味是膻味。臭(xiù),气味。羶,同"膻"。 ⑪此二句是说:本月祭祀户神,用牲畜的内脏作祭品,要把脾摆在前面。户,门户,指住室的门户。古人以为初春蛰虫始动,由门户而出,故行户祀。

按:古代五行家以各种事物与五行相配,构成一个术数体系。为便于查检,这里权且将该书"十二月纪"所采用者排列如下:

五行	木	火	土	金	水
五方	东	南	中	西	北
四季	春	夏	季夏	秋	冬
吉日	甲乙	丙丁	戊己	庚辛	壬癸
五帝	太皞	炎帝	黄帝	少皞	颛顼
五神	句芒	祝融	后土	蓐收	玄冥
五虫	鳞	羽	倮	毛	介
五音	角	徵	宫	商	羽
五数	八	七	五	九	六
五味	酸	苦	甘	辛	咸
五臭	膻	焦	香	腥	朽
五祀	户	灶	中霤	门	行
五脏	脾	肺	心	肝	肾

五色	青	赤	黄	白	黑
五谷	麦	菽	稷	麻	黍
五畜	羊	鸡	牛	犬	彘

东风解冻①,蛰虫始振②。鱼上冰,獭祭鱼③。候雁北④。

【注】①东风:春风。春相应于五行的木,属东方,故春风亦称东风。②蛰虫始振:冬天里蛰伏的动物开始苏醒并活动。 ③此二句是说:冰冻时下潜的鱼开始浮游到孟春泮裂的冰间,獭(一种小兽)开始觅食捕鱼。按:獭捕鱼贪多,常将所捕陈列水边,古人称之为獭祭。 ④候雁北:在南方过冬的候鸟大雁开始北归。

天子居青阳左个①。乘鸾辂②,驾苍龙③。载青旗④,衣青衣,服青玉⑤。食麦与羊,其器疏以达⑥。

【注】①青阳左个:明堂建筑东向堂的左侧室。明堂为古人所称天子发布政令之所。按五行家的整齐化说法,其建筑东向者称青阳,南向者称明堂,西向者称总章,北向者称玄堂,中央大室则称太庙。除中央大室外,其余各方向的正堂也可称太庙,而各有左、右侧室,称左个、右个。青阳盖指东向朝阳而尚青,故以名之。 ②鸾辂:装饰有鸾铃的大车。其铃或作鸾鸟形,铃声亦像鸾鸣。春天尚青,故用鸾铃亦并取鸾鸟之青色。 ③苍龙:古代骏马名,即俗所称青龙马。马高八尺以上为龙。 ④载青旗:车上插青色的龙旗。龙旗,一种绘龙纹的旗。 ⑤服:佩戴。 ⑥此二句是说:本月行食麦之礼,以羊为祭牲,所用器物都镂孔装饰而大方明朗。疏、达,指镂孔之疏朗。以,而。

是月也,以立春。先立春三日,太史谒之天子①,曰:"某日立春,盛德在木。"②天子乃斋③。立春之日,天子亲率三公、九卿、诸侯、大夫以迎春于东郊④。还,乃赏公、卿、诸侯、大夫于朝。命相布德和令⑤，行庆施惠⑥，下及兆民⑦。庆赐遂行，无有不当⑧。乃命太史，守典奉法，司天日月星辰之行，宿离不贷，无失经纪，以初为常。⑨

【注】①太史：古代史官之长，兼管天文历法事务。谒：进见报告。　②盛德在木：指按五行说，立春时木德方盛，在东方。　③斋：沐浴斋戒，整洁身心。古人在重要礼仪活动之前必斋戒。此指为举行迎春仪式作准备。④三公、九卿、诸侯、大夫：皆古代职官名。周时三公多指太师、太傅、太保，或指司徒、司马、司空；九卿指朝廷各行政部门首长；诸侯为重要封国君主，地位高者与公、卿相埒；大夫的地位则低于卿相、诸侯。　⑤相：此指三公。布德和令：布施恩惠，传宣教令。和，犹"宣"。　⑥庆、惠：此分指褒奖和赏赐，犹下文"庆赐"。　⑦兆民：犹言万民。　⑧无有不当：指褒奖赏赐皆合乎受奖赏者的功名。　⑨以上意为：于是命太史谨守其典章法度，掌握日月星辰的运行宿度，不使发生差错，无失天象规律，力求使以往行用的历法常合于天象。宿离，指日月五星在运行过程中相对于二十八宿的位置。离，通"丽"，附丽，如"月离于毕"即指月亮附丽于毕宿。不贷，不差。经纪，犹言秩序、常规、规律。

是月也，天子乃以元日祈谷于上帝①。乃择元辰②，天子亲载耒耜，措之参于保介之御间③，率三公、九卿、诸侯、大夫躬耕帝籍田④。天子三推⑤，三公五推，卿、诸侯、大夫九推。反⑥，执爵于太寝⑦，命曰"劳酒"⑧。

【注】①元日：犹言吉日。元，善。祈谷：指举行敬天仪式祈祷年景收成。②元辰：吉辰、良辰。　③以上意为：天子亲自带上农具耒耜，置于驷车，放在护卫甲士与驾车人之间。参，通"骖"，本指驾在车辕两边的马，此指骖乘，即副车。保介，通"保甲"，指护卫甲士。之，连词，犹及、与。御，驾车人。④躬耕：亲自耕作。帝籍田：古时天子所专有的田土，名义上是为供应祭祀上帝所需谷物而设置的。帝，上帝。籍，本字作"耤"，义为耕，后来"耤田"成为

专名。此句意谓举行籍田礼,古时最高统治者常以此表示劝励农耕。 ⑤三推:指推耒耜耕三坺(fá)地。古籍谓用刃宽一尺的双耜下挖一尺深为一坺。 ⑥反:同"返"。 ⑦执爵于太寝:行饮酒礼于祖庙。爵,古代饮酒器。寝,参见《仲春纪》篇"寝庙"注。 ⑧劳(lào)酒:以宴饮慰劳诸臣。

是月也,天气下降,地气上腾,天地和同①,草木繁动②。王布农事,命田舍东郊③。皆修封疆④,审端径术⑤,善相丘陵阪险原隰⑥,土地所宜,五谷所殖,以教道民⑦,必躬亲之。田事既饬⑧,先定准直⑨,农乃不惑⑩。

【注】①天地和同:指天气、地气交汇。 ②繁动:犹萌动、萌生。 ③命田舍东郊:指命令管理农事的官员居留郊外以督促农耕。田,指田畯,又称农大夫,古农官。 ④修封疆:整理土地界畔。 ⑤审端径术:仔细端正田垄和田沟。端,正,秦人避秦王政讳用"端"字。径术,指畎田的垄和沟。古代畎田种植于纵直而有一定宽度的沟中,沟与沟之间留有较为宽而高的土垠。古人习称这种土垠为"亩"或"垄",因为用做田间管理的步道,故又称"径"。术,通"遂",指畎沟。 ⑥善相丘陵阪险原隰:善相,好好察看;丘,土岭;陵,山地;阪,山坡;险,高坡或高地;原,平原;隰,低湿地。 ⑦道:通"导"。 ⑧田事既饬:指农事方针和规划已整饬有条理。 ⑨准直:此指耕种标准。 ⑩惑:混乱。

是月也,命乐正入学习舞①。乃修祭典,命祀山川林泽,牺牲无用牝②。禁止伐木,无覆巢③,无杀孩虫、胎夭、飞鸟④,无麛无卵⑤。无聚大众⑥,无置城郭⑦。掩骼霾髊⑧。

【注】①此句意为:命乐官之长入学宫教贵族子弟学习乐舞。 ②牝:雌性。此指母牲畜。春天是养育季节,故祭牲禁用母畜。 ③覆巢:指毁坏鸟巢。覆,翻转。 ④孩虫、胎夭、飞鸟:分指幼小动物、胎兽幼兽、刚会飞的小

鸟。夭,刚出生的麋鹿,泛指幼兽。　⑤无麛无卵:无取幼兽、鸟卵。麛,小鹿,亦泛指小兽。此句麛、卵皆用为动词。　⑥无聚大众:指不要大规模征发力役。　⑦无置城郭:不建城郭。犹言不要兴起占用大批民力的土木建筑工程。　⑧掩骼霾髊(cí):指掩埋死人及动物的枯骨和腐烂尸体。掩,同"掩"。骼,白骨。霾,通"埋"。髊,肉未烂尽的骸骨。

是月也,不可以称兵①,称兵必有天殃②。兵戎不起③,不可以从我始。无变天之道,无绝地之理,无乱人之纪④。

【注】①称兵:举兵,指征伐他国。　②天殃:上天降下的灾祸。　③兵戎不起:犹言战事之起。不,读作"丕",语中助词,无义。一说"不"为"之"字之误。　④人之纪:人伦纲纪。此处三句意谓不可无端以战争破坏自然和社会的正常秩序。

孟春行夏令①,则风雨不时,草木早槁②,国乃有恐③。行秋令,则民大疫,疾风暴雨数至④,藜莠蓬蒿并兴⑤。行冬令,则水潦为败⑥,霜雪大挚⑦,首种不入⑧。

【注】①行夏令:按夏季时令行事。按:此与下"行秋令"、"行冬令"等,均为假设之辞,实指时令颠倒而言。上古历法不准确,且天气亦有失常之时,故容易造成节令错乱的情况。　②槁:枯干。　③恐:忧患,不安。　④数(shuò):屡次。　⑤藜莠蓬蒿并兴:各种荒草猛长。　⑥水潦(lǎo)为败:雨水过多成灾,毁坏收成。潦,通"涝"。　⑦挚:犹言至。　⑧首种不入:早种早收的庄稼不能成熟。或说指冬小麦。不入,犹不收。

本　　生①

二曰　始生之者天也,养成之者人也②。能养天之所生而勿撄之谓天子③。天子之动也,以全天为故者也④,此官之所自立也⑤。立官者,以全生也。今世之惑主⑥,多官而反以害生,则失所为立之矣⑦。譬之若修兵者,以备寇也。今修兵而反以自攻,则亦失所为修之矣⑧。

【注】①本生:言养生为本。 ②此二句意谓:生命出于自然,养成则在人自己。 ③此句意谓:能存养天性(自然生理)而不违背它的人,方能为天子。实谓"天子"之名所显示的,即是要人善自存养天性。天之所生,谓天所赋予,犹言天性。撄,触犯、违背。按:毕校本从孙志祖说,据《太平御览》所引,于"谓"下增"之"字,未见妥当,今仍从旧本。疑"谓"上当重"之"字,后人传抄误脱重文。 ④以全天为故:以保全天性为事。故,事。 ⑤所自:所从,表原因。句意谓此即所以要设官分职的原因。天子设官,使各尽其职,而不使自己劳顿,则可保全天性。 ⑥惑主:糊涂君主。 ⑦此二句意谓:官职虽多,而惑主好干涉职能部门职事,甚至躬亲事务,反而有害自身养生,则失去设官分职的本意。 ⑧修:治。治兵为攻敌,若不攻敌而自相攻,则失治兵之意。

夫水之性清①,土者抇之②,故不得清。人之性寿③,物者抇之,故不得寿。物也者,所以养性也,非所以性养也④。今世之人惑者,多以性养物,则不知轻重也。不知轻重,则重者为轻,轻者为重矣。若此,则每动无不败。以此为君悖⑤,以此为臣乱,以此为子狂⑥。三者国有一为,无幸必亡⑦。

【注】①性清:自然特性是保持澄清。 ②抇(hú):通"淈"、"汩",搅浑。引申为乱。 ③性寿:天性是趋向长寿。 ④性养:言以性养物。身外之物所以养性,若追求身外之物不知底止,而反以害生,则无异于以性养物。 ⑤悖:糊涂,荒谬。 ⑥狂:举止无常态。此重在指不孝。 ⑦无幸必亡:犹言"必亡无幸"。无幸,无可幸免。

今有声于此①,耳听之必慊②,已听之则使人聋,必弗听;有色于此,目视之必慊,已视之则使人盲,必弗视;有味于此,口食之必慊,已食之则使人瘖③,必弗食。是故圣人之于声色滋味也,利于性则取之,害于性则舍之,此全性之道也。世之富贵者,其于声色滋味也多惑者④,日夜求,幸而得之,则遁焉⑤。遁焉,性恶得不伤⑥?

【注】①声:音乐。　②慊(qiè):快意。　③瘖:今通作"喑",哑。④惑:眩迷。　⑤遁:意指沉湎其中,流连忘返,不能自禁。　⑥恶(wū)得:怎么能。

万人操弓,共射其一招①,招无不中。万物章章②,以害一生③,生无不伤;以便一生④,生无不长⑤。故圣人之制万物也,以全其天也⑥。天全则神和矣⑦,目明矣,耳聪矣,鼻臭矣⑧,口敏矣⑨,三百六十节皆通利矣⑩。若此人者,不言而信,不谋而当,不虑而得⑪;精通乎天地,神覆乎宇宙⑫;其于物无不受也,无不裹也⑬,若天地然;上为天子而不骄,下为匹夫而不惛⑭。此之谓全德之人⑮。

【注】①招:箭靶。　②章章:同"彰彰",显著。此言万物之繁多,彰彰可见。　③一生:指一人(个体)之生。　④便:利。　⑤长(cháng):长寿。⑥天:天性。　⑦神和:精神谐和。　⑧臭(xiù):同"嗅",此指嗅觉灵敏。⑨敏:此指味觉敏感。　⑩三百六十节:古人以为人体各器官的结合共有三百六十个关节。实比附周天三百六十度或一年三百六十天(取十二的倍数)言之。古医书或说有三百六十五节。通利:通畅。　⑪不言、不谋、不虑:皆指不刻意言说、谋计、思虑。　⑫此二句是说:精神通乎天地古今,囊括万有。谓与自然为一体,精神贯通自然法则。　⑬裹:囊括,犹包容。　⑭惛:不清

醒,转指忧闷、失落。　⑮全德之人:具备了一切优秀品格的人。

富贵而不知道①,适足以为患,不如贫贱。贫贱之致物也难,虽欲过之,奚由②?出则以车,入则以辇③,务以自佚④,命之曰招蹷之机⑤;肥肉厚酒⑥,务以自强⑦,命之曰烂肠之食;靡曼皓齿⑧,郑卫之音⑨,务以自乐,命之曰伐性之斧。三患者,富贵之所致也。故古之人有不肯富贵者矣,由重生故也。非夸以名也,为其实也⑩。则此论之不可不察也。

【注】①道:此特指养生之理。　②此句意谓:贫贱之人难以得到生存财物,虽欲过度享受,又有什么途径?　③辇:人力车。此与上"车"字为互文,均指出入必乘车而言。　④佚:同"逸",安逸。　⑤命之曰招蹷之机:命,名。招蹷之机,招致走路跌倒的开端。蹷,同"蹶",跌倒。意谓富贵之人出车入辇,只图安逸,从不步行,必致走路亦无力。　⑥肥肉厚酒:肥、厚均指多而言。　⑦自强:指生活奢侈,虽酒醉肉饱无食欲,仍强自进食。　⑧靡曼皓齿:指女色之美。靡曼,喻肌肤细腻;皓齿,牙齿洁白。　⑨郑卫之音:指侈靡音乐,即俗所称靡靡之音。春秋战国时,郑、卫之地流行的一些民间乐歌(或称"桑间濮上之音"),多抒发青年男女之情,与旧时被视为正统乐歌的曲调不同,儒家往往指之为"淫乐"。此借指贵族社会带色情的音乐。　⑩此二句意谓:轻视富贵不是为了图个只可夸耀的虚名,而是因为不受富贵之害而实有养生全性的好处。

重　己①

三曰　　捶,至巧也②,人不爱捶之指而爱己之指,有之利故也③。人不爱昆山之玉、江汉之珠④,而爱己之一苍璧、小玑⑤,有之利故也。今吾生之为我有,而利我亦大矣⑥。论其贵贱,爵为天子,不足以比焉⑦;论其轻重,富有天下,不可以易之⑧;论其安危,一曙失之,终身不复得⑨。此三者⑩,有道者之所慎也。

【注】①重己:言爱己重生。 ②倕:传说中的能工巧匠。相传曾为帝喾或尧、舜之工正(工官之长)。 ③之利:犹言"其利"。此指对于己有用。 ④昆山之玉、江汉之珠:昆仑山的美玉、江汉一带的宝珠。相传玉之美者以昆仑山所产为最,江汉地区则有夜明珠。此泛指宝物。 ⑤苍璧、小玑:指质量低下的青绿色玉和小而不圆的珠。璧,扁平而中心有孔的玉。玑,珠之不圆者。 ⑥利我亦大:于自身为利亦大。句意实指人最宝贵的东西是生命,人生万利皆以生命为本,利之大者亦无过于生命。 ⑦此句意谓:论生命的贵贱,纵然天子之尊亦不足以和它相比。 ⑧此句意谓:论生命的轻重,纵然富有天下亦不可以和它交换。 ⑨此句意谓:论生命的安危,则一旦失去即身亡而不可复得。一曙,犹今言一旦。终身,犹言身终、身亡。 ⑩三者:指贵贱、轻重、安危之理。

有慎之而反害之者,不达乎性命之情也。不达乎性命之情,慎之何益?是师者之爱子也,不免乎枕之以糠①;是聋者之养婴儿也,方雷而窥之于堂②:有殊弗知慎者③。夫弗知慎者,是死生、存亡、可不可,未始有别也④。未始有别者,其所谓是未尝是,其所谓非未尝非。是其所谓非,非其所谓是,此之谓大惑⑤。若此人者,天之所祸也⑥。以此治身,必死必殃;以此治国,必残必亡。夫死殃残亡,非自至也,惑召之也⑦。寿长至,常亦然⑧。故有道者不察所召,而察其召之者,则其至不可禁矣⑨。此论不可不熟⑩。

【注】①此句是说:盲人爱其子,有以细糠填枕头而不免迷其子之眼睛者。

意谓盲人不迷目而不知小儿迷目。师者,指瞽师,即盲人,古代乐师常以盲人担任。　②此句意谓:聋者看护小儿,当外面正下雨打雷时,反而抱着小儿到堂前观看。意谓聋者不闻雷声,不知小儿会惊怖于雷声。窥,指从门口或窗隙向外看。　③有殊:有,读作"又"。殊,甚,格外。　④别:辨,辨别。⑤"是其"以下意谓:是其所谓是之非,非其所谓非之是,这就叫做大糊涂。一说上十字本当作"是其所谓是,非其所谓非",二"谓"字下"非"、"是"二字误倒。文义本指以非为是,以是为非,可以无疑。　⑥天之所祸:上天要降给他灾祸。　⑦"夫"字下是说:死亡、灾殃、残破、灭亡,这类后果都不是无故自来的,而是自身的惑乱所招致的。召,今通用"招"字。　⑧寿长至,常亦然:长寿的到来,也常常是这样。意谓长寿亦非自来,只有注重养生而不惑才能获致。寿长,犹言长寿。　⑨此全句意思是:有道者不仅仅慎察于可能会招致的结果,而且更慎察于所以会招致此种结果的原因,这样他们所要达到的效果的到来也就没有什么东西可以阻止。　⑩熟:熟知,深入研究而精悉其义。

　　使乌获疾引牛尾①,尾绝力勩而牛不可行②,逆也;使五尺竖子引其棬③,而牛恣所以之④,顺也。世之人主、贵人⑤,无贤不肖⑥,莫不欲长生久视⑦,而日逆其生⑧,欲之何益?凡生之长也,顺之也;使生不顺者,欲也。故圣人必先适欲⑨。

【注】①乌获:传说中的大力士,号称能举千钧。战国秦武王时有力士为侍卫,人亦名之乌获。疾引:用力牵拉。　②绝:断。勩(dàn):力尽。后世通用"殚"字。　③五尺竖子:指尚未成人的童仆。棬:同"桊(juàn)",牛鼻环。古时多以桑条为之。　④恣所以之:任由牵它往哪走。恣,任意。以,由。　⑤贵人:地位高贵者,指公卿大夫等。　⑥不肖:"贤"的反义词。⑦久视:久活,与"长生"同义。视,犹比。古代神仙家以为人可以长生不死,但能成仙,则死可比同生,故以"久视"为言。　⑧日逆其生:指其天天纵欲而逆养生、长寿之道。　⑨适欲:使欲望的满足适度,犹言节制欲望。

室大则多阴,台高则多阳。多阴则蹶①,多阳则痿②,此阴阳不适之患也。是故先王不处大室,不为高台;味不众珍③,衣不燀④。燀热则理塞⑤,理塞则气不达⑥;味众珍则胃充⑦,胃充则中大鞔⑧,中大鞔而气不达。以此长生,可得乎?

【注】①蹶:病名,亦作"厥",指突然头晕以至昏厥不醒、手脚僵冷之病。②痿:病名,指筋肉萎缩、肢体麻痹及偏枯之病。 ③味不众珍:吃饭不用过多的山珍海味。 ④燀(chǎn)热:衣服穿得厚而感觉热,犹言过暖。燀,通"觐",厚。 ⑤理塞:脉理堵塞。 ⑥气不达:气脉不通畅。 ⑦充:满。⑧鞔(mèn):通"悗",烦闷,此指胃腹胀闷。

昔先圣王之为苑囿园池也①,足以观望劳形而已矣②;其为宫室台榭也③,足以辟燥湿而已矣④;其为舆马衣裘也,足以逸身煖骸而已矣⑤;其为饮食酏醴也⑥,足以适味充虚而已矣⑦;其为声色音乐也⑧,足以安性自娱而已矣。五者,圣王之所以养性也,非好俭而恶费也⑨,节乎性也⑩。

【注】①苑囿:植树木、种花草、养禽兽的园地。 ②观望劳(lào)形:游观眺望,轻松身心。劳,慰劳,此引申为放松。形,身体。 ③榭:高台上的亭子。 ④辟:通"避"。燥湿:过分的干燥和湿气。 ⑤逸身煖骸:使身体安逸、暖和。煖,同"暖"。骸,身体。 ⑥酏醴(yí lǐ):泛指酒。酏,酿酒用的薄粥;醴,较浓的甜酒。 ⑦适味充虚:适合口味,补充缺乏。虚,无。 ⑧声色:音乐女色。此偏指女色。 ⑨好俭而恶(wù)费:犹言吝啬而不舍得花费。 ⑩节乎性:为重生养性而有节制。

贵　　公①

四曰　昔先圣王之治天下也,必先公。公而天下平矣②,平得于公。尝试观于上志③,有得天下者众矣,其得之以公,失之必以偏④。凡主之立也,生于公⑤。故《鸿范》曰⑥:"无偏无党,王道荡荡;无偏无颇,遵王之义;无或作好,遵王之道;无或作恶,遵王之路。"⑦天下非一人之天下也,天下之天下也。阴阳之和,不长一类⑧;甘露时雨,不私一物⑨;万民之主,不阿一人⑩。

【注】①贵公:崇尚公正无私。 ②平:指治道中正无偏。 ③上志:上古记录。 ④偏:偏私,不公正。 ⑤此句意谓:君主职位的设立,是为了给天下人谋利益。生:出,由。 ⑥《鸿范》:《尚书》的一篇,传世本作《洪范》。记周武王克殷后访于箕子(殷纣王诸父),箕子为武王言政事。古人以为所言乃"天地之大法",故名《洪范》。鸿,通"洪",大;范,法度。 ⑦此处引文大意是说:不要偏私袒护,为王之道要坦坦荡荡;不要偏颇自私,要遵循先王的公义;不要以私爱行赏,要遵循先王的治道;不要以私恶行罚,要遵循先王的大法。党,偏袒、袒护。颇,义同偏。义,行事之宜。作好(hào),指以私爱(个人偏爱)行恩赏。作恶(wù),指以私恶(个人反感)行责罚。路,义同道,指治道、治法。又,句中两个"或"字,古本亦作"有"。 ⑧不长一类:不是仅使某一类植物生长。 ⑨不私一物:不是仅降于某一种生物。 ⑩不阿(ē)一人:不是仅偏私于某一人。阿,偏袒,犹言私。

伯禽将行,请所以治鲁①。周公曰:"利而勿利也。"②荆人有遗弓者③,而不肯索④,曰:"荆人遗之,荆人得之,又何索焉?"孔子闻之曰:"去其'荆'而可矣。"⑤老聃闻之曰:"去其'人'而可矣。"⑥故老聃则至公矣。天地大矣,生而弗子,成而弗有⑦,万物皆被其泽⑧、得其利,而莫知其所由始⑨,此三皇五帝之德也⑩。

【注】①伯禽:周初政治家周公旦长子。姬姓,名禽,又称伯禽。受封于鲁

国,代周公治鲁,为鲁国实际开国君主。句意谓伯禽将莅国,向周公请示如何治鲁。 ②利而勿利:利民而无利民之心。意指君主治国当出以公心,虽以利民为本务,而非为利民而利民,则己无利民之私意,民亦不以为所利皆出于君主一人之恩惠。 ③荆人:楚人。旧时一说秦人避庄襄王子楚之讳,称楚国为荆;一说荆本为楚之别称,二名曾通用。当以后说为是。遗:丢失。 ④索:寻找。 ⑤孔子(前551—前479年):春秋末年私学界领袖、思想家。子姓,孔氏,名丘,鲁国人。为儒家学派创始人。此处引言意思是:若遗弓者所说去掉"荆"字,只说"人遗之,人得之",那就可以了。此言托于孔子,实谓当以天下为公,而未可限于一地。 ⑥老聃:即老子。春秋末年思想家。曾为周王朝史官,道家以为创始人。其姓名无确考。一说姓李,名聃,又名耳;一说即太史儋,聃、儋同音。楚地人。此处所引其言亦出于托撰,意为:若遗弓者所说不但去掉"荆"字,连"人"字也去掉,那就可以了。老子言道,以为"道法自然",充满天地。此发挥老子之意,实谓得之、失之皆在天地之中,则无所谓得失。盖"天地"之概念远大于"天下","天下"之概念又远大于"荆",故下言"老聃则至公"。 ⑦"生"、"成"二句:意谓天地虽化生、养成万物,而不以为万物皆为私有。子,以为己之子,以父子关系喻私有、私爱。 ⑧被其泽:受其恩泽。被,覆盖,转意为蒙受。 ⑨所由始:所从来。句意谓天地无私,万物受其利而不知所从来,即上文"利而勿利"之意。 ⑩三皇五帝:传说中的古帝王。三皇说法甚多,秦始皇建国后曾以天皇、地皇、人皇为三皇。五帝说法亦有数种,《史记·五帝本纪》以黄帝、颛顼、帝喾、尧、舜为五帝。

　　管仲有病,桓公往而问之①,曰:"仲父之病矣②,渍甚③,国人弗讳④,寡人将谁属国⑤?"管仲对曰:"昔者臣尽力竭智,犹未足以知之也。今病在于朝夕之中,臣奚能言⑥?"桓公曰:"此大事也,愿仲父之教寡人也。"管仲敬诺,曰:"公谁欲相?"公曰:"鲍叔牙可乎⑦?"管仲对曰:"不可。夷吾善鲍叔牙⑧;鲍叔牙之为人也,清廉洁直,视不已若者不比于人⑨,一闻人之过,终身不忘。""勿已⑩,则隰朋其可乎⑪?""隰朋之为人也,上志而下求⑫,丑不若黄帝⑬,而哀不己若者⑭。其于国也,有不闻也;其于物也,有不知也;其于人也,有不见也⑮。勿已乎,则隰朋可也。"夫相,大官也。处大官者,不欲小察,不欲小智⑯。故曰:大匠不斫,大庖不豆,大勇不斗,大兵不寇⑰。桓公行公去私恶,用管子而为五伯长⑱;行私阿所爱⑲,用竖刀而虫出于户⑳。

【注】①管仲(?—前645年):春秋时齐国大臣。名夷吾,字仲,又字敬仲。初事公子纠,后助公子纠与公子小白(即齐桓公)争夺君位,失败被囚。桓公即位,以鲍叔牙保举,释其囚,命以为卿,任国相,尊称仲父。辅佐桓公改革内政,扩张外交,使齐国国力大振。桓公:齐桓公(?—前643年)。春秋时齐国君主。姜姓,名小白,襄公及公子纠之弟。因公元前686年襄公被杀,次年乘乱夺得君位,在位43年。任用管仲等人富国强兵,建立霸业,史称"九合诸侯,一匡天下",后世因此而称其为春秋五霸之首。晚年在管仲死后,任用佞臣,急于政事,最终导致齐国内乱,国势渐衰。 ②仲父之病:据高诱注及古籍所引,此四字下当重"病"字。本书《知接》篇作"仲父之疾病矣"。"病病"连文,上"病"字为名词,指疾病;下"病"字为动词,意为担心、忧虑,指管仲之病已令人忧心。 ③渍:犹"浸"、"渐",古人用为指病情加重之词。
④国人不讳:实指管仲若万一去世。弗讳,"死"的讳称。若其未死,则国人必讳言其死;若其已死,则国人将皆不讳。 ⑤寡人将谁属(zhǔ)国:我将把国政委托给谁。寡人,古代君主自称。按:句中"谁"字为疑问代词宾语置于动词之前的用法;下文"谁欲相"同此,指欲以谁为国相。 ⑥奚:疑问代词,犹"何"。 ⑦鲍叔牙:春秋时齐国大夫。少年时与管仲友善,后事公子小白。助桓公夺位,桓公命为宰,不受,极力保举管仲,以此著称于史。 ⑧善:与……友好。 ⑨视不己若者不比于人:对待不如自己的人即不与之亲近。句中"己"字亦前置用法。比,指关系亲近、亲密,不比则即疏远。 ⑩勿已:不

得已。此为桓公之言,乃假设语。 ⑪隰朋(? —前645年):春秋时齐国大夫。桓公时以管仲推荐为礼官长,协助内政外交。管仲死后继相位,而当年即卒。 ⑫上志而下求:意谓效法贤于己者,又以此要求不如己者。上、下,皆就修身标准而言。志,记,犹言"述",指遵循、效法。求,责求、要求,有反身求己、关心后进之意。 ⑬丑不若黄帝:自耻于道德不如黄帝。喻其"上志"标准之高。丑,以……为耻。 ⑭哀不已若者:同情不如自己的人。明其"下求"之心态。哀,怜悯、同情。 ⑮以上是说:他对于国家政务,有些不去过问;对于职事处理,有些不求知悉;对于他人行事,有些不欲察见。不闻、不知、不见,皆指其从政谨守本职,务求安静,不该参与者不参与,无须知悉者不知悉,不当察见者不察见,顾全大局,信任下属,不干预细事。物,犹言事。 ⑯小察、小智:分指苛察小事、耍小聪明。 ⑰四"大"字句:匠作大师不亲自操工具斫削,高等厨师不亲自摆弄俎豆,大勇之人不以自身长于冲锋陷阵为事,能征善战之兵不以流寇式的劫掠为害。皆喻指在上位者总揽决策调度,不可越职代下操作具体事务。豆,古代的一种食器、祭器,此用为动词,代指用各种器物安排食物、祭品。 ⑱五伯:同"五霸"。春秋时五霸有两说:一说指齐桓公、晋文公、楚庄王、吴王阖庐、越王勾践;一说指齐桓公、宋襄公、晋文公、秦穆公、楚庄王。二说皆以齐桓公居首,故载籍称之为"五伯长"。 ⑲阿所爱:偏袒私情所喜欢的人。 ⑳用竖刀而虫出于户:竖刀,载籍通作竖刁,亦作竖貂,竖为童仆之称,刁(貂)为其名。齐桓公嬖臣。相传以自宫接近齐桓公,得桓公信用。管仲死后,其人与嬖臣易牙及仕齐之卫公子开方专权。及桓公病危,诸人断其饮食,使之困死宫中;旋又擅立公子无亏,导致诸子争立,齐公室大乱,桓公之尸竟停放六十日不敛,以致腐败溃烂,蛆虫流出于门外。事详本书《知接》篇。户,门。

    人之少也愚,其长也智,故智而用私,不若愚而用公。日醉而饰服①,私利而立公②,贪戾而求王③,舜弗能为④。

【注】①日醉而饰服:天天醉酒,而又要整饬服饰外表。指若此则不可能使衣服整洁,亦必不能保持庄重的姿态。饰,通"饬"。 ②私利而立公:处处

为一己之私求利,而又要树立公正。 ③贪戾(lì)而求王(wàng):贪婪凶暴,而又企图称王天下。戾,凶暴,亦指行为背谬。 ④舜弗能为:即使像大舜那样的贤明君主也不能做到。

去　私

五曰　天无私覆也,地无私载也,日月无私烛也①,四时无私行也②,行其德而万物得遂长焉③。黄帝言曰:"声禁重,色禁重,衣禁重,香禁重,味禁重,室禁重。"④尧有子十人,不与其子而授舜⑤;舜有子九人,不与其子而授禹:至公也。

【注】①烛:照。　②行:运行,转换。　③行其德:施其恩泽。遂长:顺利成长。　④重:犹甚。以上指对音声、颜色、衣服、香气、味道、居室规格的追求不要太过分。按:此处引语与上下文不相蒙,或疑本当为《重己》篇之文而混入了本篇。　⑤句意谓:尧有十个儿子,而不将帝位授予他们,而传给了舜。下句意同。

晋平公问于祁黄羊曰①:"南阳无令②,其谁可而为之?"祁黄羊对曰:"解狐可③。"平公曰:"解狐非子之雠也④?"对曰:"君问可,非问臣之雠也。"平公曰:"善。"遂用之,国人称善焉。居有间⑤,平公又问祁黄羊曰:"国无尉⑥,其谁可而为之?"对曰:"午可⑦。"平公曰:"午非子之子也?"对曰:"君问可,非问臣之子也。"平公曰:"善。"又遂用之,国人称善焉。孔子闻之曰:"善哉!祁黄羊之论也,外举不避雠,内举不避子。"祁黄羊可谓公矣。

【注】①晋平公(?—前532年):春秋时晋国君主。姬姓,名彪,悼公之

子。公元前557年即位。晚年颓废,不恤政治,厚敛财富,政归于赵、韩、魏三家,公室益弱。按:此节所述事,《左传》载在鲁襄公三年(前570年),即晋悼公三年,《史记·晋世家》。该书误记于平公时。祁黄羊:"祁"亦作"祈"。春秋时晋国大夫。名奚(一作傒),字黄羊。悼公时曾为中军尉,平公时以公族大夫告老居家。以公正荐举著称。　②南阳:春秋时晋地。在今河南济源至获嘉一带。令:官名。指地方长官。　③解(xiè)狐:春秋时晋人。善于外交。按:《左传》《史记》均记黄羊请老,荐解狐代己为中军尉,未命而狐卒,不言曾荐之以南阳令。　④子:第二人称的敬称,犹今言您。雠:通"仇",仇人。　⑤居有间:过了一些时候。　⑥尉:官名。春秋时晋国上、中、下三军都设有尉职,主管征发民众。　⑦午:祁午,黄羊子。以其父荐,代父为中军尉。

　　墨者有钜子腹䵍①,居秦,其子杀人。秦惠王曰②:"先生之年长矣,非有它子也,寡人已令吏弗诛矣③。先生之以此听寡人也。"腹䵍对曰:"墨者之法曰:'杀人者死,伤人者刑。'此所以禁杀伤人也。夫禁杀伤人者,天下之大义也。王虽为之赐,而令吏弗诛,腹䵍不可不行墨者之法。"不许惠王而遂杀之。子,人之所私也④,忍所私以行大义⑤,钜子可谓公矣。

【注】①墨者:墨家。钜子:墨家对本学派领袖人物的敬称。其义如儒家所称巨儒、硕儒,或比之"圣人",然其号可传承。腹䵍(tūn):生平不详,唯据此知其曾游秦。　②秦惠王(?—前311年):战国时秦国君主,即秦惠文王。嬴姓,名驷,孝公子。公元前337年即位。即位后杀商鞅,而未废新法,仍改革内政,对外扩张。　③吏:法吏。诛:处死。　④私:犹爱。　⑤忍:残忍。

　　庖人调和而弗敢食①,故可以为庖;若使庖人调和而食之,则不可以为庖矣。王伯之君亦然②。诛暴而不私③,以封天下之贤者④,故可以为王伯;若使王伯之君诛暴而私之,则亦不可以为王伯矣。

【注】①庖人:厨师。调和:调和五味,指烹饪。 ②伯:同"霸"。 ③诛暴而不私:意指征伐他国,所得土地人民非王者私有。诛,征伐。暴,实指敌方;本书作者称己兵为"义兵",故称敌方为"暴"。 ④此句意谓:以所得土地分封天下贤人。实指王者当与贤者共治天下。

卷二　仲春纪第二

仲　春　纪

一曰　仲春之月①,日在奎②。昏弧中③,旦建星中④。其日甲乙,其帝太皞,其神包芒。其虫鳞。其音角,律中夹钟⑤。其数八。其味酸,其臭膻。其祀户,祭先脾。

【注】①仲春:指春季第二月,即夏历二月。按:本篇以下字、句,凡与《孟春纪》同者均不再重注,唯注其不同者。夏、秋、冬诸纪均同此例。　②奎:星宿名。二十八宿之一,为西方第一宿,共有十六星。　③弧:古星名,又称天弓、狼弧。共有九星,属井宿。　④建星:古星名。共有六星,在斗宿(南斗)北。　⑤夹钟:十二律之一。属阴律,大致相当于现代音乐上的定音D。

始雨水①,桃李华②。苍庚鸣③,鹰化为鸠④。

【注】①始雨水:春雨始至。后世因此以雨水为二十四节气之一,一般在农历正月份。　②华:即今之"花"字。此指开花。　③苍庚:即鸧鹒,今之黄鹂。　④鹰化为鸠:鹰类的鸟变化为鸠类。旧注或说此时鹰的喙部会变得正直,不呈钩状,因而也不能像猛禽那样搏击。鸠,一说即今之布谷鸟,亦即杜鹃。按:此种有关鸟类变化的说法,当是出于古人对某些鸟类借巢孵化的现象观察,而对现象的解释已有问题。如杜鹃,多数把卵产在别的鸟巢中,由巢

主孵化,而待其雏出壳后,又推出巢主的幼雏而独受巢主的哺育。若巢主为鹰,则很容易会被误认为"鹰化为鸠"。然此种现象所显示的并不是鸟类自身的转化,大约流俗相传,辗转生变,遂有一种鸟化为另一种鸟的说法。

　　天子居青阳太庙①。乘鸾辂,驾苍龙。载青旗,衣青衣,服青玉。食麦与羊,其器疏以达。

【注】①太庙:指明堂东向堂的中间正室。

　　是月也,安萌牙①,养幼少,存诸孤②。择元日,命人社③。命有司省囹圄④,去桎梏⑤,无肆掠⑥,止狱讼。

【注】①安萌牙:保护植物的萌芽。萌牙,即"萌芽"。　②存诸孤:抚恤民间孤儿。诸,表示复数,多。按:以上三句指要适应春天生养之道。　③命人社:命民众举行祭祀土地神、谷神的活动。指春耕前祈祷收成。人,当是本作"民",唐人避太宗李世民之名讳而改。　④命有司省(xǐng)囹圄:命司法机关检查监狱。意谓仲春要减缓刑罚,赦免一些轻微的罪行。　⑤桎梏:木制的手铐、脚镣。梏铐手,桎铐脚。　⑥无肆掠:泛指停用重刑。肆,杀戮和笞掠。

　　是月也,玄鸟至①。至之日,以太牢祀于高禖②,天子亲往,后妃率九嫔御③。乃礼天子所御④,带以弓韣⑤,授以弓矢,于高禖之前。

【注】①玄鸟:即今之燕子,春分来,秋分去。上古华夏东部地区部族崇尚燕子,以为最高图腾,后世理想化的凤的形象即由燕子的特征扩充化出。传说商部族的始祖契,即由帝喾之妃有娀氏吞玄鸟之卵而生,故后世以玄鸟为生儿育女的祥瑞。　②太牢:古代祭牲规格的名称。牛、羊、猪三牲俱全称太牢。高禖(méi):亦作"郊禖",古代帝王求子的祭祀活动。禖,犹言"媒",一

说通"腜(胎)"。此指高禖之神,兼指高禖祠。 ③九嫔:古代帝王宫廷女官的一类,地位低于后、妃(夫人)。此处概指后、妃以下女官。御:从侍。 ④礼天子所御:指为天子所幸的后妃宫女等举行求子仪式。礼,古本或作"醴",则指行酒礼。御,此特指侍寝而言。旧注或说此"天子所御"仅指已怀孕者。 ⑤带以弓韣(dú):使佩戴弓袋。韣,皮制弓衣、弓袋。佩弓袋,又授以弓矢,是希望生男孩。

是月也,日夜分①。雷乃发声,始电②。蛰虫咸动③,开户始出④。先雷三日,奋铎以令于兆民曰⑤:"雷且发声⑥,有不戒其容止者⑦,生子不备⑧,必有凶灾。"日夜分,则同度量,钧衡石,角斗桶,正权概⑨。

【注】①日夜分:指春分时节白昼、夜晚一样长。 ②电:打闪。 ③咸动:都开始苏醒活动。 ④开户:指蛰伏动物破土开洞。 ⑤奋铎:摇动大铃。铃用木舌,称木铎。兆民:犹言万民。 ⑥且:将。 ⑦不戒其容止:此特指夫妻在雷电交加时合房。容止,仪容举止。 ⑧不备:指肢体残缺,或有其他疾病。备,完全。 ⑨"日夜分"以下四句:均指校正统一度量衡。同,统一。度,长度。量,量器标准。钧,同"均",亦"同"字之义。衡,称重工具。石,重量单位(一百二十斤)。角,犹"平"。斗,口大底小的方形量器。桶,相当于十斗的方形斛。权,秤砣。概,量米粟时用以刮平斗斛的木制片板。

是月也,耕者少舍①,乃修阖扇②,寝庙必备③。无作大事④,以妨农功。

【注】①耕者:指农民。少舍:小有闲暇。 ②阖扇:门扇、门扉。用木材制成者曰阖,用竹、苇等编成者曰扇。此句指修缮居室的门窗。 ③寝庙必备:此指宗庙的门窗等尤其要修缮完备。寝庙,宗庙。古人宗庙分两部分:在前者为祭祀之所,称"庙";在后者停放牌位和先人遗物,称"寝"。 ④无作大事:指不要兴起兵戎征伐及大规模土木工程等力役。

是月也,无竭川泽①,无漉陂池②,无焚山林。天子乃献羔,开冰③,先荐寝庙④。上丁⑤,命乐正入舞舍采⑥,天子乃率三公、九卿、诸侯亲往视之⑦。中丁⑧,又命乐正入学习乐。

【注】①竭:使枯竭。此指不要滥决河流沼泽之水而使之枯竭。 ②漉:使干涸。陂:池塘。 ③献羔,开冰:以羔羊为牺牲祭祀司寒之神,然后打开藏冰之室取冰。按:古人于隆冬时节采集冰块而窖藏之,至仲春二月取出,治鉴(一种敞口的器物)而盛之,置食物于其中,以防变质。 ④先荐寝庙:谓先以冰用于寝庙的祭祀。荐,献,进献祭品。 ⑤上丁:当月上旬的丁日。 ⑥乐正:乐官长。入舞舍采:入大学教习乐舞,以礼帛祭先师。犹言举行开学典礼。按:据下文及旧注,此四字疑当作"入学习舞舍采"六字。舍,置。采,指用作礼品的丝织物。 ⑦视:旧注谓"常事曰视",有例行出席之意。 ⑧中丁:中旬的丁日。

是月也,祀不用牺牲①,用圭璧②,更皮币③。

【注】①牺牲:用于祭祀的牲畜。春天是生长季节,以重视牲畜繁殖,故是月不用牺牲。 ②圭璧:圭,古代帝王、诸侯举行朝会及祭祀典礼时所持的一种玉器。璧,平而圆、中心有孔的玉器。此指以玉器代牺牲。 ③更皮币:交替使用皮币。更,调换、交替。皮币,指用作礼品或祭品的毛皮(古人多用鹿皮)及丝织物。此亦有代替牺牲之意。

仲春行秋令,则其国大水①,寒气总至②,寇戎来征③。行冬令,则阳气不胜④,麦乃不熟⑤,民多相掠⑥。行夏令,则国乃大旱,煖气早来⑦,虫螟为害⑧。

【注】①大水:水灾。 ②总:猝然,突然。按:高诱注以"猥"释"总"。

《礼记·月令》曰:季秋"寒气总至"。郑玄注:"总犹猥卒也。""卒"通"猝"。　③寇戎:指敌国之兵。　④阳气不胜:仲春阳气上升,若其时仍冬寒,则阴气压阳气,阳气不能乘于阴气之上。胜,占上风。　⑤不熟:不收成。　⑥相掠:互相抢掠。　⑦煖:同"暖"。　⑧虫螟:作物害虫。旧注谓食稼心的害虫为螟。

贵　生

二曰　圣人深虑天下,莫贵于生①。夫耳目鼻口,生之役也②。耳虽欲声③,目虽欲色,鼻虽欲芬香,口虽欲滋味,害于生则止。在四官者,不欲利于生者则弗为④。由此观之,耳目口鼻不得擅行⑤,必有所制⑥。譬之若官职,不得擅为,必有所制。此贵生之术也。

【注】①此句意思是:圣人(最高统治者)统治天下,日理万机,思虑至深至重,没有比重视养生、保持身体健康更重要的。　②生之役:供人生养之具。役,役使;此用做名词,犹言供役使的器具。　③欲声:以悦耳动听的音乐为欲望的满足。　④此句是说:凡是关涉耳目鼻口这四种器官的欲望,如果不是将会有利于生养者则不去追求。四官,指耳目口鼻。不欲利于生者,犹言"欲不利于生者";此"欲"字为副动词,有"将要"之义。为,指从其所欲而言,犹言追求。　⑤擅:专。　⑥制:节制。

尧以天下让于子州支父①,子州支父对曰:"以我为天子犹可也。虽然②,我适有幽忧之病③,方将治之,未暇在天下也。"天下,重物也④,而不以害其生,又况于它物乎?惟不以天下害其生者也,可以讬天下⑤。

【注】①子州支父:传说中的古贤人。相传曾为尧之师。　②虽然:虽然

这样。　③幽忧：隐忧，深藏心中的忧愁。此以心中不悦为"病"，以为不愿做天子的托词。　④重物：犹言人所最注重之物。利之大莫大于为天子，人皆欲之，故言"重"。　⑤讬：同"托"，托付。

越人三世杀其君，王子搜患之①，逃乎丹穴②。越国无君，求王子搜而不得，从之丹穴③。王子搜不肯出，越人熏之以艾④，乘之以王舆⑤。王子搜援绥登车⑥，仰天而呼曰："君乎⑦，独不可以舍我乎！"王子搜非恶为君也⑧，恶为君之患也。若王子搜者，可谓不以国伤其生矣，此固越人之所欲得而为君也⑨。

【注】①王子搜：或说即战国时越王无颛。无颛之前，朱句、翳、无余先后为越王，均被杀，见今本《竹书纪年》。此称王子而名"搜"，盖传闻以其逃遁被搜得而名之。　②丹穴：朱砂矿洞。或指有丹砂矿的山洞。　③从：读作"踪"，循其踪迹找寻。　④熏之以艾：用艾草烧烟熏他出洞。艾，即艾蒿。艾味香，故以此熏之出，而又可使不受伤害。　⑤王舆：王的专用车。　⑥援绥：拉住上车用的绳。　⑦君(jùn)：动词，指立君。　⑧恶(wù)：反感，不喜欢。　⑨欲得：欲得王子搜。

鲁君闻颜阖得道之人也①，使人以币先焉②。颜阖守闾③，鹿布之衣④，而自饭牛⑤。鲁君之使者至，颜阖自对之。使者曰："此颜阖之家也？"颜阖对曰："此阖之家也。"使者致币，颜阖对曰："恐听缪而遗使者罪，不若审之。"⑥使者还反⑦，审之，复来求之⑧，则不得已⑨。故若颜阖者，非恶富贵也，由重生恶之也。世之人主，多以富贵骄得道之人⑩，其不相知，岂不悲哉！

【注】①颜阖：春秋末年人。载籍多谓之为鲁之贤人，尝为卫灵公太子之

师傅。按:疑即孔子弟子颜何。何字冉,鲁人。 ②以币先焉:带着丝织品的礼物先去请他。焉,犹"之",代指鲁君,"先焉"即先于鲁君去请。 ③闾:里巷大门。 ④鹿布:粗布。 ⑤饭:喂。 ⑥颜阖答语意谓:是我听错了吧,(怎么会给我送礼物呢?如果我接受礼物),恐怕会使您(使者)得罪于主上,不如您再回去弄个清楚为好。缪,通"谬"。遗,留。审,审查。 ⑦反:同"返"。 ⑧求:访求,犹请。 ⑨不得已:指其事不得停止,即不能不去。 ⑩骄:对……傲慢。

故曰:道之真以持身,其绪余以为国家,其土苴以治天下①。由此观之,帝王之功,圣人之余事也②,非所以完身养生之道也。今世俗之君子,危身弃生以徇物③,彼且奚以此之也,彼且奚以此为也④?凡圣人之动作也⑤,必察其所以之与其所以为。今有人于此,以随侯之珠弹千仞之雀⑥,世必笑之,是何也?所用重,所要轻也⑦。夫生岂特随侯珠之重也哉⑧?

【注】①此三句意为:道在本质上是用来持身的,治理国家、天下都不过是其本质意义的具体展现。绪余,犹丝绪之末端。土苴,土屑,土渣。此皆就养生为重而言,以微小之物极喻国家、天下为轻。 ②余事:以主要精力从事的重大事体之外的事。 ③徇物:迁就外物。指以身从物。 ④二"彼"字句意谓:他们将以此何往、何为?且,将。之,往。 ⑤动作:指行动与行为。 ⑥随侯之珠:喻宝贵之物。相传古随侯见有大蛇受伤,治愈之,大蛇遂衔明珠以报之。弹:用弹弓打。千仞:此指鸟雀离地面极高远。古以七尺或八尺为一仞。 ⑦要:通"邀",求,求得。 ⑧特:只是。

子华子曰:"全生为上,亏生次之,死次之,迫生为下。"①故所谓尊生者,全生之谓。所谓全生者,六欲皆得其宜也②。所谓亏生者,六欲分得其宜也③。亏生则于其尊之者薄矣,其亏弥甚者也,其尊弥薄④。所谓死者,无有所以知,复其未生也⑤。所谓迫生者,六欲莫得其宜也,皆获其所甚恶者,服是也,辱是也⑥。辱莫大于不义,故不义,迫生也⑦;而迫生非独不义也,故曰:迫生不若死⑧。奚以知其然也?耳闻所恶,不若无闻;目见所恶,不若无见。故雷则揜耳,电则揜目⑨,此其比也。凡六欲者,皆知其所甚恶而必不得免,不若无有所以知。无有所以知者,死之谓也,故迫生不若死。嗜肉者,非腐鼠之谓也;嗜酒者,非败酒之谓也⑩;尊生者,非迫生之谓也。

【注】①子华子:约春秋末年学者。或说为魏国人。其学近于道家,主旨即本节所引述的有关尊生之言。其以"全生"、"亏生"、"死"、"迫生"为生之等次,盖将"死"亦视为生命的一种特殊形态。诸概念的解释详下。 ②六欲皆其宜:各种欲望都能得到适宜程度的满足。意指就个人心态及所处的客观环境而言,在基本的物质生活资料有保障的前提下,皆能随遇而安,自得其乐,而不感觉受到压迫。如此,则自身生养之道不致亏缺,故谓之"全生"。六欲,一说指生、死及耳、目、口、鼻之欲,一说指耳、目、口、鼻之欲及爱、恶(厌恶)。以本篇内容言之,当以后者为是。 ③六欲分得其宜:各种欲望可以部分地得到适宜程度的满足。分,古汉语指"半",犹今言"部分"。此亦就个人心态及所处的客观环境言之,然生养之道的主观和客观基础较之"全生"已有亏缺,故谓之"亏生"。"亏"有程度的不同,或大半,或少半,皆视"全生"的评价标准而定。 ④此全句意谓:"亏生"会使"尊生"(即"全生")相对变得单薄,亏缺得越厉害,"尊生"就越单薄。 ⑤此全句是说:所谓"死",就是已经没有赖以发生知觉的器官功能,亦即回复到自身未出生时的状况。《韩非子·解老》篇言及人体的各种器官从人出生之日起就开始活动,有活动则其功能即有损耗,"损而不止则生尽,生尽之谓死",可与此互参。 ⑥"迫生"句:意谓各种欲望都不能得到适度的满足,所获得的都是自身甚为讨厌的东西,譬如屈服、耻辱之类皆是。此种状况因压迫感较重,故谓之"迫生"。恶,

厌恶,下"恶"字同此。服,屈,屈服。 ⑦辱莫大于不义:意指最大的耻辱莫过于有不义之名。先秦道家或墨家别派有持此种观点者。如宋钘,主张"见侮不斗",以为受到侮辱不足为耻,见侮即斗而得"不义"之名才是耻辱。自觉"不义"为莫大之耻,则有精神负担,故谓"不义"即"迫生"。 ⑧此处意谓:造成"迫生"的事端不是只有"不义"一项(还有很多),所以说"迫生不若死"。 ⑨雷、电:打雷、打闪。拚:同"掩"。 ⑩败酒:腐败、变味的酒。

情　欲

三曰　天生人而使有贪有欲①。欲有情,情有节②,圣人修节以止欲,故不过行其情也。故耳之欲五声③,目之欲五色④,口之欲五味⑤,情也。此三者,贵贱、愚智、贤不肖,欲之若一,虽神农、黄帝,其与桀、纣同⑥。圣人之所以异者,得其情也。由贵生动⑦,则得其情矣;不由贵生动,则失其情矣。此二者,死生存亡之本也。

【注】①贪:不知满足。不知满足则有欲。　②节:节度,适度。　③五声:见《孟春纪》"其音角"注。　④五色:青、赤、黄、白、黑。古代以此为正色。　⑤五味:甜、酸、苦、辣、咸。　⑥神农、黄帝:传说中的中华始祖,代指贤者。桀、纣:夏、商亡国之主,代指不肖者。　⑦动:活动、行动。

俗主亏情,故每动为亡败①。耳不可赡,目不可厌,口不可满②;身尽府种③,筋骨沈滞④,血脉壅塞,九窍寥寥⑤,曲失其宜⑥,虽有彭祖,犹不能为也⑦。其于物也,不可得之为欲⑧,不可足之为求,大失生本。民人怨谤,又树大雠⑨;意气易动,跷然不固⑩,矜势好智⑪,胸中欺诈;德义之缓,邪利之急⑫。身以困穷⑬,虽后悔之,尚将奚及⑭?

巧佞之近，端直之远⑮，国家大危，悔前之过，犹不可反⑯；闻言而惊，不得所由⑰，百病怒起⑱，乱难时至。以此君人⑲，为身大忧，耳不乐声，目不乐色，口不甘味，与死无择⑳。

【注】①亏情：情不得其宜。亡败：指情之失与生之败。亡，失。　②赡、厌、满：皆指满足。　③府种：通"胕肿"，即今言浮肿。此盖指肥胖症。④沈滞：同"沉滞"，不活络。　⑤九窍：指耳、目、口、鼻七孔及前阴、后阴（肛门）。寥寥：空虚貌。此指九窍功能不实。　⑥曲：周，犹尽。　⑦此二句意为：即使有像彭祖那样长寿的人，也还是不能长寿。彭祖，传说中的长寿者。其寿或言七百岁，或言八百岁。　⑧不可得之为欲：犹言"欲不可得之为"，即追求不可得者。此为特殊句型，"欲"为谓语，"不可得"为宾语，宾语置前后加"之"字，又加语助词"为"。欲，求。下句句型同此。　⑨大雠：大仇敌。⑩跻（qiāo）然：抬脚的样子。指不踏实、不稳固。　⑪矜势：夸耀势位。⑫二句意谓：以德义为缓，以邪利为急。皆宾语前置句型。　⑬困穷：窘困不得志。　⑭奚及：何及。　⑮端直：正直。此二句亦宾语前置，犹言"近巧佞，远正直"。　⑯反：同"返"，犹挽回。　⑰此二句意谓：闻听人言国家危亡而惊怖，却不明白危亡何由造成。　⑱怒：暴，犹急、猛。　⑲君人：为人君。⑳无择：无别。

古人得道者①，生以寿长②，声色滋味能久乐之。奚故③？论早定也④。论早定则知早啬⑤，知早啬则精不竭⑥。秋早寒则冬必煖矣⑦，春多雨则夏必旱矣，天地不能两⑧，而况于人类乎？人与天地也同，万物之形虽异，其情一体也⑨。故古之治身与天下者，必法天地也⑩。尊酌者众则速尽⑪；万物之酌大贵之生者众矣⑫，故大贵之生常速尽。非徒万物酌之也，又损其生以资天下之人⑬，而终不自知。功虽成乎外，而生亏乎内⑭，耳不可以听，目不可以视,口不可以食;胸中大扰,妄言想见⑮,临死之上⑯,颠倒惊惧,不知所为。用心如此,岂不悲哉!

【注】①人:疑"之"字之讹。 ②生以寿长:生活在世而能寿命长久。以,而。 ③奚故:何故。 ④论早定:犹言有关养生与败生的是非判断早早确定。论,判断。 ⑤早啬:早知爱惜。按:此语本于《老子》:"治人事天莫若啬。夫惟啬是谓早服,早服谓之重积德。""早服"即早得、早定之意。 ⑥精不竭:精气不尽。古人以为生命之原在精气。 ⑦燰:同"暖"。 ⑧两:兼顾。 ⑨其情一体:其性质和性情都是一样的。一体,犹一律。 ⑩法:象,犹效法。此言治身与治天下,必法象自然,力求二者的统一。 ⑪尊:盛酒器。字亦作"樽"、"罇"。此言尊中之酒。酌:舀取。 ⑫大贵之生:指人主的寿命。因此处言生之"速尽"(短寿),故讳言人主,而代之以"大贵"的修饰语。 ⑬此二句是说:不只是形形色色的为人所用之物会酌取人主的寿命,而且人主还要减损其寿命以助天下人增寿。资,资给、帮助。下句意指人主操劳天下之事,则不免自损其寿;而天下大治,则会提高天下人的平均寿命。 ⑭外、内:此就身心言之。以身心为"内",则功业即为"外"。 ⑮想见:幻想而见幻象。 ⑯之上:之前。

　　世人之事君者,皆以孙叔敖之遇荆庄王为幸①。自有道论之则不然,此荆国之幸②。荆庄王好周游田猎,驰骋弋射,欢乐无遗③,尽傅其境内之劳与诸侯之忧于叔孙敖④。叔孙敖日夜不息⑤,不得以便生为故⑥,故使庄王功迹著乎竹帛⑦,传乎后世。

【注】①孙叔敖:春秋时楚国令尹(国相)。芈姓,名敖,字孙叔。史称其三为令尹,得而不喜,去而不忧,为人自奉俭约。遇:知遇、遇合,指得到君主信任。荆庄王(?—前591年):即楚庄王,春秋时楚国君主。芈姓,名侣,又称熊侣。公元前613年即位。即位初曾耽于游猎淫乐,不理政事。后重用孙叔敖,改革内政,扩张军力,屡出兵北伐,问鼎中原,后世或指为春秋五霸之

一。幸:幸运,好运气。 ②荆国之幸:意谓楚国得孙叔敖为幸,非是孙叔敖以被任用为幸。 ③欢乐无遗:指尽其游猎之乐不止。遗,犹废止。 ④傅:通"付",赋予。境内之劳:指内政。劳,操劳。诸侯之忧:指外交。忧,义同虑。 ⑤息:休息。 ⑥便:利。故:事。 ⑦功迹:功业事迹。著乎竹帛:犹言留于青史。竹帛,书写用的竹木简与丝织品,代指书籍。

当 染①

四曰 墨子见染素丝者而叹②,曰:"染于苍则苍③,染于黄则黄。所以入者变④,其色亦变,五入而以为五色矣⑤。"故染不可不慎也。

【注】①当染:言熏染、习学当从贤者而得其人。染,以染丝喻习染。本文多出于《墨子·所染》篇。 ②墨子(约前468—前376年):春秋战国之际墨家学派创始人。名翟(dí),宋国人(一说为鲁国人)。其学盛时,一度与儒学并称"显学"。染:以染料着色。素丝:白色未染过的丝。 ③苍:青色,指蓝、绿或黑色。 ④入者:指加入的染料。 ⑤五色:见上篇注。

非独染丝然也,国亦有染。舜染于许由、伯阳①,禹染于皋陶、伯益②,汤染于伊尹、仲虺③,武王染于太公望、周公旦④。此四王者所染当,故王天下⑤,立为天子,功名蔽天地⑥,举天下之仁义显人⑦,必称此四王者。

【注】①舜:上古传说的五帝之一。继尧即位。许由:传说中的古贤人。相传尧曾让位于他,不受。其事见《求人》篇。伯阳:相传为舜的"七友"之一。 ②禹:五帝末年部落大联盟首领。姒姓,夏王朝始祖。皋陶(gāo yáo)、伯益:皆为上古东夷首领。相传禹曾确定皋陶为大联盟首领继承人,不久皋陶死去,又以伯益为继承人。及禹死,禹之子启抢得大联盟首领位置,伯益攻之,失败被杀。 ③汤:商王朝建立者。子姓,名履,又称大乙、成唐、成

汤。伊尹:汤之谋士、大臣。佐汤灭夏建商,为首相,执国政。仲虺(huǐ):相传曾为汤之左相。 ④武王:周武王。姬姓,名发,周王朝建立者。太公望:即姜太公。姜姓,吕氏,名尚,又号望。佐武王灭商建周,分封于齐,齐人称之为太公。周公旦:姬姓,名旦,周武王弟。武王死后,东征平定各地,摄王政七年,后人以为周礼皆为他所制定。 ⑤王(wàng):称王。 ⑥功名蔽天地:喻功名无比。犹今言功名盖世。 ⑦举:列举。仁义显人:以仁义显于世之人。

　　夏桀染于干辛、歧踵戎①,殷纣染于崇侯、恶来②,周厉王染于虢公长父、荣夷终③,幽王染于虢公鼓、祭公敦④。此四王者所染不当,故国残身死,为天下僇⑤,举天下之不义辱人⑥,必称此四王者。

【注】①夏桀:夏王朝最后一位王。姒姓,名桀,号履癸。相传为暴君。干辛、歧踵戎:相传皆为桀之邪臣。前者当出于有莘氏,后者当出于戎族。②殷纣:殷纣王,商王朝最后一位王。子姓,名纣,号帝辛。相传亦为暴君。崇侯:崇国首领。名虎,相传为纣之谀臣。恶(wù)来:嬴姓,为秦人先祖。以财力事纣,纣亡,亦被杀。 ③周厉王(?—前828年):西周王。姬姓,名胡。在位横征暴敛,钳制舆论,激起国人暴动,公元前841年被流放于彘(今山西霍县),14年后死于该地。虢公长父、荣夷终:即史籍所称虢仲、荣夷公,皆厉王卿士。"长父"、"终"疑为二人之名。 ④幽王:周幽王(?—前771年)。西周最后一位王。姬姓,名涅,又称宫涅。在位失信于天下,被犬戎等攻杀,西周亡。虢公鼓、祭(zhài)公敦:皆幽王卿士。前者当即史籍所见虢公石父;后者为周公旦后裔。 ⑤僇:通"戮",辱。此犹言耻笑。 ⑥不义辱人:以不义受辱之人。

　　齐桓公染于管仲、鲍叔①,晋文公染于咎犯、郄偃②,荆庄王染于孙叔敖、沈尹蒸③,吴王阖庐染于伍员、文之仪④,越王句践染于范蠡、大夫种⑤。此五君者所染当,故霸诸侯,功名传于后世。

【注】①齐桓公、管仲、鲍叔:见《贵公》篇注。　②晋文公(前697—前628年):春秋时晋国君主。姬姓,名重耳。早年因晋公室内乱,在外流亡19年,公元前636年由秦发兵护送回国即位。在位9年,国力大盛,称霸诸侯。咎(gāo)犯、郄(xì)偃:疑为狐偃一人之称而传闻讹为二人。狐偃(?—前622年),晋文公大臣。姬姓,名偃,字子犯,又称舅犯、咎犯、臼季、咎季、司空季子,后来典籍又作高偃、郭偃。为文公之舅,其别称当是因"舅"、"臼"、"咎"诸字读音相近,辗转而讹为"高"、"郭";"郄"讹为"却",亦与"郭"字音近。早年随文公流亡,文公即位后为卿,诸大政方针多出其手。　③荆庄王、孙叔敖:见上篇注。沈尹蒸:"蒸"又作"茎"、"筮"、"竺"、"巫"等,皆辗转而异。楚大夫。庄王时曾以沈地守令为中军将。据《左传》,当为楚国沈尹氏之祖。　④阖庐(?—前496年):春秋时吴王。姬姓,名阖庐,亦作阖闾,又称公子光、王子光。一说为吴王僚之兄弟,一说为吴王僚之侄。公元前515年,用刺客专诸刺杀吴王僚,夺得王位。在位期间屡攻楚、越,威胁中原,有霸主之称。伍员(yún)(?—前484年):即伍子胥。伍氏,名员,字子胥。楚大夫伍奢之子,遭谗害奔吴,佐阖庐称霸。夫差为吴王时复遭谗,自杀。文之仪:吴大夫,事迹不详。　⑤句(gōu)践(?—前465年):春秋时越国王。公元前496年即位。即位后先败吴,数年后复为吴所败,几至亡国,乃屈辱求和。卧薪尝胆20年,终灭吴,又北上中原盟会诸侯,时称霸主。范蠡:越大夫,句践谋士。范氏,名蠡,字少伯。佐句践灭吴,功成,知句践不容功臣,遂逃去。后为大商人。大夫种(chóng):越大夫。文氏,名种,字子禽。佐句践灭吴,功成,范蠡劝其一起离去,不听,被句践赐剑自杀。

范吉射染于张柳朔、王生①,中行寅染于黄藉秦、高彊②,吴王夫差染于王孙雄、太宰嚭③,智伯瑶染于智国、张武④,中山尚染于魏义、椻长⑤,宋康王染于唐鞅、田不禋⑥。此六君者所染不当,故国皆残亡,身或死辱,宗庙不血食⑦,绝其后类⑧,君臣离散,民人流亡,举天下之贪暴可羞人,必称此六君者。

【注】①范吉射(yì):春秋末晋大夫。即范昭子。晋定公时,联合中行氏等争夺公室权力,与智、赵、韩、魏四家贵族及公室发生冲突,屡败,出奔齐国。后范氏领地尽为四家所瓜分。按:其身份非诸侯,因是范氏首领,故此处文字亦称之为"君"。古人所称"国家"指"国"和"家",国主和贵族家主皆可称"君"。张柳朔、王生:《墨子》作长柳朔、王胜。范氏家臣。据《左传》哀公五年记载,王生荐张柳朔为柏人地方长官,及范氏之难,张柳朔战死。 ②中行寅:春秋末晋卿。即荀寅,又称荀文子、中行文子。晋定公时,与范吉射等同为智、赵、韩、魏四家所败而奔齐,中行氏领地后亦为四家所瓜分。黄藉秦:当作"藉秦"二字,"黄"字衍。即籍秦,晋大夫籍谈之子。定公时曾为上军司马,助范氏、中行氏争夺公室权力,战败被俘。高彊:即高强。齐国贵族,字子良,以内乱奔晋。亦党附范氏、中行氏发难,与籍秦同战败被俘。 ③夫差(?—前473年):春秋末吴王阖庐之子。公元前495年即位。初励精图治,攻破越都,迫使句践降服;又北上争霸,大败齐兵,会诸侯于黄池(在今河南封丘西南)。后屡败于越,灭国自杀。王孙雄:"雄"当作"雒"。吴大夫。史载夫差黄池之会出于其谋,致使越国乘虚袭吴。太宰嚭(pǐ):吴大臣。伯氏,名嚭,字子余。楚大夫伯州犂之孙。避难奔吴,阖庐时擢为太宰,擅国政。为人善逢迎,潜杀伍子胥。及夫差灭国,他率先降越,句践以其不忠于君而诛之。 ④智伯瑶(?—前453年):战国初晋卿。"智"又作"知"。姬姓,智氏(即荀氏,因荀氏食采于智而改称智氏),名瑶,又称智襄子,载籍多简称智伯。晋出公时擅政,使智氏势力在诸家贵族中一时独大。后被赵、韩、魏三家联合攻灭,遂成"三家分晋"之势。智国、张武:"张"一作"长"。皆晋大夫,为智伯瑶党羽。 ⑤中山尚:战国初中山国君主。疑即中山武公。武公在位9年(前414—前406年),为魏文侯所灭。魏义、椻长:均未详。 ⑥宋康王(?—前282年):战国时宋国君主。子姓,名偃,史籍多称宋王偃。公元前329年攻杀其弟(剔成君)自立,立十一年又自封为王。残暴荒淫,辄杀臣下,时称"桀宋"。以屡侵齐、楚、魏,卒被三国联合攻灭而分其地。 唐鞅、田不禋:皆宋

康王佞臣。据本书《淫辞》篇,靽为国相,后为康王所杀。　⑦不血食:指绝祀。古人称宰牲致祭为"血食"。　⑧后类:指宗族后嗣。

　　凡为君,非为君而因荣也,非为君而因安也①,以为行理也②。行理生于当染③,故古之善为君者,劳于论人而佚于官事④,得其经也⑤。不能为君者,伤形费神⑥,愁心劳耳目,国愈危,身愈辱,不知要故也⑦。不知要故,则所染不当;所染不当,理奚由至?六君者是已⑧。六君者,非不重其国、爱其身也,所染不当也。存亡故不独是也,帝王亦然⑨。

　　【注】①因荣、因安:因此就荣耀、安逸。　②行理:循行大道之理。道家以为道生万物,万物各有其理,故循道即须行理,行理亦即循道。此以立君言之,实谓人主的位置为推行人伦物理价值系统的核心。　③生:出。当染:谓所染得当。　④劳于论人而佚于官事:谓用人最为费神而掌控政事则轻松(指不干预职能部门事务)。劳,操劳。论,衡量,犹选择任用。佚,安逸。⑤经:常,指治道之常规。　⑥形:身体。　⑦要:要领。故:由于……的缘故。下句"故"字当从《墨子》作"者"。　⑧六君:指上节所列举的六人。已:同"矣"。　⑨此句意思是:国家存亡的原因当然不只是由于所染不当,但所染不当固是重要的一条,即帝王亦如此。

　　非独国有染也。孔子学于老聃、孟苏夔、靖叔①。鲁惠公使宰让请郊庙之礼于天子,桓王使史角往,惠公止之②;其后在于鲁,墨子学焉③。此二士者④,无爵位以显人⑤,无赏禄以利人,举天下之显荣者,必称此二士也。皆死久矣,从属弥众,弟子弥丰⑥,充满天下⑦。王公大人从而显之⑧,有爱子弟者随而学焉⑨,无时乏绝⑩。

【注】①孔子、老聃:见《贵公》篇注。相传孔子早年曾携鲁国贵族子弟适周,问礼于老子,见《史记·孔子世家》。孟苏夔、靖叔均未详。 ②鲁惠公(?—前723年):春秋初鲁国君主。姬姓,名弗湟(一作弗涅)。公元前768年即位。宰让:生平不详。郊庙之礼:郊祀祭天与太庙祭祖的大礼仪。鲁国以始祖周公的特殊地位,得用天子之礼。或王室东迁后,天子之礼有变化,故惠公请之。桓王:疑当作平王。鲁惠公卒于周平王四十八年,又四年(前719年)而周桓王始即位。一说惠公晚年请其事,定其事者实为桓王(或在桓王即位前后),则原文亦可通。史角:周王朝史官。名角。止:留。指留史角在鲁为史官,掌礼乐。按:两周之际,王朝史官多有流散各地者,此所记史角事或即由此而来,出于墨家传说。 ③其后:指史角的后代。载籍谓墨子先前曾习儒者之术,当即指其师从史角后人而言之。 ④二士:指孔子、墨子。⑤显人:使人显贵。 ⑥"从属"二句:指孔、墨学者比之二人生前更多,弟子从学也更盛。从属,据《有度》篇似当作"徒属"。丰,犹盛。 ⑦充满:犹遍。⑧显之:使之显贵。指任用孔、墨后学而言。 ⑨爱弟子:指贵族家庭特别喜欢的子弟。 ⑩无时乏绝:没有缺少和断绝的时候。

　　子贡、子夏、曾子学于孔子①,田子方学于子贡②,段干木学于子夏③,吴起学于曾子④。禽滑厘学于墨子⑤,许犯学于禽滑厘,田系学于许犯⑥。孔、墨之后学,显荣于天下者众矣,不可胜数,皆所染者得当也。

【注】①子贡:孔子弟子。端木氏,名赐,字子贡,卫国人。善于辞令,又善经商。孔子死后曾居齐国,多在诸侯间从事外交活动。子夏:孔子弟子。卜氏,名商,字子夏,卫国人。品学兼优,尤以文学见称。孔子死后居西河,曾为魏文侯师。曾子:孔子弟子。曾氏,名参,字子舆,鲁国南武城(今山东费县西南)人。以孝著称,相传《孝经》为其所作。 ②田子方:战国初名士。为魏文侯所优礼,亦尊之为师。 ③段干木:战国初名士。段干氏,名木。初在晋为市侩,后学于子夏而为儒。隐居于魏,不仕,魏文侯待以师礼,每过其门必伏轼致敬。 ④吴起(?—前381年):战国初政治家、军事家。卫国左氏(今

山东曹县北)人。初为鲁将,曾破齐兵。后至魏,为文侯所用,拔秦五城,拜西河守。复遭谗奔楚,官至令尹,佐楚悼王变法强兵,国力大振。悼王死后,被贵族反对派攻杀。 ⑤禽滑厘:"滑"或作"骨"、"屈","厘"或作"黎"、"氂"。史载其亦曾受业于子夏,为魏文侯所优礼(见《史记·儒林列传序》)。后学于墨子,尽传其学,与墨子齐名。当是墨家巨子。 ⑥许犯、田系:均不详。疑亦战国时墨家巨子。或即《汉书·艺文志》所见胡非子、田俅子。

功 名

五曰 由其道,功名之不可得逃,犹表之与影①,若呼之与响②。善钓者出鱼乎十仞之下③,饵香也;善弋者下鸟乎百仞之上④,弓良也;善为君者,蛮夷反舌、殊俗异习皆服之⑤,德厚也。水泉深则鱼鳖归之,树木盛则飞鸟归之,庶草茂则禽兽归之⑥,人主贤则豪杰归之。故圣王不务归之者,而务其所以归⑦。

【注】①表:测量日影而计时的标杆。 ②呼之与响:呼声与回声。 ③十仞之下:指深水。 ④弋:射。下鸟:将鸟射下来。百仞之上:指鸟在极高处。 ⑤蛮夷反舌、殊俗异习:皆指中原周边及异域民族。反舌,鸟名,古人以喻语音奇特,言语难懂。 ⑥庶草:各种草,犹杂草、草丛。 ⑦务:以……为事。句意指圣王不仅看哪些人来归,更留意人所以来归或不来归的原因。

彊令之笑不乐①,彊令之哭不悲。彊令之为道也②,可以成小,而不可以成大③。

【注】①彊:同"强"。 ②为道:犹上篇所言"行理"。 ③小、大:指事功之小、大。

缶醯黄①,蟎聚之②,有酸,徒水则必不可③。以狸致鼠④,以冰致蝇,虽工不能⑤。以茹鱼去蝇⑥,蝇愈至,不可禁,以致之之道去之也⑦。桀、纣以去之之道致之也⑧,罚虽重,刑虽严,何益?

【注】①缶醯黄:瓦器中的醋呈黄色。醯(xī),醋。黄色指醋保持原色,尚是好醋,未变质。 ②蟎(ruì):蚊子。 ③此句意谓:醋招蚊子是因为它有酸味,要是白水则必不可能招蚊子。按:"酸"下疑脱"也"字。 ④狸:猫。致:招引使来。 ⑤工:技巧精湛。 ⑥茹:腐臭。 ⑦以致之之道去之:意谓本欲赶走它们,用的方法却是让它们来。致,犹招,使来。 ⑧此句意谓夏桀、殷纣王虽欲招徕民众,而又倒行逆施,以残暴迫使民众逃亡。

大寒既至,民煖是利①;大热在上,民清是走②。故民无常处,见利之聚③,无之去。欲为天子,民之所走,不可不察。今之世至寒矣,至热矣,而民无走者,取则行钧也④。欲为天子,所以示民不可不异也⑤;行不异⑥,乱虽信今⑦,民犹无走⑧。民无走,则王者废矣,暴君幸矣,民绝望矣。故当今之世,有仁人在焉,不可而不此务⑨;有贤主,不可而不此事。

【注】①民煖是利:犹言民唯利煖。煖,同"暖"。是,复指代词。利,以……为利,犹言受到引诱而追求。 ②清:清凉。走:急趋。 ③见利之聚:"之"字理解为"则"。下一"之"字同此。 ④取则行钧:走到哪里都将一样。取,通"趣"、"趋"。行,将、且。钧,同"均",一样。句意犹如俗语所言"天下乌鸦一般黑"。 ⑤所以示民不可不异:用以昭示民众的举措不可不变。 ⑥行:且、况且,犹"若"。 ⑦信今:当作"倍今"。盖传本以字形相近而误"倍"为"信"。 ⑧无走:此指无所向往。 ⑨而:犹"以"。此务:犹"务此",即上文所言"民之所走,不可不察"。下"此事"同此,皆宾语前置。

贤不肖不可以不相分①,若命之不可易②,若美恶之不可移③。桀、纣贵为天子,富有天下,能尽害天下之民,而不能得贤名之④;关龙逢、王子比干能以要领之死争其上之过⑤,而不能与之贤名⑥。名固不可以相分,必由其理⑦。

【注】①不可以不相分:下一"不"字疑为"互"字之讹,或本无此字而为后人所误加,下文只说"不可以相分"。句意谓贤能和不肖之名皆由各自的行实功过所决定,是不可以分一些给对方或他人的。此即本篇开头所揭示的"表之与影"、"呼之与响"的关系。 ②命之不可易:谓寿命的长短不可交换。 ③美恶之不可移:谓面貌的美丑不可改变。 ④得贤名之:得以有才干称之。句意谓桀、纣虽能为害天下,却不可名之为有才干。贤,此指才能、才干。 ⑤关龙逢(páng):夏末大臣。上古豢龙氏后裔。相传因夏桀荒淫残暴,他固谏不去,为桀所杀。王子比干:商末纣王叔父,因是前王之子,故称王子。相传官至少师,以苦谏纣王止虐行善,纣王怒其以"圣人"自居,谓传闻"圣人之心有七窍",遂杀之而剖其腹、观其心。要领之死:指腰斩与斩首之刑。要,古"腰"字。领,脖颈。争:诤谏。 ⑥不能与之贤名:意指关龙逢、比干虽皆能以直言诤谏桀、纣之过,却不能将他们的贤名给予桀、纣。与,给予。 ⑦末句意谓:贤能或不肖之名本来就不是由他人分给的,必定由自己的行理或不行理造成。

卷三　季春纪第三

季　春　纪

一曰　季春之月①，日在胃②。昏七星中③，旦牵牛中④。其日甲乙，其帝太皞，其神句芒。其虫鳞。其音角，律中姑洗⑤。其数八。其味酸。其臭膻。其祀户，祭先脾。

【注】①季春：指春季第三月，即夏历三月。　②胃：星宿名。二十八宿之一，为西方第三宿，共有三星。　③七星：星宿名，二十八宿之一，为南方第四宿。因共有七星，故以"七星"名宿，又单以"星"字为名。　④牵牛：星宿名，即牛宿。二十八宿之一，为北方第二宿，共有六星。　⑤姑洗(xiǎn)：十二律之一。属阳律，大致相当于现代音乐上的定音E。

桐始华①。田鼠化为鴽②。虹始见。萍始生③。

【注】①桐：梧桐。按：梧桐夏季始开花，或疑此处"华"字当作"叶"。讲"始华"为"始荣"亦可通。　②田鼠化为鴽(rú)：当是出于鴽鸟由田鼠孵出的传闻。鴽，一种鹌鹑类小鸟。　③萍：水中漂浮的植物。

天子居青阳右个①。乘鸾辂,驾苍龙。载青旗,衣青衣,服青玉。食麦与羊,其器疏以达。

【注】①青阳右个:明堂东向堂的右侧室。

是月也,天子乃荐鞠衣于先帝①。命舟牧覆舟②,五覆五反,乃告舟备具于天子焉③,天子焉始乘舟④。荐鲔于寝庙⑤,乃为麦祈实⑥。

【注】①荐:进献。鞠衣:古代帝王后妃的一种礼服。取桑叶始生之色,以其色近于菊黄,故称鞠衣。鞠,通"菊"。进献此种礼服,表示蚕事将近,以祈福佑于祖先神,故或又称此服为"蚕服"。 ②舟牧:主管舟船的官员。覆:指反复检查。 ③备具:完备。于天子:犹言"往天子",为"告"的状语。 ④焉:于是。 ⑤鲔(wěi):鲟鱼的古称。 ⑥祈实:祈求麦粒饱满。

是月也,生气方盛,阳气发泄,生者毕出,萌者尽达①,不可以内②。天子布德行惠,命有司发仓窌③,赐贫穷,振乏绝④;开府库⑤,出币帛⑥,周天下⑦;勉诸侯⑧,聘名士⑨,礼贤者。

【注】①"生"、"萌"二句:"生"当从《礼记·月令》作"句"。草木芽苗屈者曰"句(gōu)",直者曰"萌","句萌"连言,为古人成语。此以二者并举,谓句者尽屈,萌者尽直,实指各种草木的芽苗皆已成型。出,通"屈"。达,犹直。 ②不可以内:指草木芽苗破土,土中已不能藏纳。内,读作"纳"。 ③有司:指官府。仓窌:储备粮食的仓屋和地窖。窌,同"窖"。 ④振:救济。后世用"赈"字。乏绝:指缺粮断炊者。 ⑤府库:储藏钱币财物的库房。 ⑥币帛:指布匹。 ⑦周:周济、救济。后世亦用"赒"字,今仍通用"周"。 ⑧勉:勉励。 ⑨聘:慰问。

是月也,命司空曰①:"时雨将降,下水上腾②,循行国邑③,周视原野;修利堤防④,导达沟渎⑤,开通道路,无有障塞⑥;田猎罼弋⑦,罝罘罗网⑧,餧兽之药⑨,无出九门⑩。"

【注】①司空:金文作"司工",古代主管水土治理的最高长官。兼掌手工业,汉代为三公之一。 ②下水上腾:指低处水位将上升。 ③循行国邑:巡视城郭村落。 ④修利:犹修补。利,使可以利用。 ⑤导达沟渎:疏通水道沟渠。 ⑥道路:指沟渠间道路。障塞:壅阻和不通处。 ⑦田猎罼(bì)弋:皆指打猎。罼,今用"毕"字,为打猎用的有长柄的网,此处用做动词。 ⑧罝(jū)罘(fú)罗网:皆指捕鸟兽的网。 ⑨餧:通"喂"。 ⑩九门:泛指城门。或说古时王城有九门,凡南面三门,东、西、北三面各二门。以上数句指暂停狩猎,各种狩猎用具及毒药等不得带出城门。

是月也,命野虞无伐桑柘①。鸣鸠拂其羽②,戴任降于桑③。具栚曲籧筐④,后妃斋戒,亲东乡躬桑⑤。禁妇女无观,省妇使,劝蚕事⑥。蚕事既登⑦,分茧称丝效功⑧,以共郊庙之服⑨,无有敢堕⑩。

【注】①野虞:主管郊野山泽林木的官员,亦兼掌田园及农作。桑柘:桑树和柘树,其叶皆可养蚕。 ②鸣鸠:鸟名,即斑鸠。古人以《诗经》首篇有"关关雎鸠"之语,或谓鸠鸟与后妃之德有关。拂其羽:抖动其翅膀。指雏鸟将会飞。 ③戴任:鸟名,即戴胜。古人或谓此鸟为"织纴之鸟"。降于桑:从桑树上落下来。指雏鸟离巢欲飞而落地。 ④具栚曲籧筐:指准备好养蚕用具。栚(zhèn),架蚕箔用的横木。曲,蚕箔。籧(jǔ),同"筥",圆形的竹筐。 ⑤"后妃"句:指后妃沐浴斋戒,亲临举行劝励养蚕业的仪式,东向拜祭,亲自参与采桑养蚕的活动。乡,通"向"。按:此犹帝王为劝励农业而举行藉田仪式的活动,以示为天下表率。 ⑥此数句意谓:禁令妇女不得外出游乐,减省对妇女的各种役使,以鼓励蚕桑之业。观,指游乐。 ⑦登:成。兼

指蚕茧丰收。 ⑧分茧称丝效功:各按配给的茧、丝定额献进其产品。分、称,皆指衡量、称量。效,送纳、献进。功,功效,实指不同定额的产品。 ⑨共(gōng):供给。后世通用"供"字。郊庙之服:祭天祭祖的礼服。此为偏重称谓,虽以祭服言之,而实指国家所需的各种丝织品。 ⑩堕:通"惰",懒惰。

是月也,命工师令百工审五库之量①,金铁、皮革、筋、角、齿、羽、箭干、脂胶、丹漆无或不良②。百工咸理③,监工日号④,无悖于时⑤;无或作为淫巧⑥,以荡上心⑦。

【注】①工师:管理工匠的官员。百工:各类工匠。五库:据下文所列,此乃泛指百工用料仓库。或说所储按金、木、水、火、土的性质分类,故称"五库"。量:指进料的标准。 ②金铁:铜和铁。筋、角、齿、羽:均指取自大型动物的皮筋、角料、齿骨、羽毛。箭干:即箭杆。脂胶:利用动植物油质制造的胶合材料。丹漆:朱砂和漆等染料、涂料。不良:质地不好。 ③咸理:指诸事都得善治。 ④监工日号:工官长每日出号令。 ⑤无悖于时:不要违背时令。按:此兼指取材和治材都要顾及时节。取材时节不当,则不仅破坏自然,且所取亦或不良;治材不顾时节,则所治或不能尽材质之用(如角料须春季浸泡处理、皮筋须夏季制作等,否则便不坚)。 ⑥作为淫巧:制作奇巧而不适用的器物。 ⑦荡:摇动。上:人主。

是月之末,择吉日,大合乐①,天子乃率三公、九卿、诸侯、大夫亲往视之②。

【注】①大合乐:集合各类乐工、乐器,演奏全套的官方正统乐曲,并配以舞蹈。 ②视:出席检阅。按:正月、二月皆命乐正入学习舞、习乐,此有验收之意。

是月也,乃合累牛腾马,游牝于牧①;牺牲驹犊②,举书其数③。国人傩④,九门磔禳⑤,以毕春气⑥。

【注】①纍牛腾马:系缧的牛,骑乘的马。均指圈养的雄性牛、马。纍,通"累"、"缧",栓系。腾,犹骤、乘。游牝:放纵之使与雌性的牛、马交合。游,指解除圈养而言。牝,雌性的牲畜,与"牡"(雄性)相对。牧:牧地。 ②牺牲驹犊:指长大后可以用做祭牲的小马驹和牛犊(一般为雄性者)。古人称二岁马为驹,一岁牛为犊。 ③举:皆。书:登记。 ④国人傩:三字上似脱"命"字。《礼记·月令》作"命国傩",似又脱"人"字。傩(nuó),古人驱除不祥的一种活动和仪式。 ⑤九门磔禳:在各城门杀牲祭神以消灾。磔(zhé),分裂肢体(或说傩祭用犬、羊)。禳(ráng),消灾活动。 ⑥毕:结束。谓结束春令而始行夏令。

行之是令而甘雨至①,三旬②。季春行冬令,则寒气时发,草木皆肃③,国有大恐。行夏令,则民多疾疫,时雨不降,山陵不收④。行秋令,则天多沈阴⑤,淫雨早降⑥,兵革竝起⑦。

【注】①行之是令:犹言行是月之令。之,此。是,复指同位语。甘雨:好雨、及时雨。 ②三旬:犹言三遍、三次。旬,通"均",犹言遍;亦通"巡",义同。 ③肃:萧条。 ④山陵不收:山坡地上种的庄稼不收成。 ⑤沈阴:阴沉。 ⑥淫雨:连绵雨。 ⑦兵革:战事。竝,同"并"字。

尽　　数①

二曰　天生阴阳寒暑燥湿,四时之化,万物之变,莫不为利,莫不为害②。圣人察阴阳之宜,辨万物之利以便生③,故精神安乎形④,而年寿得长焉。长也者,非短而续之也,毕其数也⑤。毕数之务,在乎去害。何谓去害?大甘、大酸、大苦、大辛、大咸,五者充形则生害矣⑥。大喜、大怒、大忧、大恐、大哀,五者接神则生害矣⑦。大寒、大热、大燥、大湿、大风、大霖⑧、大雾,七者动精则生害矣⑨。故凡养生,莫若知本,知本则疾无由至矣。

【注】①尽数:言养生而尽其天年。数,规律,本文指人生按正常规律应有的年寿。 ②为利、为害:有利、有害。 ③便:有利。 ④形:身体。 ⑤毕:尽。 ⑥充形:充满身体。 ⑦接神:触动精神。 ⑧霖:久下不停的雨。 ⑨动精:扰动精气。

精气之集也①,必有入也②。集于羽鸟与为飞扬③,集于走兽与为流行④,集于珠玉与为精朗,集于树木与为茂长,集于圣人与为敻明⑤。精气之来也,因轻而扬之,因走而行之⑥,因美而良之,因长而养之,因智而明之。

【注】①精气:指阴、阳二气,或合称元气。古人认为元气为天地之精,是生成万物的原始因子,万物的生长变化都取决于精气的存在状态和表现形式。集:聚。 ②有入:有入于其中之物。精气寓于物质之中,无物质则精气无从体现。 ③此句是说:精气聚集于有羽毛的鸟类,就表现为展翅飞翔。与,同"欤",以疑问助词表示停顿,起选择连词的作用,有"因"字之义。下"与"字均同。飞扬,指飞行动物能飞的特性和功能,"扬"犹举。 ④流行:成群流动。 ⑤敻明:远超乎常人的明智。敻(xiòng),远。 ⑥行:此仍为群行之意,用为使动词。下"良"、"明"亦均为使动用法。

流水不腐,户枢不蝼①,动也。形气亦然②,形不动则精不流,精不流则气郁③。郁处头则为肿为风④,处耳则为挶为聋⑤,处目则为𥉻为盲⑥,处鼻则为鼽为窒⑦,处腹则为张为疛⑧,处足则为痿为蹶⑨。

【注】①户枢不蝼：木门的转轴不会因虫蛀朽烂。蝼，"蝼蚁"之省，泛指蛀虫，犹言"蠹"。　②形气：身体和精气。　③郁：积滞。　④肿、风：肿胀、中风之疾。　⑤挶(jú)：耳疾，未详何指。以下文"瞑"、"鼽"类之，似是指耳塞。　⑥瞑(miè)：眼眶中分泌物堆结过多之疾。　⑦鼽(qiú)：鼻塞。室：不通。　⑧张：通"胀"。府：通"胕"，浮肿。毕校本改"府"为"疛"，谓指一种小腹疾病。　⑨痿、蹷：见《重己》篇注。

轻水所多秃与瘿人①，重水所多尰与躄人②，甘水所多好与美人③，辛水所多疽与痤人④，苦水所多尪与伛人⑤。

【注】①轻水：过于纯净的水。秃：秃发。瘿：颈瘤。　②重水：过于浑浊的水。尰(zhǒng)：同"瘇"，脚肿。躄(bì)：两腿瘸。　③甘水：味甜的水。好：犹美，指肌肤润泽细腻。　④辛水：带刺激味的水。疽(jū)：恶疮。痤(cuó)：疖子。　⑤苦水：味苦的水。尪(wǎng)：今言鸡胸。伛：驼背。

凡食无彊厚，味无以烈味重酒，是以谓之疾首①。食能以时②，身必无灾。凡食之道，无饥无饱，是之谓五藏之葆③。口必甘味，和精端容，将之以神气④；百节虞欢，咸进受气⑤。饮必小咽，端直无戾⑥。

【注】①此数句当有抄误。疑原文当作："凡食无以强，味无以厚，烈味重酒，是之谓疾首。"意谓凡进食不要勉强，鱼肉肴品不要贪多，味道浓烈的佳肴和重浊易醉的酒饮，乃是导致各种疾病的发端。彊，同"强"。味，指食物。疾首，致疾之端。　②食能以时：进食要能够按时。　③五藏之葆：即"五脏之宝"。藏，通"脏"，五脏即心、肝、脾、肺、肾。葆，通"宝"。　④此数句是说：吃饭要有好的口味（指食欲），要调和精气，端正仪容，持之以精神和食气。将，持。　⑤此二句意谓：全身各关节轻松愉快，都活动起来接受食气。　⑥此二句意谓：喝酒、水等要小口慢饮，正直顺畅下咽，不要暴饮。戾，暴、猛烈。

今世上卜筮祷祠①,故疾病愈来。譬之若射者,射而不中,反修于招②,何益于中?夫以汤止沸③,沸愈不止,去其火则止矣。故巫医毒药,逐除治之④,故古之人贱之也⑤,为其末也⑥。

【注】①上:通"尚",崇尚。卜筮祷祠:即占卜祈祷。 ②修于招:在靶子上下工夫。招,靶。 ③汤:开水。沸:沸腾。 ④逐除:指以巫医活动逐邪气,以有毒药物除毒气。 ⑤故:通"固"。贱:轻视。 ⑥为其末:因为这是舍本逐末。句意谓养生为本,治病为末,而迷信活动尤不可信。

先　己①

三曰　汤问于伊尹曰②:"欲取天下若何?"伊尹对曰:"欲取天下,天下不可取;可取,身将先取。"③凡事之本,必先治身,啬其大宝④。用其新,弃其陈⑤,腠理遂通⑥。精气日新,邪气尽去,及其天年,此之谓真人⑦。

【注】①先己:言治国平天下必先治己身。 ②汤、伊尹:见《当染》篇注。 ③此处伊尹之言为选择判断语,意为:要取得天下,天下未必轻易可取;如果以为天下可取,那就要先取自身。取,犹言治。 ④啬:爱,爱惜。大宝:指自身的生命价值。以治国平天下而言,古人谓统治者的"大宝"为权位;以治身而言,"大宝"即指自身,然非仅指生命的物质存在,实重在指称生命的价值意义。 ⑤用其新,弃其陈:指新陈代谢,犹吐故纳新。 ⑥腠(còu)理:中医学上指皮肤的纹理与皮下肌肉之间的空隙,此泛指各项生理机能的发挥。 ⑦真人:道家指得道之人,犹如儒家及世俗所称的"圣人"。

昔者先圣王成其身而天下成①,治其身而天下治。故善响者不于响,于声②;善影者不于影,于形③;为天下者不于天下④,于身。《诗》曰:"淑人君子,其仪不忒。其仪不忒,正是四国。"⑤言正诸身也。故反其道而身善矣⑥,行义则人善矣⑦,乐备君道而百官已治矣⑧、万民已利矣。三者之成也,在于无为。无为之道曰胜天,义曰利身,君曰勿身⑨。勿身督听,利身平静,胜天顺性⑩。顺性则聪明寿长,平静则业进乐乡,督听则奸塞不皇⑪。故上失其道,则边侵于敌;内失其行⑫,名声堕于外。是故百仞之松,本伤于下而末槁于上⑬;商、周之国,谋失于胸,令困于彼⑭。故心得而听得,听得而事得,事得而功名得⑮。五帝先道而后德,故德莫盛焉⑯;三王先教而后杀,故事莫功焉⑰;五伯先事而后兵,故兵莫彊焉⑱。当今之世,巧谋并行,诈术递用⑲,攻战不休,亡国辱主愈众⑳,所事者末也。

【注】①成:犹"平",正。句意谓先圣王自身正而天下风气亦正。②"善响"句:善于制造回声的,不是致力于回声本身,而是致力于发出回声的声源。　③形:指能成影的物体之形状。　④为:治。　⑤此处所引诗见于《诗经·曹风·鸤鸠》,大意是说:有道德的淑人君子(统治者),其威仪从不差池,故为四方国人的表率。忒(tè),差错,此犹懈怠。　⑥反其道而身善:以治天下之道返治己身则身善。反,同"返"。而,犹"则"。　⑦行义则人善:行为得宜以示人则人亦向善。义,犹"宜"。　⑧乐备君道:以服行君人之道为乐事。备,通"服",服行。　⑨此三句意谓:无为之道的根本在于因任自然,无为之道的要义在于治身养生,为人君者无为而治的表现在于不躬亲政事。按:原文后二句"义"上、"君"上均承前句省"无为之"三字。胜,犹言任,因任。利身,指养生而言,特指务虚静而不以智虑为累。勿身,谓凡事不躬自为之。　⑩此三句意为:不自躬亲则听言中正,利身养生则心平气静,因任自然则常顺天性。督,中,中正。　⑪此三句意为:常顺天性则耳目聪明、延年益寿,心气平静则事业有进、人亦乐向,听言中正则奸邪塞绝、不自惶惑。乡,

通"向"。皇,通"惶"或"遑",即惶惑或遑惑,指心神不安而疑惑。 ⑫内失其行:指不能反身修己以善其行。 ⑬百仞:指极高。古以七尺或八尺为一仞。本:根部及靠近根部的主干。末:树梢。槁:干枯。 ⑭此处意谓:商、周时代曾经存在而后来先后灭亡的国家,均因谋虑失于胸臆,遂使号令困于敌国。按:"谋失于胸"对上文"内失其行"而言,犹"本伤于下";"令困于彼"对上文"边侵于敌"而言,犹"末槁于上"。 ⑮此处意谓:谋虑得当则听言得正,听言得正则国事得治,国事得治则功名得立。而,犹"则"。 ⑯此二句意谓:五帝顺天道而行德治,故道德之盛无比。五帝,见《贵公》篇注。 ⑰此二句意谓:三王以德教为主而以刑治为辅,故事功之大无比。三王,一说指夏禹、商汤、周文王,一说指夏禹、商汤、周文王及武王。一般泛指夏、商、西周三个朝代。 ⑱此二句意谓:五霸先治理好国事而后对外用兵,故兵势之强无比。五伯,见《贵公》篇注。 ⑲巧谋、诈术:皆指战争中的伪诈策略而言。竝,今用"并"字。递用,交替使用。 ⑳辱主:犹"戮主",指身死而为天下笑的人主。

夏后相与有扈战于甘泽而不胜①,六卿请复之②,夏后相曰:"不可。吾地不浅③,吾民不寡④,战而不胜,是吾德薄而教不善也。"于是乎处不重席⑤,食不二味⑥,琴瑟不张,钟鼓不修⑦,子女不饬⑧,亲亲长长⑨,尊贤使能,期年而有扈氏服⑩。故欲胜人者必先自胜,欲论人者必先自论,欲知人者必先自知。

【注】①夏后相:应作"夏后启",当是后人因"启"字残文而误抄为"相"。下"相"字同此。启,禹之子,禹死后继位,一般以其为夏王朝的建立者。"启"上"后"字为古人对君主的称呼。有扈:即有扈氏,姒姓夏部落的一支。相传禹死后,按上古"禅让制",继位者应为东夷伯益部。启镇压伯益部,夺得大联盟首领位置,开"家天下"局面。有扈氏不服,起兵反抗,亦被启镇压,双方的主要战事即史书所称甘之战,见《尚书·甘誓》及《史记·夏本纪》。甘泽:即甘地,《甘誓·序》作"甘之野"。旧注以为是有扈氏之地在今陕西户县西南,今学者或考证在河南原阳境内。 ②六卿:夏初尚无此名,旧注以为是

指夏后氏六军的主将。请复之:即请求再战。 ③地不浅:指所占地面较广。广则深,故言不浅。 ④民不寡:即民多。 ⑤处不重席:居处不重叠两张席子。古人席地而坐,"不重席"喻俭朴。 ⑥食不二味:吃饭不上两道菜。即只用一种,喻俭省。 ⑦不张、不修:皆为不设之意,指撤销所用音乐。 ⑧子女不饬:指子女衣着朴素,不加妆饰。饬,通"饰"。 ⑨亲亲长长:亲其所亲,长其所长。即亲爱其宗亲,尊重年长者(长辈、长兄等)。 ⑩期(jī)年:一年。按:以上对启以德教感服有扈氏的称赞之词,皆出于后世儒家的粉饰,与历史事实并不相符。作者引以说理,可与历史事实两分来看。

《诗》曰:"执辔如组。"① 孔子曰:"审此言也,可以为天下。"② 子贡曰:"何其躁也③?"孔子曰:"非谓其躁也,谓其为之于此,而成文于彼也④。圣人组修其身,而成文于天下矣⑤。"故子华子曰⑥:"丘陵成而穴者安矣⑦,大水深渊成而鱼鳖安矣,松柏成而塗之人已荫矣⑧。"

【注】①执辔如组:执马缰有如丝带。指马的调驯极好,驭之而用缰柔软,马即听任所之。辔,缰绳。组,丝带。此句引自《诗经·邶风·简兮》。 ②为:治。 ③子贡:见《当染》篇注。躁:急。按:子贡之言乃幽默语,意指驯马者既求自如,孔子又说可以此治天下,是不是太急了? ④孔子的回答意谓:我不是说的驯马者的急躁,而是说他如果能够做到执缰如丝带,那么他的驾驭技术就会像漂亮的丝织品那样有纹理。文,同"纹"。彼,指"组"。此喻指驭马之谐和。 ⑤此句意谓:圣人像织组那样修治己身,也就能够化成文明于天下。此句中"文"字由"纹"之本义转指文明教化。 ⑥子华子:见《贵生》篇注。 ⑦穴者:指掘洞而居的兽类、两栖类动物等。 ⑧成:指成长为大树。塗之人:路途上经过的人。塗,通"途"。已荫:止荫,停留乘凉。

孔子见鲁哀公①,哀公曰:"有语寡人曰:'为国家者,为之堂上而已矣②。'寡人以为迂言也③。"孔子曰:"此非迁言也。丘闻之:'得之于身者得之人④,失之于身者失之人。'不出于门户而天下治者,其唯知反于己身者乎!"

【注】①鲁哀公(?—前468年):春秋末鲁国君主。姬姓,名将(一作蒋)。公元前494年即位。在位时欲去专擅国政的季孙及孟孙、叔孙三家势力,为三家所攻,逃奔卫、邹、越诸国。后被国人迎回,死于私家。 ②为之堂上:治事于堂上。犹下文所言"不出于门户",指无为而治。 ③迂言:远于事情的迂曲之言。 ④得之于身者得之人:言自身得治则得以治人。

论　人

四曰　主道约,君守近①。太上反诸己,其次求诸人②。其索之弥远者,其推之弥疏③;其求之弥彊者④,失之弥远。

【注】①此二句意谓:人主为政之道尚简约,君主操守在治身。犹言无为而治,秉持在己。近,指自身而言。 ②此二句意谓:最重要的是以道德实践返治自身,然后才能以此要求他人。诸,之于。 ③此二句意谓:若求之越远,则使之离去也越远。索,求。推,指推之使去。疏,犹远。 ④彊:同"强"。

何谓反诸己也? 适耳目,节嗜欲,释智谋,去巧故,而游意乎无穷之次,事心乎自然之塗,若此则无以害其天矣①。无以害其天则知精,知精则知神,知神之谓得一②。凡彼万形,得一后成③。故知一则应物变化,阔大渊深,不可测也④;德行昭美,比于日月,不可息也⑤;豪士时之,远方来宾,不可塞也⑥;意气宣通,无所束缚,不可收也⑦。故知一则复归于朴,嗜欲易足,取养节薄,不可得也⑧;离世自乐,中情洁白,不可量也⑨;威不能惧,严不能恐,不可服也。故知知一则可动作当务，与时周旋，不可极也⑩；举错以数，取与遵理，不可惑也⑪；言无遗者，集肌肤，不可革也⑫；逸人困穷，贤者遂兴，不可匿也⑬。故知知一则若天地然，则何事之不胜⑭，何物之不应？譬之若御者⑮，反诸己则车轻马利，致远复食而不倦⑯。昔上世之亡主，以罪为在人，故日杀僇而不止⑰，以至于亡而不悟；三代之兴王，以罪为在己，故日功而不衰⑱，以至于王⑲。

【注】①此全句意谓：节制声色、嗜欲，释去智谋、巧诈，胸怀宽广，用心于无为之道，这样也就没有什么东西可以害其天性。适，犹节；耳目，指声色。释，弃。游意乎无穷之次，直译为使心意遨游于广大无际的空间，犹言胸怀宽广。自然之塗，犹言无为之道。塗，通"途"。 ②以上意为：无以害其天性则识见精到，能了解事物的精微；如此则料事如神，能精通万事万物的神明变化；能精通万事万物的神明变化就叫得一。得一，犹得道。按：此下"一"字均指"道"。道家认为"道"为万物的总根源，是独一无二而没有什么东西可与之并驾的存在，故又称之为"一"。 ③此句意为：凡是那些千千万万有形的东西（万物），都是得道而后形成的。 ④以上意谓：所以据此知道，能得道即能随万物的变化而变化，这种变化阔大渊深，不可测度。知一，犹"得一"，下同。据下文，此处句首"故"下当重"知"字。 ⑤昭美：显著美好。息：同"熄"，灭。 ⑥时之：犹时至。宾：宾服、归附。塞：阻止。 ⑦收：犹束。按："收"字失韵，疑当与上"束"字对调，即原文当作"无所收缚，不可束也"。 ⑧复归于朴：犹返璞归真。此偏指少私寡欲而言。不可得：犹言难能，一般人做不到。 ⑨离世：超脱世俗。中情洁白：心地纯洁。量：此字亦失韵，或说当作"墨"，即污染。 ⑩可动作当务："可"字疑衍，下四字谓举动行为合于所从事之规律。与时周旋：言随时进退，有为而有不为。不可极：犹言无止境，指随时变化而言。极，尽。 ⑪举错：同"举措"。数：规律，必然性。取与：索取与给予。惑：使迷惑。 ⑫此三句意谓：言无遗意，敏捷如肌肤之触觉，开口即无可改易。按："遗"下"者"字当是"意"字之误，"言无遗意"指言虽简而能皆尽其意。集，通"捷"，其下当脱"于"字。革，改变。 ⑬匿：藏。

此指谗人之佞和贤人之行皆不可掩蔽。　⑭胜:犹任。　⑮御者:驾车人。
⑯致远复食而不倦:言虽行远路,只两顿饭之间的工夫就能返回,且人马皆不疲倦。复食,再食。　⑰僇:通"戮",杀。　⑱日功而不衰:功业日增而不减。此"功"字用为动词,指建功。　⑲王(wàng):称王天下。

何谓求诸人?人同类而智殊,贤不肖异,皆巧言辩辞,以自防御①,此不肖主之所以乱也②。凡论人,通则观其所礼③,贵则观其所进④,富则观其所养⑤;听则观其所行⑥,止则观其所好⑦,习则观其所言⑧;穷则观其所不受⑨,贱则观其所不为⑩;喜之以验其守⑪,乐之以验其僻⑫,怒之以验其节⑬,惧之以验其特⑭,哀之以验其人⑮,苦之以验其志⑯。八观六验,此贤主之所以论人也。论人者,又必以六戚四隐⑰。何谓六戚?父、母、兄、弟、妻、子;何谓四隐?交友、故旧、邑里、门郭⑱。内则用六戚四隐,外则用八观六验,人之情伪、贪鄙、美恶无所失矣⑲;譬之若逃雨,汗无之而非是⑳。此先圣王之所以知人也。

【注】①防御:犹防范,指自饰以免为他人所攻。　②乱:犹惑,疑惑、迷惑。　③通则观其所礼:对仕路通达的人则观察他所宾礼的是些什么人。　④贵:身份地位高贵者。　所进:所荐举之人。　⑤富:富人。所养:所豢养之人,如战国四公子及吕不韦等贵族的门客之类。　⑥听:听从之人,指奉命行事者。　⑦止:居处者,犹言其业余闲暇时。所好:所爱好。　⑧习:熟习,指对某些事情或技能特为熟习之人。　⑨穷:穷困潦倒者。　⑩贱:身份卑贱者。　⑪喜之以验其守:表面上喜欢他以察验其操守。　⑫乐之:使他快乐。僻:偏僻不正的行为或心术。　⑬节:节制,指自制力。　⑭特:本义指公牛,此喻指刚强。　⑮哀:怜悯。人:指为人。　⑯苦:使吃苦。志:意志、毅力。　⑰六戚:指六亲,见下。四隐:指四种关系亲近而相互间往往隐恶扬善之人,见下。　⑱交友:朋友。故旧:门生故吏。邑里:同乡。门郭:宗

亲。《尔雅》:"阒谓之门郭。""阒"亦作"祊",指宗庙之门,故此以"门郭"代指同宗族的亲党。 ⑲情伪:真伪。美恶:美丑。无所失:犹言尽可知。 ⑳此句意为:好比下雨天躲雨,走到哪里都不可能不沾湿。汙,同"污",犹濡,指沾湿。

圜　　道①

　　五曰　天道圜,地道方,圣王法之,所以立上下②。何以说天道之圜也?精气一上一下,圜周复始,无所稽留,故曰天道圜③。何以说地道之方也?万物殊类殊形,皆有分职,不能相为,故曰地道方④。主执圜,臣处方,方圜不易⑤,其国乃昌。

【注】①圜道:循环之道,犹今言循环论。圜,义同"圆"。 ②以上意为:天道尚圆,地道尚方,圣王效法天地,所以确立了君臣上下关系。上下,指君臣。按:此"天道"指古人所理解的天的性状特征及天体的规律性运动轨迹等,"地道"则指大地本身及地上万物的性状特征。 ③"精气"以下意谓:阴阳二气上下交合,不断形成大大小小的圆周而重叠环绕,气在圆周上运动永无停留,所以说天道尚圆。精气,指阴阳二气。一上一下,指阳气在上而下降,阴气在下而上腾。圜周,指古人想像中的阴阳二气交合所产生的圆圈。复杂,"复"指重复、重叠;"杂"通"匝",犹环绕。按:古人以为气之轻清者上为天,其气无所范围,故天为圆形,天体的运动轨迹亦趋向圆周。 ④"万物"以下是说:万物的类别和形状都不相同,而都各有其功能,不能相互代替,所以说地道尚方。分职,犹言不同的功能。方,对"圆"而言,凡具有独立特性的事物或事物的性质皆可称为"方",犹言有棱角。按:古人以为气之重浊者下为地,其气复凝聚为万物,故地为方形,万物的固定性状亦呈现出"方"的特征。 ⑤方圜不易:言人主所执与人臣所执不可更换。

日夜一周,圜道也①。月躔二十八宿,轸与角属,圜道也②。精行四时,一上一下各与遇,圜道也③。物动则萌,萌而生,生而长,长而大,大而成,成乃衰,衰乃杀,杀乃藏,圜道也④。云气西行,云云然,冬夏不辍;水泉东流,日夜不休;上不竭,下不满,小为大,重为轻,圜道也⑤。黄帝曰:"帝无常处也,有处者乃无处也。"以言不刑蹇,圜道也⑥。人之窍九,一有所居则八虚,八虚甚久则身毙⑦。故唯而听,唯止;听而视,听止⑧。以言说一,一不欲留,留运为败,圜道也⑨。一也齐至贵⑩,莫知其原,莫知其端,莫知其始,莫知其终,而万物以为宗。圣王法之,以令其性,以定其正,以出号令⑪。令出于主口,官职受而行之,日夜不休,宣通下究,灛于民心⑫,遂于四方⑬,还周复归,至于主所,圜道也。令圜则可不可、善不善无所壅矣⑭。无所壅者,主道通也。故令者,人主之所以为命也,贤不肖、安危之所定也⑮。人之有形体四枝,其能使之也,为其感而必知也⑯。感而不知,则形体四枝不使矣。人臣亦然,号令不感,则不得而使矣。有之而不使,不若无有。主也者,使非有者也⑰,舜、禹、汤、武皆然。

【注】①日夜一周:昼夜一周。按:此例相对于太阳的视运动而言,指一日一夜即为一个圆周。下举"月"、"精"皆与太阳相对言之。 ②此例意为:月亮运行所经过的二十八宿,轸宿与角宿相连接,亦构成一个圆周。躔,日月星辰行经某一天区的专称,如月亮经过二十八宿的某一宿位置,即可称躔某宿(又称舍某宿或在某舍)。二十八宿,见《孟春纪》篇注。二十八宿以东、北、西、南为次,角宿为东方七宿之第一宿,轸宿为南方七宿之第七宿,即二者为二十八宿的首尾两宿,故此谓"轸与角属"。属(zhǔ),连接。按:日月星辰的运行皆各有其躔次,而各自周躔二十八宿所需的时间不同;此虽以月亮为言,

然主旨在谓二十八宿是个圆周系统,并非是说月亮每月皆经过二十八宿的所有区域。或说此"月"字当作"日",无据。　③此例意为:五星一年四季的运行,此上彼下,相互间各有相遇的时候,亦属圆周运动。精,指金、木、水、火、土五星。一上一下,指五星的运行你上我下,彼此间有快慢前后。按:五星的视运行,由于轨道和迟速均不同,故有上下前后之别;而在古人看来,它们彼此相遇于某一天区,即是各自也都做圆周运动的标志。　④此例指植物的萌、生、长、大、成、衰、败、藏过程亦构成一个圆周。杀,残败。　⑤此例大意为:从海上开始生成的云气西行,纷纷然,一年到头不停;云气成雨,降而为水泉,东流入海,同样日夜不休;天上的雨水不尽,地上的海水不满,万千小流汇聚为江河大海,滞重的海水复蒸腾为轻飘的云气,也构成一个圆周。云云,犹纷纭、纷纷。冬夏,代指一年。　⑥此例托黄帝之言,讲"有处"与"无处"的辩证法,以论圜道。传说黄帝"迁徙往来无常处,以师兵为营卫"(见《史记·五帝本纪》),则是以"无处"为常,以"有处"为不常。常寓于不常之中,不常为常的特殊表现形态,故此言"有处者乃无处"。以言不刑蹇:指以所引"黄帝曰"言及事物变化无滞留的规律,则"无常处"亦为圜道。刑蹇,疑即《管子·水地》篇所见的"凝蹇",为古人成语,指停滞、滞留,亦称居留。　⑦此处意为:人有九窍,九窍的功能若滞留于其一,则其余八窍就会虚弱,虚弱甚久则身败。九窍,见《情欲》篇注。居,停留、滞留。毙,因身体伤病而倒下。
⑧此二句意为:思考的时候又去倾听,思考就会停止;倾听的时候又去凝视,倾听就会停止。唯,通"惟",思考。　⑨此处意为:以此言及人们对道的称说,道是不会停留的,道的运行如果停留了下来,那它就会败灭,这就是圜道。一,道。欲,将要,"不欲"犹"将不"。　⑩一也齐至贵:意指道最为尊崇。齐,犹言一,谓独一无二,因句首已以"一"字代指道,故"也"下改用"齐"字。道家以为道之为物无可匹敌,故下言莫知其原、端、始、终,而为万物之宗主。
⑪三"以"字句:指以道善其性、定其正身标准、发布号令。上"令"字意为善;旧校谓一作"全",亦通。　⑫瀸(jiān):和洽、融洽。　⑬遂:通达。　⑭可不可、善不善无所壅:意指下情皆上达,凡各级官吏执行政令的情况,无论是允许或不允许的,还是好与不好的,都无所壅蔽。　⑮此句意谓:号令是人主赖以贯彻自己的意图的,官吏的贤不肖、国家的安危都可因号令的执行情况

得以区别和认定。命,此指上级对下级所贯彻的意图而言,与"令"字多指具体的指令意义有别。前人释"为命"为"恃以为命",指性命而言,不可从。 ⑯形体四枝:身体四肢。枝,通"肢"。感而必知:受触则必有知觉。感,犹触。 ⑰使非有者:所役使的臣下都不是私有的。按:上言"有之",指人主代表国家的人格而言,若以此人格为"身",则人臣即如同"四肢";此言"非有",指人主私人而言,若以私人之身言驱使,则臣下即不能譬之"四肢"。

先王之立高官也,必使之方①。方则分定②,分定则下不相隐。尧、舜,贤主也,皆以贤者为后,不肯与其子孙,犹若立官必使之方③。今世之人主,皆欲世勿失矣④,而与其子孙,立官不能使之方,以私欲乱之也。何哉?其所欲者之远,而所知者之近也⑤。今五音之无不应也,其分审也⑥。宫、徵、商、羽、角各处其处⑦,音皆调均⑧,不可以相违,此所以不受也⑨。贤主之立官有似于此,百官各处其职、治其事以侍主,主无不安矣。以此治国,国无不利矣;以此备患,患无由至矣⑩。

【注】①高官:"高"字疑衍,或是"官"字错抄而误存者。方:此指尽忠守职,言行方正,不可圆滑。《韩非子·解老》:"所谓方者,内外相应也,言行相称也。" ②分定:职事名分确定。 ③此处意谓:尧、舜为贤主,都禅位于贤者,而不肯传位于子孙,立官尚且必使之方正。与,今用"予"字。犹若,犹然、尚且。 ④世:指世袭的君位。高诱注:"父死子继曰世。" ⑤"远"、"近"二句:犹言远所欲,近所知。为宾语提前句型,"之"为助词。"所欲"指上言"世勿失","所知"指"私欲"。 ⑥五音:见《孟春纪》篇注。其分审:犹言其分工精确。 ⑦处其处:职掌其所应当职掌者。 ⑧调均:犹调和。均,协调。 ⑨不受:疑为"不乱"之误。"受"字不可通,或因"乱"字繁体残缺致误。毕沅校注于"受"前加"无"字,无版本依据,而文义亦仍不洽。 ⑩由:途径。

卷四　孟夏纪第四

孟　夏　纪

一曰　孟夏之月①，日在毕②。昏翼中③，旦婺女中④。其日丙丁，其帝炎帝，其神祝融⑤。其虫羽⑥。其音徵⑦，律中仲吕⑧。其数七⑨。其性礼，其事视⑩。其味苦，其臭焦⑪。其祀灶，祭先肺⑫。

【注】①孟夏：指夏季第一月，即夏历四月。　②毕：星宿名。二十八宿之一，为西方第五宿，共有八星。　③翼：星宿名。二十八宿之一，为南方第六宿，共有二十二星。　④婺女：又称"须女"、"女"，星宿名。二十八宿之一，为北方第三宿，共有四星。　⑤丙丁：按古人五行说为火日。参见《孟春纪》篇"其日甲乙"注。炎帝：传说中的古帝王，又传号为神农。祝融：传说抑或以为古帝王，而死后为火神。史又载其为颛顼的"火正"，主祀大火星。　⑥羽：羽毛类动物，主要指鸟类。　⑦其音徵：见《孟春纪》"其音角"注。　⑧仲吕：亦作"中吕"，十二律之一。属阴律，大致相当于现代音乐上的定音F。　⑨其数七：古人以为五行之数为五，火在五行中属第二，故其成数为七。参见《孟春纪》篇"其数八"注。　⑩此二句意谓：本月与时令、五行相应的性情是好礼，行事是尚观看。按：该书其余诸"月纪"皆无此类文字，学者或考此为唐以后人据《唐明皇御刊定月令》所增。　⑪焦：烧糊的气味。　⑫此二句意

谓:本月祭祀灶神,用牲畜的内脏作祭品,要把肺摆在前面。

蝼蝈鸣①,丘蚓出。王菩生②,苦菜秀③。

【注】①蝼蝈:一说指蝼蛄,一说指蛤蟆,一说指蝼蛄与蛤蟆。下言丘蚓(蚯蚓),则此当以蝼蛄为是。 ③王菩:又称"王瓜",即俗所称栝楼。 ④秀:开花吐穗。

天子居明堂左个①。乘朱辂②,驾赤骝③。载赤旗,衣赤衣,服赤玉。食菽与鸡④,其器高以觕⑤。

【注】①明堂左个:指明堂南向堂的左侧室。 ②朱辂(lù):红色的大车。 ③赤骝(liú):通体红色而鬃为黑色的马。 ④菽:豆类。 ⑤高以觕(cū):高而粗大。觕,同"粗"。

是月也,以立夏。先立夏三日,太史谒之天子,曰:"某日立夏,盛德在火。"天子乃斋。立夏之日,天子亲率三公、九卿、大夫以迎夏于南郊。还,乃行赏,封侯庆赐,无不欣说①。乃命乐师习合礼乐②;命太尉赞杰俊③,遂贤良④,举长大⑤。行爵出禄,必当其位⑥。

【注】①说:同"悦"。 ②乐师:主管音乐的官员。习合礼乐:教习整合礼仪和乐舞。 ③太尉:主管武事的最高长官。其早期设置源流不详,秦汉时为朝廷三公之一。赞杰俊:引见杰出俊秀有才干之人。 ④遂贤良:荐举贤能方正之人。遂,达,犹荐举。 ⑤长大:身材高大之人。指勇武者。 ⑥此句意为:凡授予爵禄,必与其实际贡献和地位相称。

是月也,继长增高,无有坏隳①。无起土功,无发大众②。无伐大树。

【注】①此二句意谓:各类生物继续发育增长,不得损害它们。隳(huī),毁坏。　②二"无"字句:不要兴起土木工程,不要大规模征发劳役。

是月也,天子始绤①。命野虞出行田原②,劳农劝民③,无或失时④。命司徒循行县鄙⑤,命农勉作⑥,无伏于都⑦。

【注】①绤(chī):细葛布。此用为动词,指天气渐暖,始穿较单薄的葛布衣服。　②野虞:见《季春纪》篇注。行:巡视。　③劳(lào):慰劳,犹安抚。劝:勉励,有引导之意。　④失时:错过农时。　⑤司徒:金文作"司土",商、周时主管土地、教化及民事的官员。秦汉时又称"大司徒",或用为丞相之称,为三公之一。循行:犹"巡行",巡视。县鄙:"县"指都城附近地区,"鄙"指边境地区。　⑥作:耕作。　⑦无伏于都:不要闲住在城里。

是月也,驱兽无害五谷①。无大田猎。农乃升麦②。天子乃以彘尝麦③,先荐寝朝④。

【注】①五谷:泛指各种谷物。有稻黍稷麦豆、麻黍稷麦豆、稻稷麦豆麻等说法。　②升麦:举行以成熟的新麦献祭祖宗的仪式。升,犹登,进献。意指准备收割小麦。　③彘:猪牲。尝麦:举行尝麦礼。犹后世麦收开始前的尝新之俗。　④荐寝庙:见《仲春纪》篇注。

是月也,聚蓄百药①。靡草死②,麦秋至③。断薄刑④,决小罪⑤,出轻系⑥。蚕事既毕,后妃献茧⑦。乃收茧税,以桑为均,贵贱少长如一⑧,以给郊庙之祭服。

【注】①聚蓄百药:指各种草药开始成熟,可以采集而收藏之。　②靡草:草名。旧说指荠菜、葶苈(类似荠菜)之属,当是,麦收时节荠菜类始死。　③麦秋:犹麦季。古汉语最早以庄稼成熟为"秋",后来才转为秋季之称。

④薄刑:轻刑,须处刑而刑罚较轻者。 ⑤辠:"罪"的异体字。 ⑥出轻系:释放因轻度违法被拘而不足判刑条件或可不判刑者。系,缧系,犹今言拘留、关押。 ⑦献茧:指举行献茧仪式。 ⑧"以"、"贵"两句:指茧税按桑树的多少及桑叶的产量平均征收,而不按贵贱贫富和人头摊派。

是月也,天子饮酎①,用礼乐。

【注】①酎(zhòu):经过两次或多次酿造的醇酒。一般春天酿造而入夏始成。

行之是令而甘雨至,三旬①。孟夏行秋令,则苦雨数来②,五谷不滋③,四鄙入保④。行冬令,则草木早枯,后乃大水,败其城郭。行春令,则虫蝗为败⑤,暴风来格⑥,秀草不实⑦。

【注】①三旬:见《季春纪》篇注。 ②苦雨:连绵不断而成灾的雨。 ③滋:滋长,犹言长。 ④四鄙入保:四周边境居民都入城郭自保。意谓孟夏行秋令则会导致外兵入侵。 ⑤虫蝗:蝗虫。败:犹灾害。 ⑥格:击,袭击。 ⑦秀草不实:能开花秀穗的草不结籽。按:古时采草种以备荒,故此言及之。

劝　　学

二曰　先王之教,莫荣于孝,莫显于忠。忠、孝,人君、人亲之所甚欲也①;显、荣,人子、人臣之所甚愿也。然而人君、人亲不得其所欲,人子、人臣不得其所愿,此生于不知理义②。不知理义生于不学,学者师达而有材③,吾未知其不为圣人④。圣人之所在则天下理焉⑤,在右则右重,在左则左重⑥,是故古之圣王未有不尊师者也。尊师则不论其贵贱贫富矣,若此则名号显矣,德行彰矣⑦。故师之教也⑧,不争轻重尊卑贫富而争于道⑨,其人苟可,其事无不可⑩。

【注】①人亲:父母亲。此与"人君"并举,又与"人子"对举,则专指父亲。②生于:出于。理义:人伦之理与行事之宜。 ③学者师达而有材:谓从学者以达道者为师而又有才性。材,通"才"。 ④未知其不为圣人:犹言知其可为圣人。按:此"圣人"指贤达明哲之士,非是指人主。 ⑤理:治。 ⑥"在右"、"在左"二句:此通言贤达明哲之士为帝王辅佐,则治理天下之事即倚重之。古人称帝王之佐为左辅右弼,此"左"、"右"盖即就辅、弼言之,犹言贤者为辅则辅重,贤者为弼则弼重。贤者可以为师,故下言"古之圣王未有不尊师者"。 ⑦名号显、德行彰:皆指尊师者而言。 ⑧师之教:此言拜师受教。⑨争:犹言注重。 ⑩二"其"字句意谓:假如其人足可为师,那么不论他的身份地位如何都无不可。

所求尽得,所欲尽成,此生于得圣人①。圣人生于疾学②,不疾学而能为魁士名人者③,未之尝有也④。疾学在于尊师,师尊则言信矣⑤,道论矣⑥。故往教者不化,召师者不化;自卑者不听,卑师者不听⑦。师操不化不听之术而以彊教之⑧,欲道之行身之尊也,不亦远乎?学者处不化不听之势而以自行⑨,欲名之显身之安也,是怀腐而欲香也,是入水而恶濡也⑩。

【注】①得圣人:意指得圣人为师。 ②疾学:力学。疾,尽力。 ③魁士名人:杰出著名的人士。为上文"圣人"的释语。 ④未之尝有:即未尝有之。⑤信:被信从。 ⑥论:讲而明之。 ⑦此处四句意谓:为师者前往受教者之门施教则不能使之化,受教者招师而学则亦不能自化;为师者不自尊重则其言不见听,受教者不尊师则亦不听师言。按:此皆就师道尊严与尊师之道相对言之,指为师者屈就贵族之门是"自卑"(自降其尊严),贵族之门招师则是

"卑师"(轻视其师)。化,因受到教育而改变。召,通"招"。 ⑧彊:即"强"字。 ⑨自行:自行其是。 ⑩怀腐而欲香、入水而恶濡:皆指不可能。腐,腐臭。欲香,指欲使自身香。恶(wù),厌恶、反感。濡,沾湿。

凡说者,兑之也,非说之也①。今世之说者,多弗能兑而反说之②。夫弗能兑而反说,是拯溺而硾之以石也③,是救病而饮之以堇也④,使世益乱、不肖主重惑者从此生矣⑤。故为师之务在于胜理⑥,在于行义。理胜义立则位尊矣,王公大人弗敢骄也⑦,上至于天子朝之而不惭⑧。凡遇合也,合不可必⑨,遗理释义以要不可必⑩,而欲人之尊之也,不亦难乎?故师必胜理行义然后尊。

【注】①此句意谓:凡说教,在于使人悦心于所说的道理,而不是为了取悦于人。按:上"说"字指言说,"兑"字用字训方式解释说教之理,下"说"字通"悦"。古人以为言说之"说"从"兑",而"兑"字之义即"悦"(见《易经·兑卦》象传、《说文》及《释名·释天》等),故以言词悦人谓之"说"。这种训解并不正确("说"字实为形声字),但此处作者的本意是要借以表明为教应以理服人。旧注未得其解。 ②弗能兑而反说之:意谓说教者不能以理服人,反而取悦于受教者。此指上文所说"往教者"的"自卑"而言。 ③拯溺:拯救落水者。硾(zhuì)之以石:拴上石头把他沉下去。 ④堇(jǐn):又称"乌头",一种毒草。此指熬堇而成的草药汤。 ⑤重(chóng)惑:惑上加惑。句意谓为师者不能使人主服从道理,而且取悦于人主,则将使人主惑上加惑,世道愈乱。 ⑥胜理:任理,犹言行理。胜,犹任。 ⑦骄:轻侮、慢待。 ⑧朝:拜见。惭:愧。 ⑨遇合:专指贤者遇明主而见尊,君臣相合如一体。合不可必:指遇合的机会不是必定可以求得。 ⑩遗、释:并同"弃"字之义。要:通"邀",求。

曾子曰:"君子行于道路,其有父者可知也,其有师者可知也①。夫无父而无师者,余若夫何哉②?"此言事师之犹事父也。曾点使曾参③,过期而不至④,人皆见曾点曰:"无乃畏邪⑤?"曾点曰:"彼虽畏⑥?我存,夫安敢畏⑦!"孔子畏于匡⑧,颜渊后⑨,孔子曰:"吾以汝为死矣。"颜渊曰:"子在,回何敢死!"颜回之于孔子也,犹曾参之事父也,古之贤者与⑩!其尊师若此,故师尽智竭道以教。

【注】①有父、有师:指孝于父,尊其师。句意指由君子的进退行止、接人待物,即可知其有孝悌尊师之行。 ②余若夫何哉:其余的伦理又拿他有什么办法?指为人而无父无师者,必定什么样的伦理道德都不会有。夫,犹彼,第三人称代词。 ③曾点:曾参之父。其名通作蒧,字子晳,孔子门人。曾参:见《当染》篇"曾子"注。句意指曾点派曾参外出做某事。 ④不至:指未回来。 ⑤畏:此为"死"的讳词。 ⑥虽畏:岂会死。虽,岂。 ⑦夫:犹彼。 ⑧畏于匡:被围困于匡地。此为孔子周游列国时事,见《论语·子罕》篇。畏,通"围"。 ⑨颜渊后:颜渊后至。颜渊(前521—前490年),即颜回,孔子弟子。名回,字子渊,鲁国人。以好学及德行著称,早卒,为孔子所叹惜。 ⑩与:通"欤",感叹词。句意谓颜回、曾参可比古之贤者。

尊 师

三曰 神农师悉诸①,黄帝师大挠②,帝颛顼师伯夷父③,帝喾师伯招④,帝尧师子州支父⑤,帝舜师许由⑥;禹师大成贽⑦,汤师小臣⑧,文王、武王师吕望、周公旦⑨;齐桓公师管夷吾⑩,晋文公师咎犯、随会⑪,秦穆公师百里奚、公孙枝⑫,楚庄王师孙叔敖、沈尹巫⑬,吴王阖闾师伍子胥、文之仪,越王句践师范蠡、大夫种⑭。此十圣人六贤者⑮,未有不尊师者也。今尊不至于帝,智不至于圣,而欲无尊师,奚由至哉⑯?此五帝之所以绝,三代之所以灭。

【注】①神农:传说为农业、医药的发明者。或说即炎帝,或又列为三皇之一。悉诸:又作"悉老"等,神农之臣。 ②黄帝:《史记·五帝本纪》列为五帝之首,号称中华始祖。大挠:又作"大真"等,黄帝之臣。相传为干支纪日法的发明者。 ③帝颛顼:传说的五帝之一,在黄帝之后。相传曾实行"绝地天通"的原始宗教改革,以南正重掌祭天,以火正黎主民事。后世尊之为最高太阳神。伯夷父:传说为姜姓部落首领,而为颛顼之臣。父,男子美称。 ④帝喾:传说的五帝之一,在颛顼之后。伯招:又作"伯昭",帝喾之臣。 ⑤帝尧:传说的五帝之一。相传为陶唐氏,名放勋,又称唐尧。晚年禅位于舜。子州支父:见《贵生》篇。 ⑥帝舜:传说的五帝之一。相传为有虞氏,名重华,又称虞舜。继尧为盟主,晚年禅位于禹。许由:见《当染》篇注。 ⑦禹:夏王朝始祖。以姒姓首领协助舜主盟,尤以治水著称。后继舜为盟主,传位于子启,开"家天下"局面。大成贽:传说事迹不详。 ⑧汤:见《当染》篇注。小臣:指伊尹,亦见《当染》篇注。按:"小臣"是一种重要职务,在商代甲骨文中习见。大约在商汤建国以前,伊尹曾担任近侍小臣之职。 ⑨文王:周文王。商末称周西伯,扩张周人势力,为武王灭商奠定基础。武王、吕望、周公旦:皆见《当染》篇注。 ⑩齐桓公、管夷吾:见《贵公》篇注。 ⑪晋文公、咎犯:见《当染》篇注。随会:即士会,春秋时晋国正卿。士氏,名会,字季,谥称武子;因先后食邑于随、范,故又称随会、范会。生平当晋文公至景公时,预晋政约在四十年以上。或疑其事多在文公后,此处所记有误。 ⑫秦穆公(?—前621年):春秋时秦国君主。嬴姓,名任好。公元前659年即位。在位时任贤使能,奋发图强,先是东向扩张,后霸西戎,被后世称为春秋五霸之一。百里奚、公孙枝:详见《慎人》篇正文及注。 ⑬楚庄王、孙叔敖、沈尹巫:见《情欲》篇注。 ⑭吴、越六人:并见《当染》篇注。 ⑮十圣人六贤者:指上述十圣王六贤君。按:此"者"字为语助词,不应以"贤者"与"圣人"相对,"人"字当衍。 ⑯至:指至于帝、圣。

且天生人也,而使其耳可以闻,不学,其闻不若聋;使其目可以见,不学,其见不若盲;使其口可以言,不学,其言不若爽①;使其心可以知,不学,其知不若狂②。故凡学,非能益也,达天性也③;能全天之所生而勿败之,是谓善学④。子张,鲁之鄙家也⑤,颜涿聚,梁父之大盗也⑥,学于孔子;段干木,晋国之大驵也,学于子夏⑦;高何、县子石,齐国之暴者也,指于乡曲⑧,学于子墨子;索卢参,东方之巨狡也,学于禽滑黎⑨。此六人者,刑戮死辱之人也⑩;今非徒免于刑戮死辱也,由此为天下名士显人,以终其寿,王公大人从而礼之,此得之于学也。

【注】①爽:指口不能言,犹喑哑。疑此"爽"字当读作"丧",而古人以为喉嗓之"嗓"。《正字通》谓马病鼻为"嗓",或先秦时实以病喉为"丧(嗓)",俗又转写为"爽"。 ②狂:精神失常,疯癫。 ③此句意谓:为学并不能增益耳闻、目见、口说、心知的功能,其目的在于通达天性。 ④天之所生:指上述耳闻、目见、口说、心知等功能。保全各种功能,又通过学习使之趋善而勿败之,是谓善学。 ⑤子张:即颛孙师。孔子弟子。颛孙氏,名师,字子张。曾提出"士见危致命,见得思义"的观点。史载其为陈国人,此言"鲁之鄙家",则以其为是鲁国边境地方的人。或说其先人由陈奔鲁,遂为鲁人。 ⑥颜涿聚:其名又作"斫聚"、"浊邹"等,又称颜庚。早年在梁父地方为盗,后改节而师从孔子。晚年为齐国大夫,与晋人战,被俘死,后人称之为"齐之忠臣"。 ⑦段干木、子夏:见《当染》篇注。驵(zǎng),从事说合贩马交易的市侩。 ⑧高何、县(xuán)子石:当即《墨子·耕柱》篇所见高石子、县子硕。暴者:凶恶横行的人物。指于乡曲:为乡里人所指斥。 ⑨索卢参:不详。巨狡:大奸猾。禽滑黎:见《当染》篇注。 ⑩刑戮死辱:当受刑辱而处死。戮,辱。

凡学必务进业①,心则无营②。疾讽诵,谨司闻③;观骅愉,问书意④。顺耳目,不逆志⑤;退思虑,求所谓⑥。时辨说,以论道⑦;不苟辨,必中法⑧。得之无矜⑨,失之无惭,必反其本⑩。

【注】①务进业:努力使学业进步。 ②营:疑惑。 ③此二句犹言:尽力背诵,过后仔细听讲。疾,力。讽诵,背诵。司,通"嗣",随后。 ④此二句意谓:看到先生心情愉快,及时提问书中义理。骥,同"欢"。 ⑤此二句意指:听讲看书要顺从师意,不要仅凭自己的兴趣。逆,迎、迎合。志,心意、兴趣。 ⑥此二句意谓:听讲后要认真思考,弄清楚先生所讲的意思。 ⑦论道:犹明道。 ⑧此二句意为:不要苟且逞口才辩说,辩说要合乎学问规矩。 ⑨矜:自伐、骄傲、夸耀。 ⑩反:同"返"。本:此指孝道。按:本书《孝行》篇谓"务本莫贵于孝",本篇下述"所以尊师"的具体表现,即都是讲孝道的。所举一为谨养敬祭之道,一为积极参加生产劳动,一为侍养父母的行为和态度,而都归之于"所以尊师",正反映出先秦私学的教学宗旨。下列事项都不是就师生关系而言的,故不可理解为学生对老师的义务。

生则谨养,谨养之道,养心为贵;死则敬祭,敬祭之术,时节为务①。此所以尊师也。

【注】①此全句意为:父母生时要周谨奉养,奉养之道以培养孝心最为重要;父母死后要恭敬祭祀,祭祀之道以四时节祭为要务。术,犹言道。

治唐圃①,疾灌寖②,务种树③;织葩屦④,结罝网⑤,捆蒲苇⑥;之田野⑦,力耕耘,事五谷⑧;如山林⑨,入川泽,取鱼鳖,求鸟兽⑩。此所以尊师也。

【注】①唐圃:场圃,种植瓜果蔬菜之所。 ②疾灌寖:勤力灌溉。寖,通"浸"。 ③种树:种植。 ④葩屦:"葩"当作"菹",形近而误。菹屦即麻鞋。 ⑤罝(jū)网:捕兽的网。 ⑥捆蒲苇:指编织蒲席和苇席。捆,同"细",编织。 ⑦之:至。 ⑧事五谷:从事各种庄稼活。五谷,见《孟夏纪》篇注。 ⑨如:往。 ⑩求:捕取。按:以上皆指子弟在求学业余时间要尽力帮助父母从事治家和生产活动。

视舆马,慎驾御①;适衣服,务轻煖②。临饮食,必蠲絜③;善调和,务甘肥④。必恭敬,和颜色,审辞令⑤;疾趋翔,必严肃⑥。此所以尊师也。

【注】①此句意谓:平时要为父母的出行细心检查车马,出行时要谨慎驾驭。　②此句意谓:要使父母的衣服穿得舒适,务求轻暖。煖,同"暖"。③临饮食:指照料父母的饮食。蠲絜:即蠲洁,清洁。　④善调和:好好烹调。务甘肥:务求可口。　⑤此数句意为:对待父母要恭恭敬敬,和颜悦色,说话的用语和口气也要谨慎。　⑥此句意谓:受父母召唤快步趋进时,也一定要庄重恭敬。疾,快速。趋翔,即"趋跄",指有礼貌的趋进动作。翔,通"跄"。按:以上虽谈孝,而皆兼指要养成"君子之风"。

君子之学也,说义必称师以论道①,听从必尽力以光明②。听从不尽力,命之曰背;说义不称师,命之曰叛③。背叛之人,贤主弗内之于朝④,君子不与交友。故教也者,义之大者也⑤;学也者,知之盛者也⑥。义之大者莫大于利人,利人莫大于教;知之盛者莫大于成身⑦,成身莫大于学。身成则为人子弗使而孝矣⑧,为人臣弗令而忠矣,为人君弗彊而平矣⑨,有大势可以为天下正矣⑩。故子贡问孔子曰⑪:"后世将何以称夫子?"孔子曰:"吾何足以称哉?勿已者⑫,则好学而不厌⑬,好教而不倦,其惟此邪?"天子入太学⑭,祭先圣⑮,则齿尝为师者弗臣⑯,所以见敬学与尊师也。

【注】①此句意为:谈说义理必定要称引师说以明道。论,犹明。　②此句意谓:听从师说必定要尽力实行以发扬所学。尽力,谓身体力行。光明,光大其所明,犹发扬所知、所学。　③命:名。按:此二句以"背"、"叛"分言,文

义互补。　④内:古"纳"字。句意指不使背叛之人在朝为官。　⑤义之大者:道义之大端。　⑥知之盛者:求知之盛事。　⑦成身:立身有成。古人谓道德修养达到"君子"的标准,即为"成身"或"成人"。　⑧使:役使。　⑨弗强而平:无须强勉而即公正。　⑩此句意为:若有大势位即可以君临天下。正,长,主,此指天子。　⑪子贡:见《当染》篇注。　⑫勿已者:不得已而言。⑬厌:满足。　⑭太学:国家大学。西周时贵族子弟八岁入小学,十五岁入大学。　⑮先圣:前世对教育事业有开创性贡献的圣人。后世专指孔子。⑯齿尝为师者弗臣:列曾为师者于不臣之列。即不以其作为普通的臣下对待。齿,列。

诬　徒①

四曰　达师之教也②,使弟子安焉、乐焉、休焉、游焉、肃焉、严焉③。此六者得于学④,则邪辟之道塞矣,理义之术胜矣⑤;此六者不得于学,则君不能令于臣,父不能令于子,师不能令于徒。人之情不能乐其所不安,不能得于其所不乐⑥。为之而乐矣,奚待贤者?虽不肖者犹若劝之⑦;为之而苦矣,奚待不肖者?虽贤者犹不能久。反诸人情,则得所以劝学矣⑧。子华子曰⑨:"王者乐其所以王,亡者亦乐其所以亡,故烹兽不足以尽兽,嗜其脯则几矣⑩。"然则王者有嗜乎理义也,亡者亦有嗜乎暴慢也,所嗜不同,故其祸福亦不同。

【注】①诬徒:疑本作"师徒",言师生关系,文中"师徒"一词凡三见。旧注谓一作"诋役",与"诬徒"同义,而文中所述并非皆是为师者欺其徒。疑古本"师"字误作"巫",又辗转讹为"诬"、"诋"。　②达师:心性和学问皆通达之师。　③安、乐、休、游、肃、严:安心、快乐、轻松、优游、恭敬、庄重。　④得于学:犹言在教学中得以体现。　⑤术:犹道。胜:占上风,犹行。　⑥得:得

意。　⑦犹若：尚且。　⑧此句意谓：返之于人情，即可得知为学怎样才能得到劝勉的原因。　⑨子华子：见《贵生》篇注。　⑩"烹兽"句：只是煮兽而食，还不足以吃尽所有种类的兽肉；要是嗜好吃肉干，那就差不多可以吃尽所有种类的兽肉了。指人的食量有限，煮食则少量即饱，食脯则可加多花样。烹，烧煮。脯，肉干。几，庶几，差不多。

不能教者，志气不合①，取舍数变②，固无恒心。若晏阴喜怒无处③，言谈日易，以恣自行④。失之在己，不肯自非；愎过自用⑤，不可证移⑥。见权亲势及有富厚者⑦，不论其材，不察其行，驱而教之⑧，阿而谄之，若恐弗及。弟子居处修洁⑨，身状出伦⑩，闻识疏达⑪，就学敏疾⑫，本业几终者⑬，则从而抑之，难而悬之⑭，妒而恶之。弟子去则冀终⑮，居则不安⑯，归则愧于父母兄弟，出则惭于知友邑里。此学者之所悲也，此师徒相与异心也。人之情恶异于己者，此师徒相与造怨尤也⑰。人之情不能亲其所怨，不能誉其所恶，学业之败也、道术之废也从此生矣⑱。善教者则不然，视徒如己，反己以教⑲，则得教之情也。所加于人，必可行于己，若此则师徒同体。人之情爱同于己者，誉同于己者，助同于己者，学业之章明也⑳、道术之大行也从此生矣。

【注】①志气不合：意气不合于生徒。　②数(shuò)：屡次。　③晏阴：晴阴。无处：犹无常。处，停留。　④恣：恣意，放纵。　⑤愎：固执。　⑥证移：听劝谏改变。证，同后世"诤"字。　⑦此句"亲"、"有"二字当衍。　⑧驱：古"驱"字。此指驾车前往，即《劝学》篇所说"往教"。　⑨居处修洁：犹言日常表现有修养，无污点。　⑩身状出伦：犹言品格超群。身状，指其人所得评价。　⑪疏达：通达。　⑫敏疾：同"敏捷"。　⑬本业几终：学业接近

完成。　⑭难而悬之：故意加以诘难，使其学业悬置，不得完成。　⑮去：离去。　冀终：希望完成学业。　⑯居：留。　⑰相与造怨尤：相互间造成埋怨指责。　⑱道术：犹今言学术。　⑲反己以教：反身求诸己以教。意指受学者若有缺失，善教者必先反省自身所行、所教。　⑳章明：彰明。

不能学者，从师苦而欲学之功也，从师浅而欲学之深也①。草木鸡狗牛马不可谯诟遇之②，谯诟遇之则亦谯诟报人③，又况乎达师与道术之言乎？故不能学者，遇师则不中④，用心则不专，好之则不深，就业则不疾⑤，辩论则不审⑥，教人则不精⑦。于师愠⑧，怀于俗⑨，羁神于世⑩，矜势好尤⑪，故湛于巧智⑫，昏于小利，惑于嗜欲。问事则前后相悖，以章则有异心，以简则有相反⑬；离则不能合，合则弗能离，事至则不能受⑭。此不能学者之患也。

【注】①二"从"字句可以合译为：从师受教粗枝大叶、浅尝辄止，而又想使学业精致、深到。苦，粗，与"浅"对举，合之即"粗浅"；功，精，与"深"对举，合之即"精深"。"苦"、"浅"皆指对为师者不尊重而言。　②谯诟（qiáo gòu）：责骂侮辱，呵斥。此犹言鲁莽、粗鲁，用为尊重的对立语。遇：对待。　③报：报复。　④遇师则不中：指对待先生不合礼法。　⑤就业则不疾：犹今言作业不用功。疾，力。　⑥审：确实，清楚。　⑦教人：向他人讲解。　⑧于师愠：疑当作"愠于师"。愠，怨。　⑨怀于俗：安于流俗。　⑩羁神于世：精神羁縻于时下风气。　⑪矜势好尤：以势骄人，好为异行。尤，异。　⑫湛：沉湎，迷乱。　⑬"问事"以下意谓：向先生提问则前后矛盾，对于甚明显的问题便想提出异议，对于甚简略的问题则反而没有疑问。问事，犹今言请教问题。以，甚。章，同"彰"。简，简略，隐晦。下"有"字读作"又"。　⑭此三句意思是：对于所提问题的理解，分则不能合，合则不能分，给他把问题讲透了，他又不能接受。指此类受学者不能举一反三。

用　众

五曰　善学者若齐王之食鸡也,必食其跖数千而后足①;虽不足,犹若有跖②。物固莫不有长,莫不有短。人亦然,故善学者假人之长以补其短,故假人者遂有天下③。

【注】①齐王:此寓言所托,非是确指某王。跖(zhí):脚掌。此指鸡足底面若硬茧的部分。　②犹若有跖:疑当作"犹如有足",后人误改"足"字为"跖"。句意指食跖者即使食之未足,也已有一定程度的满足。犹若,尚且。③假人者遂有天下:此为双关语。一层意思指善于采众长以补己之短者,可以兼有天下人之长,犹如食跖者可以食尽天下鸡;另一层意思指善假人之长者可以为天下主,如《韩非子·观行》篇所说:"以有余补不足、以长续短之谓明主。"又,末句"故"字上似当重"假人之长以补其短"八字。

无丑不能,无恶不知①。丑不能,恶不知,病矣②;不丑不能,不恶不知,尚矣③。虽桀、纣犹有可畏可取者④,而况于贤者乎?故学士曰辩,议不可不为⑤。辩议而苟可为,是教也;教,大议也⑥。辩议而不可为,是被褐而出,衣锦而入⑦。

【注】①二"无"字句:不要嫌弃不能者,不要厌恶不知者。丑、恶(wù),皆指评价低下而言。按:旧注以勿耻于己之不能、勿愧于己之不知为解,与本篇意旨不合,非是。　②病:害,有害的做法。　③尚:高尚,值得提倡的做法。　④畏:敬服。　⑤此句意谓:才学之士的辩护,不为道义所允许则不为。议,通"义",道义;下同。按:此承上句,指诸如桀、纣之类的人物,虽亦有"可畏可取"之处,却不可为之辩护。句中"曰"字为助词,无义。　⑥此处意谓:假如辩护合乎道义而可以为之辩护,那就是教(教人效法),而教就是天下道义之大者。　⑦此数句意谓:辩护合乎道义而不可为之辩护,好比出门穿

粗布衣,在家却穿锦绣。按:"被褐而出,衣锦而入"二句,实指在外服褐(粗布衣),在家衣锦。此与常理相反,按常理应是在家服褐,在外衣锦。作者借此喻指对于桀、纣等人,私下的评价可以肯定其"可畏可取"者(犹在家衣锦),公开的评价则不可如是(犹在外服褐),故以"不可为"言之。此类言论当有所本,唯用以解说"无丑不能,无恶不知"的意思稍有偏离。

戎人生乎戎、长乎戎而戎言①,不知其所受之;楚人生乎楚、长乎楚而楚言,不知其所受之。今使楚人长乎戎,戎人长乎楚,则楚人戎言、戎人楚言矣。由是观之,吾未知亡国之主不可以为贤主也,其所生长者不可耳②。故所生长不可不察也。

【注】①戎言:说戎人的方言。戎,泛指古代西北地区少数民族。 ②所生长者:指地理文化环境。不可:不合适。

天下无粹白之狐①,而有粹白之裘②,取之众白也。夫取于众,此三皇五帝之所以大立功名也。凡君之所以立,出乎众也。立已定而舍其众,是得其末而失其本;得其末而失其本,不闻安居。故以众勇无畏乎孟贲矣③,以众力无畏乎乌获矣④,以众视无畏乎离娄矣⑤,以众知无畏乎尧舜矣。夫以众者,此君人之大宝也⑥。田骈谓齐王曰⑦:"孟贲庶乎患术,而边境弗患⑧;楚、魏之王辞言不说,而境内已修备矣,兵士已修用矣,得之众也⑨。"

【注】①粹白之狐:纯白的狐狸。 ②裘:皮衣。 ③孟贲:传说中的大勇士。相传水行不避蛟龙,陆行不避猛虎。战国时卫国有勇者,人亦名之为孟贲。 ④乌获:见《重己》篇注。 ⑤离娄:又作"离朱",传说中的明目者。相传能察秋毫之末于百步之外。 ⑥大宝:犹言重器,有大用之物。 ⑦田

骈:见《不二》篇注。 ⑧此二句意谓:即使勇士们的技艺差不多都令人忧虑,齐国的边境也不用忧虑。孟贲,在此用为勇士的代称。庶乎,庶几,差不多,此为委婉之辞。患术,犹言其术可忧,"术"指技艺、技能。 ⑨此全句意谓:若楚、魏欲攻齐,而齐国境内已整饬有备,兵士已修整可用,这就是靠的众人的力量。辞言不说,犹出言不逊,指外交辞令而言。意谓楚、魏与齐交恶则可能攻齐。说,同"悦"。

卷五　仲夏纪第五

仲　夏　纪

一曰　仲夏之月①，日在东井②。昏亢中③，旦危中④。其日丙丁，其帝炎帝，其神祝融。其虫羽。其音徵，律中蕤宾⑤。其数七。其味苦，其臭焦。其祀灶，祭先肺。

【注】①仲夏：指夏季第二月，即夏历五月。　②东井：星宿名。二十八宿之一，即井宿，因在银河之东，故又称东井。为南方第一宿，共有八星。　③亢：星宿名。二十八宿之一，为东方第二宿，共有四星。　④危：星宿名。二十八宿之一，为北方第五宿，共有三星。　⑤蕤宾：十二律之一。属阳律，大致相当于现代音乐上的定音 F。

小暑至①，螳螂生②，䴗始鸣③，反舌无声④。

【注】①小暑：早至的暑气。后世以小暑为节气，但不在本月。　②螳螂：今写作"螳螂"。　③䴗(jué)：即䴗，伯劳鸟。夏至始鸣，冬至而止。　④反舌：鸟名。又称百舌，即乌鸫。立春始鸣，夏至而止。此鸟鸣声婉转，古人以为其能效百鸟之鸣，故谓之反舌、百舌；又以为是月阴气微起，而百舌无阴（谐"无音"），故谓之"无声"。

天子居明堂太庙①。乘朱辂②,驾赤骝。载赤旗,衣朱衣,服赤玉。食菽与鸡,其器高以觕。

养壮狡③。

【注】①明堂太庙:明堂南向堂的中间正室。 ②朱:即赤。 ③壮狡:亦作"壮佼",指丁壮男子。狡,健壮。以夏季万物苗长,农事亦忙碌,故养之。按:此处"养壮狡"三字,与上文内容不相衔接。以《仲春纪》"安萌芽,养幼少"及《仲秋纪》"养衰老"之文例之,此三字当属另起"是月也"之下文字,盖上下皆有脱文。

是月也,命乐师修鞉鞞鼓①,均琴瑟管箫②,执干戚戈羽③,调竽笙壎篪④,饬钟磬柷敔⑤。命有司为民祈祀山川百原⑥;大雩帝⑦,用盛乐。乃命百县雩祭⑧,祀百辟卿士有益于民者⑨,以祈谷实⑩。

【注】①修:整治。鞉鞞(táo pí):"鞉"同"鼗","鞞"同"鼙",均为小鼓。鞉有柄可摇动,鞞为军用鼓。此皆指用为乐器的鼓。按:所列鼓名疑脱一字,以下各句所列皆为四字。 ②均:调之使谐和。琴瑟:弦乐器。管箫:管乐器。管似笛。 ③执:选取。干戚戈羽:用做舞具的盾、斧、戈及雉羽。 ④调:与上"均"字同义。竽笙壎篪(xūn chí):吹奏乐器。竽,笙之大者。壎,亦作"埙",一般为陶制,呈球形或椭圆形,有吹孔。篪,亦作"簛",竹制,管状,音声与埙相和,可称管状埙。 ⑤饬:整饬。钟磬柷敔(chù yǔ):打击乐器。磬用石片制作。柷、敔皆木制,柷形如漆桶,敔形如伏虎;古人击柷以始乐,刮敔以止乐。按:以上数句均不仅指整理乐器舞具,同时兼指习其演奏使用及乐舞。 ⑥祈祀:求福于神灵而祭祀之。山川百原:指山川之神。百原,犹言众多河流,"原"通"源"。 ⑦大雩(yú)帝:举行大规模的禳旱求雨的祭祀活动,并祭祀上帝和祖先。雩,求雨之祭。帝,通"禘",古代的一种大型合祭,祀上帝而配以祖先神。 ⑧百县:犹言各地。 ⑨百辟(bì)卿士:指前世历代君主和公卿大夫。辟,君主。 ⑩祈谷实:祈求粟谷收成。

农乃登黍①。是月也,天子以雏尝黍②,羞以含桃③,先荐寝庙。令民无刈蓝以染④,无烧炭⑤,无暴布⑥。门闾无闭,关市无索⑦。挺重囚,益其食⑧。游牝别其群,则絷腾驹⑨,班马正⑩。

【注】①登黍:以早种早熟的黍(古人称之为蝉鸣黍)进献祖宗。表示将收割。黍,即通常称为粘黄米的庄稼。按:以《孟夏纪》"升麦"及《孟秋纪》"升谷"之文例之,此处"农乃登黍"四字当在接下"是月也"三字下。 ②雏:鸡雏,即幼鸡。尝黍:犹如"尝麦"之礼。 ③羞:进献。含桃:樱桃。是月樱桃始熟。 ④刈蓝以染:割蓝草以用做染料。蓝,可以染青,即所谓"青出于蓝"者。 ⑤烧炭:烧草木灰。按:疑此句指用浸染法染布时,加热染液不要烧杂草树叶,以免草木灰落入染液内,影响染色效果。上言"染",下言"布",此句不当与上下文无关。或上句"以染"二字当在此句"炭"字下。 ⑥暴布:在大太阳下晒布料。暴,读作"曝"。曝晒则布料易褪色变脆。 ⑦此二句意谓:城门和里巷大门都不要关闭,关卡和市场也不要征税。指此时热气渐重,人们早出晚归者多,或以物易物,亦不要限制。闾,里门。 ⑧此二句意谓:稍稍放松对重大囚犯的拘禁措施,给他们增加一些饭食。挺,宽缓。 ⑨此二句意思是:季春时放游交合的母马已孕,这时跟公马分开而别为群,于是举行"絷驹"之礼,使二岁的雄性马驹也脱离母马而归于圈养。絷(zhí),本指用绳索绊住马足(或说指给马加上络头),此实指栓系、圈养。古人"絷驹"要举行仪式,为一项重要的马政措施。腾驹,即雄性马驹。 ⑩班马正:即颁马政,颁布养马牧马的政令。班,通"颁"。正,通"政"。

是月也,日长至①,阴阳争,死生分②。君子斋戒,处必掩③,身欲静无躁④;止声色⑤,无或进;薄滋味,无致和⑥;退嗜欲,定心气;百官静,事无刑,以定晏阴之所成⑦。鹿角解⑧,蝉始鸣。半夏生⑨,木堇荣⑩。

【注】①日长至:指后世二十四节气的夏至日。是日北半球白天最长,夜间最短。 ②死生分:古人以为夏至之时,主生的阳气至极,主杀的阴气始起,故以此为生死分界。"死生"实指万物的新陈代谢而言。 ③斋戒:指整洁身心。处必掩:指深居以避暑气。掩,同"掩",犹深。 ④身欲静无躁:当只作"身欲静","无躁"二字应是衍文。《仲冬纪》作"身必宁"。 ⑤声色:指女色。 ⑥此二句意谓:减少奢侈的饮食,不要尽求调和得甘美。致,尽。 ⑦"百官"以下意谓:身体的各器官功能都虚静下来,以无为养生之道为事,以适应阴阳交争所造成的天气变化。百官,指身体各器官。刑,通"形","无形"犹言无为。《庄子·大宗师》:"道有情有信,无为无形。"定,成,此犹言适应。晏阴,犹阳阴,即阴阳。《仲冬纪》作"以待阴阳之所定"。 ⑧解:脱落。 ⑨半夏:一种入药的草名,即今中药所称半夏。 ⑩木堇:即木槿,落叶灌木,其皮、花亦可入药。荣:开花。

是月也,无用火南方①。可以居高明②,可以远眺望,可以登山陵,可以处台榭③。

【注】①用火:行火祭。古人以为火为阳气,相应于南方,仲夏火盛而又祭之,则有害于阴气之起,将致阴阳不调。 ②高明:高敞明亮之处,指楼观。 ③榭:高台上的木构建筑。按:以上数句均指阴阳转换之时,可以时而处高登高,以避湿气。

仲夏行冬令,则雹霰伤谷①,道路不通,暴兵来至。行春令,则五谷晚熟,百螣时起②,其国乃饥③。行秋令,则草木零落,果实早成,民殃于疫④。

【注】①霰(xiàn):冰霰,结成小冰粒的降水物。 ②百螣(tè):指各种害虫。螣,通"蟘",吃庄稼苗叶的小青虫;有的地区指蝗虫。 ③饥:年成不好而造成灾荒。 ④疫:瘟疫,传染病。

大　乐①

二曰　音乐之所由来者远矣,生于度量②,本于太一③。太一出两仪④,两仪出阴阳。阴阳变化,一上一下,合而成章⑤。浑浑沌沌,离则复合⑥,合则复离,是谓天常⑦。天地车轮⑧,终则复始,极则复反⑨,莫不咸当⑩。日月星辰,或疾或徐,日月不同⑪,以尽其行⑫。四时代兴,或暑或寒,或短或长,或柔或刚⑬。万物所出,造于太一⑭,化于阴阳。萌芽始震⑮,凝寒以形⑯。形体有处,莫不有声⑰。声出于和⑱,和出于适⑲。和适⑳,先王定乐,由此而生。

【注】①大乐:指古代官方所认可与使用的正统音乐,即孔子所曾称道的"雅乐"。如夏之《大夏》、商之《大濩》、周之《大武》等,皆以"大"称;相传为此类音乐源头的虞舜时《韶》乐,亦称《大韶》。"大"犹言集大成。　②度量:法则和标准。此指构成音乐各要素的量化特征及其相互谐和的关系准则。③太一:即道家所称的道。　④出两仪:生天地。出,犹生,下同。两仪,指天地。　⑤章:纹理。谓阴阳变化生成天体及万物,有关天文地理的一切即是阴阳变化的纹理。　⑥离、合:指散、聚。　⑦天常:自然运行的常规。⑧车轮:像车轮那样循环运转。　⑨反:同"返"。　⑩咸当:皆适宜。谓各种自然现象皆合于天地循环运行的规律。　⑪日月:此指时间,犹言周期。句意谓天体运行的速度有快有慢,运行周期不同。　⑫尽其行:尽其行度,即完成一周的运行。　⑬柔、刚:温润清凉则柔,大寒大热则刚。　⑭造:犹始。⑮萌芽始震:犹言胚胎始动。　⑯凝寒以形:凝结而成形。　⑰此二句是说:万物的形体皆有其处所,莫不能发出乐音。声,指乐音而言,非是指噪音。⑱和:和谐,听起来顺耳。　⑲适:适合一定的度量准则。　⑳和适:或说此二字为衍文。

天下太平，万物安宁，皆化其上①，乐乃可成。成乐有具②，必节嗜欲；嗜欲不辟③，乐乃可务④。务乐有术，必由平出⑤。平出于公，公出于道，故惟得道之人，其可与言乐乎！亡国戮民非无乐也⑥，其乐不乐⑦。溺者非不笑也⑧，罪人非不歌也，狂者非不武也⑨，乱世之乐有似于此。君臣失位，父子失处，夫妇失宜，民人呻吟，其以为乐也，若之何哉⑩？

【注】①化其上：顺从统治者的教化。　②具：条件。　③辟(pì)：邪辟。　④务：从事，犹制作。　⑤平：指治国公平。　⑥戮：辱。　⑦其乐不乐(lè)：他们的音乐不能使人快乐。　⑧溺者：掉进水里被淹者。　⑨狂者：精神不正常者。武：通"舞"，与上"笑"、"歌"并举。　⑩若之何：奈何，为什么。

　　凡乐，天地之和，阴阳之调也。始生人者天也，人无事焉①。天使人有欲②，人弗得不求③；天使人有恶④，人弗得不辟⑤。欲与恶所受于天也，人不得兴焉⑥，不可变，不可易。世之学者，有非乐者矣⑦，安由出哉⑧？

【注】①人无事：人自身不得参与。　②欲：贪求之欲。　③弗得：不能。　④恶(wù)：厌恶、憎恶。　⑤辟：通"避"。避其所恶之物。　⑥兴：成。疑当作"与"字，亦参与之义，或因繁体"兴"、"与"形近而误。　⑦非乐：反对用乐制度。按：《墨子》有《非乐》篇。　⑧安由出：从何产生。

　　大乐，君臣父子长少之所欢欣而说也①。欢欣生于平，平生于道。道也者，视之不见，听之不闻，不可为状②。有知不见之见、不闻之闻、无状之状者，则几于知之矣③。

道也者,至精也④,不可为形⑤,不可为名,彊为之⑥,谓之太一。故一也者制令,两也者从听⑦。先圣择两法一⑧,是以知万物之情。故能以一听政者,乐君臣,和远近,说黔首⑨,合宗亲。能以一治其身者,免于灾,终其寿,全其天。能以一治其国者,奸邪去,贤者至,成大化⑩。能以一治天下者,寒暑适⑪,风雨时,为圣人。故知一则明,明两则狂⑫。

【注】①说:通"悦"。句意实指与礼相配合的乐感化人心的作用而言。②为状:描述其形状。 ③此句意谓:若有人能于不见、不闻、无法状貌之中,对于道有所见、有所闻、有所知其状貌,那就近于了解道了。 ④精:微妙。⑤为形:使之表露。形,犹形容。 ⑥彊为之:指勉强表述它并为之命名。⑦此二句意谓:"一"(道、君主)掌握号令权,"两"(万物、臣下)则听从号令。两,指与"一"对立的一面。 ⑧择两法一:意指弃去用"两"(君臣并立)之道,效法唯"一"(臣一统于君)之术。择,读作"释",弃。 ⑨说:通"悦"。黔首:百姓。秦人称百姓为黔首。 ⑩大化:指教化大行,国家得治。 ⑪适:适宜。 ⑫明两则狂:若显示出君臣并立的局面则乱。明,或说为"用"字之误。狂,犹乱。

侈　　乐①

三曰　人莫不以其生生②,而不知其所以生;人莫不以其知知③,而不知其所以知。知其所以知之谓知道,不知其所以知之谓弃宝④,弃宝者者必离其咎⑤。世之人主多以珠玉戈剑为宝,愈多而民愈怨,国人愈危,身愈危累,则失宝之情矣⑥。乱世之乐与此同:为木革之声则若雷⑦,为金石之声则若霆⑧,为丝竹歌舞之声则若噪⑨。以此骇心气、动耳目、摇荡生则可矣⑩,以此为乐则不乐⑪。故乐愈侈而民愈郁⑫,国愈乱,主愈卑,则亦失乐之情矣。

【注】①侈乐:放纵无节制的音乐。 ②以其生生:以其能活着而活着。 ③以其知知:以其能认知而认知。 ④弃宝:犹言弃道。不知其所以知则不能知道,故谓之弃宝。 ⑤离:通"罹",遭受。咎:祸。 ⑥失宝之情:失去藏宝的真实意义。按:以此全句与本段末句对照,"愈多"二字上当重"宝"字,"国"字下当衍"人"字,"累"字上当衍"危"字。 ⑦木革:乐器类别统称,木指柷敔类,革指鼓类。参见《仲夏纪》篇注。雷:与下句"霆"字文义互补,指侈乐之音如雷霆。 ⑧金石:钟铃类和磬类乐器。 ⑨丝竹:琴瑟类和笙竽类乐器。谍:同"喋",吵吵嚷嚷。 ⑩摇荡生:犹言摇动平和的心性。荡,读作"坦荡"之"荡",指平易、平和。生,通"性"。 ⑪不乐:不快乐。 ⑫郁:忧伤,幽怨。

凡古圣王之所为贵乐者①,为其乐也②。夏桀、殷纣作为侈乐③,大鼓钟磬管箫之音④,以巨为美⑤,以众为观⑥,俶诡殊瑰⑦,耳所未尝闻,目所未尝见,务以相过⑧,不用度量。宋之衰也,作为千钟⑨;齐之衰也,作为大吕⑩;楚之衰也,作为巫音⑪。侈则侈矣,自有道者观之,则失乐之情。失乐之情,其乐不乐⑫。乐不乐者,其民必怨,其生必伤⑬。其生之与乐也,若冰之于炎日,反以自兵⑭。此生乎不知乐之情,而以侈为务故也。

【注】①贵乐:崇尚雅乐。 ②乐:快乐。 ③夏桀、殷纣:见《当染》篇注。 ④大鼓:犹大奏。鼓,演奏。钟磬管箫:见《仲夏纪》篇注。 ⑤巨:指乐器大,声音亦大。 ⑥众:指乐器众多。观:壮观。 ⑦俶诡殊瑰:奇特怪异、瑰丽异常。 ⑧相过:指超过度量。 ⑨千钟:未详。或疑指悬挂的编钟多至千枚。 ⑩大吕:战国时齐国大钟,当为齐愍王所造。公元前284年,燕将乐毅率五国兵攻齐,入齐都,愍王出逃,此钟及齐国车甲珍宝等尽被掠至燕

国。 ⑪巫音:巫祝祷祠的侈靡音乐。楚地巫风一向甚重,故此以"巫音"言之。 ⑫不乐:不快乐。 ⑬生:读作"性"。下"生"字同此。 ⑭自兵:自为戕害。兵,兵器,此用为动词。上"伤"字及此处"兵"字,均指侈乐害性。

乐之有情,譬之若肌肤形体之有情,性也①。有情性则必有性养矣,寒、温、劳、逸、饥、饱,此六者非适也②。凡养也者,瞻非适而以之适者也③,能以久处其适,则生长矣④。生也者,其身固静,或而后知或,使之也遂而不返,制乎嗜欲⑤。制乎嗜欲无穷,则必失其天矣⑥。且夫嗜欲无穷,则必有贪鄙悖乱之心、淫佚奸诈之事矣⑦。故强者劫弱⑧,众者暴寡⑨,勇者凌怯,壮者慠幼⑩,从此生矣。

【注】①此句意谓:音乐能够表达感情,就跟人的肌肤身体都有情欲一样,皆出于人的本性。 ②以上意谓:有情有性则必定要以情养性,过分的寒冷、温暖、疲劳、安逸、饥饿、饱食,这六种情况都是不适合以情养性的。性养,性之养,此指以情养性。 ③瞻非适而以之适:看到不适合的情况而使之适合。以,用,犹使。 ④生长(cháng):长寿。 ⑤此全句是说:凡人生在世,自身生理本来是清静无欲的,受诱惑之后才知道有诱惑存在,遂使之往而不返,受制于嗜欲。或而后知或,两"或"字皆读作"惑"。毕校本改上"或"字作"感",许维遹《集释》等从之,非是,今仍从旧本。使之也遂而不返,犹言"遂使之不返","也"、"而"皆为变换句型后所加语助字。之,指"身"。 ⑥无穷:疑此二字上当重"情欲"二字。下文"且夫嗜欲无穷"即承此而言。天:天性。 ⑦贪鄙:贪婪无知。淫佚:过度放纵。 ⑧劫:威胁。 ⑨暴:欺凌。 ⑩慠:同"傲",轻视、慢待。

适　　音①

四曰　耳之情欲声②,心不乐,五音在前弗听。目之情欲色,心弗乐,五色在前弗视③。鼻之情欲芬香,心弗乐,芬香在前弗嗅。口之情欲滋味,心弗乐,五味在前弗食。欲之者耳目口鼻也,乐之弗乐者心也④。心必和平然后乐,心必乐然后耳目口鼻有以欲之⑤。故乐之务在于和心⑥,和心在于行适⑦。

【注】①适音:言音乐制作要有一定标准,使之适合于身心修养。 ②耳之情:情欲表现于耳。 ③五音:五声,见《孟春纪》篇"其音角"注。下文"五色"、"五味"并见《情欲》篇注。 ④乐之弗乐:快乐与不快乐。之,连词,义同"与"。 ⑤心必乐:"必"字疑衍。有以:犹"有所"。 ⑥乐之务:犹言追求快乐的途径。和心:使精神状态平和。 ⑦行适:行为合乎一定标准。

夫乐有适,心亦有适①。人之情欲寿而恶夭②,欲安而恶危,欲荣而恶辱,欲逸而恶劳。四欲得,四恶除,则心适矣。四欲之得也,在于胜理③。胜理以治身则生全,以生全则寿长矣④。胜理以治国则法立,法立则天下服矣。故适心之务,在于胜理。

【注】①此二句意谓:快乐的适合不适合有一定标准,心情的平和不平和也有一定标准。 ②欲寿而恶(wù)夭:愿长寿而不愿夭折。 ③胜理:任理,犹行理。 ④以生全:"以"字当衍。或是"矣"之误字,原属上句。

夫音亦有适①。太巨则志荡②,以荡听巨则耳不容,不容则横塞③,横塞则振④。太小则志嫌⑤,以嫌听小则耳不充,不充则不詹⑥,不詹则窕⑦。太清则志危⑧,以危听清则耳谿极⑨,谿极则不鉴⑩,不鉴则竭⑪。太浊则志下⑫,以下听浊则耳不收⑬,不收则不特⑭,不特则怒⑮。

故太巨、太小、太清、太浊,皆非适也。

【注】①音亦有适:音乐的适度不适度也有一定标准。 ②太巨则志荡:音响太大则使意趣流于放荡。 ③横塞:充塞,塞得满满的。 ④振:通"震"。指心绪受震动而不宁。 ⑤太小则志嫌:音响太小则使意趣不能满足。嫌,不满意。 ⑥不詹:读作"不赡",犹不足。 ⑦窕:通"佻",轻佻。指心绪轻浮。 ⑧太清则志危:音调太高尖则使意趣流于高远。清,清音,指音调高而尖。危,高。 ⑨谿极:连绵语,状空疏之貌。 ⑩不鉴:犹言不能装,指音调过于高尖而不能为耳膜所承受。鉴,古代盛水以照面的器物;此用为动词,取其装盛之义。 ⑪竭:尽。指心绪全无。 ⑫太浊则志下:音调太低沉则使意趣流于低下。浊,浊音,指音调低沉。 ⑬不收:不能收聚于耳。 ⑭不抟:不突出。犹言音调太低而听不进去。毕校本改"特"为"抟(专)",今仍从旧本。 ⑮怒:生气,不高兴。

何谓适?衷音之适也①。何谓衷?大不出钧,重不过石②,小大轻重之衷也。黄钟之宫,音之本也,清浊之衷也③。衷也者,适也,以适听适则和矣④。乐无太平,和者是也⑤。故治世之音安以乐,其政平也;乱世之音怨以怒,其政乖也;亡国之音悲以哀,其政险也⑥。凡音乐,通乎政而移风平俗者也⑦,俗定而音乐化之矣。故有道之世,观其音而知其俗矣,观其政而知其主矣,故先王托于音乐以论其教。《清庙》之瑟,朱弦而疏越,一唱而三叹,有进乎音者矣⑧;大飨之礼,上玄尊而俎生鱼,大羹不和,有进乎味者也⑨。故先王之制礼乐也,非特以欢耳目、极口腹之欲也,将以教民平好恶、行理义也⑩。

【注】①衷音之适:犹言"适衷音",即以不轻不重的音为适于听者。衷,通"中"。 ②大不出钧,重不过石:语出《国语·周语下》。原指制钟时,钟

的音高不能超过钧法的范围,钟的重量不能超过一百二十斤(一石)。此借以泛指各种乐器的音调高低、重量大小都要适中。钧,指钧法,古人调整钟律的一种方法。　③此句是说:黄钟律的宫音是音阶的起点,也是清浊适中的标准。黄钟,十二律的第一律,为阳律。本,犹始。五音(及七音)相邻音阶之间相对音高距离不变,而不同乐律有不同的音高,古人通常以宫音作为音阶的起点,又以黄钟律的宫音作为定清浊的标准。　④以适听适则和:以适听的心情去听适中的音乐,那就和谐了。　⑤此句意谓:音乐本身并无"太"和"平"的优劣之分,只要和谐即可。太,本指音响太大太小或音调太高太低,即上段所称各种"太"的情况;此与"平"相对,则仅指大小高低而言。平,指音高或音调都平平。　⑥险:险恶。　⑦移风平俗:据旧注当作"风乎俗",犹言化乎俗。盖"乎"字误为"平",传抄者又擅加"移"字。　⑧此处"清庙"以下文字似有误。据《荀子·礼论》及《礼记·乐记》校读,疑当作:"《清庙》之歌,瑟朱弦而疏越,一唱而三叹,有遗乎音者矣。"盖后人据《乐记》误删"歌"字,又误"遗"字为"进"。如是则全句可译为:《清庙》之歌,用弦为红色而底部镂孔的瑟伴奏,一人唱而三人作和声,则当时的庙乐尚有遗落的音声。《清庙》,相传为祭周文王的乐歌。朱弦,用熟丝做的弦,其音低沉,不如生丝清越。疏越,指在瑟的木质体架上为助发音而下穿的镂空,"疏"犹镂,"越"为孔之名。遗,犹言缺,指乐器及乐曲等尚不完备。按:此例谓古人质朴,用乐但求有益于教化,并不追求侈乐。　⑨此句末"有进乎味"之"进"字亦当作"遗"。如是则全句可译为:古人行大飨之礼,崇尚以玄酒和生鱼致祭,用的肉汁也不调和,则当时的祭品也不完全。大飨,指祭祀上帝。上,通"尚"。玄尊,指玄酒,即古人祭祀时用以代酒的水。俎,盛祭品的器物。大羹,煮好肉而成的汤汁。按:此例言古人祭祀尚俭,用意与上例同。　⑩平:犹正,治好恶之欲而使之正。

古　乐

五曰　乐所由来者尚也①,必不可废。有节有侈、有正有淫矣,贤者以昌,不肖者以亡②。

【注】①尚:久远。　②句意谓音乐有节制和放纵、雅正和淫邪之分,贤主因节乐和雅乐而昌盛,不肖之主因侈乐和淫乐而灭亡。

昔古朱襄氏之治天下也①,多风而阳气畜积②,万物散解③,果实不成④。故士达作为五弦瑟⑤,以来阴气⑥,以定群生。

【注】①朱襄氏:传说中的古帝王,其名义和传说事迹均不详。　②畜积:同"蓄积",犹积滞。句意实谓风为阳气之象,阳气过盛则积滞,积滞则风多。　③散解:散落。风多则草木早凋而散落。　④果实不成:果实因风而早落,亦不能成熟。　⑤士达:朱襄氏之臣,亦不详。　⑥来:使……来,犹招。句意谓招阴气,以使阴阳调和。

昔葛天氏之乐①,三人操牛尾,投足以歌八阕②。一曰《载民》③,二曰《玄鸟》④,三曰《遂草木》⑤,四曰《奋五谷》⑥,五曰《敬天常》⑦,六曰《达帝功》⑧,七曰《依地德》⑨,八曰《总万物之极》⑩。

【注】①葛天氏:传说的古帝王,亦不详。　②八阕:犹今言八首。阕(què),终止,古人以乐曲的每次终止为一阕,与后世以"首"称者相反。此文描述原始歌舞的形象,即三人手持牛尾,有节奏地踏足而歌。下述即其歌舞之名。　③载民:犹言始生民。载,始。当取《诗经·大雅·生民》"厥初生民"之意。　④玄鸟:燕子。当取《诗经·商颂·玄鸟》"天命玄鸟,降而生商"之意。　⑤遂草木:使草木顺利成长。　⑥奋五谷:使农业发达。奋,发。　⑦敬天常:敬祭天道。　⑧达帝功:以帝王之功通于天。毕校本"达"作"建",不可从,今仍从旧本。　⑨依地德:报祭大地的恩泽。　⑩总万物之极:总括万物群生而歌颂太平,以为八阕之终。极,指乐曲结束。万物之极,

旧校谓一作"禽兽之极",毕校本据改,今亦仍从旧。

昔陶唐氏之始①,阴多滞伏而湛积②,水道壅塞,不行其原③,民气郁阏而滞著④,筋骨瑟缩不达⑤,故作为舞以宣导之⑥。

【注】①陶唐氏:当作"阴康氏",见《汉书·古今人表》,在朱襄氏、葛天氏之后。陶唐氏为帝尧之号,不当在黄帝之前,下文另有帝尧。古字"阴"、"陶"形近,"康"、"唐"同音,盖后人传抄致误。 ②滞伏:积滞淤伏于地面。湛积:沉积。湛,古读如"沉"。 ③不行其原:不流经原先的水道,指洪水泛滥。 ④郁阏(è):郁闷不畅。阏,阻塞。滞著:犹积滞。著,停滞。 ⑤不达:不舒展。 ⑥宣导:疏通引导。

昔黄帝令伶伦作为律①。伶伦自大夏之西②,乃之阮隃之阴③,取竹于嶰谿之谷④,以生空窍厚钧者⑤,断两节间,其长三寸九分而吹之,以为黄钟之宫⑥,吹曰"舍少"⑦。次制十二筒⑧,以之阮隃之下,听凤皇之鸣,以别十二律⑨。其雄鸣为六,雌鸣亦六,以比黄钟之宫适合⑩。黄钟之宫皆可以生之⑪,故曰:黄钟之宫,律吕之本。黄帝又命伶伦与荣将铸十二钟⑫,以和五音,以施英韶⑬。以仲春之月,乙卯之日,日在奎⑭,始奏之⑮,命之曰《咸池》⑯。

【注】①伶伦:传说为黄帝之臣,十二音律的创制者。 ②大夏:古地区名。或说本指今山西北部地区,后世古籍则多谓在西域。传说或又谓之为湖泽名,即海泽,在西北方。 ③阮隃之阴:阮隃山之北。阮隃,学者多谓即传说中的昆仑山,"阮"、"昆"古字音近,"隃"为"隃"字之讹。阴,古人指山之北、水之南。 ④嶰谿(xiè xī)之谷:名嶰溪的山谷。 ⑤以生空窍厚钧者:

指其地所生中空而厚薄均匀的竹子。空窍,犹言中空而有洞贯通。厚,指厚薄。钧,通"均"。　⑥此处意谓:截取三寸九分长的竹管,以吹出来的音高为黄钟律的宫音。按:古人用不同长度、孔径的竹管,吹之以定音高。其法不传,后人对此所记三寸九分的标准长度争议甚多,尚无定论。　⑦舍少:此二字之意不明。或说为模拟声音的用字,即指吹出来的声音像"舍少"二字的发音。　⑧十二筒:指十二律管。筒,古作"筩",即竹筒、竹管。　⑨"听"、"以"二句:听凤凰的鸣声,以区别十二律。实指对照自然界的"天籁"之音以校定律管。凤皇,即凤凰。按:传说上古音乐出于对凤鸣的模拟,故音乐体裁亦称"风"(如《诗经》中的"十五国风";商代甲骨文尚以"凤"、"风"二字通用)。　⑩适合:刚好相合。按:此处所称雄鸣六、雌鸣六,实指十二律有阳律六(总称六律)、阴律六(总称六吕),雄鸣对应六律,雌鸣对应六吕。　⑪皆可以生之:陈奇猷《校释》谓此五字上脱"六律六吕"四字,疑是。句意谓十二律所确定的各音阶的相对音高,皆可由黄钟律所确定的宫音按固定规则推出。　⑫荣将:"荣"或作"营","将"或作"援"、"猨"、"缓"等。当是传说的黄帝工官。十二钟:指摹写十二律音高的钟。前人以为古时十二律以吹管确定之后,即铸钟以写其声,十二律之名即起于此种钟名。　⑬施英韶:施行英韶之乐。英韶,当是泛指古乐,即古人心目中《六英》、《九招》(见下文)之类乐曲的源头。　⑭奎:星宿名,见《仲春纪》篇注。　⑮奏之:演奏钟乐。　⑯命:名。《咸池》:相传为黄帝乐名,尧时增修而用之。

　　帝颛顼生自若水①,实处空桑②,乃登为帝。惟天之合③,正风乃行④,其音若熙熙凄凄锵锵。帝颛顼好其音,乃令飞龙作效八风之音⑤,命之曰《承云》,以祭上帝。乃令鱓先为乐倡⑥,鱓乃偃寝,以其尾鼓其腹,其音英英⑦。

【注】①颛顼:见《尊师》篇注。若水:传说中的古水名。当是本为若木(太阳神树)所在地域之水的统称。　②实处空桑:于是居住在空桑之邑。实,读作"是",于是。处,居,犹言建都。空桑,又称穷桑,传说中的古地名。一般认为其地应在今山东曲阜一带。这里曾是上古东夷人的文化中心,古夷

人崇拜太阳,自以为所居为日出之地,又以颛顼为最高太阳神,故其地以"桑"名之。"桑"本义指高入云天的大树,即太阳神树,别称若木。 ③惟天之合:指颛顼为帝,合于天德。 ④正风乃行:指钧天广乐(天上的音乐)通过风降传到人间。正风,犹言雅乐,此指传说的钧乐。古人以为凤或风为天帝的使者(见商代甲骨文)。 ⑤飞龙:上古部族首领,为舜之臣。当出于以龙为图腾的部族(甲骨文中有龙族)。作效八风之音:仿效八方之风的音响制作音乐。一说"作"下当有"乐"字。 ⑥命鳝(tuó)先为乐倡:指飞龙先命鳝击鼓以为奏乐的开始。鳝,同"鼍",古亦称鼍龙,即扬子鳄。此当是指以鳝为图腾的氏族,而为飞龙族的属族。古时以鳄鱼皮蒙鼓,故鼓乐之事亦以其族主之。倡,始。 ⑦此数句是说:鼍龙躺倒,用自己的尾巴敲击自己的腹部,发出嘭嘭的声音。此当是指击鼓演员饰鳄鱼皮装,模拟鳄鱼的模样击鼓,而传说乃演绎为神话。偃寝,躺倒。英英,鼓音的摹写,犹今言"嘭嘭",古"英"字与"彭"音近。

　　帝喾命咸黑作为声歌①,《九招》、《六列》、《六英》②。有倕作为鼙鼓、钟、磬、吹苓、管、埙、篪、鞀、椎钟③。帝喾乃令人抃或鼓鼙④,击钟磬,吹苓展管篪⑤,因令凤鸟天翟舞之⑥。帝喾大喜,乃以康帝德⑦。

【注】①帝喾:见《尊师》篇注。咸黑:帝喾之臣。声歌:指与歌声相配合的乐曲。 ②《九招》:后世通作《九韶》,即古籍所称《韶》乐。传说多谓《韶》乐创制于虞舜在位的时期。按:《九韶》与《六列》、《六英》之类名目,皆起于古人乐曲分段及排成方阵起舞的歌舞模式。《九韶》分九段(奏毕称九成),九九八十一人共同起舞;《六列》、《六英》则皆分六段,六六三十六人共同起舞。 ③有倕:即倕,见《重己》篇注。按:此处所记乐器参见《仲夏纪》篇注。吹苓指笙,"吹"字疑衍。一说"鞀椎钟"三字亦衍,"椎"即今之"槌"字。 ④抃(biàn):敲击。其下"或"字疑亦衍。 ⑤展:疑"埙"字之误。 ⑥天翟(dí):长尾雉。古人亦以为凤凰属。此句亦就图腾舞蹈言之。 ⑦康帝德:意指弘扬帝喾使天下康乐之德。

帝尧立,乃命质为乐①,质乃效山林谿谷以歌。乃以麋鞈置缶而鼓之②,乃拊石击石③,以象上帝玉磬之音④,以致舞百兽⑤。瞽瞍乃拌五弦之瑟⑥,作以为十五弦之瑟。命之曰《大章》,以祭上帝。

【注】①质:古籍多作"挚",通"鸷",实指猛禽。传说以为东夷首领少昊之名,当由少昊集团有"五鸠"胞族的传说化出。 ②麋鞈:麋鹿的皮革。置缶:置办(制作)陶鼓。缶,瓦器,此代指陶鼓。按:史前陶鼓,如今出土颇多,其典型者呈长筒形,体圆,一头大,另一头稍小。 ③拊(fǔ):敲击。石,指磬。 ④象:模仿。玉磬:指以高级玉石制作的磬。 ⑤致舞百兽:招致百兽起舞。百兽,指众多兽图腾族。 ⑥瞽瞍:相传为舜之父。当是舜部族先人,以目盲而为乐师者。拌:通"判",分。此实指重新划分五弦间距。

舜立,命延乃拌瞽瞍之所为瑟①,益之八弦,以为二十三弦之瑟。帝舜乃令质修《九招》、《六列》、《六英》②,以明帝德③。

【注】①命延:"命"旧本作"仰",毕校本据《路史》改。延当即《山海经·海内经》所见"鼓延"。其文云:"鼓延是始为钟,为乐风。"鼓延即瞽延,与瞽瞍之名同例。 ②修:完善。 ③帝:指舜。

禹立,勤劳天下,日夜不懈。通大川,决壅塞,凿龙门①,降通漻水以导河②,疏三江五湖注之东海③,以利黔首④。于是命皋陶作为《夏籥》九成⑤,以昭其功⑥。

【注】①龙门:即今山西河津与陕西韩城间的龙门山。跨黄河两岸,悬崖壁立。相传大禹治水而凿通之。 ②降通漻水以导河:指排泄积聚的洪水导入黄河。句首"降"字或说为衍文。漻,通"潦(lǎo)",积水。 ③三江五湖:

历来对三江和五湖都有不同的解释。三江,或说指经由太湖入海的三条水道,或说指长江下游分道入海的三条支流,或说径指长江上游、中游、下游,或说指长江水系之外的三条水道。五湖,多以为是指太湖流域诸湖泊。此处相对于大禹治水而言,当是泛指天下江河湖泊。 ④黔首:百姓。 ⑤皋陶(gāo yáo):传说中的东夷首领。相传禹欲禅位给他,而他死去。《夏籥》:犹《夏乐》,即史所称《大夏》。九成:犹九章。成,终,与"阕"同义,一成即一段、一章。 ⑥昭:彰显。

殷汤即位①,夏为无道,暴虐万民,侵削诸侯,不用轨度②,天下患之。汤于是率六州以讨桀罪③,功名大成,黔首安宁。汤乃命伊尹作为《大护》④,歌《晨露》,修《九招》、《六列》⑤,以见其善。

【注】①即位:此指汤灭夏前初为商部族首领时。 ②轨度:法度。 ③六州:指汤灭夏时的势力范围。夸指其已领有天下九州的三分之二。 ④《大护》:古籍多作《大濩》,"濩"、"护"通。 ⑤此处所列乐名仍当有《六英》。

周文王处岐①,诸侯去殷三淫而翼文王②。散宜生曰③:"殷可伐也。"文王弗许。周公旦乃作诗曰:"文王在上,于昭于天。周虽旧邦,其命维新。"④以绳文王之德⑤。

【注】①岐:岐山。史载周文王之祖古公亶父率族人迁居岐山之阳,即后世所称周原,在今陕西关中平原西部。 ②去:离开。三淫:义不详。一说此二字为"王受(纣)"之误,疑是。翼:辅佐。 ③散宜生:商周之际名士。去商而奔周,佐文王灭商。 ④此引诗见于《诗经·大雅·文王之什》,为周人祭文王之词。意为:文王既没,其神灵昭明于天。我周虽是古老的邦国,而受天命乃自今始。 ⑤绳:赞誉。

武王即位,以六师伐殷①。六师未至,以锐兵克之于牧野②。归,乃荐俘馘于京太室③,乃命周公为作《大武》④。

【注】①六师:西周军队总称。 ②牧野:地名,在今河南淇县西南。牧野之战,周人以精锐之兵攻商都。 ③荐俘馘于京太室:于京地祖庙举行献俘礼。荐,献。俘馘,同"俘聝","俘"指战俘,"馘"指在战斗中割取的敌人左耳(古人以此报功)。 ④为作:当同上文之例作"作为"。《大武》:简称《武》,表现武王克商的乐舞。其歌词尚保存在《诗经·周颂》中。

成王立,殷民反,王命周公践伐之①。商人服象②,为虐于东夷③,周公遂以师逐之,至于江南④。乃为《三象》⑤,以嘉其德。

【注】①周公践伐:指周公东征。周王朝建立后,武王次年即去世,成王即位,周公摄政。周公兄弟管叔、蔡叔、霍叔等不服,联合商王室后人及东方夷族反叛。周公率大军东征,战事历三年始结束。 ②服象:驱赶驯服的大象作战。商代时黄河流域尚多有大象。 ③东夷:古时对东部地区居民的统称。主要指今黄河下游流域及淮河中下游以北地区的土著居民。 ④江南:按商周之际的记载,应是指淮河以南。古时淮河亦称"江"。商末屡征东夷,周初又大规模东征,曾迫使今山东境内的夷人大批流动到淮河流域,后来有一些部族又继续南迁。 ⑤《三象》:疑指分为三段之乐。"象"当通"箾",仍指《韶》乐而言,非是因"商人服象"而名之。古籍或谓《象》乐为文王之乐。

故乐之所由来者尚矣,非独为一世之所造也①。

【注】①造:制作。

卷六 季夏纪第六

季 夏 纪

一曰 季夏之月①,日在柳②。昏心中③,旦奎中④。其日丙丁⑤,其帝炎帝,其神祝融。其虫羽。其音徵,律中林钟⑥。其数七。其味苦,其臭焦。其祀灶,祭先肺。

【注】①季夏:指夏季第三月,即夏历六月。 ②柳:星宿名。二十八宿之一,为南方第三宿,共有八星。 ③心:星宿名。又称大火、大辰、鹑火及商星。二十八宿之一,为东方第五宿,共有三星。其中间大星(心宿二)为一等亮星,前后两星为三等星。两星距大星都不远,只是前者稍近,从地面看上去亦稍大。三星略呈一线,对称性强,特征明显。其运行很有规律,大抵每年春耕时节,当太阳落山时,它便出现在东方地平线之上,此后逐渐升高,到六月份昏时即正当南天,七月份以后乃逐渐下降。上古黄河下游地区许多部族曾经行用的"火历",即以此星宿为观象授时的依据,因而它在二十八宿中占有重要的位置,古籍记载亦多。 ④奎:星宿名,见《仲春纪》篇注。 ⑤其日丙丁:按术数家以五行配四时的做法,此当言"其日戊己"。参见《孟春纪》篇"其日甲乙"注。 ⑥林钟:十二律之一。属阴律,大致相当于现代音乐上的定音G。

凉风始至,蟋蟀居宇①。鹰乃学习②。腐草化为蚈③。

【注】①居宇:在屋檐下。 ②学习:学飞。"习"字本义指雏鸟始拍翅膀飞翔。 ③蚈(qiān):一说指百足虫;一说通"萤",指萤火虫。疑以后者为是。萤火虫产卵于腐草,故谓腐草化之。

天子居明堂右个①。乘朱辂,驾赤骍。载赤旗,衣朱衣,服赤玉。食菽与雉②,其器高以觕。

【注】①明堂右个:明堂南向堂的右侧室。 ②雉:犹鸡。雉即山鸡。

是月也,令渔师伐蛟取鼍①,升龟取鼋②。乃命虞人入材苇③。

【注】①渔师:掌供给水产之官。蛟、鼍:均指鳄鱼之类。 ②鼋:大龟。句中"升"字犹登,指用于祭祀。 ③虞人:掌山泽物产之官。入:缴进。材苇:可用做编织等材料的蒲苇之类。

是月也,令四监大夫合百县之秩刍以养牺牲①,令民无不咸出其力②。以供皇天上帝、名山大川、四方之神,以祀宗庙社稷之灵,为民祈福③。

【注】①四监大夫:旧注谓天子畿内方千里,分为百县,县有四郡,监管四郡之大夫即称四监大夫。此说恐不可从。疑四监指多处牧圉,即养牛马之处。句意盖谓按常例收缴各地应当交纳的草料,聚合到各监,以养供祭祀用的牲畜。秩,常。刍,草料。 ②出其力:指尽力完成其应当交纳的草料定额。 ③祈:求。

是月也,命妇官染采①。黼黻文章②,必以法故③,无或差忒④;黄黑苍赤,莫不质良⑤,勿敢伪诈。以给郊庙祭祀之服,以为旗章⑥,以别贵贱等级之度⑦。

【注】①妇官:宫廷女官。染采:给丝织品染色。 ②黼黻文章:泛指丝帛的花色纹理。古籍或谓白黑相间曰黼,黑青相间曰黻,青赤相间曰文,赤白相间曰章。 ③法故:相关规定及旧例。 ④差忒:差错。 ⑤质良:色质实在而花色优良。 ⑥旗章:犹言旗帜。章,指绘在旗帜上的徽识。 ⑦度:标准。古代舆服旗帜等各有等级规定。

是月也,树木方盛,乃命虞人入山行木①,无或斩伐。不可以兴土功,不可以合诸侯②,不可以起兵动众。无举大事③,以摇荡于气④;无发令而干时⑤,以妨神农之事⑥。水潦盛昌⑦,命神农将巡功⑧,举大事则有天殃⑨。

【注】①行木:巡视林木生长情况。 ②合诸侯:指举行诸侯会盟活动。句意盖谓不要与诸侯国起纷争。 ③大事:指征伐。 ④以摇荡于气:《礼记·月令》作"以摇养气",无"荡"字;本书《音律》篇有是月"无发大事,以将阳气"之文。疑此处本作"以摇阳气",作"荡于"、作"养"皆属误抄。是月阳气将衰,阴气渐强,若举兵征伐,则是助长阴气,更摇动阳气。 ⑤干时:冒犯时令。 ⑥神农:此指农官,犹汉代所称"司农"。"神"通"申","申"又与"司"通,汉人或称"司徒"为"申徒"。 ⑦潦:犹"涝"。盛昌:即昌盛。⑧巡功:巡视农功。 ⑨天殃:上天的惩罚。

是月也,土润溽暑①,大雨时行②。烧薙行水③,利以杀草;如以热汤④,可以粪田畴,可以美土疆⑤。

【注】①土润溽(rù)暑:土地潮湿,地气湿热。 ②行:犹降。 ③烧薙(tì)行水:指在荒地焚烧除草后又灌以雨水。薙,割去杂草,义同今之"剃"字,指垦荒而言。放火后逢降雨,则热水渗地下,更有利于除草。 ④如以热

汤:指以发烫的水使杂草腐烂。茹,读作"茹",腐烂。　⑤美土疆:犹言肥田。土疆,土地。

行之是令,是月甘雨三至,三旬二日①。季夏行春令,则谷实解落②,国多风欬③,人乃迁徙④。行秋令,则丘隰水潦⑤,禾稼不熟,乃多女灾⑥。行冬令,则寒气不时⑦,鹰隼早鸷⑧,四鄙入保⑨。

【注】①三旬二日:指好雨下三次,每次下两天。参见《季春纪》篇"三旬"注。句中"是月"及上"三"字疑皆抄注混入正文。　②谷实解落:谷物籽粒脱落。　③风欬:旧注谓指伤风咳嗽病。疑"欬"通"骇(hài)",义为苦,"风欬"指苦于多风。　④人:当是本作"民"字,唐人避本朝讳而改之。　⑤丘隰:指丘陵盆地和平原低洼地。　⑥女灾:旧注谓指妇女生子不育。疑"女"字误,未详当作何字。　⑦寒气不时:谓不时有寒气、寒风。　⑧鸷:凶猛的鸟。此用为动词,指搏击,以喻杀气。　⑨四鄙入保:见《孟夏纪》篇注。

中央土①。其日戊己②,其帝黄帝,其神后土③。其虫倮④。其音宫,律中黄钟之宫⑤。其数五⑥。其味甘,其臭香。其祀中霤⑦,祭先心⑧。天子居太庙太室。乘大辂,驾黄骝。载黄旗,衣黄衣,服黄玉。食稷与牛⑨,其器圜以掩⑩。

【注】①中央土:古代五行家以东南西北为木火金水,而以中央为土。按:该书实以四时为纪,然又不能舍弃以五行配四时之术数,故以"中央土"附于此。　②其日戊己:按以五行配四时之法,其日戊己实在五月至八月之间的72日之内。参见《孟春纪》篇"其日甲乙"注。　③黄帝:传统上以为华夏始祖,故五行家以其居中央。后土:神名,代表五行系统中的土官之神。传说或以共工氏之子句龙或大禹之神为后土。　④倮:同"裸"。裸虫指所有无羽毛或鳞甲蔽体的动物。古人以麒麟为裸虫之长,而与为鳞甲类之长的龙和为羽

毛类之长的凤并列为三大理想动物,然未将人也包括在裸虫之内。 ⑤黄钟之宫:黄钟律的宫音。黄钟,十二律之一,大致相当于现代音乐上的定音C。 ⑥其数五:土在五行中属第五,属于中心性的天数,故即以为成数。参见《孟春纪》篇"其数八"注。 ⑦中霤(liù):古人在房室顶面中央为取明而开的天窗。此用作家祀土神之名。 ⑧祭先心:用牲畜的内脏作祭品,要把心摆在前面。 ⑨稷:谷物的一种。一说指不黏的黍,一说即粟(小米)。 ⑩圜以揜:圜底而敛口。圜底即今常用锅底的样式,圆凸而不能平稳置于地面,须架起使用者。揜,同"掩",指腹大而口沿内敛。

音　　律

二曰　黄钟生林钟,林钟生太蔟,太蔟生南吕,南吕生姑洗,姑洗生应钟,应钟生蕤宾,蕤宾生大吕,大吕生夷则,夷则生夹钟,夹钟生无射,无射生仲吕①。三分所生,益之一分以上生;三分所生,去其一分以下生②。黄钟、大吕、太蔟、夹钟、姑洗、仲吕、蕤宾为上,林钟、夷则、南吕、无射、应钟为下③。

【注】①以上言十二律相生顺序。按常规理解,此种顺序可用下图表示:

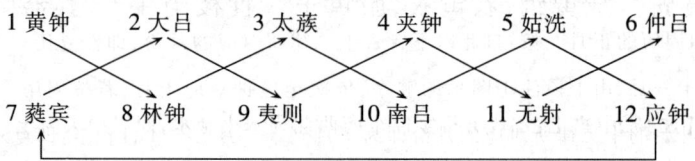

图中奇数各律为阳律,合称六律(始于黄钟);偶数各律为阴律,合称六吕(始于大吕)。通言律吕,可以代称十二律。箭头所指即相生次第,凡斜下者为下生,斜上者为上生,但应钟到蕤宾仍属上生。律本指用来定音的竹管,故所定十二个标准音遂亦称十二律。 ②以上言十二律的产生方法,即通常所称的三分损益法。律管的长度是固定的,长管发音低,短管发音高。汉人以为黄钟管长9寸,减去三分之一得6寸,即为林钟管的长度;林钟管长复增加三分之一得8寸,则即为太蔟管的长度;太蔟管长再减去三分之一得$5\frac{1}{3}$寸,则即为南吕管的长度……如此依次按三分法增减,即可得到各律管的长度。但以9寸为初始长度,在算法上多不能除尽。 ③此处所列各律的上、下,与注①之图稍有别,即以蕤宾列于仲吕之后,仍置于上行,为上七下五。此种排法,基本原理是以上生所得者为上行,下生所得者为下行,同时与十二律跟月份的对应有关,详见下文。由于从黄钟所生之月到蕤宾所生之月共七个月,蕤宾有增无减,故古人以为此二律为十二律的关节点。古人特重黄钟律,但从原理上讲,随着调式的转换,每一律都可成为相生的起点。

大圣至理之世①,天地之气,合而生风。日至则月钟其风②,以生十二律。仲冬日短至则生黄钟③,季冬生大吕,孟春生太蔟,仲春生夹钟,季春生姑洗,孟夏生仲吕;仲夏日长至则生蕤宾④,季夏生林钟,孟秋生夷则,仲秋生南吕,季秋生无射,孟冬生应钟。天地之风气正⑤,则十二律定矣。

【注】①至理:即至治,最好的治理状况。唐人避本朝讳而改"治"为"理"。 ②日至:指冬至、夏至。钟:聚。 ③日短至:即冬至。在夏历十一月,即周历的正月。按:自此以下皆言十二律所对应的月份,即按夏历以黄钟对应十一月,由上段注①图示的顺序,依次至应钟对应十月;若按周历,则由黄钟开始的十二律所对应的月份即为正月到十二月。 ④日长至:即夏至。 ⑤风气正:指风所显示的阴阳二气之汇聚合乎规律。

黄钟之月,土事无作,慎无发盖,以固天闭地,阳气且泄①。大吕之月,数将几终②,岁且更起,[专]而农民③,无有所使④。太蔟之月,阳气始生,草木繁动,令农发土⑤，无或失时。夹钟之月，宽裕和平，行德去刑，无或作事⑥，以害群生。姑洗之月，达道通路，沟渎修利，申之此令，嘉气趣至⑦。仲吕之月，无聚大众，巡劝农事，草木方长，无携民心⑧。蕤宾之月，阳气在上，安壮养侠⑨，本朝不静⑩，草木早槁。林钟之月，草木盛满，阴将始刑⑪，无发大事，以将阳气⑫。夷则之月，修法饬刑，选士厉兵，诘诛不义⑬，以怀远方⑭。南吕之月，蛰虫入穴，趣农收聚⑮，无敢懈怠，以多为务。无射之月，疾断有罪⑯，当法勿赦⑰，无留狱讼，以亟以故⑱。应钟之月，阴阳不通，闭而为冬，修别丧纪⑲，审民所终⑳。

【注】①以上意谓：黄钟之月，不要兴起动土的工程，慎勿动用储备过冬的物资，以便固闭天地之气，否则已潜藏的阳气将会泄漏。盖，指"盖藏"，参见《孟冬纪》篇"谨盖藏"注。阳气，《仲冬纪》作"地气"。且，将。按：依五行说，黄钟律相应于冬至所在的十一月，属中央，属土。是时阴阳不通，天气凝固，地气封闭，故须顺时令而禁忌动土。　②数将几终：谓一年四时运行的规律将近结束。几，近。　③[专]而农民："专"字据《礼记·月令》及本书《季冬纪》补。此段皆四字句，不当脱一字。"专"即古"簿"字，本当作"尃"，讹而为"专"。《说文》："专，六寸簿也。""尃，布也。"此读作"尃"，即"敷"字，为发布、布置之义。四字意谓将辞旧迎新之事布置于农民。　④无有所使：不要有所役使。　⑤发土：翻土，指开始春耕。　⑥作事：指兴起兵戎及徭役等大事。　⑦趣：读作"促"，很快。　⑧携：使……有二心。一说句中"心"字当作"志"，与上"事"字押韵。　⑨侠：当作"佼"，与下"槁"字为韵。参见《仲夏纪》篇"养壮狡"注。　⑩本朝："朝"疑"幹"（干）字之误。此承上"安壮养佼"而言，以本干喻丁壮，又引申为本干不宁则草木早枯。　⑪刑：通"形"。是月"阴阳争"，阳气将衰落，而阴气将发露成形。　⑫将：疑为"摇"字之误，即《仲夏纪》篇"摇荡于气"之"摇"。作"摇"与上句"发大事"之意相承，或释"将"为养则不甚惬当。　⑬诘诛：犹征伐。诘，问罪。诛，讨伐。　⑭怀：怀

柔、安抚,有招徕之意。　⑮趣:通"促",督促。收聚:指抢收庄稼归仓。
⑯疾:速。　⑰当法:置之于法。　⑱以亟以故:按旧典赶快处理。亟(jí),犹急。故,故典。上"以"字为连词,犹"而";下"以"字为介词。　⑲修别丧纪:整顿辨别丧葬制度的等级规定。　⑳审民所终:审正民间丧事风俗。所终,指送死事宜。

音　　初①

三曰　夏后氏孔甲田于东阳萯山②,天大风晦盲③,孔甲迷惑④,入于民室。主人方乳⑤,或曰:"后来是良日也⑥,之子是必大吉⑦。"或曰:"不胜也⑧,之子是必有殃。"后乃取其子以归,曰:"以为余子⑨,谁敢殃之?"子长成人,幕动坼橑⑩,斧斫,斩其足⑪,遂为守门者。孔甲曰:"呜呼,有疾⑫,命矣夫!"乃作为《破斧之歌》,实始为东音⑬。

【注】①音初:言各地乐调之创始。　②夏后氏:夏王族之称。后,指君主。孔甲:夏代后期的王,末代王桀之曾祖。史载其在位荒淫,好鬼神,诸侯多叛,夏王朝始衰。田:狩猎。东阳萯山:其地不详。当在太行山以东。③晦盲:犹晦瞑,即昏暗。　④迷惑:指迷路。　⑤主人:指妇人。乳:产子。⑥后:指孔甲。下文"后"字同此。　⑦之子:此子。是:因此,于是。　⑧不胜:承担不了(此种大吉)。　⑨余:我。　⑩幕动坼橑(chè lǎo):意谓其子有一次轻率地学大人动作去劈柴。幕,假作"漫",随意、轻率。坼,裂。橑,薪柴。　⑪斩其足:指用斧头劈柴时,正好砍到脚脖上,把脚砍断了。斩,犹断。⑫有疾:得此残疾。　⑬实:是。东音:指中原以东地区的乐调。

禹行功①,见涂山之女②。禹未之遇而巡省南土③,涂山氏之女乃令其妾候禹于涂山之阳④。女乃作歌,歌曰

"候人兮猗"⑤,实始作为南音⑥。周公及召公取风焉⑦,以为《周南》、《召南》⑧。

【注】①行功:巡视治水之功。 ②涂山之女:涂山氏之女。相传禹娶之而生启。涂山之地不详,或说在今安徽境内。 ③遇:通"偶",犹言娶。 ④妾:女仆。阳:山南。 ⑤候人兮猗:候人,涂山女自称。猗(yī),语末助字,此故事出假托。《诗经·曹风》有《候人》篇。 ⑥南音:指江汉地区的乐调。 ⑦取风焉:取而用之于风乐。焉,犹"之"。周公,见《当染》篇注。召(shào)公,周初大臣。姬姓,名奭,初食采于召(今陕西岐山西南),故称召公(又称召伯)。官为太保,与周公旦并为周初两大政治家。封于燕,为燕国始祖。 ⑧《周南》、《召南》:《诗经·十五国风》的前两部分。相传周王朝建立前后,周公、召公分陕而治,分别食采于周、召,一在东,一在西,故二地之诗歌亦称《周南》、《召南》。按:古字"南"、"风"读音相近,"南"实亦为国风体裁。旧时或说二地诗歌皆取法于南音,并无依据,不过现存的《周南》、《召南》亦有采自各地而经过加工者。

周昭王亲将征荆①,辛余靡长且多力②,为王右③。还反涉汉④,梁败⑤,王及蔡公抎于汉中⑥。辛余靡振王北济⑦,又反振蔡公。周公乃侯之于西翟⑧,实为长公⑨。殷整甲徙宅西河⑩,犹思故处,实始作为西音⑪。长公继是音以处西山⑫,秦缪公取风焉⑬,实始作为秦音。

【注】①周昭王:西周第四代王。姬姓,名瑕。在位19年,多次南征楚地,溺死于汉水。亲将:亲自将兵。荆:指楚国。按:昭王南征而死无疑,但本段所记非其溺死时事。 ②辛余靡:史称辛伯,当出于有莘氏,为周昭王将领。长且多力:个子高且力气大。 ③右:车右,王乘车时站在车厢右边为护卫者。古代贵族乘车,主人居左,护卫居右。 ④还反涉汉:南征旋军返回时渡汉水。还,读作"旋"。反,通"返";下文"反"字同此。 ⑤梁败:桥坏。传闻如此,或指舟桥不成。 ⑥蔡公:史籍作"祭(zhài)公",周公旦后裔。为昭王

正卿,相传与昭王同溺死于汉水。抎:通"陨",坠落。 ⑦振:救。下文"振"字同此。北济:北渡成功。 ⑧周公:指祭公。世袭周公旦爵位,故亦称周公。侯之于西翟:封他到西狄聚居的地方为侯。翟,通"狄"。按:此当言祭公德之,使王侯之于西狄。今本《竹书纪年》载辛余靡受封在穆王元年。 ⑨实为长公:实,是。长,古地名,未详今何地。 ⑩殷整甲:即商王河亶甲,甲骨文称为戋甲。私名整,日名甲,居于河亶(戋)。徙宅:迁都。西河:地名。按:史载河亶甲自嚣迁相(今河南安阳),不云其居西河;或因其迁居之地在洹水之西,故俗称有西河之名。疑后人误会此地为史籍常见的西河地区(今晋、陕交界的黄河以西地区),遂谓河亶甲作西音。今本《竹书纪年》载夏胤甲"居西河,四年,作西音",与此不同。 ⑪西音:按作者之意,指西部地区乐调。 ⑫西山:应是指西狄之山,不详确指。 ⑬秦缪公:即秦穆公,见《尊师》篇注。

　　有娀氏有二佚女①,为之九成之台②,饮食必以鼓③。帝令燕往视之④,鸣若谥隘⑤。二女爱而争搏之⑥,覆以玉筐⑦。少选⑧,发而视之,燕遗二卵,北飞,遂不反⑨。二女作歌一终⑩,曰"燕燕往飞"⑪,实始作为北音⑫。

　　【注】①有娀氏:古部族名。亦作有戎氏,出于戎族。相传有戎氏之女曰简狄,吞玄鸟之卵而生商祖契,本文所记即此种神话之一。或又传说简狄为帝喾妃。佚女:犹言处女。 ②九成:犹言九重、九层。句意谓为二女建高台而居之。 ③鼓:击鼓奏乐。 ④帝:指天帝。 ⑤谥隘:犹言"嗌嗌",模拟燕(玄鸟)的鸣声。上古齐地居民称燕为鳦。 ⑥搏:捕捉。 ⑦玉筐:用玉石雕镂而成的筐。 ⑧少选:须臾,不一会儿。 ⑨反:同"返"。 ⑩一终:犹言一曲。 ⑪燕燕往飞:《诗经·邶风·燕燕》有"燕燕于飞"句,"于"即往。 ⑫北音:指中原以北地区的乐调。

　　凡音者,产乎人心者也①。感于心则荡乎音②,音成于外而化乎内③。是故闻其声而知其风④,察其风而知其志⑤,观其志而知其德。盛衰、贤不肖、君子小人皆形于乐⑥,不可隐匿。故曰:乐之为观也⑦,深矣!土弊则草木不长⑧,水烦则鱼鳖不大⑨,世浊则礼烦而乐淫⑩。郑卫之声,桑间之音⑪,此乱国之所好,衰德之所说⑫。流辟、诐越、慆滥之音出⑬,则滔荡之气⑭、邪慢之心感矣;感则百奸众辟从此产矣。故君子反道以修德⑮,正德以出乐⑯,和乐以成顺⑰。乐和而民乡方矣⑱。

【注】①产:生。 ②荡:犹动。 ③化乎内:内在情感受到音乐的感化。 ④声:音乐。风:此指风俗。 ⑤志:意趣、志向、思想品格。 ⑥形于乐:体现于音乐。 ⑦为观:所能显示的东西。观,显示。 ⑧弊:劣,不好。 ⑨烦:此字与下句复。据旧注当作"扰",犹言浑浊不清。 ⑩烦:通"繁",犹杂乱。淫:侈靡不正。 ⑪"郑"、"桑"二句:见《本生》篇"郑卫之音"注。桑间,地名,在今河南濮阳附近。 ⑫说:通"悦"。 ⑬流辟:顺从流俗而偏僻不正。辟,通"僻",邪;下"辟"字同此。诐越:轻佻僭越。诐,通"佻"。慆(tāo)滥:犹"慆淫",荒慢纵乐。慆,侮慢不敬。出:生。 ⑭滔荡:急慢放荡。滔,义同"慆"。 ⑮反道:返身循道。 ⑯出乐:制乐。 ⑰和乐以成顺:使音乐和谐而完善等级秩序。 ⑱乡方:同"向方",趋向方正的道德品格。

制 乐①

四曰 欲观至乐②,必于至治。其治厚者其乐治厚,其治薄者其乐治薄③,乱世则慢以乐矣④。今窒闭户牖动,天地一室也⑤。故成汤之时⑥,有穀生于庭⑦,昏而生,比旦而大拱⑧。其吏请卜其故,汤退卜者曰:"吾闻祥者⑨,福之先者也,见祥而为不善则福不至;妖者⑩,祸之先者也,见妖而为善则祸不至。"于是早朝晏退⑪,问疾吊丧,务镇抚百姓,三日而穀亡⑫。故祸兮福之所倚,福兮祸之所伏,圣人所独见,众人焉知其极⑬。

【注】①制乐:言制乐必本于治。按:本篇与接下《明理》篇,从内容对照来看,原应只为一篇,当是在该书定稿时,编纂者为凑足篇数而割裂为两篇。按古人著书以标题置后之例,原篇标题应是《明治》,"理"字大约亦为唐人所改;而原篇割裂之后,遂为前篇增出《制乐》的标题,但所论旨在阐明为治与制乐的辩证关系,实与音乐的制作无涉。现存二篇文字亦有错简,当皆由此种割裂造成。 ②至乐:最和谐、最完美的音乐。按作者之意,亦即指能够普遍地最大限度地给人以快乐的音乐。在作者看来,只有鼎盛的"至治"之世才能有这样的音乐。 ③二"其"字句意谓:凡治世之道深厚的,其音乐的内涵亦深厚;凡治世之道浅薄的,其音乐的内涵亦浅薄。乐治,乐事之治理,实指治乐的结果而言,可转译为音乐的内涵。 ④慢以乐:慢于乐。指所作音乐皆不和谐而失其情实。古人谓五音皆乱而迭相陵侵为"慢"(见《礼记·乐记》)。 ⑤此处十一字疑为错简,见下段注⑦。 ⑥成汤:见《尊师》篇注。 ⑦穀:木名,即构树,又称楮树。按:原文作"穀"(谷物之"谷"的繁体),今从《尚书·咸有一德》篇所附《书序》改正。 ⑧此二句意为:黄昏时候生出地面,等到第二天早晨已有两手合拢那么粗。拱,指两手拇指与拇指、中指与中指各自对触所构成的圆形。 ⑨祥:祥瑞,古人以为吉利征兆的自然物或现象。 ⑩妖:古人以为不吉利或凶兆的自然物或现象。 ⑪早朝晏退:一大早上朝而很晚才退朝。 ⑫亡:死。 ⑬焉知其极:犹言安能知其始末。

周文王立国八年,岁六月,文王寝疾①,五日而地动,东西南北不出国郊②。百吏皆请曰③:"臣闻地之动,为人主也。今王寝疾,五日而地动,四面不出周郊。群臣皆恐,曰'请移之'。"④文王曰:"若何其移之也?"⑤对曰:"兴事动众,以增国城,其可以移之乎!"⑥文王曰:"不可⑦。夫天之见妖也,以罚有罪也。我必有罪,故天以此罚我也。今故兴事动众,以增国城,是重吾罪也。不可。"文王曰:"昌也请改行重善以移之⑧,其可以免乎!"于是谨其礼秩皮革以交诸侯⑨,饬其辞令币帛以礼豪士⑩,颁其爵列等级田畴以赏群臣⑪。无几何,疾乃止。文王即位八年而地动,已动之后四十三年,凡文王立国五十一年而终⑫,此文王之所以止殃翦妖也⑬。

【注】①文王:见《尊师》篇注。寝疾:卧病。 ②不出国郊:谓地震波及的范围不出国都周围百里以外。国,指都城。郊,古人谓离都城五十里为近郊,百里为远郊。下文作"周郊",与此同义,史称文王即位初年尚为"百里之国"(小国)。 ③百吏:百官。 ④移:使灾祸转移。 ⑤若何其移之:将怎样做才能使之转移? ⑥"对曰"以下意谓:若挑起与邻国的事端,借此发动民役,以加筑增固国都城墙,大概就可使震灾转移他国吧。兴事,指兴起兵事。城,指城墙。 ⑦不可:指不可用此办法转移灾祸。按:上段"今窒闭户牖动,天地一室也"十一字,疑原在此"不可"二字上,或因编纂者不慎而错入了上文。若从此移正,则句意为:现在居室虽关闭,而门窗却发生震动,可见天地犹如一室,固不可将灾祸转移于他国。窒,通"室"。 ⑧改行重善:改进以往的行为,崇尚善举。 ⑨谨其礼秩皮革:犹言周到地准备礼物。秩,通"贽",古人晋见尊长时所送的礼物。皮革,指古人用做贵重礼品的鹿皮等。 ⑩饬其辞令币帛:犹言谨慎其礼贤下士的言语和礼物。币帛,用作礼物的丝织品。 ⑪爵列等级田畴:爵位等次、奖赏级别、赐予田土的多少。 ⑫五十一年:古籍多谓文王在位五十年,或说此处"一"字为后人所加。若以地动之年包括在四十三年之内,则可言五十年。 ⑬止殃翦妖:消灾祸,除不祥。

宋景公之时①,荧惑在心②,公惧,召子韦而问焉③。曰:"荧惑在心,何也?"子韦曰:"荧惑者,天罚也④;心者,宋之分野也⑤;祸当于君。虽然,可移于宰相。"公曰:"宰相，所与治国家也，而移死焉⑥，不祥。"子韦曰："可移于民。"公曰："民死，寡人将谁为君乎⑦？宁独死。"子韦曰："可移于岁⑧。"公曰："岁害则民饥⑨，民饥必死。为人君而杀其民以自活也，其谁以我为君乎？是寡人之命固尽已⑩，子无复言也矣。"子韦还走⑪，北面载拜曰⑫："臣敢贺君。天之处高而听卑⑬，君有至德之言三⑭，天必三赏君。今夕荧惑，其徙三舍⑮，君延年二十一岁。"公曰："子何以知之？"对曰："有三善言，必有三赏。荧惑有三徙舍⑯，舍行七星⑰，星一徙当一年⑱，三七二十一，臣故曰君延年二十一岁矣。臣请伏于陛下以伺候之⑲，荧惑不徙，臣请死。"公曰："可。"是夕，荧惑果徙三舍。

【注】①宋景公（？—前452年）：春秋时宋国君主。子姓，名栾，又作兜栾、头曼。公元前517年即位，在位66年。 ②荧惑在心：指荧惑星在心宿的位置。荧惑即火星，古人以为火精，若其星在大火（即心宿）位置则不祥。心宿，见《季夏纪》注。 ③子韦：宋国史官。善星占，又称司星子韦。焉：犹"之"。 ④天罚：谓荧惑不当其位置，则是上天以示惩罚。 ⑤分野：古代占星家以天上星区与地上区域一一对应的一种做法。按此做法，心宿所在星区对应于宋国地区。 ⑥移死焉：移祸于其身而使之死。 ⑦谁为君：为谁之君。 ⑧岁：年景、收成。 ⑨害：受损，变坏。 ⑩已：同"矣"。 ⑪还走：指回头快步走至阶下行拜礼。 ⑫载：通"再"。 ⑬此句意为：天虽高高在上，而能听见人间的言语。卑，低。 ⑭至德：最高的道德。 ⑮其徙三舍：将迁行三段舍次。按：据下文，此"三舍"实指二十八宿中的二十一宿，而不是仅指三宿。盖古人将二十八宿分为东、北、西、南各七宿，日月星辰之躔次亦有东、西、南、北之别，故子韦以每经七宿为言，而不是通常所理解的以每宿为一舍。 ⑯有：读作"又"。 ⑰舍行七星：指荧惑星的舍次位置超过星宿，即在星宿与张宿之间。行，经过。七星，即星宿，见《季春纪》篇注。按：荧惑始在心宿（东方第五宿），一夕而历北方、西方各宿，又行经星宿（南方第四宿），

则前后共历二十一宿。　⑱星一徙当一年：谓恒星在周天二十八宿的系统上，按固定时节相对于地面的位置每变动一次（顺移二十八分之一的天区），即需一年的时间。　⑲陛下：阶下。伺候：观察等候。

明　　理

五曰　五帝三王之于乐，尽之矣①。乱国之主未尝知乐者，是常主也②。夫有天赏得为主③，而未尝得主之实，此之谓大悲。是正坐于夕室也④，其所谓正乃不正矣。

【注】①此句意谓：五帝三王对于音乐，已经极尽由至治求至乐之道。五帝，见《贵公》篇注。三王，见《先己》篇注。按：本篇以内容言之，疑标题本作《明治》，说已见上篇标题注。　②此句意谓：乱国之主未尝真正懂得音乐，他们都不过是天资平庸的君主。　③天赏：上天赐予的君位。　④夕室：方位不正的堂室。夕，通"邪"，即斜。其堂室既斜，则正坐于其中而恰恰不正。

凡生，非一气之化也；长，非一物之任也；成，非一形之功也①。故众正之所积②，其福无不及也③；众邪之所积，其祸无不逮也。其风雨则不适④，其甘雨则不降，其霜雪则不时，寒暑则不当；阴阳失次，四时易节，人民淫烁不固⑤，禽兽胎消不殖⑥，草木庳小不滋⑦，五谷萎败不成：其以为乐也，若之何哉⑧？故至乱之化⑨，君臣相贼⑩，长少相杀，父子相忍⑪，兄弟相诬⑫，知交相倒⑬，夫妻相冒⑭；日以相危⑮，失人之纪⑯，心若禽兽，长邪苟利⑰，不知义理。

【注】①此三句可以泛指万物，但按下文，应主要就人生而言的。若从人生的角度理解，可以译为：凡出生不是由或阳或阴的一气单独化成的，长育也

不是由或多或少的一物担当供给的,成熟更不只是长成了身体就算完成了。 ②众正之所积:诸多合乎规律的因素聚积于一身。下"众邪"句与此相反。 ③及:至。下"逮"字与此同义。 ④不适:不调、不顺。 ⑤淫烁不固:指迁徙不定。淫烁,通"游跞",游走。 ⑥胎消不殖:怀胎减少而不能蕃育。消,减少。 ⑦庳小不滋:矮小不长。 ⑧此二句意思是:这样的世道还要治礼作乐,那又想干些什么呢? ⑨化:习俗,风气。 ⑩贼:害。 ⑪忍:残忍。 ⑫诬:欺。 ⑬倒:逆。 ⑭冒:冒犯,冲突。 ⑮危:害。 ⑯人之纪:人伦纲纪。 ⑰长邪苟利:助长歪门邪道,攫取不正当利益。

其云状有若犬、若马、若白鹄①、若众车;有其状若人,苍衣赤首,不动,其名曰天衡②;有其状若悬釜而赤③,其名曰云旍④;有其状若众马以斗,其名曰滑马⑤;有其状若众植华以长⑥,黄上白下,其名曰蚩尤之旗⑦。

【注】①白鹄:白天鹅。按:自此以下所言云、日、月、星、气之形状及妖孽等,皆为古代天文占卜及术数家所指认的非常现象,作者引以证乱世之象。 ②天衡:据《隋书·天文志》,当作"天冲"。古人以为"天冲"是由岁星之精流变来的冲物之气所形成的云,形状像穿青衣服而红脑袋的人形。 ③悬釜:当是指像悬釜而炊的热气所形成的云。釜,锅。 ④旍:同"旌",旗帜的一种。 ⑤滑(gǔ):乱。古籍中与"猾"、"汩"通用。 ⑥若众植华以长:像许多植菫的样子而稍长。植华,当作"植菫",为一种曲梗的盖形菌类。 ⑦蚩尤:传说人物。相传先后与炎帝、黄帝大战,被杀。以传说考之,蚩尤实为史前东夷族的代表,故后世东夷族祀之为兵主、战神。又传其冢墓中有赤气冒出,民名之为蚩尤旗。此指云状,则为另一传说。并参《荡兵》篇注。

其日有斗蚀①,有倍僪②,有晕珥③,有不光④,有不及景⑤,有众日并出⑥,有昼盲⑦,有霄见⑧。

【注】①斗蚀:指日食。古人以为日食由两日相斗造成。 ②倍僪(yù)

指在太阳四周向外散射的光晕。 ③晕珥:指在太阳两旁向内散射的光晕。 ④不光:不亮,指因云层尘雾过厚等引起的太阳不光亮现象。 ⑤不及景:"及"一作"反","景"同"影"。指太阳光线太弱,不能使地上的物体成影。 ⑥众日并出:指因光线折射而造成的真假太阳并见的现象。 ⑦昼盲:犹昼冥,大白天而黑暗。局部地区可因日食及云层过厚、雷雨交加等造成此种现象。 ⑧霄见:即"宵见",夜间见到太阳。比如在黎明时分发生日食,则可能造成此种错觉。

其月有薄蚀①,有晕珥②,有偏盲③,有四月并出,有二月并见④,有小月承大月,有大月承小月⑤,有月蚀星⑥,有出而无光⑦。

【注】①薄蚀:即月食。"薄"为词头,无义。 ②晕珥:"晕"通"晕",同上文日象之"晕珥"。 ③偏盲:犹偏冥,一边亮,一边不亮。 ④四月并出、二月并见:此亦光线折射而造成的多月并见现象。 ⑤小月承大月、大月承小月:上下相托的二月并见现象。 ⑥月蚀星:指亮星为月光所遮掩。 ⑦出而无光:指有月亮而不亮。此种现象或为云层等遮蔽所致。

其星有荧惑①,有彗星②,有天棓,有天欃,有天竹,有天英,有天干,有贼星③,有斗星④,有宾星⑤。

【注】①荧惑:即火星。古人以为此星是火精,若与其他明星相犯则引起灾异。 ②彗星:当是指古人心目中常见形态的彗星。 ③天棓(bàng)、天欃(chán)、天竹、天英、天干、贼星:此六名皆指不同形态的彗星。 ④斗星:指凑到一起而相犯的星。 ⑤宾星:即客星,指天空中意外出现的亮星,如今所称超新星等。古人或又称某种形态的彗星为宾星。

其气有上不属天、下不属地①,有丰上杀下②,有若水之波,有若山之楫③;春则黄,夏则黑,秋则苍,冬则赤④。

【注】①属(zhǔ)：犹连接。　②丰上杀下：上面丰大，下面细小。杀，减小、收敛。　③楫：通"辑"，聚集。　④黄、黑、苍、赤：指气之色异常，与各季节不相应。依古人五行说，气之色应是春苍、夏赤、秋白、冬黑。

其妖孽有生如带①，有鬼投其陴②，有菟生雉③、雉亦生鴳④，有螟集其国⑤、其音匈匈⑥，国有游虵西东⑦，马牛乃言⑧，犬彘乃连⑨，有狼入于国⑩，有人自天降⑪，市有舞鸱⑫，国有行飞⑬，马有生角，雄鸡五足，有豕生而弥⑭，鸡卵多毈⑮，有社迁处⑯，有豕生狗。

【注】①生如带：指不正常胎生之物如带状。　②鬼投其陴(pí)：义未详。疑"陴"字原作"胚"或"胎"，以音近而误作"脾"，又转讹为"陴"。若是，则此四字指鬼投胎。　③菟生雉：兔子生出山鸡。菟，通"兔"。　④鴳：即鹖，鹖鹃的一种。　⑤螟集其国：螟蛾飞集其国都。国，指都城。按：古代都城，城郭范围宽广，城内亦种庄稼。此"螟"字或为食稼害虫"螟螣"的简称(食心为螟，食叶为螣)，又或实指蝗虫。　⑥匈匈：同"汹汹"，形容声音盛大而嘈杂。⑦国有游虵西东：都城内有游蛇四处乱爬。虵，同"蛇"。　⑧马牛乃言：马牛效人语。　⑨犬彘乃连：狗和猪交配。　⑩狼入于国：群狼入国都。　⑪人自天降：指人妖作祟。《荀子·天论》以田稼秽恶、政令不明、礼义不修为"人妖"。　⑫市有舞鸱：交易场所有猫头鹰之类的猛鸟跳舞。　⑬国有行飞：都城内有名为"蜚"的怪兽行走。飞，通"蜚"，传说的一种牛身蛇尾的怪兽。⑭豕生而弥：指小猪生下来却变成了小鹿。弥，当作"弭"，借为"麛"字，指小鹿。　⑮鸡卵多毈：鸡蛋多孵不出小鸡。毈，当作"毈"(duàn)，指孵不出小鸡的鸡蛋。　⑯有社迁处：有社稷坛迁移地点。按：此句按字面意思虽可讲通，但与上下文意皆不合。疑"社"为"牡"字之讹，其上又脱一"牝"字，即原句当作"有牝牡迁处"。或是指雄性牲畜或兽类占据雌性同类的窝而生子，故为怪异。

国有此物,其主不知惊惶亟革①,上帝降祸,凶灾必亟②。其残亡死丧,殄绝无类③,流散遁饥无日矣④。此皆乱国之所生也,不能胜数,尽荆、越之竹,犹不能书⑤。故子华子曰⑥:"夫乱世之民,长短颉㹳⑦,百疾[俱作]⑧,民多疾疠⑨,道多褓绥⑩,盲秃伛尪⑪,万怪皆生。"故乱世之主,乌闻至乐⑫?不闻至乐,其乐不乐。

【注】①亟(jí)革:急加变革。 ②亟:通"极",至。 ③殄(tiǎn)绝无类:灭绝无遗类。 ④流散遁饥无日:流散逃荒指日可待。遁,通"遁"。饥,饥荒,年景不好。 ⑤"尽"、"犹"二句:意同"罄竹难书"。以江南多产竹,故以荆越言之。 ⑥子华子:见《贵生》篇注。 ⑦长短颉㹳(xié wù):谓身材高矮反常。偏指身材矮小。 ⑧百疾[俱作]:"俱作"二字据传世本《子华子》卷下补。 ⑨疾疠:指瘟疫。 ⑩褓绥:犹襁褓,指弃婴。 ⑪盲秃伛尪(yǔ wāng):盲目、秃发、驼背、鸡胸。 ⑫乌:疑问副词,犹何。

卷七　孟秋纪第七

孟　秋　纪

一曰　孟秋之月①,日在翼②。昏斗中③,旦毕中④。其日庚辛,其帝少皞,其神蓐收⑤。其虫毛⑥。其音商,律中夷则⑦。其数九⑧。其味辛,其臭腥⑨。其祀门,祭先肝⑩。

【注】①孟秋:指秋季第一月,即夏历七月。　②翼:星宿名,见《孟夏纪》篇注。　③斗:星宿名。二十八宿之一,为北方第一宿,共有六星。其六星亦呈斗勺状,古时或以其在箕宿之北而称之为北斗,然非是北天七星之北斗,习惯上多称之为南斗。　④毕:星宿名,见《孟夏纪》篇注。　⑤其日庚辛:按术数家以五行配四时的做法,此当言"其日戊己"。参见《孟春纪》篇"其日甲乙"注。少皞:传说中的上古部族首领,或亦以为古帝王。按:以名称及传说古史考之,太皞、少皞实均为东夷族最早的太阳神名号,大约后者兴起稍晚,故以"少"称之,犹言"小太阳神"。后世五行家以其对应于西方,属金,故该书亦列入秋纪。蓐收:神名,代表五行系统中的金官之神,亦祀于西方。传说又或以为少皞之叔,或以为少皞之子,死后为神,主司日落时的返影。　⑥其虫毛:指有毛皮的动物。古人以虎为之长。　⑦其音商:见《孟春纪》"其音角"注。夷则:十二律之一。属阳律,大致相当于现代音乐上的定音G。

⑧其数九:古人以为五行之数为五,火在五行中属第四,故其成数为九。参见《孟春纪》篇"其数八"注。 ⑨辛:辣味。腥:腥气。 ⑩此二句是说:本月祭祀门神,用牲畜的内脏作祭品,要把肝摆在前面。门,指大门。秋天是收获季节,古人以为秋由门入,故行门祀。

凉风至,白露降①。寒蝉鸣②,鹰乃祭鸟③。始用刑戮④。

【注】①白露:露凝而白,故后世以为节气之名。 ②寒蝉:蝉的一种。形体较小,色青,鸣声清亮。七月始见,故古人以为其得寒气鼓翼而鸣。 ③鹰乃祭鸟:指其时鹰杀鸟于沼泽地,四面陈之,俗因称之为祭鸟。 ④始用刑戮:据《礼记·月令》、《淮南子·时则训》及本篇高诱注,此四字当作"用始行戮",即入秋开始用刑。

天子居总章左个①。乘戎路②,驾白骆③。载白旗,衣白衣,服白玉。食麻与犬④,其器廉以深⑤。

【注】①总章左个:明堂西向堂的左侧室。旧说西方总成万物而彰明之,故其堂名为总章。 ②戎路:兵车。路,大车,义同"辂"。 ③白骆:黑鬣的白马。按五行说,金对应于白,故秋季尚白。 ④麻:麻籽。一说此"麻"字为"穄"(或写作上麻下黍)之省文,即穄子,指黍之不黏者。 ⑤廉以深:有棱角而深腹者。廉,棱。

是月也,以立秋。先立秋三日,大史谒之天子①,曰:"某日立秋,盛德在金。"天子乃斋。立秋之日,天子亲率三公、九卿、诸侯、大夫,以迎秋于西郊。还,乃赏军率武人于朝②。天子乃命将帅选士厉兵③,简练杰俊④,专任有功⑤,以征不义⑥;诘诛暴慢⑦,以明好恶⑧,巡彼远方⑨。

【注】①大史:即太史。谒:告。 ②军率:犹"军帅",将领。 ③厉:激励。 ④简练杰俊:挑选训练杰出优秀的作战人才。 ⑤专任有功:特别提拔任用作战有功之人。 ⑥不义:实指不听号令的地方诸侯或部族势力。 ⑦诘诛:讨伐。暴慢:指行为残暴而态度傲慢。 ⑧好恶(hào wù):爱憎。犹提倡和反对,指讲求社会公认的行为和道德标准。 ⑨巡彼远方:犹言怀抚远近各地的人民。巡,通"循",《礼记·月令》《淮南子·时则训》作"顺"。

是月也,命有司修法制,缮囹圄①;具桎梏②,禁止奸③;慎罪邪④,务搏执⑤。命理瞻伤察创⑥,视折审断⑦;决狱讼,必正平⑧。戮有罪,严断刑⑨;天地始肃,不可以赢⑩。

【注】①囹圄:监狱。 ②具桎梏:准备好脚镣和手铐。 ③禁止奸:不准等待犯罪。意指不准等待有了犯罪者才临时治理捕具。《尔雅·释诂》:"止,待也。" ④慎罪邪:戒备犯罪者的邪恶行为。 ⑤务搏执:一定要捕获犯罪者。搏执,犹言"缚执"。《说文》:"搏,索持也。" ⑥理:指法官。疑"理"下当有"官"字,与上文"有司"相对。瞻伤察创:察看受刑犯人的创伤情况。 ⑦视折审断:仔细验视受刑犯人的肢体有无折断。 ⑧正平:公正。 ⑨此二句意谓:惩罚有罪者,要严格依据其罪状量刑。戮,辱,此指惩罚而言。断刑,判决其刑罚,犹言量刑。 ⑩赢:益,增加。句意谓初秋时令始趋向肃杀,不可因随意给犯人加刑而增重肃杀之气。

是月也,农乃升谷①。天子尝新,先荐寝庙。命百官始收敛②,完堤防,谨壅塞③,以备水潦④。修宫室,坿墙垣⑤,补城郭。

【注】①农乃升谷:参见《孟夏纪》篇"农乃升麦"注。谷,粟谷。 ②收敛:指秋收。 ③谨壅塞:指谨慎堵塞堤防的缺口漏洞。 ④潦:同"涝"。 ⑤坿:同"附",此指修补、加筑。

是月也,无以封侯、立大官①,无割土地②、行重币③、出大使④。

【注】①"封"、"立"句:古人以为秋令主收敛,故不放散,因而亦不在此时封诸侯、命高官。 ②割土地:指天子与诸侯国及诸侯国之间割让土地之事。按:此与下二事均与古人以为秋令主兵有关。 ③行重币:指以重大金帛礼物贿赂相关诸侯国。 ④出大使:派出担负重大使命的使节。

行之是令而凉风至,三旬①。孟秋行冬令,则阴气大盛,介虫败谷②,戎兵乃来③。行春令,则其国乃旱,阳气复还,五谷不实④。行夏令,则多火灾⑤,寒热不节⑥,民多疟疾⑦。

【注】①三旬:见《季春纪》篇注。 ②介虫:甲虫,指瓢虫、金龟子、天牛、象鼻虫之类。介,同"甲"。 ③戎兵:犹言敌寇。 ④五谷不实:言秋暖而干旱,则庄稼不能成实。 ⑤多火灾:据《礼记·月令》,三字上当有"国"字。 ⑥不节:不合时令,犹言不协调。 ⑦疟疾:寒热病。

荡　　兵①

二曰　古圣王有义兵而无有偃兵②。兵之所自来者上矣③,与始有民俱。凡兵也者,威也;威也者,力也;民之有威力,性也。性者所受于天也,非人之所能为也,武者不能革④,而工者不能移⑤。兵所自来者久矣,黄、炎故用水火矣⑥,共工氏固次作难矣⑦,五帝固相与争矣⑧。递兴废,胜者用事⑨。人曰"蚩尤作兵",蚩尤非作兵也,利其械矣⑩。未有蚩尤之时,民固剥林木以战矣⑪,胜者为长;

长则犹不足治之,故立君;君又不足以治之,故立天子。天子之立也出于君,君之立也出于长,长之立也出于争。争斗之所自来者久矣,不可禁,不可止。故古之贤王有义兵而无有偃兵⑫。

【注】①荡兵:犹置兵、设兵,言兵战之起源。《广雅·释诂》:"荡,置也。"与"奠"字同义,盖即"奠"字之假借。 ②义兵:仁义之兵。该书作者论义兵,多以诛暴救民为言。偃兵:战国时后期墨家及名家的一种主张,犹言息兵。大致本于墨家的"非攻"、"兼爱"之说,认为大国的攻伐乃天下之"巨害",是最大的"不义",因而呼吁停止战争,以兴"天下之利"。该书作者反对此说,而力主"义兵"不可息。 ③上:犹言远、久。 ④武者:强有力者。革:改变。 ⑤工者:工巧者。移:义同"革"。 ⑥黄、炎故用水火:指传说中的炎帝、蚩尤、黄帝之间的循环大战。传闻不一,其中有一种说法是:炎帝先攻蚩尤,用火攻,为蚩尤所败;继而黄帝攻蚩尤,以应龙为前锋,用水攻,不成,又请旱神帮助,遂杀蚩尤;随后炎、黄之间复发生一系列战争,最终黄帝取胜。此皆反映出史前部落战争的史影。又,句中"故"字当作"固",以与下文一致;古时二字亦可通用。 ⑦共工氏固次作难:指共工氏也曾主动挑起战争。次,通"亦"。共工氏,传说中的上古部族及部族首领之称。或说为炎帝族的代表,即相传为大禹之父的鲧("鲧"字缓读即"共工")。其传说事迹不一,最为惊心动魄的故事见于《淮南子·天文训》:"昔者共工与颛顼争为帝,怒而触不周之山,天柱折,地维绝。天倾西北,故日月星辰移焉;地不满东南,故水潦尘埃归焉。" ⑧五帝:见《贵公》篇注。相与:彼此。 ⑨递兴废,胜者用事:相继兴废,胜者为天下盟主。按:据《太平御览》卷七十七所引及《史记·律书》,"递兴废"当作"递兴递废",该书《恃君览》亦有此四字语。 ⑩此句意为:历来人们都传说蚩尤始造兵器,但兵器并不是蚩尤始造的,蚩尤不过是改善他的兵械而使之更为锋利先进而已。蚩尤,并参《明理》篇注。 ⑪剥林木:犹言斫削木棍。 ⑫贤王:据上下文,当作"圣王"。

家无怒笞①,则竖子婴儿之有过也立见②;国无刑罚,则百姓之悟相侵也立见③;天下无诛伐④,则诸侯之相暴也立见⑤。故怒笞不可偃于家,刑罚不可偃于国,诛伐不可偃于天下,有巧有拙而已矣⑥。故古之圣王有义兵而无有偃兵。

【注】①笞:用竹板、荆条等斥打。 ②竖子婴儿:童仆和小子。前者指家仆,后者指亲生儿子。 ③悟:通"忤",有冲突。一说此字为衍文。 ④天下:指天子而言。诛伐:征伐。 ⑤暴:侵凌。 ⑥有巧有拙:指善用不善用。

夫有以饐死者①,欲禁天下之食,悖②;有以乘舟死者,欲禁天下之船,悖;有以用兵丧其国者,欲偃天下之兵,悖。夫兵不可偃也,譬之若水火然,善用之则为福,不能用之则为祸;若用药者然,得良药则活人,得恶药则杀人。义兵之为天下良药也,亦大矣。

【注】①饐:通"噎"。 ②悖:违反常情,糊涂,荒谬。

且兵之所自来者远矣,未尝少选不用①。贵贱、长少、贤者不肖相与同②,有巨有微而已矣③。察兵之微:在心而未发④,兵也;疾视⑤,兵也;作色⑥,兵也;傲言⑦,兵也;援推⑧,兵也;连反⑨,兵也;侈斗⑩,兵也;三军攻战,兵也。此八者皆兵也,微巨之争也。今世之以偃兵疾说者⑪,终身用兵而不自知悖,故说虽强,谈虽辩,文学虽博⑫,犹不见听。故古之圣王有义兵而无有偃兵。兵诚义⑬,以诛暴君而振苦民⑭,民之说也⑮,若孝子之见慈亲也⑯,若饥者之见美食也;民之号呼而走之⑰,若强弩之射于深谿也⑱,若积大水而失其壅堤也⑲。中主犹若不能有其民⑳,而况于暴君乎?

【注】①少选:须臾,顷刻。 ②贤者不肖:当作"贤不肖者"。 ③巨、微:巨大、微小。 ④在心而未发:言有怒在心。 ⑤疾视:怒目而视。疾,憎恨。 ⑥作色:变脸色,怒形于色。 ⑦傲言:言词傲慢。指口角。 ⑧援推:互相推拉。援,拉。 ⑨连反:疑即"连蜷",形容身体蜷曲,指打在了一起。《顺民》篇"接颈交臂"之语可与此互参。 ⑩侈斗:当作"佣斗",即群斗。疑古字或以"侈"为"佣"之别体,而仍读为"朋"。 ⑪疾说:极力游说。疾,力。 ⑫文学:犹言学问。 ⑬诚:果真。 ⑭振:救。 ⑮说:通"悦"。 ⑯慈亲:父母。 ⑰走:投归。 ⑱强弩之射于深谿:用强弓射箭于深深的山谷。喻顺势而极速。 ⑲积大水而失其壅堤:蓄积的大水冲决堤坝。喻不可阻挡。 ⑳中主:一般的君主,治国还不算很昏庸的君主。犹若:尚且。

振 乱①

三曰 当今之世浊甚矣②,黔首之苦不可以加矣③。天子既绝④,贤者废伏,世主恣行⑤,与民相离,黔首无所告愬⑥。世有贤主秀士宜察此论也⑦,则其兵为义矣,天下之民且死者也而生、且辱者也而荣、且苦者也而逸⑧。世主恣行,则中人将逃其君⑨,去其亲,又况于不肖者乎?故义兵至,则世主不能有其民矣,人亲不能禁其子矣⑩。

【注】①振乱:救乱,犹言止乱。 ②浊:浑浊,不清明,犹言乱。 ③黔首:百姓。 ④天子既绝:此就周王朝继统的断绝言之。周赧王亡于公元前256年,周统遂绝,时距该书的编撰已有十余年。 ⑤世主恣行:实指当时各大诸侯国君主恣意而行,但在作者的观念中不包括秦国在内。 ⑥无所告愬:无处诉说其苦。 ⑦秀士:有治世德才之士。宜:如果。 ⑧且:将。句意谓义兵救民,民之处死地、屈辱苟生、受苦难者,也将得活命、蒙恩荣、获安宁。 ⑨中人:普通人。逃其君:指逃亡而离开其国家。 ⑩"故"下三句意

思是：义兵所到之处，民皆归之，则其国主不能拥有其民，父母也不能禁止其子投向义兵。

　　凡为天下之民长也虑①，莫如长有道而息无道②，赏有义而罚不义。今之世学者多非乎攻伐，非攻伐而取救守③。取救守，则乡之所谓长有道而息无道④、赏有义而罚不义之术不行矣。天下之长民其利害⑤，在察此论也。攻伐与救守一实也⑥，而取舍人异⑦，以辨说去之⑧，终无所定。论固不知⑨，悖也；知而欺心，诬也⑩。诬悖之士，虽辨无用矣。是非其所取而取其所非也⑪，是利之而反害之也，安之而反危之也。为天下之长患，致黔首之大害者，若说为深⑫。夫以利天下之民为心者，不可以不熟察此论也⑬。

【注】①为天下之民长也虑："也"字当在"民"字下，而以"长虑"为一词。《恃君览》："故为天下长虑，莫如置天子也。"与此同例。先秦无以"民长"指诸侯者，《尚书·立政》云"立民长伯"，亦非以"民长"为一词。长虑，长远打算。下文言"为天下之长患"，与此相对。　②长有道而息无道：助长有道而止息无道。道，指合乎道理而有秩序的品德、行为、风气等。　③而：用法同"则"。救守：与偃兵之说相辅的一种主张，提倡帮助被攻伐的国家救难守城。④乡：通"向"，向来。　⑤天下之长民其利害：此八字有脱误。对照此段首句，当作"为天下之民长虑其利害"十字。　⑥一实：实质上一样。按：此指义兵之攻伐为救民，持救守之说者亦称救民，二者目标一致。　⑦取舍人异：选择各不相同。　⑧辨：通"辩"。下同。　⑨论固不知：论之尚且不知之。指不知"攻伐与救守一实"。固，通"姑"，且。　⑩欺心：负心，心口不一。诬：欺骗。　⑪非其所取而取其所非：指以救民言，此本为其所取，而偃兵之说恰恰是否定义兵之救民，亦即否定其所取；反之，以害民言，此本为其所非，而救守之说排斥义兵，恰恰是助长无道以害民，是为取其所非。　⑫若：此。

⑬熟:仔细,周详。

夫攻伐之事,未有不攻无道而罚不义也①。攻无道而伐不义则福莫大焉,黔首利莫厚焉②。禁之者③,是息有道而伐有义也④,是穷汤、武之事而遂桀、纣之过也⑤。凡人之所以恶为无道⑥、不义者,为其罚也;所以蕲有道⑦、行有义者,为其赏也。今无道、不义存,存者赏之也⑧;而有道、行义穷,穷者罚之也⑨。赏不善而罚善,欲民之治也,不亦难乎？故乱天下、害黔首者,若论为大⑩。

【注】①罚:此与"攻"字相对,当从下句作"伐"。 ②厚:多。 ③禁之:指禁止攻伐。 ④伐:据上下文意当作"罚"。 ⑤此句意谓:如此则是使商汤、周武王救民之业陷于困境,而助长夏桀、殷纣王害民之罪。遂,长。 ⑥恶(wù):犹言不欲。 ⑦蕲:通"祈",求。 ⑧存者赏之:其存在无异于是对它们的一种奖赏。 ⑨穷者罚之:其困穷无异于是对它们的一种惩罚。 ⑩若:此。

禁　　塞①

夫救守之心②,未有不守无道而救不义也。守无道而救不义则祸莫大焉,为天下之民害莫深焉。

【注】①禁塞:犹禁止,指禁止士人传布救守之说。 ②心:犹"意",此实指主张。

凡救守者,太上以说,其次以兵①。以说则承从多群,日夜思之,事心任精,起则诵之,卧则梦之,自今单唇干肺,费神伤魂②;上称三皇五帝之业以愉其意,下称五伯名士之谋以信其事,早朝晏罢以告制兵者,行说语众以明其道③。道毕说单而不行,则必反之兵矣④。反之于兵则必斗争⑤,之情必且杀人⑥,是杀无罪之民,以兴无道与不义者也⑦。无道、不义者存,是长天下之害而止天下之利⑧,虽欲幸而胜,祸且始长⑨。先王之法曰:"为善者赏,为不善者罚。"古之道也,不可易⑩。今不别其义与不义,而疾取救守⑪,不义莫大焉,害天下之民莫甚焉。故取攻伐者不可,非攻伐不可;取救守不可,非救守不可;取,惟义兵为可⑫。兵苟义⑬,攻伐亦可,救守亦可;兵不义,攻伐不可,救守不可。

【注】①"凡"字下意思是:大凡主张救守者,最上等的策略是游说攻伐之国止攻以救受攻之国,其次便是帮助受攻之国动员兵民守御自救。 ②以上大意是说:用游说的办法,则随从之徒成群,日夜思虑之,费心劳神,醒来就背诵游说之词,睡下也梦见游说之事,自是唇焦肺燥,精神疲劳,魂魄俱损。承从,盖犹言随从,指门徒而言,如墨家弟子;一说当作"聚徒"。事心任精,犹言用其心思和精神、精力。单唇干肺,略如今言所称口干舌燥,指火气上攻。单,通"燀(chǎn)",焦灼。干,干燥。 ③以上意谓:远称三皇五帝的治业以取悦攻伐之国人主的心意,近引五霸名士的谋略以使人相信所游说的事,在攻伐之国的君臣早晚上朝罢朝时就趁机劝告主兵的大臣,又喋喋不休地对众臣推销救守之说以阐明其道术。三皇五帝、五伯,皆见《贵公》篇注。名士,指五霸之谋臣,如管仲等。 ④此二句意谓:等到其道术、主张都用尽,止攻之说还是不被采纳,于是就返回去帮助受攻之国加强兵守。毕,尽。单,通"殚",尽。反,通"返"。 ⑤斗争:战斗相争。 ⑥之情必且杀人:此六字上当重"斗争"二字,盖传抄误脱。意指战斗之实,必将会有大批人死于战场。情,实。 ⑦兴:振作。句意指受义兵之攻者为无道和不义。 ⑧长:助长。 ⑨此二句意指:救守之国即使侥幸取胜,祸患也将从此加重。 ⑩易:改变。 ⑪疾取救守:急切地采取救守之说。疾,亟、急。 ⑫"故"字下意谓:如果对

义与不义不加区别,那么采取攻伐之说不可,非议攻伐之说也不可;采取救守之说不可,非议救守之说也不可;如果要选择的话,只有义兵之说才是可取的。 ⑬苟:假如。

使夏桀、殷纣无道至于此者,幸也①;使吴夫差、智伯瑶侵夺至于此者②,幸也;使晋厉、陈灵、宋康不善至于此者③,幸也。若令桀、纣知必国亡身死,殄无后类④,吾未知其厉为无道之至于此也⑤;吴王夫差、智伯瑶知必国为丘墟,身为刑戮,吾未知其为不善无道侵夺之至于此也⑥;晋厉知必死于匠丽氏⑦,陈灵知必死于夏征舒⑧,宋康之必死于温⑨,吾未知其为不善之至于此也。此七君者,大为无道、不义,所残杀无罪之民者不可为万数。壮佼、老、幼、胎牍之死者大实平原⑩,广堙深谿大谷⑪,赴巨水积灰填沟洫⑫;险阻犯流矢,蹈白刃,加之以冻饿饥寒之患,以至于今之世为之愈甚⑬,故暴骸骨无量数⑭,为京丘若山陵⑮。世之兴主仁士深意念此⑯,亦可以痛心矣,亦可以悲哀矣。

【注】①此句意思是:因无人早兴义兵加以诛伐,以致使夏桀、殷纣王暴虐无道至此种地步(指传说的程度),这是他们的侥幸。下数句之意参此。夏桀、殷纣,见《当染》篇注。 ②夫差、智伯瑶:见《当染》篇注。智伯瑶之侵夺,指其侵夺赵、韩、魏三家之地,智氏后被三家联合攻灭即起于此。 ③晋厉:晋厉公(?—前572年)。春秋时晋国君主。姬姓,名寿曼(亦称州蒲)。公元前580年即位。在位时曾打败楚军,称威诸侯。以骄横奢侈,攻杀郤氏三大夫,被栾氏、中行氏袭捕囚杀。陈灵:陈灵公(?—前599年)。春秋时陈国君主。妫姓,名平国。公元前613年即位。因与其大夫孔宁、仪行父共同通奸于夏姬,为夏姬之子夏征舒所杀。宋康:宋康王,见《当染》篇注。 ④殄

(tiǎn)无后类:灭绝无后嗣。 ⑤未知:犹言说不定不会……。厉:此字疑衍。 ⑥不善无道:此四字亦疑衍。 ⑦匠丽氏:春秋时晋国贵族。晋厉公在其家被袭杀。 ⑧夏征舒:春秋时陈国大夫。属陈国公族,因灵公与其母通淫,遂杀灵公。次年,逃亡楚国的孔宁、仪行父引楚军入陈,袭捕而车裂之。 ⑨温:战国时魏邑,在今河南温县西南。宋康王曾败魏军于此,当是后来亦被击杀于此。 ⑩壮佼:丁壮男子,青壮年。朡(dú):同"殰"、"豰",未出生而死。大实平原:犹言布满田野。 ⑪广埵深豁大谷:犹言塞遍山谷。埵,塞。 ⑫赴巨水积灰填沟洫:或谓"赴"字当在下句"险阻"上,"灰"字当作"尸"。若是,则此句意指大水冲流积尸,填满沟渠。 ⑬"以至于"句:指自夏商以来,战争愈演愈烈,以至于战国时上述种种情况尤为严重。 ⑭暴(pù)骸骨无量数:暴露野外的尸骸枯骨无计其数。 ⑮京丘:古代战役,往往死人成千上万乃至几十万,因收聚尸体总埋于一个大坑中,又筑土陵覆之,俗称"京观"或"京丘"。京,高。 ⑯兴主仁士:振兴之主、仁义之士。

察此其所自生,生于有道者之废,而无道者之恣行①。夫无道者之恣行,幸矣。故世之患不在救守②,而在于不肖者之幸也。救守之说出,则不肖者益幸也,贤者益疑矣③。故大乱天下者,在于不论其义而疾取救守。

【注】①恣行:放肆其行为。 ②不在救守:意谓不在于救守本身。若所救守者为无道不义之人,则正为其人之幸。 ③疑:疑惑,裹足不前。救守可利民而或不义,故疑。

怀　　宠①

五曰　凡君子之说也,非苟辨也②;士之议也,非苟语也。必中理然后说③,必当义然后议④,故说义而王公大人益好理矣⑤,士民黔首益行义矣。义理之道彰,则暴虐、奸诈、侵夺之术息也。

【注】①怀宠:感怀恩荣。宠,荣耀。言义兵吊民伐罪,则士民怀其恩德。②苟:苟且,不严肃。 ③中理:合乎道理。 ④当义:应乎德义。 ⑤说义:据上下文,当作"说议"。古"义"字亦通"议"。

暴虐奸诈之与义理反也,其势不俱胜,不两立。故兵入于敌之境①,则民知所庇矣②,黔首不知死矣③。至于国邑之郊④,不虐五谷⑤,不掘坟墓,不伐树木,不烧积聚,不焚室屋,不取六畜⑥。得民虏,奉而题归之,以彰好恶⑦;信与民期,以夺敌资⑧。若此而犹有忧恨冒疾、遂过不听者⑨,虽行武焉亦可矣⑩。

【注】①兵:据文义当作"义兵"。 ②民:据上文当作"士民"。庇:受保护。 ③不知死:犹言知不死。意指其民本处于暴政之下的死地,义兵至则可不死。 ④国邑:都城和邑城。 ⑤不虐五谷:指不践踏、毁坏庄稼。五谷,见《尊师》篇注。 ⑥六畜:指马、牛、羊、猪、狗、鸡六种家畜。 ⑦此句是说:对于被俘获的敌方民众,造册登记,奉送他们回去,以显示不同的处分原则。奉,送。题,登记。彰,彰显,明白宣示。好恶,喜欢与不喜欢;此以优待归顺良民与惩治对抗者言之,指正反两个方面的态度。 ⑧此句是说:与民约信,以使敌方失去凭借。期,指以口头或书面公约的形式宣布信用。资,凭借,所用。 ⑨忧恨冒疾:指忧疾憎恨入境义兵。一说"忧恨"当作"慢恨",指不听从。冒,通"媢",嫉妒,此指疾恨。 遂过不听:顺其过错而不服从。 ⑩行武:犹言以兵行诛。焉:兼有介词"于"与指示代词"之"的作用。

先发声出号曰:"兵之来也,以救民之死①。子之在上无道②,据傲荒怠③,贪戾虐众④,恣睢自用也⑤,辟远圣制⑥,謷丑先王⑦,排訾旧典⑧,上不顺天,下不惠民,征敛无期⑨,求索无厌,罪杀不辜⑩,庆赏不当⑪。若此者,天之所诛也,人之所雠也⑫,不当为君。今兵之来也,将以诛不当为君者也,以除民之雠而顺天之道也。民有逆天之道、卫人之雠者⑬,身死家戮不赦。有能以家听者,禄之以家;以里听者,禄之以里;以乡听者,禄之以乡;以邑听者,禄之以邑;以国听者,禄之以国。"⑭故克其国而不及其民,独诛所诛而已矣⑮。举其秀士而封侯之⑯,选其贤良而尊显之⑰,求其孤寡而振恤之⑱,见其长老而敬礼之,皆益其禄,加其级⑲。论其罪人而救出之⑳。分府库之金,散仓廪之粟,以镇抚其众,不私其财。问其丛社大祠㉑,民之所不欲废者而复兴之,曲加其祀礼㉒。是以贤者荣其名,而长老说其礼㉓,民怀其德。

【注】①发声出号:发出声明号令。古时多用檄书(军事通告)形式。救民之死:犹言救民之命。 ②子:犹今言你们,谓所伐之国的民众。在上:统治者。 ③据傲荒怠:骄傲自大,荒废怠惰政事。据,通"倨(jù)",傲慢。 ④贪戾:贪婪残暴。 ⑤恣睢(zì suī)自用:胡作非为,固执己见。 ⑥辟远圣制:偏离圣王制度而远之。辟,通"僻",偏。 ⑦謷(áo)丑:诋毁丑化。 ⑧排訾(zǐ)旧典:排斥非议传统典章。或说"排"为"诽"字之讹,即非议。 ⑨无期:无固定期限,犹不时、无度。 ⑩不辜:无罪之人。 ⑪庆赏不当:褒奖赏赐不符合实际。 ⑫雠:仇敌。 ⑬民有逆天之道、卫人之雠者:此十一字当有误。此承上句而反言之,句首不当有"民"字,"卫人"则当作"为民"。盖唐人改"为民"为"为人",后人不审,复改"为"字为"卫",又于句首误加"民"字。句意指凡有逆天之道、为民之仇者,必诛其人、戮其家而不赦。 ⑭禄:犹言录用。句意谓凡是能够率领家族、闾里、乡人、邑人、国人归附者,即给以相应的爵禄,使仍为各级社会组织之长。家,指家族、宗族。里,闾里、村落。乡、邑、国皆为社会组织单位,古时诸侯建国,国下设邑以分封卿大夫,邑下复设乡以统领士民。战国时各国行政编制不同,级别及名称各异,此处

所述乃概言之,大致相当于后世所称的城、镇、乡、村体系。　⑮不及其民:犹言罪不及其民。独诛所诛:只惩罚应当受到惩罚者。　⑯秀士:一作"秀俊",指杰出人才。封侯之:封之为侯。泛指授以较高的爵位。　⑰尊显之:使之为官长。　⑱孤寡:孤儿寡母,泛指鳏寡孤独。振恤:救济。振,通"赈"。　⑲益其禄,加其级:指增加上述各类人的食用供给,有爵位、官位者提高其级别。禄,食。　⑳论:审理。救出之:救无罪之人而放出之。　㉑丛社大祠:指民间社祠及其他大祠庙。先秦时村社皆有社祠,为公祀活动场所,多建于郊野丛林中,故称丛社。　㉒曲:曲折周到。指顺从民意。　㉓说:通"悦"。

今有人于此,能生死一人①,则天下必争事之矣。义兵之生一人亦多矣②,人孰不说?故义兵至,则邻国之民归之若流水,诛国之民望之若父母③,行地滋远④,得民滋众,兵不接刃,而民服若化⑤。

【注】①生死:使死者复生。此喻救民于死地。　②生一人:使处于死地的一个个人复生。　③诛国:所伐之国。　④滋:益,更加。　⑤若化:有如经过多年的教化。

卷八　仲秋纪第八

仲　秋　纪

一曰　仲秋之月①，日在角②。昏牵牛中③，旦觜巂中④。其日庚辛，其帝少皞，其神蓐收。其虫毛。其音商，律中南吕⑤。其数九。其味辛，其臭腥。其祀门，祭先肝。

【注】①仲秋：指秋季第二月，即夏历八月。　②角：星宿名。二十八宿之一，为东方第一宿，共有二星。　③牵牛：见《季春纪》篇注。　④觜巂（zī xī）：亦作"觜觿"，星宿名，即觜宿。二十八宿之一，为西方第六宿，共有三星。　⑤南吕：十二律之一。属阴律，大致相当于现代音乐上的定音A。

凉风生，候鸟来①。玄鸟归，群鸟养羞②。

【注】①候鸟：疑当从《孟春纪》、《季秋纪》作"候雁"。高诱注谓"候时之雁"，盖正文"雁"字残而为"鸟"。大雁孟春时北飞，至仲秋、季秋时南归，以中原言之则曰"来"。　②养羞：旧注不明。疑"羞"字假作"宿"，"养宿"指减少觅食，入巢息养，准备过冬。

天子居总章太庙①。乘戎路，驾白骆。载白旗，衣白衣,服白玉。食麻与犬,其器廉以深。

【注】①总章太庙:明堂西向堂的中间正室。

是月也,养衰老①,授几杖②,行麋粥饮食③。乃命司服具饬衣裳④,文绣有常⑤,制有大小,度有短长⑥。衣服有量,必循其故,冠带有常⑦。命有司申严百刑⑧,斩杀必当⑨,无或枉桡⑩。枉桡不当,反受其殃。

【注】①衰老:老而衰者。 ②几杖:倚靠休息的小矮桌和手杖。古时赐此以示敬老。 ③行:赐。麋粥饮食:粥及其他饮料和食物。麋,通"糜"(mí),即粥。 ④司服:主管服制的官员。具饬:准备并制作停当。衣裳:古代上衣曰衣,下衣曰裳。此指祭服。 ⑤文绣有常:绘饰和刺绣都有固定规格。古代祭服上衣用绘,下衣用绣。 ⑥"制"、"度"二句:指各种祭服的大小长短都要符合祭祀制度要求的规格。 ⑦此三句意谓:各种祭服的穿着有一定标准,必须循从旧制,冠带的佩系也要符合常规。"衣服"、"冠带"皆用为动词。 ⑧有司:指司法部门。百刑:各种刑罚。 ⑨斩杀必当:处死罪必须是罪当其死。 ⑩无或枉桡(náo):不得枉法断罪。桡,义同"枉",弯曲、不直,指执法不公。今用"挠"字。

是月也,乃命宰祝巡行牺牲①。视全具,案刍豢,瞻肥瘠,察物色②,必比类③;量小大,视长短,皆中度④。五者备当⑤,上帝其享⑥。天子乃傩⑦,御佐疾⑧,以通秋气。以犬尝麻⑨,先祭寝庙⑩。

【注】①宰祝:主管祭祀所用牺牲和祭祀礼仪的官员。巡行牺牲:到各处视察用做祭祀牺牲的牲畜。 ②视、案、瞻、察:皆考察之义。全具,指牲体完整而无毁伤的情况。刍豢,指豢养情况;古时祭祀用牲,提前三月专门豢养,喂草者(马牛羊)曰刍,喂谷物者(猪狗)曰豢。肥瘠,肥瘦,祀牲用肥者。物

色,指毛色,不同祭祀对牺牲的毛色有不同要求(如祀上帝须用赤色马等)。　③比类:考校分类。　④中度:合乎要求。　⑤五者备当:指全具、肥瘦、毛色、大小、长短完全适当。　⑥上帝其享:将用于飨祀上帝。　⑦傩:驱除疫鬼的活动。　⑧御佐疾:防止邪病。佐,通"左",邪。天气由暑转凉,则邪气易入而使人得病。　⑨以犬尝麻:以犬为牺牲,举行尝麻礼。麻,参《孟秋纪》篇注。　⑩祭:犹"荐"。参见《仲春纪》篇注。

是月也,可以筑城郭,建都邑①,穿窦窌②,修囷仓③。乃命有司趣民收敛④,务蓄菜⑤,多积聚。乃劝种麦⑥,无或失时,行罪无疑⑦。

【注】①建都邑:指建筑城镇的墙垣。　②窦窌:储藏日用品或粮食的地穴、地窖。窌,同"窖"。　③囷(qūn)仓:粮仓。圆形的叫囷,方形的叫仓。　④趣:通"促",督促。收敛:指秋收。　⑤务蓄菜:一定要储备干菜。　⑥劝:鼓励。　⑦行罪:处罚,指种麦失时则加以处罚。《礼记·月令》此上有"其有失时"四字。

是月也,日夜分①。雷乃始收声②,蛰虫俯户③。杀气浸胜④,阳气日衰,水始涸⑤。日夜分则一度量,平权衡,正钧石,齐斗甬⑥。

【注】①日夜分:白昼和夜晚等长,指秋分。　②收声:渐次消逝其声。③蛰虫俯户:各种冬蛰的动物开始藏伏到它们的洞穴中。户,犹穴。　④浸:渐。　⑤涸:干枯。　⑥以上参见《仲春纪》篇注。一,犹"同"。钧,此处用作重量单位(三十斤)。甬,同"桶"。

是月也,易关市①,来商旅②,入货贿③,以便民事④。四方来杂⑤,远乡皆至,则财物不匮⑥,上无乏用,百事乃遂⑦。凡举事无逆天数⑧,必顺其时⑨,乃因其类⑩。

【注】①易:治,整顿。 ②来:招徕。商旅:行商,流动的商人。 ③货贿:货物。 ④民事:指民间经济活动。 ⑤杂:会聚。 ⑥匮:乏。 ⑦遂:成。 ⑧天数:自然规律。 ⑨时:时令。 ⑩因其类:因万物之别而各尽其用。因,顺从。

行之是令,白露降,三旬①。仲秋行春令,则秋雨不降,草木生荣②,国乃有大恐③。行夏令,则其国旱,蛰虫不藏,五谷复生④。行冬令,则风灾数起⑤,收雷先行⑥,草木早死。

【注】①三旬:见《季春纪》篇注。 ②荣:花。草木凋零季节而开花,大不祥。 ③大恐:大慌乱,人心不安定。一说句中"乃"字当在下"旱"字上。 ④五谷复生:各种庄稼又萌蘖再生。亦非正常现象。 ⑤数(shuò):屡次。 ⑥收雷先行:雷声提前消逝。

论　　威①

二曰　义也者,万事之纪也②,君臣上下亲疏之所由起也③,治乱安危过胜之所在也④。过胜之勿求于他⑤,必反于己。

【注】①论威:论兵威。一说按文义当作"谕威","谕威"即明威。 ②纪:纲纪,根本原则。 ③上下:长幼。句意指等级伦理起于仁义。 ④过胜:犹言趋变求胜。用《易经》"大过"、"小过"二卦以阴阳变化求"过胜"之意。宋林栗《周易经传集解》卷十四:"过之为言过常,以趋变也。危而持之,颠而扶之,拨乱世而反之正,大过之事也。夫人情孰不爱其身而不忍离其亲者,然而见危而授命,临难而致身,至于汤镬糜粉若无所顾恤者,何哉?以为

食人之禄,不得辞其难也。" ⑤过胜之:三字下一说脱"所在"二字,一说脱"道"字。疑以后者为是。

人情欲生而恶死,欲荣而恶辱。死生荣辱之道一①,则三军之士可使一心矣。凡军欲其众也,心欲其一也。三军一心,则令可使无敌矣②。令能无敌者,其兵之于天下也,亦无敌矣。古之至兵,民之重令也③,重乎天下,贵乎天子。其藏于民心,捷于肌肤也④,深痛执固⑤,不可摇荡⑥,物莫之能动⑦。若此,则敌胡足胜矣⑧!故曰:其令强者其敌弱,其令信者其敌诎⑨。先胜之于此,则必胜之于彼矣⑩。

【注】①死生荣辱之道一:指人主治下,握有死生荣辱之权,其对待标准应当一致。照该书的基本理念,树立这一标准的直接保证是赏罚公平,其核心价值则在一个"义"字。赏罚公平,君臣上下皆依义而行,则臣下无功不苟荣,有过不避辱,临难皆置生死于度外,故下谓"三军之士可使一心"。 ②令可使无敌:犹言可使号令之威无敌。 ③至兵:最正义而无敌之兵。重令:重大号令。谓义兵不轻起,起则号令必行,故民重之。 ④捷于肌肤:喻接受号令比之肌肤受触动更为敏感。心之感物须通过肌肤,故作者有此喻。 ⑤深痛执固:痛之深而执之固。此承上句,谓外物触肌肤愈痛,则心执其事即愈固。喻号令深入民心的牢固程度。 ⑥摇荡:摇动。 ⑦物莫之能动:没有什么东西可以动摇它。 ⑧敌胡足胜:取胜敌人又何足道。矣:犹"哉"。 ⑨强、信:谓号令有威,为众所信服。诎:屈服。 ⑩此、彼:分指号令与实战。

凡兵,天下之凶器也;勇,天下之凶德也①。举凶器,行凶德,犹不得已也②。举凶器必杀,杀所以生之也③;行凶德必威,威所以慑之也④。敌慑民生,此义兵之所以隆也⑤。故古之至兵,才民未合而威已谕矣⑥,敌已服矣,岂必用桴鼓干戈哉⑦?故善谕威者,于其未发也,于其未通也⑧,窅窅乎冥冥⑨,莫知其情⑩,此之谓至威之诚⑪。

【注】①凶器、凶德:兵以杀人,故谓之凶器;勇以逼威,故谓之凶德。 ②犹:通"由",由于。 ③杀所以生之:杀危害民众的人,是为了使民众得以生存。 ④威所以慑之:以武力对敌人行威,是为了使敌人恐惧屈服。慑,使……恐惧屈服。 ⑤隆:兴盛。 ⑥才:同"在"。民未合:指尚未起兵。古代寓兵于民,有战事则征调出兵,事毕复归于农。谕:明。句意谓至兵之威,在于兵未起而威已明;若至接敌而始有威,则非至兵之威。 ⑦桴(fú)鼓:鼓槌和鼓,泛指鼓。古时作战,下令进军则击鼓。 ⑧未发、未通:指兵威尚未显现、播行之时。 ⑨窅(yǎo)、冥:皆指隐晦不可测。 ⑩情:真实情况,底细。 ⑪至威之诚:犹言真正的无可匹敌的兵威。诚,实。按:此论义兵之至威,实谓至威寓于至治,至治则号令畅通,兵威不测,无威之名而有威之实,兵未起而威已行。

凡兵,欲急疾捷先①。欲急疾捷先之道,在于知缓徐迟后而急疾捷先之分也②。急疾捷先,此所以决义兵之胜也,而不可久处③。知其不可久处,则知所兔起凫举死殪之地矣④。虽有江河之险则凌之⑤,虽有大山之塞则陷之,并气专精⑥,心无有虑,目无有视,耳无有闻,一诸武而已矣⑦。冉叔誓必死于田侯⑧,而齐国皆惧;豫让必死于襄子⑨,而赵氏皆恐;成荆致死于韩主⑩,而周人皆畏;又况乎万乘之国而有所诚必乎⑪?则何敌之有矣!刃未接而欲已得矣⑫。敌人之悼惧惮恐单荡⑬,精神尽矣,咸若狂魄⑭,形性相离⑮,行不知所之,走不知所往⑯,虽有险阻要塞,铦兵利械⑰,心无敢据⑱,意无敢处⑳,此夏桀之所以死于南巢也⑲。今以木击木则拌㉑,以水投水则散,以冰投冰则沈㉒,以塗投塗则陷㉓,此疾徐先后之势也。

【注】①急疾捷先:言兵贵神速,捷足先登。 ②缓徐迟后:指行动迟缓落后,与急疾捷先相反。而:连词,犹与。 ③不可久处:指速战速决之地不可久留。 ④兔起凫举:像野兔迅起,像野鸭飞走。均指迅速离开。死殙之地:犹言死地。殙,气绝。 ⑤凌:跨越。 ⑥并气专精:屏住气息,专注精神。指一心一意投入战斗。 ⑦一诸武:指心、目、耳全用于勇猛作战。 ⑧冉叔:未详。旧注谓之义士。句意指其发誓与田齐君主拼命。必死,犹言拼命,指刺杀而言。 ⑨豫让:春秋末晋国人。初事范氏、中行氏,后归智伯,得智氏礼遇。及智氏亡,遂漆身吞炭,行乞于市,誓刺杀赵襄子。事不果,被捕,求襄子解衣而拔剑斩之,乃伏剑自刎。参见《不侵》篇。襄子:赵襄子(？—前425)。春秋末晋国正卿。嬴姓,赵氏,名无恤,又称赵襄主。赵简子之子。智氏专权时不从命,起兵与智氏对抗。后联合韩、魏灭智氏,形成"三家分晋"局面。 ⑩成荆:又称成庆。相传为古之勇士,其事未详。 ⑪万乘之国:有万辆兵车实力的大国。诚必:说到做到,必可实现。 ⑫欲:想得到的。 ⑬悼惧惮(dàn)恐单荡:前四字皆为恐惧之义。后二字疑误置,见下条注。 ⑭狂魄:疑上文"单荡"二字当在此二字下。高诱注谓"魄飞荡若狂人",明以"荡"字解"魄"。单,通"瘅(dàn)",病。 ⑮形性相离:犹言魂不附体。 ⑯走:逃。 ⑰铦(xiān):锋利。 ⑱据:指据守险阻要塞。 ⑲处:停留。 ⑳南巢:相传夏桀败亡后,被商汤流放于此地而死。其地不详,今人多以为在今安徽巢县。该书作者盖以为夏桀惮于义兵之威,先自精神崩溃,遂逃于南巢而死,与其被流放之说不同。大约所谓流放初指驱逐,近年出土文献《容成氏》亦谓"桀乃逃之南巢氏"。 ㉑拌:通"判",裂开。此指以木击木,用以击打之木也会裂开。 ㉒投:投击。沈:同"沉"。 ㉓塗:泥巴。按:以上四句喻指用兵打仗非是简单地以兵击兵。言外之意是说,若无出奇制胜的战术,则兵入敌境之后,自厕于敌兵之间而交战,不免如以木击木、以水投水、以冰投冰、以塗投塗,自身也会裂、散、沉、陷。作者认为兵家所讲求的"急疾捷先"之道即因此而造成,亦即《孙子兵法·虚实》篇所说"兵无常势,水无常

形,能因敌变化而取胜者谓之神"之意;但本段中心思想仍在强调"急疾捷先"须以勇敢果决、以死报国的士气为保证,并且只有义兵才能有这样的士气,又从而造成可使敌人闻风丧胆的兵威。

夫兵有大要①,知谋物之不谋之不禁也则得之矣②,专诸是也③。独手举剑至而已矣,吴王壹成④。又况乎义兵,多者数万,少者数千,密其躅路⑤,开敌之塗⑥,则士岂特与专诸议哉⑦!

【注】①兵:用兵。大要:大旨,要旨,主要的指导思想。 ②知谋物之不谋之不禁:此句当脱一"谋"字,即原文当作"知谋物之不谋、谋之不禁"。盖下"谋"字本为重文,后人传抄误脱去其一。物,众人。句意谓能谋划众人通常考虑不到、即使考虑到也不能禁御之计,即可得用兵之大要。 ③专诸:春秋时吴国勇士。吴王僚在位时,以伍子胥推荐事公子光(即阖庐),得善待,遂以身相许。后受公子光指使,趁宴会之机,置匕首于鱼腹中,刺杀吴王僚,他也当场被僚之卫士格杀。按:本篇引此,盖谓专诸行刺以匕首置鱼腹中,其计出人意料,是谓众之"不谋";而其以"必死"报主,不可禁止,是谓谋亦"不禁"。 ④吴王壹成:犹言吴王僚被杀死。壹,通"殪(yì)",死。成,终。全句可译为:专诸只不过一举手而使匕首到位而已,吴王僚便结果了性命。 ⑤密其躅路:指秘密行军于敌境。躅(zhuó),踪迹。路,路线。 ⑥开敌之塗:打通在敌境作战的途径。塗,同"途"。 ⑦末句意为:义兵之士又岂只相当于专诸的义呢! 与,当,相当。议,通"义"。句意实谓专诸之私义不可与义兵之公义相比。

简　　选①

三曰　世有言曰:驱市人而战之,可以胜人之厚禄教卒②;老弱罢民,可以胜人之精士练材③;离散系系,可以胜人之行陈整齐④；锄櫌白梃，可以胜人之长铫利兵⑤。此不通乎兵者之论。今有利剑在此，以刺则不中，以击则不及，与恶剑无择⑥，为是⑦斗因用恶剑则不可。简选精良，兵械铦利⑧，发之则不时，纵之则不当⑨，与恶卒无择，为是，战因用恶卒则不可。王子庆忌、陈年犹欲剑之利也⑩；简选精良，兵械铦利，令能将将之⑪，古者有以王者、有以霸者矣，汤、武、齐桓、晋文、吴阖庐是矣⑫。

【注】①简选：言选拔精良之士（即高素质、能征善战之人），同时兼及兵器的改善与士卒的训练。简，择。　②市人：市场上的人。实指不务农、无固定职业而游手好闲者。驱之以为兵，则必为乌合之众。厚禄教卒：指待遇优厚、经过训练的士卒。　③罢民：疲惫的百姓。罢，通"疲"，犹言体质羸弱。精士练材：经过训练而有较强作战能力的精兵。　④离散係系：指游离散乱的囚徒之兵。战国时各国注重耕战，秦国尤以重法禁止游民，而多发以为兵。係系，绑缚，指囚徒。一说"系"当作"累"，同"缧"。行陈整齐：亦指经过训练而有纪律的军兵。陈，同"阵"。　⑤锄櫌白梃：农具和木棍。櫌（yōu），同"耰"，平整土地时碎土的农具，类似榔头。古时农民合一，农具可兼作兵器。白梃（tǐng），剥去了木皮的棍子。此皆喻兵器之粗劣。长铫利兵：指锋利的金属兵器。铫（yáo），长矛之类。　⑥恶剑：劣剑，不可用者。无择：无别。　⑦为是：为此，因此。　⑧兵械铦（xiān）利：兵器锋利。　⑨"发"、"纵"二句：指发兵时机不对，用兵方向不当。　⑩王子庆忌：春秋时吴王僚之子，以勇力著称。参见《忠廉》篇。陈年：史籍无考。疑为"陈无宇"之误，盖传抄脱"无"字，又误"宇"为"年"。陈无宇即田桓子（参见《长利》篇注），史载其孔武有力。按：此处所举庆忌、无宇二例，意在说明虽勇武的力士犹欲利其兵器。　⑪能将将之：有才干的将领统率之。　⑫汤、武、齐桓、晋文、吴阖庐：均见《当染》篇注。

殷汤良车七十乘，必死六千人①，以戊子战于郕②，遂禽推移、大牺③;登自鸣条④,乃入巢门⑤,遂有夏⑥。桀既奔走,于是行大仁慈⑦,以恤黔首⑧;反桀之事⑨,遂其贤良⑩,顺民所喜,远近归之,故王天下。

【注】①乘(shèng):辆。必死:誓死战斗之士。 ②戊子:日名,相传为商汤打败夏桀的日期。郕(chéng):古国名、邑名,在今山东宁阳东北。③禽:同"擒"。推移、大牺:又作推哆、大戏等,相传为夏桀之臣。当是皆为力士之名。 ④登自鸣条:犹言追至鸣条。登,乘,追逐。鸣条,古地名,为商汤打败夏桀的主要地点。其地一说在今山东定陶西,一说在今山西夏县西北;与郕地比较,似以前说为是。 ⑤巢门:疑指巢邑之门。或其时有北巢、南巢,桀再败于北巢而逃南巢。近年出土文献《容成氏》作"高神之门",当即巢门。 ⑥有夏:占领了夏都。指取代了夏王朝。 ⑦行大仁慈:指商汤大行惠政。 ⑧恤黔首:存抚百姓。 ⑨反桀之事:拨桀之乱政而归之正。⑩遂:荐举。

武王虎贲三千人①,简车三百乘②,以要甲子之事于牧野③,而纣为禽④。显贤者之位⑤,进殷之遗老,而问民之所欲;行赏及禽兽⑥,行罚不辟天子⑦;亲殷如周⑧,视人如己,天下美其德,万民说其义⑨,故立为天子。

【注】①武王:周武王。虎贲:古代用为勇士之称。言其勇猛有如奔虎逐兽。 ②简车:大车。简,通"侗",大。实指甲士乘驱的坚车。 ③要:通"邀",约,约定。甲子之事:指武王率兵于甲子之日发起的牧野之战。事,指战役。牧野:见《古乐》篇注。 ④禽:同"擒"。 ⑤显:指授予官位。⑥行赏及禽兽:形容其恩德泽及万物。 ⑦辟:通"避"。句意实指诛殷纣王而言。 ⑧亲殷如周:亲近殷人如周人。 ⑨说:通"悦"。

齐桓公良车三百乘,教卒万人,以为兵首①,横行海内,天下莫之能禁②。南至石梁③,西至酆郭④,北至令支⑤；中山亡邢⑥，狄人灭卫⑦，桓公更立邢于夷仪，更立卫于楚丘。

【注】①兵首：犹言主力、先锋。　②禁：犹言抵御。　③石梁：地名。约在今安徽天长境内。　④酆郭：当作"酆鄗"，即酆镐。古字"郭"亦可通"鄗"。酆、镐均曾为西周都城，在今陕西西安市西南，酆位于沣河以西，镐在酆的东北方向。　⑤令支：春秋时山戎属国。约在今河北滦县、迁安一带，公元前664年为齐桓公所灭。　⑥中山：春秋战国时国名。本称鲜虞，为白狄别支所建，在今河北正定东北，春秋晚期改称中山。战国初都于顾（今河北定县），公元前406年曾为魏所灭。约在前378年前后复国，前296年最后为赵所灭。一说自公元前414年中山武公即位后，其国已为新建的姬姓诸侯国，而非是旧有的白狄之国。邢：古国名。周初周公之子分封所建，在今河北邢台。公元前662年为狄人所攻。前659年，齐桓公率诸侯助邢迁于夷仪（今山东聊城西南）。按：其事在鲜虞改称中山之前，此言"亡邢"者当称鲜虞。⑦狄人灭卫：详见《忠廉》篇及注。

晋文公造五两之士五乘①，锐卒千人，先以接敌，诸侯莫之能难②。反郑之埤③，东卫之亩④，尊天子于衡雍⑤。

【注】①五两之士五乘："五两"即"伍两"，"五乘"疑当作"五十乘"。古籍引《司马法》："五十乘为两，百二十乘为伍。"句意盖指晋文公按"伍两"编制，造战车五十辆（一"两"），以乘其精锐甲士。若按常规，以每车乘甲士二人计，则五十乘共有甲士一百人。每乘随从步卒二十人，故下言"锐卒千人"。②难：犹敌，抵抗。　③反郑之埤：谓推倒郑国都城城墙上的矮墙。反，犹"扳"，扳倒。埤，同"陴"，城墙上的矮墙，有孔可瞭望。事在晋文公七年（前630）。　④东卫之亩：使卫国的田垄尽改为东西向。东，动词。按：此当是晋楚城濮之战前事，意在晋人便于东向进兵及行车，但当时卫人是否曾听命，史载不详。　⑤尊天子于衡雍：晋文公四年（前633），晋楚城濮之战，楚大败，晋一举称霸，遂招周襄王及诸侯会盟于衡雍（在今河南原阳西南），时称践土之盟（践土为衡雍邑的属地）。其时各大诸侯国在名义上仍尊周王室，故此以

"尊天子"为言。

吴阖庐选多力者五百人，利趾者三千人①，以为前陈②，与荆战③，五战五胜，遂有郢④。东征至于庳庐⑤，西伐至于巴蜀⑥，北迫齐、晋⑦，令行中国⑧。

【注】①利趾：犹言捷足，谓善战先登者。　②陈：同"阵"。　③荆：楚国。　④有郢：占领郢都。郢（yǐng），楚国都城，在今湖北江陵西北。阖庐九年（前506）伐楚，楚昭王出亡，吴军入郢。　⑤庳庐：疑即伊庐，在今江苏灌云东北。　⑥巴蜀：当是泛指今鄂西、渝东一带。吴军伐楚时，曾至汉水以西。　⑦迫：逼近。　⑧中国：中原。

故凡兵势险阻，欲其便也①；兵甲器械，欲其利也；选练角材②，欲其精也；统率士民，欲其教也③。此四者，义兵之助也。时变之应也不可为，而不足专恃，此胜之一策也④。

【注】①便：有利。　②角材：出众人才。指有武艺、能勇战之士。古人形容人才出众如动物之角竖立，故谓之"角材"。　③教：犹言训练有素。④"时变"以下意为：有时形势变化的征象显示不可为，但这些征象不足以成为决定用兵的单独依据，这也是取胜的一种策略。言外之意，义兵行义，又有"四助"，只要发挥能动性，而不是被动地因应，其看似不可为者亦可为之。

决　　胜

四曰　夫兵有本干①：必义，必智，必勇。义则敌孤独，敌孤独则上下虚②，民解落③；孤独则父兄怨④，贤者诽⑤，乱内作⑥。智则知时化⑦，知时化则知虚实盛衰之变,知先后远近纵舍之数⑧。勇则能决断,能决断则能若雷电飘风暴雨,能若崩山破溃,别辨霣坠;若鸷鸟之击也,搏攫则殪,中木则碎⑨。此以智得也⑩。

【注】①本干:根干、根本,指基础性的因素。 ②孤独:犹今言孤立。孤立则无援,即所谓"失道寡助"。上下虚:君臣上下皆内心空虚,意气全失,束手无策。 ③解落:解体散落,指民众逃亡。 ④孤独则父兄怨:此六字疑本为传抄者对"民解落"三字所加的注,而后来混入了正文。注者意谓国家孤立则父兄亲党皆怨恨,故致民众离散。 ⑤诽:被毁谤。为被动用法。 ⑥乱内作:内乱兴起。 ⑦时化:时变,时事的发展趋势。 ⑧先后远近纵舍:此皆指用兵的谋略而言。先后指用兵时机,远近指用兵对象(如远交近攻),纵舍指用兵过程中的发动进攻或弃攻转移。数:通"术",指手段、策略。 ⑨以上自"勇"字以下当有传抄错乱。疑原文当作:"勇则能决断,能决断则若雷电飘风暴雨也崩山破溃,若别辨(?)霣坠也中木则碎,若鸷鸟之击也搏攫则殪。""溃"、"碎"、"殪"三字为韵。飘风,犹今言龙卷风。崩山破溃,指迅飙风暴雨崩塌山体、破坏巨水堤防而溃决之。别辨霣坠,"别辨"二字当误,疑"别"字原作"孛","辨"则读作"变"。"孛变"指彗星之变,或后人于"孛"字下注"北"(背)字以标读音,而"北"字混入正文后讹作"别",反而又删去原文"孛"字。"霣坠"即陨石坠落,"霣"同"陨"。中木则碎,指陨石击中树木则树木破碎。此四字若置于"鸷鸟"句下则不可解,鸷鸟实不能击碎树木。鸷鸟,猛禽。搏攫,搏杀攫取。殪,死,指被猛禽搏攫之鸟兽丧命。以上皆是对"勇"的形容,而本篇言"决胜",故下文重点谈"勇"。 ⑩此以智得也:一说当作"此以义勇智得也"七字。按:此段文字之错乱,可能由于古本有脱简,而后人又据不可靠的传本抄补造成。按文义,上面分谈义、智、勇,然后应有总括语。

夫民无常勇,亦无常怯。有气则实①,实则勇;无气则虚,虚则怯。怯勇虚实,其由甚微,不可不知②。勇则战,怯则北③。战而胜者,战其勇者也;战而北者,战其怯者也。怯勇无常,儵忽往来,而莫知其方④,惟圣人独见其所由然。故商、周以兴,桀、纣以亡。巧拙之所以相过⑤,以益民气与夺民气⑥,以能斗众与不能斗众⑦。军虽大,卒虽多,无益于胜;军大卒多而不能斗,众不若其寡也。夫众之为福也大,其为祸也亦大。譬之若渔深渊⑧,其得鱼也大,其为害也亦大⑨。善用兵者,诸边之内⑩,莫不与斗⑪,虽厮舆白徒⑫,方数百里,皆来会战⑬,势使之然也⑭。幸也者⑮,审于战期⑯,而有以羁诱之也⑰。

【注】①有气则实:有士气则精神饱满。实,充实,犹言饱满。其反面是"虚",指无士气而情绪低落。 ②此句意谓:造成怯懦、勇敢、空虚、充实的原因往往甚为隐蔽而不显,不可不察知。微,隐。 ③北:败而逃走。 ④此三句意谓:怯和勇都不是固定不变的,二者的转换在一刹那,谁也不知道其中的道理。儵(shū)忽,亦作倏忽,指分秒之间。往来,犹出入,指怯勇出入于心。方,犹道。 ⑤巧拙:指用兵的善与不善。相过:犹言相差甚远。《易经·大过》孔颖达疏:"相过者,谓相过越之甚也。" ⑥益:使增强。夺:使丧失。 ⑦斗众:使民众能战斗。按:依文义,此句下当重"不能斗众"四字。 ⑧渔深渊:捕鱼于深渊。 ⑨为害:指渊深鱼大则有大风浪为害。古人以为深渊中的大鱼能兴风作浪。 ⑩诸边之内:四方边境之内,指全国各地。 ⑪与斗:参加战斗。指全民皆兵,人皆能战。 ⑫厮舆:奴仆。奴仆无民籍,通常不负担兵役。白徒:没有受过军事训练的人。 ⑬会战:聚集参战。 ⑭势:气势。 ⑮幸:依上下文当作"势"。盖字残而讹。 ⑯审于战期:周密地考虑战争目的。期,期望。 ⑰有以羁诱之:有以控制和引导它。之,承上文"势使之"之"之"字而言,指兵民之士气。句意谓动用能斗之众,对于士众好勇求战的气势和情绪,要审察战事全局,适当加以控制和引导,否则不但不能得其福,反而会酿成大祸。

凡兵,贵其因也①。因也者,因敌之险以为己固,因敌之谋以为己事。能审因而加胜,则不可穷矣②。胜不可穷之谓神③,神则能不可胜也④。夫兵贵不可胜⑤,不可胜在己,可胜在彼⑥。圣人必在己者⑦,不必在彼者,故执不可胜之术,以遇不胜之敌⑧,若此则兵无失矣。凡兵之胜,敌之失也。胜失之兵⑨,必隐必微,必积必抟⑩。隐则胜阐矣,微则胜显矣,积则胜散矣,抟则胜离矣⑪。诸搏攫柢噬之兽⑫,其用齿角爪牙也,必托于卑微隐蔽⑬,此所以成胜。

【注】①因:假借、利用之义,即下文所说因敌之用以为己用。 ②疑此句当作:"能因而加审,则胜不可穷矣。"意谓能因敌之用以为己用,而又更加审慎,则取胜的机会便不可穷尽。 ③神:出神入化,用兵如神。 ④不可胜:指自身不可被他人战胜。三字上"能"字或疑为衍字。 ⑤贵不可胜:此四字上,《太平御览》卷二百二十五所引有"不贵胜"三字及"而"字,意义较完整。谓用兵之可贵不在一时之胜利,而在自身不可被战胜。 ⑥此二句是说:自身不可被战胜全在自己,而可以战胜敌人则还取决于对方的因素。 ⑦必:动词,犹今言保证。 ⑧遇:对,与……交战。不胜:依上下文意,当作"可胜"。 ⑨胜失之兵:战胜有过失的敌兵。 ⑩隐、微、积、抟:秘密(指保密)、隐蔽、聚集、团结。抟,通"团"。 ⑪此四句可译为:能秘密行动就能战胜张扬的敌军,能善于隐蔽就能战胜暴露的敌军,能集中兵力就能战胜分散的敌军,能团结一心就能战胜离心离德没有凝聚力的敌军。阐,开,公开。 ⑫搏攫柢噬:指野兽攻击时的扑、抓、抵、咬。柢,通"觝"、"牴",今用"抵"字,指有角之兽以角抵犯。噬,咬。 ⑬卑微:亦隐蔽之义。卑,低,伏下身子。

爱 士①

五曰 衣人以其寒也②,食人以其饥也③。饥寒,人之大害也④;救之,义也⑤。人之困穷⑥,甚如饥寒⑦,故贤主必怜人之困也,必哀人之穷也。如此则名号显矣⑧,国士得矣。

【注】①爱士:按标题之意,本应是指关爱士民,然本篇主旨偏在怎样才能得到为人主尽死忠的"国士",立论较狭。旧校云"一作慎穷",乃取文中"怜人之困"、"哀人之穷"之意。 ②衣(yì):给……衣穿。 ③食(sì):给……饭吃。 ④害:忧患。 ⑤义:据高诱注,此字上原有"大"字。 ⑥困穷:处于困境。"困"、"穷"二字同义。 ⑦如:当作"于"。 ⑧名号:名声。

昔者秦缪公乘马而车为败①,右服失而埜人取之②。缪公自往求之③,见埜人方将食之于岐山之阳④。缪公叹曰:"食骏马之肉而不还饮酒⑤,余恐其伤女也⑥。"于是徧饮而去⑦。处一年,为韩原之战⑧,晋人已环缪公之车矣⑨,晋梁由靡已扣缪公之左骖矣⑩,晋惠公之右路石奋投而击缪公之甲⑪,中之者已六札矣⑫。埜人之尝食马肉于岐山之阳者三百有余人,毕力为缪公疾斗于车下⑬,遂大克晋,反获惠公以归。此《诗》之所谓曰"君君子则正,以行其德;君贱人则宽,以尽其力"者也⑭。人主其胡可以无务行德爱人乎⑮?行德爱人则民亲其上,民亲其上则皆乐为其君死矣。

【注】①秦缪公:即秦穆公,见《尊师》篇注。乘(shèng)马而车为败:以四马驾一车而车出了毛病。乘,一车四马,此用为动词。为败,犹言有败。 ②右服:指驾辕的两马中在右边的一匹。古代的车为单辕,辕的前端有横木,在辕的两边直接靠横木驾车的两匹马称为"服"。若是驷车,则在辕马所驾的横木外侧另加两匹马,以拉车的皮绳直接系于车轴上,称为"骖"。失:通"逸",跑掉了。埜人:同"野人",乡下人。取:捉到而占有之。 ③求:寻找。 ④阳:山南。 ⑤还:通"旋",随。句意指不随吃随饮。 ⑥女:同"汝",你

们。　⑦徧饮(yìn)：给他们每人都喝了酒。徧，同"遍"。饮，给……喝。　⑧韩原之战：秦穆公十五年(前645)秦、晋之间的一场战争。先是，晋惠公即位，已因食言结怨于秦。及晋国发生饥荒，秦尚卖粮给晋；而次年秦国亦饥，晋国乃不肯卖粮给秦。秦穆公大怒，发兵攻晋，战于韩原(今陕西韩城西南)，晋兵大败，惠公被俘。　⑨环：包围。　⑩梁由靡：晋大夫。韩原之战时为晋惠公驾车，亦被俘。扣缪公之左骖：抓住了秦穆公所乘车的左边马的缰绳。　⑪晋惠公(？—前637)：春秋时晋国君主。姬姓，名夷吾，献公之子。献公死后，借秦国支持即位。韩原之战时为秦所俘，不久被放回。前后在位14年。右：车右，立车厢右部担任护卫的武士。路石：人名，其事不详。投：一说当作"殳"，即殳，一种竹制的长兵器，前端有棱而尖锐，但无金属刃，使用时主要靠撞刺。　⑫六札：六层甲片。札，铠甲上的金属叶片。按：古时铠甲叶片多重叠为七层，此言中之六札，当是指六层甲片已有脱落。　⑬疾斗：急切搏斗。　⑭此处所引诗句不见于今本《诗经》。大意是说：为人主者对有身份的人则严格要求，以用其德才；对地位卑下的人则宽容对待，以使其尽力。正，犹端正、严肃。行，犹用。二句之首的"君"字均以名词作动词用，直译为"为……作君主"，意译则犹今言管理。又，引诗上"曰"字当衍。　⑮胡：何，疑问代词。无：犹"毋"，不。

　　赵简子有两白骡而甚爱之①。阳城胥渠处广门之官②，夜款门而谒曰③："主君之臣胥渠有疾，医教之曰：'得白骡之肝，病则止；不得则死。'"谒者入通④。董安于御于前⑤，愠曰："嘻！胥渠也，期吾君骡，请即刑焉。"⑥简子曰："夫杀人以活畜，不亦不仁乎？杀畜以活人，不亦仁乎？"于是召庖人杀白骡⑦，取肝以与阳城胥渠。处无几何⑧，赵兴兵而攻翟⑨，广门之官左七百人、右七百人，皆先登而获甲首⑩。人主胡可以不好士？

【注】①赵简子(？—前475)：春秋末晋国正卿。嬴姓，赵氏，名鞅，又称

赵简主。晋定公时为卿,灭范氏、中行氏,私家势力日强,与智、韩、魏三家共执晋政。　②阳城胥渠:赵简子家臣。复姓阳城,名胥渠。处广门之官:做防守广门的官吏。广门,当是赵国要塞名,其官有左、右之分(参见《子华子》)。③款门:扣赵都城门。谒:告,报告。　④谒者:掌传达的官吏。入通:入内通报。　⑤董安于(?—前496):"安"或作"阏"。赵简子家臣。曾受简子之命筑晋阳城,并预料范氏、中行氏将为争权作乱,劝简子早作防备。后在范氏、中行氏作乱失败后,被诸家贵族中势力最大的智氏疑为作乱者同党,遂逼赵简子杀之。御:侍奉。　⑥愠(yùn):怒。譆:同"嘻",叹词。期:希望得到。刑焉:犹言杀之(指杀胥渠)。　⑦庖人:厨师。　⑧处无几何:过了没多久。⑨翟:通"狄",北方少数民族名。　⑩先登:争先进击登城。甲首:敌方甲士的首级。古时作战以获敌首的多少评定战功,尤以获甲首者为优。

凡敌人之来也,以求利也。今来而得死,且以走为利①。敌皆以走为利,则刃无与接②。故敌得生于我,则我得死于敌;敌得死于我,则我得生于敌③。夫得生于敌④,与敌得生于我,岂可不察哉?此兵之精者⑤,存亡死生决于知此而已矣。

【注】①且:将。走:逃跑。　②刃无与接:无从交兵。　③得:犹今言将会。按:此四句皆以胜败言之,意谓凡胜者则得生,败者则得死。　④此处"夫"字下当有"我"字。　⑤兵之精:用兵的精髓。意指以决死求胜方得生,因求生而败北则得死,是为用兵的基本道理。

卷九　季秋纪第九

季　秋　纪

一曰　季秋之月①,日在房②。昏虚中③,旦柳中④。其日庚辛,其帝少皞,其神蓐收。其虫毛。其音商,律中无射⑤。其数九。其味辛,其臭腥。其祀门,祭先肝。

【注】①季秋:指秋季第三月,即夏历九月。　②房:星宿名。二十八宿之一,为东方第四宿,共有四星。　③虚:星宿名。二十八宿之一,为北方第四宿,共有二星。　④柳:星宿名。见《季夏纪》篇注。　⑤无射(yì):十二律之一。属阳律,大致相当于现代音乐上的定音A。

候雁来,宾爵入大水为蛤①。菊有黄华②,豺则祭兽戮禽③。

【注】①宾爵(què):"宾"字疑衍,《夏小正》及《国语·晋语九》皆云"雀入于海为蛤",无此字。爵,通"雀"。大水:指海。　②黄华:黄花。　③豺:似狼而体形较小的凶猛野兽。祭兽:指其捕兽而陈之。戮禽:犹言杀兽。

天子居总章右个①。乘戎路,驾白骆。载白旗,衣白衣，服白玉。食麻与犬，其器廉以深。

【注】①总章右个：明堂西向堂的右侧室。

是月也，申严号令，命百官贵贱无不务入①，以会天地之藏②，无有宣出③。命冢宰农事备收④，举五种之要⑤；藏帝籍之收于神仓⑥，祗敬必饬⑦。

【注】①百官贵贱：指各级官员及所有等级的人。无不务入：一律从事秋收。入，同"纳"。　②会：会合。天地之藏：古人以为天气、地气至季秋始藏。③宣出：宣泄散出。　④冢宰：百官之首，犹后世宰相。备收：犹完成。⑤五种：指五谷。要：大概。句意指列举收成情况汇录于账簿。　⑥帝籍之收：天子籍田上的收入。籍田，见《孟春纪》篇注。神仓：收藏祭祀所用谷物的仓房。　⑦祗敬必饬：指整理神仓也必定要修谨恭敬的态度。祗(zhī)，恭敬。

是月也，霜始降则百工休①。乃命有司曰："寒气总至②，民力不堪③，其皆入室。"上丁入学习吹④。

【注】①百工休：以天气渐冷，涂漆等效果不佳，乃停止作器。　②总：猝然，突然。　③不堪：不能承受。　④上丁入学习吹：本月上旬丁日入太学练习吹乐。《礼记·月令》"上丁"下有"命乐正"三字。

是月也，大飨帝①，尝②，牺牲告备于天子③。合诸侯④，制百县⑤，为来岁受朔日⑥；与诸侯所税于民⑦，轻重之法、贡职之数以远近土地所宜为度⑧。以给郊庙之事⑨，无有所私⑩。

【注】①大飨帝：举行祭祀上帝的大礼。　②尝：秋祭之总名。此指遍祭

群神。　③此句意谓:在各种祭祀所用的牺牲备齐之后,将所有情况都报告天子。　④合诸侯:会见诸侯。　⑤制百县:向天子畿内各县发布命令。　⑥受朔日:指颁布年历。受,通"授"。朔日,指明年正月初一。古人习称颁朔,实指授受年历。按:此言颁朔在九月,或受到秦以十月为岁首的影响,古时未必如此。　⑦与:通"举",犹凡,凡是。　⑧贡职:各按职分向天子承担的贡纳。句意谓诸侯取税于民的轻重多少及贡纳之数,相关规定都以地理远近及土地情况所适宜者为标准。　⑨郊庙之事:指郊祀(祭天)、庙祀(祭祖),泛指各种祭祀。　⑩无有所私:指按规定办理,不得私自改变标准。

　　是月也,天子乃教于田猎①,以习五戎②。獀马③,命仆及七驺咸驾④,载旌旐与⑤,受车以级,整设于屏外⑥;司徒搢扑⑦,北向以誓之⑧。天子乃厉服厉饬⑨,执弓操矢以射。命主祠祭禽于四方⑩。

【注】①教于田猎:以打猎形式教习武事。田猎,亦简称"田",狩猎于野外之称。　②五戎:指五兵,五种兵器。一说指戈、殳、戟及两种矛,皆为长兵器;一说指矛、戟、斧、盾、弓矢;又或说指矛、戟、弓、剑、戈。　③獀马:检阅马匹。獀,通"蒐"、"搜"。疑"獀"字当重,即原文本作"獀獀马",上"獀"字通"蒐",下"獀"字为形容词,指挑选检阅秋猎马匹。《玉篇》:"獀,秋猎也。"　④仆:此指田仆,主管狩猎时驾车之官。七驺:主管马匹及骑从之官。　⑤载旌旐与:车上插各种旗帜。旌,同"旌",饰牦牛尾及五彩羽的旗子。旐(zhào),绘龟蛇的旗子。与,通"旟",绘鹰隼的旗子。　⑥此二句意谓:按驾车者的等级授以车辆,整齐排列于屏垣之外。受,通"授"。屏,天子宫廷门外的矮墙(在外的照壁)。疑此实指教场门外的照壁。　⑦司徒:官名。周时为六卿之一,掌土地、治民等,兼掌教化。搢扑:将教鞭插在腰带上。扑,"支(pū)"字之变体,指教鞭。古时以荆条等制为鞭状物用作刑具,亦用于教学中的轻微处罚。　⑧誓:主持宣誓,告诫。因司徒掌教化,故习武仪式亦由其主持。　⑨厉服厉饬:犹言戎服戎饰,一身兵装打扮。厉,威猛。饬,通"饰"。　⑩主祠:掌祭祀之官。祭禽于四方:祭祀四方禽兽。以其为狩猎对象而报其

功。

是月也,草木黄落,乃伐薪为炭①。蛰虫咸俯在穴②,皆墐其户③。乃趣刑狱④,无留有罪⑤。收禄秩之不当者、共养之不宜者⑥。

【注】①伐薪为炭:砍伐木柴烧炭。 ②咸:皆。俯:藏伏。 ③墐其户:用泥巴封堵其穴口。 ④趣:通"促",督促。刑狱:指刑事处理。 ⑤无留有罪:指不留积案,当判罪者皆结案。 ⑥共:通"供"。句意当是指收缴与当事人的等级身份和地位不相当的俸禄官爵及供养之物。

是月也,天子乃以犬尝稻①,先荐寝庙②。

【注】①以犬尝稻:以犬为牺牲,举行尝新稻之礼。 ②先荐寝庙:参见《仲春纪》篇注。

季秋行夏令,则其国大水,冬藏殃败①,民多鼽室②。行冬令,则国多盗贼,边境不宁,土地分裂③。行春令,则暖风来至,民气解堕④,师旅必兴⑤。

【注】①冬藏殃败:指过冬的储备因灾殃而不能完成。 ②鼽(qiú)室:鼻塞不通。 ③土地分裂:指国土为邻国所侵蚀。 ④解堕:即"懈惰"。 ⑤师旅必兴:犹言兵役必起。民懈怠则易为他国所乘,故必有兵役之征,以成师旅。

顺　　民

二曰　先王先顺民心,故功名成。夫以德得民心以立大功名者①,上世多有之矣②;失民心而立功名者,未之曾有也③。得民必有道④。万乘之国,百户之邑,民无有不说⑤,取民之所说而民取矣⑥。民之所说岂众哉?此取民之要也⑦。

【注】①以德:按上下文意及句法,此二字当是衍文。 ②上世:上古之世。 ③未之曾有:此为宾语置前句,即"未曾有之"。 ④得民必有道:谓得民心必有其途径。疑"民"下脱"心"字,或"必"为"心"字之误。 ⑤无有不说:一说当作"无不有所说",疑是,下二句中"民之所说"实皆承此而言。说,通"悦"。所悦即所喜欢的事,指愿望和要求。 ⑥民取:直译为民被取。上"取民之所说"之"取"字可释为采取实行;此"民取"之"取"字乃被动用法,意指被拥有,获得……拥护。 ⑦末二句文义不顺,疑"岂"下当有"不"字。意为:民众的愿望和要求难道不是有很多吗?这里说的是获得民众拥护的要点(即获取民心)。

昔者汤克夏而正天下①,天大旱,五年不收。汤乃以身祷于桑林②。曰:"余一人有罪③,无及万夫④。万夫有罪,在余一人。无以一人之不敏⑤,使上帝鬼神伤民之命。"于是翦其发⑥,郦其手⑦,以身为牺牲,用祈福于上帝。民乃甚说⑧,雨乃大至,则汤达乎鬼神之化⑨、人事之传也⑩。

【注】①正:君临,统治。 ②桑林:商汤时社祠所在地,在其都城外。周时宋国社祠亦称桑林之社。 ③余一人:古时天子自称。 ④万夫:指天下人,犹言百姓。 ⑤不敏:自谦之词,犹言不才。 ⑥翦:同"剪"。古代剪去头发也是一种刑罚。 ⑦郦:通"枥(lì)",古代夹手指的一种刑具。 ⑧说:通"悦"。 ⑨达:通。化:变。 ⑩传:犹转,转移。

文王处岐①,事纣冤侮雅逊②,朝夕必时③,上贡必适④,祭祀必敬⑤。纣喜,命文王称西伯⑥,赐之千里之地⑦。文王载拜稽首而辞曰⑧:"愿为民请炮烙之刑⑨。"文王非恶千里之地⑩,以为民请炮烙之刑⑪,必欲得民心也。得民心则贤于千里之地⑫,故曰文王智矣。

【注】①岐:指岐山下周原,周人迁居之地。在今陕西岐山县。 ②冤侮雅逊:受到冤枉侮辱而仍然甚为恭顺。冤侮,相传周文王曾被殷纣王拘于羑里(在今河南汤阴)。雅,甚。逊,顺。 ③时:通"是",如此。代指上句"雅逊"。 ④上贡必适:指贡进物品无不合纣王之意。一说"上贡"当作"贡士"。 ⑤祭祀必敬:指祭祀商殷先王。近年出土的周原甲骨文有祭祀商汤等记录。 ⑥西伯:"伯"为诸侯爵称的一种。因周人处西部地区,故称文王为"西伯"。 ⑦千里之地:古时多用以指称较大诸侯国。文王时,周人名义上臣属于商,故其领地亦以受封而言"赐"。 ⑧载拜:同"再拜"。稽(qǐ)首:双膝跪地、双手合拢按地而以头触地的最恭敬礼节。辞:指推辞受封土地。 ⑨炮(páo)烙:古代的一种酷刑。依古籍所记,其法实有两种:一种是以铜制的格子置于炭火之上,以受刑者加于格子之上而烤之,犹如烤兽肉,故"炮烙"又作"炮格";另一种则以炭火加热支起的铜柱,使人在铜柱上行走,坠入火中而死。相传此刑为殷纣王所创。此处句意指文王请求不受所封土地,以换取纣王废除炮烙之刑。 ⑩恶(wù):不喜欢。 ⑪以:而。 ⑫贤于:胜过。

越王苦会稽之耻①,欲深得民心,以致必死于吴②。身不安枕席,口不甘厚味③,目不视靡曼④,耳不听钟鼓。三年苦身劳力,焦唇干肺⑤。内亲群臣,下养百姓,以来其心⑥。有甘脆不足分⑦,弗敢食;有酒流之江⑧,与民同之。身亲耕而食,妻亲织而衣。味禁珍⑨,衣禁袭⑩,色禁二⑪。时出行路,从车载食⑫,以视孤寡老弱之渍病困穷、颜色愁悴不赡者⑬,必身自食之⑭。于是属诸大夫而告之曰⑮:

"愿一与吴徼天下之衷⑯。今吴、越之国相与俱残⑰,士大夫履肝肺同日而死⑱,孤与吴王接颈交臂而偾⑲,此孤之大愿也。若此而不可得也,内量吾国不足以伤吴⑳,外事之诸侯不能害之㉑,则孤将弃国家,释群臣㉒,服剑臂刃㉓,变容貌,易名姓,执箕帚而臣事之㉔,以与吴王争一旦之死㉕;孤虽知要领不属㉖,首足异处,四枝布裂㉗,为天下戮㉘,孤之志必将出焉㉙。"于是异日果与吴战于五湖㉚。吴师大败,遂大围王宫㉛,城门不守,禽夫差㉜,戮吴相㉝。残吴二年而霸㉞,此先顺民心也。

【注】①越王:指句(勾)践。见《当染》篇注。苦:为……所苦。会稽之耻:指越国几为吴王夫差所灭而被迫投降之事。会(guì)稽,山名,在今浙江绍兴东南。此用以浑言越国所在地。句践投降吴国后,卧薪尝胆于会稽山。②致必死于吴:犹言誓与吴国拚死。致,送,达到。③甘:觉得甜美。厚味:指美味。④靡曼:指美色。⑤焦唇干肺:见《禁塞》篇"单唇干肺"注。⑥来:犹"徕",招。别本或作"求"。⑦甘脆:美食。脆,同"脃"。⑧有酒流之江:相传句践曾将酒倒入江中,以示与民同饮。⑨味禁珍:不吃山珍海味。⑩衣禁袭:衣服不穿两重。喻简朴。袭,重叠。⑪色禁二:凡衣饰等不用两种颜色。喻禁止奢侈。⑫从车:随从车辆。⑬视:探望。之:连词,犹和、与。溃病困穷:因有病而穷困者。颜色愁悴不赡者:因食物不足而脸色憔悴者。不赡,不给、不足;此二字通"以视"下各种情况而言。⑭身自:亲自。食(sì):给……吃。⑮属(zhǔ):聚集。⑯徼天下之衷:当作"徼天之衷","下"字衍。意谓与吴国争天命,即决一死战以定存亡之意。徼,通"邀",求。衷,善,指天之所善,犹言天命所归。⑰今:当作"令",使。相与:彼此。残:残破、毁灭。⑱履肝肺:喻肝脑涂地而任人踩踏。亦决死之意。⑲孤:古代君主自称。接颈交臂:指肉搏。偾(fèn):僵仆。⑳内:以国内言之。量:衡量,估计。㉑之:用法同"于"。害:损害,使之衰落。㉒释:弃。㉓服剑臂刃:佩剑持刀。㉔执箕帚:犹言掌洒扫。臣事之:当

奴仆去侍奉他(吴王)。　㉕争一旦之死:指乘机在某一天与吴王决斗(意谓刺杀)。　㉖要领不属(zhǔ):指腰斩与斩首之刑。要,古"腰"字。领,脖颈。属,连。　㉗四枝:同"四肢"。布裂:散裂。指车裂之刑。　㉘戮:辱。　㉙出:出行。句意谓若战败而出为吴王之奴,虽知可能会谋败而遭酷刑杀身,亦决计成行。　㉚异日:他日,此后。五湖:泛指太湖流域诸湖泊,在今江苏省南部。　㉛王宫:指夫差于姑苏山上所建王城。在今江苏苏州西南。㉜禽:同"擒"。夫差:见《当染》篇注。　㉝戮:诛死。吴相:指太宰嚭,见《当染》篇注。　㉞残:灭。

　　齐庄子请攻越①,问于和子②。和子曰:"先君有遗令曰③:'无攻越,越猛虎也。'"庄子曰:"虽猛虎也,而今已死矣。"和子曰以告鸮子④,鸮子曰:"已死矣,以为生⑤。"故凡举事,必先审民心,然后可举。

【注】①齐庄子:即田庄子。战国时齐国大臣。田氏,名白(亦作伯),田常之孙。齐宣公时为相。　②和子:即田和(?—前383年)。田庄子之子。继其父为齐相,先后事宣公、康公。康公十九年(前386),取代康公为诸侯,得周天子承认,为田齐第一位国君。　③先君:指田常。　④鸮子:不详。或说即鸱夷子皮,曾为田常仆从,宣公时为老臣。又,句中"曰"字当衍。　⑤鸮子之言是说:越国这只猛虎虽已死了,但人们以为它还活着。意谓齐人尚畏于越国民气,不欲攻越。

<h2 style="text-align:center">知　　士</h2>

　　三曰　今有千里之马于此,非得良工①,犹若弗取②。良工之与马也,相得则然后成③,譬之若桴与鼓④。夫士亦有千里,高节死义,此士之千里也。能使士待千里者⑤,其惟贤者也。

【注】①良工：此指善相马者。　②犹若：犹然，尚且。　③相得：相互配合协调。成：成各自之名。　④枹(fú)：鼓槌。　⑤待：备，犹言在……之列。

静郭君善剂貌辨①。剂貌辨之为人也多訾②，门人弗说③。士尉以证静郭君④，静郭君弗听，士尉辞而去。孟尝君窃以谏静郭君⑤，静郭君大怒曰："划而类⑥！揆吾家，苟可以傔剂貌辨者，吾无辞为也⑦！"于是舍之上舍⑧，令长子御⑨，朝暮进食⑩。

【注】①静郭君："静"一作"靖"。战国时齐国大臣，即田婴。封于薛（今山东滕州东南），又称薛公。曾参与指挥桂陵、马陵之战。宣王时为国相11年。按：史载其为威王少子，宣王庶弟，与本篇所记故事不合。疑其实为桓公午少子、威王庶弟，于宣王为叔辈。善：友善，亲近。剂貌辨："剂"当作"齐"；"貌辨"又作貌辩、昆辩、兒说等。其人当是本姓兒(郳)，名辩，字说，"兒"、"貌"、"昆"皆为讹字。战国时学者，或说为宋国人。游于稷下，属名家学派，曾为田婴门客。　②多訾(zǐ)：多被非议。《战国策·齐策》"訾"作"疵"，指缺点、过失。　③说：通"悦"。　④士尉：齐人，田婴门客。证：诤谏。　⑤孟尝君：战国时齐国大臣，即田文，田婴庶子。其父卒，袭封于薛，轻财下士，养门客数千人。湣王时为国相，被湣王怀疑，逃亡魏国，魏昭王任以为相。曾联合秦、赵、燕攻齐，后病死于魏。窃：私下。　⑥划而类：铲除尔辈。这是骂人的话。而，同"尔"，第二人称代词。　⑦此三句是说：总我家产，但可满足貌辨先生的需要，我在所不辞（不惜）。揆，犹言总、总计。傔，通"慊(qiè)"，满足。为，语末助词，表感叹。《战国策·齐策》"揆"作"破"，"傔"作"慊"。⑧舍之上舍：置之于上舍。上舍，居处条件最好的客舍。　⑨长子：指孟尝君。御：侍奉。　⑩进食：供给饮食。

数年，威王薨①，宣王立②。静郭君之交大不善于宣王③,辞而之薛④,与剂貌辨俱⑤。留无几何⑥,剂貌辨辞而行,请见宣王。静郭君曰:"王之不说婴也甚⑦,公往,必得死焉⑧。"剂貌辨曰:"固非求生也,请必行。"静郭君不能止。

【注】①威王:齐威王(?-前320年),战国时齐国君主。田氏,名因齐(金文作因㡣),田和之孙,桓公田午之子。公元前356年即位。在位时用田忌为将、邹忌为相、孙膑为军师,以桂陵、马陵二役大败魏军,称雄于诸侯。自称为王,号令天下。又提倡学术,大兴稷下之学,使稷下学宫成为"百家争鸣"的策源地。 ②宣王:齐宣王(?—前301年),战国时齐国君主。田氏,名辟强,威王之子。公元前319年即位。在位时整顿吏治,国势渐强,曾出兵弹压燕国内乱。又广开学馆,优遇学士大夫,使稷下学宫复臻于兴盛。 ③交:交往,过从。不善:不亲近。 ④辞而之薛:辞去其职事而至其封邑薛城居住。 ⑤俱:一起。意指带貌辨一起走。 ⑥留无几何:过了没多久。留,犹居,表示相隔一段时间的用字。 ⑦说:通"悦"。 ⑧得死:犹今言被害。

剂貌辨行至于齐①,宣王闻之,藏怒以待之②。剂貌辨见,宣王曰:"子,静郭君之所听爱也③?"剂貌辨答曰:"爱则有之,听则无有。王方为太子之时,辨谓静郭君曰:'太子之不仁,过颐涿视④,若是者倍反⑤。不若革太子⑥,更立卫姬婴儿校师⑦。'静郭君泫而曰⑧:'不可,吾不忍为也。'且静郭君听辨而为之也⑨,必无今日之患也。此为一也。至于薛,昭阳请以数倍之地易薛⑩,辨又曰:'必听之。'静郭君曰:'受薛于先王⑪,虽恶于后王⑫,吾独谓先王何乎⑬?且先王之庙在薛,吾岂可以先王之庙予楚乎?'又不肯听辨。此为二也。"宣王太息⑭,动于颜色⑮,曰:"静郭君之于寡人,一至此乎⑯!寡人少⑰,殊不知此⑱。客肯为寡人少来静郭君乎⑲?"剂貌辨答曰:"敬诺⑳。"

【注】①齐:指齐都临淄(今属山东)。 ②藏怒:忍住怒气。 ③子:敬称,您。听爱:听从和喜欢的人。 ④太子之不仁,过颐涿视:此二句有误字,当从《战国策·齐策》作"太子相不仁,过颐豕视"。意谓:太子的面相不仁义,腮大得看不见耳朵,眼睛斜得像猪那样似乎老是在偷看。 ⑤倍反:犹背叛,谓不顾他人恩德。 ⑥革:废除,改立。 ⑦卫姬:卫国之女为威王夫人者。婴儿:幼子。校师:《齐策》作"郊师",卫姬幼子之名。 ⑧泫:《齐策》作"泣",流泪。 ⑨且:若。 ⑩昭阳:战国时楚国将领。楚怀王时为柱国,曾率兵攻魏,又移兵攻齐,经纵横家说服,始罢兵而去。易:交换。 ⑪受薛于先王:指以薛邑受封于威王。 ⑫恶于后王:指为宣王所厌恶。 ⑬独谓先王何:对先王又如何交代?独,反问副词。 ⑭太息:出声长叹。 ⑮动于颜色:脸色发生变化。 ⑯一:竟。 ⑰少:年少。 ⑱殊:绝。 ⑲少:犹言稍稍劳驾。来:使来,召,犹"徕"。 ⑳敬诺:从命之词。

静郭君来,衣威王之服,冠其冠,带其剑①。宣王自迎静郭君于郊,望之而泣。静郭君至,因请相之②。静郭君辞,不得已而受。十日,谢病彊辞③,三日而听④。当是时也,静郭君可谓能自知人矣⑤。能自知人,故非之弗为阻⑥,此剂貌辨之所以外生乐⑦、趋患难故也。

【注】①衣、冠、带剑:当均是指威王所赐者。 ②相之:使之为国相。 ③谢病:托病谢绝。彊:同"强"。 ④听:许,指宣王允许其辞去相职。 ⑤自知人:以知人自信。 ⑥非之弗为阻:不为非议所阻。之,助词,因介词宾语前置而加。 ⑦外生乐:犹今言以生死置之度外。"生死"为偏正词,实指舍生就死,故此言"外生乐","外"亦犹舍、弃。

审　己①

　　四曰　凡物之然也,必有故②。而不知其故,虽当与不知同,其卒必困③。先王、名士、达师之所以过俗者,以其知也④。水出于山而走于海⑤,水非恶山而欲海也,高下使之然也。稼生于野而藏于仓,稼非有欲也⑥,人皆以之也⑦。故子路揔雉而复释之⑧。

【注】①审己:审察自身。言凡事要求诸己而不求诸人,求诸内而不求诸外。　②此句意为:大凡事物之所以是这个样子,必定有其内在的原因。然,指事物的既定形态。故,缘故、原因,即所以然之故。　③此三句文气不畅,疑"而"字上误脱"知其然"三字。如是则句意为:知其然而不知其故,则行事虽合于所然而与不知其然同,其最后必然还是要为外物所困。当,合,指合于所知之然。　④其知:疑当作"知其故"。盖误脱"故"字,遂又倒"知其"为"其知"。　⑤走:犹趋。　⑥有欲:指恶在野而欲归仓。　⑦以之:犹言使之如此。以,表原因,用为动词,即使之然。　⑧子路揔雉而复释之:此本于《论语·乡党》篇所载子路故事,谓子路用两手罩住了一只野鸡,而又放掉了它。子路,孔子弟子。姓仲,名由,字子路,鲁国人。以勇武耿直著称,曾在鲁国、卫国为官。后因欲阻止卫国内乱,被乱党所杀。揔,同"掩"。按:此句突兀,与上下文意皆难相合,疑为古本错简而存留者。

　　子列子常射中矣①,请之于关尹子②。关尹子曰:"知子之所以中乎③?"答曰:"弗知也。"关尹子曰:"未可④。"退而习之三年,又请。关尹子曰:"子知子之所以中乎?"子列子曰:"知之矣。"关尹子曰:"可矣,守而勿失。"非独射也,国之存也、国之亡也,身之贤也、身之不肖也,亦皆有以⑤。圣人不察存亡、贤不肖,而察其所以也⑥。

【注】①子列子:参见《不二》篇注。常:通"尝",曾经。射中:射箭能中靶。 ②请:请教。关尹子:参见《不二》篇注。 ③子:第二人称的尊称,您。据下文之例,此句"知"字上仍当有"子"字。 ④未可:还不行。指未知射中之理,射技还不能精熟。 ⑤以:原因。 ⑥所以:所自来的原因。

齐攻鲁,求岑鼎①,鲁君载他鼎以往②。齐侯弗信而反之③,为非④,使人告鲁侯曰:"柳下季以为是⑤,请因受之⑥。"鲁君请于柳下季,柳下季答曰:"君之赂,以欲岑鼎也,以免国也⑦?臣亦有国于此⑧,破臣之国以免君之国,此臣之所难也。"于是鲁君乃以真岑鼎往也。且柳下季可谓此能说矣⑨,非独存己之国也,又能存鲁君之国。

【注】①岑鼎:史籍或作"谗鼎"、"崇鼎",并指高大之鼎。其鼎当是古器,为周王朝赐予鲁国者,故遂以"岑鼎"等为名。相传齐国曾以兵索取之,当是鲁僖公二十六年(前634)齐伐鲁时事,其时柳下惠曾劝齐退兵。 ②载:以车运送。 ③反:同"返",返还。 ④为非:据《新序·节士》篇所记,当作"以为非也"四字。 ⑤柳下季:春秋时鲁国大夫。姬姓,展氏,名获,字禽,又字季;因食邑在柳下(地名),私谥惠,故载籍多称柳下惠。有大贤之名,后世儒家或誉之为孔子之前唯一的"圣人"。 ⑥请因受之:意指若请柳下惠鉴定为真则即接受。 ⑦此句意谓:君上您贿赂齐国,是为了保住岑鼎呢,还是为了免除国家的灾患? ⑧国:此指所守的对象,喻指信用,亦即以信用为"国"。 ⑨此:犹"之"。能说:善于劝说。

齐湣王亡居于卫①,昼日步足②,谓公玉丹曰③:"我已亡矣,而不知其故。吾所以亡者,果何故哉?我当已④?"公玉丹答曰:"臣以为王知之矣,王故尚未之知邪?

王之所以亡也者,以贤也。天下之王皆不肖,而恶王之贤也⑤,因相与合兵而攻王,此王之所以亡也。"湣王慨焉太息曰⑥:"贤固若是其苦也?"此亦不知其所以也。此公玉丹之所以过也⑦。

【注】①齐湣王(?—前284):战国时齐国君主。田氏,名地,宣王之子。公元前300年即位。自恃兵强,屡侵诸侯。后燕国及秦、楚、赵、魏、韩联合伐齐,以燕将乐毅为主帅,连下齐七十余城,齐都临淄亦陷落。他出逃于卫国,因不逊被逐,又辗转逃于莒(今山东莒县),为楚将淖齿所杀。本篇此段所记,即相传为其逃亡卫国时事。 ②昼日步足:白天散步。 ③公玉丹:齐湣王臣。复姓公玉,名丹(一作冉)。 ④我当已:我该当流亡吗?已,犹"矣"。 ⑤恶:犹嫉妒。 ⑥慨焉:犹慨然。 ⑦过:谬。

越王授有子四人①,越王之弟曰豫,欲尽杀之而为之后②。恶其三人而杀之矣③,国人不说④,大非上⑤。又恶其一人而欲杀之,越王未之听。其子恐必死,因国人之欲逐豫,围王宫。越王太息曰:"余不听豫之言,以罹此难也⑥。"亦不知所以亡也。

【注】①越王授:疑即该书《贵生》篇所见王子搜。此所记故事无从详考。 ②后:指王位继承人。 ③恶(wù):指毁谤。杀之:指越王因其弟之谗害而杀诸子。 ④说:通"悦"。 ⑤非上:指责、归咎于越王。 ⑥罹:遭。

精　　通①

五曰　人或谓兔丝无根;兔丝非无根也,其根不属也②,伏苓是③。慈石召铁④,或引之也⑤。树相近而靡⑥,或轷之也⑦。圣人南面而立⑧,以爱利民为心⑨,号令未出而天下皆延颈举踵矣⑩,则精通乎民也。

【注】①精通:言自然界及人类社会的万事万物之间,或有某种冥冥的力量相互感通。所说或不可思议,然此篇主旨在谓统治者当以诚德、爱利为心,以求天下皆"饬乎仁"。　②菟丝:即今所称菟丝子,为一年生缠绕寄生的草本植物。茎呈丝状,随处生吸盘,附着于被寄生的植物,通过吸盘汲取营养。不属(zhǔ):不连。此指菟丝子的根不与其茎相连,参见下条注。　③伏苓是:谓如茯苓者即是菟丝子的根。伏苓,今写作"茯苓",为块状菌(俗亦总称蘑菇)的一种,寄生于松树的根上,深入土中。按:古人不知菟丝子的生长习性,以为此种植物看上去无根,其实是有根的,只是它的根不直接扎在土中,而另以他种生物为根,通过被寄生的植物传递营养。如寄生在松树上的菟丝子,依古人的认识,就是以茯苓为根的,故《淮南子·说林训》谓"伏苓掘,兔丝死"。实则菟丝子的寄生不止于松树,茯苓亦非其"根"。又,此处"伏苓是"三字疑本为高诱注文,属于举例的性质,而后人传抄不审,遂混入了正文。④慈石:今写作"磁石"。召:今称"吸"。　⑤或引之:有某种力量吸引它。⑥靡(mǐ):倾斜而成倒伏之状。　⑦軵(fǔ):反推车,亦泛指推。此指相互排斥之力的反推作用。　⑧南面而立:指君临天下。　⑨爱利民:爱民、利民。语出墨家所提倡的"兼相爱,交相利"。　⑩延颈举踵:伸长脖子,抬起脚后跟。喻殷切盼望。

夫贼害于人,人亦然①。今夫攻者砥厉五兵②,侈衣美食③,发且有日矣④,所被攻者不乐,非或闻之也⑤,神者先告也⑥。身在乎秦,所亲爱在于齐,死而志气不安,精或往来也⑦。

【注】①此句意指:凡是加害于人,人亦会有同样的反应(与上文"延颈举踵"相对而指惶恐离去)。贼,害。　②今夫:假如那些。砥厉五兵:磨砺兵器,指备战。厉,通"砺"。　③侈衣美食:指犒赏军队,给以高出日常标准的衣食。　④发且有日:发兵已定好日期。谓很快将出兵。　⑤此二句意谓:

被攻伐者情绪不好,而并不是偶或听到了某种风声。 ⑥神者先告:有某种精神上的直觉力量先透露了此种信息。 ⑦以上意谓:有人身在秦国,其亲人在齐国,而其亲人在齐死去,他便心神不定,这就是精神感应的表现。亲爱,一般指双亲及子女,这里可泛译为亲人。

德也者,万民之宰也①。月也者,群阴之本也②。月望则蚌蛤实③,群阴盈④;月晦则蚌蛤虚⑤,群阴亏。夫月形乎天⑥,而群阴化乎渊⑦;圣人形德乎己,而四方咸饬乎仁⑧。

【注】①宰:主宰,决定性的制约力量。 ②群阴之本:各种阴气的本源,亦为所有阴气凝聚之物的主宰。 ③月望:月满,月亮光面达到正圆。在农历每月十五或十六。蚌蛤实:指蚌蛤的肉满壳。下文"虚"字与此相反。"实"、"虚"均指蚌蛤之肉随月亮的盈亏而胀缩。 ④盈:满。 ⑤月晦:指月亮无光。农历每月的月终称晦日。 ⑥形:显露。 ⑦渊:指地表的低处。古人以为阴气积聚于地下,由低处而出,接阳气而化成万物,则深渊尤为各种阴物始化之所。 ⑧饬乎仁:谨修其身而归于仁。

养由基射兕中石①,矢乃饮羽②,诚乎兕也③。伯乐学相马④,所见无非马者⑤,诚乎马也。宋之庖丁好解牛⑥,所见无非死牛者⑦,三年而不见生牛⑧;用刀十九年,刃若新劘研⑨,顺其理⑩,诚乎牛也。

【注】①养由基:春秋时楚国大夫。以善射著称。为楚共王宫厩尹,掌禁卫,又屡立战功。兕:兽名。一般指犀牛。按:此字各本多作"先",毕校本改作"先",以为"兕"字之或体,实皆由古体"兕"字辗转致讹,今从古籍所引径改用"兕"字。下"兕"字同。中石:射到了石头上。指天色暗而看不清,遂误以大石为兕。 ②饮(yìn)羽:指射出的箭力量大,速度快,连箭杆也没入石中,只剩了尾羽部分在外。 ③诚乎兕:把假犀牛(石头)当成真犀牛。指集

中了全副精力用于射兕。 ④伯乐:传说的善相马者。或传为秦穆公时人,姓孙,名阳。 ⑤所见无非马:指把其他状似马的东西也都当做马来练习相马。 ⑥庖丁:传说的善解牛者。"庖"指其为厨师,"丁"为其名。解牛:解卸死牛全体并去皮剔骨剜肉等。按:此寓言见于《庄子·养生》篇,为该书所本,而当时寓言常托于宋人。又,句中"好"字,《庄子》作"始",指始学解牛。 ⑦死牛:《庄子》无"死"字。句意指庖丁初学解牛时,把类似牛体构造之物也都看成是分解真牛所见,此"死"字不当有。 ⑧生牛:《庄子》作"全牛","生"字亦误。 ⑨鄌研:磨砺。鄌,通"磨"。此指其刀刃之锋利仍如刚加淬火磨制而成的刀。 ⑩顺其理:指其解牛精熟于顺从牛的身体构造纹理(各部位走向)。《庄子》谓其解牛"以神遇而不以目视"。

  钟子期夜闻击磬者而悲①,使人召而问之曰:"子何击磬之悲也②?"答曰:"臣之父不幸而杀人③,不得生;臣之母得生,而为公家为酒④;臣之身得生,而为公家击磬。臣不睹臣之母三年矣⑤。昔为舍氏睹臣之母⑥,量所以赎之则无有⑦,而身固公家之财也⑧,是故悲也。"钟子期叹嗟曰:"悲夫,悲夫!心非臂也,臂非椎非石也,悲存乎心而木石应之⑨。"故君子诚乎此而谕乎彼⑩,感乎己而发乎人⑪,岂必彊说乎哉⑫?

  【注】①钟子期:春秋时楚国人。亦称钟期。精于音律,以知伯牙鼓琴之志,而有"高山流水"的掌故。击磬者:指有人击磬。古人以为磬声近悲,有忧则击磬。 ②之:犹"而"。 ③臣:奴隶或身份卑贱者之称。此用为自称。 ④为公家为酒:为官府造酒。句意当是指击磬者之母因受其父牵连而没为官府女奴。 ⑤睹:见。 ⑥昔:通"夕",昨夜。为:因为。舍氏:住到这里。指击磬者来此地探望其母。氏,通"是"。 ⑦量:度,思量。赎:用财物赎身。无有:无钱财。 ⑧财:财产。句意谓欲以己身赎母,而己身亦为官府工奴(乐工)而不为私财。 ⑨此数句意谓:心不是手臂(可击磬),手臂也不是磬

椎和磬,而悲哀存乎心中,木石(椎和磬)却能跟它相应。椎,同"槌"。石,磬。 ⑩谕:明,使人明白。 ⑪发乎人:表现于他人,犹言使他人受到影响。 ⑫彊说:强用言词说教。

　　周有申喜者,亡其母①,闻乞人歌于门下而悲之②,动于颜色③。谓门者内乞人之歌者④,自觉而问焉⑤。曰:"何故而乞?"与之语,盖其母也⑥。故父母之于子也,子之于父母也,一体而两分,同气而异息⑦。若草莽之有华实也⑧,若树木之有根心也⑨,虽异处而相通。隐志相及⑩,痛疾相救,忧思相感,生则相欢,死则相哀,此之谓骨肉之亲。神出于忠而应乎心⑪,两精相得⑫,岂待言哉?

　　【注】①周:指战国时小国西周或东周。申喜:无考。亡其母:与其母失散。 ②乞人:乞丐。 ③动于颜色:指因悲悯乞人而脸色都变了。 ④谓:令。门者:看门人。内:同"纳",接进来。 ⑤自觉:自感心动。 ⑥盖:犹"乃",竟然。 ⑦此二句意谓:血缘则为一,身体则两分;气质则类同,呼吸则各异。 ⑧草莽:密生于地的茂草。华实:花和籽。 ⑨心:树干中心部分。 ⑩隐志相及:深藏内心的情感相联系。 ⑪神出于忠:精神的感应生于忠诚。 ⑫两精相得:双方精神气脉相通融。

卷十 孟冬纪第十

孟 冬 纪

一曰 孟冬之月①,日在尾②。昏危中③,旦七星中④。其日壬癸,其帝颛顼,其神玄冥⑤。其虫介⑥。其音羽,律中应钟⑦。其数六⑧。其味咸,其臭朽⑨。其祀行,祭先肾⑩。

【注】①孟冬:指冬季第一月,即夏历十月。 ②尾:星宿名,见《孟春纪》篇注。 ③危:星宿名,见《仲夏纪》篇注。 ④七星:即星宿,见《季春纪》篇注。 ⑤颛顼:见《尊师》篇注。玄冥:神名,代表五行系统中的水官之神。传说或以为少皞之子名修,死而为玄冥。民间习俗则以其为水神、海神、雨师等。大水对应黑色而昏暗,故以名之。 ⑥介:通"甲",指甲壳类动物,如龟鳖之属。古人以龟为之长。 ⑦其音羽:见《孟春纪》"其音角"注。应钟:十二律之一。属阴律,大致相当于现代音乐上的定音 B。 ⑧其数六:古人以为五行之数为五,水在五行中属第一,故其成数为六。参见《孟春纪》篇"其数八"注。 ⑨朽:水质、木质等朽腐的气味。高诱注谓"气之若有若无者为朽"(《礼记·月令》郑玄注同)。 ⑩此二句是说:本月祭祀路神,用牲畜的内脏作祭品,要把肾摆在前面。行(háng),道路。古人以为冬季阴气大盛而通阳,故行道路之祀。

水始冰,地始冻。雉入大水为蜃①,虹藏不见②。

【注】①雉:山鸡。大水:《国语·晋语九》作"淮"。蜃(shèn):大蛤蜊。 ②虹藏不见:古人以为彩虹由阴阳二气相交而形成,是月阴气始壮,故虹藏匿不现。

天子居玄堂左个①。乘玄辂②,驾铁骊③。载玄旗,衣黑衣,服玄玉。食黍与彘④,其器宏以弇⑤。

【注】①玄堂左个:明堂北向堂的左侧室。北向顺黑色,故凡堂名等皆用"玄"字。 ②玄辂:漆成黑色的大车。据《礼记·月令》郑玄注,"玄"字似原作"袗",亦取黑色之意。 ③铁骊:像铁色的纯黑马。 ④黍:黍子,俗亦称粘黄米。自古为"谷之美者"。彘:猪。 ⑤宏以弇:大腹而敛口。弇(yǎn),亦用"奄"、"揜"、"掩"诸字,指器物的敛口。

是月也,以立冬。先立冬三日,太史谒之天子,曰:"某日立冬,盛德在水。"天子乃斋。立冬之日,天子亲率三公、九卿、大夫以迎冬于北郊。还,乃赏死事①,恤孤寡②。

【注】①赏死事:赏赐为国事而死的功臣的子孙。 ②恤:存抚,救济。

是月也,命太卜祷祠龟策①,占兆审卦吉凶②。于是察阿上乱法者罪之③,无有掩蔽④。

【注】①太卜:卜官之长,总掌卜筮。古时重占卜,太卜的地位与太史相仿。祷祠龟策:据《礼记·月令》及郑玄注,此四字当作"衅龟策"三字,指以牲畜的血涂抹占卜用的龟甲和筮策。古人占卜有龟占和筮占之分,商代盛行

龟占(用龟甲及兽骨等),周代多用筮占(用蓍草或竹棍等),后者所用统称为"策"。以血涂龟、策,表示郑重、虔诚,亦为更易于跟祖先神灵沟通。现在出土的史前龟甲已多见有涂血者。　②占兆审卦吉凶:疑当作"占兆卦,审吉凶"。谓占测龟兆和卦象,审察吉凶。兆,指龟卜时钻灼龟甲所形成的裂纹,裂纹的粗细、长短、走向等即显示吉凶的征兆。卦,即由阳爻、阴爻所构成的卦,见于《周易》,为筮卜的"兆"。　③阿上乱法:阿谀奉承,取容于上,而变乱法度。　④掩蔽:即掩蔽,遮掩包庇。

　　是月也,天子始裘①。命有司曰:"天气上腾,地气下降,天地不通,闭而成冬。"令百官谨盖藏②,命司徒循行积聚,无有不敛③。坿城郭④,戒门闾⑤,修楗闭⑥,慎关钥⑦。固封玺⑧,备边境,完要塞⑨,谨关梁⑩,塞蹊径⑪。饬丧纪⑫,辨衣裳⑬,审棺椁之厚薄、营丘垄之小大高卑厚薄之度、贵贱之等级⑭。

　　【注】①裘:穿皮衣。　②谨盖藏:指周密地安排各种储备。盖,犹苫,指苫盖露天保存的物资(如喂牲口的草料等)。藏,指需要在室内储存的物资(如粮食等)皆收敛入仓。　③"命"、"无"二句:指命司徒检查秋收及备冬情况,不要有未收储的物资。循行,同"巡行"。敛,收储。　④坿城郭:增筑和加固内外城墙。坿,同"附"。城郭,内城和外城。　⑤戒门闾:警戒城门和宫门。闾,指大城内宫城(小城)的门。　⑥修楗闭:犹言修好关闭大门的用具。楗,与横插门闩相配的竖木。闭,楗上插门闩的孔。　⑦慎关钥:犹言管好城门的开闭。关,即横插的门闩。钥,通"钥",钥匙。《礼记·月令》"关"作"管",亦即钥匙。　⑧固封玺:犹言谨慎发送军事文书。封玺,指在封口处盖有印信的文书。古代文书用竹木简书写,捆紧后以泥封口,加盖印信。因封口务求牢靠,故此言"固"。《礼记·月令》作"固封疆",与此不同,疑非旧文。　⑨完要塞:修缮要塞设施。　⑩谨关梁:管好关口桥梁。　⑪塞蹊径:堵塞边境上可通往境外的小路。　⑫饬丧纪:整顿丧葬制度。　⑬辨衣裳:指区分丧服等级。　⑭此处自"审"字以下,行文拖沓,与上面连用十多个三字句之

例大不侔。疑原文只作"审棺椁,度丘垄,等贵贱",其余皆为古本抄注而混入了正文(三"之"上当各脱"棺椁"、"丘垄"、"贵贱"之重文,"贵贱"上又因注文而删"等"字;"营丘垄"之"营"字,《礼记·月令》作"茔",按注文则本当作"度")。棺椁(guǒ),指内棺和外棺,即小棺和大棺,小棺盛死者,大棺套在小棺外面。丘垄,亦作"丘陇",指坟墓,高大者曰丘,低小者曰垄或陇。

是月也,工师效功①。陈祭器,按度程②,无或作为淫巧③,以荡上心④。必功致为上⑤,物勒工名⑥,以考其诚⑦。工有不当⑧,必行其罪⑨,以穷其情⑩。

【注】①工师效功:掌手工制作之官献进所造器物并接受考核。《礼记·月令》"工师"上有"命"字。 ②度程:指有关器物形制、规格、质量、数量及制作程序等法度规定。 ③淫巧:指奇巧不合法度的器物。 ④荡:摇动。 ⑤功致:同"工致",精致。 ⑥物勒工名:每一器物都刻上制作工匠的名字。 ⑦考其诚:犹言考察其是否尽心尽力。 ⑧工:指工匠。 ⑨行其罪:犹言行其罚,给以处罚。 ⑩穷其情:追究其真实情形。

是月也,大饮烝①,天子乃祈来年于天宗②。大割③,祠于公社④,及门闾,飨先祖,五祀⑤,劳农夫以休息之⑥。天子乃命将率讲武⑦,肄射、御、角力⑧。

【注】①大饮烝:指举行烝祭之礼,并会合群臣大饮酒。烝,冬祭之称,亦作"蒸"。是月农事毕,故会饮庆祝,《诗经·七月》篇叙及其场面。 ②祈:求。来年:明年的收成。天宗:指日月星辰及四时之神。 ③大割:大杀牲。指允许各地普遍杀牲祭社。 ④祠于公社:祈祷于公祀的社祠。指举行大规模的社会活动,犹今言庙会。 ⑤五祀:旧注以为指该书各月纪所记户、灶、中溜、门、行五种祭祀。按:"五祀"二字疑当接于"门闾"二字下,即原文当作"及门闾五祀,飨先祖"。意谓在举行社祠活动时并及门闾五祀,同时飨祀先祖。 ⑥劳(lào):慰劳。句意实指使农民在秋收后得以借公祀活动暂时休

息。　⑦将率:同"将帅"。讲武:讲习武事。　⑧肄:练习。御:驾车。角力:比试力气的训练项目。一说即角抵,犹摔跤。

　　是月也,乃命水虞、渔师收水泉池泽之赋①。无或敢侵削众庶兆民②,以为天子取怨于下。其有若此者,行罪无赦。

【注】①水虞:掌管水利的官员。渔师:见《季夏纪》篇注。赋:税。②侵削:侵夺刻剥。众庶兆民:平民百姓。

　　孟冬行春令,则冻闭不密,地气发泄,民多流亡。行夏令,则国多暴风,方冬不寒①,蛰虫复出。行秋令,则雪霜不时,小兵时起②,土地侵削。

【注】①方:正当。　②小兵:小规模战事。

节　　丧

　　二曰　审知生,圣人之要也;审知死,圣人之极也①。知生也者,不以害生②,养生之谓也;知死也者,不以害死③,安死之谓也④。此二者,圣人之所独决也⑤。

【注】①首二句可译为:确能了解生命的价值,是圣人修身治天下的关键思想因素;而确能懂得死亡的道理,则是圣人知生养生思想的最高境界。极,极点。　②不以害生:不以害生之物损其天年。　③不以害死:不以害死之事妨其安死。　④安死:谓尽其天年而自然死亡。　⑤圣人之所独决:只有圣人能够做出正确的判断。

　　凡生于天地之间,其必有死,所不免也①。孝子之重其亲也,慈亲之爱其子也②,痛于肌骨③,性也④。所重所爱,死而弃之沟壑,人之情不忍为也,故有葬死之义⑤。葬也者,藏也,慈亲孝子之所慎也⑥。慎之者,以生人之心虑⑦。以生人之心虑也,莫如无动,莫如无发⑧。无发无动,莫如无有可利⑨,则此之谓重闭⑩。

【注】①所不免:此三字上疑当有"人"字,或涉古文"死"字所从之"人"旁而误删。 ②慈亲:指父母。 ③痛于肌骨:指所重、所爱之深彻于肌骨。痛,程度副词,犹今言彻底,此用做动词。 ④性也:这是由天性决定的。 ⑤葬死:古籍或引作"葬送"。"送"有送而使之归之意,较"死"字义长,或其本文原作"送"。 ⑥慎:慎重,指慎重死者之"藏"。 ⑦生人:活着的人。下句之末"也"字,按文义当在此句末。 ⑧无动、无发:指死者之墓不会被惊动、发掘。 ⑨无有可利:指随葬品对盗墓者而言无利可图。 ⑩重闭:最慎重的闭藏。闭,犹上文"藏"字,实指埋葬。

古之人有藏于广野深山而安者矣①,非珠玉国宝之谓也,葬不可不藏也②。葬浅则狐狸抇之③,深则及于水泉。故凡葬必于高陵之上,以避狐狸之患、水泉之湿。此则善矣,而忘奸邪、盗贼、寇乱之难,岂不惑哉④?譬之若瞽师之避柱也⑤,避柱而疾触杙也⑥。狐狸、水泉⑦、奸邪、盗贼、寇乱之患,此杙之大者也。慈亲孝子避之者,得葬之情矣⑧。

【注】①藏:意指隐蔽埋葬。广野:如旧时北方少数民族有身份者,死葬于大草原,以万马踏平,待来年草长,则无人能知其地,是乃至为隐蔽。 ②此二句意为:并不是说这样安葬是因为随葬有珍奇宝物,而是因为安葬不可不隐蔽。 ③狐狸:泛指野兽。因通常墓葬接近于居住地,出入者多为小兽,故此以狐狸言之。抇(hú、gǔ或jué):同"搰",掘。 ④惑:糊涂。 ⑤瞽师:

盲人乐师。此泛指盲人。 ⑥避柱而疾触杙:躲避柱子却用力碰到了木桩上。疾,力。杙(yì),木桩。 ⑦狐狸、水泉:此四字下疑脱"柱也"二字。 ⑧情:真,真实内涵。

　　善棺椁,所以避蝼蚁蛇虫也。今世俗大乱之主愈侈其葬①,则心非为乎死者虑也,生者以相矜尚也②。侈靡者以为荣,节俭者以为陋③,不以便死为故④,而徒以生者之诽誉为务⑤,此非慈亲孝子之心也。父虽死,孝子之重之不怠;子虽死,慈亲之爱之不懈。夫葬所爱所重,而以生者之所甚欲⑥,其以安之也,若之何哉⑦?

【注】①世俗大乱之主:疑当作"世俗之乱主"。盖传本"乱"字下衍"之"字,遂又误改上"之"字为"大"。 ②相矜尚:互相攀比夸耀。 ③陋:犹鄙,用为被动词,指被人看不起。 ④便死:有利于死者的墓葬安全。故:事。 ⑤徒:只。生者之诽誉:他人的说三道四。诽誉,非议或赞扬。 ⑥以生者之所甚欲:用盗墓者甚想得到的物品随葬。 ⑦若之何:犹言结果又会怎样。

　　民之于利也,犯流矢,蹈白刃,涉血盩肝而求之①。野人之无闻者②,忍亲戚、兄弟、知交以求利③。今无此之危,无此之丑,其为利甚厚,乘车食肉,泽及子孙,虽圣人犹不能禁,而况于乱!④

【注】①涉血盩肝:喋血抽肝。犹今言肝脑涂地。涉,通"喋"。盩,同"抽"。 ②野人:乡下人。无闻:指没有受过教育,不懂礼义。 ③忍:残害。亲戚:指父母。知交:朋友。 ④"今"字下全句意谓:现在盗墓者既没有这种肝脑涂地的危险,又没有这种被指为残忍的耻辱,而因死者的厚葬得利甚多,甚至因此而乘车食肉,惠及子孙,那么即使圣人治理的太平世道也不能禁止盗墓行为,又何况在乱世!

国弥大,家弥富,葬弥厚①。含珠鳞施②,夫玩好货宝③、钟鼎壶滥④、舆马衣被戈剑不可胜其数,诸养生之具无不从者⑤;题凑之室⑥,棺椁数袭⑦,积石积炭⑧,以环其外。奸人闻之,传以相告⑨,上虽以严威重罪禁之,犹不可止。且死者弥久,生者弥疏⑩;生者弥疏,则守者弥怠⑪;守者弥怠,而葬器如故,其势固不安矣⑫。

【注】①弥:越。 ②含珠鳞施:指死者口含宝珠(即琀),身披金缕玉衣。金缕玉衣用金线连缀玉片而成,因玉片呈鳞状,故称鳞施。施,通"絁",义同"䌷",缀集。 ③夫:凡。玩好货宝:供欣赏而酷爱的艺术品及财宝。 ④钟鼎壶滥:指各种高级青铜器。滥,通"鉴",古人用以照面的水盆(即水镜),其大者也用做澡盆。 ⑤养生之具:指死者生前使用的器物。 ⑥题凑之室:指古代高级贵族墓室内环绕在棺椁四周的木构之"墙"(留有"门"),皆用高级木料制成的长方木堆叠垒成。此种长方木差不多都用粗细一致的树干制成,两头皆可见带颜色的木心(如用黄心柏木则其心称"黄肠")。由于大心的一头向内,四面皆可见其头心,故称"题凑"。题,额头。凑,聚。 ⑦数袭:多重(层)。 ⑧积石积炭:指在木构的墓室之外又加石墙及积填木炭。木炭亦覆盖于墓葬上方,皆为防潮。 ⑨传:通"转"。 ⑩疏:指对死者的感情趋向淡薄。 ⑪守者:守墓者。怠:懈怠。 ⑫不安:致使墓葬不安全。

世俗之行丧,载之以大輴①,羽旄旌旗如云②,偻翣以督之③,珠玉以佩之④,黼黻文章以饬之⑤,引绋者左右万人以行之⑥,以军制立然后可⑦。以此观世⑧,则美矣侈矣;以此为死⑨,则不可也。苟便于死,则虽贫国劳民,若慈亲孝子者之所不辞为也⑩。

【注】①輴(chūn):运载灵柩的车。 ②羽旄旌旗:指带有各种装饰的旗帜。旄饰牦牛尾,旌饰牦牛尾及五彩羽。 ③偻翣(liǔ shà):柩车的附属设

施。偻,柩车的车盖,即车篷,通常为圆伞形木架构而覆以布帛,布帛的周边下垂部分有绘饰。翣,形如方扇(如《西游记》的芭蕉扇),木制平面架构,亦以布帛覆之,绘以黼黻、云气等花纹;有长柄,送葬时以人持之随行,护卫灵柩,故古人称之为"棺之墙饰"。旧时或统称偻翣为"棺饰",不甚确。督:指护翼。疑为"翼"之假借字。　④珠玉以佩之:指偻翣等多以珠玉作装饰。如翣的上方两角皆挂以玉璧,又饰以五彩羽。　⑤黼黻文章以饬之:即以各种花纹作装饰。如翣,绘以黑白相间花纹的叫黼翣,绘以青黑相间花纹的叫黻翣,绘以云气形花纹的叫画翣。饬,通"饰"。　⑥绋(fú):亦作"綍",牵引柩车的绳索。　⑦军制:军事编制,军法。立:通"莅",临。句意谓牵引灵柩者人多,须作军事化的组织才能使行列不乱。　⑧观世:显示于世。观,用为被动词,意为给人看,犹示。　⑨为死:为死者考虑。　⑩此全句意为:假如厚葬有利于死者的墓葬安全,那么即使这样会使国家贫困、人民劳苦,诸如慈亲孝子之辈也会在所不惜。句末"为"字为语助词,无义,有表示感叹的语气。

安　死

三曰　世之为丘垄也①,其高大若山,其树之若林②,其设阙庭、为宫室、造宾阼也若都邑③。以此观世示富④,则可矣;以此为死,则不可也。夫死,其视万世犹一瞚也⑤。人之寿久之不过百,中寿不过六十,以百与六十为无穷者之虑⑥,其情必不相当矣⑦。以无穷为死者之虑⑧,则得之矣。

【注】①丘垄:坟墓,见《孟冬纪》篇注。下文单用"丘"、"垄"亦皆指坟墓。　②树之:指墓地植树。　③阙庭、宫室、宾阼:指墓地所建门阙院落、祭祀殿堂及其台阶设施。阙,即后世所称大型石牌坊。宾阼,堂前东西阶。古人宾主相见,主人立于东阶,宾客自西阶而上,东阶称阼阶,西阶称宾阶。　④观世:示世,犹言向世人夸耀。　⑤视:与……相比。瞚:同"瞬",一瞬间。　⑥为

无穷者之虑:犹言作永久活着的打算。无穷,相对于上文"万世"而言。
⑦情:实际情况。　⑧以无穷为死者之虑:即希望死者的墓葬能够永久保存。

今有人于此,为石铭置之垄上①,曰:"此其中之物,具珠玉、玩好、财物、宝器甚多②,不可不扣③;扣之必大富,世世乘车食肉。"人必相与笑之,以为大惑。世之厚葬也,有似于此。

【注】①石铭:石刻、石碑。　②具:具备,有齐备之意。　③扣:掘。

自古及今,未有不亡之国也。无不亡之国者,是无不扣之墓也。以耳目所闻见①,齐、荆、燕尝亡矣,宋、中山已亡矣,赵、魏、韩皆亡矣②。自此以上者,亡国不可胜数。是故大墓无不扣也,而世皆争为之,岂不悲哉!

【注】①耳目所闻见:指此下所述各国之"亡"皆为当时人耳闻目睹。②以上三句中"亡"字各有不同含义。齐之尝亡指姜齐政权为田氏所篡夺;楚之尝亡指楚国郢都曾被吴国攻破;燕之尝亡指燕王哙让位于子之,导致国内大乱,齐国乘机武装干涉,曾占领燕都。赵、魏、韩之亡,则皆就其衰落而言,意谓三国公室权力皆旁落于权臣之手,人主已形同亡国。当该书写作时,以上诸国皆尚存,唯宋、中山二国已被齐、赵所灭。中山,见《简选》篇注。

君之不令民①,父之不孝子,兄之不悌弟②,皆乡里之所釜鬲者而逐之③。惮耕稼采薪之劳④,不肯官人事⑤,而祈美衣侈食之乐⑥。智巧穷屈⑦,无以为之⑧,于是乎聚群多之徒⑨,以深山广泽林薮扑击遏夺⑩;又视名丘大墓葬之厚者⑪,求舍便居以微扣之⑫,日夜不休,必得所利,相与分之。夫有所爱所重,而令奸邪、盗贼、寇乱之人卒必辱之⑬,此孝子、忠臣、亲父、交友之大事⑭。

【注】①令:善。　②悌(tì):顺从、敬爱兄长。与"孝"为同义词,在父子曰孝,在兄弟曰悌。　③所釜鬵者而逐之:句意不可通。疑"所"为"折"字之误,或"所"下脱"折"字。折,毁掉。釜,锅。鬵,同"鬲",有三个空心足的煮器。句意盖指上述类型的人皆为乡亲父老毁其食器而驱逐者。　④惮(dàn):害怕。此指懒惰而言。　⑤不肯官人事:犹言不肯守其做老百姓的本分。官,犹守。人事,当是本作"民事",指耕稼之事,"人"字为唐人所改。⑥祈:追求。　⑦穷屈:穷尽。　⑧无以为之:无法达到目的。　⑨群多:一说当作"群朋"。　⑩以:靠,凭借。扑击遏夺:袭击和拦路抢劫行人。　⑪葬之厚者:随葬品丰厚者。　⑫求舍便居:寻找住所,便利居处。指在大墓附近找住处。微抇:秘密盗掘。　⑬令:使。卒:终。　⑭亲父:犹慈父。交友:指世交的友朋。事:疑当作"惑也"二字。

尧葬于谷林通树之①,舜葬于纪市不变其肆②,禹葬于会稽不变人徒③。是故先王以俭节葬死也,非爱其费也④,非恶其劳也⑤,以为死者虑也。先王之所恶,惟死者之辱也。发则必辱⑥,俭则不发,故先王之葬必俭⑦,必合必同。何谓合、何谓同?葬于山林则合乎山林,葬于阪隰则同乎阪隰⑧。此之谓爱人。夫爱人者众,知爱人者寡,故宋未亡而东冢抇⑨,齐未亡而庄公冢抇⑩。国安宁而犹若此,又况百世之后而国已亡乎?故孝子、忠臣、亲父、交友不可不察于此也。

【注】①谷林:传说的地名。通树之:谓墓地的植树与山谷的林木通连而无区分。　②纪市:亦传说的地名。或以为指纪地的交易场所。不变其肆:犹言其地的交易活动仍如往常而不改变。肆,存放和交易货物的地点。③会稽:山名、地名,见《顺民》篇注。相传禹南巡而死,遂葬于此地。不变人徒:古籍或引作"不烦人徒","人"字当亦本作"民"。句意谓禹之葬俭约,墓

地并无附属设施的建造,故亦不以劳役扰民。　④爱其费:惜其钱财花费。
⑤恶其劳:厌其力役辛苦。　⑥发:指被盗掘。　⑦必俭:疑此"必"字涉下而
衍。　⑧阪隰:指山坡上新开垦的土地。　⑨东冢:或说指宋文公墓。因其
墓在城东,故称东冢。文公(?—前589),春秋时宋国君主。子姓,名鲍(亦
称鲍革),公元前610年即位。其厚葬之事,见《左传》成公二年。　⑩庄公:
齐有两庄公,皆姜姓。一名购(?—前731),在位64年;一名光(?—前
548),在位6年被杀。高诱注以为此所记指前者。

　　夫爱之而反危之,其此之谓乎!《诗》曰:"不敢暴虎,
不敢冯河。人知其一,莫知其他。"①此言不知邻类也②。
故反以相非,反以相是,其所非方其所是也,其所是方其所
非也。是非未定,而喜怒争斗反为用矣。吾不非斗,不非
争,而非所以斗,非所以争。故凡斗争者,是非已定之用
也。今不先定其是非而先疾斗争,此惑之大者也。③鲁季
孙有丧④,孔子往吊之,入门而左,从客也⑤。主人以玙璠
收⑥,孔子径庭而趋⑦,历级而上⑧,曰:"以宝玉收,譬之
犹暴骸中原也⑨。"径庭历级,非礼也,虽然⑩,以救过也。

　　【注】①此处引诗见于《诗经·小雅·小旻》。暴虎,谓徒手搏虎;冯
(píng)河,谓徒步涉河。这几句诗大意是说:人们对于眼前易见的危险都知
道畏避,有如不敢徒手(无兵器)搏猛虎,不敢徒步(无舟船)过大河,但对于
无形而历时长久才可能显现的危险却不知道畏避,这就叫做只知其一,不知
其二。这里引喻世人不知厚葬久远之害。　②邻类:谓事物类别的选择区
分。邻,通"遴",选择。　③以上自"故反以相非"至"惑之大者也",凡84
字,与本篇文义不合。疑作者引《诗》时,照抄他书全段文字而失于删削。按
本篇文义,当以上文"不知邻类也",下接"鲁季孙有丧"典故。　④鲁季孙有
丧:指鲁国季平子之丧。季平子(?—前505),春秋时鲁国正卿。季孙氏,名
如意。昭公时联合孟孙、叔孙氏逐昭公,独专国政。　⑤此数句意为:孔子前

往吊丧,入大门后站到左边(面对正堂的西阶),遵从客人的礼仪位置。　⑥主人:指季平子之子季桓子(?—前492)。桓子名斯,继其父执鲁政。以玙璠(yú fán)收:用宝玉作死者佩饰而敛尸。收,敛。古人以为玙璠为君主所用之物,臣子不当佩饰。按:《左传》定公五年载季平子卒,季氏家臣阳货欲以玙璠敛之,为仲梁怀所阻,不言此为孔子事。《孔子家语》卷十所记与此相合。　⑦径庭而趋:径自过中庭而趋进。　⑧历级而上:走过一级一级台阶而到了堂上。级,阶,"历级"即逐级而上。　⑨暴(pù)骸中原:暴露尸骨于野外。　⑩虽然:虽然如此。

异　宝

　　四曰　古之人非无宝也,其所宝者异也。孙叔敖有疾①,将死,戒其子曰:"王数封我矣②,吾不受也。为我死③,王必封汝,必无受利地④。楚、越之间有寝之丘者⑤,此其地不利而名甚恶⑥。荆人畏鬼而越人信禨⑦,可长有者,其唯此也。"孙叔敖死,王果以美地封其子,而子辞⑧,请寝之丘,故至今不失。孙叔敖之知⑨,知不以利为利矣⑩。知以人之所恶为己之所喜,此有道者之所以异乎俗也。

　　【注】①孙叔敖:见《情欲》篇注。　②数(shuò):屡次。封:封授,指赐予土地。　③为:犹"如"。　④利地:好地,犹言肥沃土地。　⑤寝之丘:即寝丘,"之"为助字。古邑名,"寝"一作"沈",在今河南沈丘东南。春秋时其地在楚、越两国交界处,多为沙石之地。　⑥名甚恶:名称很不好。谓"寝丘"二字的字面意思是死后的坟墓,甚不吉利。　⑦畏鬼、信禨:指迷信鬼神及禨祥(吉凶兆头)。句意指楚、越之人皆以其地名不吉利而不会侵占它。　⑧而:犹"其"。　⑨知:同"智"。下"知"字为知道之义。　⑩不以利为利:古籍所引或作"以不利为利",当是。

五员亡①,荆急求之②。登太行而望郑曰③:"盖是国也,地险而民多知④,其主俗主也,不足与举⑤。"去郑而之许,见许公而问所之⑥,许公不应,东南向而唾。五员载拜受赐⑦,曰:"知所之矣。"因如吴⑧。过于荆,至江上⑨,欲涉,见一丈人刺小船方将渔,从而请焉⑩。丈人度之,绝江⑪,问其名族,则不肯告。解其剑以予丈人,曰:"此千金之剑也,愿献之丈人。"丈人不肯受,曰:"荆国之法,得五员者,爵执圭⑫,禄万檐⑬,金千镒⑭。昔者子胥过⑮,吾犹不取,今我何以子之千金剑为乎⑯?"五员过于吴⑰,使人求之江上,则不能得也。每食必祭之,祝曰:"江上之丈人!"天地至大矣,至众矣,将奚不有为也,而无以为;为矣,而无以为之⑱。名不可得而闻,身不可得而见,其惟江上之丈人乎!

【注】①五员:即伍员、伍子胥,见《当染》篇注。亡:逃亡。 ②荆急求之:楚国紧急追捕他。 ③登太行而望郑:登太行山而遥望郑国。据考证,伍员出亡,先历宋、郑、晋、许诸国,后乃入吴,故相传他曾"登太行"。 ④知:同"智"。 ⑤不足与举:不足与举大事。犹言郑国君主凡庸,不足以帮助他称霸。 ⑥许公:许国君主,指许悼公。许国原都许昌(今河南许昌东),春秋时为小国,后为郑、楚所逼而屡次迁都。伍员逃亡前后,许都在白羽(今河南西峡)。 ⑦载拜受赐:再拜接受赐教(指许公无言之赐)。 ⑧如:往。 ⑨江上:长江岸边。 ⑩丈人:老人。刺小船方将渔:撑小船离岸正要打鱼。请:请老人送他过江。 ⑪度:同"渡"。绝江:已过江。船横过江面,有如断之,故以"绝"称渡过。 ⑫爵执圭:指爵位尊至执圭大臣的等级。圭,玉圭,犹如后世大臣上朝时所执的笏板。 ⑬禄万檐:指一年俸禄可达到万担(石)的等级。檐,当作"擔"或"儋",同"担"字。 ⑭金千镒:指所得悬赏的黄金

可多至千镒。镒,古代钱币重量单位,二十四两(一说二十两)为一镒。出土楚国金币有十六两为一斤者(两、斤皆为票面价值单位)。 ⑮昔者子胥过:此为老人虚设之词,以暗指眼前渡江者即子胥,然自己不会去告密邀赏。 ⑯何以……为:古汉语固定句型,"为"乃语末助词,表疑问。 ⑰过:犹"至"。一说为"适"字之误。 ⑱无以为之:此四字下疑脱一重文"名"字。全句意谓:天地至大,化育万物至众,将有为而有何不能为,然恒常显示无所为;无所为而已为之矣,然终不显其所以为之名。此喻江上丈人有为而无为,与天地同其德。又,句中"至众"上疑有脱字,或脱"为物"或"为万物"诸字。

宋之野人耕而得玉①,献之司城子罕②,子罕不受。野人请曰:"此野人之宝也,愿相国为之赐而受之也。"子罕曰:"子以玉为宝,我以不受为宝。"故宋国之长者曰:"子罕非无宝也,所宝者异也。"

【注】①野人:乡下人,农夫。 ②司城子罕:春秋时宋国大臣,即乐喜。子姓,乐氏,名喜,字子罕(一作子冉)。历事宋平公、元公、景公,官至司城(即司空,宋避武公名讳改称司城)。为卿相数十年,以贤才主国政,有政声。该书《召类》篇亦载其事迹。

今以百金与团黍以示儿子①,儿子必取团黍矣;以和氏之璧与百金以示鄙人②,鄙人必取百金矣;以和氏之璧、道德之至言以示贤者,贤者必取至言矣。其知弥精,其所取弥精;其知弥觕,其所取弥觕③。

【注】①团黍:粘黄米做的饭团。儿子:小儿。 ②和氏之璧:指宝玉。相传春秋时楚人卞和得玉璞,先后献于楚武王、文王,二王不识而以为诈,遂先后砍去其左右脚。至成王时,闻其抱璞哭于郊外,乃使人取之,令玉匠琢为璧,价值连城,世称"和氏之璧"。鄙人:犹野人。 ③弥:越。觕:同"粗"。

异　用

　　五曰　万物不同①,而用之于人异也,此治乱、存亡、生死之原也。故国广巨兵强富未必安也②,尊贵高大未必显也③,在于用之。桀、纣用其材而成其亡,汤、武用其材而成其王④。

　　【注】①不:疑为"大"字之讹。万物大同,指万物作为一个总类具有同一性。或说"不"读作"丕",为语中助词,亦可通。　②国广巨兵强富:疑当作"国广民富兵强"。盖"富"字误错于"强"字下,传抄者遂又改"民"字为"巨"。　③尊贵高大:指身份、地位、官爵、权势。　④材:材用,犹今言可供利用的条件(包括主观条件和客观条件)。桀、纣、汤、武,并见《当染》篇注。

　　汤见祝网者①,置四面②,其祝曰:"从天坠者,从地出者,从四方来者,皆离吾网③。"汤曰:"嘻!尽之矣。非桀,其孰为此也?"汤收其三面,置其一面,更教祝曰:"昔蛛蝥作网罟,今之人学纾④。欲左者左,欲右者右,欲高者高,欲下者下,吾取其犯命者⑤。"汉南之国闻之曰⑥:"汤之德及禽兽矣。"四十国归之⑦。人置四面,未必得鸟;汤去其三面,置其一面,以网其四十国,非徒网鸟也⑧。

　　【注】①祝网:为设网捕鸟兽而祷告。　②置四面:四面设网。　③离:通"罹",遭触,落入。　④此二句意谓:昨天夜里有蜘蛛织了一张网,今天我也在这里学着张设一张网。昔,通"夕",指昨夜。蛛蝥(máo),即蜘蛛。罟(gǔ),网。今之人,张网者自称。纾,通"舒",张、展开,指张网。句意指仿效蜘蛛只张一面网,故谓之"学"(古读"效")。　⑤犯命:犹言自害其命者。句意谓鸟兽可上下左右自由活动,我只捕那些自投罗网者。　⑥汉南:汉水之

南。　⑦归：归顺。　⑧徒：只，只是。

　　周文王使人抇池①，得死人之骸，吏以闻于文王②。文王曰："更葬之③。"吏曰："此无主矣④。"文王曰："有天下者，天下之主也；有一国者，一国之主也。今我非其主也？"遂令吏以衣棺更葬之。天下闻之曰："文王贤矣，泽及髊骨⑤，又况于人乎？"或得宝以危其国⑥，文王得朽骨以喻其意⑦，故圣人于物也无不材⑧。

【注】①抇池：挖池塘。　②闻：使……闻知，犹禀告。　③更：改。④无主：不知是谁家的。　⑤髊(cī)骨：犹骸骨。肉未烂尽者曰髊（亦作胔）。⑥或：有的人。　⑦喻：通"谕"，明，使人明白。　⑧无不材：无不可以利用。

　　孔子之弟子从远方来者，孔子荷杖而问之曰①："子之公不有恙乎②？"搏杖而揖之③，问曰："子之父母不有恙乎？"置杖而问曰④："子之兄弟不有恙乎？"杙步而倍之⑤，问曰："子之妻子不有恙乎⑥？"故孔子以六尺之杖谕贵贱之等，辨疏亲之义，又况于以尊位厚禄乎⑦？

【注】①荷杖：把手杖放在肩上，犹今言扛着。　②子之公：您的祖父。不有恙(yàng)：犹言无恙，为古人问候语，指平安无事。恙，忧。　③搏杖而揖之：意指将手杖抱在怀中而行拱手礼。搏，通"抱"。揖，作揖。　④置杖：放下手杖，指手持杖而拄之。　⑤杙(yì)步而倍之：指拄杖慢行而随从说话。杙，古籍或引作"杖"，或释为"曳"，疑以作"杖"为是。此段文字由荷杖、抱杖、拄杖逐层递进，则杖步即指拄杖而行。倍，通"陪"，指二人相互伴随。⑥妻子：妻室和儿女。　⑦以尊位厚禄：与上面所说"以六尺之杖"对举，意指对于各等级的爵禄尤须辨别贵贱亲疏。

古之人贵能射也,以长幼养老也①;今之人贵能射也,以攻占侵夺也②。其细者以劫弱暴寡也③,以遏夺为务也④。仁人之得饴⑤,以养疾侍老也;跖与企足得饴⑥,以开闭取楗也⑦。

【注】①此句意指:古人崇尚善射等技艺,是为了能够猎取禽兽以抚育幼小、赡养老人。 ②攻占侵夺:指战争。 ③其细者:其小者。此相对于战争而言,指寇盗式的劫掠行为。劫弱暴寡:掠夺弱势者,欺凌孤单无助者。 ④以遏夺为务:以拦路抢劫为事。 ⑤饴(yí):用米、麦等制成的糖浆。古籍多与"蜜"并举,用以指味之甘美。 ⑥跖(zhí):亦作"蹠",人名。相传为春秋战国之际的奴隶起义领袖。旧时载籍多称"盗跖"。企足:人名,即庄蹻(juē)。"蹻"、"企"皆有跷起脚跟之义,则企足即为庄蹻之异称。相传为战国时楚国地区的奴隶起义领袖,起义于楚怀王时。按:疑其本名只称蹻而不用"庄"字,庄蹻乃指后来入滇而称庄王的楚将,因二人同名,载籍遂混而为一。 ⑦开闭取楗:指开锁拨门闩盗窃他人财物。用饴浆润滑楗闭便于开取,且可避免弄出动静。闭、楗,见《孟冬纪》"楗闭"注。

卷十一　仲冬纪第十一

仲　冬　纪

一曰　仲冬之月①,日在斗②。昏东壁中③,旦轸中④。其日壬癸,其帝颛顼,其神玄冥。其虫介。其音羽,律中黄钟⑤。其数六。其味咸,其臭朽。其祀行,祭先肾。

【注】①仲冬:指冬季第二月,即夏历十一月。　②斗:星宿名,见《孟秋纪》篇注。　③东壁:星宿名,即壁宿。以在室宿之东,故称东壁。二十八宿之一,为北方第七宿,共有二星。　④轸:星宿名。二十八宿之一,为南方第七宿,共有四星。　⑤黄钟:十二律之首。属阳律,大致相当于现代音乐上的定音C。

冰益壮①,地始坼②。鹖鴠不鸣③,虎始交④。

【注】①益壮:更坚硬。　②坼(chè):裂,指冻土开裂。　③鹖鴠(hé dàn):旧注谓之山鸟。一说属于蝙蝠类,古人误认为鸟。　④交:交配。

天子居玄堂太庙①。乘玄辂,驾铁骊。载玄旗,衣黑衣,服玄玉。食黍与彘,其器宏以弇。

【注】①玄堂太庙:明堂北向堂的中间正室。

命有司曰①:"土事无作②,无发盖藏③,无起大众④,以固而闭⑤。"发盖藏,起大众,地气且泄⑥,是谓发天地之房⑦,诸蛰则死⑧,民多疾疫,又随以丧⑨。命之曰畅月。⑩

【注】①命有司:此上疑脱"是月也"之文。《礼记·月令》尚有"饬死事"三字。　②土事:动土工程。　③盖藏:见《孟冬纪》篇注。　④无起大众:不要兴起大规模劳役。　⑤固而闭:指固闭天地之气。　⑥且:将。　⑦天地之房:喻指天气、地气闭藏之所。此实以地气言之,指地气闭藏之处。　⑧诸蛰则死:指此时若发土,各种蛰伏的小动物即会死去。则,即。　⑨随以丧:伴随疾疫而死亡。　⑩命之曰畅月:指为避灾而名此月为畅月。是月天地不通,而有冬至之节,阴阳始争,故须顺时令而畅之,以求去其不畅,因以畅月名之。畅,通畅,顺而使之通。

是月也,命阉尹申宫令①,审门闾②,谨房室,必重闭③。省妇事④,勿得淫⑤,虽有贵戚近习,无有不禁⑥。乃命大酋秫稻必齐⑦,曲蘖必时⑧,湛饎必洁⑨,水泉必香⑩,陶器必良,火齐必得⑪。兼用六物⑫,大酋监之,无有差忒⑬。天子乃命有司祈祀四海、大川、名原⑭、渊泽、井泉。

【注】①阉尹:宫官之长。宫令:指有关宫廷事务的禁令。　②审门闾:慎重宫城大门及宫内各门的看守。　③重闭:指严格开闭。　④省(xǐng)妇事:检查妇女的工作。　⑤淫:指制作不合法度的奢侈奇巧物品。　⑥此句意谓:即使天子的贵戚和亲信的女性家眷,也无不禁止。近习,贴身近臣。　⑦大酋:酒官之长,掌造酒。"酋"犹"酉",古"酒"字。秫稻:酿酒用的黏性高粱和稻米。齐:齐备充足。　⑧曲蘖(qū niè):酒曲,酿酒发酵物。时:适时制成。　⑨湛饎(jiān chì):浸泡和蒸煮。指酿酒工艺和过程。　⑩香:甘美。

⑪火齐(jì):火候。齐,同"剂"。得:适中。　⑫六物:六事,指上述六项要求。　⑬差忒:差错。　⑭名原:著名的水源。原,同"源"。

　　是月也,农有不收藏积聚者,牛马畜兽有放佚者①,取之不诘②。山林薮泽,有能取疏食③、田猎禽兽者,野虞教导之④;其有侵夺者⑤,罪之不赦。

【注】①畜兽:牲畜。放佚:放散逃逸。　②取之不诘:他人取之,不追查问责。此为促农收藏和管理。　③疏食:草籽、草实。泛指山林薮泽所生可供度荒之物。　④野虞:见《季春纪》篇注。教导:引导。指须按规定,在指定的开放之处采集和打猎。　⑤侵夺:指侵占掠夺山林薮泽之财。

　　是月也,日短至①,阴阳争,诸生荡②。君子斋戒,处必弇③,身必宁,去声色,禁嗜欲,安形性④,事欲静,以待阴阳之所定⑤。芸始生⑥,荔挺出⑦。蚯蚓结⑧,麋角解⑨,水泉动。日短至,则伐林木,取竹箭⑩。

【注】①日短至:即冬至。　②诸生荡:各种生物开始萌动。　③弇:同"揜"、"掩"。　④形性:身体和心性。　⑤定:成。按:以上并参《仲夏纪》篇"日长至"部分及注。　⑥芸:草名。古时俗称蒿菜,叶似苜蓿,可食。　⑦荔挺:草名。又称荔实、马韭、马蔺子等。叶似韭,较硬,牛马不食。按:旧注或谓之名荔,"挺"为出生之意。疑其单名、双名本可通用,此则用双名。　⑧蚯蚓结:指蚯蚓自体性交而屈曲。　⑨麋角解:麋鹿的角脱落。　⑩取竹箭:即伐竹材。箭,小竹。

　　是月也,可以罢官之无事者,去器之无用者。涂阙庭门闾①,筑囹圄②。此所以助天地之闭藏也。

【注】①涂阙庭门闾:指宫阙门户凡透风之处,皆涂泥堵严。　②筑囹圄:

指加固牢狱的墙垣。

仲冬行夏令,则其国乃旱,气雾冥冥①,雷乃发声。行秋令,则天时雨汁②,瓜瓠不成③,国有大兵④。行春令,则虫螟为败⑤,水泉减竭⑥,民多疾疫⑦。

【注】①气雾:《礼记·月令》"气"作"氛",同"雾",亦即雾。冥冥:昏暗貌。 ②时雨汁:时常雨雪交下。雨(yù),降。汁,指雨中带雪。 ③瓜瓠(hù)不成:泛指瓜果不收。瓠,一种葫芦。 ④大兵:被他国侵扰的大兵灾。 ⑤虫螟:泛指作物害虫。败:害。 ⑥减竭:水量减少以致枯竭。 ⑦疾疫:疫疾,传染病。

至　　忠

二曰　至忠逆于耳、倒于心,非贤主孰能听之①?故贤主之所说②,不肖主之所诛也③。人主无不恶暴劫者而日致之④,恶之何益?今有树于此而欲其美也,人时灌之,则恶之而日伐其根⑤,则必无活树矣。夫恶闻忠言⑥,乃自伐之精者也⑦。

【注】①听:犹听从。按:此言"至忠",盖兼指至忠之言与至忠之行,故首句以"逆于耳"、"倒于心"并举。全篇所论重在至忠之行。 ②说:通"悦"。 ③诛:惩罚。 ④恶(wù):厌恶,痛恨,反感。下"恶"字皆为此类意义。暴劫:侵犯劫持。臣下犯君称暴,逼君称劫。日致:天天自己招致。 ⑤恶之:指厌恶灌树之人。日伐其根:自己天天破坏树根。 ⑥忠言:疑当作"至忠"。 ⑦自伐之精:自毁之甚。精,尤,甚。

荆庄哀王猎于云梦①,射随兕②,中之,申公子培劫王而夺之③。王曰:"何其暴而不敬也?"命吏诛之④。左右大夫皆进谏曰:"子培,贤者也,又为王百倍之臣⑤。此必有故,愿察之也⑥。"不出三月,子培疾而死。荆兴师,战于两棠⑦,大胜晋,归而赏有功者。申公子培之弟进,请赏于吏曰:"人之有功也于军旅,臣兄之有功也在车下⑧。"王曰:"何谓也?"对曰:"臣之兄犯暴不敬之名,触死亡之罪于王之侧,其愚心将以忠于君王之身,而持千岁之寿也⑨。臣之兄尝读故记曰:'杀随兕者,不出三月⑩。'是以臣之兄惊惧而争之,故伏其罪而死。"王令人发平府而视之⑪,于故记果有,乃厚赏之。申公子培,其忠也可谓穆行矣⑫。穆行之意,人知之不为劝⑬,人不知不为沮⑭,行无高乎此矣。

【注】①荆庄哀王:即楚庄王,亦称庄襄王,见《情欲》篇注。"哀"当是"襄"字之误。云梦:古泽薮名及地区名。大致在今湖北江陵以东江、汉之间,亦及于汉水以北。春秋战国时为楚王田猎区。 ②随兕:一说为一种恶兽;一说为随地之兕。疑指有幼崽随从的母犀牛。 ③申公子培:不详。或考即楚庄王时大夫申叔时,载籍称其有忠义之名。劫王而夺之:与王争执而夺去了猎物。 ④诛:杀。 ⑤百倍之臣:"百倍"读作"百陪",指其为庄王众多随从的近臣之一。 ⑥察之:此二字上当有"王"字。 ⑦战于两棠:指春秋时晋楚邲之战。是役晋军大败,楚庄王一战而称霸。按:此四字上,古籍所引或有"与晋"二字。两棠,当即狼汤渠(即史所称鸿沟)之别名,为邲邑所在地,在今河南荥阳北。 ⑧在车下:犹言在君王车驾之下。指其从王田猎,而因杀随兕以代王死事,见下。 ⑨持:保。句意指保王长寿(实为免殁死的讳辞)。 ⑩故记:古书。不出三月:指不出三月而死。 ⑪平府:指藏书之府。按:先秦他书不见此名,疑"平"为"乎"字之讹。单用"府"字即可指藏书之处。 ⑫穆:通"默"。默行即由自身品格所出而全无功利目的的行为。 ⑬不为劝:不自以为是激励。 ⑭不为沮:不自沮丧而停止。

齐王疾痏①,使人之宋迎文挚②。文挚至,视王之疾,谓太子曰:"王之疾必可已也③。虽然,王之疾已则必杀挚也。"太子曰"何故?"文挚对曰:"非怒王则疾不可治④,怒王则挚必死。"太子顿首彊请曰:"苟已王之疾,臣与臣之母以死争于王,王必幸臣与臣之母⑤。愿先生之勿患也⑥。"文挚曰:"诺。请以死为王⑦。"与太子期⑧,而将往不当者三⑨,齐王固已怒矣。文挚至,不解屦,登床,履王衣⑩,问王之疾。王怒而不与言,文挚因出辞以重怒王⑪,王叱而起⑫,疾乃遂已。王大怒不说⑬,将生烹文挚⑭。太子与王后争之不能得,果以鼎生烹文挚。爨之三日三夜⑮,颜色不变⑯。文挚曰:"诚欲杀我,则胡不覆之⑰,以绝阴阳之气。"王使覆之,文挚乃死。夫忠于治世易,忠于浊世难。文挚非不知活王之疾而身获死也⑱,为太子行难以成其义也⑲。

【注】①齐王:高诱注以为齐湣王。疾痏(wěi):病疮。 ②文挚:相传为战国时宋国名医。 ③已:止。此指治愈、痊愈。 ④怒王:使王怒。 ⑤幸:满足……愿望。 ⑥患:忧虑。 ⑦以死为王:不惜一死为王治病。 ⑧期:约定时间。 ⑨将往:当往。不当者三:不遇者三次。言其三次未如期前往。 ⑩"不解"句:谓其不脱鞋子,即登上王的病床,踩到了王的衣服上。 ⑪出辞:故意说些不逊的话。重怒王:加重王的愤怒。 ⑫叱而起:大骂而起身。 ⑬说:通"脱",止息。 ⑭烹:以鼎镬煮杀人的酷刑。 ⑮爨(cuàn):烧火而煮。 ⑯颜色:脸色。 ⑰胡:为什么。覆:盖上鼎盖。 ⑱活:疑为"治"字之讹。 ⑲其:指文挚。

忠　　廉

　　三曰　士议之不可辱者,大之也①。大之则尊于富贵也②,利不足以虞其意矣③;虽名为诸侯,实有万乘,不足以挺其心矣④。诚辱则无为乐生⑤。若此人也,有势则必不自私矣,处官则必不为汙矣⑥,将众则必不挠北矣⑦。忠臣亦然,苟便于主⑧、利于国,无敢辞违杀身出生以徇之⑨。国有士若此,则可谓有人矣⑩。若此人者固难得,其患虽得之有不智⑪。

【注】①首句可译为:士人之义不可辱,在士人自己非常看重此道。议,通"义",犹名节。大,以为大、重要,犹言看重。　②尊于:高于,重于。　③虞其意:悦其心。虞,通"娱",悦。　④挺:动,打动。　⑤诚辱:果真受辱。无为乐生:无以生为乐,犹言不值得爱惜生命。　⑥处官:为官。汙:同"污",污行(以贪赃枉法等自污之行)。　⑦将众:领兵。挠北:因畏敌而挫败。挠,挫折。北,败逃。　⑧便:利。　⑨无敢辞违杀身出生:犹言不惜舍命捐躯。"违"字疑本为抄注而衍入正文。徇:通"殉",为……献身。　⑩有人:有人才。　⑪患:忧虑。有:通"又"。智:读作"知",了解。

　　吴王欲杀王子庆忌而莫之能杀①,吴王患之。要离曰②:"臣能之。"吴王曰:"汝恶能乎③?吾尝以六马逐之江上矣④,而不能及;射之矢,左右满把而不能中⑤。今汝拔剑则不能举臂,上车则不能登轼⑥,汝恶能?"要离曰:"士患不勇耳,奚患于不能⑦?王诚能助臣,请必能⑧。"吴王曰:"诺。"明旦,加要离罪焉,挚执妻子⑨,焚之而扬其灰⑩。要离走⑪,往见王子庆忌于卫。王子庆忌喜曰:"吴王之无道也,子之所见也⑫,诸侯之所知也。今子得免而去之⑬,亦善矣。"要离与王子庆忌居有间⑭,谓王子庆忌曰:"吴之无道也愈甚,请与王子往夺之国⑮。"王子庆忌曰:"善。"乃与要离俱涉于江。中江⑯,拔剑以刺王子庆忌。王子庆忌捽之⑰,投之于江,浮则又取而投之,如此者三。其卒曰⑱:"汝天下之国士也,幸汝以成而名⑲。"要离得不死,归于吴。吴王大说⑳,请与分国㉑。要离曰:"不可。臣请必死。"吴王止之。要离曰:"夫杀妻子,焚之而扬其灰,以便事也,臣以为不仁㉒;夫为故主杀新主㉓,臣以为不义。夫捽而浮乎江,三出三入,特王子庆忌为之赐而不杀耳㉔,臣已为辱矣。夫不仁不义,又且已辱,不可以生。"吴王不能止,果伏剑而死。要离可谓不为赏动矣。故临大利而不易其义㉕,可谓廉矣㉖,廉故不以富贵而忘其辱。

【注】①吴王:指阖庐,见《当染》篇注。王子庆忌:春秋时吴王僚之子。以勇力著称,相传能足践麇鹿,手搏兕虎,万人莫敌。因公子光(阖庐)杀其父而夺王位,遂出逃于卫国。其传说事迹主要见于本篇,后事未详。莫之能杀:没有人能杀他。 ②要(yāo)离:刺客。其事亦主要见于本篇,可并参《吴越春秋·阖闾内传》。 ③恶(wū):疑问代词,犹"乌",怎么。 ④六马:指六马所驾之车。谓比之驷车更快。江上:长江岸上。 ⑤左右满把:谓庆忌接飞矢而攥满双手。 ⑥轼:车厢前供凭扶的横木。此二句谓要离身体单薄,看上去没什么气力,并不能操兵器与驾战车。 ⑦奚:何。 ⑧请:犹言保证。必能:必其能,即一定成功。 ⑨挚执妻子:缚其妻与子。挚,通"絷",缚系。"挚"下"执"字疑亦由抄注衍入,而脱落"其"字。 ⑩焚之:指杀其妻子而焚尸。 ⑪走:逃。 ⑫子:第二人称敬辞。 ⑬免而去:免死而离去。 ⑭居有间:相处了一段时间。 ⑮之:犹"其"。 ⑯中江:到了江面中间。

⑰捽(zuó):揪住。 ⑱卒:最后。 ⑲幸汝:权且留你一命。而:同"汝",你。 ⑳说:通"悦"。 ㉑分国:平分国土。夸言要把一半国土分封给要离。 ㉒以为不仁:因此而为不仁之举。 ㉓故主、新主:指吴王僚、王子庆忌。要离表面上以曾投奔庆忌,故谓之"新主"。 ㉔特:只是。赐:恩赐一命。 ㉕易:改,换。 ㉖廉:刚正,有棱角。

　　卫懿公有臣曰弘演①,有所于使②。翟人攻卫③,其民曰:"君之所予禄位者,鹤也;所贵富者,宫人也。君使宫人与鹤战,余焉能战④?"遂溃而去。翟人至,及懿公于荣泽⑤,杀之,尽食其肉,独舍其肝⑥。弘演至,报使于肝毕⑦,呼天而啼,尽哀而止。曰:"臣请为襮⑧。"因自杀,先出其腹实⑨,内懿公之肝⑩。桓公闻之曰⑪:"卫之亡也,以为无道也⑫。今有臣若此,不可不存。"于是复立卫于楚丘⑬。弘演可谓忠矣,杀身出生以徇其君。非徒徇其君也,又令卫之宗庙复立⑭,祭祀不绝,可谓有功矣。

【注】①卫懿公(?—前660):春秋时卫国君主。姬姓,名赤,在位8年。荒淫奢侈,尤好鹤,以至鹤有乘轩者,比之大夫。及狄人攻卫,他发兵拒战,兵溃被杀,事见《左传》闵公二年。弘演(yìn):亦作宏贠、洪演,卫懿公近臣。 ②有所于使:有一次衔命出使。于,往。 ③翟人:同"狄人"。 ④余:我们。 ⑤及:追击而抓住。荣泽:古泽名。亦作荥泽、荧泽,应以"荥"字为正。故址在今河南郑州西北。 ⑥舍:弃掉。 ⑦报使于肝:对着卫懿公的遗肝报告使命已完成。 ⑧襮(bó):衣表。句意谓弘演要以自己的身体作懿公遗肝的"表"。 ⑨出其腹实:"实"字疑当作"室"。《广雅·释诂》:"室,实也。"当是传抄者注"实"字于"室"下,及"实"字误入正文,后人反删"室"字。出其腹室,意即打开腹腔。 ⑩内:同"纳",纳入。 ⑪桓公:指齐桓公。 ⑫以为:因为。 ⑬楚丘:古邑名。在今河南滑县东北。史载卫懿公被杀,宋桓公立卫戴公(卫宣公孙);戴公当年卒,齐桓公于次年为卫筑城于楚丘,立卫

文公(戴公弟)。 ⑭宗庙:代指国家。古时国存则宗庙存,国灭则宗庙毁而祭祀绝。

当　务

四曰　辨而不当论①,信而不当理②,勇而不当义,法而不当务③,惑而乘骥也④,狂而操吴干将也⑤。大乱天下者,必此四者也。所贵辨者,为其由所论也⑥;所贵信者,为其遵所理也⑦;所贵勇者,为其行义也;所贵法者,为其当务也。

【注】①辨:通"辩",指善辩、雄辩。下"辨"字同此。不当:不合。论:所论,参见本段注⑥。　②信:诚实,讲信用。　③法:守法、用法。务:时务、事务。　④惑:蛊惑,古人以指中邪而精神错乱者。骥:良马。　⑤狂:犹今言疯癫。吴干(gān)将:指宝剑。相传吴人干将、莫邪为夫妻,共造雄、雌二剑,锋利无比,献之吴王阖庐,后人因以夫妻之名名此二剑。　⑥由:从。所论:所当信从之论,指其论题所包涵的意义和价值。　⑦所理:所当遵从之理。

跖之徒问于跖曰①:"盗有道乎?"跖曰:"奚啻其有道也②?夫妄意关内中藏③,圣也;入先④,勇也;出后⑤,义也;知时⑥,智也;分均⑦,仁也。不通此五者,而能成大盗者,天下无有。"备说非六王五伯⑧,以为"尧有不慈之名⑨,舜有不孝之行⑩,禹有淫湎之意⑪,汤、武有放杀之事⑫,五伯有暴乱之谋⑬,世皆誉之,人皆讳之⑭,惑也⑮"。故死而操金椎以葬⑯,曰:"下见六王五伯,将毃其头矣⑰!"辨若此,不如无辨。

【注】①跖:见《异用》篇注。徒:党徒。 ②奚啻:何止。 ③妄意关内中藏:凭空猜测锁闭的室内收藏的财物而总能猜中。关,门闩。中(zhòng),动词,指猜中。 ④入先:偷盗时抢在前。 ⑤出后:离开时走在后。 ⑥知时:善于选择盗窃时机。 ⑦分均:瓜分盗窃财物平均。 ⑧备说:指跖有一套细密的说法。非:非难,诋毁。六王:指尧、舜、夏禹、商汤、周文王、武王。下述少周文王,似有脱落。五伯:指春秋五霸。 ⑨不慈:传说尧流放其子丹朱于丹水。 ⑩不孝:传说舜父瞽叟尝欲杀舜;又传舜曾流放其父。 ⑪淫湎:指沉湎于女色。传说禹曾与涂山氏之女私通于台桑之地。 ⑫放杀:指汤革夏命,放夏桀于南巢;武王克商,杀纣王于宣室(史籍多谓纣王自焚而死)。此就所谓以臣弑主而言。 ⑬暴乱:载籍称春秋无义战,诸侯相攻伐,杀人盈城复盈野。因当时五霸称首,故此谓之"暴乱"。 ⑭讳之:讳言上述六王五霸的不道德行为。 ⑮惑:糊涂。 ⑯操金椎以葬:指跖下葬时手握金锤。椎,同"槌",今用"锤"字。 ⑰穀:粟谷之"谷"的繁体字,此读作"敲"。古"敲"字有不同写法,辗转传抄而讹作"穀",遂使"穀"、"敲"成为通假字。毕校本改为"彀",今仍从高诱注所引。

楚有直躬者①,其父窃羊而谒之上②。上执而将诛之③,直躬者请代。将诛矣④,告吏曰:"父窃羊而谒之,不亦信乎⑤?父诛而代之,不亦孝乎?信且孝而诛之,国将有不诛者乎⑥?"荆王闻之,乃不诛也。孔子闻之曰:"异哉⑦!直躬之为信也,一父而载取名焉⑧。"故直躬之信,不若无信⑨。

【注】①直躬者:一个叫直躬的人。直躬之名见于《论语》,虽拟为人名,而实以躬行直道言之,其故事当亦出于春秋时学者辩论的假设。 ②谒之上:告发其父于官府。 ③诛:处死。 ④将诛:此指将要处死代父受刑的直躬。 ⑤信:诚实。 ⑥将有不诛者乎:今后还能有不会被杀的人吗? ⑦异:怪。 ⑧一父而载取名:利用一个父亲而取得两个好名声(信与孝)。载,通"再"。 ⑨不若无信:这是采用了儒家"子为父隐"的主张,故有此"不

若"之言。

齐之好勇者,其一人居东郭①,其一人居西郭,卒然相遇于塗②,曰:"姑相饮乎③?"觞数行④,曰:"姑求肉乎⑤?"一人曰:"子,肉也;我,肉也⑥。尚胡革求肉而为⑦?于是具染而已⑧。"因抽刀而相啖⑨,至死而止。勇若此,不若无勇。

【注】①东郭:都城的东外城。下"西郭"与此相对。 ②卒然:读作"猝然",突然,意外地。塗:通"途"。 ③姑:姑且。 ④觞数行:举觞对饮了几巡。觞,古代饮酒器,此泛指饮酒器具。 ⑤求肉:弄点肉(下酒)。 ⑥此处指你我身上都是肉。 ⑦胡:何。革:读作"更",另外。而为:语末助词。 ⑧于是:就此。具染而已:弄点豆酱就行了。具,备办。染,犹"蘸",指豆豉之类的调味品。 ⑨啖(dàn):大口吞咽。

纣之同母三人,其长曰微子启①,其次曰中衍②,其次曰受德③。受德乃纣也,甚少矣。纣母之生微子启与中衍也尚为妾,已而为妻而生纣。纣之父、纣之母欲置微子启以为太子④,太史据法而争之曰:"有妻之子,而不可置妾之子⑤。"纣故为后⑥。用法若此,不若无法。

【注】①微子启:殷纣王之兄。子姓,封于微地,名启。殷末屡谏纣王,不见听,传其佯狂而去。周武王克商,封之于宋(今河南商丘),为周时宋国开国君主。 ②中衍:即仲衍,亦称微仲,微子次弟。于微子启死后,继宋国君位。 ③受德:殷纣王无此名,当属古人误传。古字纣、受音同,且字形亦相接近,故载籍记其名以纣、受两用,但无缀以"德"字者。 ④置:立。 ⑤而:犹"则"。 ⑥后:指王位继承人。按:此故事系据后世嫡庶制假托,商代王位继承制度尚不同于春秋以后典籍的记载。由甲骨文所见王室成员的名号推论,

微子启实与殷纣王同父不同母,而按当时内、外婚制的划分,微子启为帝乙外婚配偶所生,故无王位继承资格。

长　　见

五曰　智所以相过①,以其长见与短见也②。今之于古也,犹古之于后世也;今之于后世,亦犹今之于古也。故审知今则可知古③,知古则可知后,古今前后一也。故圣人上知千岁,下知千岁也。

【注】①相过:互相超过。犹言彼此有差异。　②长、短:远、近。　③审知:确知,清楚了解。

荆文王曰①:"苋嘻数犯我以义②,违我以礼,与处则不安,旷之则不谷得焉③。不以吾身爵之④,后世有圣人,将以非不谷⑤。"于是爵之五大夫⑥。"申侯伯善持养吾意⑦,吾所欲则先我为之,与处则安,旷之而不谷丧焉⑧。不以吾身远之⑨,后世有圣人,将以非不谷。"于是送而行之⑩。申侯伯如郑⑪,阿郑君之心⑫,先为其所欲,三年而知郑国之政⑬,五月而郑人杀之⑭。是后世之圣人使文王为善于上世也⑮。

【注】①荆文王(?—前677):春秋时楚国君主。芈姓,名赀,又称熊赀。公元前689年即位。始定都于郢(今湖北江陵西北),先后灭申、伐蔡、灭邓,国势渐盛。　②苋嘻(xiàn xī):又作"筦饶"、"筦苏"等,"筦"亦作"管"。楚文王大臣。汉代碑刻谓其曾为楚国令尹(国相),以直见疏。数(shuò):屡次。犯我以义:欲使我从义而冒犯我。下句"违我以礼"与此为互文。　③旷之:久之。不谷:古代诸侯的自我谦称(字面意思为不善)。得:有所获得。指

对修身治国有所裨益。　④身：指在位期间。爵之：授之以爵位，指任用。　⑤非：非议，指责。　⑥五大夫：爵位名。按战国时秦国的军功爵制，此爵为大夫爵位中等级最高者。　⑦申侯伯："伯"字疑衍（或本为注文），史籍只称"申侯"。据《左传》僖公七年所记，其人当是原为春秋初小国申国首领，及楚文王灭申置县，遂入楚为大夫。以善于逢迎，有宠于楚文王，又以好利自保。楚文王临终，知其不为继位者所容，因嘱其离开楚国。楚文王葬毕，他出走郑国，后在郑国被杀。持养：养护。此指善逢迎而言。　⑧丧：有所丧失。指对修身治国有所损害。　⑨远之：疏远他。实指使他离开楚国。　⑩送而行之：送他财物而使离去。《左传》载"文王将死，与之璧，使行"。　⑪如郑：到了郑国。《左传》载楚文王嘱其去大国，勿去小国，小国将不能容之。　⑫阿：迎合。《左传》载其至郑后，又有宠于郑厉公。　⑬知：主持。　⑭五月而郑人杀之：此传闻有误。依《左传》所记，申侯被杀实在郑文公二十年（前653），是年郑为取悦于齐国，遂加以"专利而不厌"的罪名杀之。时距其初至郑国已有二十余年。　⑮上世：前世。按：此句实谓楚文王既顾虑到后世圣人的毁誉，才能在前世即有用人的善举。类似倒言的句型，意在提示楚文王的"长见"。

晋平公铸为大钟①，使工听之②，皆以为调矣③。师旷曰④："不调，请更铸之⑤。"平公曰："工皆以为调矣。"师旷曰："后世有知音者⑥，将知钟之不调也。臣窃为君耻之。"至于师涓⑦，而果知钟之不调也。是师旷欲善调钟，以为后世之知音者也。

【注】①晋平公：见《去私》篇注。　②工：指乐工。　③调：谐和，合于音律。　④师旷：春秋时晋国著名宫廷乐师。名旷，或说字子野。历事晋悼公、平公，双目失明，而屡谏人主清净无为，以仁义治国。　⑤更铸：重新铸造。　⑥知音者：精通音律者。　⑦师涓：春秋时卫国宫廷乐师。相传为卫灵公时人，生平约与师旷同时而稍晚。此以"后世"言之，亦出于传闻。

吕太公望封于齐，周公旦封于鲁①。二君者甚相善也，相谓曰："何以治国？"太公望曰："尊贤上功②。"周公旦曰："亲亲上恩③。"太公望曰："鲁自此削矣④。"周公旦曰："鲁虽削，有齐者亦必非吕氏也⑤。"其后齐日以大，至于霸，二十四世而田成子有齐国⑥；鲁日以削，至于觐存⑦，三十四世而亡⑧。

【注】①吕太公望、周公旦：均见《当染》篇注。　②尊贤上功：先秦学者以此四字为齐国的治国方针，核心是起用人才，重视功利。上，同"尚"，崇尚。③亲亲上恩：先秦学者以此四字为鲁国的治国方针，核心是和睦宗族，重视道德礼义。亲亲，亲其所亲。恩，犹仁。　④削：削弱。句意指只讲礼义而不重功利，鲁国将会削弱。　⑤有齐：掌握齐国政权。此句预言若只重功利而不讲道德，姜齐政权将会被篡夺。　⑥田成子：即田恒（汉人避文帝讳称田常）。田（陈）氏，名恒，谥成子。齐国田氏之祖田完七世孙。公元前481年，杀齐简公，立齐平公，从此形成田氏控制齐国政权的局面，姜姓公室权力旁落。⑦觐：通"仅"，仅能。　⑧公元前256年鲁国为楚国所灭。按：此故事当出于战国时稷下学者的托撰，但可反映齐、鲁两国的文化路线。

吴起治西河之外①，王错谮之于魏武侯②，武侯使人召之③。吴起至于岸门④，止车而望西河，泣数行而下⑤。其仆谓吴起曰："窃观公之意，视释天下若释蹝⑥。今去西河而泣，何也？"无起抿泣而应之曰⑦："子不识⑧。君知我，而使我毕能，西河可以王⑨。今君听谗人之议，而不知我，西河之为秦取不久矣。魏从此削矣。"吴起果去魏入楚。有间⑩，西河毕入秦，秦日益大。此吴起之所先见而泣也。

【注】①吴起：见《当染》篇注。西河之外：指今黄河流经山西、陕西交界

一段的南端以西部分地区。魏国曾领有其地,而当时已习称西河。 ②王错:战国时魏国大夫。初事武侯而谗害吴起。惠王初年得罪,出奔韩国。谮(zèn):说坏话诬陷他人。魏武侯(?—前370):战国时魏国君主。姬姓,魏氏,名击。公元前395年即位,在位时国势强大。 ③召:召回,犹罢职。 ④岸门:战国时魏邑,在今山西河津南。 ⑤泣:眼泪。 ⑥此句意指吴起不恋权位,视弃天下名利如弃履。视,看待。释,弃。蹝(xǐ),鞋子,后世通用"屣"字。 ⑦抿泣:擦泪。 ⑧不识:不知。 ⑨此句意谓:君上若了解信任我,而使我能够竭尽所能治理好西河,魏国就可凭借西河灭秦而称王天下。按:《观表》篇亦载本段文字,此句"君"字下有"诚"字,"毕能"下有"秦必可亡"四字。 ⑩有间:没过多久。

魏公叔痤疾①,惠王往问之②,曰:"公叔之疾,嗟!疾甚矣③,将奈社稷何④?"对曰:"臣之御庶子鞅⑤,愿王以国听之也⑥。为不能听,勿使出境⑦。"王不应,出而谓左右曰:"岂不悲哉!以公叔之贤,而今谓寡人必以国听鞅,悖也夫⑧!"公叔死,公孙鞅西游秦,秦孝公听之⑨,秦果用彊⑩,魏果用弱。非公叔痤之悖也,魏王则悖也。夫悖者之患,固以不悖为悖。

【注】①公叔痤(cuó)(?—前361):战国时魏国大臣。出身公族,又称公孙痤。武侯、惠王时为国相,有贤名。惠王八年(前362)曾率军拒秦兵,战败被俘,旋被放回。次年病死。按:载籍记其名或作"座",毕校本据改,今仍从旧。 ②惠王:魏惠王(前400—前319)。战国时魏国君主。名䓨,武侯之子。在位51年,以迁都大梁(今河南开封西北),故又称梁惠王、梁惠成王。即位初国势尚盛,晚期衰落。 ③此处八字,毕校本从《太平御览》所引改作"公叔之病甚矣"六字,今亦仍从旧。 ④将奈社稷何:拿国家怎么办。 ⑤御庶子鞅:即商鞅(约前390—前338)。战国时著名政治改革家。出身卫国公族,又称公孙鞅、卫鞅。曾以御庶子(官名)为魏公叔痤家臣,因魏惠王不

用而游秦,得秦孝公信任,大力实行变法,使秦国迅速趋向强盛。以功封于商(今陕西商县东南),故又称商鞅。孝公死后被杀。 ⑥以国听之:犹言付以国政。 ⑦此二句意思是:若不能用之,则必杀之,不要使他为别国所用。为,犹"若"。 ⑧悖:谬。 ⑨秦孝公:(前381—前338),战国时秦国君主。嬴姓,名渠梁。公元前361年即位。重用商鞅,励精图治,国力大增,以致魏国为避其锋芒而迁都大梁。 ⑩果用彊:果然因此而强。

卷十二　季冬纪第十二

季　冬　纪

一曰　季冬之月①，日在婺女②。昏娄中③，旦氐中④。其日壬癸，其帝颛顼，其神玄冥。其虫介。其音羽，律中大吕⑤。其数六。其味咸，其臭朽。其祀行，祭先肾。

【注】①季冬：指冬季第三月，即夏历十二月。　②婺女：见《孟夏纪》篇注。　③娄：星宿名。二十八宿之一，为西方第二宿，共有三星。　④氐：星宿名。二十八宿之一，为东方第三宿，共有四星。　⑤大吕：十二律之一。属阴律，大致相当于现代音乐上的定音C。

雁北乡①，鹊始巢②，雉雊鸡乳③。

【注】①北乡：北向，开始回归北方。　②鹊：喜鹊。巢：筑巢。　③雉雊（gòu）鸡乳：山鸡鸣叫，家鸡孵卵。雊，雄雉鸣。乳，此指孵化。

天子居玄堂右个①。乘玄辂②，驾铁骊。载玄旗，衣黑衣，服玄玉。食黍与彘，其器宏以奄。

【注】①玄堂右个：明堂北向堂的右侧室。　②辂：毕校本误作"骆"，今

改正。

命有司大傩①,旁磔②,出土牛③,以送寒气。征鸟厉疾④。乃毕行山川之祀⑤,及帝之大臣⑥、天地之神祇⑦。

【注】①大傩:大行傩祭。傩,见《季春纪》篇注。 ②旁磔:普遍磔裂犬羊牺牲以祭。指各地都要举行驱除疫鬼的活动。旁,通"溥",普遍。磔,裂。 ③出土牛:设置用泥土制作的牛。用作傩祭道具,置于东门外,以示立春将至,劝励农耕。 ④征鸟厉疾:指鹰隼等猛禽这时皆凶猛健捷。征,疑本作"鸷"(或挚),或传写为"徵",又讹作"征"。《季夏纪》:"行冬令,则寒气不时,鹰隼早鸷。"是季冬为鹰隼搏击时节。 ⑤毕行:尽行,遍举。 ⑥及:并及。帝之大臣:指各月所记"五帝"的佐官之神,如句芒、祝融等。一说指有功于民的前此名贤。 ⑦天地之神祇:其他天神和地神。祇(qí),地神。

是月也,命渔师始渔①。天子亲往,乃尝鱼②,先荐寝庙。冰方盛,水泽复③,命取冰。冰已入④,令告民出五种⑤。命司农计耦耕事⑥,修耒耜,具田器⑦。命乐师大合吹而罢⑧。乃命四监收秩薪柴⑨,以供寝庙及百祀之薪燎⑩。

【注】①渔师:见《季夏纪》篇注。渔:捕鱼。 ②尝鱼:举行尝鱼之礼。尝,祭名。 ③复:旧本作"复坚",毕校本删去"坚"字。《礼记·月令》作"腹坚",亦有"坚"字,"坚"盖本为注字。此"复"字当通"輹",或本作"輹",取《易·大壮》象辞"壮于大舆之輹"之意,代指大壮,即极坚实。仲冬"冰益壮",故此于季冬之月言"大壮"。 ④入:同"纳",指纳于藏冰室。 ⑤出五种:选出备用的五谷种子。 ⑥耦(ǒu)耕:古代二人一组的耕作方法。或二人各执一耜,或合执双耜之耒,并肩耕作。耜,古代翻耕农具的犁头;耒,耜的木柄。 ⑦具田器:准备农具。 ⑧大合吹而罢:举行各种乐器的大合奏而结束一年乐事。吹,犹演奏。 ⑨命四监收秩薪柴:命四监大夫收缴各郡县

按常例应交纳的薪柴。四监,参见《季夏纪》注。 ⑩寝庙:《礼记·月令》作"郊庙"。百祀:各种祭祀。薪燎:指燎祭,焚柴祭神的仪式。古人聚柴焚烧,而加玉器或牺牲于火中,以其烟气与神灵沟通,亦为一种祭典。

是月也,日穷于次,月穷于纪,星回于天①。数将几终,岁且更始,专而农民,毋有所使②。天子乃与卿大夫饬国典③,论时令,以待来岁之宜。乃命太史次诸侯之列④,赋之牺牲⑤,以供皇天上帝、社稷之享⑥。乃命同姓之国供寝庙之刍豢⑦;令宰历卿大夫至于庶民土田之数⑧,而赋之牺牲,以供山林名川之祀。凡在天下九州之民者⑨,无不咸献其力,以供皇天上帝、社稷、寝庙、山林名川之祀。

【注】①此三句是说:太阳的运行穷尽一年的躔次,月亮的运行穷尽一年的日月交会,五星的运行完成在天球上一年的轮回,又都返回到原来的位置。②此处四句参见《音律》篇注。 ③饬国典:整理修正国家典章法度。句中"卿大夫"上,《礼记·月令》有"公"字。 ④次诸侯之列:按爵位高低、国土大小、人口多寡、物产情况等编排诸侯国的列次。 ⑤赋之牺牲:向他们收取祭祀所用牺牲的贡赋。 ⑥享:祭祀。 ⑦同姓之国:与天子同姓的诸侯国。如鲁国姬姓,为周王朝同姓诸侯。刍豢:犹牺牲。牛羊曰刍(吃草的牲畜),猪狗曰豢(用食物豢养的动物)。 ⑧令:同"命"。宰:掌祭祀牺牲之官。参见《仲秋纪》篇"宰祝"注。历:犹编排、次序。庶民:平民百姓。土田:土地。⑨九州:古人将中华全境分为九州,各州土产与贡物不同,见《尚书·禹贡》。

行之是令,此谓一终①,三旬二日②。季冬行秋令,则白露蚤降③,介虫为妖④,四邻入保⑤。行春令,则胎夭多伤⑥,国多固疾⑦,命之曰逆⑧。行夏令,则水潦败国⑨,时雪不降,冰冻消释⑩。

【注】①一终:一成,成十二月之终。 ②三旬二日:此四字上疑有脱文。据各月纪文例,当有瑞雪降或大雪至的内容。 ③蚤:通"早"。 ④介虫:甲壳动物。 ⑤四邻人保:"邻"字讹,当从《礼记·月令》作"鄙"。参见《孟夏纪》篇注。 ⑥胎夭:见《孟春纪》篇注。 ⑦固疾:同"痼疾",久治不愈的病。 ⑧命:名。逆:异于常见症候的病称逆。 ⑨潦:同"涝"。 ⑩消释:消解,犹融化。

士　节

二曰　士之为人,当理不避其难①,临患忘利②,遗生行义③,视死如归。有如此者④,国君不得而友,天子不得而臣⑤。大者定天下⑥,其次定一国,必由如此人者也⑦。故人主之欲大立功名者,不可不务求此人也。贤主劳于求人而佚于治事⑧。

【注】①当理:犹言行义、担当道义。理,理义、道义。 ②临患忘利:此四字与上下文意不洽,高诱注仅存"道而用之"四字亦不成辞。疑原本当作"临患无忘利用",或因"无"字古写作"亡",涉下"忘"字而误脱,后人遂又删"利"下"用"字。高诱注盖谓"利道而用之",以注"利用"二字,而句首"利"字亦脱去。"利用"之意,若依高注,乃指利其道之用,犹言伸张其所主、所行。但此恐非作者本意,疑作者实取《尚书·大禹谟》"正德、利用、厚生"之旨。如是,则句意应是指临患难而不忘利物(利国、利民、利众生)。 ③遗生:捐弃生命。遗,弃、舍。 ④此者:按下文词例,当作"此人者",即这样的人。 ⑤二"不得"句:意指对有道之士(有杰出操行、能干大事而往往高自位置、不轻易出仕者),国君、天子当尊以为师,而不能仅以之为友、为臣。按:此即"道"尊于"势"的主张,战国时流行的"礼贤"说往往使用这类言词,而当时的特立独行之士亦多有此种践行。 ⑥大者定天下:能建立大功名的人夺取和统治天下。 ⑦由:按上下文,当是"有"字之讹。句意指要成就天子、诸侯之业,必须有这样的人。 ⑧劳于求人而佚于治事:以求贤用才为劳(为难),以

处理政事为逸（为易）。高诱注："得贤而任之，故佚于治事也。"一说此乃引用古语，句首当有"故曰"二字。

齐有北郭骚者①，结罘罔，捆蒲苇，织萉屦②，以养其母，犹不足。踵门见晏子曰③："愿乞所以养母④。"晏子之仆谓晏子曰："此齐国之贤者也。其义不臣乎天子⑤，不友乎诸侯，于利不苟取，于害不苟免。今乞所以养母，是说夫子之义也⑥，必与之⑦。"晏子使人分仓粟、分府金而遗之⑧，辞金而受粟⑨。

【注】①北郭骚：不可考，当是假托人物。"北郭"为复姓；"骚"犹"骄"，盖就其隐居不仕、傲于权势而为名。故事见于《晏子春秋·杂上》篇。 ②以上九字参见《尊师》篇注。罘罔（fú wǎng），同"罝网"。"罔"即"网"字，同"网"。 ③踵门：急切至其门。踵，犹跟。门未开而先至，等待开门，故曰"踵门"。晏子：即晏婴（？—前500）。春秋末齐国大臣。晏氏，字仲，谥平，又称晏平仲。夷维（今山东高密）人。继其父为齐卿，历事灵公、庄公、景公，执政五十余年，以节俭力行、恭谨下士著称，敢于直谏，又有杰出外交才能。 ④所以养母：指用以养母的口粮。 ⑤其义：言其以义为操守。 ⑥说：通"悦"。此指悦服、折服。夫子：指晏子。 ⑦与：今用"予"字，给予。 ⑧府金：钱财。古时钱财库房称府。《晏子春秋》无此二字上"分"字。 ⑨辞金而受粟：谢绝钱财而只接受粮食。

有间①，晏子见疑于齐君②，出奔③，过北郭骚之门而辞④。北郭骚沐浴而出见晏子⑤，曰："夫子将焉适⑥？"晏子曰："见疑于齐君，将出奔。"北郭骚曰："夫子勉之矣⑦。"晏子上车，太息而叹曰："婴之亡岂不宜哉？亦不知士甚矣⑧！"

【注】①有间:不久。 ②见疑:被猜忌,犹言不被信任。齐君:《晏子春秋》载为齐景公。 ③出奔:指弃职而出走他国。此亦托言,晏子无其事。 ④辞:辞行,告别。 ⑤沐浴而出见:洗发浴身而出见,表示尊敬。 ⑥夫子:对师长、长辈的尊称。焉适:到哪里去。 ⑦勉之:自励。此为安慰之词,犹言暂且忍耐,不要着急,事情会有变化。 ⑧此二句意思是:我今天的逃亡有什么不该?我也太不了解有道之士了!

晏子行,北郭子召其友而告之曰:"说晏子之义①,而尝乞所以养母焉。吾闻之曰:'养及亲者,身伉其难②。'今晏子见疑,吾将以身死白之③。"著衣冠④,令其友操剑奉笥而从⑤,造于君庭⑥。求复者曰⑦:"晏子,天下之贤者也,去则齐国必侵矣⑧。必见国之侵也,不若先死。请以头托白晏子也⑨。"因谓其友曰:"盛吾头于笥中,奉以托。"退而自刎也,其友因奉以托。其友谓观者曰⑩:"北郭子为国故死⑪,吾将为北郭子死也。"又退而自刎。

【注】①说:通"悦"。《晏子春秋》此句上有"吾"字。 ②此二句意谓:对奉养及于自己父母的人,自己也要分担他的危难。伉(kàng),偶,此指分担。 ③白之:为之雪冤,洗清其诬名。 ④著(zhuó)衣冠:衣帽穿戴整齐。 ⑤奉笥(sì):捧着竹器。 ⑥造:往至。 ⑦复者:犹谒者,指宫廷门卫中负责传达禀报的官吏。 ⑧侵:指国土被他国侵夺,犹言削弱。 ⑨以头托白晏子:以脑袋托复者送于国君,以雪晏子之冤。下"托"字同此。 ⑩观者:《晏子春秋》作"复者"。 ⑪故:犹"而"。

齐君闻之,大骇①,乘驲而自追晏子②。及之国郊③,请而反之④,晏子不得已而反。闻北郭骚之以死白己也,曰:"婴之亡岂不宜哉?亦愈不知士甚矣⑤!"

【注】①骇:震惊。　②驲(rì):驿站马车。句意指齐君不等下人准备车马,即急匆匆自驾行驶最快的驿站马车去追晏子。　③及之:追上他。国郊:此指国境。　④反之:使他返回。反,同"返",下同。　⑤愈:越发,更加。表示自责之深。

介　立①

三曰　以贵富有人易,以贫贱有人难②。今晋文公出亡,周流天下,穷矣贱矣③,而介子推不去④,有以有之也⑤;反国有万乘⑥,而介子推去之,无以有之也。能其难⑦,不能其易,此文公之所以不王也。晋文公反国,介子推不肯受赏,自为赋诗曰⑧:"有龙于飞⑨,周徧天下⑩,五蛇从之⑪,为之丞辅⑫。龙反其乡,得其处所⑬,四蛇从之,得其露雨⑭。一蛇羞之,桥死于中野⑮,悬书公门⑯,而伏于山下⑰。"文公闻之曰:"譆⑱!此必介子推也。"避舍变服⑲,令士庶人曰:"有能得介子推者,爵上卿,田百万⑳。"或遇之山中,负釜盖簦㉑,问焉曰:"请问介子推安在?"应之曰:"夫介子推苟不欲见而欲隐㉒,吾独焉知之?"遂背而行㉓,终身不见。人心之不同,岂不甚哉?今世之逐利者,早朝晏退㉔,焦唇干嗌㉕,日夜思之,犹未之能得。今得之而务疾逃之㉖,介子推之离俗远矣。

【注】①介立:独立,以节操高洁而出于群。旧校谓"一作'立意'",疑"立意"为"立义"之讹。　②有人:拥有人才,得人拥护。　③晋文公:见《当染》篇注。周流天下:到处流亡,几遍天下。穷、贱:困窘、无财而低下。　④介子推:亦作"介推"。春秋时晋国隐士。曾从晋文公流亡在外十九年,文公返国即位后不肯受赏,隐居山中不仕。其故事他书所记甚多,各有不同。不去:不

离开。　⑤有以有之:指晋文公此时尚谨慎,有使他不离去的道德操行。
⑥反:同"返",下同。万乘:指大国实力。　⑦能其难:困难的时候能做到。
⑧赋诗:做诗。他书或说此为介子推之从者所作诗。　⑨于:助字,类似词头,无义。　⑩徧:即"遍"字。　⑪五蛇:指随从的五臣。对上"龙"言之,故称"蛇"。一说指赵衰(cuī)、狐偃、贾佗、魏犨(chōu)、介子推五人。
⑫丞辅:辅佐。　⑬此二句指晋文公回国为君,得其本应居处的尊位。
⑭露雨:雨露,指恩泽。　⑮羞:耻。桥:一说通"槁",枯。疑当通"趫",指举足而走,即逃去。中野:原野中,实指荒野。　⑯悬书公门:悬挂其书(即所赋诗)于公室城门。悬,犹今言张贴,因古时用竹木简或木板书写,故此用"悬"字。　⑰伏:藏匿。山下:实指山中,犹言峰下。　⑱譆:同"嘻",叹词。
⑲避舍变服:离开办公的正殿而另居简陋处所,并换下君主服装。表示国有不吉而君主自咎。　⑳此二句指赐予上卿的爵位及百万亩土地。　㉑负釜盖簦(dēng):背着锅,打着竹笠。簦,有柄的伞状雨具。　㉒见:同"现",指出仕。　㉓背而行:转身离去,背向而行。　㉔早朝晏退:上朝早出晚归。
㉕焦唇干嗌(yì):犹口干舌燥。嗌,咽喉。　㉖疾:赶快。

东方有士焉曰爰旌目①,将有适也②,而饿于道③。狐父之盗曰丘④,见而下壶餐以铺之⑤。爰旌目三铺之而后能视⑥,曰:"子何为者也⑦?"曰:"我狐父之人丘也。"爰旌目曰:"譆!汝非盗邪?胡为而食我⑧?吾义不食子之食也。"两手据地而吐之⑨,不出,喀喀然⑩,遂伏地而死。郑人之下辖也⑪,庄蹻之暴郢也⑫,秦人之围长平也⑬,韩、荆、赵此三国者之将帅贵人皆多骄矣⑭,其士卒众庶皆多壮矣⑮,因相暴以相杀⑯,脆弱者拜请以避死⑰,其卒递而相食⑱,不辨其义,冀幸以得活⑲。如爰旌目已食而不死矣⑳,恶其义而不肯不死㉑。今此相为谋㉒,岂不远哉!

【注】①焉:犹"也"。爰旌目:其名或作"旌瞀"、"精目",余不详。　②有

适:往某地。 ③饿于道:指饿得昏死过去,倒在路上。 ④狐父:地名,在今安徽砀山附近。盗:劫掠者。丘:人名。其人可称狐父丘、盗丘,当亦是托名。 ⑤壶飡:义同"壶飧",盛在壶中的水泡饭。铺:通"哺",喂饭。 ⑥三铺之而后能视:喂他三口泡饭才能睁开眼睛。《列子·说符》篇所记无"之"字。 ⑦何为者:什么人,干什么的。 ⑧胡:何。食(sì):给……吃,喂。 ⑨据:按。 ⑩喀喀(kè)然:形容呕吐之声。 ⑪下轵:攻下轵邑。其事与其地均未详。一说指公元前375年韩国灭郑国事,轵邑指旧时东昏县户牖城(在今河南兰考东北)。韩灭郑后迁都新郑(今河南新郑),因改称郑国。若是,则此句"郑人"指韩人,下文"韩"字本亦当作"郑",或后人误解而改为"韩"。 ⑫庄蹻:见《异用》篇"企足"注。暴郢:指攻掠楚国郢都。 ⑬围长平:指战国时秦、赵长平之战。是役,秦军围困赵军于长平(今山西高平西北),历时近三年(前262—前260年),最后赵军大败,被秦人坑杀四十余万人。 ⑭贵人:指贵族当权者。 ⑮众庶:百姓。 ⑯相暴以相杀:指"骄"、"壮"之人自相侵暴残杀。 ⑰脆弱者:与上"骄"、"壮"相对,指无力之人。拜请以避死:跪请而求活。对"骄"、"壮"者而言。 ⑱其卒:最后,终于。递而相食:依次相食。指军兵被敌围困,久而缺粮,遂辗转相杀而食其尸。 ⑲冀幸以得活:希望侥幸活命。指互相残食而言。如此则已全不分义与不义。 ⑳已食而不死:已进食而本可不死。 ㉑恶其义:憎恶盗丘之义。 ㉒相为谋:互相谋害、残杀。句意谓爰旌目为"义"而尚能舍命不食盗之食,三国之兵则不顾其"义"而为保命互相残食,两者相去何其远。

诚　廉①

四曰　石可破也,而不可夺坚②;丹可磨也③,而不可夺赤。坚与赤,性之有也④。性也者,所受于天也,非择取而为之也。豪士之自好者⑤,其不可漫以污也⑥,亦犹此也。

【注】①诚廉:出于天性的正直。仍指以"道尊于势"的主张持身自守的

特立独行之士而言之。　②此句意为:石头可以破碎,却不可使它丧失坚硬的性质。夺,使丧失。　③丹:朱砂。磨:指作为染料磨成粉。　④性之有:先天就存在的。　⑤自好:出于天性的自尊。此指注重名节而言。　⑥漫以污:涂抹而污之。漫,弄脏。在玷污的意义上,"漫"、"污"为同义词。

昔周之将兴也,有士二人,处于孤竹①,曰伯夷、叔齐②。二人相谓曰:"吾闻西方有偏伯焉③,似将有道者④,今吾奚为处乎此哉?"二子西行如周,至于岐阳⑤,则文王已殁矣⑥。武王即位,观周德⑦,则王使叔旦就胶鬲于次四内而与之盟⑧,曰:"加富三等,就官一列⑨。"为三书同辞,血之以牲,埋一于四内,皆以一归⑩。又使保召公就微子开于共头之下而与之盟⑪,曰:"世为长侯,守殷常祀,相奉桑林,宜私孟诸⑫。"为三书同辞,血之以牲,埋一于共头之下,皆以一归。

【注】①孤竹:古国名,商代为子姓封国。在今河北卢龙一带。　②伯夷、叔齐:商末孤竹君之子。相传孤竹君死,兄弟二人互相让位,皆不肯继承,遂共逃走奔周。周武王伐纣,二人曾扣马谏阻;及商亡,因耻食周粟,竟饿死于首阳山(今地不能确指,或说在今山西永济西南)。　③偏伯:偏据一方的诸侯,指西伯昌(周文王)。　④将:殆,近于,差不多是。　⑤岐阳:岐山之阳(南)。　⑥殁:死。今用"没"字。　⑦观周德:宣示周王朝的恩德于天下。观,示。　⑧叔旦:即周公旦。为武王之弟,"叔"为排行之称。胶鬲(gé):商末周初人。相传初隐于鱼盐之中,周文王举之,荐之于殷纣王。事纣王有贤名,商亡后归周。次四内:未详。旧注谓"四内"为地名,疑指胶鬲在商亡前后的隐居之处。"次"字疑衍。　⑨此处意谓:若胶鬲同意出山,则俸禄加三级,官职列一等。富,指俸禄收入。　⑩以上意谓:相同盟辞的文件写成三份,皆以盟誓仪式所用牺牲之血书写,一份埋于四内盟誓之所,另两份各持其一。
⑪保召公:即太保召公奭,见《音初》篇注。微子开:即微子启,汉人避本朝讳

而改"启"为"开"。见《当务》篇注。共头:山名,又称共首,在今河南辉县境。⑫以上盟辞意谓:世世为侯伯,保持对前朝殷王室的祭祀,奉祀于桑林祖庙,而以孟诸地方为私邑。长(zhǎng),犹"伯"。桑林,宋国祖庙所在地,在宋都(商丘)东门外。孟诸,古泽名,在今河南商丘东北。

伯夷、叔齐闻之,相视而笑曰:"嘻!异乎哉①!此非吾所谓道也。昔者神农氏之有天下也,时祀尽敬而不祈福也②;其于人也,忠信尽治而无求焉③。乐正与为正,乐治与为治,不以人之坏自成也,不以人之庳自高也④。今周见殷之僻乱也⑤,而遽为之正与治⑥,上谋而行货⑦,阻丘而保威也⑧。割牲而盟以为信⑨,因四内与共头以明行⑩,扬梦以说众⑪,杀伐以要利⑫,以此绍殷⑬,是以乱易暴也⑭。吾闻古之士,遭乎治世不避其任⑮,遭乎乱世不为苟在⑯。今天下闇、周德衰矣⑰,与其立乎周以漫吾身也⑱,不若避之以洁吾行。"

【注】①异:怪。 ②此句意为:四时恭敬祭祀而不为求福。意谓自觉尽虔诚于神,非是虔诚于求福。 ③此句意为:以忠信治理社会而无所要求。 ④以上意谓:天下百姓希望公正就帮他们实现公正,希望太平就帮他们达到太平,不因别人的失败而使自己成功,也不因别人的卑下而使自己高尚。乐,喜悦。与,帮助。坏,毁,失败。庳,通"卑",低下。 ⑤僻:邪,不正。 ⑥遽:迅速,急切。 ⑦上谋而行货:崇尚权谋而利用贿赂。上,通"尚"。行货,行贿,指以优惠条件聘用商遗臣。 ⑧阻丘而保威:"丘"当作"兵",谓恃其兵而保其威。 ⑨割牲:杀牲。 ⑩明行:向世人表明其行事。 ⑪扬梦以说众:宣扬梦兆以取悦其部众。相传武王克商前,曾梦见受命于皇天上帝,以为伐商必克。说,通"悦"。 ⑫要:通"邀",求。 ⑬绍殷:继殷为王。绍,继。 ⑭以乱易暴:以乱政代替暴政。 ⑮遭:逢。不避其任:犹言不辞其责任,当出仕任职。 ⑯不为苟在:犹言不苟且恋其权位,当弃世而隐。

⑰闇:今通用"暗"字。 ⑱竝:今用"并"字,通"傍",依附。

二子北行,至首阳之下而饿焉①。人之情莫不有重,莫不有轻。有所重则欲全之②,有所轻则以养所重。伯夷、叔齐,此二士者,皆出身弃生以立其意③,轻重先定也。

【注】①饿:此指饿死。 ②全之:保全所重。 ③出身:舍身。意:志,节操。

不　侵

五曰　天下轻于身①,而士以身为人②。以身为人者,如此其重也,而人不知③,以奚道相得④？贤主必自知士⑤,故士尽力竭智,直言交争而不辞其患⑥,豫让、公孙弘是矣⑦。当是时也,智伯、孟尝君知之矣⑧。世之人主,得地百里则喜,四境皆贺⑨;得士则不喜,不知相贺:不通乎轻重也。汤、武,千乘也⑩,而士皆归之;桀、纣,天子也,而士皆去之;孔、墨,布衣之士也⑪,万乘之主、千乘之君不能与之争士也。自此观之,尊贵富大不足以来士矣⑫,必自知之然后可。⑬

【注】①天下轻于身:自身性命比天下还要重。此义即《重己》篇所说:"今吾生之为我有,而利我亦大矣。论其贵贱,爵为天子,不足以比焉;论其轻重,富有天下,不可以易之。" ②以身为人:愿为他人献身。主旨在言"士为知己者死"。 ③而:犹"若"。 ④以奚道相得:则靠什么与他们相知？以,犹"故",则。奚,疑问代词,何。道,由,经由。相得,犹言"相知",指关系融洽,情投意合。 ⑤自知士:自身了解士人。 ⑥交争:交相诤谏。句意谓虽与人主每有不同意见,而人主有忧患则赴之不辞。 ⑦豫让:见《论威》篇注。

公孙弘:战国时齐孟尝君门客。其事仅见于本篇下文所记,别无考。 ⑧智伯:见《当染》篇注。孟尝君:见《知士》篇注。 ⑨四境:犹言全国。 ⑩千乘:具有千辆兵车实力的诸侯国。此指商汤、周武王为天子之前的诸侯地位。 ⑪布衣:指平民。孔子、墨子皆为普通士人出身,而他们的弟子遍天下,故下言天子、诸侯不能与之争夺士人。一说"布衣"下"之士"二字当衍。 ⑫来:使……来,招徕。 ⑬按:此段文字或说传抄失次。依文义,自"贤主必自知士"至"知之矣"四十字当在段末"然后可"之下。

豫让之友谓豫让曰:"子之行何其惑也①?子尝事范氏、中行氏②,诸侯尽灭之③,而子不为报④;至于智氏,而子必为之报,何故?"豫让曰:"我将告子其故。范氏、中行氏,我寒而不我衣⑤,我饥而不我食,而时使我与千人共其养,是众人畜我也⑥。夫众人畜我者,我亦众人事之。至于智氏则不然,出则乘我以车,入则足我以养⑦,众人广朝⑧,而必加礼于吾所⑨,是国士畜我也。夫国士畜我者,我亦国士事之。"豫让,国士也,而犹以人之于己也为念⑩,又况于中人乎⑪?

【注】①惑:使人惑,令人不解。 ②范氏、中行氏:参见《当染》篇"范吉射"、"中行寅"注。 ③诸侯:实指晋国智、赵、韩、魏诸家。 ④报:报仇,以替人复仇作报答。 ⑤不我衣:即"不衣我",不给我衣穿。 ⑥众人畜我:把我当做和众多求食门客一样的人豢养我。畜,豢养。 ⑦足:满足。 ⑧众人广朝:犹今言大庭广众。朝,朝会。 ⑨所:读作"许",程度副词,犹今言一些。 ⑩于:《战国策·赵策一》作"遇",指恩遇。 ⑪中人:普通人。

孟尝君为从①,公孙弘谓孟尝君曰:"君不若使人西观秦王②。意者秦王帝王之主也,君恐不得为臣,何暇从以难之③？意者秦王不肖主也④，君从以难之，未晚也。"孟尝君曰："善。愿因请公往矣⑤。"公孙弘敬诺，以车十乘之秦⑥。秦昭王闻之⑦，而欲丑之以辞⑧，以观公孙宏。公孙宏见昭王，昭王曰："薛之地小大几何⑨？"公孙宏对曰："百里。"昭王笑曰："寡人之国，地数千里，犹未敢以有难也⑩。今孟尝君之地方百里，而因欲以难寡人，犹可乎？"公孙弘对曰："孟尝君好士，大王不好士。"昭王曰："孟尝君之好士何如？"公孙弘对曰："义不臣乎天子，不友乎诸侯，得意则不惭为人君⑪，不得意则不肯为人臣⑫，如此者三人。能治可为管、商之师⑬，说义听行⑭，其能致主霸王⑮，如此者五人。万乘之严主辱其使者⑯，退而自刎也，必以其血污其衣⑰，有如臣者七人。"昭王笑而谢焉⑱，曰："客胡为若此？寡人善孟尝君⑲，欲客之必谨谕寡人之意也⑳。"公孙宏敬诺。公孙宏可谓不侵矣㉑。昭王，大王也㉒；孟尝君，千乘也。立千乘之义而不可凌㉓，可谓士矣。

【注】①为从(zòng)：指赞成合纵。从，同"纵"，下同。战国后期，秦国强大，游说之士说服关东南北六国联合抗秦，称为合纵。　②使人西观秦王：派出使者到西地去伺察秦王。观，伺察。　③此全句意谓：想来秦王若是一位有雄才大略能够成就帝王之业的君主，主君您恐怕连给他称臣都不可能，又遑论合纵而跟他作对？意者，表推测，想来。何暇，有何空闲，实指不能做到。　④不肖主：碌碌无为的平庸君主。　⑤因：就。公：对公孙弘的尊称。　⑥十乘：指使团配备十辆车。　⑦秦昭王（前324—前251）：战国时秦国君主。嬴姓，名稷，又称昭襄王。公元前306年即位。在位56年，大力东向扩张，使秦国实力形成对关东六国的压倒性优势，为后来秦统一中国奠定了基础。　⑧丑之以辞：以言辞辱之。　⑨薛：孟尝君封邑，在今山东滕州东南。　⑩以

有难:据以跟谁作对。 ⑪得意则不惭为人君:得志则做人主亦不愧。 ⑫肯:毕校本原作"屑",今从许维遹《集释》及陈奇猷《校释》。 ⑬能治:能于治,指有杰出的治国才干。管、商:管仲、商鞅。 ⑭说义听行:若人主悦其义,从其行。说,通"悦"。 ⑮其能致主霸王:能使其主称霸称王。古籍所引"其"字或在"致"字下。 ⑯万乘之严主:有尊严的大国君主。辱其使者:使其使者受辱。 ⑰必以其血污其衣:谓自杀也一定要以其血溅污加辱者的衣服。 ⑱谢:表示歉意。 ⑲善:与……友好。 ⑳谨谕:郑重转达说明。 ㉑不侵:不可侵犯。 ㉒大王:大国之王。 ㉓凌:侮辱。

序　意

维秦八年,岁在涒滩①,秋甲子朔②。朔之日,良人请问《十二纪》③。文信侯曰④:"尝得学黄帝之所以诲颛顼矣⑤:'爰有大圜在上⑥,大矩在下⑦,汝能法之⑧,为民父母。'盖闻古之清世⑨,是法天地⑩。凡《十二纪》者,所以纪治乱存亡也,所以知寿夭吉凶也⑪。上揆之天,下验之地,中审之人,若此则是非、可不可无所遁矣⑫。天曰顺,顺维生;地曰固,固维宁;人曰信,信维听⑬。三者咸当,无为而行⑭。行也者,行其理也;行数,循其理,平其私⑮。夫私视使目盲,私听使耳聋,私虑使心狂。三者皆私设精⑯,则智无由公。智不公,则福日衰,灾日隆⑰,以日倪而西望知之⑱。"

【注】①涒(tūn)滩:古时太岁年名。此年当即秦王政八年(前239),即该书撰成的年份,详见本书"通说"第二部分的考证。 ②秋甲子朔:指秋季第一月七月的朔日(初一)为甲子日。 ③良人:作者所托问话者的称呼。此种称呼的本义,一说犹言"君子";一说"良"通"郎",指郎官。当是实指吕不韦门下客,并以代表该书的作者群。 ④文信侯:即吕不韦。 ⑤诲:教导。

相传颛顼继黄帝为古帝王,此下引语即黄帝教诲颛顼之言,当出自先秦时流传的黄帝学派的著作。 ⑥爰:句首语气词,无义,"爰有"即"有"。大圜:指天。圜,通"圆"。古人以为天呈圆形,故有此称。 ⑦大矩:指地。矩,画方的工具。古人以为地呈方形,故有此称。 ⑧法:效法。指效法天地自然运行、孕育万物而无私的品格。 ⑨清世:清平之世,犹言治世。 ⑩是:复指代词,代指"古之清世"。 ⑪寿夭:长寿和夭折。泛指事物存在的久暂,意同"吉凶"。按:此所述"纪治乱存亡"、"知寿夭吉凶"二语,体现《十二纪》以及全书的编纂宗旨。 ⑫以上大意是说:在上、下、中三个层面上,分别考量天道运行的法则,检验地道成物的原理,审察人事活动的规律,如此则一切情理上的是与非、行为上的可与不可皆得显现而不隐。揆(kuí),考察,度量。遁,逃,隐去。按:此数句体现作者的思想方法,认为凡事通过对天、地、人三者关系的综合考察,即可确定公认而可行的是非标准。 ⑬此三句大意是说:天道运行的特点是循环无碍,因其循环无碍而使万物生生不息;大地存在的特点是稳定牢固,因其稳定牢固而使万物得以安宁;人事活动的根本在于诚信,只有诚信才能造就圣人。句中"曰"、"维"二字皆为语中助词,但在用法上分别带有"是"、"则"的意味。听,古"圣"字,古人以听聪为"圣",故借"听"字为"圣"。 ⑭此二句是说:天、地、人三者咸当其位,便都无为而自然运行。咸,皆。 ⑮此处"行数"二字,疑当作"行其数"三字,脱"其"字;"平其私"三字上,亦疑当有"故"字。全句当是说:所谓运行,就是各按自身存在的法则运行;运行符合自身发展的规律,遵循自身存在的法则,故能公正无私。句中诸"其"字皆指运行主体而言。理,法则。数,规律。平,犹"公","平其私"犹言去私从公。天地无私,圣人法天地亦无私,故无私为"无为"政治的核心观念之一。 ⑯设精:犹言若甚,若不断加重。设,若。精,甚。 ⑰隆:盛。 ⑱日倪:日西斜。倪,通"睨"。西望:指日西斜则人西望。犹言西降、西落,喻衰落。按:以上为《序意》文字之仅存者,未完,当有脱文。

赵襄子游于囿中①,至于梁②,马却不肯进③。青荓为参乘④,襄子曰:"进视梁下,类有人⑤。"青荓进视梁下,豫让却寝⑥,佯为死人,叱青荓曰:"去！长者吾且有事⑦。"青荓曰:"少而与子友,子且为大事,而我言之,是失相与友之道⑧;子将贼吾君⑨,而我不言之,是失为人臣之道。如我者,惟死为可。"乃退而自杀。青荓非乐死也,重失人臣之节,恶废交友之道也⑩。青荓、豫让可谓之友也。

【注】①赵襄子:见《论威》篇注。囿:苑囿,园林。按:自此而下,皆非《序意》之文,论者多以为是此上《不侵》篇之错简,当缀于该篇豫让故事下。　②梁:桥。　③却:退。　④青荓(píng):人名。参乘:亦作"骖乘",指陪乘之人。古人乘车,驾车者居中,其身后尊者居左,陪乘者居右。　⑤类:好像。⑥却寝:仰卧。按:"却"字当是本作"卬",或传写误为"邛"字,又转写作"却",遂使"却"与"卬"成为通假字。"卬"即今"仰"字。　⑦长者:豫让自称,犹今俗言"老子"。且:将。　⑧相与友:彼此为友。　⑨贼:杀。君:指赵襄子。　⑩恶(wù):犹言不欲。

卷十三 有始览第一

有 始 览

一曰 天地有始。天微以成①,地塞以形②,天地合和,生之大经也③。以寒暑、日月、昼夜知之,以殊形、殊能、异宜说之④。夫物,合而成⑤,离而生⑥;知合知成,知离知生,则天地平矣⑦。平也者,皆当察其情,处其形⑧。

【注】①微:喻轻清之气上升而微薄扩散。以:而。 ②塞:喻重浊之气下降而积滞凝聚。形:与上句"成"字同义,合而言之即"形成"。 ③生:万物生成。大经:根本,总途径。 ④殊形、殊能、异宜:指万物不同的形状、性能、功用。说:说明,解释。 ⑤合而成:以阴阳和合而成。 ⑥离而生:以不断分化而产生。万物有大类,有种类,各类别不断分化则产生新的物种。 ⑦平:犹言"定"、"成",指天地自然秩序的形成。 ⑧此句中"察"字疑衍,盖后人以"皆当"连读而误加。句意当是说:所谓自然秩序的形成,就是万物皆顺遂其自然的质性,并各有其存在形态。当,适应,顺遂。情,指各种物质存在的自然属性和情状。

天有九野①,地有九州,土有九山,山有九塞②,泽有九薮③,风有八等④,水有六川。

【注】①九野:犹言九天,九个星空区域。古人言分野,以天上星区与地上区域相对应,故划分天区亦称"野"。 ②塞:险隘、要塞、关口。 ③薮:大泽。 ④八等:犹言八种。

何谓九野?中央曰钧天①,其星角、亢、氐②;东方曰苍天③,其星房、心、尾;东北曰变天④,其星箕、斗、牵牛;北方曰玄天⑤,其星婺女、虚、危、营室;西北曰幽天⑥,其星东壁、奎、娄;西方曰颢天⑦,其星胃、昴、毕;西南曰朱天⑧,其星觜巂、参、东井;南方曰炎天⑨,其星舆鬼、柳、七星;东南曰阳天⑩,其星张、翼、轸。

【注】①钧天:此名当是取义于天之旋转。钧,通"均",制作陶器所用的转轮。古人以为天像个大转轮,故称天之中央为"钧天"。其区域在太微左垣与天市右垣之间。 ②此句指钧天区域的星宿有角宿、亢宿和氐宿。按:自此以下所举星宿即二十八宿,可参各月纪注。因此处以九天划分星区,故各宿方位与东西南北各七宿的划分有参差。 ③苍天:"苍"即青色。按五行说,以东方属木,尚青,故名其天为"苍天"。 ④变天:"变"疑当读作"黵(dǎn)",指青黑色。以东北方介乎木、水之间,其色亦当尚青黑,故名其天为"黵天"。 ⑤玄天:"玄"即黑。以北方属水,尚黑,故名其天为"玄天"。⑥幽天:"幽"通"黝",指浅黑色。以西北方介乎金、水之间,其色亦当尚浅黑,故名其天为"黝天"。 ⑦颢天:"颢"即白。以西方属金,尚白,故名其天为"颢天"。 ⑧朱天:"朱"即赤。以西南方属火,尚赤,故名其天为"朱天"。⑨炎天:以正南方火性炎上,故名其天为"炎天"。 ⑩阳天:以东南方阳气将盛,故名其天为"阳天"。

何谓九州?河、汉之间为豫州①,周也②;两河之间为冀州③,晋也;河、济之间为兖州④,卫也;东方为青州,齐也;泗上为徐州⑤,鲁也;东南为扬州,越也;南方为荆州,楚也;西方为雍州,秦也;北方为幽州,燕也。

【注】①河、汉:黄河、汉水。豫州:自此以下所举九州,大致同《尚书·禹贡》所载,唯《禹贡》有梁州而无幽州,此则有幽州而无梁州。各州方位与后世所理解者略合,但不可以为是精确的行政区划。 ②周:指豫州约当周王朝的基本疆域。下述诸侯国名亦各以其疆域约略言之。 ③两河:指西河(今陕、晋交界的黄河南流河段)与清河(古河名,在今河北境内)。 ④河、济:黄河、济水(其故道下游主干部分略当今山东境内黄河河道)。古黄河自今郑州一带北流入渤海,不经今山东地区,故此括言河、济之间为卫国疆域。 ⑤泗上:泗水流域。西周时泗水流域诸侯国以鲁国为最大,春秋战国时徐州邑亦在今山东滕州境,故此括言徐州为鲁国疆域。按:上述青齐及下述扬越、荆楚、秦雍、幽燕,皆可各按历来通行的语汇理解。

何谓九山?会稽①、太山②、王屋③、首山④、太华⑤、岐山⑥、太行⑦、羊肠⑧、孟门⑨。

【注】①会稽:即今浙江会稽山。 ②太山:即今山东泰山。 ③王屋:即今山西、河南交界处的王屋山。 ④首山:古山名。解释不一,一说即今山西永济县境的首阳山。 ⑤太华:即今陕西境内的华山。 ⑥岐山:即今陕西境内的岐山。 ⑦太行:即今跨山西、河北两省的太行山。 ⑧羊肠:一说即今山西交城东北的羊肠坂;一说在今山西晋城南。 ⑨孟门:即今跨陕西宜川与山西吉县的孟门山。绵亘黄河两岸。

何谓九塞?大汾、冥阨、荆阮①、方城②、殽③、井陉④、令疵⑤、句注⑥、居庸⑦。

【注】①大汾、冥阨、荆阮:当即《左传》定公四年所见大隧、冥阨、直辕,杜预注谓三名均为"汉东之隘道"。其位置约在今河南方城至汝州以西。 ②方城:在今河南方城东北、叶县东南的方城山上,战国时楚国曾于此筑长城。 ③殽(yáo):即殽塞、殽关。殽山位于今河南洛宁西北,东至渑池,西

接陕县,绵亘数十里,有东西二塞,皆绝险。西殽塞在陕县东南,坂道较长;东殽塞在渑池以西,坂道较短。 ④井陉(xíng):又称土门关,在今河北井陉西北井陉山上。为太行山区进入华北平原之要隘。 ⑤令疵:不详。或说即令支,在辽西。 ⑥句(gōu)注:在今山西代县西北。疑实指雁门关。 ⑦居庸:即今北京昌平西北居庸关。

何谓九薮?吴之具区①、楚之云梦②、秦之阳华③、晋之大陆④、梁之圃田⑤、宋之孟诸⑥、齐之海隅⑦、赵之钜鹿⑧、燕之大昭⑨。

【注】①具区(ōu):又称扬州薮、震泽,即今江苏太湖。 ②云梦:见《至忠》篇注。 ③阳华:确址不详。一说在今陕西华阴西,一说在泾阳西北。 ④大陆:或说即圃陆,在今河南修武北。 ⑤圃田:在今河南中牟西。 ⑥孟诸:见《诚廉》篇注。 ⑦海隅:本指今山东半岛北部渤海湾南岸地区,古人亦视为泽薮。 ⑧钜鹿:亦称大陆、广阿泽,故址在今河北任县东北,跨隆尧、宁晋、辛集诸县境。 ⑨大昭:亦称昭余、昭余祁,在今山西祁县西南。

何谓八风?东北曰炎风①,东方曰滔风②,东南曰熏风③,南方曰巨风④,西南曰凄风⑤,西方曰飂风⑥,西北曰厉风⑦,北方曰寒风⑧。

【注】①炎风:高诱注"一曰融风"。 ②滔风:甲骨文作"协风",《淮南子·天文训》作"条风"。 ③熏风:《淮南子》作"景风"。 ④巨风:甲骨文作"微风",典籍作"凯风","微"、"凯"、"巨"皆为音近通假字。 ⑤凄风:《淮南子》作"凉风"。 ⑥飂(liú)风:甲骨文有西方风名,字不识;《山海经》作"韦风"。 ⑦厉风:《淮南子》作"丽风"。 ⑧寒风:甲骨文作"殳风"。

何谓六川?河水、赤水、辽水、黑水、江水、淮水。①

【注】①此处所述水名,河、辽、江、淮即今黄河、辽河、长江、淮河。赤水、黑水皆为传说的水名,或说俱发源于昆仑山,不可考。

凡四海之内①,东西二万八千里,南北二万六千里,水道八千里②,受水者亦八千里③。通谷六④,名川六百⑤,陆注三千⑥,小水万数。

【注】①四海:古人以为中国陆地四面环海,习称东海、西海、南海、北海。古籍中常以"海内"代指中国。 ②水道八千里:指流入四海的水道最长者都达八千里。 ③受水者亦八千里:指四海有江河流入的海岸线长度亦各达八千里。 ④通谷六:指众水发源的大峡谷有六处。 ⑤名川:指流入四海的有名的河流。 ⑥陆注:指不入海的内陆河。

凡四极之内①,东西五亿有九万七千里,南北亦五亿有九万七千里。

【注】①四极:指四海之外的边际,亦即东、西、南、北四方的最远处。

极星与天俱游①,而天极不移②。冬至日行远道③,周行四极④,命曰玄明⑤;夏至日行近道⑥,乃参于上⑦,当枢之下无昼夜⑧。白民之南⑨,建木之下⑩,日中无影⑪,呼而无响⑫,盖天地之中也⑬。

【注】①极星:北极星。与天俱游:随天球一起转动。 ②天极:指北天极,即地球自转轴的延长线同北半天球的交点。不移:不动。 ③冬至日行远道:指冬至之日太阳沿南回归线运行。在古人的意识中,其轨迹相对于北天极言之即为"远道"。 ④周行四极:指太阳在南回归线上运行,距地面最低,所至都经过四方极远处。 ⑤命:名。玄明:意指太阳在四极处光线暗淡,红中带黑。 ⑥夏至日行近道:指夏至之日太阳沿北回归线运行。与上

"远道"相对言之,其轨迹即为近道。 ⑦参于上:指太阳在北回归线上运行,距地面最高,相当于在南回归线上高度的三倍。参,同"叁",三。 ⑧当枢之下无昼夜:谓在地球北极地区长昼无夜。枢,天枢,北斗七星的第一星。"当枢之下"实指北极圈。 ⑨白民之南:传说中的白民国之南。《山海经·海外西经》谓白民国在西方,盖就当时所知的白色人种而言之。 ⑩建木:传说中的神树。《山海经·海内经》以为在南海之中,百仞无枝;又传建木在都广山上,为古帝王攀援上下而与上帝交通之处。 ⑪日中无影:指正午时分,太阳直射,人站立在地面上没有影子。此实指春分之日太阳正当地球赤道上空时的情景。 ⑫呼而无响:大声呼喊而听不到声音。 ⑬盖天地之中:大概这里就是天地的中心。

天地万物,一人之身也,此之谓大同;众耳目鼻口也,众五谷寒暑也,此之谓众异,则万物备也①。天斟万物②,圣人览焉,以观其类③,解在乎天地之所以形④,雷电之所以生,阴阳材物之精⑤,人民禽兽之所安平⑥。

【注】①以上直译为:天地万物的自然界好比一人之身,这叫做"大同";人有耳目口鼻等不同的器官,自然界有五谷、寒暑等不同的事物和现象,这叫做"众异","众异"则万物毕备。依文法,"众异"二字当重,疑传抄脱去。按:"大同"与"众异"皆为哲学概念,涵摄"一"与"众(多)"的对立统一。天地间万物各异,是谓"众异";而万物皆为"物",在"物"的概念上高度统一,是谓"大同"。"大同"是普遍性、同一性,"众异"是特殊性、多样性,故谓自然界有如一人之身,"一"、"多"互持,从而构成五彩缤纷的世界。 ②天斟万物:指阴阳二气分聚于万物,犹言天生万物。斟,浥注之称,如舀酒注入酒杯。阴阳二气聚合生万物,犹如分别浥注,故谓之"斟"。 ③类:类别。句意谓圣人考察万事万物,注重其类别的区分。 ④解在乎……:此为古人著书所用互见之法,意谓有关说明在……。按:此例的应用,一般以见于他篇的内容或事例为限。唯此处所举数事不见于他篇,或因作者删改原稿而失于检照所致,抑或由于所举皆为常识而略其说明。 ⑤阴阳材物之精:意指精气(阴阳二气)

之所集聚而化生材用之物的机理。此"精"字用为动词,其上当脱"所"字,"所精"即精气之集聚。　⑥人民:人类。安平:和乐共处而生态有序。

应　　同①

二曰　凡帝王者之将兴也,天必先见祥乎下民②。黄帝之时,天先见大螾大蝼③,黄帝曰:"土气胜④。"土气胜,故其色尚黄,其事则土⑤。及禹之时,天先见草木秋冬不杀⑥,禹曰:"木气胜。"木气胜,故其色尚青,其事则木。及汤之时,天先见金刃生于水⑦,汤曰:"金气胜。"金气胜,故其色尚白,其事则金。及文王之时,天先见火赤乌衔丹书集于周社⑧,文王曰:"火气胜。"火气胜,故其色尚赤,其事则火。代火者必将水⑨,天且先见水气胜。水气胜,故其色尚黑,其事则水。水气至而不知,数备将徙于土⑩。

【注】①应同:此篇用阴阳家五德终始说,言物类感召之道,取"气同则合,声比则应"之义为题。旧题作"名类",注云"一作应同",毕沅以为"名类"乃"召类"之讹,故即以"应同"为本篇标题,甚是。参见本书"通说"第二节。②见祥乎下民:向天下人显示吉祥的征兆。见,同"现"。祥,祥瑞,吉兆。③大螾大蝼:大蚯蚓、大蝼蛄。螾,同"蚓"。古人以为大蚯蚓是黄龙,大蝼蛄是土精。　④土气胜:按五行相克说,凡火、水、土、木、金,后者依次克前者,循环往复,则曰后者胜。"胜"有旺盛、超过、克服等义。　⑤其事则土:其行事即主于土德(顺从土气旺盛之数)。则,即。　⑥杀:凋零。　⑦金刃:指锋利的金属兵器。　⑧火赤乌:火化的赤色大鸟。丹书:用丹漆书写在玉版上的文字。集:止。周社:指周人的社坛建筑。相传周文王时,有火自天降,流为赤乌,衔珪版而止于周人的社屋。此赤乌实为传说中的太阳神乌之化身。⑨将:当,当是。周为火德,则代之者必当为水德。　⑩数备将徙于土:水德

气数尽将转移到土德。备,尽。句意实谓秦将代周,当为水德,若水气至而不知应之,则将复为代表土德者所取代。

天为者时,而不助农于下①。类固相召,气同则合,声比则应②。鼓宫而宫动,鼓角而角动③。平地注水水流湿,均薪施火火就燥④。山云草莽,水云鱼鳞,旱云烟火,雨云水波,无不皆类其所生以示人⑤。故以龙致雨,以形逐影⑥;师之所处,必生棘楚⑦。祸福之所自来,众人以为命,安知其所⑧!

【注】①此二句意谓:自然界有季节时令的变化,但它并不是为了助成人间的农事。 ②此三句意谓:同类事物本来就是互相感召的,气类相同就会相合,声音相近就会相应。固,《召类》篇作"同"。比,接近。按:《召类》篇的头两段文字,凡一百七十余字,皆散见于本篇,而有个别字不同。二者对照,可显见本为一篇而割裂为二的痕迹。 ③此二句意为:吹奏宫音的律管就会发出宫音,吹奏角音的律管就会发出角音。鼓,演奏、吹奏。动,振动、共鸣。 ④此二句意为:平地灌水,水总是先在湿地上流动;分柴点火,火总是先在干柴上燃起。 ⑤以上意为:山上的云像草丛的样子,水上的云像鱼鳞的样子,旱地的云像烟火的样子,雨中的云像水波的样子,无不向人们显示类似它们所生环境中的物状。莽,草丛。 ⑥二"以"字句意谓:有龙则能致雨,有形体则有影子跟随。"逐"字为使动用法。 ⑦此二句意谓:凡是军队久处之地,必多生荆棘。棘楚,犹"荆棘",此代指土地荒芜。战国时大规模的野战,往往一役而长达数年,故《老子》谓"师之所处,荆棘生焉;大军之后,必有凶年"。 ⑧此全句意谓:得祸和得福都有自身招致的因素,一般人以为是"命",又哪里知道它们的来由!

夫覆巢毁卵①,则凤凰不至;刳兽食胎②,则麒麟不来;干泽涸渔③,则龟龙不往。物之从同④,不可为记⑤。

子不遮乎亲,臣不遮乎君⑥;君同则来,异则去⑦。故君虽尊,以白为黑,臣不能听;父虽亲,以黑为白,子不能从。

【注】①覆巢毁卵:颠覆鸟巢而毁其卵。 ②刳(kū)兽食胎:剖开兽腹而食胎兽。 ③干泽涸渔:放掉蓄水,竭泽而渔。 ④从同:同类相从。 ⑤不可以记:犹言不可胜举。 ⑥遮:遮蔽。句意谓为子为臣都不必为君亲所遮蔽。 ⑦此句意谓:臣子与君亲志同道合则共事,不合则离去。依上下文,此句"君"字当衍。

黄帝曰:"芒芒昧昧①,因天之威③,与元同气④。"故曰:同气贤于同义②,同义贤于同力⑤,同力贤于同居⑥,同居贤于同名⑦。帝者同气,王者同义,霸者同力;勤者同居则薄矣⑧,亡者同名则觕矣⑨。其智弥觕者⑩,其所同弥觕;其智弥精者⑪,其所同弥精。故凡用意⑫,不可不精。夫精,五帝三王之所以成也⑬。成齐类同皆有合⑭,故尧为善而众善至,桀为非而众非来。《商箴》云⑮:"天降灾布祥⑯,竝有其职⑰。"以言祸福人或召之也⑱。故国乱非独乱也,又必召寇⑲。独乱未必亡也,召寇则无以存矣。

【注】①芒芒昧昧:犹言"茫茫冥冥",喻广大深厚。此实指传说的黄帝之治。 ②因天之威:因任天地造化的恩德。威,德。 ③与元同气:犹言与元气同。元气,古典哲学上用以指产生和构成天地万物的初始物质,或指阴阳二气未分时的混沌实体。 ④同气贤于同义:合于元气胜过合于道义。同,合、合同。贤于,优于、胜过。 ⑤同力:合于力行。指以实力服人。 ⑥同居:合于所居官职。指以恪守官职为事。 ⑦同名:合于名分。指重名而不务实。 ⑧勤者同居则薄:谓居官虽勤,而较之凭借元气、担当道义、注重实力,已属所同相对薄弱的层次。 ⑨亡者同名则觕:谓亡国者只重名分,则已是所同最为粗浅的类型。觕,同"粗"。 ⑩弥:越,愈。 ⑪精:精微,深到。

⑫用意:处事之谋虑。　⑬五帝三王:分见《贵公》、《先己》篇注。　⑭成齐:二字当衍,应是上句注文而误入正文者。　⑮《商箴》:古书名。箴(zhēn),用于规诫的一种文体。　⑯布祥:传布吉祥。　⑰竝:今用"并"字。有其职:有所主,指有一定的对象。职,主。　⑱召:招致。　⑲寇:指他国的进攻,犹言外患。

凡兵之用也,用于利①,用于义②。攻乱则脆③,脆则攻者利;攻乱则义,义则攻者荣。荣且利,中主犹且为之,况于贤主乎?故割地、宝器、卑辞屈服不足以止攻④,惟治为足⑤,治则为利者不攻矣,为名者不伐矣⑥。凡人之攻伐也,非为利则因为名也⑦。名实不得,国虽强大者,曷为攻矣⑧?解在乎史墨来而辍不袭卫,赵简子可谓知动静矣⑨。

【注】①用于利:于国家有利则用之。　②用于义:凡出师合乎道义则用之。　③攻乱:攻打治理混乱的国家。脆:脆弱易破。《召类》篇作"服",指使之降服,或"脆"为"服"字之讹。　④割地、宝器:指割让土地、献出宝器。⑤惟治为足:只有把国家治理好才足以制止他国的进攻。　⑥为名:指为获取义兵救民之名。　⑦因:即,就。《召类》篇作"固",或"因"为"固"字之误。⑧曷:疑问代词,同"何"。　⑨赵简子将袭卫,因史墨来而辍不袭,其事详见《召类》篇。

去　尤①

三曰　世之听者②,多有所尤,多有所尤则听必悖矣③。所以尤者多故④,其要必因人所喜与因人所恶⑤。东面望者不见西墙,南乡视者不睹北方⑥,意有所在也⑦。

【注】①去尤:言去掉认识上的偏蔽。尤,通"囿",偏蔽,片面性、局限性。②听:听言,听从。本篇所说包括测度。 ③悖:谬误。 ④故:原因。⑤要:关键。因人所喜与因人所恶:指判断标准囿于个人情感,喜好或厌恶都因人而异。 ⑥乡:通"向"。 ⑦意有所在:心意偏重在某一方面。

人有亡铁者①,意其邻之子②,视其行步窃铁也③,颜色窃铁也④,言语窃铁也,动作态度无为而不窃铁也⑤。㧃其谷而得其铁⑥,他日复见其邻之子,动作态度无似窃铁者。其邻之子非变也,己则变矣。变也者无他,有所尤也。

【注】①亡铁(fū):丢失斧子。 ②意:猜疑。 ③行步:走路。窃鈇:像偷斧子的。 ④颜色:脸色。 ⑤无为:犹"无有"。 ⑥㧃其谷:掘他家的坑。㧃,古"掘"字。谷,坑。《列子·说符》篇此上有"俄而"二字。按:旧本"㧃"作"相",毕沅从《列子》改。疑此三字本作"相其榖",指察看家里的粮食,或"榖"字误写为"谷",后人遂又改"相"字为"㧃"。

邾之故法①,为甲裳以帛②。公息忌谓邾君曰③:"不若以组④。凡甲之所以为固者,以满窍也⑤。今窍满矣,而任力者半耳⑥。且组则不然⑦,窍满则尽任力矣⑧。"邾君以为然,曰:"将何所以得组也⑨?"公息忌对曰:"上用之则民为之矣。"邾君曰:"善。"下令,令官为甲必以组。公息忌知说之行也,因令其家皆为组。人有伤之者曰⑩:"公息忌之所以欲用组者,其家多为组也。"邾君不说⑪,于是复下令,令官为甲无以组。此邾君之有所尤也。为甲以组而便⑫,公息忌虽多为组,何伤也⑬?以组不便,公息忌虽无组,亦何益也?为组与不为组,不足以累公息忌之说⑭,用组之心不可不察也。

【注】①邾:古国名,后称邹。故地在今山东邹城。故法:旧有的制度。②为甲裳以帛:用帛缕连缀革甲(皮革制作的护甲)。甲裳,指革甲的上装和下装,上装曰甲(犹言甲衣),下装曰裳,合言之即指革甲。帛,丝织品,此指用作连缀甲片的熟练帛条。　③公息忌:不详,或说即孔子弟子公皙哀。④组:丝绳。　⑤满窍:指革甲上用以连缀甲片的小钻孔都能被连缀用品填实而密合无间。孔无缝隙则革甲牢固,有缝隙则不牢固。　⑥任力者半:指用帛缕连缀甲片,钻孔虽能填满而不实,帛缕承受的力不过在一半左右。⑦且:发语词,犹"夫"。　⑧窍满则尽任力:指丝绳满孔,便都能用上力。⑨何所:何处。　⑩伤:中伤,诋毁。　⑪说:通"悦"。　⑫便:利,有利。⑬伤:损害,害处。　⑭累:犹"病",损害。

鲁有恶者①,其父出而见商咄②,反而告其邻曰③:"商咄不若吾子矣。"且其子至恶也,商咄至美也,彼以至美不如至恶,尤乎爱也④。故知美之恶,知恶之美⑤,然后能知美恶矣。庄子曰:"以瓦殶者翔⑥,以钩殶者战⑦,以黄金殶者殆⑧。其祥一也⑨,而有所殆者,必外有所重者也⑩。外有所重者,泄盖内掘⑪。"鲁人可谓外有重矣。解在乎齐人之欲得金也,及秦墨者之相妒也⑫,皆有所乎尤也⑬。老聃则得之矣⑭,若植木而立乎独⑮,必不合于俗,则何可扩矣⑯!

【注】①恶:貌丑。　②商咄:人名,貌美者。　③反:同"返"。　④爱:私爱,偏爱。　⑤二"知"字句:知道美可以被认为丑,丑也可以被认为美。⑥瓦:陶制的纺锤。喻不值钱之物。殶(zhù):赌博时的投注。今本《庄子·达生》篇作"注"。翔:通"详",安详。　⑦钩:铜制的皮带钩。喻稍贵重之物。战:惧。《庄子》作"惮",义同。　⑧殆:危,恐惧之甚。《庄子》作"殙",指头脑迷糊,神志不清醒。　⑨祥:善,指赌博的技巧精通。《庄子》作

"巧"。 ⑩外有所重:对外物有所矜重。指心态受到干扰而失衡。 ⑪泄盖内掘:意谓心态不能保持正常则思虑即变拙。泄,通"亵",不庄重。盖,犹"则"。掘,《庄子》作"拙",字通。 ⑫"解在乎"二例皆见《去宥》篇。 ⑬有所乎尤:"乎"字疑衍。 ⑭老聃:即老子。得之:指老子得去尤之理而无所尤。 ⑮若植木而立乎独:像枯木而孤独直立。《庄子·田子方》篇载孔子形容老子"形体掘若槁木,似遗物,离人而立于独"。 ⑯扩:义未详。疑为"掘"字之讹,"何可掘"即无法使之拙。

听 言

四曰 听言不可不察,不察则善不善不分。善不善不分,乱莫大焉。三代分善不善,故王①。今天下弥衰②,圣王之道废绝。世主多盛其欢乐③,大其钟鼓,侈其台榭苑囿④,以夺人财⑤;轻用民死,以行其忿⑥。老弱冻馁,夭膌壮狡⑦,汔尽穷屈⑧,加以死虏⑨。攻无罪之国以索地,诛不辜之民以求利,而欲宗庙之安也,社稷之不危也,不亦难乎?

【注】①王(wàng):"王天下"的缩略语,指称王天下。 ②弥衰:指世道更加衰落。 ③盛其欢乐:以盛大奢侈的场面和手段寻欢作乐。 ④台榭苑囿:高台建筑和园林。 ⑤人财:指民财。 ⑥二句意谓:轻易用兵而驱民征战送死,以发泄其对于敌国的私愤。 ⑦夭膌壮狡:指使得丁壮男子皆夭折或瘦弱不堪。夭,早死。膌,通"瘠"。壮狡,亦作"壮佼",见《季夏纪》篇注。 ⑧汔(qì)尽穷屈(jué):指丁壮男子几乎皆竭尽。汔,几乎。尽,皆。穷屈,犹竭尽,指极度匮乏。 ⑨死虏:指丁壮战死及为敌国所俘。

今人曰:"某氏多货①,其室培湿②,守狗死③,其势可穴也④。"则必非之矣。曰:"某国饥,其城郭庳⑤,其守具寡⑥,可袭而篡之⑦。"则不非之,乃不知类矣⑧。《周书》曰:"往者不可及,来者不可待。贤明其世,谓之天子⑨。"故当今之世,有能分善不善者,其王不难矣。

【注】①今人:疑当作"今有人"。某氏多货:犹言某人家多财。 ②培湿:指房屋的后土墙被水侵蚀。培,后墙。 ③守狗:看家的狗。 ④穴:指打墙洞偷盗。 ⑤庳(bēi):低矮。 ⑥守具寡:守城器具少。 ⑦篡:夺取。 ⑧不知类:犹言不能辨别是非。 ⑨此二句意谓:能明察所处时代的世道人情者,可为天子。贤,能。按:语出古逸书,"贤明其世"四字,古籍多引作"能明其世者"五字。

善不善本于义,不于爱①。爱利之为道大矣。夫流于海者②,行之旬月③,见似人者而喜矣④。及其期年也⑤,见其所尝见物于中国者而喜矣⑥。夫去人滋久⑦,而思人滋深欤! 乱世之民,其去圣王亦久矣,其愿见之,日夜无间⑧。故贤王秀士之欲忧黔首者⑨,不可不务也⑩。

【注】①不于爱:一说"不"当作"本"。按:疑当作"必"。此处取墨家"爱利"观为言,作"不"与下文不合。 ②流于海:漂泊于海上。 ③旬月:周月,满一月。旬,犹"周年"之"周"。 ④似人者:似人所留的踪迹。 ⑤期(jī)年:一年。 ⑥尝见物于中国者:即尝见于中原故土之物。 ⑦去:离开。滋:愈,越。 ⑧无间:不间断。 ⑨秀士:杰出之人。黔首:百姓。 ⑩务:勉力从事(圣王之道)。

功先名,事先功,言先事①。不知事,恶能听言②? 不知情,恶能当言③? 其与人穀言也④,其有辩乎⑤,其无辩乎? 造父始习于大豆⑥,蠭门始习于甘蝇⑦,御大豆、射甘蝇而不徙人,以为性者也⑧。不徙之,所以致远追急也⑨,

所以除害禁暴也。凡人亦必有所习其心⑩,然后能听说。不习其心,习之于学问⑪。不学而能听说者,古今无有也。解在乎白圭之非惠子也⑫,公孙龙之说燕昭王以偃兵及应空洛之遇也⑬,孔穿之议公孙龙⑭,翟翦之难惠子之法⑮。此四士者之议,皆多故矣⑯,不可不独论⑰。

【注】①此三句说明言、事、功、名四者的关系,意谓言在事前、事在功前、功在名前,即有言(臣下之建议、规划)方有事、有事方有功、有功方有名。 ②恶(wū):疑问代词,犹"乌",怎么。听言:下文亦作"听说",皆主要就人主倾听臣下意见或游说之辞而能明其意图言之。 ③当言:对有关言论的是非做出判断。当,判断。按:此亦主要就人主倾听臣下议论而决定取舍言之。 ④其与人彀言:意指假如听到他人模糊的言论。其,假如。与,犹上句"当"。彀(粟谷之"谷"的繁体字),据《庄子·齐物论》当作"𪅏"(kòu)。或古字"彀"、"𪅏"可通。𪅏本指待哺的乌鸟,其叫声则称"𪅏音",此处"𪅏言"当是喻指像"𪅏音"那样的模糊不清、不能使人了解事实真相的言论。 ⑤其:将。辩:通"辨",辨别,犹判断。 ⑥造父:传说中的善御(驾车)者。《史记·赵世家》载赵之先人名造父,以善御为周穆王臣。春秋时的善御者或亦号造父。习:学。此指学御。大豆:人名,或作"泰豆"。此以为造父之师。 ⑦蠭门、甘蝇:俱为传说中的善射者。蠭门,或作"蠭蒙",即逢蒙。古史传说中的逢蒙又称寒浞,为上古部族首领,在夏朝建立时期曾取代后羿而执夏政。民间传说则称他曾学射于后羿而尽得其术。此则又以甘蝇为其师。 ⑧以上意谓:造父学御于大豆,蠭门学射于甘蝇,皆专心致志,心无旁骛,因此都久习而成性。不徙、不移、不改,谓专注于所学而无三心二意。又,"不徙"下"人"字,据下句当作"之"。 ⑨致远追急:指御术精湛,有事则可行远,有急则可追速。此与下句皆指专心习学的实用功效而言。 ⑩习其心:练习其心思的运用。这里强调凡事用心要专。 ⑪此二句意谓:练习其心思的运用不只是如何用心的问题,更在于学习过程中的善学和善问。 ⑫白圭:战国时水利专家。名丹,字圭(一作珪)。曾为魏惠王大臣,与惠施同时。载籍所见另有一白圭,相传为魏文侯时富商,与此非一人。惠子:即惠施,战国时名家代表人

物。宋国人,与庄子同时而友善。曾为魏相,主张联合齐、楚以息兵。其学说强调"合同异",即注重事物同一性的一面。《汉书·艺文志》录有《惠子》一篇,已佚。按:白圭非惠子事见该书《不屈》篇。 ⑬公孙龙:战国时名家代表人物。或说字子秉,赵国人。以"白马非马"、"离坚白"(坚石非白石)等辩说著称。又主张"偃兵"之说。有《公孙龙子》传世。燕昭王(?—前279):战国时燕国君主。姬姓,名职,燕王哙庶子。初在韩国为人质,公元前315年燕国内乱,次年齐军入燕,太子平及燕王哙先后被杀,他被赵国护送回国,于前311年即位。在位礼贤下士,招揽各国人才,励精图治,国势日强。晚年曾遣乐毅率五国兵伐齐,连下齐国七十余城,齐国几亡。按:公孙龙说燕昭王偃兵事见该书《应言》篇,空洛之遇事见《淫辞》篇。 ⑭孔穿:战国时人。字子高,孔子七世孙。《孔丛子》载其佚事甚多。其议公孙龙事见该书《淫辞》篇。 ⑮翟翦:战国时人。魏文侯大臣翟黄后人。其难惠子之法事亦见《淫辞》篇。 ⑯故:指智巧。 ⑰独论:犹熟论,仔细考察甄别。

谨　听

五曰　昔者禹一沐而三捉发①,一食而三起,以礼有道之士,通乎己之不足也②。通乎己之不足,则不与物争矣③。愉易平静以待之④,使夫自得之⑤;因然而然之,使夫自言之⑥。亡国之主反此,乃自贤而少人⑦。少人则说者持容而不极⑧,听者自多而不得⑨,虽有天下何益焉?是乃冥之昭,乱之定,毁之成,危之宁⑩。故殷周以亡⑪,比干以死⑫,悖而不足以举⑬。故人主之性,莫过乎所疑,而过于其所不疑⑭;不过乎所不知,而过于其所以知⑮。故虽不疑,虽已知,必察之以法,揆之以量⑯,验之以数⑰。若此则是非无所失,而举措无所过矣。

【注】①一沐而三捉发:谓洗头时接连有人求见,即不等洗毕,数次握住头

发出来接见。喻礼贤下士之风范。按：古人皆留长发，不剪短，故此以"捉发"言之。古籍或载为周公事。下句"一食而三起"意同。 ②通乎己之不足：懂得自己也有不足之处。 ③物：泛指自身以外的物和人。此犹言他人、众人。 ④愉易：和悦平易。 ⑤使夫自得之：意谓让他们自用己见。夫，代词，指进言者。得，旧校谓一作"以"，亦即"用"字之意。 ⑥此二句意谓：对于言者自认为正确的意见，就随所说表示肯定，让他们把话说完。 ⑦自贤：自以为能。少人：轻视他人。 ⑧说者：进言者。持容而不极：有所保留和取容而不尽其言。持，犹保留。容，取悦。极，尽。 ⑨自多：犹言自以为是。多，与上"少"字相对，有重视、赞誉等义。不得：无所得。指不能得他人之长以补己之短。 ⑩此全句意谓：如此则使昭明者昏昧，稳定者变乱，成功者毁败，安宁者危亡。之，犹"其"。 ⑪殷周以亡："周"疑当作"纣"，即殷纣王。下句只举比干，不涉周事；且此文本以亡国之主为言，亦不当只举朝代名。 ⑫比干：见《功名》篇注。 ⑬悖而不足以举：荒谬而不值得提起。 ⑭以上意谓：人主行事，往往不是因为对事情有所疑而发生过错，而是因为都无所疑而发生过错。按：句中"性"字与文义不合，疑当作"行"。下文有"举措"之语，即指"行"而言。旧校谓此字一作"任"，或即"行"字之讹，而后人又误改为"性"。又，"所疑"、"所不疑"犹言不自是、自是。 ⑮所以知：已有所知。据下文，"以"当同"已"。 ⑯揆（kuí）：度量，考察。量：指是非标准。 ⑰数：通"术"，即后期法家所强调的人主御臣下之术。这一意义，法家著作多用"数"字。

　　夫尧恶得贤天下而试舜①，舜恶得贤天下而试禹？断之于耳而已矣②。耳之可以断也，反性命之情也③。今夫惑者，非知反性命之情，其次非知观于五帝三王之所以成也④，则奚自知其世之不可也⑤，奚自知其身之不逮也⑥？太上知之，其次知其不知⑦。不知则问，不能则学。《周箴》曰："夫自念斯，学德未暮⑧。"学贤问⑨，三代之所以昌也。不知而自以为知，百祸之宗也。

【注】①恶(wū):疑问代词,怎么。得贤天下:得贤人于天下。试:用。②断之于耳:意指以谨慎的听言作出正确的决断。 ③反性命之情:回归性命的真情。反,同"返"。按:道家性命之说,以为耳之用为听,用之则聪,不用则废,故此以"返性命之情"为言。句意偏指聪耳善听则为"圣"(甲骨文"圣"字上从耳、口,下从人,构形之意即指人有所听闻,而耳、口合文又即"听"字之初形)。 ④五帝三王:分见《贵公》、《先己》篇注。成:指成就天下大治之功。 ⑤奚:疑问代词。世之不可:指世道未治理得好。 ⑥身之不逮:指自身修养未达到应有的境地。逮,及,达到。 ⑦此二句意谓:最上等的是有自知之明,其次是知道自己也有所不知。 ⑧此处引言意谓:凡是自心经常想到这一点(不知不能则须学习请教)的人,随时致力于学习以修身养德都不算晚。暮,晚。 ⑨学贤问:学而善于请教。贤,能、善于。

名不徒立①,功不自成,国不虚存②,必有贤者。贤者之道,牟而难知③,妙而难见。故见贤者而不耸④,则不惕于心⑤;不惕于心,则知之不深。不深知贤者之所言,不祥莫大焉。

【注】①徒:白白地,犹平白无故。 ②虚:空,意同上"徒"字。 ③牟:通"瞀(mào)",暗。此指幽深。古字"牟"、"幽"亦同韵部,或亦可通。 ④耸:通"悚",恐惧。此指敬重。 ⑤惕:萦系于心,担心。此指动心。

主贤世治则贤者在上,主不肖世乱则贤者在下。今周室既灭而天子已绝①,乱莫大于无天子。无天子则强者胜弱,众者暴寡②,以兵相残,不得休息,今之世当之矣。故当今之世,求有道之士,则于四海之内③、山谷之中、僻远幽闲之所,若此则幸于得之矣。得之则何欲而不得④,何为而不成?太公钓于滋泉⑤,遭纣之世也,故文王得之而王。文王,千乘也⑥;纣,天子也。天子失之,而千乘得之,知之与不知也。诸众齐民⑦，不待知而使，不待礼而令⑧。若夫有道之士，必礼必知，然后其智能可尽。解在乎胜书之说周公⑨，可谓能听矣；齐桓公之见小臣稷，魏文侯之见田子方也⑩，皆可谓能礼士矣。

【注】①周室既灭：指战国末年秦灭周王室事。战国前期，周王畿分裂出西周、东周二小国。继位周王居西周，名义上仍为天子。至公元前255年，秦灭西周，周赧王死去，标志着周王朝的最后灭亡，一时遂无天子。 ②暴：欺凌。 ③四海之内：此四字当从该书《观世》篇作"江海之上"。"江海"犹今言"江湖"。 ④此句是说：既得贤者为辅佐，则想得到的还有什么不可得到。 ⑤太公：姜太公，见《当染》篇注。滋泉：山谷溪泉名。相传为太公垂钓之处，约在今山西眉县境。 ⑥千乘：见《不侵》篇注。 ⑦诸众齐民：平民百姓。指普通人。 ⑧二"不待"句：不待知接、礼遇，而即可役使、指令。 ⑨胜书事见《精谕》篇。 ⑩齐桓、魏文二事皆见《下贤》篇。《下贤》篇谓"魏文侯见段干木"，此作"田子方"疑误。田子方、段干木，皆见《当染》篇注。

务　本

六曰　尝试观上古记①，三王之佐②，其名无不荣者，其实无不安者③，功大也。《诗》云："有渰凄凄，兴云祁祁。雨我公田，遂及我私。"④三王之佐，皆能以公及其私矣。俗主之佐，其欲名实也与三王之佐同，而其名无不辱者，其实无不危者，无公故也。皆患其身不贵于国也⑤，而不患其主之不贵于天下也；皆患其家之不富也，而不患其国之不大也⑥。此所以欲荣而愈辱，欲安而益危。安危荣辱之本在于主，主之本在于宗庙⑦，宗庙之本在于民，民之治乱在于有司⑧。《易》曰："复自道，何其咎，吉。"⑨以言本无异,则动卒有喜⑩。今处官则荒乱⑪,临财则贪得,列近则持谀⑫,将众则罢怯⑬,以此厚望于主,岂不难哉?

【注】①上古记:前世古书。 ②三王:见《先己》篇注。佐:辅佐大臣。③实:指官职、地位、待遇等。 ④此处引诗见于《诗·小雅·大田》,意为:天色晦暗,冷风凄凄;浓云兴起,密布天空。雨下到公田里,遂及于我的私田。晻(yǎn),日无光。凄凄,寒凉貌。祁祁,盛大貌。雨,动词,下雨。公田,古代农民以集体劳役的形式为统治者耕种的土地,其收获物皆归统治者。古籍载古代实行井田制,中间部分为大面积的公田,周围则各有耕种者的小块私田。一说此诗之"私"字亦指贵族私田。 ⑤患:担心,忧虑。按:句中"身"字下,依文例当有"之"字。 ⑥大:强大。 ⑦宗庙:祖庙,此代指国家。 ⑧有司:指百官。 ⑨此处引文为《易·小畜》卦初九(第一爻)的爻辞。《小畜》卦的卦体是下为乾(三爻皆为阳爻),上为巽(其下爻为阴爻,上二爻为阳爻)。古人认为《小畜》的初爻为阳爻,正处在阳位,得其正;而阳爻具有动的性质,动则上行,但受到阴爻的节制。所以当此卦的初爻上行到第四爻的位置时,便被阴爻阻止,而又退回到本位,这叫"复自道"。"复自道"不但无"咎"(过错),而且"吉"(吉利)。大意谓有刚正之德者动而有节,随时调整自己的行动,即使返回原初,也不会有过错。 ⑩此二句意为:这是说根本无变化,则行动终会有好的结果。以,犹"此"。卒,终。 ⑪处官:任官职。荒乱:诸事荒废而混乱。 ⑫列近:指位在近习,亦即为人主身边的近臣。持谀:依违行事而不进谏。持,指态度有保留,或首鼠两端,有苟且取容之意。⑬将众:领兵。罢怯:软弱无能而怯懦。罢,通"疲"。

今有人于此①,修身会计则可耻②,临财物资尽则为己③。若此而富者,非盗则无所取④。故荣富非自至也,缘功伐也⑤。今功伐甚薄而所望厚,诬也⑥;无功伐而求荣富,诈也。诈诬之道,君子不由⑦。

【注】①今:假如。 ②修身会计:自身修养及谋虑算计。可耻:指品格低

劣,为人所耻。　③尽:通"赆",本指赠送或进贡的财物,此亦泛指钱财。为己:据为己有。　④非盗则无所取:意指上举贪污之人所得财富皆形同盗窃,非此则无以聚敛。取,通"聚"。按:此种聚敛虽"富"而不"荣",不"荣"则其"实"不安,故下文以"荣富"言之。　⑤功伐:功劳。　⑥诬:弄虚作假,欺骗。　⑦由:以……为途径,从。

  人之议多曰:"上用我,则国必无患。"用己者未必是也,而莫若其身自贤①。而己犹有患②,用己于国,恶得无患乎③?己所制也④,释其所制⑤,而夺乎其所不制⑥,诖⑦。未得治国治官,可也;若夫内事亲,外交友,必可得也⑧。苟事亲未孝,交友未笃,是所未得,恶能善之矣⑨?故论人无以其所未得,而用其所已得,可以知其所未得矣⑩。

【注】①此二句意谓:用己之事未必然,而欲为上所用,莫若先自身修贤。②己犹有患:自身尚有忧患。谓其人尚耿耿于不得为上所用,则是"己犹有患"。　③用己于国:犹言己用于国。恶(wū):疑问代词,怎么。　④己所制:据高诱注,此三字上似本有"身者"二字,意谓修身能为自己所控制。按:原文"身者己所制也"六字,疑本在"莫若其身自贤"句下,当是因"身者"二字脱去,传抄者遂又以"己所制也"四字错置于此。　⑤释:放弃。　⑥夺:强取。其所不制:指国家。　⑦诖:同"悖",谬。　⑧以上意谓:说自己未得治国治官的机会,这也情有可原;至于在家侍奉父母,在外交接朋友,则是一定可以做到的。　⑨以上意谓:假如侍奉父母未孝敬,交接朋友未笃诚,连这些都未做到,又怎么能够独善其身呢?　⑩以上意谓:所以评价一个人,不要看他尚未做到的是什么,而是看他已经做到了些什么;知道他已经做到了些什么,也就可以知道他尚未做到的是什么。按:依文例,"用其所已得"五字当重。

古之事君者,必先服能然后任①,必反情然后受②,主虽过与,臣不徒取③。《大雅》曰:"上帝临汝,无贰尔心。"④以言忠臣之行也⑤。解在郑君之问被瞻之义也⑥,薄疑应卫嗣君以无重税⑦。此二士者,皆近知本矣。

【注】①服能:以德才使人信服。任:任官。 ②反情:返乎性情。反,同"返"。受:受禄。句意指受职食官,出乎性情之自然,可为则为,不可为则去,非是为个人名利而强求之。 ③此二句意谓:人主所给予的官爵、俸禄等有时虽超过受任者的实际,但臣下也不是以空名取得官爵、俸禄的。与,给予。 ④此引诗句见于《诗·大雅·大明》,直译为:上帝监视着你们,你们不要有二心。 ⑤以:此。 ⑥被瞻事见《务大》篇。 ⑦薄疑事见《审应览》。

谕 大

七曰　昔舜欲旗古今而不成①,既足以成帝矣②;禹欲帝而不成,既足以正殊俗矣③;汤欲继禹而不成④,既足以服四荒矣⑤;武王欲及汤而不成,既足以王道矣⑥;五伯欲继三王而不成⑦,既足以为诸侯长矣⑧;孔丘、墨翟欲行大道于世而不成⑨,既足以成显名矣。夫大义之不成,既有成矣已⑩。《夏书》曰:"天子之德广运,乃神,乃武乃文。"⑪故务在事,事在大⑫。

【注】①旗古今:指舜欲使其疆域覆盖古今之国所有的土地。旧校谓"旗"一作"裯",一作"揭"。疑本作"裯","揭"、"旗"皆为"裯"字之讹。"裯"即"帽",此取覆盖之义。按:《务大》篇作"服海外",与此不同,当由《务本》、《谕大》、《务大》诸篇割裂时的改作所致(参见本书"通说")。 ②既:已经。帝:古人以为天子称号,等级高于王,本段即以"帝"、"王"、"五伯"为三级。按古人理念上的划分,天子或帝是拥有天下的,王则只能号令天下,

"五伯"则仍为诸侯。 ③正殊俗:指禹时的疆域亦达到距中原很远的异族地区。正,统治,与"政"字同义。殊俗,指中原以外不同风俗的部族和地区。 ④继禹:指继承大禹时的疆域。 ⑤服:使……归服。四荒:四方边远地区。 ⑥王道:此二字意不足。《务大》篇作"王通达",疑此文讹"通"字为"道",又脱去"达"字。若作"达王道",即成就王业之意,亦可通。 ⑦五伯:即五霸,见《贵公》篇注。三王:见《先己》篇注。 ⑧诸侯长:诸侯之首领。 ⑨孔丘:孔子,见《贵公》篇注。墨翟:墨子,见《当染》篇注。 ⑩此二句意谓:他们的大业虽不成,而已经有成。大义,犹言大业,古人以为圣贤之业皆为义于天下,故称"大义"。 ⑪此处引文见于今本《尚书·大禹谟》:"帝德广运,乃圣乃神,乃武乃文。"疑古本《尚书》即如此,本篇所引更换"帝德"为"天子之德",而传抄又脱去"乃圣"二字。《大禹谟》原文是歌颂帝尧之德的,"广运"指帝德广大而行之远方;"乃圣"、"乃神"、"乃武"、"乃文",按古人的解释,分指无所不通、微妙无方、克定祸乱、经纬天地。"乃"为语助词,无义。 ⑫务在事,事在大:犹言"务于事,事于大",意谓所从事的是具体事务,而所追求的是远大目标。上"事"字为名词,下"事"字为动词,"事于大"犹言以大为事。

地大则有常祥、不庭、歧母、群抵、天翟、不周①,山大则有虎豹、熊、螇蛆②,水大则有蛟龙、鼋鼍、鳣鲔③。《商书》曰:"五世之庙,可以观怪;万夫之长,可以生谋。"④空中之无泽陂也⑤,井中之无大鱼也,新林之无长木也⑥。凡谋物之成也,必由广大、众多、长久,信也⑦。

【注】①常祥、不庭、歧母、群抵、天翟、不周:此六名疑有抄误。高诱注以为前五名皆为兽名,而以不周为山名属下文;清末孙诒让则以为六名皆为山名。按:天翟为凤鸟之名,见该书《古乐》篇;常祥,章太炎以为即商羊鸟(一足,天将大雨则起舞,号称"雨祥");歧母,或亦即《山海经》所见跂踵鸟(亦一足,见则大疫)。疑原文"地大"之下只载此三名,皆为传说的神鸟;不庭、群抵、不周,依《山海经》皆为山名,或后人误注而抄入者。 ②虎豹、熊、螇蛆:

疑原文当作"虎豹、熊罴、蝯蛆",今脱"罴"字,又误"蝯"为"蝝"。"蝯蛆"即"猨狙",为猿猴类动物,古字偏旁从犬(犭)从虫可通。 ③蛟龙:传说的巨形水蛇;古籍亦指鳄鱼之类。鼋鼍(yuán tuó):大龟和一种鳄鱼(俗称猪婆龙)。鳣鲔(zhān wěi):两种大鱼,即鳇鱼(今称黄鱼)、鲟鱼,或合称鲟鳇鱼。 ④此处引语为《尚书》古本佚文,意为:延续五代的祖庙,可以显示怪异的现象;为万人的首领,可以生出变乱的图谋。观,显示。谋,指异谋。按:据商代甲骨文所记,祖先神灵既可保佑其子孙,也可给子孙造成危害,故此言"怪"而举及宗庙。 ⑤空:通"孔",小洞穴。之:句中助词,用法类似"是"。泽陂:水泽和池塘。 ⑥新林:新成的树林。长木:高大的树木。 ⑦此全句意思是:凡是谋求事物的成就,必定要着眼于事物的广大、众多和长久发展,这是确实的道理。信,信然,确定。

季子曰①:"燕雀争善处于一室之下②,子母相哺也,姁姁焉相乐也③,自以为安矣。灶突决④,则火上焚栋,燕雀颜色不变,是何也?乃不知祸之将及己也。"为人臣免于燕雀之智者寡矣。夫为人臣者,进其爵禄富贵⑤,父子兄弟相与比周于一国⑥,姁姁焉相乐也,以危其社稷。其为灶突近也⑦,而终不知也,其与燕雀之智不异矣。故曰:"天下大乱,无有安国;一国尽乱,无有安家⑧;一家皆乱,无有安身。"此之谓也。故小之定也必恃大⑨,大之安也必恃小。小大贵贱,交相为恃,然后皆得其乐。定贱小在于贵大⑩,解在乎薄疑说卫嗣君以王术,杜赫说周昭文君以安天下⑪,及匡章之难惠子以王齐王也⑫。

【注】①季子:未详指何人。疑即与孔子同时的吴公子季札,见《知分》篇注。先秦时有季子学派,主张通乎性命之情而不为私(见《有度》篇),或即托始于季札而为其学。《务大》篇引此处文字作"孔子曰"。 ②燕雀:燕子和麻雀。 ③姁姁(xǔ)焉:和乐自得之貌。 ④灶突决:烟囱开裂而有猛火冒

出。　⑤进:增益。　⑥比周:勾结,结党营私。　⑦为:犹"与"。　⑧国、家:分指诸侯、卿大夫的领地。诸侯受封立版图称国,卿大夫受封建采邑称家。　⑨定:安定。恃:依靠。　⑩贱小:一说"贱"字衍。　⑪薄疑、杜赫事均见《务大》篇。　⑫匡章事见《爱类》篇。

卷十四　孝行览第二

孝　行　览

一曰　凡为天下①,治国家,必务本而后末②。所谓本者,非耕耘种殖之谓③,务其人也。务其人,非贫而富之,寡而众之,务其本也。务本莫贵于孝④。人主孝则名章荣⑤,下服听⑥,天下誉⑦;人臣孝则事君忠,处官廉,临难死⑧;士民孝则耕芸疾⑨,守战固⑩,不罢北⑪。夫孝,三皇五帝之本务⑫,而万事之纪也⑬。

【注】①为:治。　②务:致力于。　③种殖:同"种植"。　④贵:重要。　⑤章荣:彰显荣耀。章,同"彰"。　⑥服听:服从。　⑦誉:赞誉、称道。　⑧死:献身。　⑨芸:同"耘"。疾:力,尽力。　⑩守战固:指战能胜,守则固。　⑪罢北:疲弱败北。罢,通"疲"。　⑫三皇五帝:见《贵公》篇注。　⑬纪:纲纪、纲领。

夫执一术而百善至①、百邪去、天下从者,其惟孝也。故论人,必先以所亲而后及所疏②,必先以所重而后及所轻③。今有人于此,行于亲重而不简慢于轻疏④,则是笃谨孝道⑤。先王之所以治天下也⑥,故爱其亲不敢恶人,敬其亲不敢慢人。爱敬尽于事亲,光耀加于百姓、究于四海⑦,此天子之孝也。

【注】①一术:一种原则、方法。 ②所亲、所疏:分指亲属与亲属以外的人。以血缘关系言,亲者近,非亲者疏。句意指评价一个人,首先要看他对亲人的态度,然后及于他对其他人的态度。 ③所重、所轻:即上句的所亲、所疏。以人伦关系言,亲者重,疏者轻。 ④行于亲重:据高诱注,似当作"行孝敬于亲重"。简慢:怠慢。 ⑤笃谨:笃厚周谨。 ⑥"先王"句:按行文,此句上似当重"笃谨孝道"四字。 ⑦"光耀"句:指天子的孝行影响及于百姓,普及于四海之内。究,极尽。

曾子曰①:"身者,父母之遗体也②。行父母之遗体③,敢不敬乎?居处不庄④,非孝也;事君不忠,非孝也;莅官不敬⑤,非孝也;朋友不笃⑥,非孝也;战陈无勇⑦,非孝也。五行不遂⑧,灾及乎亲,敢不敬乎?"《商书》曰:"刑三百,罪莫重于不孝。"⑨

【注】①曾子:见《当染》篇注。本篇自此以下文字,多见于《礼记·祭义》篇。 ②父母之遗体:谓身体为父母所遗留。 ③行:犹用。 ④庄:庄重恭敬。 ⑤莅官:临官、为官。 ⑥朋友不笃:《礼记·祭义》作"朋友不信"。 ⑦陈:同"阵"。 ⑧五行:指上述五种行实。遂:成。 ⑨此处引语为《尚书》古本佚文,意为:刑律三百条,规定的罪行没有比不孝更重的。

曾子曰:"先王之所以治天下者五:贵德,贵贵①,贵老,敬长,慈幼。此五者,先王之所以定天下也。所谓贵德,为其近于圣也②;所谓贵贵,为其近于君也;所谓贵老,为其近于亲也③;所谓敬长,为其近于兄也;所谓慈幼,为其近于弟也④。"

【注】①贵贵:尊重地位高的人。 ②圣:圣人。《礼记·祭义》作"道"。 ③亲:双亲,父母。 ④弟:《礼记·祭义》作"子"。

曾子曰:"父母生之①,子弗敢杀②;父母置之③,子弗敢废;父母全之,子弗敢阙④。故舟而不游⑤,道而不径⑥,能全支体⑦,以守宗庙⑧,可谓孝矣。"

【注】①之:指自身。 ②杀:丧生。 ③置:立,犹养育。 ④阙:今用"缺"字,残缺。 ⑤舟而不游:渡水时乘船而不是游涉(以免发生危险)。 ⑥道而不径:行路时走大道而不走小道(以免伤害身体)。 ⑦支体:同"肢体"。 ⑧守宗庙:指嗣续家传祀,不使家族断绝。古时男子若有残疾,则不能继嗣传家。

养有五道①:修宫室,安床第,节饮食②,养体之道也;树五色,施五采,列文章③,养目之道也;正六律,和五声,杂八音④,养耳之道也;熟五谷,烹六畜,和煎调⑤,养口之道也;和颜色,说言语,敬进退⑥,养志之道也⑦。此五者,代进而厚用之⑧,可谓善养矣。

【注】①养有五道:侍养父母之道有五个方面。 ②以上三句:指修好房屋,把床铺收拾得舒适,安排和调节父母的饮食。 ③以上三句:指装饰、家具、被服等用各种颜色搭配。树、施、列,犹立、用、区别。五色,见《情欲》篇注。五采,同五色,色别曰色,色泽曰采(彩)。文章,见《季夏纪》篇注。 ④以上三句:指给父母听的音乐要合律、和声、会合各种乐器。六律,见《音律》篇注。五声,见《孟春纪》篇注。杂,会聚,这里有交替使用之意。八音,指金(钟)、石(磬)、丝(琴瑟)、竹(管箫)、土(埙)、革(鼓)、匏(笙)、木(柷敔)八类乐器,参见《季夏纪》篇注。 ⑤以上三句:用五谷杂粮做饭要做熟,

加工各种肉食要煮好,烹炒菜肴要调好味道。五谷、六畜,分见《尊师》、《怀宠》篇注。　⑥以上三句:指伺候父母脸色要温和,说话要能使父母高兴,进出举止要恭敬。说,通"悦"。　⑦养志:指满足父母的心意。　⑧代进而厚用之:指上述要求的各条交替进用,根据各自的条件尽可能地厚待父母。

乐正子春下堂而伤足①,瘳而数月不出②,犹有忧色。门人问之曰:"夫子下堂而伤足,瘳而数月不出,犹有忧色,敢问其故?"乐正子春曰:"善乎而问之③!吾闻之曾子,曾子闻之仲尼④:父母全而生之,子全而归之,不亏其身,不损其形,可谓孝矣。君子无行咫步而忘之⑤。余忘孝道,是以忧。"故曰:身者非其私有也,严亲之遗躬也⑥。

【注】①乐(yuè)正子春:春秋末、战国初学者。姬姓,乐正氏,名不详,字子春。鲁国人。为曾子门人,传其师学,以孝著称。相传年九十余,乃嘱其孙乐正克学于孟子。后人称其学派为"乐正氏之儒"。　②瘳(chōu):痊愈。　③而:第二人称代词。　④仲尼:孔子。　⑤咫步:一小步。古时以八寸为咫。此喻一举一动。　⑥严亲之遗躬:犹上文"父母之遗体"。

民之本教曰孝①,其行孝曰养。养可能也,敬为难②;敬可能也,安为难③;安可能也,卒为难④。父母既没,敬行其身,无遗父母恶名,可谓能终矣⑤。仁者仁此者也,礼者履此者也,义者宜此者也,信者信此者也,彊者彊此者也⑥。乐自顺此生也,刑自逆此作也⑦。

【注】①本教:最根本的伦理。　②此二句意为:对父母的奉养是可以做到的,而始终保持对父母的恭敬就不易做到。　③安:使父母生活得安宁舒适。　④卒为难:意谓终身保持和发扬孝行为难。　⑤以上意谓:在父母去世以后,仍以父母在世时的恭敬态度谨身修行,不给父母带来不好的名声,这

就可称是善始善终了。遗(wèi),给予。　⑥以上意谓:行仁就是以孝道为仁,行礼就是践履孝道,行义就是以孝道为宜,讲信就是以孝道为信,自强就是以孝道自强。彊,同"强"。　⑦此二句是说:安乐由顺从孝道而生,犯罪得刑因违反孝道而起。

本　味①

二曰　求之其本,经旬必得②;求之其末,劳而无功。功名之立,由事之本也,得贤之化也③。非贤,其孰知乎事化? 故曰:其本在得贤。

【注】①本味:言味之本,以及于事之本。　②此二句是说:做事由其根本着手,短时间内就能取得成效。经旬,犹经月、旬月,指一个月,喻时间短。③得贤之化也:此处疑有脱误。依上下文意,似当作:"事之本在得贤,得贤则知事化也。"事化,指事物的变化。

有侁氏女子采桑①,得婴儿于空桑之中②,献之其君。其君令烰人养之③,察其所以然④,曰:"其母居伊水之上⑤,孕,梦有神告之曰:'臼出水而东走,毋顾⑥。'明日,视臼出水,告其邻,东走。十里而顾⑦,其邑尽为水,身因化为空桑。"故命之曰伊尹⑧。此伊尹生空桑之故也。长而贤。汤闻伊尹,使人请之有侁氏,有侁氏不可。伊尹亦欲归汤,汤于是请取妇为婚⑨。有侁氏喜,以伊尹为媵送女⑩。故贤主之求有道之士无不以也⑪,有道之士求贤主无不行也⑫,相得然后乐⑬。不谋而亲,不约而信⑭,相为殚智竭力,犯危行苦,志欢乐之⑮。此功名所以大成也,固不独⑯。士有孤而自恃⑰,人主有奋而好独者⑱,则名号必废熄,社稷必危殆。故黄帝立四面⑲,尧、舜得伯阳、续耳然后成⑳。

【注】①有侁(shēn)氏:上古部族名、国名,即有莘氏。其氏名本作"辛"或"婞",古籍多写作"莘",又作"姺"、"侁"等。出于夏代姒姓集团,与王室家族为近亲。其后裔所建国前后有变动,地点不一,或在今山东定陶境,或在定陶以北的莘县境,今陕西合阳境内亦曾有其分支所建国。 ②空桑:中空的桑树。按:上古部族的社祭之地皆有大树,通称为"若木",后来"若木"合文讹为"桑"字,后人遂皆理解为桑树,实属误解,但已如郢书燕说而以误为正。古代的社是青年男女自由交往的场所,后世流传的"空桑"传说大都与此有关。 ③烰(páo)人:指厨师。烰,通"炮"、"庖"。 ④察其所以然:问其所以出自空桑之故。下"曰"所云为有侁氏之女的回答。 ⑤伊水:即今河南洛河主要支流伊河。 ⑥此处"神告"之语意为:石臼出水的时候你就往东跑,不要回头。臼,指舂米用的石臼。走,跑,犹逃。顾,回头。 ⑦十里而顾:走了十里而回头看。按:疑此四字上当重"东走"二字。 ⑧命:名。此指有侁氏之君为空桑中所得婴儿起名叫伊尹。按:传说如此,非是史实,"尹"在甲骨文中为史官及官长之名。 ⑨取妇为婚:娶有侁氏之女为妻,结成两国间的婚姻关系。取,同"娶"。 ⑩媵(yìng):古代贵族女子出嫁时陪送的人或物品。以人陪嫁,男称"媵臣",女称"媵妾",各为仆、为婢。 ⑪无不以:无不用。句意指贤主求贤没有什么办法不可采取。 ⑫行:赴约而行。句意指有道之士得贤主之召则必行,如伊尹者虽为媵臣亦行。 ⑬相得:相融洽,各遂所愿。 ⑭此二句意为:未曾谋面而相互亲近,未有约盟而相互信任。 ⑮此三句意谓:共同尽智竭力,虽犯危难,行劳苦,心情亦快乐。殚(dān),竭尽。 ⑯固不独:意指大功名固非贤主或有道之士各自单独所能成就。 ⑰孤而自恃:孤傲而自恃其才。 ⑱奋而好独:自矜而好独断。 ⑲黄帝立四面:当是指黄帝立四面官。《尸子》托孔子之言,谓黄帝取合己者四人而使治四方,盖即本文所本。高诱注以为是指黄帝使人四面出而求贤人,得之立以为佐,似与本文不合。按:传说"黄帝四面",当是本指其有四张脸,后世取义有变,已非神话本意。 ⑳伯阳、续耳:传说中的古贤人。相传与雄陶、方

回等共为舜之"七友"。"耳"或作"牙"、"身"。

凡贤人之德,有以知之也①。伯牙鼓琴,钟子期听之②。方鼓琴而志在太山③,钟子期曰:"善哉乎鼓琴!巍巍乎若太山。"少选之间而志在流水④,钟子期又曰:"善哉乎鼓琴!汤汤乎若流水⑤。"钟子期死,伯牙破琴绝弦,终身不复鼓琴,以为世无足复为鼓琴者。非独琴若此也,贤者亦然。虽有贤者,而无礼以接之,贤奚由尽忠⑥?犹御之不善,骥不自千里也⑦。

【注】①有以知之:都有得以了解的表现。 ②伯牙、钟子期:相传皆为春秋时楚国人。二人故事大致如本段所记。旧说名曲《高山流水》即是伯牙的作品。鼓琴:弹琴。 ③志在太山:指所奏琴曲意在表现高山的气势。太山,同"大山"。 ④少选:顷刻,须臾之间。志在流水:意在表现大水的浩荡。 ⑤汤汤(shāng):水大流急之貌。犹今言"荡荡"。 ⑥奚由:何由。 ⑦此句意谓:犹如驾驭不善,千里马本身也不能日行千里。

汤得伊尹,祓之于庙,爝以爟火,衅以牺猳①。明日,设朝而见之,说汤以至味②。汤曰:"可对而为乎③?"对曰:"君之国小,不足以具之④,为天子然后可具。夫三群之虫,水居者腥,肉玃者臊,草食者膻⑤;臭恶犹美,皆有所以⑥。凡味之本,水最为始⑦;五味三材,九沸九变,火为之纪⑧;时疾时徐,灭腥、去臊、除膻,必以其胜,无失其理⑨。调和之事,必以甘、酸、苦、辛、咸,先后多少,其齐甚微,皆有自起⑩。鼎中之变,精妙微纤,口弗能言,志弗能喻,若射御之微、阴阳之化、四时之数⑪。故久而不弊,熟而不烂;甘而不哝,酸而不酷,咸而不减,辛而不烈;澹而不薄，肥而不腻⑫。肉之美者：猩猩之唇；獾獾之炙；隽觾之翠；述荡之掔；旄象之约；流沙之西，丹山之南，有凤之丸，沃民所食。⑬鱼之美者：洞庭之鱄；东海之鲕；醴水之鱼，名曰朱鳖，六足，有珠百碧；藿水之鱼，名曰鳐，其状若鲤而有翼，常从西海夜飞，游于东海。⑭菜之美者：昆仑之蘋；寿木之华；指姑之东，中容之国，有赤木、玄木之叶焉；余瞀之南，南极之崖，有菜，其名曰嘉树，其色若碧；阳华之芸；云梦之芹；具区之菁；浸渊之草，名曰土英。⑮和之美者：阳朴之姜；招摇之桂；越骆之菌；鳣鲔之醢；大夏之盐；宰揭之露，其色如玉；长泽之卵。⑯饭之美者：玄山之禾；不周之粟；阳山之穄；南海之秬。⑰水之美者：三危之露；昆仑之井；沮江之丘，名曰摇水；曰山之水；高泉之山，其上有涌泉焉，冀州之原。⑱果之美者：沙棠之实；常山之北，投渊之上，有百果焉，群帝所食；箕山之东，青岛之所，有甘栌焉；江浦之橘；云梦之柚；汉上石耳。⑲所以致之，马之美者青龙之匹、遗风之乘，非先为天子，不可得而具。⑳天子不可强为，必先知道。道者止彼在己，己成而天子成，天子成则至味具。㉑故审近所以知远也，成己所以成人也。圣王之道要矣，岂越越多业哉！"㉒

【注】①以上是说：商汤初得伊尹，在宗庙为他举行去灾求福之礼，并燃起火把，用牲血涂祭器。祓（fú），祓除，禳除不祥的活动。爝（jué），束苇为炬而燃之，以除不祥。爟（guàn），以桔槔高举的火。"爝以爟火"犹言以桔槔举起束苇的火把。衅，用牲血涂器物以祭。牺豭（jiā），用作牺牲的公猪。 ②设朝而见之：专为他举行朝见之礼。说（shuì）汤以至味：讲述世上最美味的食物，以其道理劝说汤。 ③可对而为乎：可否就为制作（美味）呢？对，通

"遂"。 ④国小：夏朝末年商为方国，尚小。具：置办。 ⑤三群之虫：三类动物。虫，动物。肉玃者：指食肉动物。玃，通"攫"，搏食。羶：同"膻"。 ⑥臭（xiù）恶犹美，皆有所以：坏气味如同好气味，皆有其形成的原因。臭，气味。以，原因。 ⑦凡味之本，水最为始：意谓鱼肉制品的烹煮调味，加水加料熬汤是第一道关键步骤。 ⑧五味：指煮制时所用的调味品，即与下文所说甘（甜）、酸、苦、辛（辣）、咸相对应的材料，如饴蜜、醋、酒、姜、盐之类。三材：指水、木、火。九沸九变：多次煮沸，味道即多次变化。火为之纪：要领在掌握火候。 ⑨时疾时徐：时而用猛火，时而用文火。灭腥、去臊、除膻：除去鱼肉原材料的邪味。必以其胜，无失其理：必求去其邪味，但不要过分烧煮而破坏了肉质。理，肌理，指原材料的肉质。 ⑩先后多少：指加入各种调料的先后次序和用量的多少。其齐甚微，皆有自起：其剂量甚少，而皆有起码的投放标准。齐，通"剂"。 ⑪以上意谓：鼎器中的味道变化，精妙细微，无法言传意会，就像射御技术的微妙、阴阳二气的变化、四时节气的运行规律那样。 ⑫以上是说：煮得久而不破坏原质，煮得熟而不过烂；味道甜而不过甜，酸而不过酸，咸而不过咸，辣而不过辣；清淡而不致淡薄无味，浓重而不致过分浓重。哝，或说当作"𪗆"，同"馅"，指过甜。酷、烈，皆指过分。减，亦指过咸，过咸则须减其咸度，不减即不过咸。澹，通"淡"。肥，此处与"澹"字相对，犹言厚，指味道浓重。朕，此字不见于字书，疑即古"喉"字，在此则义同今之"齁"字，指味道过分而使人喉咙不舒服。按：此处凡八句，均是就味道调和的原则性标准而言的，乃针对不同的口味提出，非是指一次烹调即须五味俱全、浓淡相宜。 ⑬以上"肉之美者"。猩猩之唇：即大猩猩的唇部。獾獾（huān）之炙：一种野兽（或说为一种鸟）的脚掌。炙，通"跖"。隽觾（juàn yàn）之翠：肥燕的尾肉。隽，鸟肥。觾，同"燕"。翠，通"膵（cuì）"，鸟尾肉。述荡之挚：一种野兽的小腿。述荡，传说中的兽名。挚，同"腕"。旄象之约：牦牛和大象的肉。约，未详确指，一说指短尾，一说指腹下肉，一说指腰。有凤之丸：凤凰的卵。相传在西方流沙之西、南方丹山之南皆有之，《山海经·大荒西经》载沃国之民"凤鸟之卵是食，甘露是饮"。 ⑭以上"鱼之美者"。洞庭之鱄（pū）：洞庭湖中的江豚。鱄，同"䱐"，即江豚。鲕（ér）：一种体形细小的鱼。醴水：即今湖南澧水。朱鳖：当作"珠鳖"。一种甲鱼，以甲上有光亮的圆珠形斑纹而得名。有珠百碧:指此种甲鱼的斑纹很多,皆像青绿色的玉珠。碧,青绿色的玉。瓘(guàn)水:传说中的西方古水名。鳐(yáo):飞鱼的一种。俗称燕鳐鱼或文鳐鱼,胸鳍发达如翼,能跃出水面滑翔。⑮以上"菜之美者"。昆仑之蘋:昆仑山上的蘋草。蘋,通"蘋(pín)",相传似葵而可食。寿木之华:昆仑山上名为寿木之树的花。传说食其花果可以长寿。华,古"花"字。指姑:一作"枯姑",一作"括姑",古山名。当是指姑余山,即姑苏山,在今江苏苏州附近。中容:传说中的国名。《山海经·大荒东经》谓其国在海上,为日月所出之地。赤木、玄木:红色、黑色的树。传说食其叶可以成仙。余瞀(mào):传说中的南方山名。南极之崖:南方陆地尽头处的崖岸。嘉树:《山海经·中山经》作"嘉荣"。"荣"犹"花",传说食之而不惧雷霆。若碧:像青绿色的玉。阳华:薮泽名,见《有始览》篇注。芸:一种香草。此以为菜名,指其叶可食。云梦:薮泽名,见《至忠》篇注。芹:亦名"楚葵"。一种水生的野菜,亦有旱地生者。具区:即太湖,见《有始览》篇注。菁:即芜菁、蔓菁,根、叶均可食。浸渊:薮泽名,其地不详。土英:野菜名。 ⑯以上"和之美者"。和,调和,此指调料。阳朴:地名,相传在蜀地。朴,同"樸",今用"朴"字。招摇:传说中的山名,《山海经·南山经》谓在西海之上。桂:犹今言桂皮。越骆:泛指古越地,即今江南及东南沿海地区。"骆"为越的别称。菌:指香菇、蘑菇之类。鳣鲔:见《谕大》篇注。醢(hǎi):肉酱。大夏:见《古乐》篇注。宰揭:传说中的山名,其地不详。露:露水,或是指露水凝结之物。长泽:传说中的西方大泽名。卵:或说指一种药用而可去邪气的卵石,即石胆。 ⑰以上"饭之美者"。饭,指粮食。玄山、不周、阳山:均为传说中的西北方山名。禾,犹粟。穄(jì),不粘的黍子。秬(jù),黑黍子。 ⑱以上"水之美者"。三危:传说中的西方山名。露:露水。昆仑之井:疑指古代西域地区开发利用地下水的坎儿井。《山海经·海内西经》谓昆仑山之南有九井。沮江之丘:当是指沮江上的洲屿。沮江不详。摇水:疑为泉名。曰山:当是山名。高泉:据《山海经·中山经》当作"高前"。其文谓高前山上有水,甚寒而清,饮之者不心痛。冀州之原:冀州之水的源头。原,通"源"。 ⑲以上"果之美者"。沙棠之实:沙棠树的果实。《山海经·西山经》谓其树在昆仑山,状如棠树,黄花红果,果肉味道如李子而无核,食之可以不溺水。常山:即今河北恒山。投渊：疑指《水经注·漯水》所记与桑干泉相通的天池。相传其水凝渟澄澈，干旱不减，霖雨不增，若有落叶飘至池中，即辄有翠鸟投渊衔出。群帝所食：指为传说中古帝王的神灵所食。箕山：传说中的山名。青岛：一作青鸟，传说中的地名。相传皆在昆仑山之东。甘栌：据《山海经》当作"甘楂"，指一种甜味的山楂。江浦之橘：长江岸边的橘子。云梦之柚：云梦泽的柚子。汉上：汉水岸边。石耳：未详。高诱注谓为菜名，与此处言果品者不合。　⑳此处意谓：以上所举美味要从远方运到而不变质，需要用最好的青龙马和遗风马，而假如不先为天子，就不具备这样的条件。青龙、遗风，均为古人所称骏马名，"遗风"犹言马行之疾超过风速。匹、乘(shèng)，均指马。㉑以上意谓：天子是不可以勉强去做的，必须首先要懂得道（道家视为宇宙本体的道）。道存在于自身之外，也存在于自身之内，只要自己修身有成而达到了道的境界，就能够成为天子；能够成为天子，即可具备各种最好的美味。道者止彼，犹言道存在于自身之外的万物之中。　㉒以上意谓：审察身边的事物就可以知道远方的事物，修己成身就可以使他人安身立命。圣王治天下之道本来是很简约的，又何必用力去治理许多具体的事务呢？要，犹约，简约。越越，用力貌。业，犹事，事务。

首　时①

三曰　圣人之于事，似缓而急、似迟而速以待时②。王季历困而死③，文王苦之④，有不忘羑里之丑⑤，时未可也⑥。武王事之⑦，夙夜不懈，亦不忘王门之辱⑧，立十二年而成甲子之事⑨。

【注】①首时：言举事首重时机。旧校谓一作"胥时"，则指等待时机，亦合于本篇旨意。　②似缓而急、似迟而速：犹言若缓则急，若迟则速。而，犹"则"。实谓以缓为急，以迟为速。　③王季历：商末周人首领，周文王之父。姬姓，名历，为太王古公亶父少子，故称季历，又称公季、王季。《竹书纪年》载其被商王文丁囚于塞库（存储祭祀物品的仓库）而死。　④文王：见《尊师》

篇注。苦之:因之而痛苦。　⑤有:读作"又"。羑(yǒu)里之丑:曾被囚于羑里的耻辱。羑里,古邑名,在今河南汤阴北。史籍载殷纣王曾囚周文王(时称西伯)于此,文王以贿赂纣王近臣而得脱。丑,耻辱。　⑥时未可:指伐纣的时机未成熟。　⑦武王:见《当染》篇注。事之:指服侍殷纣王。　⑧王门之辱:"王门"当作"玉门",指殷纣王以玉石修建的门。古"玉"字不加点,惟中间横画稍靠上,与"王"字易混。相传周武王曾在玉门被纣王叱骂。　⑨甲子之事:指周武王率众伐纣灭商事。时在武王继文王为周人首领的第十三年,周人于甲子日的凌晨发起牧野之战,大败商军,攻战商都,纣王自焚死。

　　时固不易得。太公望①,东夷之士也②,欲定一世而无其主③,闻文王贤,故钓于渭以观之④。

　　【注】①太公望:即姜太公,见《当染》篇注。　②东夷之士:太公里籍不详,或说为东海上人。据考证,姜姓部族原居于渭水流域,其中的一支在商代被分封到齐地为诸侯,史称逄氏。太公当是逄氏后人,故被称为东夷之士。商末周人亦统称商殷统治地区的居民为东夷。　③此句意谓:欲平定天下而未遇到可以辅佐的明主。　④钓于渭以观之:垂钓于渭水之滨,以示其志向于文王。观,示。

　　伍子胥欲见吴王而不得①,客有言之于王子光者②,见之而恶其貌③,不听其说而辞之④。客请之王子光⑤,王子光曰:"其貌适吾所甚恶也⑥。"客以闻伍子胥⑦,伍子胥曰:"此易故也⑧。愿令王子居于堂上,重帷而见其衣若手⑨,请因说之⑩。"王子许。伍子胥说之半,王子光举帷,搏其手而与之坐⑪。说毕,王子光大说⑫。伍子胥以为有吴国者必王子光也⑬,退而耕于野。七年,王子光代吴王僚为王,任子胥,子胥乃修法制,下贤良,选练士⑭,习战斗。六年,然后大胜楚于柏举⑮,九战九胜⑯,追北千里,昭王出奔随,遂有郢⑰。亲射王宫,鞭荆平之坟三百⑱。乡之耕⑲,非忘其父之雠也⑳,待时也。

【注】①伍子胥:见《当染》篇注。吴王:指吴王僚(?—前515)。春秋末吴国君主。前526年即位,曾多次伐楚,后为公子光遣刺客专诸刺杀。参见《论威》篇"专诸"注。 ②王子光:即吴王阖庐,见《当染》篇注。 ③见之而恶(wù)其貌:指王子光接见伍子胥而厌恶其相貌。 ④说(shuì):游说,谏说。辞:谢绝。 ⑤请之:请问于。 ⑥适:恰好,正好。 ⑦闻:使……知道,犹言告诉。 ⑧易故:好办的事。故,事。 ⑨重帷而见其衣若手:意谓伍子胥隔两重帷幕晋见王子光,只让王子光看见他的上衣或手,以避看到他的脸面。见,同"现"。其,犹"之"。若,或。 ⑩请因说之:请求因此而进说于王子光。 ⑪搏:执。与之坐:给他座位,犹言请坐。坐,通"座"。 ⑫说:通"悦"。 ⑬有吴国者:继位为吴王者。 ⑭练士:精熟军事技艺的勇士。 ⑮柏(bó)举:楚邑名。约在今湖北麻城一带。吴、楚柏举之战在公元前506年。 ⑯九战九胜:指吴军连胜而言。载籍多称"五战五胜"。 ⑰昭王:楚昭王(?—前489)。春秋末楚国君主。芈姓,名熊珍,平王之子。公元前515年即位。柏举之战后,因郢都陷落,出逃于鄘、随。遣申包胥求救于秦,次年秦兵至,败吴军,始得归郢。随:古国名。在今湖北随县,春秋后期为楚国附庸。郢:楚国都城,在今湖北江陵西北。 ⑱荆平:即楚平王(?—前516)。芈姓,名弃疾,即位后改名熊居。公元前529年作乱自立,重用嬖臣,逼太子出奔,并株连而杀太子师傅伍奢及其长子伍尚(子胥父、兄)。按:此处二句指伍子胥占领郢都后,亲自与将士一起发箭齐射楚王宫,并鞭打楚平王坟墓,以示为父兄报仇。史籍或载子胥掘平王坟墓而鞭其尸。 ⑲乡:通"向",以往。 ⑳雠:今用"仇"字。

墨者有田鸠①,欲见秦惠王②,留秦三年而弗得见。客有言之于楚王者③,往见楚王。楚王说之④,与将军之节以如秦⑤,至,因见惠王。告人曰:"之秦之道,乃之楚乎⑥?"固有近之而远、远之而近者⑦。时亦然,有汤武之贤而无桀纣之时不成⑧,有桀纣之时而无汤武之贤亦不成。

【注】①田鸠:战国时墨家学者。齐国人,疑为墨家巨子(首领)。后世学者多以为即田俅,《汉书·艺文志》录有《田俅子》三篇。 ②秦惠王:见《去私》篇注。 ③楚王:楚威王或怀王。二楚王与秦惠王同时。 ④说:通"悦"。 ⑤与将军之节以如秦:给他符节,使以将军的身份出使秦国。节,古代使者的凭证。如,之、往。 ⑥此二句是说:到秦国去的路途,怎么会是先到楚国去呢? ⑦此句是说:事固有虽近而远、虽远而近的。古籍所引此句"固"字上或有"物"字。 ⑧桀纣之时:指桀、纣虽无道,却有为人主的时机和形势。不成:指不能成就王业。

圣人之见时,若步之与影不可离①。故有道之士未遇时②,隐匿分窜③,勤以待时④。时至,有从布衣而为天子者⑤,有从千乘而得天下者⑥,有从卑贱而佐三王者⑦,有从匹夫而报万乘者⑧。故圣人之所贵⑨,唯时也。水冻方固⑩,后稷不种⑪,后稷之种必待春。故人虽智,而不遇时无功。方叶之茂美,终日采之,而不知秋霜既下,众林皆羸⑫。事之难易,不在小大,务在知时⑬。

【注】①此句意谓:圣人观察时机,就像行走时自己的身体和影子那样须臾不离。此以影子喻时机,谓圣人时刻留意捕捉之。 ②未遇时:未遇时机。 ③窜:躲藏。 ④勤:劳,指劳苦其身。 ⑤布衣:平民。旧传舜以平民为天子。 ⑥千乘:指有千辆兵车实力的诸侯。如商汤、周武王皆以"千乘"地位得天下,见《不侵》篇。 ⑦卑贱:指身份低微。如相传商代开国元勋伊尹曾为媵臣,武丁时大臣傅说曾为版筑奴隶。三王:见《先己》篇注。 ⑧报万乘:报效万乘之主。如春秋五霸所用士人,多有起自民间者。万乘,指大国。 ⑨贵:重视。 ⑩水冻方固:指冬天冰冻方坚固时。 ⑪后稷:传说中的周人始祖。相传名弃,善耕稼,尧时举为农官,故后世祀为农神。此喻指善于耕种

者。 ⑫此全句是说:当树叶繁盛鲜美时,整天加以采集,而不知秋天霜降之后,一片片林木都变得弱不禁风。羸,瘦弱。按:句意指采集树叶为食,若只以其茂美而不顾采集时节,将影响树木的生长,来年更无可采。喻凡事要掌握时机。 ⑬务:务必,犹言关键。

郑子阳之难,猘狗溃之①;齐高、国之难,失牛溃之②;众因之以杀子阳、高、国。当其时,狗、牛犹可以为人唱③,而况乎以人为唱乎?

【注】①郑子阳:战国时郑国国相。姬姓,驷氏,又称驷子阳。为政用严刑,尝下令国中有养狂犬者,即诛养犬人。国人恐,皆逐狂犬,遂致扰乱。时子阳家臣有不慎而折断了一张弓者,畏诛,乃因逐狗之乱而杀子阳。事在公元前 398 年。猘(zhì)狗,狂犬、疯狗。溃,乱。 ②高、国:指齐国贵族高氏、国氏。此所记因失牛(有牛走失)而导致高、国之难事不详,疑指春秋末齐正卿高昭子(名张)、国惠子(名夏)被田乞杀逐事。齐景公卒,高昭子、国惠子以景公遗命,立景公少子荼(晏孺子)为君。大夫田乞不满,率兵攻入公宫,孺子及昭子被杀,惠子出奔,田氏遂立公子阳生(悼公),专国政。 ③唱:通"倡",始发其事。此犹言导火索。

饥马盈厩嗼然①,未见刍也②;饥狗盈窖嗼然③,未见骨也;见骨与刍,动不可禁。乱世之民嗼然,未见贤者也,见贤人则往不可止④。往者非其形,心之谓乎⑤!齐以东帝困于天下⑥,而鲁取徐州⑦;邯郸以寿陵困于万民⑧,而卫取茧氏⑨。以鲁、卫之细⑩,而皆得志于大国,遇其时也。故贤主秀士之欲忧黔首者⑪,乱世当之矣⑫。天不再与,时不久留;能不两工⑬,事在当之⑭。

【注】①盈:满。嗼(mò)然:安静的样子。 ②刍:喂牲口的草料。

③窨:坑洞,此指养狗之处。 ④往:归附。 ⑤此句意谓:民众的归附不是说其身皆自往,而是说的人心之所向。形,身。 ⑥公元前288年,齐湣王与秦昭王共约称帝,齐称东帝,秦称西帝,欲灭赵而分其地。不久苏秦说齐合纵抗秦,湣王遂去帝号,秦亦去之。此言"齐以东帝困于天下",指其事不得人心。 ⑦鲁取徐州:史载鲁国得徐州在五国伐齐、湣王逃亡被杀以后,事在公元前284年。湣王事参见《审己》篇注。徐州,邑名,原属齐国,在今山东滕州东南。 ⑧邯郸:战国时赵国都城,即今河北邯郸。此代指赵国。寿陵:史载赵肃侯十五年(前335)始作寿陵(陵墓),其地未详。 ⑨茧氏:赵邑名,未详在何地,亦不详卫国取之在何时。 ⑩细:小。 ⑪忧黔首:犹言忧天下,以拯救万民为己任。 ⑫当之:当其时。 ⑬能不两工:人的技艺不可能在两个方面(实指多方面)都达到精工的程度。 ⑭事在当之:事情的成功在适当其时。

义　　赏①

四曰　春气至则草木产②,秋气至则草木落。产与落或使之③,非自然也④。故使之者至,物无不为⑤;使之者不至,物无可为。古之人审其所以使⑥,故物莫不为用。

【注】①义赏:言赏罚以义为标准。按:古人所称的"义",与仁、礼、忠、信等并为重要德目。其内涵不一,而古籍多谓"义者,宜也",即以行为合乎事理为"义"。言之赏罚,则当赏则赏,当罚则罚,赏当其赏,罚当其罚,力求公正、公平,是谓"义"。 ②产:生,生长。 ③或使之:有某种外力使之如此。 ④自然:自己如此。 ⑤为:犹言变化。 ⑥审其所以使:审察可以使事物变化的条件。

赏罚之柄①,此上之所以使也。其所以加者义②,则忠信亲爱之道彰③。久彰而愈长④,民之安之若性⑤,此之谓教成⑥。教成，则虽有厚赏严威弗能禁⑦。故善教者，不以赏罚而教成，教成而赏罚弗能禁⑧。用赏罚不当亦然。奸伪贼乱贪戾之道兴⑨，久兴而不息，民之雠之若性⑩，戎、夷、胡、貉、巴、越之民是以⑪，虽有厚赏严罚弗能禁。

【注】①柄：权柄。喻行使权力的要害工具。　②所以加者义：所施加的赏罚适宜，合乎道义。　③忠信亲爱之道彰：泛指忠孝、诚信、仁爱等纲常伦理彰明。　④愈长（zhǎng）：指讲求伦理道德的风气不断增长。　⑤安之若性：指安于礼法有如出于天性。　⑥教成：教养有成。犹言教化成功。⑦弗能禁：指不能禁止其所行。按：句意谓人们教养有成则守法，时时守法如常，则虽有厚赏不为所动，虽有严刑无所畏恐，故所行亦不为赏罚所禁止。⑧此全句意谓：善于教化者，不用赏罚即能使人们教养有成，人们教养有成则用赏罚亦不能禁止其所行。　⑨奸伪贼乱贪戾之道：泛指因赏罚不当而造成的奸诈、欺伪、贼害、作乱、贪婪、残暴等行为风气。　⑩雠：指仇视礼法。⑪戎、夷、胡、貉、巴、越之民是以：意谓像中原周边的未开化之民那样。戎，一般指古代西北民族；夷，多指东部沿海居民；胡、貉，均为北方民族；巴，泛指巴蜀之民；越，指南方及东南沿海居民。是以，是从。

　　郢人之以两版垣也①，吴起变之而见恶②，赏罚易而民安乐③。氐、羌之民，其虏也不忧其系纍，而忧其死不焚也④，皆成乎邪也⑤。故赏罚之所加，不可不慎，且成而贼民⑥。

【注】①郢：楚国都城，见上篇注。以：用。两版垣：两版高的城墙。版，古代筑土为城墙用的木板，亦以表示城墙的高度、长度。古籍载版宽为二尺，版长则有六尺、八尺、一丈等不同说法。此处当是以版长表示城墙的高度，两版垣指城墙较矮。　②吴起：见《当染》篇注。变之：相传吴起至楚变法时，曾变郢都城墙为四版高。见恶(wù)：遭反对。　③易：改变。句意谓吴起改变赏

罚标准,筑城高四版者赏,不足者则罚;城成,较旧时高而固,则郢人安之。 ④此处意谓:氐、羌之俗,在其民被俘虏以后,不是担心他们被拘禁,而是担心他们死后不被焚烧火葬。氐、羌,皆为古代西部地区少数民族。虏,用为被动词,指被俘虏。忧,担心。係纍,同"系缧(léi)",今亦写作"系累",指绑缚、拘禁,此亦用为被动词。焚,指火葬。古代氐、羌有火葬之俗,谓烟上则死者登天。按:句意实指氐、羌等部族教其民,有战事被俘则必死,死则荣,不死则辱。 ⑤成乎邪:谓氐、羌之教成于不正当的赏罚。 ⑥且成而贼民:此五字上当重"不慎"二字,盖传抄误脱。句意谓赏罚不慎,则将教成而害民。且,将。

　　昔晋文公将与楚人战于城濮①,召咎犯而问曰②:"楚众我寡,奈何而可?"咎犯对曰:"臣闻繁礼之君不足于文,繁战之君不足于诈③。君亦诈之而已。"文公以咎犯言告雍季④,雍季曰:"竭泽而渔,岂不获得⑤?而明年无鱼;焚薮而田⑥,岂不获得?而明年无兽。诈伪之道,虽今偷可⑦,后将无复⑧,非长术也。"文公用咎犯之言,而败楚人于城濮;反而为赏⑨,雍季在上。左右谏曰:"城濮之功,咎犯之谋也。君用其言,而赏后其身,或者不可乎?"文公曰:"雍季之言,百世之利也;咎犯之言,一时之务也。焉有以一时之务,先百世之利者乎?"孔子闻之曰:"临难用诈,足以却敌;反而尊贤,足以报德。文公虽不终始,足以霸矣⑩。"赏重则民移之,民移之则成焉⑪。成乎诈,其成毁,其胜败⑫。天下胜者众矣,而霸者乃五⑬,文公处其一,知胜之所成也。胜而不知胜之所成,与无胜同。秦胜于戎而败乎殽⑭,楚胜于诸夏而败乎柏举⑮。武王得之矣⑯,故一胜而王天下。众诈盈国,不可以为安,患非独外也⑰。

【注】①晋文公：见《当染》篇注。城濮：春秋时卫地，在今山东鄄城西南（一说在今河南开封东南）。晋、楚城濮之战，参见《简选》篇"尊天子于衡雍"注。　②咎犯：即狐偃，见《当染》篇注。　③此二句意谓：频繁行礼的君主不厌于礼仪文饰，频繁征战的君主不厌于诡诈之术。不足，指不厌，不满足。④雍季：不详。一说即公子雍，为晋文公之子、襄公之弟。　⑤获得：捕获而有之。　⑥田：打猎。　⑦偷可：苟且可行。　⑧无复：不能返回。意指诈伪之道若常用，则将偏离正道，往而不返。　⑨反：同"返"，指战后归国。下文"反"字同此。　⑩此句意谓：文公虽不能始终无诈，然以其有尊贤报德之心，已足可称霸。　⑪此二句意谓：奖赏重则民风转移而向善，民风转移而向善则教化成。　⑫此三句是说：事功成乎诈术，则其成亦毁，其胜亦败。谓事虽成而术不正，不正之术必害其功。　⑬乃五：只有五人。指五霸，见《贵公》篇"五伯"注。　⑭秦破西戎事见《不苟》篇，败于殽事详见《悔过》篇。殽，山名、关塞名，见《有始览》篇注。　⑮楚胜诸夏指楚庄王北伐事，见《至忠》篇；败于柏举事见《首时》篇。　⑯得之：得于信义，知胜之所成。　⑰患非独外：祸患不只是来自外部。

赵襄子出围①，赏有功者五人，高赦为首②。张孟谈曰③："晋阳之中，赦无大功，赏而为首，何也？"襄子曰："寡人之国危、社稷殆，身在忧约之中④，与寡人交而不失君臣之礼者惟赦，吾是以先之。"仲尼闻之曰："襄子可谓善赏矣！赏一人，而天下之为人臣者莫敢失礼。"为六军则不可易⑤。北取代⑥，东迫齐⑦，令张孟谈逾城潜行，与魏桓、韩康期而击智伯⑧，断其头以为觞⑨，遂定三家，岂非用赏罚当耶？

【注】①赵襄子：见《论威》篇注。出围：指破智伯之围而杀智伯事。初，智、赵、魏、韩四家贵族共执晋国之政。及智氏势力膨胀，赵襄子不满于智氏

之侵逼,遂退保晋阳(在今山西太原南)。智氏挟韩、魏围攻晋阳,相持久之,又引汾水灌城,其城几乎陷落。后襄子用张孟谈计,令孟谈潜出城,策反韩、魏二家,解晋阳之围,共击灭智氏而分其地,从此形成"三家分晋"局面。事在公元前453年。智伯,见《当染》篇注。　②高赦:载籍多作"高赫",或又讹为"高共"。赵襄子家臣。　③张孟谈:赵襄子家臣。晋阳之事多出其谋。后为赵相。　④忧约:忧困。约,穷困。　⑤为六军则不可易:指以礼治军而行赏罚,则将士皆不敢轻慢。为,犹治。六军,泛指军队。易,轻视、慢待。　⑥代:春秋时国名。都城在今河北蔚县东北。公元前475年为赵襄子所灭,事见下《长攻》篇。　⑦东迫齐:指赵襄子东向扩张而威逼齐国。其具体事举未详。　⑧魏桓:魏桓子(?—前446),春秋末晋国正卿。姬姓,魏氏,名驹。与赵襄子同时,先后参与四家灭范氏、中行氏及三家灭智伯事,为魏国的建立奠定基础。韩康:韩康子。春秋末晋国正卿。姬姓,韩氏,名虎。参与三家灭智伯事,为韩国的建立奠定基础。　⑨断其头以为觞(shāng):指斩其头,以其头骨为酒器。

长　攻①

五曰　凡治乱、存亡、安危、强弱,必有其遇,然后可成;各一则不设②。故桀、纣虽不肖,其亡遇汤、武也;遇汤、武,天也,非桀、纣之不肖也。③汤、武虽贤,其王遇桀、纣也④;遇桀、纣,天也,非汤、武之贤也。若桀、纣不遇汤、武,未必亡也;桀纣不亡,虽不肖,辱未至于此⑤。若使汤、武不遇桀纣,未必王也;汤、武不王,虽贤,显未至于此⑥。故人主有大功不闻不肖,亡国之主不闻贤⑦。譬之若良农,辩土地之宜⑧,谨耕耨之事⑨,未必收也⑩;然而收者,必此人也,始在于遇时雨⑪;遇时雨,天地也⑫,非良农所能为也。

【注】①长攻:"攻"读作"功",古时二字可通用。"长功"指长远的功名。本篇立意在为国家建立长远的事功,而所举事例皆为诈取,与《义赏》篇不尚诈伪之道的倾向相反,反映出作者明显的功利思想和权变观念,且将事功的建立归结于历史的偶然性。 ②以上可译为:凡是治与乱、存与亡、安与危、强与弱,必定有它们彼此相遇而并存的情况,然后才能造成各自的治强安存或乱弱危亡的形势;如果是各自单独存在,那么这种对比而言的形势就不能成立。遇,实指并存而言。一,单独。设,设立,犹言成立。 ③以上意为:夏桀、殷纣王虽然是不肖之主,他们的灭亡却是因为正碰上了商汤、周武王这样的贤主;碰上商汤、周武王这样的贤主是天意(偶然的),并非是由于夏桀、殷纣王的不肖。按:下句与此相反,可参此理解。 ④王(wàng):称王天下。下"王"字同。 ⑤辱未至于此:指屈辱未至于到亡国后被流放或杀身、又被后世称为暴君的地步。 ⑥显未至于此:指显荣未至于到为一代开国之主、又被后世称为圣王的地步。 ⑦此二句意为:人主有大功名的就听不到后人说他有什么不好,亡国之主则听不到后人说他有什么好。 ⑧辩:通"辨",指善于辨别。 ⑨谨:指勤恳、勤劳。 ⑩收:指获得好收成。下"收"字同。 ⑪始:乃,然后。 ⑫天地:取决于天地四时的变化规律。一说"地"字为衍文。

越国大饥,王恐,召范蠡而谋①。范蠡曰:"王何患焉?今之饥,此越之福而吴之祸也。夫吴国甚富而财有余,其王年少②,智寡材轻③,好须臾之名④,不思后患。王若重币卑辞以请籴于吴⑤,则食可得也。食得,其卒越必有吴⑥,而王何患焉?"越王曰:"善。"乃使人请食于吴。吴王将与之⑦,伍子胥进谏曰⑧:"不可与也。夫吴之与越,接土邻境,道易人通⑨,仇雠敌战之国也⑩,非吴丧越⑪,越必丧吴。若燕、秦、齐、晋,山处陆居,岂能逾五湖九江、越十七阨以有吴哉⑫?故曰:非吴丧越,越必丧吴。今将输之粟,与之食,是长吾雠而养吾仇也。财匮而民恐⑬,悔无及也。不若勿与而攻之,固其数也⑭,此昔吾先王之所以霸⑮。且夫饥,代事也,犹渊之与阪,谁国无有⑯?"吴王曰:"不然。吾闻之,义兵不攻服,仁者食饥饿⑰。今服而攻之,非义兵也;饥而不食,非仁体也⑱。不仁不义,虽得十越,吾不为也。"遂与之食。不出三年,而吴亦饥,使人请食于越。越王弗与,乃攻之,夫差为禽⑲。

【注】①饥:饥荒。王、范蠡:均见《当染》篇注。王指勾践。 ②王:指夫差,亦见《当染》篇注。 ③材轻:犹言才浅。 ④须臾之名:眼前的虚名。 ⑤重币卑辞:送重礼并说好话。币,本指古人用做礼物的丝织品,此泛指各种礼物。籴:买粮。此指借粮。 ⑥卒:最终。有:占领。此指灭吴而言。 ⑦与:给予。 ⑧伍子胥:见《当染》篇注。 ⑨道易人通:道路平坦无险阻,人民交通往来。易,平。 ⑩仇雠敌战:互相仇视而对抗攻战。 ⑪丧:亡,使灭亡。 ⑫五湖九江:泛指太湖流域诸湖泊及今江西、安徽境内长江水系的众多支流。十七阨:不详所指,当是泛指众多险阻要塞。 ⑬匮:匮乏。恐:一说为"怨"字之误。 ⑭固其数:本来这就是它的命运。意谓越国闹饥荒,天命将尽,该当被攻灭。数,指天命。 ⑮先王:指吴王阖庐,见《当染》篇注。 ⑯此处意谓:况且饥荒是世上常有的事,犹如有渊潭就有阪坡,哪个国家不会发生?句中"代"字疑本作"世",唐人避"世"字而改为"代"。按:此意与伍子胥之语不合。一说此十五字本为吴王语,当在下文"吾不为也"之下。 ⑰食(sì):给……吃。 ⑱仁体:仁爱的事情。体,事体,犹事情。 ⑲禽:同"擒"。按:勾践灭吴时,夫差请和不成,自杀。

楚王欲取息与蔡①,乃先佯善蔡侯②,而与之谋曰:"吾欲得息,奈何?"蔡侯曰:"息夫人,吾妻之姨也③。吾请为飨息侯与其妻者④,而与王俱,因而袭之。"楚王曰:"诺。"于是与蔡侯以飨礼入于息,因与俱,遂取息。旋⑤,

舍于蔡⑥,又取蔡⑦。

【注】①楚王:楚文王,见《长见》篇"荆文王"注。息:西周封国,在今河南息县一带。公元前680年为楚国所灭。蔡:西周封国。周初封武王弟叔度(时称蔡叔),及叔度从商王室后裔武庚反叛被流放,复封其子胡(时称蔡仲)。初都上蔡(今河南上蔡西南),后历迁新蔡(今河南新蔡)、下蔡(在今安徽寿县境),公元前447年为楚国所灭。 ②佯:假装。善:与……友好。蔡侯:蔡哀侯(?—前675)。春秋时蔡国君主。姬姓,名献舞。公元前694年即位,前684年为楚文王所虏,死于楚。 ③姨:指妻之姊妹。 ④飨(xiǎng):宴请。 ⑤旋:通"还",归。 ⑥舍:军队临时驻扎之称。 ⑦取蔡:据《左传》,息、蔡俱娶于陈。先是,息侯因蔡哀侯对其夫人息妫无礼,乃于公元前680年串通楚文王,使文王出兵伐息,息则佯求救于蔡,楚兵遂入蔡,虏哀侯。前684年,因哀侯缚执息妫而诉冤于文王,文王复灭息而伐蔡,又自娶息妫。所记与此不同。

赵简子病①,召太子而告之曰②:"我死,已葬服衰③,而上夏屋之山以望④。"太子敬诺。简子死,已葬服衰,召大臣而告之曰:"愿登夏屋以望。"大臣皆谏曰:"登夏屋以望,是游也。服衰以游,不可。"襄子曰:"此先君之命也,寡人弗敢废。"群臣敬诺。襄子上于夏屋,以望代俗,其乐甚美⑤。于是襄子曰:"先君必以此教之也⑥。"及归,虑所以取代,乃先善之。代君好色,请以其弟姊妻之⑦,代君许诺。弟姊已往,所以善代者乃万故⑧。马郡宜马⑨,代君以善马奉襄子。襄子谒于代君⑩,而请觞之马郡⑪,尽先令舞者置兵其羽中数百人⑫。先具大金斗⑬,代君至,酒酣,反斗而击之,一成脑涂地⑭。舞者操兵以斗,尽杀其从者,因以代君之车迎其妻。其妻遥闻之状,磨笄以自刺⑮。

故赵氏至今有"刺笄"之证与"反斗"之号⑯。

【注】①赵简子:见《爱士》篇注。 ②太子:指赵襄子,见《论威》篇注。 ③已葬服衰(cuī):指安葬已毕而穿孝服期间。衰,同"缞",古代丧服的一种。 ④夏屋:山名。又作夏壶、贾屋、贾母等。在今山西代县东北。望:眺望。 ⑤其乐甚美:谓其民安乐而风物甚美。 ⑥教:犹言嘱,谓嘱其夺取代地。代,见《义赏》篇注。 ⑦弟姊:少姊,小姐姐。弟,少。妻之:嫁之为妻。 ⑧万故:万事,极言馈赠之多。 ⑨马郡宜马:指代国的产马地区宜于养马。 ⑩谒:拜访。 ⑪觞之马郡:宴请他于养马之地。 ⑫此句意为:先令陪从的舞蹈人员尽藏兵器于他们的舞具中,这样舞蹈人员有数百人。羽,古代用羽毛做成的舞具。 ⑬先具大金斗:事先准备好一只大铜勺。金斗,舀酒器,方形有柄的铜勺。 ⑭一成:犹言一下。 ⑮磨笄(jī)以自刺:磨尖簪子,自刺而死。《史记·赵世家》正义引《魏土地记》:"赵襄子既杀代王,使人迎其姊。代王夫人曰:'以弟慢夫,非仁也;以夫怨弟,非义也。'磨笄自杀而死。使者亦自杀也。" ⑯此句意谓:故赵国至今有"刺笄"的遗迹与"反斗"的名号。按:旧校谓"证"一作"山"。史籍载代王夫人自杀之地曰磨笄山。

此三君者①,其有所自而得之②,不备遵理③;然而后世称之,有功故也。有功于此,而无其失,虽王可也④。

【注】①三君:指上述越王勾践、楚文王、赵襄子。 ②有所自:有所从来,犹言有其主客观条件。 ③不备遵理:不尽遵循情理。备,尽,完全。 ④末句是说:有此等功业,若无其礼义情理上的缺失,虽称王天下也会被认可的。

慎 人①

六曰 功名大立,天也;为是故,因不慎其人不可②。夫舜遇尧,天也;舜耕于历山③,陶于河滨④,钓于雷泽⑤,天下说之⑥,秀士从之⑦,人也。夫禹遇舜,天也;禹周于天下⑧,以求贤者,事利黔首⑨,水潦川泽之湛滞壅塞可通者⑩,禹尽为之,人也。夫汤遇桀,武遇纣,天也;汤、武修身积善为义⑪,以忧苦于民⑫,人也。

【注】①慎人:旧校谓一作"顺人"。古字"慎"、"顺"音义俱通。篇旨谓功名之立固必遇时、遇人,又必自谨于人事,然后可成。 ②是:此。慎其人:慎其人事。指人为的努力。 ③历山:一般以为是山名,亦为地名。按:历来相传的舜耕之地甚多,以舜的传说事迹及河滨、雷泽等综合考之,疑以其地在今山东菏泽一带为是(可参《水经注·瓠子河》)。 ④陶:制陶器。河滨:黄河之滨。 ⑤钓:古籍多作"渔",指捕鱼。本篇下文亦称"舜之耕渔"。雷泽:古泽名。又称雷夏泽,在今山东菏泽东北。 ⑥说:通"悦"。 ⑦秀士:杰出的人士。 ⑧周:周行,遍至。 ⑨事利黔首:以利天下百姓为事。 ⑩潦:积水。湛滞:沉积不流。湛,通"沉"。 ⑪修身积善为义:修己身,积善行,为义事。 ⑫忧苦:忧勤、忧劳。

舜之耕渔,其贤不肖与为天子同①。其未遇时也②,以其徒属掘地财③,取水利,编蒲苇,结罘网④,手足胼胝不居⑤,然后免于冻馁之患。其遇时也,登为天子,贤士归之,万民誉之,丈夫女子振振殷殷⑥,无不戴说⑦。舜自为诗曰:"普天之下,莫非王土;率土之滨,莫非王臣。"⑧所以见尽有之也⑨。尽有之,贤非加也;尽无之,贤非损也⑩;时使然也⑪。

【注】①此句意谓:舜为平民而从事耕渔时,他的德行才能和后来做天子时并无两样。贤不肖,在此犹言德才的优劣长短。 ②未遇时:未遇做天子的时机。 ③以:与。掘地财:耕稼而取地之财。 ④编蒲苇,结罘(fú)网:见《尊师》篇"结罝网,捆蒲苇"注。 ⑤胼胝(pián zhī):手脚上磨起茧子。不居:不止,不休息。 ⑥丈夫:男子。振振殷殷:喜悦的样子。 ⑦戴说(yuè):拥戴喜悦。 ⑧此引诗见于《诗·小雅·北山》。率土之滨,指沿着

版图的边际,犹言四海之内。战国时人或托言此诗为舜所作。 ⑨尽有之:尽有天下土地和人民。 ⑩损:减少。 ⑪时使然:是机遇使他尽有天下。

百里奚之未遇时也①,亡虢而虏晋②,饭牛于秦③,传鬻以五羊之皮④。公孙枝得而说之⑤,献诸缪公⑥,三日,请属事焉⑦。缪公曰:"买之五羊之皮,而属事焉,无乃天下笑乎⑧?"公孙枝对曰:"信贤而任之,君之明也;让贤而下之⑨,臣之忠也。君为明君,臣为忠臣。彼信贤⑩,境内将服,敌国且畏⑪,夫谁暇笑哉?"缪公遂用之。谋无不当,举必有功⑫,非加贤也;使百里奚虽贤,无得缪公,必无此名矣。今焉知世之无百里奚哉?故人主之欲求士者,不可不务博也⑬。

【注】①百里奚:"奚"一作"傒"。春秋时秦大夫。百里氏,名奚。初为虞大夫,虞亡时被俘入晋。后晋国嫁女为秦穆公夫人,以其作为陪嫁之臣随从入秦。又自秦逃于楚地,行乞于路,被执。秦穆公用五张羊皮将他赎回而用之,时称五羖大夫。为穆公建立霸业的重要助手之一。 ②亡虢(guó)而虏晋:指百里奚曾逃亡于虢国而为晋所虏。虢,西周封国。始封之君为文王之弟仲(虞仲),史称西虢(另有东虢),在今陕西宝鸡东。西周灭亡后,其大部分族人迁居上阳(今河南陕县东南),史称北虢。虞国亦西周所封,始封之君为虞仲之后,在今山西平陆北。百里奚即出于虞国公族。公元前655年,晋假道于虞以伐北虢,灭之,又回师而灭虞。 ③饭牛:喂牛。当是指百里奚为媵臣时曾侍奉牛车。 ④传鬻:转卖。 ⑤公孙枝:春秋时秦大夫。嬴姓,名枝(一作支),字子桑,岐(今陕西凤翔南)人。初游晋,秦穆公闻其贤,召为大夫,多出良策。荐百里奚、孟明视于穆公;又恐百里奚不为众所服,乃故触刑律,使百里奚处己以刖刑,由是百里奚之威信得以树立。说:通"悦"。 ⑥缪公:即秦穆公,见《尊师》篇注。 ⑦属(zhǔ)事焉:托付国事于他。焉,犹"于之",兼有介词"于"和代词"之"两词的作用。 ⑧无乃:恐怕。按:此二字下

当有"为"字,类书所引或有。　⑨让贤而下之:让位给贤人而自居他之下。相传公孙枝曾以上卿之位让予百里奚,自为次卿以佐之。按:此就秦穆公臣下的风气言之,非是公孙枝自矜之辞。　⑩彼:指百里奚。信:诚,确实。　⑪且:将。　⑫谋无不当,举必有功:疑此八字通上"缪公遂用之"作一句读,下重此八字而与"非加贤也"亦作一句读。或传抄脱重文。　⑬务博:广求之。

孔子穷于陈、蔡之间①,七日不尝食②,藜羹不糁③。宰予备矣,孔子弦歌于室④,颜回择菜于外⑤。子路与子贡相与而言曰⑥:"夫子逐于鲁⑦,削迹于卫⑧,伐树于宋⑨,穷于陈、蔡,杀夫子者无罪,藉夫子者不禁⑩。夫子弦歌鼓舞⑪,未尝绝音。盖君子之无所丑也若此乎⑫?"颜回无以对,入以告孔子。孔子愀然推琴⑬,喟然而叹曰⑭:"由与赐⑮,小人也。召⑯,吾语之。"子路与子贡入,子贡曰:"如此者⑰,可谓穷矣!"孔子曰:"是何言也?君子达于道之谓达,穷于道之谓穷。今丘也拘仁义之道⑱,以遭乱世之患⑲,其所也,何穷之谓⑳?故内省而不疚于道㉑,临难而不失其德㉒。大寒既至,霜雪既降,吾是以知松柏之茂也。昔桓公得之莒㉓,文公得之曹㉔,越王得之会稽㉕。陈、蔡之厄㉖,于丘其幸乎!"孔子烈然返瑟而弦㉗,子路抗然执干而舞㉘。子贡曰:"吾不知天之高也,不知地之下也㉙。"古之得道者,穷亦乐,达亦乐。所乐非穷达也,道得于此,则穷达一也,为寒暑风雨之序矣㉚。故许由虞乎颍阳㉛,而共伯得乎共首㉜。

【注】①穷于陈、蔡之间:指孔子晚年周游列国时,曾被困于陈国、蔡国之间。穷,困窘。《史记·孔子世家》谓陈、蔡大夫不欲孔子之楚,乃发徒围之于

野,而绝其粮者七日。按:本段所记见于《庄子·让王》篇,文字略同。　②不尝食:《庄子》作"不火食",该书《任数》篇作"不尝粒",均指七天没有吃到用粮米做的饭。　③藜羹不糁(sǎn):用野菜煮的带汁食物里也不见米粒。藜,一种嫩叶可食的野生植物,此泛指野菜。羹,带汤汁食物。糁,在菜羹中掺米之称。　④此二句,《庄子》作"颜色甚惫,而弦歌于室",承上指孔子,不及宰予。宰予,孔子弟子。字子我,或称宰我,鲁国人,在孔子弟子中号称能言善辩。备,通"惫",疲惫。　⑤颜回:即颜渊,见《劝学》篇注。　⑥子路:见《审己》篇注。子贡:见《当染》篇注。　⑦逐:被逐。《庄子》此字上有"再"字。孔子晚年曾为鲁国司寇,因与执政贵族不合,遂再次去鲁,出游列国。　⑧削迹:一说指匿迹、隐居。疑"削迹"为连绵词,犹"屑屑"、"迹迹",指不安貌(见《广雅》)。孔子周游列国时曾屡出入于卫国,然终不能安顿。　⑨伐树于宋:"伐"一作"拔"。相传孔子尝路过宋国,与弟子习礼于大树下,宋司马桓魋遣人拔其树。　⑩藉:凌辱。　⑪弦歌鼓舞:弹琴歌唱又手舞足蹈。《庄子》"舞"作"琴"。　⑫丑:耻。　⑬愀(cù)然:变色改容而不高兴的样子。　⑭喟(kuì)然:叹气的样子。　⑮由与赐:即子路与子贡。由、赐为二人之名。　⑯召:《庄子》作"召而来",犹言召他们进来。　⑰子贡曰:《庄子》作"子路曰"。如此者:像现在这种境况。　⑱丘:孔子自称其名。拘:拘守,犹坚持。《庄子》作"抱"。　⑲以:而。患:忧患。　⑳其所也,何穷之谓:此七字文义不连贯,疑当作"患其所也,何穷之谓"八字,盖传抄脱重文"患"字。八字意谓:忧患殆所不免,怎么能说这就是困穷呢?《庄子》作"其何穷之为"五字,文义亦不足。　㉑不疚:无愧。　㉒德:指节操。　㉓桓公得之莒:意谓齐桓公流亡在莒而能保持其节操。桓公即位前曾因内乱出奔莒(今山东莒县),事见《贵卒》篇。按:此与下二句均就"临难而不失其德"而言,"得之"犹言表现得当、杰出。　㉔文公得之曹:晋文公流亡在外时,过曹国,曾有"骈胁"之辱,见《上德》篇。时惟曹大夫僖负羁善待之,文公即位后曾给以厚报。　㉕越王得之会稽:越王勾践卧薪尝胆二十年,终雪会稽之耻,详见《顺民》篇。　㉖厄:穷困。　㉗烈然:威严的样子。返瑟而弦:重新弹琴而歌。瑟,《庄子》作"琴"。　㉘抗然:意气高扬、无所畏惧的样子。执干而舞:执持盾牌(舞具)起舞。　㉙下:低。　㉚为寒暑风雨之序:有如寒暑风雨的互相更替。为，犹如。序，轮流、更替。句意谓得道者其乐在道，虽有通达与困穷，乐道则无别，通达与困穷不过如四时之交替。 ㉛许由：见《当染》篇注。虞：通"娱"，乐。颍阳：颍水之阳（北）。或传尧欲以许由为九州之长，许由逃至颍滨而洗其耳。 ㉜共伯：据《竹书纪年》，其人为西周后期共国（都邑在今河南辉县）君主，姬姓，名和，时称共伯和。公元前841年，周厉王因国人暴动出奔彘（今山西霍县），诸侯共推他代行天子事。至公元前828年，因厉王死于彘，厉王太子（宣王）也已年长，他遂还政归国，宣王即位。此云他"得乎共首"，盖谓其归国后居于共首山（本书《诚廉》篇作"共头"），逍遥自得。然此与许由并举，或传闻异辞，别有掌故。

遇　合①

七曰　凡遇合也，时不合，必待合而后行②。故比翼之鸟死乎木，比目之鱼死乎海③。孔子周流海内④，再干世主⑤，如齐至卫⑥，所见八十余君⑦；委质为弟子者三千人⑧，达徒七十人⑨；七十人者，万乘之主得一人，用可为师⑩，不为无人⑪。以此游，仅至于鲁司寇⑫，此天子之所以时绝也，诸侯之所以大乱也⑬。乱则愚者之多幸也⑭，幸则必不胜其任矣。任久不胜，则幸反为祸，其幸大者，其祸亦大，非祸独及己也⑮。故君子不处幸，不为苟，必审诸己然后任，任然后动⑯。

【注】①遇合：言君臣际会相遇而相得。本书所指，偏在有道之士遇明主方可得赏识，明主用有道之士方可谓得人；合而言之，明主贤臣遇合，方可成就治国治世的大功名。　②首句意思是：凡是有道之士与君主的遇合，如果尚未有与君主相合而相得的机遇，则必待有这样的机遇之后才为君主所用。③陈奇猷《校释》注："比翼之鸟不得合者则不能飞，故老死于木；比目之鱼不得合者则不能游，故老死于海。喻贤者不得相合之主，不能展其治国平天下

之志,而老死于野也。"按:此喻遇合则行,不遇合则不行。 ④周流海内:犹言周游天下。 ⑤再干世主:一次次晋见当世各国人主以求被任用。干(gān),向……求取(官职)。 ⑥如:往。 ⑦所见八十余君:传言如此,非是事实。 ⑧委质:犹言拜师求学。古时初次拜见尊长时献上礼物称"委质","质"通"贽"。 ⑨达徒:品行学业优秀的学生。即通常所称孔子弟子中的"贤人七十"。 ⑩用可为师:用之可以为师。 ⑪不为无人:不可谓无人才。 ⑫司寇:古代掌刑法的长官。孔子在五十多岁时曾担任鲁国司寇数年,并曾摄相事。 ⑬此二句意谓圣人不得任用则天下不治,故致天子有时旷绝,诸侯纷争而大乱。 ⑭幸:侥幸(得官)。 ⑮非祸独及己:并不是祸害专找到自己身上。 ⑯此全句意谓:君子不处侥幸所得的官位,不求苟且的遇合,必定审慎修身察己然后任职,任职然后行所当行。

凡能听说者①,必达乎论议者也②;世主之能识论议者寡,所遇恶得不苟③?凡能听音者,必达于五声;人之能知五声者寡,所善恶得不苟?客有以吹籁见越王者④,羽角宫徵商不谬⑤,越王不善,为野音而反善之⑥。说之道亦有如此者也⑦。人有为人妻者⑧,人告其父母曰:"嫁不必生也⑨。衣器之物可外藏之⑩,以备不生。"其父母以为然,于是令其女常外藏。姑妐知之⑪,曰:"为我妇而有外心,不可畜⑫。"因出之⑬。妇之父母以谓为己谋者以为忠⑭,终身善之⑮,亦不知所以然矣。

【注】①能听说(shuì)者:善于倾听劝说之言的人。 ②达乎论议:通晓各种议论。 ③遇:遇合。恶(wū)得:怎能。 ④籁(lài):古代管乐器,即三孔箫。 ⑤羽角宫徵商不谬:即五音无差失,犹言正调。五音,见《孟春纪》篇"其音角"注。 ⑥为野音而反善之:吹野调子反而认为他吹得好。 ⑦说之道:疑当作"听说之道",误脱"听"字。上举例就"听音"言,下举例则就"听说"言。 ⑧人有:疑当作"卫人有",《韩非子·说林上》作"卫人"。或传抄

以俗写简体的"卫"字误作"也",遂属之上句,而上句实不必有"也"字。 ⑨不必生:不一定能养,犹今言不一定能有自身的生活保障。生,养、生养。 ⑩外藏:别藏,存私房。 ⑪姑妐(zhōng):婆婆和公公。 ⑫妇:儿媳。畜(xù):容留。 ⑬出:休掉。古代称男方单方面离婚为休。 ⑭以谓为己谋者以为忠:以为替自己打算的人是个忠实的人。以谓,犹"以为"。下"以"字犹"而"。 ⑮终身善之:犹言终身感激此事。

宗庙之灭,天下之失,亦由此矣①。故曰:遇合也无常,说适然也②。若人之于色也,无不知说美者,而美者未必遇也。故嫫母执乎黄帝③,黄帝曰:"厉女德而弗忘④,与女正而弗衰⑤,虽恶,奚伤⑥?"若人之于滋味,无不说甘脆,而甘脆未必受也⑦。文王嗜菖蒲菹⑧,孔子闻而服之⑨,缩频而食之⑩,三年然后胜之⑪。人有大臭者⑫,其亲戚、兄弟、妻妾、知识无能与居者⑬,自苦而居海上;海上人有说其臭者,昼夜随之而弗能去。说亦有若此者!

【注】①此句意谓:国家的灭亡,天下的丧失,也都由这种"听说"的无知和遇合的苟且造成。宗庙,代指国家。 ②此"故曰"意谓:君臣遇合是没有什么恒常规律的,只是相互悦服恰好造成这种情况。说,通"悦",本段下文的"说"字均用此义。适然,恰好如此。 ③嫫(mó)母:传说为黄帝之妻,貌丑而有德。执:服侍。 ④厉女德而弗忘:砥砺你的道德而不忘夫妻恩情。厉,同"砺",砥砺,犹培养、修饬。女,同"汝",你。 ⑤与女正而弗衰:与你恭恭敬敬做夫妻而恩爱不衰。正,犹言敬。 ⑥虽恶,奚伤:虽丑,又有何害?恶,丑。 ⑦甘脆:指美食。受:享用,享受到。按:此与上文"美者未必遇"对言。下文谈嗜好之不同,为另一义。 ⑧菖蒲菹(zū):用菖蒲根腌制的咸菜。 ⑨服:服食。 ⑩缩频(è):犹今言皱鼻子,如受特殊气味刺激而缩鼻孔的样子。频,鼻梁。 ⑪胜之:此指能够吃下去。 ⑫大臭:当是指狐臭。 ⑬知识:指知交、相识。

陈有恶人焉①,曰敦洽雠麋②,椎颡广颜③,色如浃赪④,垂眼临鼻⑤,长肘而盭⑥。陈侯见而甚说之⑦,外使治其国,内使制其身⑧。楚合诸侯⑨,陈侯病不能往,使敦洽雠麋往谢焉⑩。楚王怪其名而先见之⑪。客有进,状有恶其名,言有恶状⑫。楚王怒,合大夫而告之,曰:"陈侯不知其不可使,是不知也⑬;知而使之,是侮也⑭。侮且不智,不可不攻也。"兴师伐陈,三月然后丧⑮。恶足以骇人,言足以丧国,而友之足于陈侯而无上也⑯,至于亡而友不衰。夫不宜遇而遇者,则必废宜遇而不遇者⑰,此国之所以乱、世之所以衰也。天下之民,其苦愁劳务从此生。

【注】①陈:陈国,西周妫姓封国。武王灭商后,求舜之后裔封之,开国君主为胡公(名满),建都宛丘(今河南淮阳)。公元前 479 年为楚国所灭。恶人:丑陋的人。 ②敦洽雠麋:此用为人名,当是诨号,盖谓其为人敦厚而看上去像愁眉苦脸。雠麋,犹言"愁眉"。按:"麋"原作"糜",毕校本据古籍所引改,今权从之。古字"糜"似亦可通"眉",然古籍所引多作"麋",或此处原用"麋"字。 ③椎颡广颜:高额头,宽脸面。椎颡,读作"锥颡"(zhuī sǎng),指额头突出。按:"椎"字原作"雄",误。旧校谓一作"推",毕校本据古籍所引改为"椎","推"、"椎"皆可通"锥",今仍从旧校。 ④浃赪(chēng):像是湿透的红。赪,赤色。按:毕校本改"浃"为"漆",不妥,今仍用旧文。旧校谓一作"沫",当是"浃"字之讹。 ⑤垂眼临鼻:眼睛几乎下垂到鼻子上。 ⑥长肘而盭(lì):胳膊肘特长而脚掌向上翻。盭,脚掌上翻之病。 ⑦陈侯:据下文所记楚灭陈,则此指陈湣公(?—前 479)。湣公名越,公元前 501 年继位,陈亡时被杀。说:通"悦"。 ⑧制其身:疑"制"字仍当作"治",指掌理陈侯的饮食起居。 ⑨合:盟会。 ⑩谢:表示道歉。 ⑪楚王:指楚惠王(?—前 432)。芈姓,名熊章。公元前 488 年即位于军中,在位 57 年。先后灭陈、蔡、杞等,扩地东至泗水流域。 ⑫此处十二字当有误。一说当作:"客

进,状有恶其名,言有恶其状。"即下"其"字误窜至"客"字下,又误作"有"。改正后,二"有"字皆读作"又",则句意为:客人(丑者)受接见后,楚王发现他的状貌又比他的名字更丑,他的谈吐又比他的状貌更丑。 ⑬知:同"智"。 ⑭侮:轻慢。 ⑮丧:指灭陈。按:楚灭陈事,详见《左传》哀公十七年及《史记·楚世家》并《陈杞世家》。 ⑯友之足于陈侯而无上:言其为陈侯所友善,足以使陈侯之友无出其上者。 ⑰此处"夫"字下二句,文义、文气皆不顺,句中"者"字似皆错置。疑原文当作"夫不宜遇者而遇,则必废宜遇者而不遇"。意谓不宜遇合者而遇合,则必废去宜于遇合者而不遇。如是则下接"此国之所以乱、世之所以衰也",整句皆通洽。

凡举人之本①,太上以志②,其次以事③,其次以功④。三者弗能,国必残亡,群孽大至⑤,身必死殃,年得至七十、九十犹尚幸⑥。贤圣之后⑦,反而孽民,是以贼其身⑧,岂能独哉⑨?

【注】①举人:犹言用人。本:根据。 ②太上:首先、首要。志:指道德。 ③事:指职事操守,业绩。 ④功:功劳。 ⑤孽:妖灾,祸害。 ⑥"年得"句:意谓乱国之主即使活到七十、九十,也还是侥幸不死,其身殃不啻于被杀。 ⑦贤圣之后:指陈国相传为舜之后。 ⑧贼:杀。 ⑨岂能独哉:此与本篇首段所说"非祸独及己也"相应,意谓:怎么能说是祸害专找谁呢?按:本篇所记陈国之事,可能出于楚灭陈时的宣传,故对陈国使者之"恶"(丑)极尽夸张之能事,末段又类似声讨的檄文。

必 己①

八曰 外物不可必②,故龙逢诛③,比干戮④,箕子狂⑤,恶来死⑥,桀、纣亡⑦。人主莫不欲其臣之忠,而忠未必信⑧,故伍员流乎江⑨,苌弘死、藏其血三年而为碧⑩。

亲莫不欲其子之孝⑪,而孝未必爱,故孝己疑⑫,曾子悲⑬。

【注】①必己:言君子之行在己而不在人。凡事有内有外,在己为内,在人为外。在人者取决于人,己欲行则未必可行;在己者取决于己,己欲行则必定可行。全篇主旨在论有道之士欲求与明主ához遇合,必以自身修养为本,故以"必己"为篇题。旧校谓一作"本知",一作"不遇",疑为原作者分合篇章时的未定标题。 ②外物不可必:自身之外的事物都不是必然像自己所预期的那样发展变化的。犹今言不以人的主观意志为转移,有不可依赖之意。 ③龙逄:即关龙逄,"逄"通作"逢",见《功名》篇注。按:自此以至"桀、纣亡"诸例,皆谓事之结果与诸人的主观意志相反,以证外物非可必如预期。 ④比干:亦见《功名》篇注。 ⑤箕子:商末王室贵族。为纣王诸父,官太师。相传封于箕(今山西太谷东北),故称箕子。屡谏纣王,不见听。及比干被杀,遂佯狂为奴,被纣王囚禁。周武王灭商后释之,曾咨以国事。 ⑥恶(wū)来:商代诸侯。亦称"恶来革"。嬴姓,为秦王室祖先。相传为大力士,事殷纣王得宠而善谗毁,周武王灭商时被杀。 ⑦桀、纣亡:此与人臣之例并举,意指桀、纣不欲亡而亡,以"外物不可必"言之,与忠臣、佞臣之被杀同理。 ⑧信:得信任。 ⑨伍员:即伍子胥,见《当染》篇注。流乎江:史载子胥自杀后,吴王怒,以革囊盛其尸而投入江中。 ⑩苌弘(?—492):春秋末年周大夫。博学多通,号称"知天道"。因牵连晋国贵族斗争,晋人逼周人杀之。传说则以为他被流放到蜀地,自刳肠而死,蜀人藏其血于柜,三年而化为碧玉。碧:青绿色的玉。 ⑪亲:父母。 ⑫孝己:商王武丁之子。甲骨文称为"祖己",又称"小王",未即位而死。后世或传其母早死,武丁惑于后妻之言,放之而死。疑:被怀疑。 ⑬曾子:见《当染》篇注。相传曾子至孝,而初为父母所憎,尝因过几被杖死,复苏而悲泣。

庄子行于山中,见木甚美长大①,枝叶盛茂,伐木者止其旁而弗取。问其故,曰:"无所可用②。"庄子曰:"此以不材得终其天年矣③。"出于山,及邑,舍故人之家④。故人喜,具酒肉⑤,令竖子为杀雁飨之⑥。竖子请曰:"其一雁能鸣，一雁不能鸣，请奚杀⑦?"主人之公曰⑧:"杀其不能鸣者。"明日，弟子问于庄子曰:"昔者山中之木以不材得终天年，主人之雁以不材死。先生将何以处⑨?"庄子笑曰:"周将处于材不材之间⑩。材不材之间，似之而非也，故未免乎累⑪。若夫道德则不然⑫:无訾无訾⑬，一龙一蛇，与时俱化，而无肯专为⑭;一上一下，以禾为量，而浮游乎万物之祖⑮;物物而不物于物⑯，则胡可得而累⑰？此神农、黄帝之所法⑱。若夫万物之情、人伦之传则不然⑲:成则毁，大则衰，廉则剉，尊则亏，直则骩，合则离，爱则隳，多智则谋，不肖则欺⑳，胡可得而必？"

【注】①长大:高大。按:本段文字略同《庄子·山木》篇，该篇此句只云"见大木"。　②无所可用:没有什么用处。　③不材:不成材，犹言无用。④邑:村落。舍:住。故人:老相识。　⑤具:准备。　⑥竖子:童仆。雁:鹅。飨:款待。　⑦奚杀:杀哪一只。　⑧主人之公:"之公"二字疑衍，《庄子》无。　⑨将何以处:愿处在哪一边。意谓对于材与不材将如何选择。⑩周:庄子自称。庄子名周。材不材:材与不材，犹言有用与无用、有为与无为。　⑪此全句意谓:材与不材之间，近似可处而还不可处，固未免于牵累。故，通"固"。　⑫若夫道德:此四字，《庄子》作"若夫乘道德而浮游"八字，当从《庄子》原文理解。若夫，至于。道德，实指道。乘道德而浮游，直译为驾道德而飘游，犹言入于道的境界而飘游于虚无之中。　⑬无訾无訾(zǐ):无称誉，无诋毁。訾，通"誉"，《庄子》作"誉"。　⑭此三句意谓:时而为龙，时而为蛇，随时势一起变化，而不肯专作一物。　⑮此三句意谓:时而上升，时而下降，以和适为度量，而飘游于万物化生以前的虚无之境。禾，通"和"，《庄子》作"和"，指和适、和乐。万物之祖，犹言万物之始。按庄子的意念，此"祖"字实指万物之所从出的虚无境界，即未始有万物的时空状态。　⑯物物而不物于物:和万物一样为物而又不为万物中的任何一物。按:依道家观念，道之为"物"不可见，它存在于万物之中，又凌驾于万物之上，为万物发生的本

源。　⑰胡可得而累:怎么可能受牵累。　⑱法:取法,以为处世的准则。
⑲万物之情、人伦之传:万物的情状,人事的转移。人伦,犹言人情、人事。传,通"转"。　⑳以上意为:有成则有毁,有盛则有衰,锐利则易折,高大则易损,过直则变弯,久合则分离,宠极则爱毁,多智则被算计,无德则被欺诈。廉,有棱角,锐利。剉,通"挫",折损。尊,高。亏,亏损。骫(wěi),弯曲。隳(huī),毁坏。谋、欺,皆为被动词。按:《庄子》作"合则离,成则毁,廉则挫,尊则议,有为则亏,贤则谋,不肖则欺",与此有异,疑传抄各有脱字。

牛缺居上地①,大儒也。下之邯郸②,遇盗于耦沙之中③,盗求其橐中之载则与之④,求其车马则与之⑤,求其衣被则与之。牛缺出而去⑥,盗相谓曰:"此天下之显人也,今辱之如此,此必愬我于万乘之主⑦。万乘之主必以国诛我,我必不生。不若相与追而杀之,以灭其迹。"于是相与趋之⑧,行三十里,及而杀之⑨。此以知故也⑩。

【注】①牛缺:人名,亦见于《列子·说符》篇。上地:指战国时上党地区,约当今山西沁河流域以东、和顺及榆社以南地带。　②下之邯郸:到赵国都城邯郸(今属河北)去。上地高,邯郸低,故称"下"。　③耦沙:水名。即漹(yú)水,又称沙河,在今河北省南部,源出太行山麓。　④橐(tuó)中之载:口袋中装的物品。橐,口袋。与:给予。　⑤车马:《列子》作"车牛"。其名牛缺,盖寓言人物,所乘亦当是牛车。　⑥出而去:《列子》作"步而去",当从之。其车被劫,故步行而去。　⑦愬:犹"诉",告发。万乘:喻大国。此指赵国,《列子》谓之"往见赵君"。　⑧趋:疾行,犹快追。　⑨及:追至。　⑩此以知故:谓牛缺之丧生是由于他明知劫盗者是些什么人。

孟贲过于河①,先其五②。船人怒而以楫虓其头③,顾不知其孟贲也④。中河⑤,孟贲瞋目而视船人⑥,发植、目裂、鬓指⑦,舟中之人尽扬播入于河⑧。使船人知其孟贲,弗敢直视⑨,涉无先者⑩,又况于辱之乎?此以不知故也。

【注】①孟贲:传说的勇士,见《用众》篇注。河:黄河。 ②先其五:先于其同伴上船。五,通"伍"。 ③楫:船桨。虩:通"敵"。 ④顾:犹"而"。 ⑤中河:到河中流。 ⑥瞋目:怒目圆睁。 ⑦此句意指:头发竖立,眼眶瞪裂,鬓毛直挺。鬓,类书或引作"须",指胡须。 ⑧扬播:仰身摇摆,站立不稳。 ⑨直视:正视。 ⑩涉无先者:摆渡让他第一个上船。

知与不知,皆不足恃①,其惟和调近之②。犹未可必,盖有不辨和调者,则和调有不免也③。宋桓司马有宝珠④,抵罪出亡⑤,王使人问珠之所在,曰:"投之池中。"于是竭池而求之⑥,无得,鱼死焉。此言祸福之相及也⑦。纣为不善于商,而祸充天地,和调何益⑧?

【注】①恃:依靠。 ②和调:犹调和。此指介于知与不知之间。 ③以上是说:介于知与不知之间也还是未必可以免祸,因为还有不分知与不知的情况,则介于二者之间仍有所不免。 ④宋桓司马:指春秋末宋国大臣桓魋(tuí)。官至司马。史载桓氏有宝珠,宋景公求之,不予,由是得罪。后为景公所攻,出奔卫国。见《左传》哀公十一年、十四年。下文"王"字宜作"公"。 ⑤抵罪:当罪。 ⑥竭池:弄干池水。 ⑦祸福:此为偏正词,实指祸,因珠不得而殃及池鱼言之。 ⑧以上意谓:殷纣王做尽坏事,祸害充满天地之间,即使人之处世介于知与不知之间又有何用?

张毅好恭,门闾帷薄聚居众,无不趋,舆隶、姻媾、小童无不敬①,以定其身②;不终其寿,内热而死③。单豹好术④,离俗弃尘⑤,不食谷实⑥,不衣芮温⑦,身处山林岩堀⑧,以全其生;不尽其年,而虎食之⑨。孔子行道而息,马逸⑩,食人之稼,野人取其马⑪。子贡请往说之⑫,毕辞⑬,野人不听。有鄙人始事孔子者⑭,曰:"请往说之。"因谓野人曰:"子不耕于东海,吾不耕于西海也,吾马何得不食子之禾⑮?"其野人大说⑯,相谓曰:"说亦皆如此其辩也⑰!独如向之人⑱?"解马而与之。说如此其无方也而犹行⑲,外物岂可必哉?

【注】①此处文字与他书所见有异。《庄子·达生》篇只云"有张毅者,高门县(悬)薄无不走";《淮南子·人间训》则作"张毅好恭,过宫室廊庙必趋,见门间聚众必下,厮徒马圉皆与伉礼"。疑本篇所记实指张毅其人好恭敬,以宗族聚居乡里,人口众多,而逢人无不恭敬趋进,即使对待奴仆、姻亲、儿童,也无不恭谨。张毅,不知何人,《庄子》载在单豹之下,而谓单豹为鲁国人,故后人或以为张毅亦为鲁国人。门间,本指里巷的门,此犹言闾阎、闾里,乃泛指乡里。帷薄,帐幔和草帘,古人居处用以区隔内外。"门间帷薄"当是代指宗族聚居,故此与"聚居"连言。趋,碎步快速行之貌,在古代是表示恭敬的一种姿态。《礼记·曲礼上》谓"帷薄之外不趋",而此出"帷薄"一词,当是谓张毅其人在帷薄之外亦常趋行。舆隶,指服事车马、家务等力役的奴仆。姻媾,指有姻亲关系的人。 ②定:安,指立身求安。 ③内热而死:指其过分注重礼节修饰,形神俱疲,以致得内热病而早死。《庄子》谓其"行年四十而有内热之病以死"。 ④单豹:仅据《庄子》知其为鲁国人。术:指古人所信奉的以导引(一种健身操)等方法求长生的所谓神仙术。 ⑤弃尘:旧校谓一作"弃世"。《淮南子》作"倍(背)世"。 ⑥不食谷实:犹言不食五谷。神仙家谓之"辟谷"。 ⑦不衣芮温:不穿细软温暖的衣服。芮(ruì),丝绵。温,一说通"缊(yùn)",指新旧混合的丝绵;一说指温暖,亦可通。 ⑧堀:同"窟"。 ⑨虎食之:《庄子》谓之"行年七十而犹有婴儿之色,不幸遇饿虎,饿虎杀而食之"。 ⑩逸:脱缰跑掉了。 ⑪野人:种田人。 ⑫子贡:见《当染》篇注。说(shuì):劝说。 ⑬毕辞:话说完了。 ⑭鄙人:边地之人。 ⑮此全句是说:你们并不在东海上种田,我们也不在西海上种田,我们的马怎么可能不吃你们的庄稼? 其意谓海内的庄稼皆可供马食,天下为公,无须分你我。此犹《贵公》篇所说:"荆人有遗弓者而不肯索,曰:'荆人遗之,荆人得

之,又何索焉?'孔子闻之曰:'去其荆而可矣。'"譬之此例,天下之马食天下之稼,失稼者又何索焉? ⑯说:通"悦"。 ⑰皆:一说当作"有"。 ⑱独如向之人:跟刚才那人相比怎么样。独如,犹孰如、何如。 ⑲无方:无规矩、不规范,亦犹今言不合逻辑。犹行:仍能行得通。

  君子之自行也,敬人而不必见敬①,爱人而不必见爱。敬爱人者己也②,见敬爱者人也。君子必在己者,不必在人者也③。必在己,无不遇矣④。

  【注】①见:表被动,犹"被"。 ②敬爱人者己:尊敬、关爱他人在于自己。 ③此二句意谓:君子对在于自己的道德行为一定做到,对在于他人的道德行为则不要求他人一定做到。 ④遇:遇合,得贤主赏识。犹言有机遇。

卷十五　慎大览第三

慎　大　览

一曰　贤主愈大愈惧，愈强愈恐。凡大者，小邻国也①；强者，胜其敌也。胜其敌则多怨，小邻国则多患②。多患多怨，国虽强大，恶得不惧，恶得不恐③？故贤主于安思危，于达思穷④，于得思丧。《周书》曰："若临深渊，若履薄冰。"⑤以言慎事也⑥。

【注】①小：削弱，轻视。国家强大，则侵削别国而使之小。　②患：忧患，祸患。按：此"患"字疑当与上句"怨"字互易，下言"多患多怨"，即以"患"、"怨"为序。此二字意思相通，而程度不同，言之敌国之强则为"患"，言之邻国之小则为"怨"。二字互易后，于文义更为贴切。　③恶（wū）得：怎么能。④于达思穷：在通达显赫时想到可能会出现的穷困潦倒。　⑤此所引《周书》疑指《诗经》。先秦古籍或以"周书"二字泛指周代之书。《诗·小雅·小旻》："战战兢兢，如临深渊，如履薄冰。"　⑥以：此。慎事：谨慎其行事。

桀为无道，暴戾顽贪①，天下颤恐而患之②。言者不同，纷纷分分，其情难得③。干辛任威，凌轹诸侯，以及兆民④。贤良郁怨,杀彼龙逢,以服群凶⑤。众庶泯泯,皆有远志,莫敢直言,其生若惊⑥。大臣同患,弗周而畔⑦。桀愈自贤,矜过善非,主道重塞,国人大崩⑧。汤乃惕惧⑨,忧天下之不宁,欲令伊尹往视旷夏⑩。恐其不信,汤由亲自射伊尹⑪。伊尹奔夏,三年,反报于亳⑫。曰:"桀迷惑于末嬉⑬,好彼琬琰⑭,不恤其众,众志不堪⑮。上下相疾⑯,民心积怨,皆曰'上天弗恤,夏命其卒⑰'。"汤谓伊尹曰:"若告我旷夏,尽如诗⑱。"汤与伊尹盟,以示必灭夏。伊尹又复往视旷夏,听于末嬉⑲。末嬉言曰:"今昔天子梦西方有日⑳,东方有日,两日相与斗,西方日胜,东方日不胜。"伊尹以告汤。商涸旱㉑,汤犹发师㉒,以信伊尹之盟㉓,故令师从东方出于国西以进㉔。未接刃而桀走,逐之至大沙㉕,身体离散,为天下戮㉖。不可正谏㉗,虽后悔之,将可奈何?汤立为天子,夏民大说㉘,如得慈亲。朝不易位㉙,农不去畴㉚,商不变肆㉛,亲郼如夏㉜。此之谓至公,此之谓至安,此之谓至信。尽行伊尹之盟,不避旱殃㉝,祖伊尹世世享商㉞。

【注】①戾(lì)、顽,义同"暴"、"贪"。 ②颤恐:战栗恐惧。患:忧虑。 ③此处意谓:进言者所言各不相同,淆然纷乱,桀不能得知其真实情况。分分,一说通"忿忿",一说通"混混"。疑假为"棼棼(fén fén)",犹言纷纷。情,真实。 ④此三句意谓:干辛作威作福,欺凌诸侯,而祸害及于百姓。干辛,见《当染》篇注。凌轹(lì),凌辱欺压。"轹"本义指车轮碾轧。兆民,犹言万民、百姓。 ⑤此三句意谓:贤良之臣皆忧郁怨恨,于是桀杀关龙逢,以压服敢于诤谏的群臣。龙逢,即关龙逢,见《功名》篇注。凶,通"讻",争辩。此犹言"讻讻"、"汹汹",兼喻群情激愤之貌。 ⑥以上意谓:民间纷乱动荡,人们都有迁徙远走的打算,而没有人敢于说真话,生活犹如惊梦。众庶,指平民

百姓。泯泯,纷乱的样子。志,意图。惊,旧校谓或作"梦",疑"梦"本为"惊"之注字。　⑦弗周而畔:不附桀而叛之。周,合,附和。畔,通"叛"。　⑧此全句意谓:桀愈加自以为能,文过饰非,为君之道被重重阻塞,国人分崩离析。矜过,傲慢不认错。善非,把坏的当成好的。　⑨惕惧:忧惧。　⑩往视旷夏:指打入夏后氏内部以伺察其动静。视,指窥视、侦察。旷夏,犹言大夏,与本篇标题"慎大"相应。其时夏为大国,商尚为小国。　⑪此二句意谓:汤恐其不被夏人信任,乃亲自射伊尹(以示欲杀之)。由,犹言"因",可理解为乃、于是。伊尹,见《当染》篇注。　⑫奔:逃亡。反:同"返"。亳:商汤始建国都之地。其地望众说不一,有陕西西安东南、河南偃师西、商丘东南、郑州商城及山东曹县东南等说法,至今不能定。当以在东部地区为是。　⑬末嬉:或作"末喜"、"妹喜",夏桀宠妃。相传为有施氏之女。　⑭琬琰:桀的宠妾。相传桀伐岷山,得二女,分别名之为琬和琰。当皆是以美玉喻女子之美好。　⑮恤:存抚,怜悯。志:意。不堪:不能忍受。　⑯疾:怨恨。　⑰夏命其卒:夏国的天命将终。其,表示将要。卒,终。　⑱此句意为:你告诉我的大夏情况,尽如四方歌谣所说。若,你。诗,指民间歌谣,如上所引"上天弗恤,夏命其卒"。《尚书·汤誓》亦载:"夏王率遏众力,率割夏邑,有众率怠弗协,曰:'时日曷丧,予及汝皆亡!'"此末句亦为民谣,意思是说:你这个太阳啊,什么时候灭亡,我们甘愿和你一起灭亡!　⑲听于末嬉:指伊尹在夏讨好末嬉,受到末嬉的信任。听,为……所听信。　⑳今昔:昨夜。昔,通"夕"。日:太阳。㉑涸旱:干旱,旱灾。　㉒发师:发兵。　㉓信:信守。　㉔此句是说:命令军队从东方出发,绕过夏人都城的西面,从西面进攻。国,指夏都。按:这是为了应验上文所说"西方日胜"的梦兆。商亳在东,夏都在西,故有此言。又,晋张华《博物志·异闻》篇载:"夏桀之时,费昌之河上,见二日,在东者烂烂将起,在西者沉沉将灭,若疾雷之声。"所言二日故事与本篇不同。　㉕大沙:地名,不详。史载商汤打败夏桀之后,放桀于南巢(今安徽巢湖一带)。或说此大沙即南巢,然以"逐之"而言,又谓其"身体离散",则指杀死,非是流放。盖传闻各异,其详已不可考。　㉖戮:辱。　㉗正:通"证",诤谏。　㉘说:通"悦"。　㉙朝不易位:谓原来夏朝的官员都各守其职,不变其官位。古代中央政府称"王朝",地方官府亦称"朝堂"。　㉚农不去畴:农民都不离开田亩。　㉛商不变肆：商人都照常做交易。肆，店铺。　㉜亲郼（yī）如夏：谓对待夏人和殷人一样亲近。郼，通"衣"、"殷"，指殷人。　㉝不避旱殃：谓成汤欲身为牺牲以祷旱祈雨事，见《顺民》篇。　㉞祖伊尹世世享商：指在商祖庙祭祀伊尹，世世不绝。甲骨文祭伊尹之辞颇多，为旧臣受祭之首，证明此说不误。

　　武王胜殷，入殷未下舆①，命封黄帝之后于铸，封帝尧之后于黎，封帝舜之后于陈②；下舆，命封夏后之后于杞，立成汤之后于宋以奉桑林③。武王乃恐惧，太息流涕，命周公旦进殷之遗老④，而问殷之亡故，又问众之所说⑤、民之所欲。殷之遗老对曰："欲复盘庚之政⑥。"武王于是复盘庚之政，发巨桥之粟，赋鹿台之钱⑦，以示民无私；出拘救罪，分财弃责，以振穷困⑧；封比干之墓，靖箕子之宫，表商容之闾，士过者趋，车过者下⑨。三日之内，与谋之士封为诸侯，诸大夫赏以书社，庶士施政去赋⑩。然后于济河西归⑪，报于庙⑫。乃税马于华山，税牛于桃林⑬，马弗复乘，牛弗复服；衅鼓旗甲兵⑭，藏之府库，终身不复用。此武王之德也。故周明堂外户不闭⑮，示天下不藏也⑯。唯不藏也，可以守至藏⑰。

　　【注】①入殷：指入殷之都城（今河南安阳殷墟）。舆：同"舆"，车。②此三句谓武王克殷后，分封黄帝、尧、舜之后裔于铸、黎、陈。铸，一作"祝"；黎，一作"犁"，又作"蓟"。二者地望均无定说。陈，在今河南淮阳，见《遇合》篇注。　③此二句指武王分封夏、商后裔于杞（今河南杞县）、宋（今河南商丘）。杞国开国君主为东楼公，宋国开国君主为微子，分见《史记·陈杞世家》及《宋微子世家》。奉桑林，犹言奉祀祖庙，指前朝虽亡而仍存其祀。桑林，宋祖庙所在地。　④周公旦：见《当染》篇注。　⑤说：通"悦"。　⑥盘

庚:商代第二十王,为成汤十世孙(以汤为第一世),祖丁之子。继其兄阳甲即位,力排众议,将商都由奄(今山东曲阜)迁至殷(今河南安阳)。复行成汤之政教,改革内政,消除动乱,为商朝后期的发展奠定基础。　⑦此二句指分发殷纣王曾经存储的粮食和钱财。巨桥、鹿台,分别为商末粮仓、钱财库之名,一般认为巨桥在今河北平乡东南,鹿台在今河南淇县朝歌镇南。赋,给予。
　⑧此三句意谓:释放救出被殷纣王拘禁的人,发放财物并免除债务,救济贫困。责,债务,后世写作"债"。振,救济,后世写作"赈"。　⑨以上是说:修葺增高比干的坟墓,旌表箕子的住宅和商容的故里大门,凡是步行经过者要恭敬趋进,乘车经过者要下车。比干、箕子,分见《功名》、《必己》篇注。靖,通"旌",与"表"字同义,均指用某种标志加以表彰。商容,相传纣王时曾为典礼乐之官,有重名,后不为纣王所容,遂退隐山中。周武王克商后使为三公,固辞不受,乃命复典礼乐,并遣使表彰其里门。士,一说当作"土",通"徒",指步行。　⑩此三句意谓:凡是参与策划伐商的功臣谋士封为诸侯,为大夫的赏赐采邑,普通士人也减免赋税。书社,古籍载二十五家为一社,各书其居民姓名于簿籍,称"书社";此代指诸大夫的采邑(包括土地和所附人口)。施政,通"弛征",指减免税收。去赋,指免除军赋。　⑪然后于济河西归:毕沅校本改置"于"字于"济"字下,语气反不顺,今仍从旧本。"于济河西归"为状语,犹言在渡黄河西归周故都丰镐之后。　⑫报于庙:报告克商之功于祖庙。　⑬税:通"脱"。此指释去军马及作战时运送辎重的牛车不用,示天下和平而不再战。华山,或说指阳华山,在今陕西商洛境内。桃林,又称桃原,地区名,约当今陕西潼关以东、河南灵宝以西地区。　⑭衅鼓旗甲兵:指各种兵器及军用之物,都涂以牺牲之血,祭而藏之。衅,涂血而祭。　⑮明堂:见《孟春纪》篇"青阳"注。外户:四面外开的大门。　⑯不藏:无私藏。喻为政无不公开。　⑰此句是说:以不藏为藏,乃真正可以守住所要保藏的至可宝贵的东西。喻开诚布公,乃可保持政权。

　　武王胜殷,得二虏而问焉①,曰:"若国有妖乎②?"一虏对曰:"吾国有妖。昼见星而天雨血③,此吾国之妖也。"一虏对曰:"此则妖也。虽然,非其大者也。吾国之妖甚大者,子不听父,弟不听兄,君令不行。此妖之大者也。"武王避席再拜之④。此非贵房也,贵其言也。故《易》曰:"愬愬履虎尾,终吉。"⑤

【注】①房:俘房。 ②若:你们。 ③雨(yù)血:下血红的雨。 ④避席再拜:离开座席,两次行拜礼。古人席地而坐,离开座席表示尊敬。 ⑤此处引文见于今本《易经·履卦》,其文"愬愬"在"履虎尾"下。愬愬(suǒ suǒ),恐惧貌。句意谓恐惧如践虎尾,终必吉祥。

赵襄子攻翟,胜老人、中人①,使使者来谒之②。襄子方食搏饭③,有忧色。左右曰:"一朝而两城下,此人之所以喜也。今君有忧色何?"襄子曰:"江河之大也④,不过三日;飘风暴雨,日中不须臾⑤。今赵氏之德无所于积⑥,一朝而两城下,亡其及我乎⑦!"孔子闻之曰:"赵氏其昌乎!"夫忧所以为昌也,而喜所以为亡也;胜非其难者也,持之其难者也。贤主以此持胜⑧,故其福及后世。齐、荆、吴、越皆尝胜矣,而卒取亡,不达乎持胜也。唯有道之主能持胜。孔子之劲,举国门之关⑨,而不肯以力闻;墨子为守攻,公输般服⑩,而不肯以兵加。善持胜者,以术强弱⑪。

【注】①此处指赵襄子命新稺穆子攻伐狄人,夺取了左人、中人二邑(约在今河北唐县一带),事见《国语·晋语九》。赵襄子,见《论威》篇注。老人,当是"左人"之误,载籍皆作"左人"。又,据《国语》,此处"赵襄子"下当有"使新稺穆子"五字,否则此下"使使者"之语无所承。 ②使使者来谒:指新稺穆子派人来晋见报告赵襄子。 ③搏饭:米饭团。 ④江河之大:长江黄河发大水。 ⑤日中不须臾:本指太阳到正南天而开始西斜,不过在须臾之间,此喻疾风骤雨转刻即过。飘风,犹言旋风、疾风。 ⑥无所于积:即无所积。 ⑦亡其及我乎:灭亡之事恐怕要及于我身了。 ⑧持胜:保持胜利成

果。 ⑨劲(jìng)：强有力。举国门之关：能举起锁城门用的沉重门闩。关，门闩。按：史载孔子之父叔梁纥勇猛多力，尝在一次战役中奋力扛起敌城将要落下的大门板，而不闻孔子曾有此类事。 ⑩墨子、公输般事：楚国欲攻宋，公输般为造云梯，墨子至楚而劝阻之。二人演练为守攻，公输般九次攻城，九次被墨子击退；公输般九次守备，又九次被墨子攻破。见《墨子·公输》篇。公输般，鲁国人，又称鲁班，著名能工巧匠。 ⑪朮：疑为"朩"字之讹。《说文》："朩，分枲(麻)茎皮也。""朩"字从屮从八，古读作 bīn，则其音义与"分"字俱通。如是，"以朩强弱"即等同于"以分强弱"。句意谓善持胜者常强，则使不善持胜者相形而弱。

权　　勋①

二曰　利不可两②，忠不可兼③。不去小利则大利不得，不去小忠则大忠不至。故小利，大利之残也④；小忠，大忠之贼也。圣人去小取大。

【注】①权勋：言权衡事功的大小轻重。勋，功勋，此泛指特殊的事功。 ②利不可两：指同一事不可能对两个或多个方面都有利。 ③忠不可兼：指同一人不可能对不同层面的上级都忠诚。按：先秦时代伦理意义上的"忠"，尚多指为臣子者对直接归属的主人的关系而言，不专指对君主或国家的道德责任，故有大忠与小忠之分。 ④残：害。下"贼"字与此同义。

昔荆龚王与晋厉公战于鄢陵①，荆师败，龚王伤。临战，司马子反渴而求饮②，竖阳谷操黍酒而进之③。子反叱曰："訾，退④！酒也。"竖阳谷对曰："非酒也。"子反曰："亚退，却也⑤。"竖阳谷又曰："非酒也。"子反受而饮之。子反之为人也嗜酒，甘而不能绝于口⑥，以醉。战既罢，龚王欲复战而谋，使召司马子反，子反辞以心疾。龚王驾而往视之，入幄中，闻酒臭而还⑦，曰："今日之战，不谷亲伤⑧，所恃者司马也。而司马又若此，是忘荆国之社稷而不恤吾众也，不谷无与复战矣。"于是罢师去之，斩司马子反以为戮⑨。故竖阳谷之进酒也，非以醉子反也⑩，其心以忠也，而适足以杀之。故曰：小忠，大忠之贼也。

【注】①荆龚王：即楚共王（？—前560）。春秋时楚国君主。芈姓，名熊审。公元前590年即位。晋厉公（？—前573）：春秋时晋国君主。姬姓，名寿曼，又称州蒲。公元前580年即位。晋、楚鄢陵之战后，以晋势趋盛，曾一度称威诸侯。为人骄横淫侈，终被晋贵族劫杀，事见《骄恣》篇。鄢陵：本为鄢国旧地，在今河南鄢陵西北。春秋时郑武公灭其国，改称鄢陵。公元前575年，晋厉公以郑国背晋附楚，亲自率军伐之，楚共王亦出兵救郑。晋、楚战于鄢陵，共王被射中眼目，楚军大败，事见《左传》成公十六年。　②司马子反：春秋时楚国大臣。出身公族，名侧，字子反，又称公子侧。官至司马。其事迹可知者，略如本段所记。　③竖阳谷：人名。"竖"为童仆之称，表其仆人身份；"阳谷"为其名，他书或作"谷阳"，"谷"为粟谷之"谷"。黍酒：用黍子酿造的酒。高诱注谓"酒器受三升曰黍"，则以"黍"为酒器之名，当是借为"觚"字。或此实指大约三升左右的酒而言。　④訾：叹词，犹如"嘻"、"噫"。退：犹言拿走。　⑤亟(jí)：赶快。却也：《说苑·敬慎》篇仍作"酒也"，当是。⑥甘：以为味美。　⑦臭(xiù)：气味。　⑧不谷：古代诸侯自称的谦词。⑨戮：行军法而诛杀之意。按：《左传》载子反被责自杀。　⑩醉子反：故意使子反醉酒。

　　昔者晋献公使荀息假道于虞以伐虢①。荀息曰："请以垂棘之璧与屈产之乘②，以赂虞公而求假道焉，必可得也。"献公曰："夫垂棘之璧，吾先君之宝也；屈产之乘，寡人之骏也。若受吾币而不吾假道③，将奈何？"荀息曰："不然。彼若不吾假道，必不吾受也④。若受我而假我道，是犹取之内府而藏之外府也⑤,犹取之内皁而著之外皁也⑥。君奚患焉⑦?"献公许之,乃使荀息以屈产之乘为庭实⑧,而加以垂棘之璧,以假道于虞而伐虢。虞公滥于宝与马而欲许之⑨,宫之奇谏曰⑩:"不可许也。虞之与虢也,若车之有辅也⑪。车依辅,辅亦依车,虞、虢之势是也。先人有言曰:'唇竭而齿寒⑫。'夫虢之不亡也恃虞,虞之不亡也亦恃虢也。若假之道,则虢朝亡而虞夕从之矣。奈何其假之道也?"虞公弗听而假之道。荀息伐虢,克之;还反伐虞⑬,又克之。荀息操璧牵马而报,献公喜曰:"璧则犹是也⑭,马齿亦薄长矣⑮。"故曰:小利,大利之残也。

【注】①晋献公(? —前651):春秋时晋国君主。姬姓,名诡诸(一作佹诸)。公元前676年即位。在位时多所作为,为后来晋国的强大奠立基础。晚年宠幸骊姬,导致内乱,太子申生自杀,公子重耳、夷吾出逃,事见《上德》篇。荀息(? —前651):春秋时晋大夫。于献公晚年辅政,献公死后,先后立公子奚齐(骊姬子)及奚齐异母弟悼子,均被晋卿里克所杀,与悼子同时遇害。假道于虞以伐虢:其事有两次。先是公元前658年,荀息赂虞君而假道伐虢,灭虢之下阳;至前655年,乃复假道于虞而灭虢,又回师灭虞。虢、虞,见《慎人》篇百里奚"亡虢而虏晋"注。　②垂棘之璧:用垂棘之地出产的美玉制作的器物。璧,平圆而中心有孔的玉器。屈产之乘:屈地出产的名马。乘(shèng),指马。垂棘与屈均不详当今何地。　③币:礼物,见《长攻》篇"重币"注。　④不吾受:犹言"不受吾",不接受我国的礼物。　⑤内府、外府:王宫内的钱物库与宫外官府的钱物库。此句指垂棘之璧而言,谓虞国若接受玉器而假道,则玉器仍为我所有,只不过有如从内府转藏到外府。　⑥皁:古"厩"字之讹,指马厩。后世写作"皂",指马槽,而若以"内槽"、"外槽"为言,亦可代指厩。著:犹居,停放、安置。此句指屈产之乘而言,意同上句。　⑦奚患焉:何必为之担心。焉,犹"之"。　⑧庭实:犹言礼物。古代诸侯接受他国礼物,须陈于庭中举行仪式,犹如充实于庭中,故称庭实。　⑨滥:通

"鉴",审察而识别,有贪婪之意。 ⑩宫之奇:春秋时虞大夫。自幼为虞公所养,及长,善谋划,通权变,执国政。以谏阻虞公假道于晋,不见听,遂率其族出走。 ⑪车、辅:指车牙(木车轮安装辐条的轮圈)和车辅(附加在车牙外侧如弦状而用以增强辐条承受力的木条)。因二者相互依存,后人遂用以喻指人的牙床和下颚骨。 ⑫竭:尽。他书引此语多用"亡"字。 ⑬反:同"返"。 ⑭犹是:还是这个。意谓还是原来的样子。 ⑮马齿亦薄长矣:马的年龄却增加了。薄,动词词头,无义。

中山之国有厹繇者①,智伯欲攻之而无道也②,为铸大钟,方车二轨以遗之③。厹繇之君将斩岸堙谿以迎钟④,赤章蔓枝谏曰⑤:"《诗》云:'唯则定国⑥。'我胡则以得是于智伯⑦?夫智伯之为人也贪而无信,必欲攻我而无道也,故为大钟,方车二轨以遗君。君因斩岸堙谿以迎钟,师必随之⑧。"弗听。有顷,谏之⑨,君曰:"大国为懽⑩,而子逆之⑪,不祥。子释之⑫。"赤章蔓枝曰:"为人臣不忠贞,罪也;忠贞不用,远身可也⑬。"断毂而行⑭,至卫七日而厹繇亡⑮。欲钟之心胜也⑯;欲钟之心胜,则安厹繇之说塞矣⑰。凡听说,所胜不可不审也⑱,故太上先胜⑲。

【注】①中山:此用做地区名,指今河北平山、正定一带。参见《简选》篇"中山"注。厹繇(qiú yóu):春秋时小国名。"厹"一作"仇","繇"或作"由"、"犹"、"酋"。约在今山西盂县一带,邻近河北平山。 ②智伯:见《当染》篇注。无道:道路不通。按文义,实指路窄不能行兵车。中山一带处太行山腹地,可通的人行道都崎岖狭窄。 ③方车二轨:用两车并排运送,所行道路亦须有两轨的宽度。方,本指两船并行,此言车之并列。轨,普通车辆两轮间的距离。遗(wèi):赠送。 ④斩岸堙谿(yīn xī):截高崖,填山谷。指修筑及拓宽道路。岸,崖。谿,山谷。 ⑤赤章蔓枝:厹繇之臣。姓赤章,名蔓枝。 ⑥唯则定国:只有法度可以安定国家。则,法。按:此诗句见引于《左传》僖公

九年,而不见于今本《诗经》。 ⑦此句意谓:我们有什么样的法度,而要得此大钟于智伯? 胡,犹"何"。是,代指大钟。按:句意指仇繇为小国,本不用此类大钟,用之反而变乱旧制。毕校本删此句中"则"字,不妥,今从陈奇猷《校释》补入。 ⑧师必随之:智伯的军队必随之而来。 ⑨有顷:指过了一段时间。谏之:此二字上当有"又"字。 ⑩为懽:结欢,交好。懽,同"欢"。 ⑪子:您。逆:反对,不顺从。 ⑫子释之:请放弃您的意见。 ⑬远身:脱身远走。 ⑭断毂(gǔ)而行:谓山地路窄而强行驾车通过,致使车毂断裂。喻出行之急迫。毂,车轮中心用以内装车轴、外插辐条的圆筒形木。 ⑮卫:卫国。时卫国都城在今河南濮阳西南。 ⑯胜:占了上风。按:此句上疑脱"仇繇亡"三字重文。 ⑰安:安存。塞:指听不进。 ⑱所胜:占上风的思想,犹言所倾心者。此指私欲而言。审:谨慎。 ⑲太上先胜:意谓听言最重要的是先要战胜私欲。"胜"下承上省"所胜"二字。

　　昌国君将五国之兵以攻齐①,齐使触子将②,以迎天下之兵于济上。齐王欲战③,使人赴触子,耻而訾之曰:"不战,必划若类,掘若垄④!"触子苦之⑤,欲齐军之败,于是以天下兵战⑥。战合,击金而却之⑦,卒北⑧,天下兵乘之。触子因以一乘去⑨,莫知其所,不闻其声。达子又帅其余卒以军于秦周⑩,无以赏,使人请金于齐王⑪。齐王怒曰:"若残竖子之类⑫,恶能给若金⑬?"与燕人战,大败,达子死,齐王走莒⑭。燕人逐北入国⑮,相与争金于美唐甚多⑯。此贪于小利,以失大利者也。

【注】①昌国君:即乐毅。战国时燕国名将。燕昭王时为亚卿。公元前284年,因诸侯合纵对抗齐国,遂被委派为上将军,率燕兵及秦、楚、赵、魏、韩五国兵攻齐。大破齐军于济西(济水之西),又连下七十余城,破齐都临淄。以功封昌国君。及燕昭王死,为嗣君所疑,出奔赵国,卒于赵。 ②触子:与下文达子,生平均不详。将:为将率兵。 ③齐王:指齐湣王,见《审己》篇注。

④耻而訾之:犹言辱而骂之。划(chǎn)若类,掘若垄:铲除你们这些杂种,掘你们的祖坟。划,灭。垄,坟墓。 ⑤苦之:指苦恼于齐湣王的督责。 ⑥以:犹"与"。 ⑦击金而却:鸣金而退兵。古人以敲击金属乐器或兵器为退兵信号。 ⑧卒北:突然败逃。卒,通"猝",突然。 ⑨以一乘去:乘一辆兵车离去。 ⑩军(jùn):驻扎。秦周:齐地名。不详当今何地,或说为齐都城门名。 ⑪金:金钱。 ⑫若残竖子之类:像你们这等残余小子。 ⑬恶(wū)能:怎么能。若:你们。 ⑭走莒:逃至莒邑(今山东莒县)。 ⑮国:指齐都临淄。 ⑯美唐:齐国贮藏金钱之所。疑为府库名。

下　　贤

三曰　有道之士固骄人主①,人主之不肖者亦骄有道之士。日以相骄,奚时相得②?若儒、墨之议与齐、荆之服矣③。贤主则不然,士虽骄之而己愈礼之,士安得不归之?士所归,天下从之帝④。帝也者,天下之適也;王也者,天下之往也⑤。

【注】①骄:对……傲慢。 ②奚时:何时。得:意气相合,融洽。 ③此句意指有道之士与不肖之主相互轻视的状况,有如儒、墨之间相互非议的不可调和及齐、楚两大国之间各欲使对方屈服的不可能。 ④帝:疑为"矣"字之误书。 ⑤此二句用声训,以"適"字训"帝",以"往"字训"王"。甲骨文有"啻"字,即后世"嫡"、"適"之所从出;"往"之初文(亦见甲骨文),则从止王声。是知古音"帝"与"適"、"王"与"往"皆同读,故有此训。二句原意当是指:所谓"帝",就是天下共尊的嫡长(上帝的嫡子);所谓"王",就是天下之人共同归往。按:此二句似纬书文字,而高诱有注,疑本为汉人承上句误书的"帝"字所添加的抄注而误入正文者,非是该书原文;且按文义,抄注者对"適"字也已理解为归往之义。

得道之人，贵为天子而不骄倨①，富有天下而不骋夸②；卑为布衣而不瘁摄③，贫无衣食而不忧慑④。狠乎其诚自有也⑤，觉乎其不疑有以也⑥；桀乎其必不渝移也⑦，循乎其与阴阳化也⑧；恩恩乎其心之坚固也⑨，空空乎其不为巧故也⑩；迷乎其志气之远也⑪，昏乎其深而不测也⑫；确乎其节之不庳也⑬，就就乎其不肯自是⑭；鹄乎其羞用智虑也⑮，假乎其轻俗诽誉也⑯。以天为法，以德为行，以道为宗，与物变化而无所终穷⑰；精充天地而不竭，神覆宇宙而无望⑱；莫知其始，莫知其终，莫知其门，莫知其端，莫知其源；其大无外，其小无内，此之谓至贵⑲。士有若此者，五帝弗得而友，三王弗得而师；去其帝王之色，则近可得之矣⑳。

【注】①骄倨：骄傲。 ②骋夸：夸耀。 ③瘁摄：失意。 ④忧慑：忧惧。 ⑤狠乎其诚自有：天性恳恳而自有其真诚。狠，通"恳"。 ⑥觉乎其不疑有以：头脑清醒而自信不疑。有以，有所恃，指自信、自用。 ⑦桀乎其必不渝移：卓然特立而必不改变。 ⑧循乎其与阴阳化：顺应天道而与阴阳俱化。 ⑨恩恩乎其心之坚固：明察事理而意志坚定。恩恩，明察之貌。 ⑩空空乎其不为巧故：忠厚淳朴而不投机取巧。空空，犹"款款"，忠实之貌。 ⑪迷乎其志气之远：志虑长久而抱负远大。迷，通"弥"，长久。 ⑫昏乎其深而不测：思想深邃而不可测度。昏，幽深。 ⑬确乎其节之不庳：节操刚毅而不卑下。确，刚。庳（bēi），低。 ⑭就就乎其不肯自是：随和平易而不自以为是。"是"下当有"也"字。 ⑮鹄乎其羞用智虑：行事正直而耻于玩弄智谋。鹄，通"梏"，正直。 ⑯假乎其轻俗诽誉：因乎风俗而不在乎非议和称誉。假，因。 ⑰以上意谓：以自然为法则，以德行为品格，以大道为根本，随万物变化而无止境。 ⑱望：此字疑误，未详所当作。或说当作"埒"，与上"竭"字为韵，故高诱注为"界畔"。若从此说，则二句意为：精神充满天地而不尽，包覆宇宙而无际。 ⑲至贵：犹言至尊，指道的地位。按：此句总结上文，言道

的观念形态既可无穷大,又可无穷小,无穷大则无物能出其外,无穷小则无物能入其内。换言之,道为宇宙本体、万物之源,故谓之"至贵"。 ⑳以上意思是:士人有达到这种境界的,虽五帝三王亦不能仅以帝王的身份使之为友为师;人主若能去掉为帝为王的尊贵神态(不以帝王自居),则可接近而得到这样的士人。五帝、三王,分见《贵公》、《先己》篇注。

尧不以帝见善绻①,北面而问焉②。尧,天子也;善绻,布衣也。何故礼之若此其甚也?善绻,得道之士也,得道之人不可骄也。尧论其德行达智而弗若③,故北面而问焉。此之谓至公④,非至公,其孰能礼贤?

【注】①以帝:以帝的身份。善绻(quǎn):或作"善卷",相传为尧时贤人。②北面:面向北。古时君主南面而坐,臣子北面而侍,此言反之,以示尧之尊贤。 ③达智:通达的智能。弗若:自谓不如。 ④至公:谓出以至公而无私之心。

周公旦,文王之子也,武王之弟也,成王之叔父也,所朝于穷巷之中、瓮牖之下者七十人①。文王造之而未遂,武王遂之而未成;周公旦抱少主而成之,故曰成王,不唯以身下士邪?②

【注】①朝:拜见。瓮牖:用破瓮作窗户,喻贫困。 ②以上大意是说:文王开创了灭商的事业而没有来得及完成,武王完成了灭商的事业而没有来得及统一天下;周公辅佐少主而完成了统一大业,所以少主即位后称为成王,这不就是由于周公能够亲身礼贤下士吗?造,始。遂,成。按:此处所说"文王造之"云云,见于纬书《春秋元命苞》,解释成王名号之来历甚为不典。疑本段原文只有"七十人"以上数十字,其下亦皆为汉人添注而误入正文者。

齐桓公见小臣稷①,一日三至,弗得见。从者曰:"万乘之主见布衣之士,一日三至而弗得见,亦可以止矣。"桓公曰:"不然。士骜禄爵者固轻其主②,其主骜霸王者亦轻其士③。纵夫子骜禄爵④,吾庸敢骜霸王乎⑤?"遂见之不可止。世多举桓公之内行,内行虽不修⑥,霸亦可矣。诚行之此论而内行修,王犹少⑦。

【注】①齐桓公:见《贵公》篇注。小臣稷:小臣氏,名稷,齐国隐士。②骜:通"傲",轻视。 ③霸王:指王、霸之业。 ④夫子:指小臣稷。⑤庸:疑问副词,犹岂。 ⑥内行虽不修:指齐桓公好近女色,私生活不修谨。《荀子·仲尼》篇谓桓公"内行则姑姊妹之不嫁者七人,闺门之内,般乐奢汰,以齐之分(半)奉之而不足";《韩非子·难二》篇谓"桓公宫中二市,妇闾二百,被发而御妇人"。 ⑦此句是说:如果桓公果能按上述礼贤之说去做而又内行修谨,那么他的功业恐怕至称王天下也还不算多。诚,果然。

子产相郑①,往见壶丘子林②,与其弟子坐,必以年③,是倚其相于门也④。夫相万乘之国而能遗之⑤,谋志论行⑥,而以心与人相索⑦,其唯子产乎!故相郑十八年⑧,刑三人,杀二人,桃李之垂于行者莫之援也,锥刀之遗于道者莫之举也⑨。

【注】①子产(?—前522):春秋时郑国大臣。姬姓,名侨,字子产,又字子美。郑穆公之孙、成公少子,又称公孙侨。博闻多识,不信天命,在相位改革内政,强化外交,使郑国长期不被兵,号称贤相。 ②壶丘子林:春秋时郑国高士(一说为晋国人)。壶丘氏,名林,又称壶丘子。相传为列子之师。③必以年:必以年龄(而不以尊卑)排座次。 ④倚其相于门:指子产虽为国相,而有时也排在末座。在末座则近于门,故谓倚于门。 ⑤遗:忽略。句意指子产忽略自己为国相的身份。 ⑥谋志论行:谋议志向,讨论行实。指问

学论道而言。 ⑦以心与人相索:犹言敞开胸怀与人共同探索。 ⑧十八年:《左传》载子产于郑简公十二年(前554)为卿,二十三年为相,则至其去世,在相位凡22年,与此不同。 ⑨以上谓子产治郑注重教化,很少用刑罚,故民间风俗淳美,桃李等果实垂到路上也没有人去攀摘,锥刀等小物品遗失在道上也没有人去拾取。行(háng),道路。援,攀。

魏文侯见段干木①,立倦而不敢息;反见翟黄②,踞于堂而与之言③。翟黄不说④,文侯曰:"段干木,官之则不肯⑤,禄之则不受。今女欲官则相位⑥,欲禄则上卿。既受吾实⑦,又责吾礼⑧,无乃难乎⑨?"故贤主之畜人也⑩,不肯受实者其礼之⑪。礼士莫高乎节欲,欲节则令行矣⑫。文侯可谓好礼士矣。好礼士,故南胜荆于连堤,东胜齐于长城,虏齐侯,献诸天子,天子赏文侯以上卿⑬。

【注】①魏文侯(?—前396):战国时魏国君主。姬姓,魏氏,名都(一作斯)。公元前445年即位。在位50年,招贤纳士,师事卜子夏、田子方、段干木,重用翟璜、吴起、西门豹、乐羊等人,又以李悝为相,对内实行一系列改革措施,对外扩张国土,使魏国日益强大,一时称雄诸侯。段干木:见《当染》篇注。 ②反:同"返",指从段干木之所返回以后。翟黄:魏文侯大臣。其名载籍多作"璜"。下邽(今陕西渭南东北)人。曾向文侯荐进吴起、西门豹、乐羊、李兑、屈侯鲋等人,皆一时名士。以直言敢谏著称,位至上卿。 ③踞:踞坐。古人以席铺地,双膝跪于席上,臀部靠在脚后跟上,双手抚膝,称踞坐。这是一种正规的坐姿,表示对人尊敬。若臀部着地而双腿向前叉开,则称"箕踞",为古人所忌讳。此记文侯踞于堂上见翟璜,仍是尊敬的姿势,然较之见段干木站立疲倦而不敢坐下休息已降一等。 ④说:通"悦"。 ⑤官之:使之为官。下句"禄之"用法同此,指给予俸禄。不肯:不愿意。 ⑥女:第二人称代词,同"汝"。 ⑦实:指官爵和俸禄。 ⑧责:要求。 ⑨无乃难乎:岂不是太让人为难了吗? ⑩畜(xù)人:储养人才。 ⑪其:犹"则"。 ⑫此

二句是说:人主礼贤下士没有比节制自己的欲望更为重要的,欲望有节制则号令就通行无阻了。按:此指节财养士、取士用贤等言之。人主自奉不奢侈,接士不骄恣,纳谏不轻物,处事不自智,赏罚分明,公正无私,则士人归之,号令可行。 ⑬此处所记魏文侯胜楚、齐事均未详。史载周威烈王二十一年(前405),韩、赵、魏三国因齐国田氏内乱,破齐兵于廪丘(事亦见本书《不广》篇);次年,三晋攻入齐长城。二十三年(前403),周天子始正式承认三晋为诸侯。至周安王二年(前400),三晋又联合攻楚,至乘丘(今山东巨野西南)而还。本文此处所言当即此时之事,皆在魏文侯晚年,然不闻曾房齐侯而献诸天子。天子赏文侯以上卿,当是指三晋正式封侯以后,文侯得以为朝廷之上卿。是时魏国最强,而传闻异辞,不尽可考。又,"文侯可谓好礼士矣"句上似有缺文,参见下篇首段末句注。

报　　更①

四曰　国虽小,其食足以食天下之贤者②,其车足以乘天下之贤者,其财足以礼天下之贤者。与天下之贤者为徒③,此文王之所以王也④。今虽未能王,其以为安也,不亦易乎?此赵宣孟之所以免也⑤,周昭文君之所以显也⑥,孟尝君之所以却荆兵也⑦。古之大立功名与安国免身者,其道无他,其必此之由也⑧。堪士不可以骄恣屈也⑨。

【注】①报更:报偿。言人主哀士而士亦报之以德。　②下"食"字用为动词,读作 sì。　③为徒:为党,犹今言为伍。　④下"王"字用为动词,读作 wàng。下同。　⑤赵宣孟:即赵盾。春秋时晋国正卿。嬴姓,赵氏,谥宣孟,又称赵宣子。襄公六年(前622),继其父赵衰将中军,执国政,节俭奉公,有声望。灵公十四年(前607),以灵公欲害之,出逃。未及出境而灵公被杀,复回朝迎立成公,继续执政。卒于景公时。免:免于死难,见下文。　⑥昭文

君:战国时由周王室后裔分出的小国东周国的君主。以曾宾礼张仪而显名,见下文。　⑦孟尝君:见《知士》篇注。却荆兵:退楚兵。其事亦见下。　⑧必此之由:犹言必由此,指礼贤(本篇偏于哀士)。　⑨堪士不可以骄恣屈也:能够担当大任之士不可以骄恣屈致。堪,胜任。屈,旧校谓一作"有",高诱注云"屈而有之",或原文本作"屈有"。按:此九字(或十字)与本篇上下文意皆不合,语气亦突兀,疑原在上篇末"文侯可谓好礼士矣"句上而误窜于此。若移补此句于上篇,则两处文气皆完,可释去两失之疑。

昔赵宣孟将上之绛①,见骪桑之下有饿人卧不能起者②。宣孟止车,为之下食③,蠲而餔之④,再咽而后能视⑤。宣孟问之曰:"女何为而饿若是⑥?"对曰:"臣宦于绛⑦,归而粮绝,羞行乞而憎自取⑧,故至于此。"宣孟与脯二胊⑨,拜受而弗敢食也。问其故,对曰:"臣有老母,将以遗之⑩。"宣孟曰:"斯食之,吾更与女。"乃复赐之脯二束与钱百,而遂去之⑪。处二年⑫,晋灵公欲杀宣孟⑬,伏士于房中以待之,因发酒于宣孟⑭。宣孟知之,中饮而出⑮,灵公令房中之士疾追而杀之⑯。一人追疾,先及宣孟之面⑰,曰:"嘻,君舆⑱!吾请为君反死⑲。"宣孟曰:"而名为谁⑳?"反走对曰㉑:"何以名为㉒?臣骪桑下之饿人也。"还斗而死,宣孟遂活㉓。此《书》之所谓"德几无小"者也㉔。宣孟德一士犹活其身㉕,而况德万人乎?故《诗》曰:"赳赳武夫,公侯干城。""济济多士,文王以宁。"㉖人主胡可以不务哀士㉗?士其难知,唯博之为可,博则无所遁矣㉘。

【注】①绛:春秋时晋国都城。又称翼邑,在今山西翼城东南。晋献公至景公末年以前曾都此。此云"之绛",即到绛都去;又因绛为都城,故称"上

之"。按:《左传》宣公二年载赵盾遇饿人事,在其田猎于首山(今山西永济东南雷首山)时。　②𦯕(wěi)桑:枯萎的桑树。𦯕,通"萎"。载籍或作"翳桑",则指繁茂多荫的桑树。饿人:《左传》记其名为灵辄。　③下食:下米做饭。　④饘而餔之:做成粥而喂他。饘,通"馆(zhān)",稠粥。餔,同"哺",喂。　⑤再咽:咽了两口。　⑥女:汝、你。何为:犹为何。　⑦宦:为官府服役。　⑧羞:耻。自取:犹言偷。　⑨与:给予。脯二朐:犹言二朐脯,即两块干肉。脯(fǔ),干肉的统称。朐(qú),中间弯曲的肉脯。　⑩遗(wèi):送。　⑪去:离开。　⑫处:过了。　⑬晋灵公(?—前607):春秋时晋国君主。姬姓,名夷,公元前620年即位。即位时年尚少,及壮,骄奢无道,每擅杀人。及欲杀赵盾,不果,被赵盾弟赵穿袭杀。　⑭发酒:犹言置酒,设宴。发,通"拨",治。　⑮知:发现。中饮:酒喝了一半,即饮酒中途。　⑯疾:快,迅速。　⑰面:犹今言跟前。　⑱嘻:叹词。君舆:您快上车。舆,此用为动词。　⑲反死:返回去拼死格斗。反,同"返"。　⑳而:你。　㉑反走:返跑。　㉒何以名为:何必问什么名。为,语末助词,表疑问。　㉓活:得以活命。　㉔德几无小:恩德虽微而无小。几,微。按:此语不见于今本《尚书》。今本《尚书·伊训》篇有"惟德罔(无)小"句。　㉕德:用为动词,犹言施恩。　㉖此处引诗分见《诗经·周南·兔罝》及《大雅·文王》。前者指武士为国家的捍卫者,后者指文士为国家的治理者。赳赳,雄壮貌。干城,盾牌和城池。济济,多貌。　㉗胡:何。哀士:怜悯处于困境的士人。　㉘博则无所遁:广求博访则无所隐。遁,逃,此指隐去。

　　张仪,魏氏余子也①。将西游于秦,过东周②,客有语之于昭文君者曰:"魏氏人张仪,材士也,将西游于秦,愿君之礼貌之也③。"昭文君见而谓之曰:"闻客之秦,寡人之国小,不足以留客。虽游,然岂必遇哉④?客或不遇,请为寡人而一归也。国虽小,请与客共之⑤。"张仪还走⑥,北面再拜。张仪行,昭文君送而资之⑦。至于秦,留有间⑧,惠王说而相之⑨。张仪所德于天下者,无若昭文君⑩。周,千乘也,重过万乘也⑪。令秦惠王师之⑫。逢泽之会,魏王尝为御,韩王为右⑬。名号至今不忘,此张仪之力也⑭。

【注】①张仪(？—前310):战国时纵横家。魏国公族庶子。初游说于赵,不得用。以周昭文君资助至秦,为秦惠王所信重,任客卿,复擢相国。以连横之策游说关东六国,于秦国大政多所参决。晚年罢相,复入魏为相,次年病死。余子:庶子。　②东周:指战国时姬姓小国东周,参见《先识》篇"周乃分为二"注。　③礼貌:用为动词,指礼貌对待。　④遇:得人主赏识。按:句中"然"字,一说当与"游"字互调其位置,疑是。　⑤与客共之:示与张仪共掌其国(东周)。　⑥还走:指起立返走退避,然后转身行礼。　⑦资:资助。⑧有间:不久。　⑨惠王:秦惠王,又称惠文王,见《去私》篇注。说:通"悦"。相之:以其为国相。按:张仪入秦在秦惠王九年(前329),次年秦置相国(相邦),即以张仪任此职。　⑩此句意谓:张仪所感恩的天下人,没有比得上昭文君的。句中"德"字为意动用法,犹言感恩。　⑪周,千乘也,重过万乘也:此九字当是后人所添加的注文而误入正文者(详下),阅读时可略去。其意谓这时的周不过个类似千乘地位的诸侯国,但它的名分尚重过万乘大国。⑫令秦惠王师之:让秦惠王以昭文君为师。按:此六字承上"无若昭文君"句;"之"指昭文君。阅读时,此句当与下文"名号至今不忘"连读,"师之"下应加逗号。　⑬逢(páng)泽之会,魏王尝为御,韩王为右:此十三字当亦是后人注文而误入正文者,阅读时亦应从略。按:所说"逢泽之会",据史书所记,实在公元前344年。是年魏惠王始称王,在逢泽(今河南开封东南)召集秦、韩、宋、卫、鲁等十二诸侯会盟,并朝见周天子(显王),史称"逢泽之会"。所谓"魏王尝为御(驾车人),韩王为右(车右)",应指服侍周天子而言,而不是指昭文君。此时秦惠王尚未即位,张仪也还没有入秦。大约作注者误认为逢泽之会在张仪入秦之后,且魏王、韩王所奉御的是昭文君,故以此十三字注于"令秦惠王师之"之下,而不知全与史实不合。张仪入秦本为秦国之本事,《吕氏春秋》的作者记其事不应有误,故此十三字与上文"周,千乘也,重过万乘也"九字必为后人添注无疑,删此二十二字,正文方可文从字顺。从高诱注

来看,所注"重过万乘"已谓"张仪重之",又谓"秦会诸侯于逢泽,魏王为昭文君御,韩王为之右",皆属误解,可见此二十二字注文之出现及混入正文甚早,当是汉人所添加。 ⑭段末十二字与上文"令秦惠王师之"连读,合之意为:让秦惠王以昭文君为师,这为师的名号人们至今不忘,即得力于张仪的感恩。

孟尝君前在于薛①,荆人攻之。淳于髡为齐使于荆②,还反③,过于薛。孟尝君令人礼貌而亲郊送之④,谓淳于髡曰:"荆人攻薛,夫子弗为忧⑤,文无以复侍矣⑥。"淳于髡曰:"敬闻命矣⑦。"至于齐,毕报⑧,王曰:"何见于荆?"对曰:"荆甚固⑨,而薛亦不量其力。"王曰:"何谓也?"对曰:"薛不量其力,而为先王立清庙⑩。荆固而攻薛,薛清庙必危。故曰薛不量其力,而荆亦甚固。"齐王知颜色⑪,曰:"嘻!先君之庙在焉。"疾举兵救之⑫,由是薛遂全。颠蹶之请,坐拜之谒,虽得则薄矣⑬。故善说者陈其势,言其方⑭,见人之急也,若自在危厄之中,岂用强力哉⑮?强力则鄙矣⑯。说之不听也,任不独在所说,亦在说者⑰。

【注】①孟尝君:见《知士》篇注。 ②淳于髡:战国时齐国稷下学士。博闻强记,以滑稽善辩著称。常慕春秋末齐国大臣晏婴的外交才能,曾游说各国。 ③反:同"返"。 ④礼貌:礼貌接待。郊送:送至郊外。《战国策·齐策三》作"郊迎"。 ⑤夫子:犹言先生,对淳于髡的尊称。 ⑥文:孟尝君自称。其名田文。无以复侍:无机会再侍奉您了。犹今言从此不能再见。 ⑦闻命:遵命。指已明白孟尝君让他劝说齐王出兵救薛的意思。齐湣王时,孟尝君据薛邑,常与公室有矛盾。 ⑧毕报:报告使命完毕。 ⑨荆甚固:指楚国欲吞并薛邑的意图甚坚定。 ⑩清庙:宗庙。古代诸侯建国方得立宗庙,若卿大夫于自己采邑之内立先王宗庙,则属僭越,故此谓孟尝君不自量力。 ⑪知颜色:指变了脸色。《战国策》"知"作"和",疑皆误,按文义似当

作"动"。　⑫疾:迅速,赶紧。　⑬此句意思是:劝说人主而仅靠伏地叩头、下跪作揖请求,即使能够达到目的也被人看不起。颠蹶,仆倒,"蹶"同"蹷"。坐拜,犹言跪拜,古人跪于席上亦称坐。谒,义同"请",请求。薄,轻视,此用为被动词。　⑭陈其势,言其方:陈述其形势,说明其方略。　⑮强力:强说力陈,指强辩。　⑯鄙:陋,劣等。　⑰末句意谓:劝说而不见听,责任不独在被劝说者,也在劝说者自己。句中诸"说"字,按古音皆当读作 shuì。

顺　　说

五曰　善说者若巧士,因人之力以自为力①。因其来而与来,因其往而与往②;不设形象,与生与长,而言之与响③;与盛与衰,以之所归④。力虽多,材虽劲,以制其命⑤。顺风而呼,声不加疾也;际高而望,目不加明也;所因便也。⑥

【注】①巧士:能工巧匠。巧工因材制器,故此以喻"因"。因:借。②此二句指劝说他人时,随着对方的意向走,有如对方来则与他一起来,对方往则与他一起往。　③此三句是说:不露行迹,随着对方的话语一起生、一起长(对方话少则自己亦话少,对方话多则自己亦话多),而自己应对的言语如同回声之于音响(音响小则回声亦小,音响大则回声亦大)。形象,犹行迹、痕迹。与响,"与"字义同若、如。　④此二句指随着对方的情绪变化进言,对方情绪好(盛)则进,不好(衰)则止,从其情绪之所归趋。以,从。　⑤此三句意谓:对方力量虽多,才智虽强,用顺说的办法也足以控制他的心意(判断和决定)。　⑥以上是说:顺风呼叫,声音并不加大,而能传得更远;登高眺望,眼睛并不加明,而能看得更远;这是由于所凭借的条件有利。

惠盎见宋康王①,康王蹀足謦欬②,疾言曰③:"寡人之所说者勇有力④,而无为仁义者⑤,客将何以教寡人?"

惠盎对曰:"臣有道于此,使人虽勇,刺之不入;虽有力,击之弗中。大王独无意邪⑥?"曰:"善!此寡人所欲闻也。"惠盎曰:"夫刺之不入,击之不中,此犹辱也⑦。臣有道于此,使人虽有勇弗敢刺,虽有力不敢击。大王独无意邪?"王曰"善!此寡人之所欲知也。"惠盎曰:"夫不敢刺,不敢击,非无其志也⑧。臣有道于此,使人本无其志也,大王独无意邪?"王曰:"善!此寡人之所愿也。"惠盎曰:"夫无其志也,未有爱利之心也⑨。臣有道于此,使天下丈夫女子莫不驩然皆欲爱利之⑩。此其贤于勇有力也⑪,居四累之上⑫,大王独无意邪?"王曰:"此寡人之所欲得。"惠盎对曰:"孔、墨是也⑬。孔丘、墨翟,无地为君,无官为长,天下丈夫女子莫不延颈举踵而愿安利之⑭。今大王万乘之主也,诚有其志⑮,则四境之内皆得其利矣,其贤于孔、墨也远矣。"宋王无以应。惠盎趋而出,宋王谓左右曰:"辨矣⑯,客之以说服寡人也⑰!"宋王俗主也,而心犹可服,因矣⑱。因则贫贱可以胜富贵矣,小弱可以制彊大矣。

【注】①惠盎:战国时名家学者。宋国人,与名家代表学者惠施同族。宋康王:见《当染》篇注。 ②蹀(dié)足謦欬(qǐng ké):跺着脚,咳嗽着。 ③疾言:言语急切地。 ④说:同"悦"。 ⑤而无为仁义者:指康王自谓所喜欢的人中没有行仁义的。此文可通,毕沅校本据他书改"而无"为"不说(悦)",又于此上加"也"字,不必,今仍从旧本。 ⑥独:难道。 ⑦犹辱:指刺虽不入,击虽不中,对被刺、击者也还是一种侮辱。 ⑧志:意。 ⑨爱利:爱人利人。此句意指虽无刺、击之意而尚无爱利之心。 ⑩丈夫:男子。驩然:同"欢然"。爱利之:犹言"爱利焉"。"之"、"焉"的此种用法,约略相当于"于是"、"于此",兼有介词、代词的作用,其所指代者在此句中即上面所说"有道"之"道"。 ⑪贤于:胜过。 ⑫四累:指上面所说刺击不入不中、不

敢刺击、无意刺击、尚无爱利之心四种情况。这四种情况逐层改善,但与最好的情况相比仍都有牵累,故称"四累"。 ⑬孔、墨:指孔、墨之教。 ⑭愿安利之:愿得孔、墨之教而安人利人。"之"亦作"焉"字用。 ⑮诚有其志:果有意于安民利民之道。 ⑯辨矣:真是善辩! 辨,通"辩"。 ⑰以说服寡人:以其言说让我信服。 ⑱因:指所用的方法就是顺着宋王的话而出其劝说之辞。犹言善于因势利导。

田赞衣补衣而见荆王①。荆王曰:"先生之衣何其恶也②?"田赞对曰:"衣又有恶于此者也。"荆王曰:"可得而闻乎?"对曰:"甲恶于此③。"王曰:"何谓也?"对曰:"冬日则寒,夏日则暑,衣无恶乎甲者④。赞也贫,故衣恶也。今大王万乘之主也,富贵无敌,而好衣民以甲⑤,臣弗得也⑥。意者为其义邪⑦? 甲之事,兵之事也⑧,刈人之颈⑨,刳人之腹⑩,隳人之城郭⑪,刑人之父子也⑫,其名又甚不荣⑬。意者为其实邪⑭? 苟虑害人,人亦必虑害之,苟虑危人⑮,人亦必虑危之,其实人则甚不安⑯。之二者⑰,臣为大王无取焉。"荆王无以应。说虽未大行,田赞可谓能立其方矣⑱。若夫偃息之义,则未之识也⑲。

【注】①田赞:战国时墨家学者。或说为齐国人。衣(yì)补衣:穿着打补丁的破衣服。 ②恶:坏,破烂。下文"恶"字皆取"不好"、"差"的意思。 ③甲:铠甲。古人亦称铠甲为甲衣。 ④句意谓铠甲穿在身上,冬天则冷,夏天则热,所以是最差的"衣服"。 ⑤衣(yì)民以甲:让人民穿铠甲。 ⑥弗得:不得其意,不明白。 ⑦意者:表示推测,犹今言"若说"。义:名义。 ⑧兵:战争。 ⑨刈(yì):割。 ⑩刳(kū):剖。 ⑪隳(huī):毁坏。 ⑫刑:犹杀。 ⑬荣:荣耀。 ⑭实:实用,实效。 ⑮虑:谋。危人:使人处于危险之中。 ⑯人则甚不安:人人都甚不安全。 ⑰之:此。 ⑱立其方:树立其主张。 ⑲此句是说:至于田赞所主张的偃兵息争之说,则未明其根

据何在。按:此为作者的评论之语,实际是表示反对偃兵之说,详见该书《荡兵》篇。

管子得于鲁①,鲁束缚而槛之②,使役人载而送之齐。其讴歌而引③,管子恐鲁之止而杀己也④,欲速至齐,因谓役人曰:"我为汝唱,汝为我和。"其所唱适宜走⑤,役人不倦,而取道甚速⑥。管子可谓能因矣,役人得其所欲,己亦得其所欲。以此术也是用,万乘之国其霸犹少,桓公则难与往也⑦。

【注】①得:被捕获。指管仲当初助公子纠争夺齐国君位失败后,在鲁国被扣留囚禁。 ②束缚:捆绑。槛:关进囚笼。 ③其:指役人。讴歌而引:唱着歌拉车。 ④恐鲁之止:恐怕鲁国变卦而停止遣送。 ⑤适宜走:恰好适合快走。 ⑥取道:犹今言赶路。 ⑦此全句意谓:以管仲对此术的运用,一个万乘大国应该还不止于称霸,只不过齐桓公难以跟他一起达到成就王业的境地。《史记·管晏列传》太史公曰:"管仲,世所谓贤臣,然孔子小之,岂以为周道衰微,桓公既贤,而不勉之至王,乃称霸哉?"

不　　广①

六曰　智者之举事必因时②。时不可必成③,其人事则不广④。成亦可,不成亦可⑤,以其所能托其所不能,若舟之与车⑥。北方有兽,名曰蹶,鼠前而兔后⑦,趋则踬⑧,走则颠⑨,常为蛩蛩距虚取甘草以与之⑩;蹶有患害也⑪,蛩蛩距虚必负而走⑫。此以其所能托其所不能。

【注】①不广:言凡事不可放弃人为的主观努力。广,通"旷",荒废。 ②因时:凭借由一定时势造成的客观条件。 ③必成:必然具备。 ④人事:

人为的努力。 ⑤此二句是说:客观条件具备也好,不具备也好。 ⑥此二句意谓:以人所能够做到的,借助他物以济其所不能做到的,如舟和车。按:车能致远,舟能水行,皆可弥补人为之不足,故谓"以其所能托其所不能"。 ⑦蹶:通"蹙(jué)",传说中的一种异兽。鼠前而兔后:谓其前肢短而像鼠,后肢长而像兔。相传此兽善求食而不善走。 ⑧趋则跲(jiá):走快了就会绊脚。跲,绊。 ⑨走则颠:跑起来就会翻跟头。 ⑩蛩蛩(qióng qióng)距虚:亦传说中的一种异兽。相传前肢长而后肢短,善走而不善求食。甘草:鲜美的草。与:同"予"。 ⑪患害:祸害,危险情况。 ⑫负而走:背负之而逃跑。

鲍叔、管仲、召忽三人相善①,欲相与定齐国,以公子纠为必立②。召忽曰:"吾三人者于齐国也,譬之若鼎之有足,去一焉则不成。且小白则必不立矣,不若三人佐公子纠也。"管仲曰:"不可。夫国人恶公子纠之母③,以及公子纠④;公子小白无母,而国人怜之。事未可知,不若令一人事公子小白。夫有齐国⑤,必此二公子也。"故令鲍叔傅公子小白,管子、召忽居公子纠所。公子纠,外物则固难必⑥;虽然,管子之虑近之矣⑦。若是而犹不全也⑧,其天邪⑨,人事则尽之矣。

【注】①鲍叔:即鲍叔牙,与管仲俱见《贵公》篇注。召(shào)忽:春秋时齐大夫。周初召公之后,仕于齐。尝与管仲共佐公子纠,及公子纠死,亦自杀。参见下条注。 ②公子纠(?—前685):春秋时齐国公室人物。齐厘公之子,襄公之弟,桓公小白同父异母兄。襄公时政局混乱,管仲、召忽等佐之,出奔鲁国。及襄公被杀,他在鲁军护送下返国争位,不果。旋以桓公发兵击败鲁军,在齐军逼迫下被鲁人所杀。 ③恶(wù):厌恶。 ④以及:而牵连到。 ⑤有齐国:指将为齐国君主者。三字下当脱"者"字。 ⑥此句意谓:公子纠能否继位,意外之事本难预料。 ⑦近之:近乎人情事理。 ⑧不全:不能成全(计虑之事)。 ⑨其天邪:那就是天意了。邪,同"也"。

齐攻廪丘,赵使孔青将死士而救之①。与齐人战,大败之,齐将死,得车二千,得尸三万,以为二京②。宁越谓孔青曰③:"惜矣!不如归尸,以内攻之④。越闻之,古善战者莎随贲服,却舍延尸⑤。彼得尸而财费之,车甲尽于战,府库尽于葬,此之谓内攻之⑥。"孔青曰:"敌齐不尸则如何⑦?"宁越曰:"战而不胜,其罪一;与人出而不与人入⑧,其罪二;与之尸而弗取,其罪三。民以此三者怨上,上无以使下,下无以事上,是之谓重攻之⑨。"宁越可谓知用文武矣。用武则以力胜,用文则以德胜。文武尽胜,何敌之不服?

【注】①廪丘:齐邑名,在今山东郓城西北。公元前405年,齐国田悼子死,田氏内乱,田会(公孙会)以廪丘叛归赵国。田布率兵围攻廪丘,赵联合魏、韩出兵救之,以大将孔青为帅,大破齐兵,杀田布。死士:拼死勇战之兵。②二京:两座京观。古代战争杀人至多,胜方即以敌方尸体合埋于大坑中,上面又堆以高大的土丘,称为"京观"。 ③宁越:战国时名士。中牟(在今河南鹤壁市西)人。生于乡下,以力学成名,曾为周威公(当时小国西周君主)之师,见本书《博志》篇。《汉书·艺文志》录有《宁越》一篇。 ④以内攻之:从内部攻击。意谓归还其尸,则齐人必怨其上而内乱。 ⑤此全句意谓:我宁越听说,古代善战者对于奔溃降服之敌,守候而不再进击,并退避一定的距离,放弃敌人的尸体。莎随,犹言"逡巡",不进不退之貌;此用作动词,指守而不击。贲服,奔溃降服,指战败者;贲,通"奔"。却舍,犹言后撤;古代以军行三十里为一舍,此指一定距离。延尸,陈列其尸体;延、陈,犹言弃置。 ⑥以上是说:敌方收尸要因之而破费钱财,其车甲兵械已尽耗于战斗,而库府财物又尽用于安葬死者,这就叫做对它实行"内攻"。按:"彼得尸而财费之"七字,毕沅校本据高诱注补,当是,否则下二句无属格可承;惟毕氏又改"之"字为"乏",不可从,今仍用"之"字。 ⑦敌:或说通"适",犹"若"。不尸:不收

尸。　⑧与人出而不与人入：使人出战而不能使人活着回来。　⑨重(chóng)攻：指内外双重的进攻，即下文所说文攻与武攻。

　　晋文公欲合诸侯①，咎犯曰②："不可，天下未知君之义也。"公曰："何若？"咎犯曰："天子避叔带之难，出居于郑③。君奚不纳之④，以定大义，且以树誉？"文公曰："吾其能乎？"咎犯曰："事若能成，继文之业⑤，定武之功⑥，辟土安疆，于此乎在矣；事若不成，补周室之阙⑦，勤天子之难⑧，成教垂名⑨，于此乎在矣。君其勿疑。"文公听之，遂与草中之戎、骊土之翟⑩，定天子于成周⑪。于是天子赐之南阳之地⑫，遂霸诸侯。举事义且利，以立大功，文公可谓智矣。此咎犯之谋也。出亡十七年，反国四年而霸⑬，其听皆如咎犯者邪！

【注】①合：会盟。指欲为霸主。　②咎犯：即狐偃，见《当染》篇注。③此指周襄王因叔带之乱而被逐事。叔带（前672—前635），又称太叔带、王子带，周惠王少子。初以宠欲夺襄王之太子位，因齐桓公干涉而未果。及惠王死，齐桓公合诸侯而立襄王。襄王三年（前649），叔带招伊洛之戎起兵夺位，因秦、晋出兵救周，遂出奔齐。后经诸侯调解，叔带复返周。十六年，再次引狄人攻周，自立为王，襄王出奔郑国。次年晋文公接受狐偃建议，出兵送襄王回周，杀叔带。　④奚：何。纳之：指送襄王还周。　⑤文：指晋文侯（前805—前745）。西周末、春秋初晋国君主。姬姓，名仇，在位35年。西周灭亡后，曾辅助周平王东迁，受圭瓒秬鬯之赏。此云"继文之业"，即指辅助周王室言之。　⑥武：指晋武公（？—前677）。春秋时晋国君主。姬姓，名称，初称"曲沃武公"，文公祖父。本出于晋公室庶支，以坐大于封地曲沃（今山西曲沃），连杀三位晋君而控制公室，又贿赂周厘王而得列于诸侯，故晋国有"新室"、"旧室"之分。此云"定武之功"，乃指巩固武公所建"新室"政权言之。⑦补周室之阙：弥补周王室的过失。　⑧勤天子之难：帮助天子摆脱困境。

勤,古籍多用作以兵为天子或王侯效力之称。　⑨成教:犹言成为忠义伦理的典型。典型有示范作用,故谓之"成教"。　⑩草中之戎、骊土之翟:当是指伊洛流域及其以东的戎人、狄人。《国语·晋语四》谓文公"乃行赂于草中之戎与丽土之翟,以求东道"。翟,通"狄"。　⑪成周:此指周王朝东迁后的都城洛邑(今河南洛阳)。　⑫南阳之地:指今河南济源以至获嘉、原阳一带地区。因在黄河以北、太行山以南,故称南阳。　⑬十七年:当作"十九年"(公元前656年冬至前636年春)。反:同"返"。霸:指晋楚城濮之战(前632年)文公称霸。

　　管子、鲍叔佐齐桓公举事,齐之东鄙人有常致苦者①。管子死,竖刁、易牙用②,国之人常致不苦,不知致苦。卒为齐国良工③,泽及子孙,知大礼④。知大礼,虽不知国可也⑤。

　　【注】①东鄙:东境边地。致苦:犹今言"叫苦",即反映其事使人不堪。　②竖刁、易牙用:此文与下述全不合,显误。疑此下脱去"逐鲍叔,隰朋为相"之类语句,或原文只作"隰朋用"三字。载籍或谓管仲死后,鲍叔牙曾当政月余,以不满于桓公对竖刁等佞臣的放纵而去职,桓公遂以隰朋为相。本文下述当都是指隰朋而言的。隰朋,参见《贵公》篇。竖刁、易牙事见《知接》篇。　③卒:终。良工:良臣。　④知大礼:犹言以礼治国而识大体。此三字下当有"也"字。　⑤不知国:应是指隰朋不苛察于国事。该书《贵公》篇谓"其于国也有不闻也,其于物也有不知也";《管子·戒》篇谓其"于国有所不知政,于家有所不知事"。盖隰朋治国重礼义,尚"无为",故"有所不知"。虽"不知"而不旷国事,故上云"国之人常致不苦,不知致苦"。

贵　　因①

　　七曰　三代所宝莫如因②,因则无敌。禹通三江五湖③,决伊阙④,沟回陆⑤,注之东海,因水之力也。舜一徙成邑,再徙成都,三徙成国⑥,而尧授之禅位,因人之心也。汤、武以千乘制夏、商⑦,因民之欲也。如秦者立而至⑧,有车也;适越者坐而至⑨,有舟也。秦、越,远塗也⑩,竫立安坐而至者⑪,因其械也⑫。

【注】①贵因:言行事建功要重视顺应时势。贵,重视。因,顺应。②宝:宝贵。用为动词,亦重视、珍视之意。 ③三江五湖:见《古乐》篇注。 ④伊阙(què):古山名、关塞名。在今河南洛阳南。春秋时已称为"阙塞"或"阙塞山",后世又俗称"龙门"。因东西两山夹峙伊河,望之如阙门,故名。传说则以为大禹治水时所凿。 ⑤沟:开通水道。回陆:古地名。未详当今何地。疑即后世所称"回洛",指黄河古渡口孟津(在今河南孟津东北)一带。《尚书·禹贡》载禹导河"东至于孟津"。后世于此建有回洛城。一说指圃陆泽(即大陆泽,见《有始览》),恐未确。 ⑥此三句指舜屡次迁徙而民皆归之,居址规模不断扩大。《史记·五帝本纪》作"一年而所居成聚,二年成邑,三年成都",以"聚"(村落)、"邑"(镇邑)、"都"(国都)对举,更符合历史实际(可由现在的史前考古得到证明)。此处之"邑"、"都"、"国",亦宜理解为"聚"、"邑"、"都",古代"国"指都城。 ⑦千乘:指诸侯。制:制服,犹言取代。 ⑧如秦:到秦国去。立而至:站着(指站在车上)就能到达。此与下均相对于中原言之。 ⑨适越:到越国去。 ⑩塗:通"途"。 ⑪竫:同"静"。 ⑫因其械:凭借其器具(交通工具)。

武王使人候殷①,反报岐周曰②:"殷其乱矣。"武王曰:"其乱焉至③?"对曰:"谗慝胜良④。"武王曰:"尚未也⑤。"又复往,反报曰:"其乱加矣。"武王曰:"焉至?"对曰:"贤者出走矣。"武王曰:"尚未也。"又往,反报曰:"其乱甚矣。"武王曰:"焉至?"对曰:"百姓不敢诽怨矣。"武王曰:"嘻!"遽告太公⑥。太公对曰:"谗慝胜良,命曰戮⑦;

贤者出走,命曰崩;百姓不敢诽怨,命曰刑胜⑧。其乱至矣,不可以驾矣⑨。"故选车三百⑩,虎贲三千⑪,朝要甲子之期⑫,而纣为禽⑬。则武王固知其无与为敌也。因其所用,何敌之有矣!

【注】①候:觇视,侦察。 ②反报:返回禀报。下同。岐周:代指商末周方国。因周族兴起于今陕西岐山下周原,故称岐周。 ③焉至:达到什么程度。 ④谗慝(tè)胜良:谗佞邪僻之人压制了良臣君子。 ⑤尚未:尚未乱到极点。 ⑥遽:速,马上。 ⑦命:名。戮:辱。谓使贤者受辱,犹言无道。 ⑧刑胜:刑罚太过。指以刑治取代了德治。 ⑨驾:通"加"。 ⑩选车:整顿战车。 ⑪虎贲:勇士。 ⑫朝要(zhāo yāo)甲子之期:初定甲子这一天到达殷郊与殷人会战。朝,通"早",此用为"初"字之义。要,通"邀",约定。 ⑬禽:古"擒"字。

武王至鲔水①,殷使胶鬲候周师②。武王见之,胶鬲曰:"西伯将何之③?无欺我也。"武王曰:"不子欺④,将之殷也。"胶鬲曰:"曷至⑤?"武王曰:"将以甲子至殷郊,子以是报矣⑥。"胶鬲行。天雨,日夜不休。武王疾行不辍⑦。军师皆谏曰⑧:"卒病,请休之。"武王曰:"吾已令胶鬲以甲子之期报其主矣。今甲子不至,是令胶鬲不信也⑨;胶鬲不信也,其主必杀之。吾疾行以救胶鬲之死也。"武王果以甲子至殷郊,殷已先陈矣⑩。至殷,因战,大克之。此武王之义也。人为人之所欲,已为人之所恶,先陈何益⑪?适令武王不耕而获⑫。

【注】①鲔(wěi)水:古水名。在今河南巩县西北。 ②胶鬲:见《诚廉》篇注。候:等候,兼有观察之意。 ③西伯:指周武王。 ④不子欺:犹言"不欺子"。子,您。 ⑤曷至:到哪儿去。曷,通"盍",何。 ⑥报:指报告于殷。

⑦疾行不辍:急行军不停。 ⑧军师:军将。 ⑨不信:不被相信,犹失信。 ⑩陈:同"阵",列阵。 ⑪此全句意谓:他人所做是人人所希望的,自己所做是人人所厌恶的,即使先摆好了阵势又有何用? ⑫适:恰好。不耕而获:此喻不战而胜。史载牧野之战,殷人倒戈而兵溃。按:武王伐纣实出于奔袭,此所记胶鬲候周事亦只是后来传闻如此。

武王入殷,闻殷有长者①,武王往见之,而问殷之所以亡。殷长者对曰:"王欲知之,则请以日中为期②。"武王与周公旦明日早要期③,则弗得也。武王怪之,周公曰:"吾已知之矣。此君子也,取不能其主④,有以其恶告王⑤,不忍为也。若夫期而不当⑥,言而不信,此殷之所以亡也。已以此告王矣。"

【注】①长者:有声望的人。 ②日中:正午。 ③早要(yāo)期:比约定的时间提前到。 ④取不能其主:疑"取"字当置"能"字下,作"不能取其主",意谓不能为其主而死。《广雅·释诂》:"取,为也。" ⑤有以其恶告王:又以其主不好的德行诉说于您面前。有,读作"又"。王,指武王。 ⑥若夫:至于。期而不当:已约期而不如期赴约。

夫审天者①,察列星而知四时②,因也;推历者③,视月行而知晦朔④,因也;禹之裸国⑤,裸入衣出,因也;墨子见荆王,锦衣吹笙⑥,因也;孔子道弥子瑕见厘夫人⑦,因也;汤、武遭乱世,临苦民⑧,扬其义,成其功,因也。故因则功,专则拙⑨。因者无敌,国虽大,民虽众,何益⑩?

【注】①审天:观测天象。 ②列星:众星。 ③推历:推算历法。晦朔:即朔和晦,夏历每月的第一天和最后一天。由月亮的运行确定。 ④裸国:不穿衣服的部族。史载南方古越人地区曾有此类部族。 ⑤锦衣吹笙:穿锦

绣衣服而吹奏乐器。锦衣,他书或作"衣锦"。墨家倡俭而非乐,此云墨子至楚而反之,谓其因楚俗而以为游说楚王之助。 ⑦道:由。弥子瑕:春秋末卫灵公的男宠。厘(xī)夫人:卫灵公夫人。宋国贵族之女,子姓,史称南子。孔子见南子事,见于《论语·雍也》篇。 ⑧临:面对。 ⑨功:成功。专:专凭己力。拙:通"屈",挫折。 ⑩末句意谓:善于因时乘势的人无敌于天下,无道的君主即使国大人众,对其危亡之局也没有什么帮助。

察 今①

八曰 上胡不法先王之法②?非不贤也③,为其不可得而法④。先王之法,经乎上世而来者也⑤,人或益之,人或损之⑥,胡可得而法?虽人弗损益,犹若不可得而法⑦。东夏之命⑧,古今之法,言异而典殊⑨。故古之命多不通乎今之言者,今之法多不合乎古之法者⑩。殊俗之民⑪,有似于此,其所为欲同,其所为欲异⑫。口惛之命不愉⑬,若舟车衣冠滋味声色之不同⑭,人以自是,反以相诽。天下之学者多辩,言利辞倒⑮,不求其实,务以相毁,以胜为故⑯。先王之法,胡可得而法?虽可得,犹若不可法。

【注】①察今:言辨察当世之务而因时变法。 ②上:君主。胡:何。法先王之法:取法先王的制度法令。 ③贤:善,优。 ④不可得:不可能。 ⑤上世:前代。 ⑥益、损:增添、减少。 ⑦犹若:犹然,尚且。 ⑧东夏之命:泛指不同地区的概念系统。东,指中原以东地区,即上古所称的东夷地区;夏,指中原及其以西地区。命,名,指事物的名称,犹今言概念。 ⑨言异而典殊:语言有异而典制不同。典,典章制度。"言异"相对于"东夏之命(名)"而言,"典殊"相对于"古今之法"而言。 ⑩此二句是说:古代的称谓概念多有与今天的语言习惯不相通的,今天的制度法令也多有与古代的制度法令不相合的。 ⑪殊俗之民:指中原周边偏远地区的居民,有时也兼指异

域民族。 ⑫二"其"字句意谓:他们对欲望的追求与中原之民无不同,而实现欲望的手段和途径各异。按:句中前一"为欲"指追求欲望的事实而言,犹言有欲;后一"为欲"指实现欲望的方法而言,犹言治欲。又,毕校本删后一"为欲"之"欲"字,即下句作"其所为异",恐不当,今仍从旧本。 ⑬口惽之命不愉:"口惽之命"犹言口吻之名,指方言,"惽"通"吻";"不愉"读作"不谕",指不明白,"愉"通"谕"。此六字意谓各地方言互相听不懂。 ⑭此句以衣食住行的具体事物及生活习惯之不同,比喻方言之差异。 ⑮言利辞倒:言谈锋利而辞义颠倒。如名家所谓"白马非马"之类,盖即作者所指。 ⑯故:事。

凡先王之法,有要于时也①。时不与法俱至②,法虽今而至③,犹若不可法。故择先王之成法④,而法其所以为法⑤。先王之所以为法者何也⑥?先王之所以为法者人也⑦。而已亦人也,故察己则可以知人,察今则可以知古。古今一也,人与我同耳。有道之士贵以近知远,以今知古,以益所见知所不见⑧。故审堂下之阴⑨,而知日月之行、阴阳之变;见瓶水之冰⑩,而知天下之寒、鱼鳖之藏也;尝一脟肉⑪,而知一镬之味、一鼎之调⑫。

【注】①有要于时:于当时世务有其客观需要和必要。 ②时不与法俱至:时势不可能与先王之法一起流传下来。 ③法虽今而至:先王之法即使流传至今。 ④择:旧校谓一作"释"。二字古可通用,此当从"释"字作解。释,犹置,搁置,即可以参考而不能照搬。成法:已固定之法。 ⑤法其所以为法:取法其所以制定某些法度之意。犹言法其意而不法其事。 ⑥此句"先王"二字上当脱重文"法"字,否则与下文之意不合。法先王之所以为法者何,即为什么要取法先王制定法度之意。 ⑦此句是说:因为先王制定法度是因人而异的。人,指各时代的先王。 ⑧益:疑为"其"字之误书。 ⑨审:察。阴:日影和月影。 ⑩瓶水之冰:一瓶水结冰。 ⑪尝:品尝。脟

(luán):同"脔",肉块。 ⑫镬(huò):大锅。鼎:有足的炊煮器。调:味道调和的情况,犹言味。

　　荆人欲袭宋,使人先表澭水①。澭水暴益②,荆人弗知,循表而夜涉③,溺死者千有余人,军惊而坏都舍④。向其先表之时可导也⑤,今水已变而益多矣,荆人尚犹循表而导之,此其所以败也。今世之主法先王之法也,有似于此。其时已与先王之法亏矣⑥,而曰"此先王之法也",而法之以为治,岂不悲哉?故治国无法则乱,守法而弗变则悖⑦。悖乱不可以持国,世易时移,变法宜矣。譬之若良医,病万变,药亦万变;病变而药不变,向之寿民,今为殇子矣⑧。故凡举事必循法以动,变法者因时而化,若此论则无过务矣⑨。

【注】①表澭水:在澭水中立标杆以为涉河的标记。澭水,即灉水,出于古雷泽(在今山东菏泽境),先秦时当流经宋国都城商丘附近,后世堙没。②暴益:暴涨。益,古"溢"字。 ③循表:沿着标杆。 ④惊:犹言大乱。而坏都舍:如大水冲坏了低洼地的房舍。而,如。都,通"潴(zhū)",水聚之处。⑤向:先前。导:用以引导涉河。 ⑥此句意谓:当下已缺少先王制定法度时的时势。与,用法同"于"。亏,缺。 ⑦悖:谬。 ⑧寿民:长寿的人。殇子:夭折的孩子。 ⑨若此论:顺此论之理,依此去做。过务:错误的事举。

　　夫不敢议法者,众庶也①;以死守者,有司也②;因时变法者,贤主也。是故有天下七十一圣③,其法皆不同,非务相反也,时势异也。故曰:良剑期乎断,不期乎镆铘④;良马期乎千里,不期乎骥骜⑤。夫成功名者,此先王之千里也。楚人有涉江者,其剑自舟中坠于水,遽契其舟曰⑥:

"是吾剑之所从坠。"舟止,从其所契者入水求之。舟已行矣,而剑不行,求剑若此,不亦惑乎⑦?以此故法为其国⑧,与此同。时已徙矣,而法不徙,以此为治,岂不难哉?有过于江上者,见人方引婴儿而欲投之江中,婴儿啼,人问其故,曰:"此其父善游。"其父虽善游,其子岂遽善游哉⑨?此任物亦必悖矣⑩。荆国之为政,有似于此⑪。

【注】①众庶:普通百姓。 ②以死守者:按上下句型,此句"守"字下亦当有"法"字。以死守法,谓依法办事,忠于职守,视之重于性命。有司:各职事机关,代指各类官吏。 ③七十一圣:指传说中的古代帝王。《史记·封禅书》引《管子》,谓上古封泰山者有七十二家,此作"七十一",或系后人传抄误"二"为"一"。"七十二"在古人为神秘数字,且秦人尚"六",本书"十二月纪"亦为"六"的倍数,则此"七十二"不当作"七十一"。《求人》篇亦作"七十一",当亦误。 ④期:冀,追求。镆铘(mò yé):亦作"莫邪",古代宝剑名。参见《当务》篇"干将"注。 ⑤骥骜:皆骏马名。 ⑥遽:立即。契:刻。 ⑦惑:糊涂。 ⑧以此故法为其国:以这样的旧法治其国。此,如此,指先王之法皆不同而言。 ⑨遽:就,竟。 ⑩此:如此。任物:犹言用事。 ⑪末句指上文所述楚人袭宋涉水事。

卷十六　先识览第四

先　识　览①

一曰　凡国之亡也,有道者必先去②,古今一也。地从于城,城从于民,民从于贤③。故贤主得贤者而民得,民得而城得,城得而地得。夫地得岂必足行其地、人说其民哉?得其要而已矣④。

【注】①先识:先见。篇中所言,谓贤者于国之存亡有先见之明,虽主于尚贤思想,而有预言的成分。　②去:离去,指去国。　③此三句意思是:土地的存亡取决于城邑的存亡,城邑的存亡取决于民众的聚散,民众的聚散取决于贤者是否在位。依作者观点,人主用贤为国家存亡的关键因素,贤者用则民归附,民归附则城邑存,城邑存则土地存;贤者去则民离散,民离散则城邑亡,城邑亡则土地亡。故以土地、城邑、民众、贤者的顺序言之,若存若亡,皆前者跟随后者。　④此二句意思是:土地的获得并非一定要人主亲足巡行其地、亲身取悦其民,不过在掌握得地得民的关键而已。人,犹言身,指人主自身。说,通"悦"。要,要领、关键,指得贤用贤而言。

夏太史令终古出其图法①,执而泣之②。夏桀迷惑③,暴乱愈甚,太史令终古乃出奔如商④。汤喜而告诸侯曰:

"夏王无道,暴虐百姓,穷其父兄⑤,耻其功臣⑥,轻其贤良,弃义听谗,众庶咸怨⑦,守法之臣自归于商。"

【注】①太史令:古代史官之长。商代甲骨文已有"大(太)史寮令"。终古:相传为夏代史官。图法:有关法令典章的图籍档案。 ②执而泣:古时王朝文件皆秘藏,相传终古以夏桀不遵法度,故出之,执而泣谏。 ③迷惑:迷乱,执迷不悟。 ④如:往。传说或谓终古抱其图籍归商。 ⑤穷:使……困窘,犹逼。 ⑥耻:辱。 ⑦众庶:众人,指群臣与百姓。咸:皆。

殷内史向挚见纣之愈乱迷惑也①,于是载其图法,出亡之周。武王大说②,以告诸侯曰:"商王大乱,沈于酒德③,辟远箕子④,爱近姑与息妲己为政⑤。赏罚无方,不用法式⑥,杀三不辜⑦,民大不服,守法之臣出奔周国。"

【注】①内史:古代史官的一种。西周有内史,商代甲骨文未见其名目,但甲骨文的"作册"约当周人的"作册内史"、"作册尹"等职。向挚:或谓其原为殷纣王太史,后奔周。疑即周初著名史官尹佚(又称史佚、史逸、太史佚等),"挚"、"佚"古音相近。或其奔周后曾封于向(在今河南济源一带),故又有向挚之称。 ②说:通"悦"。 ③沈于酒德:沉迷于嗜酒之性。沈,古"沉"字;此假为"酖(dān)",指嗜酒,后世多用"耽"字。德,犹言性。 ④辟远:排斥疏远。辟(pì),排斥。箕子:见《必己》篇注。 ⑤此句疑当作:"爱近姑息,与妲己为政。"爱近,亲近,与上句"辟远"对举。爱,语助词,类似词头,无义。姑息,指苟且取容之徒。妲(dá)己,殷纣王的宠妃。己姓,名妲。 ⑥法式:法度。 ⑦杀三不辜:杀无罪者三人。高诱注以为指"剖比干之心,折材士之股,剖孕妇而观其胞(胎)"。比干,见《功名》篇注。折材士之股,指相传殷纣王见有人于严冬清晨涉河,以为其胫耐寒,乃斫其胫而视其髓。此与剖孕妇事均见于《尚书·太誓》。按:疑"杀三不辜"实指殷纣王杀鬼侯、鄂侯、梅伯事,相传三人均为商末诸侯,以不附纣王而被杀。梅伯、鬼侯见于本书《行论》篇。

晋太史屠黍见晋之乱也①,见晋公之骄而无德义也,以其图法归周。周威公见而问焉②,曰:"天下之国孰先亡?"对曰:"晋先亡。"威公问其故,对曰:"臣比在晋也③,不敢直言。示晋公以天妖④,日月星辰之行多以不当⑤,曰:'是何能为⑥?'又示以人事多不义,百姓皆郁怨⑦,曰:'是何能伤?'又示以邻国不服,贤良不举⑧,曰:'是何能害?'如是,是不知所以亡也⑨。故臣曰晋先亡也。"居三年,晋果亡。威公又见屠黍而问焉,曰:"孰次之?"对曰:"中山次之⑩。"威公问其故,对曰:"天生民而令有别。有别,人之义也⑪,所异于禽兽麋鹿也⑫,君臣上下之所以立也。中山之俗,以昼为夜,以夜继日,男女切倚,固无休息⑬,〔淫昏〕康乐,歌谣好悲⑭。其主弗知恶⑮,此亡国之风也。臣故曰中山次之。"居二年,中山果亡⑯。威公又见屠黍而问焉,曰:"孰次之?"屠黍不对。威公固问焉,对曰:"君次之。"威公乃惧,求国之长者⑰,得义莳、田邑而礼之,得史骈、赵骈以为谏臣,去苛令三十九物⑱。以告屠黍,对曰:"其尚终君之身乎⑲!"曰⑳:"臣闻之:国之兴也,天遗之贤人与极言之士㉑;国之亡也,天遗之乱人与善谀之士。"威公薨,肂㉒,九月不得葬,周乃分为二㉓。故有道者之言也,不可不重也。

【注】①屠黍:"黍"一作"馀",战国时晋国史官。生平约当晋幽公、烈公时。 ②周威公:战国时西周君主。桓公子,约即位于公元前414年,卒年不详。有礼贤下士之名。焉:犹"之"。 ③比:近来。 ④示:向……显示,此犹言进谏。天妖:指古人认为不吉祥的异常天文现象。 ⑤多以不当:犹言

多有不当。指日月星辰之运行多不当其躔次,亦即按正常规律应当到达天球上的某一位置时,却不能到达或者超出。　⑥是何能为:这对人又能怎样?按:此与下"是何能伤"、"是何能害",均为屠黍所述晋公之语,以见晋公对种种乱象皆无动于衷。　⑦郁怨:忧虑怨恨。　⑧不举:不得举用。　⑨所以亡:《说苑·权谋》篇作"所以存、所以亡"。　⑩中山:见《简选》篇注。　⑪有别:指人伦关系之别。这里偏指男女有别。人之义:人伦之理,人之所以为人的基本法则。　⑫所异:《说苑》"所"下有"以"字。　⑬以上谓中山国的民俗好歌舞聚会,夜以继日,男女混杂,常无休止。切倚,亲昵貌,犹言耳鬓厮磨、相互依偎。　⑭[淫昏]康乐,歌谣好悲:纵情欢乐,歌唱好悲音。"淫昏"二字据《说苑》补,其字面意思犹"淫乱"。悲,悲音,指声音高而尖的曲调,古人按正统观念往往指为"亡国之音"。　⑮弗知恶(wù):不知反对,犹言亦喜欢。　⑯按:以上所记晋公室及中山国之亡,与史实不尽相符。学者或考屠黍自晋至周在公元前408年,若以前403年赵、魏、韩三家正式封侯为晋亡,则其事在公元前406年魏灭中山之后。若将二事倒置,则屠黍至周后二年而中山亡,又三年而晋亡,乃恰与史实相合,行文亦无龃龉。疑有关史料在早本以中山之亡置前,而后来抄传者或不审史实,遂按己意而擅自改置之,本书作者亦因其误而未尝考。　⑰长者:有声望的人。按:下述四人均不详,载籍所见多异名。　⑱去苛令三十九物:废除了苛酷的法令三十九条。物,事,犹言条。　⑲其尚终君之身乎:大概这样还可以让您终身为君(而不会亡国)吧。　⑳曰:《说苑》无此字。一说按上文之例,此当仍作"威公问其故,对曰"七字。　㉑遗(wèi):赠,赐予。极言之士:敢尽言直谏的人。　㉒薨(hōng):死的讳称,古代专用于诸侯。殡(sì):正式下葬于陵墓之前的临时的埋葬。　㉓周乃分为二:指战国时的西周、东周二小国。周考王时,封其弟揭于河南(今河南洛阳西),别建一小国,史称西周,揭即西周桓公。桓公死,威公继位;威公死,惠公继位。惠公复封其少子班于巩(今河南巩县西南),亦别为一小国,史称东周。此记威公死后"九月不得葬",当是因惠公诸子争位所致。大约惠公不得已,乃以其长子继承西周君位,又别出其少子为东周。西周、东周分别于前255年、前249年为秦所灭。

周鼎著饕餮①,有首无身,食人未咽②,害及其身③,以言报更也④。为不善亦然。白圭之中山⑤,中山之王欲留之⑥,白圭固辞,乘舆而去;又之齐,齐王欲留之仕,又辞而去。人问其故,曰:"之二国者⑦,皆将亡。所学有五尽⑧。何谓五尽?曰:莫之必则信尽矣,莫之誉则名尽矣,莫之爱则亲尽矣⑨,行者无粮、居者无食则财尽矣⑩,不能用人又不能自用则功尽矣。国有此五者,无幸必亡⑪。中山、齐皆当此。"若使中山之王与齐王闻五尽而更之⑫,则必不亡矣。其患不闻,虽闻之又不信。然则人主之务,在乎善听而已矣。夫五割而与赵⑬,悉起而距军乎济上⑭,未有益也。是弃其所以存,而造其所以亡也⑮。

【注】①著(zhuó):附加。此指在器物上附加文饰。饕餮(tāo tiè):传说中的一种贪食的恶兽。古代青铜器物多铸刻其头部形象为装饰。今所见商周铜器上多有图案化的饕餮纹。 ②未咽:指咽不下。 ③身:性命。 ④报更:报偿,报应。此指食人为恶,则有恶报。 ⑤白圭:指魏惠王时白圭,见《听言》篇注。 ⑥中山之王:中山国于公元前323年始称王。 ⑦之:此。 ⑧学:犹闻。自有识而谦称闻于他人,故曰学。 ⑨三"莫"字句可译为:不能言必信则信用丧尽,不能赏有功则名分丧尽,不能爱六亲则六亲丧尽。按:此皆为特殊句型,三"莫"字上实分别省略"信"、"名"、"亲"三字,又以复指代词"之"置于动词之前。莫,不能。誉,犹言赏。名,指人主赐予有功者的名分。"莫之誉"实括指赏罚混乱而言,赏罚不当则无名,事事无名则名尽。"莫之必"、"莫之爱"亦分指言行无常、亲疏颠倒。 ⑩行者、居者:分指服兵役出征的人和留守的人。 ⑪无幸必亡:犹言必亡无幸,即必定灭亡而无侥幸存国的希望。 ⑫更:改革。 ⑬五割而与赵:指中山国五次割地给赵国。实指自赵武灵王十九年(前307)至二十六年间,赵五次攻中山,已掠去其大片土地。 ⑭悉起而距军乎济上:此指乐毅率诸国兵攻齐时的济西之役,齐军悉出而拒诸国兵,参见《权勋》篇。距,通"拒"。 ⑮造:成,导致。

观　　世①

　　二曰　天下虽有有道之士,国犹少②。千里而有一士,比肩也③;累世而有一圣人,继踵也④。士与圣人之所自来,若此其难也,而治必待之,治奚由至⑤？虽幸而有⑥,未必知也,不知则与无贤同。此治世之所以短,而乱世之所以长也⑦。故王者不四,霸者不六⑧,亡国相望,囚主相及⑨。得士则无此之患⑩。此周之所封四百余,服国八百余⑪,今无存者矣;虽存,皆尝亡矣⑫。

【注】①观世:观察世道的变迁。本篇论旨仍在人主得贤则世治,欲得贤则须礼士。　②国犹少:指一国之中尚少。　③比肩:肩并肩,喻人多。④累世:连续多代。继踵:也说"接踵",指后行者的脚尖接着前行者的脚后跟。与"比肩"同意。　⑤"而"、"治"二句:假如治世必定要等待他们出现,那么太平世道又怎么能够到来？而,犹"若",假如。奚由,何从。　⑥虽幸而有:即使他们有幸出现。　⑦此二句是说:这就是治世所以短、乱世所以长的原因。短、长,犹言少、多。合历代言之,治世少则时间短,乱世多则时间长。⑧王者不四,霸者不六:指传统所称只有"三王"、"五霸",王者无四,霸者无六,更无过四过六。　⑨亡国相望,囚主相及:亡国之主前后相望,囚辱之主历世相及。　⑩得士则无此之患:或说此句本为注文而窜入了正文,疑是。⑪四百、八百:西周封国之数(包括同姓国与异姓国),史载无实录,此亦就传闻言之。　⑫虽存,皆尝亡:指虽有存者,也已名存而实亡。如《韩非子·八奸》篇云:"所谓亡君者,非莫有其国也,而有之者皆非己有也,令臣以外为制于内,则是君人者亡也。"又其《孤愤》篇云:"人主所以谓齐亡者,非地与城亡也,吕氏弗制而田氏用之;所以谓晋亡者,亦非地与城亡也,姬氏不制而六卿专之也。"又其《三守》篇云:"人主虽贤,不能独计,而人臣有(又)不敢忠主,则国为亡国矣。"皆可与此文相参。

贤主知其若此也,故日慎一日,以终其世。譬之若登山,登山者处已高矣①,左右视尚巍巍焉山在其上。贤者之所与处有似于此②,身已贤矣,行已高矣,左右视尚尽贤于己。故周公旦曰:"不如吾者,吾不与处,累我者也③;与我齐者④,吾不与处,无益我者也。"惟贤者必与贤于己者处。

【注】①处:所处的位置。 ②所与处:与人相处的事体。 ③累:牵累。④齐:等,处同一等次。

贤者之可得与处也,礼之也①。主贤世治则贤者在上,主不肖世乱则贤者在下。今周室既灭,天子既废,乱莫大于无天子。无天子则强者胜弱,众者暴寡,以兵相刬②,不得休息,而佞进③,今之世当之矣。故欲求有道之士,则于江海之上、山谷之中、僻远幽闲之所,若此则幸于得之矣。太公钓于滋泉,遭纣之世也,故文王得之④。文王,千乘也;纣,天子也。天子失之而千乘得之,知之与不知也。诸众齐民,不待知而使,不待礼而令。若夫有道之士,必礼必知,然后其智能可尽也。

【注】①礼之:在于对他们要以礼相待。按:本段此下文字,自"主贤世治"以至段末,皆见于《谨听》篇,这里除注出个别异文外,其余均不再另注。②刬:铲灭。《谨听》篇作"残"。 ③而佞进:此三字当是衍文,《谨听》篇无。④得之:《谨听》篇此二字下有"而王"二字,当有。

晏子之晋①,见反裘负刍息于塗者②,以为君子也③,使人问焉,曰:"曷为而至此④?"对曰:"齐人,累之名,为越石父⑤。"晏子曰:"嘻!"遽解左骖以赎之⑥,载而与归。至舍,弗辞而入⑦,越石父怒,请绝⑧。晏子使人应之曰:"婴未尝得交也,今免子于患,吾于子犹未邪也⑨?"越石父曰:"吾闻君子屈乎不己知者,而伸乎己知者⑩,吾是以请绝也。"晏子乃出见之,曰:"向也见客之容而已⑪,今也见客之志⑫。婴闻察实者不留声,观行者不讥辞⑬。婴可以辞而无弃乎⑭?"越石父曰:"夫子礼之⑮,敢不敬从!"晏子遂以为客⑯。俗人有功则德⑰,德则骄。今晏子功⑱,免人于厄矣⑲,而反屈下之,其去俗亦远矣。此令功之道也⑳。

【注】①晏子:见《士节》篇注。之:往。 ②反裘:翻穿皮衣。指有毛的一面向里,惧磨坏。古人习惯,穿皮衣通常以有毛的一面在外。负刍(chú):背着喂牲口的草。塗:通"途"。 ③以为君子:看上去不像个劳力者。 ④曷为而至此:您是做什么的,怎么会在这里?曷,通"何"。 ⑤此"对曰"是说:我是齐人,有罪累之名,叫越石父。累之名,犹言有罪累之名。此用做从事贱役的讳称,实指为人做奴仆。古时民有轻罪则罚做贱役,故此以喻奴仆身份。《晏子春秋·杂上》篇谓越石父在中牟为仆三年。 ⑥遽解左骖以赎之:立即解下左边的骖马替他赎身。骖(cān),四马驾车时在辕马外侧拉套的马。 ⑦此句是说:到了馆舍,晏子没有对他表示谦让就进去了。辞,辞让、谦让,指谦恭对待的礼节。 ⑧请绝:提出绝交。 ⑨此"应之曰"是说:我晏婴过去未曾跟您结交,现在让您免于患难,我对您还做得不够吗?犹未邪也,《晏子春秋》作"尚未可乎",《新序·节士》篇作"犹未可也",疑本文脱"可"字,衍"邪"字。 ⑩此二句是说:我听说君子屈身于不知己的人,而立身于知己的人。君子,《晏子春秋》作"士者"。此言外之意是:如果您不把我当做知己,那就没有必要替我赎身而客待我;如果您把我当做知己,那就不能无谦让而仍把我当臣仆对待。所说"屈"、"伸"为双关语,故正反言之皆成"请绝"的理由。 ⑪容:容貌,外表。 ⑫志:《晏子春秋》作"意",指心态、

胸怀。　⑬此二句意谓：考察一个人的真实不看他的名声，观察一个人的行为也不看他谦让不谦让。留，留意，稽考。讥，问，犹苛察。《晏子春秋》作"省行者不引其过，察实者不讥其辞"。　⑭此句是说：我晏婴现在可以行辞让之礼而让您不再弃我而去吗？　⑮夫子：对晏子的敬称。　⑯客："宾客"之省称，指礼遇等级高的门客。《晏子春秋》作"上客"。　⑰德：意动用法，自负对别人有恩德。　⑱功：当作"有功"二字，与上文"俗人有功"相承。《晏子春秋》、《新序》均作"有功"，意指对他人有功德。《大戴礼记·盛德》："能成德法者为有功。"　⑲厄：困顿，困境。　⑳令功：善功，亦有令德之意。《晏子》、《新序》作"全功"。

　　子列子穷①，容貌有饥色。客有言之于郑子阳者②，曰："列御寇盖有道之士也③，居君之国而穷，君无乃为不好士乎？"郑子阳令官遗之粟数十秉④。子列子出见使者，再拜而辞⑤。使者去，子列子入，其妻望而拊心曰⑥："闻为有道者妻子，皆得逸乐。今妻子有饥色矣，君过而遗先生食⑦，先生又弗受也，岂非命也哉！"子列子笑而谓之曰："君非自知我也⑧。以人之言而遗我粟也，至已而罪我也，有罪且以人言⑨。此吾所以不受也。"其卒民果作难⑩，杀子阳。受人之养而不死其难则不义，死其难则死无道也⑪。死无道，逆也⑫；子列子除不义，去逆也岂不远哉⑬？且方有饥寒之患矣，而犹不苟取，先见其化也⑭。先见其化而已动⑮，远乎性命之情也⑯。

【注】①子列子：即列御寇，见《不二》篇注。穷：困穷。　②郑子阳：见《首时》篇注。按：以子阳专郑之国柄，时人目之为郑君，故本文下述亦皆以"君"称之。　③盖：表示不十分肯定的语气，约略相当于大抵、大概。　④遗(wèi)：送给。粟数十秉：粮食数百石。秉，古代容量单位，相当于十六斛，一斛约当一石。　⑤辞：谢绝。　⑥望：怨望。拊(fǔ)心：捶着胸脯。　⑦过：

过从,探望。据《经典释文·庄子音义》,疑当作"遇",指礼遇。 ⑧君非自知我:郑君并非自己了解我。 ⑨"至已"二句:《列子·说符》篇作"至其罪我也,又且以人之言"。《庄子·让王》篇同,当从。盖本文误"其"字为"已而","又"写作"有","有"下复衍"罪"字。 ⑩其卒:犹言其后,《新序·节士》篇作"其后"。 ⑪死无道:为无道之人而死。 ⑫逆:大逆不道。 ⑬此二句若作肯定句即是说:列子既能免除不义之名,则自可远离大逆不道的命运。 ⑭先见其化:预见到事物的变化。 ⑮已动:同"以动",以其预见决定行动。 ⑯远乎性命之情:毕沅校注疑"远"为"达"字之误;《新序》作"通"。疑原文当作"远乎达性命之情",谓其能远离大逆,在于他通达养生之道。

知　　接①

三曰　人之目以照见之也,以瞑则与不见同②。其所以为照、所以为瞑异,瞑士未尝照,故未尝见③。瞑者目无由接也,无由接而言见,诳④。智亦然,其所以接智、所以接不智同,其所能接、所不能接异⑤。智者其所能接远也,愚者其所能接近也⑥。所能接近而告之以远化,奚由相得？无由相得,说者虽工,不能喻矣⑦。戎人见暴布者而问之曰⑧:"何以为之莽莽也⑨?"指麻而示之⑩,怒曰:"孰之壤壤也,可以为之莽莽也⑪?"故亡国非无智士也,非无贤者也,其主无由接故也。无由接之患,自以为智,智必不接⑫。今不接而自以为智,悖⑬。若此则国无以存矣,主无以安矣。智无以接而自知弗智,则不闻亡国,不闻危君⑭。

【注】①知接:犹言"知之接",字面意思是人的心智要靠接触事物获得认

知。篇旨主于君人者当接知贤者和智士的远见而不要自以为智。 ②此二句意谓：人的眼睛是像镜子照物那样来看的，而如果闭上眼睛不照物，那就跟不能看没有什么两样。见，本义为看，此用其本义。瞑，闭上眼睛。 ③以上意谓：眼睛被用来照物和闭着它不用来照物是不一样的，闭着的时候未尝用它照物，所以也不曾看到过什么。瞑士，当从下文作"瞑者"，指闭着眼睛的时候。 ④以上是说：闭着眼睛的时候，眼睛无从接物，无从接物而说看见了什么，那是撒谎。诮，同"谎"。 ⑤此处句中"所以接不知"五字，按文义当作"所以不接不智"六字，盖传抄误脱上"不"字。如是则全句意谓：人的心智也是这样，它被用来接物则能有所知，如果不用它来接物则不能有所知，这对任何人都是一样的；但它所能接知和不能接知的程度，却是因人而异的。句中下二"智"字皆读作"知"。 ⑥此二句意思是：聪明的人接物能够了解事物的长远变化，愚蠢的人接物则只能知道事物的眼前现象。 ⑦以上是说：如果有人所能接知的都是眼前的现象，劝说者却告诉他长远的变化趋势，那么又有什么办法让他的认识与自己相合？如果没有什么办法让他的认识与自己相合，那么劝说者的言词即使工致得很，也还是不能让他明白。相得，犹言相合。喻，通"谕"，使明白。 ⑧戎人：戎族的人。在此实代指游牧民族习惯于穿兽皮衣服而未见过织布的人。暴布：晾晒麻布。暴（pù），即"曝"字。 ⑨何以为之莽莽：用什么东西造出这又长又大的玩意儿？莽莽，形容长大。 ⑩指麻而示之：谓晾布的人指着堆放的麻让戎人看。 ⑪此"怒曰"指戎人不高兴，意谓：哪能用这么乱纷纷的东西，就可以造出这么长大的玩意儿？之，此。壤壤，犹"攘攘"，纷乱貌。 ⑫智必不接："智"读作"知"。句意谓亡国之主但为近习谀词所蔽，无从接知智士、贤者的长远之见，故虽自以为智，而所知必不能接之长远。"智必不接"，意近于智所不及，但"智"为"不接"之主语，仍当读作"知"。 ⑬悖：糊涂，荒谬。 ⑭末句是说：虽不能接知长远，而能知道自己的智力有所不及，如此则没有听说会亡国的，也没有听说君主会有危险的。上"智"字亦读作"知"。

管仲有疾，桓公往问之，曰："仲父之疾病矣①，将何以教寡人？"管仲曰："齐鄙人有谚曰：'居者无载，行者无埋②。'今臣将有远行,胡可以问③?"桓公曰:"愿仲父之无让也。"管仲对曰:"愿君之远易牙、竖刀、常之巫、卫公子启方④。"公曰:"易牙烹其子以慊寡人⑤,犹尚可疑邪?"管仲对曰:"人之情非不爱其子也,其子之忍⑥,又将何有于君⑦?"公又曰:"竖刀自宫以近寡人,犹尚可疑邪?"管仲对曰:"人之情非不爱其身也,其身之忍,又将何有于君?"公又曰:"常之巫审于死生,能去苛病⑧,犹尚可疑邪?"管仲对曰:"死生,命也;苛病,失也⑨。君不任其命,守其本⑩,而恃常之巫,彼将以此无不为也。"公又曰:"卫公子启方事寡人十五年矣,其父死而不敢归哭⑪,犹尚可疑邪?"管仲对曰:"人之情非不爱其父也,其父之忍,又将何有于君?"公曰:"诺。"管仲死,尽逐之,食不甘,宫不治,苛病起,朝不肃⑫。居三年,公曰:"仲父不亦过乎?孰谓仲父尽之乎⑬?"于是皆复召而反⑭。明年,公有病,常之巫从中出曰:"公将以某日薨。"易牙、竖刀、常之巫相与作乱,塞宫门,筑高墙,不通人,矫以公令⑮。有一妇人逾垣入,至公所。公曰:"我欲食。"妇人曰:"吾无所得⑯。"公又曰:"我欲饮。"妇人曰:"吾无所得。"公曰:"何故?"对曰:"常之巫从中出曰:'公将以某日薨。'易牙、竖刀、常之巫相与作乱,塞宫门,筑高墙,不通人,故无所得。卫公子启方以书社四十下卫⑰。"公慨焉叹涕出,曰:"嗟乎!圣人之所见岂不远哉?若死者有知,我将何面目以见仲父乎!"蒙衣袂而绝乎寿宫⑱。虫流出于户⑲,上盖以杨门之扇⑳,三月不葬㉑。此不卒听管仲之言也㉒。桓公非轻难而恶管子也㉓,无由接见也㉔。无由接,固却其忠言而爱其所尊贵也㉕。

【注】①病:令人忧虑。参见《贵公》篇注。　②鄙人:边地之人。泛指居住在穷乡僻壤的人。居者无载,行者无埋:家居之物不满一车,迁行之时无须埋藏。喻无财产可牵挂。埋,指迁徙时一时携带不了而需要埋藏在原居址的物品。　③远行:"死"的委婉说法。胡可以问:还有什么值得问?指管仲以为生死不过是世上走一遭,孑然一身而去,无所牵挂。　④远:疏远。易牙:齐桓公嬖臣。名巫,字易牙(一作狄牙),因是雍人(厨师),又称雍巫。善于调味,曾以听说桓公欲尝人肉,乃杀己子而烹之,献于桓公,得宠。管仲死后,与竖刁等共擅权,导致桓公未得善终,公室大乱。竖刀:即竖刁,见《贵公》篇注。常之巫:亦称堂巫。其事不详,据此处所记,乃为齐桓公之巫医。卫公子启方:本为卫国公子,仕于齐,长期不回卫国。亦有宠于齐桓公,与竖刁、易牙并为桓公死后乱齐的祸首之一。汉人避"启"字,多称其名为"开方"。　⑤慊(qiè):惬意,满足。此用为使动词。　⑥忍:残忍。　⑦何有于君:有何爱于君上。　⑧审于死生:能察生死。苛病:即疾病。苛,通"疴"。　⑨失:失于养生。　⑩任其命,守其本:顺从自然尽天命,持守养生之本。　⑪归哭:犹言回去赴丧。哭,丧葬仪式之一。　⑫此处意为:管仲死后,桓公尽逐诸人,而食不甘味,宫室不治,疾病丛生,朝政不饬。　⑬过:过虑。孰谓仲父尽之:谁说仲父之虑都周到无遗。　⑭复召而反:复召诸人返朝。反,同"返",此用为使动词。载籍所引"反"下或有"之"字。按:此云"居三年"而复召诸人,下又言及"明年",则前后共四年,与事实不符。管仲卒于公元前645年,桓公卒于前643年,相隔不足三年。《管子·小称》载:"桓公曰:'嗟!圣人固有悖乎!'乃复四子者。处期年(一年),四子作难。"《史记·齐太公世家》亦只云"管仲死,而桓公不用管仲言,卒近用三子(无常之巫),三子专权"。疑此处"居三年"当作"居三月"。　⑮不通人:不准人进入宫内。矫以公令:假称为桓公的命令。　⑯无所得:无从得到。　⑰书社四十:指有千家居民的土地。书社,见《慎大览》篇注。下卫:犹言入卫,指裹挟其地降归卫国。按:此句文字,《管子·小称》作"公子开方以书社七百下卫矣,食将不得矣"二句,文义较完整,疑本文脱去"食将不得矣"一句。又,此所言"书社"虽有"四十"、"七百"之异,疑皆指管仲的封邑。《晏子春秋·杂下》篇载"桓公

以书社五百封管仲",数又不同。其地约在今山东茌平至冠县一带,邻于卫地,齐景公时曾割让给卫国(见《左传》哀公十五年)。　⑱蒙衣袂而绝乎寿宫:用衣袖蒙住脸面而气绝于寿宫。袂,衣袖。寿宫,桓公寝堂名。《管子》作"援素幭以裹首而绝","素幭"指覆盖车轼的白丝布。　⑲虫流出于户:指桓公尸体上的蛆虫流到了门外。户,门。　⑳上盖以杨门之扇:"杨门"疑即"阳门",指桓公寝堂的正南门;"扇"或是"扆"字之讹,本指屏风,若指木制门扇或竹制门扉等则无法用以覆盖。如是,则句意应是指在桓公死去的寝堂门遮以原在阳门内的大屏风。"上"承上句"户"字而言,不是指在尸体上。盖其时桓公诸子争立,公室大乱,无人敛尸,故以大屏风掩其门而不欲人知。㉑三月不葬:"葬"字不妥,载籍多作"殡"、"敛"或"收"。史载桓公死后六十日始殡(敛尸入棺而停于室内),已过两月,其正式葬礼则在九个月后始举行。或此处文字原作"三月不殡,九月不葬"。　㉒不卒:意为不终,犹言不能始终。《管子》作"不终用贤"。　㉓非轻难而恶管子:并不是轻忽于会有灾难而憎恶管子。　㉔无由接见:"见"字当衍。"无由接"指桓公不能接知管仲的远见。　㉕所尊贵:给以尊贵地位的人。指竖刁等。

悔　　过

四曰　穴深寻①,则人之臂必不能极矣②。是何也?不至故也③。智亦有所不至。所不至④,说者虽辩,为道虽精⑤,不能见矣⑥。故箕子穷于商⑦,范蠡流乎江⑧。

【注】①穴:洞。寻:古代长度单位。一寻为八尺。　②极:尽头。此用为动词,至探至底。　③不至:手不能至,泛指不能达到。　④所不至:一说此三字上当有"智"字。　⑤为道虽精:讲解道理虽精微。指辩说者的讲解。　⑥不能见:不能理解。指智有所不至的被劝说者。　⑦箕子:见《必己》篇注。穷:困。　⑧范蠡:见《当染》篇注。流乎江:相传范蠡在越王勾践灭吴复国后,浮于江湖而去。按:《必己》篇谓"伍员流乎江",《离谓》篇又谓"范蠡、子胥以此流",似是指范蠡亦如子胥,死后被盛以鸱夷(革囊)投入江中。史载

范蠡亦有"鸱夷子皮"之号,或战国时别有传说,以为范蠡与子胥之下场同。

　　昔秦缪公兴师以袭郑①,蹇叔谏曰②:"不可。臣闻之,袭国邑③,以车不过百里,以人不过三十里,皆以其气之趫与力之盛至④,是以犯敌能灭⑤,去之能速⑥。今行数千里,又绝诸侯之地以袭国⑦,臣不知其可也。君其重图之⑧。"缪公不听也。蹇叔送师于门外而哭曰:"师乎⑨!见其出而不见其入也。"蹇叔有子曰申与视⑩,与师偕行。蹇叔谓其子曰:"晋若遏师,必于殽⑪。女死,不于南方之岸,必于北方之岸,为吾尸女之易⑫。"缪公闻之,使人让蹇叔曰⑬:"寡人兴师,未知何如⑭。今哭而送之,是哭吾师也⑮。"蹇叔对曰:"臣不敢哭师也。臣老矣,有子二人,皆与师行。比其反也⑯,非彼死,则臣必死矣⑰,是故哭。"

【注】①秦缪公:即秦穆公,见《尊师》篇注。　②蹇(jiǎn)叔:春秋时秦国大夫。原居宋国,百里奚荐之于秦穆公,被用为上大夫。善谋,尤以谏阻穆公伐郑事著称于史,即本段所记。　③袭国邑:偷袭别国城邑。　④趫(qiáo):强壮,勇武,矫健。按:句中气与力、趫与盛,字义互补。　⑤犯敌:接敌。　⑥去之:脱离战场。　⑦绝:犹过。横渡江河曰绝,引申为穿过。　⑧其:表希望。重图:慎重考虑。　⑨师乎:犹言我们的部队啊。　⑩申、视:蹇叔二子之名。　⑪遏师:遮击我军。殽:见《有始览》篇注。　⑫以上是说:你们若战死,不在殽关的南山崖,就必定在其北山崖,这两个地方就是我为你们收尸的地界。女,同"汝",你们。南方之岸、北方之岸,实指西殽关、东殽关。殽关东西向,绵亘数十里,西殽关偏南,东殽关偏北。岸,崖。尸,用作动词,指收尸。易,通"场",界。　⑬让:责备。　⑭何如:指胜负的可能。　⑮哭吾师:为我军哭丧。责其未战而先言败。　⑯比:等到。反:同"返"。　⑰臣必死:意指秦若全师而还,则自己将因谏阻出兵而被诛。

师行过周①,王孙满要门而窥之②,曰:"呜呼!是师必有疵③。若无疵,吾不复言道矣④。夫秦非他,周室之建国也⑤。过天子之城,宜橐甲束兵⑥,左右皆下⑦,以为天子礼。今袀服回建⑧,左不轼,而右之超乘者五百乘⑨,力则多矣,然而寡礼,安得无疵?"

【注】①周:指周王城,在今河南洛阳。　②王孙满:周大夫。或说为周共王后裔。有识见,善言辞。要:通后世所用"钥"字,指闩门。窥:从门缝看。　③疵:病,过失。　④不复言道:从此不谈事理。　⑤此句是说:秦国不是别国,而是东周王室封立的国家。指秦襄公曾以兵送周平王东至雒邑,平王封襄公为诸侯。　⑥橐(tuó)甲束兵:装起铠甲,藏起兵器。橐,口袋。束,收聚。　⑦左右皆下:指战车上的将领甲士(分居左右)皆下车。　⑧袀(jūn)服回建:军服违背行军之制。袀服,亦作"均服",指出征时将士上下所穿均为同一颜色的军服。回,违。建,当是取《易经》"建侯行师"之意,指行军出征。句意盖谓秦军的服装不统一。　⑨此二句是说:居于车左的将领不伏轼敬礼,居于车右的甲士随便跳上车,这样的战车有五百辆。超乘,跳跃上车。超乘显示勇武,但古人认为是无礼的举动,故下云"力则多矣,然而寡礼"。

师过周而东①。郑贾人弦高、奚施将西市于周②,道遇秦师,曰:"嘻!师所从来者远矣,此必袭郑。"遽使奚施归告。乃矫郑伯之命以劳之③,曰:"寡君固闻大国之将至久矣④。大国不至,寡君与士卒窃为大国忧,日无所与焉⑤。惟恐士卒罢弊与糗粮匮乏何其久也⑥,使人臣犒劳以璧,膳以十二牛⑦。"秦三帅对曰:"寡君之无使也⑧,使其三臣丙也、术也、视也⑨,于东边候晋之道⑩。过是以迷惑,陷入大国之地,不敢固辞⑪。"再拜稽首受之。三帅乃惧而谋曰:"我行数千里,数绝诸侯之地以袭人⑫,未至而人已先知之矣,此其备必已盛矣。"还师去之。

【注】①东:东行。 ②贾人:商人。弦高、奚施:二人事实仅见于此下所述。或又传事后弦高不受郑国赏赐,携其族迁于东夷,终身不返。市:做买卖。 ③矫:假称。郑伯:郑国君主。劳(láo):慰问,犒劳。 ④寡君:古代诸侯谦称。大国:对有实力的别国之敬称。 ⑤与:通"豫",乐。 ⑥罢弊:同"疲弊"。糗(qiǔ)粮:干粮,指军饷。何其久:谓不知在何时。久,犹今言"要多久"。 ⑦璧:圆薄有孔的玉器,古人多用做厚礼的馈赠。膳以十二牛:以十二条牛供给膳食。 ⑧无使:此为外交辞令,意谓缺少可供遣使的人才。 ⑨丙、术(zhú)、视:指秦国此次战事的将领白乙丙、西乞术、孟明视。孟明视,百里氏,名视,字孟明,百里奚之子。此役之前,曾长期为秦驻守瓜州(今甘肃敦煌)。后秦穆公雪此役之耻(见下段注),仍为主将。白乙丙、西乞术事迹不详。 ⑩于东边候晋之道:于秦国东部边境巡察秦、晋间的信道。候,侦察。晋,即"晋"字,疑其"日"旁为"邑"字之残讹。作为地名、国名的"晋",古时可加"邑"旁,左右不定,后世写作"鄑"。 ⑪此三句是说:因为迷路走过了边境,误入贵国境内,不敢固辞贵国的犒劳。 ⑫数绝诸侯之地:意指穿过了好几个诸侯国的地盘。数(shuò),屡次。

当是时也,晋文公适薨未葬,先轸言于襄公曰①:"秦师不可不击也,臣请击之。"襄公曰:"先君薨,尸在堂,见秦师利而因击之,无乃非为人子之道欤?"先轸曰:"不吊吾丧,不忧吾哀,是死吾君而弱其孤也②。若是而击,可大彊,臣请击之。"襄公不得已而许之。先轸遏秦师于殽而击之,大败之,获其三帅以归③。

【注】①先轸(?—前627):春秋时晋国正卿。封于原(今河南济源西北),又称原轸。曾为晋中军元帅,晋楚城濮之战、晋秦殽之战,均为定谋的关键人物之一。殽之战当年秋,与狄人战,死于阵。襄公:晋襄公(?—前621)。春秋时晋国君主。姬姓,名欢,文公之子。殽之战,他身着丧服发兵

后用赵盾为政,于文公时制度多有改革。 ②此处先轸之言意思是:秦国不吊唁我们先君(文公)的丧事,不为我们失去国君感到忧伤,是成心想让我们先君陈尸不得殓葬而欺侮先君遗孤。死,读作"尸",用为动词,指陈尸。晋为大国,其国君死,诸侯皆当赴丧,秦不吊唁,是使晋君不得殓葬。弱,使削弱,此犹言欺侮。孤,指晋襄公。 ③获其三帅以归:是役秦军大败,无一人得脱,三将亦俱被虏,史称"殽之战",事在公元前627年。战后不久,秦三将被放回,穆公仍重用之。此后穆公抚恤阵亡,整顿内政,刻意练兵,于前624年大举伐晋,渡河焚船,卒败晋军,封殽尸而还。

缪公闻之,素服庙临①,以说于众曰②:"天不为秦国③,使寡人不用蹇叔之谏,以至于此患。"此缪公非欲败于殽也,智不至也。智不至,则不信而言不可不信④,师之不反也从此生⑤。故不至之为害大矣。

【注】①素服庙临(lìn):服白布丧服,临祖庙哭吊死者。临,哭吊。 ②说:通"阅",指自我检讨。 ③为:助,佑。 ④智不至,则不信而言不可不信:意谓智力有所不及,则不相信蹇叔之言不可不信。而,犹"之"、"其",代指蹇叔。按:此句毕沅校本改作"智不至则不信,言之不信",不可通,今仍从旧本。高诱注谓"蹇叔言信,不可不信也",知原文必有"不可不信"诸字,毕校不可从。 ⑤反:同"返"。从此生:由此造成。

乐　　成

五曰　大智不形,大器晚成,大音希声①。禹之决江水也,民聚瓦砾②;事已成,功已立,为万世利。禹之所见者远也,而民莫之知③。故民不可与虑化举始,而可以乐成功④。

【注】①此三句可译为:大智能无形象,大器物晚造成,大音响少回声。皆

喻物有大用则不可求于近。希,同"稀",少。语出《老子》,惟首句《老子》原作"大象无形"。　②决江水:泛指大禹治水。传说或谓大禹治水时,有民众不理解,乃聚瓦片碎石而投击之。砾(lì),小石块。　③莫之知:即莫知之,不了解它。　④虑化举始:谋虑更化改革,创始新事物。可以乐成功:可因事业的成功而与之同乐。以,犹与。按:此二句为法家言,系套用《商君书·更法》篇语:"民不可与虑始,而可与乐成功。"

孔子始用于鲁①,鲁人鹥诵之曰②:"麛裘而韠,投之无戾;韠而麛裘,投之无邮。"③用三年,男子行乎塗右,女子行乎塗左,财物之遗者民莫之举④。大智之用,固难逾也⑤。子产始治郑,使田有封洫,都鄙有服⑥。民相与诵之曰:"我有田畴,而子产赋之;我有衣冠,而子产贮之。孰杀子产,吾其与之!"⑦后三年,民又诵之曰:"我有田畴,而子产殖之;我有子弟,而子产诲之。子产若死,其使谁嗣之!"⑧使郑简、鲁哀当民之诽讪也⑨,而因弗遂用,则国必无功矣,子产、孔子必无能矣。非徒不能也,虽罪施于民可也⑩。今世皆称简公、哀公为贤,称子产、孔子为能。此二君者,达乎任人也⑪。舟车之始见也,三世然后安之⑫。夫开善岂易哉?故听无事治⑬。事治之立也,人主贤也⑭。

【注】①此句指孔子晚年始为鲁国司寇(司法长官)。　②鹥(yī):通"繄",语助词,类似动词词头,无义。诵:歌谣,此指传颂谣语。　③此处谣语意为:穿兽皮衣而又戴蔽膝,投击他也没有罪过;戴蔽膝而又穿兽皮衣,投击他也没有过错。麛(mí):小鹿,泛指小兽。韠(bì),古代用兽皮做的蔽膝(类似有文饰的围裙)。戾(lì),罪。邮,通"尤",过错。古人以皮制的裘衣为常服,以特制的蔽膝为朝服或祭服,认为二者不可混穿。此喻指孔子用事多改

旧章,不伦不类。 ④以上指孔子用事三年之后,鲁国男女有礼,路不拾遗。塗,通"途",男女遇于途而各行一边,喻礼义之防已成为自觉行动。举,犹拾。⑤固难逾:本难知晓。逾,通"谕"。句意指有大智能的人行事,开始往往不为人所理解。 ⑥此处指子产始为郑国的相国,即采取改革措施,使土地都有固定的边界,互不侵犯,城邑和乡野居民的衣冠服饰等也都做出相应的规定。封洫,田界和水渠。都鄙,实指从国都以至边地的所有国民。服,服饰,代指等级化的礼仪制度。子产,见《下贤》篇注。 ⑦此处谣语是说:我们有耕地,而子产收取赋税;我们有衣食财产,而子产都敛进了国库。谁要是能杀死子产,我们就会帮助他。 ⑧此处谣语是说:我们有耕地,而子产帮我们种植增收;我们有子弟,而子产帮我们教诲成人。子产要是死去了,还有谁能够代替他。殖,种植。嗣,继承。 ⑨郑简:郑简公(? —前530)。春秋时郑国君主。姬姓,名嘉,公元前565年即位。在位前期,公室屡生内乱;后以子产为卿,政局趋向稳定。鲁哀:鲁哀公,见《必己》篇注。按:孔子为司寇在鲁定公时,此作哀公误。鲁定公(? —前495),姬姓,名宋,公元前509年即位。任用孔子,曾为鲁国争回被齐国侵占的土地。又欲改变三家贵族专政的局面,不果,孔子亦被三桓排斥去位。诽讪(zǐ):同"诽訾",非议怨谤。 ⑩此句是说:非但子产、孔子不能有为,即使为了当时的民意对他们施加罪罚也未尝不可。 ⑪达:通,懂得。 ⑫此句意谓:舟、车最初出现的时候,经过了好几代人们才习惯于使用。 ⑬此句是说:好的发明创造难道是容易的事情吗?所以允许当时无事功。听,允许。事治,犹言事功。 ⑭末句是说:事功的确立最终要靠人主的贤明。

魏攻中山,乐羊将①。已得中山,还反报文侯②,有贵功之色③。文侯知之,命主书曰④:"群臣宾客所献书者⑤,操以进之。"主书举两箧以进⑥。令将军视之,书尽难攻中山之事也⑦。将军还走⑧,北面再拜曰:"中山之举非臣之力,君之功也。"当此时也,论士殆之日几矣⑨。中山之不取也,奚宜二箧哉? 一寸而亡矣⑩。文侯贤主也,而犹若此⑪,又况于中主邪?中主之患,不能勿为,而不可与莫为⑫。凡举无易之事,气志视听动作无非是者,人臣且孰敢以非是邪疑为哉⑬?皆壹于为⑭,则无败事矣。此汤、武之所以大立功于夏、商⑮,而句践之所以能报其雠也⑯。以小弱皆壹于为而犹若此,又况于以彊大乎?

【注】①魏攻中山:参见《先识》篇。乐羊:战国初魏国将领。乐毅先人。由翟璜推荐,为文侯所用,以伐中山之功,封于灵寿(晋河北灵寿西北)。②反:同"返"。文侯:见《下贤》篇注。 ③贵功之色:以功自居的表情。④主书:主管文书的官吏。 ⑤宾客:此指在魏国为官的他国士人。战国时游走各诸侯国的士人很多,其中地位高的宾客多称客卿。书:犹后世所称奏章。 ⑥两箧:两筐。当时以竹简为文书,两筐亦言其多。 ⑦将军:指乐羊。难:非难,以为不可行。 ⑧还走:指返身行礼。 ⑨论士殆之曰几(jī):"日"疑当作"曰",为语助词,略有"亦"字之义。句意谓当时论者几乎使其事废止。殆,通"怠",犹言堕、阻止。《广雅·释诂》:"殆,坏也。""怠,障也。"《方言》卷六:"怠,坏也。""曰几"用为"殆"的状语而置后,突出了阻止者几乎成功的意思。 ⑩此二句是说:若决定罢攻中山,哪里还用得着两筐文书?只要一寸简书就够了。意谓若寝其事,文侯寸简命令即可,然文侯思虑再三,还是力排众议,决定灭中山。句末"亡"字,一说为"已"字之误,当是,今从之。 ⑪若此:如此,指难于抉择而言。 ⑫莫为:疑当作"莫不为",脱"不"字。上言"勿为",此当反言之,不当仍以"莫为"为同义语。如是则全句意为:普通人主的通病,在于既不能无所作为,又不能无所不为。勿、莫,皆与"无"字同义。 ⑬以上谓:凡举大事没有容易的,如果人主的意气、视听、行动无不以为其事是正确可行的,那么人臣还有谁敢以为不可行而怀疑呢?邪,犹"也",起停顿语气的作用。为,语末助词,"孰……为"为特殊句型。 ⑭壹于为:统一(上下意志)于行动。 ⑮此句指商汤、周武王分别灭夏、商而建立新朝事。 ⑯此句指越王勾践向吴国报仇而灭吴事。

魏襄王与群臣饮①,酒酣,王为群臣祝②,令群臣皆得志③。史起兴而对曰④："群臣或贤或不肖,贤者得志则可,不肖者得志则不可。"王曰："皆如西门豹之为人臣也⑤。"史起对曰："魏氏之行田也以百亩⑥,邺独二百亩,是田恶也⑦。漳水在其旁,而西门豹弗知用,是其愚也;知而弗言,是不忠也。愚与不忠,不可效也⑧。"魏王无以应之。明日,召史起而问焉,曰："漳水犹可以灌邺田乎?"史起对曰："可。"王曰："子何不为寡人为之?"史起曰："臣恐王之不能为也。"王曰："子诚能为寡人为之,寡人尽听子矣⑨。"史起敬诺,言之于王曰："臣为之,民必大怨臣,大者死,其次乃藉臣⑩。臣虽死、藉,愿王之使他人遂之也⑪。"王曰："诺。"使之为邺令。史起因往为之,邺民大怨,欲藉史起。史起不敢出而避之,王乃使他人遂为之。水已行,民大得其利,相与歌之曰："邺有圣令,时为史公⑫。决漳水,灌邺旁,终古斥卤,生之稻粱⑬。"使民知可与不可,则无所用矣⑭。贤主忠臣,不能导愚教陋⑮,则名不冠后、实不及世矣⑯。史起非不知化也⑰,以忠于主也,魏襄王可谓能决善矣。诚能决善,众虽喧哗而弗为变。功之难立也,其必由呴呴邪⑱!国之残亡,亦犹此也⑲。故呴呴之中,不可不味也⑳。中主以之呴呴也止善㉑,贤主以之呴呴也立功。

【注】①魏襄王(?—前298):战国时魏国君主。姬姓,名嗣,公元前318年即位。在位时魏国势力削弱,屡被秦国侵逼。饮:宴饮。 ②祝:祝酒,祝愿。 ③得志:得意。 ④史起:魏襄王臣。初为史官,名起。其事仅见于下述。兴:站起来。 ⑤此句是说:希望大家都能成为像西门豹那样的贤臣。西门豹,魏文侯时能臣,以治邺(治今河北临漳西南)闻名,尤以革除当地河伯

娶妇之陋俗为后世所称。史又载其在邺曾率民开凿水渠十二条,以引漳水灌溉,然此所记故事又谓其事仅始于史起。后人或说漳渠的兴修始于他而史起继之。 ⑥魏氏:魏国。行田:犹言赐田,指按当时制度分配土地。百亩:指每个男丁分配一百亩(约合今29市亩左右),即古籍所称的一夫之田。 ⑦恶:不好。因土质不好,故每夫给二百亩,作为隔年轮换耕种的土地。 ⑧此数句《汉书·沟洫志》作:"漳水在其旁,西门豹不知用,是不智也;知而不兴,是不仁也。仁智豹未之尽,何足法也?" ⑨诚:果然。尽听子:都听您的。 ⑩大者死:严重了会要我的命。其次藉臣:轻也会把我打翻在地。藉,践踏,犹言群起而攻之。按:修渠要大兴民役,故民大怨。 ⑪遂之:接续成之。 ⑫时:通"是"。 ⑬此二句意指:自古以来的盐碱地,长出了稻谷好庄稼。 ⑭此句是说:假如当初民众都知道什么事可行,什么事不可行,那么民众就无从被役使了。用,指民之用,役使。 ⑮导愚教陋:引导和教育未开化而认识浅近的民众。 ⑯名不冠后、实不及世:名声不能冠列于后世,实际功利也传不到下一代。 ⑰化:教化。 ⑱咻咻:今通用"汹汹",形容意见不一,议论纷纷。 ⑲犹:通"由"。 ⑳咻咻之中,不可不味:在众人的议论汹汹之中,不可不好好辨别决策的得失。味,辨别,体会。 ㉑之:犹"其"。止善:停止善事。

察 微①

六曰　使治乱存亡若高山之与深谿②,若白垩之与黑漆③,则无所用智,虽愚犹可矣。且治乱存亡则不然④,如可知、如可不知⑤,如可见、如可不见。故智士贤者相与积心愁虑以求之,犹尚有管叔、蔡叔之事与东夷八国不听之谋⑥。故治乱存亡,其始若秋毫⑦;察其秋毫,则大物不过矣⑧。

【注】①察微:言见微知著,察近及远。 ②使:假如。深谿:深谷。

③白垩:白色涂料。古人以白垩土作粉刷墙壁的涂料。　④且:用法同"夫",发语词。　⑤可知、可不知:可能知道,可能不知道。　⑥管叔、蔡叔:皆周武王之弟。管叔名鲜,蔡叔名度,因分别分封于管、蔡(今河南郑州、上蔡),又为成王叔辈,故有此称。二人于武王死后,反对周公摄政,遂支持商王室后裔武庚发动复国战争。周公东征,历时三年而乱平,管叔被杀,蔡叔被流放。东夷八国:指当时支持武庚反叛的东夷国家。八国之名不详,其核心是鲁地的奄国和齐地的薄姑,皆在周公东征时被镇压灭国。　⑦秋毫:鸟兽在秋天新长出的细毛。喻极微小之物。　⑧大物不过:大事不会发生过错。

　　鲁国之法,鲁人为人臣妾于诸侯①,有能赎之者,取其金于府②。子贡赎鲁人于诸侯③,来而让④,不取其金。孔子曰:"赐失之矣⑤。自今以往,鲁人不赎人矣⑥。"取其金则无损于行⑦,不取其金则不复赎人矣。子路拯溺者⑧,其人拜之以牛⑨,子路受之。孔子曰:"鲁人必拯溺者矣。"孔子见之以细,观化远也⑩。

【注】①为人臣妾于诸侯:在其他诸侯国给人当奴婢。臣,男仆。妾,女婢。　②取其金于府:可向官府领取赎金。　③子贡:见《当染》篇注。　④让:推辞。　⑤赐:子贡之名。失之:做得不对。　⑥鲁人不赎人:《淮南子·齐俗训》作"鲁国不复赎人"。句意谓赎人者若皆仿效子贡,则取金于府的法令不行,将渐至无赎人者。　⑦行:个人品行、德行。　⑧子路:见《审己》篇注。溺者:溺水的人。　⑨拜:谢。　⑩观化远:看事物的影响和变化看得远。

　　楚之边邑曰卑梁①,其处女与吴之边邑处女桑于境上②,戏而伤卑梁之处女。卑梁人操其伤子以让吴人③,吴人应之不恭,怒杀而去之④。吴人往报之⑤,尽屠其家。卑梁公怒⑥,曰:"吴人焉敢攻吾邑!"举兵反攻之,老弱尽杀之矣。吴王夷昧闻之怒⑦,使人举兵侵楚之边邑,克夷而后去之⑧。吴、楚以此大隆⑨。吴公子光又率师与楚人战于鸡父⑩,大败楚人,获其帅潘子臣、小惟子、陈夏啮⑪;又反伐郹⑫,得荆平王之夫人以归⑬,实为鸡父之战⑭。凡持国,太上知始,其次知终,其次知中⑮。三者不能,国必危,身必穷。《孝经》曰:"高而不危,所以长守贵也;满而不溢,所以长守富也。富贵不离其身,然后能保其社稷而和其民人。"⑯楚不能之也。

【注】①卑梁:古地名,在今安徽天长西北。 ②处女:未婚女子。此指年龄小,犹今言小姑娘。桑:用为动词,指采桑叶。 ③伤子:受伤的女子。让:责备。 ④怒杀而去之:指楚人怒杀吴人而离去。 ⑤报:报复。 ⑥卑梁公:指卑梁邑的守邑大夫。 ⑦夷昧(?—前526):载籍或作"馀昧"、"馀眛"。春秋时吴国君主。吴王僚之父。公元前530年即位。 ⑧克夷:攻克而夷平其地。夷,平。 ⑨大隆:大斗,指争端上升为大动干戈的战争。隆,通"哄"(繁体作鬨),斗。 ⑩公子光:即阖庐,见《当染》篇注。鸡父:古地名,在今河南固始东南。 ⑪潘子臣、小惟子:皆楚国大夫。陈夏啮:指陈国大夫夏啮。鸡父之战,陈助楚,故吴人获之。 ⑫郹:当是"鄀(jú)"字之误,详下注⑭。 ⑬荆平王之夫人:吴女,嫁于楚平王,为楚太子建生母。鸡父之战后,被吴国接回。 ⑭实为:实因为,实出于。按:以上所记,与史实不尽相符。据《史记·楚世家》等记载,卑梁本为吴国边邑,因二女争桑而起争端,楚国灭之。吴国报复,亦灭楚邑钟离(今安徽凤阳东北)、居巢(今安徽巢湖市东北)。盖春秋时诸邑或属楚,或属吴,时有变动,故后来传闻有异辞。又,据《左传》记载,吴、楚鸡父之战在公元前519年秋,是役吴获陈夏啮;同年十月,吴太子诸樊又入鄀(在今河南新蔡境),取楚平王夫人及其宝物以归,楚人追之不及。至公元前504年,两国又发生水战,吴太子终累大败楚舟师,获楚将潘子臣、小惟子及大夫七人。本书此处所记亦混前后战事为一。 ⑮太上:最上等的。始、终、中:事物的发生、结果、发展过程。 ⑯此处引文见于今本

《孝经·诸侯章》,意思是:地位高贵而不因骄纵而倾危,以便能长久保持高贵;财产充足而不因奢侈而外溢,以便能长久保持富足。自身能保持富贵,然后才能保住其社稷国家,使其人民安居和谐。

郑公子归生率师伐宋①,宋华元率师应之大棘②,羊斟御③。明日将战,华元杀羊飨士④,羊斟不与焉⑤。明日战,怒谓华元曰:"昨日之事子为制,今日之事我为制⑥。"遂驱入于郑师⑦。宋师败绩,华元虏⑧。夫弩机差以米则不发⑨;战,大机也⑩,飨士而忘其御也,将以此败而为虏,岂不宜哉?故凡战必悉熟偏备⑪,知彼知己,然后可也。

【注】①公子归生:春秋时郑国正卿。姬姓,名归生,字子家。自郑穆公即位至襄公初年执郑国之政,周旋于晋、楚两大国间,曾多次参加诸侯会盟。此所记为其受楚命率师伐宋事,事在公元前607年。 ②华元(?—约前565):春秋时宋国正卿。为宋国公族,自宋文公至平公时执政数十年。此记其率师抵御郑军,兵败于大棘(今河南睢县南),被俘。不久逃回。 ③羊斟御:羊斟驾车。战后其人奔鲁。 ④飨士:以宴享犒劳甲士。 ⑤不与:不在其中。 ⑥今日之事:指驾车。制:操控。 ⑦驱入于郑师:将华元所乘战车直接驰入了郑国的军队。 ⑧虏:被俘虏。 ⑨弩(nǔ)机:弩弓的铜制发射装置。弩,一种利用机械力量发射箭的强弓。差以米则不发:指发射机关有一个米粒的误差也不能发射。 ⑩大机:谓战争是关系到生死存亡的大关键。 ⑪悉熟偏备:对自己的部下要有详悉充分的了解。偏备,犹"偏裨",指部将、部属。

鲁季氏与郈氏斗鸡①,郈氏介其鸡②,季氏为之金距③。季氏之鸡不胜,季平子怒,因归郈氏之宫而益其宅④。郈昭伯怒,伤之于昭公⑤,曰:"禘于襄公之庙也,舞者二人而已,其余尽舞于季氏⑥。季氏之无道无上久矣,弗诛,必危社稷。"公怒,不审⑦,乃使郈昭伯将师徒以攻季氏⑧,遂入其宫。仲孙氏、叔孙氏相与谋曰⑨:"无季氏,则吾族也死亡无日矣。"遂起甲以往,陷西北隅以入之⑩。三家为一,郈昭伯不胜而死。昭公惧,遂出奔齐,卒于乾侯⑪。鲁昭听伤而不辩其义⑫,惧以鲁国不胜季氏⑬,而不知仲、叔氏之恐而与季氏同患也,是不达乎人心也。不达乎人心,位虽尊,何益于安也?以鲁国恐不胜一季氏,况于三季⑭?同恶固相助。权物若此其过也,非独仲、叔氏也,鲁国皆恐⑮;鲁国皆恐,则是与一国为敌也,其得至乾侯而卒犹远⑯。

【注】①季氏:指季平子(?—前505)。春秋时鲁国正卿。姬姓,季孙氏,简称季氏,名意如,谥平子。鲁昭公时专国政,以与郈氏、臧氏争斗,为昭公所伐,遂在叔孙氏、孟孙氏支持下逐昭公。郈(hòu)氏:指郈昭伯(?—前517)。春秋时鲁国大夫。姬姓,郈氏,名恶。与季氏结怨,以兵攻季氏,反为所败,被杀。斗鸡:季氏、郈氏积怨久,以斗鸡争胜负,引发鲁国内乱,史称"斗鸡之变"。 ②介其鸡:有不同解释。一说"介"读作"甲",指给鸡披上金属甲;一说"介"通"芥",指在鸡羽中撒上芥末。疑以前说为是。 ③为之金距:给鸡套上金属爪。距,鸡爪。 ④此句指季平子侵占郈氏的住宅地而扩大自己的住宅。归,据高诱注及《淮南子·人间训》当作"侵"。宫,指郈氏住宅,下文"其宫"指季氏住宅。 ⑤伤:中伤,说坏话。 ⑥此数句是说:在襄公庙举行禘祭的时候,表演祭舞的舞蹈者只有十六人,其余都被季氏留在自己的家庙里作表演了。禘,古代的一种大祭,此指祭祖。襄公,鲁襄公(前574—前542)。姬姓,名午,昭公之父。公元前572年继位。在位时,公室权力为季氏所执,他形同傀儡。二人,当是"二八"之误,本指共有两行、每行八人的舞列。按:古代礼乐制度规定,凡配乐之舞,天子用八佾(八八六十四人的方正舞阵),诸侯用六佾(六六三十六人的舞阵),大夫用四佾(四四一十六人的舞阵)。此"二八"为变制,非禘祭所宜用,而季氏以公室舞者舞于家庙,尤属僭

越。孔子曾批评"季氏八佾舞于庭,是可忍也,孰不可忍也"(《论语·八佾》)。鲁国祭祖得用天子之礼,季氏于襄公庙只用舞者十六人,则所裁撤的公室舞者为四十八人,外加其所得用的十六人,乃正得八佾之数,知孔子谓其"八佾舞于庭"不虚。 ⑦不审:未详察。 ⑧师徒:指公室兵徒。 ⑨仲孙氏:史籍多作孟孙氏。与叔孙氏、季孙氏俱为鲁桓公后裔,合称"三桓"。自鲁文公去世后,三桓即势力日强,分领三军,共执鲁政。其中季孙氏势力最大,叔孙氏次之,孟孙氏又次之。 ⑩"起甲"句:指孟孙氏、叔孙氏各派出甲士前往,共同攻陷季氏住宅围墙的西北角而入于其中,以救季氏。 ⑪昭公:鲁昭公(?—前510)。春秋时鲁国君主。姬姓,名裯(或作稠、袑),襄公庶子。公元前541年即位。晚年以不满于三桓专国政,遂支持郈氏攻季氏。事败,并为三桓所攻,出逃齐国。后入晋,被安置于晋小邑乾侯(今河北成安东南),死于其地。 ⑫辩其义:分辨其宜。辩,通"辨"。 ⑬鲁国:指鲁公室。 ⑭三季:三个季氏,犹言三桓。"三季"下疑重文"同恶"二字,指三桓共同与昭公交恶。 ⑮"权物"句意指:权衡事体失误到如此地步,非但孟孙氏、叔孙氏为之不安,即整个鲁国都感到恐惧(惧国乱而亡)。按:当时诸侯国已有"季氏出其君而民服"的说法。 ⑯得至乾侯而卒犹远:指昭公最终得以死在乾侯,较之当时若被弑已是远为幸运的结果。

去　宥①

七曰　东方之墨者谢子将西见秦惠王②,惠王问秦之墨者唐姑果③。唐姑果恐王之亲谢子贤于己也④,对曰:"谢子,东方之辩士也,其为人甚险⑤,将奋于说以取少主也⑥。"王因藏怒以待之⑦。谢子至,说王⑧,王弗听。谢子不说⑨,遂辞而行。凡听言,以求善也。所言苟善,虽奋于取少主,何损?所言不善,虽不奋于取少主,何益?不以善为之愳⑩,而徒以取少主为之悖,惠王失所以为听矣。用志若是⑪,见客虽劳,耳目虽弊,犹不得所谓也⑫。此史定所以得行其邪也,此史定所以得饰鬼以人、罪杀不辜、群臣扰乱、国几大危也⑬。人之老也,形益衰而智益盛⑭。今惠王之老也,形与智皆衰邪?

【注】①去宥:与"去尤"同意,亦言去掉主观偏见。宥,通"囿",局限。 ②东方:与关中相对而言,指潼关或崤山、函谷关以东。谢子:战国时墨家学者,事迹不详,"子"为学者通称。秦惠王:见《去私》篇注。 ③唐姑果:当亦为东方墨家学者。以其较早入秦,故此谓之为"秦之墨者"。 ④亲:亲近。旧校谓一作"视",即看待。贤:胜过,超过。 ⑤险:善于巧言谄媚。 ⑥奋于说:极力张扬其学说。取少主:取得少主的欢心。少主,指惠王太子。句意实谓惠王既年老,谢子至秦,将谋为太子师傅以进其身。 ⑦藏怒:心怀怒气而不发。 ⑧说(shuì):劝说,进言。 ⑨说:通"悦"。 ⑩为之悫(què):认为他诚实(说的是真话)。为,通"谓"。悫,诚实。 ⑪用志:用意。 ⑫不得所谓:不能得知宾客言论的宗旨。 ⑬史定:未详何人,他书未见。以史实考之,疑即犀首,即战国时纵横家公孙衍。衍为魏人,曾在秦为客卿,得惠王信重。后因与张仪不合,返魏,主张合纵抗秦。公元前319年,曾发动三晋及燕、楚五国攻秦,又挑动西戎扰乱秦后方,使秦国遭受重大挫折。其事在秦惠王晚年。 ⑭形:身体。

荆威王学书于沈尹华①,昭厘恶之②。威王好制③,有中谢佐制者④,为昭厘谓威王曰:"国人皆曰,王乃沈尹华之弟子也。"王不说⑤,因疏沈尹华。中谢,细人也⑥,一言而令威王不闻先王之术,文学之士不得进,令昭厘得行其私。故细人之言不可不察也,且数怒人主⑦,以为奸人除路⑧;奸路以除而恶壅却⑨,岂不难哉?夫激矢则远,激水则旱,激主则悖,悖则无君子矣⑩。夫不可激者,其唯先有度⑪。

【注】①荆威王:楚威王(?—前329)。战国时楚国君主。芈姓,名熊商,公元前339年即位。学书:学书法。沈尹华:楚官吏。当是为沈邑(今河南平舆北)守令,名华。 ②昭厘:不详。疑指昭睢,楚国昭姓贵族,怀王(威王之子)时为国相。恶:厌恶,嫉恨。 ③好制:好亲自书写命令。制,命令。 ④中谢:职官名,为君主近侍。佐制:帮助起草命令。 ⑤说:通"悦"。 ⑥细人:身份低微的人。 ⑦且:将。数(shuò):屡次。怒:激怒。 ⑧除路:犹言开通道路。除,修治。 ⑨以:同"已",已经。恶壅却:不喜欢被壅蔽。却,闭,犹蒙蔽。 ⑩"夫"字下是说:加力激射则箭矢行远,水流激湍则势头猛烈,人主激怒则行为悖谬,行为悖谬则身边无君子。激,指因外力影响加急、加猛、加怒。旱,通"悍",猛。 ⑪此句可译为:人主若求不受外力影响,就只有事先确立行事的法度。

邻父有与人邻者①,有枯梧树。其邻之父言梧树之不善也②,邻人遽伐之③,邻父因请而以为薪。其人不说④,曰:"邻者若此其险也⑤,岂可为之邻哉?"此有所宥也。夫请以为薪与弗请,此不可以疑枯梧树之善与不善也⑥。齐人有欲得金者,清旦被衣冠⑦,往鬻金者之所⑧,见人操金,攫而夺之⑨。吏搏而束缚之⑩,问曰:"人皆在焉,子攫人之金,何故?"对吏曰:"殊不见人⑪,徒见金耳。"此真大有所宥也。夫人有所宥者,固以昼为昏,以白为黑,以尧为桀,宥之为败亦大矣。亡国之主,其皆甚有所宥邪?故凡人必别宥然后知,别宥则能全其天矣⑫。

【注】①邻父:此二字当衍,或只作"人"字。 ②父(fǔ):对老年男子的尊称。不善:不吉利。 ③邻人:当从下文作"其人"。遽:立即。 ④说:通"悦"。 ⑤险:阴险。 ⑥"夫"字下是说:邻人在梧桐树砍倒后是不是请求借点当柴烧,这点并不能成为怀疑枯死的梧桐树是不是吉利的根据。实指不可因此而怀疑人家动机不纯。 ⑦被:通"披",穿戴。 ⑧鬻金者之所:卖

金子的地方。　⑨攫:抓取。　⑩吏:执法的吏人。搏:捕。　⑪殊:程度副词,犹绝。　⑫末二句是说:人们认识事物一定要首先破除成见,然后才能获得真知;能够破除成见,也就能够保全自己的天性。别宥,犹言破除成见。

正　名①

八曰　名正则治,名丧则乱②。使名丧者,淫说也③。说淫,则可不可而然不然,是不是而非不非④。故君子之说也,足以言贤者之实、不肖者之充而已矣⑤,足以喻治之所悖⑥、乱之所由起而已矣,足以知物之情、人之所获以生而已矣⑦。

【注】①正名:言根据客观事物的内在实质,端正和规范其外在的名义和名分。　②此二句意谓:名分正则国家得治,名分不正则国家混乱。丧,失,指失其正。　③淫说:浮夸不实、泛滥无节制的言辞。　④以上意谓:言辞浮夸,则把不合适的说成是合适的,把不肯定的说成是肯定的,把不对的说成是对的,把不错的说成是错的。　⑤以上意谓:君子的言论,足以说出贤者、不肖者的真实情况也就行了。充,与"实"同义。　⑥喻:同"谕",使人知晓,讲明。悖:通"勃",兴。　⑦知物之情:使人了解万物的真实情形。人之所获以生:人所以得万物之用而生存的原因。

凡乱者,刑名不当也①。人主虽不肖,犹若用贤,犹若听善,犹若为可者②。其患在乎所谓贤从不肖也,所为善而从邪辟,所谓可从悖逆也,是刑名异充而声实异谓也③。夫贤不肖、善邪辟、可悖逆,国不乱、身不危奚待也④?齐湣王是以知说士⑤,而不知所谓士也,故尹文问其故,而王无以应⑥。此公玉丹之所以见信⑦,而卓齿之所以见任也⑧。任卓齿而信公玉丹,岂非以自雠邪⑨?

【注】①刑名不当:实和名不相当,即名实不符。刑,通"形",实。 ②犹若:尚且。可者:可行之事。 ③以上是说:人主的祸患在于他们所谓用贤实从不肖,所谓听善实从邪僻,所谓可行实从悖逆,结果是名同而实不同、名实的指谓相分离。"所为善而从邪辟"句,当从上下文作"所谓善从邪辟也"。刑名异充,即形名异实,指名同实不同。声实异谓,指名实的称谓颠倒,以名为实,以实为名。 ④以上是说:以不肖为贤、以邪僻为善、以悖逆顺,要使国不乱、身不危还能靠什么呢?待,依靠。 ⑤齐湣王:见《审己》篇注。是以:此二字当在"齐湣王"上。说士:同"悦士",喜欢士,犹言好士。 ⑥此所述齐湣王及尹文事,即下文"尹文见齐王"故事。尹文,载籍通称尹文子,战国时学者。与宋钘齐名,曾同游齐国稷下学宫。《汉书·艺文志》录有《尹文子》一篇,列入名家。 ⑦公玉丹:见《审己》篇。 ⑧卓齿:或作"淖齿"、"悼齿"、"踔齿",战国时楚将。公元前284年,燕将乐毅率诸国兵破齐,湣王逃往至莒(今山东莒县),求救于楚,他奉楚王命率军救齐,被湣王委任为齐相。未几,欲与燕共分齐国宝器财物,遂将湣王抽筋杀死。由此引起众怒,被湣王臣王孙贾等率莒市民攻杀。 ⑨自雠:自己为自己树立仇敌。

尹文见齐王,齐王谓尹文曰:"寡人甚好士①。"尹文曰:"愿闻何谓士?"王未有以应。尹文曰:"今有人于此,事亲则孝,事君则忠,交友则信,居乡则悌②。有此四行者,可谓士乎?"齐王曰:"此真所谓士已③。"尹文曰:"王得若人④,肯以为臣乎?"王曰:"所愿而不能得也。"尹文曰:"使若人于庙朝中⑤,深见侮而不斗⑥,王将以为臣乎?"王曰:"否。大夫见侮而不斗⑦,则是辱也。辱则寡人弗以为臣矣。"尹文曰:"虽见侮而不斗,未失其四行也⑧。未失其四行者,是未失其所以为士一矣。未失其所以为士一而王以为臣,失其所以为士一而王不以为臣,则向之所谓士者乃士乎⑨?"王无以应。尹文曰:"今有人于此,将治其国,民有非则非之,民无非则非之,民有罪则罚之,民无罪则罚之,而恶民之难治⑩,可乎?"王曰:"不可。"尹文曰:"窃观下吏之治齐也⑪,方若此也。"王曰:"使寡人治信若是⑫,则民虽不治,寡人弗怨也。意者未至然乎⑬!"尹文曰:"言之不敢无说⑭,请言其说。王之令曰:'杀人者死,伤人者刑。'民有畏王之令,深见侮而不敢斗者,是全王之令也⑮;而王曰:'见侮而不敢斗,是辱也。'夫谓之辱者,非此之谓也,以为臣不以为臣者罪之也,此无罪而王罚之也⑯。"齐王无以应。论皆若此⑰,故国残身危,走而之谷如卫⑱。齐湣王,周室之孟侯也,太公之所以老也⑲。桓公尝以此霸矣,管仲之辩名实审也⑳。

【注】①此处"好士"二字下,《公孙龙子·迹府》篇尚有"以齐国无士,何也"七字,语意更完整。以,犹"而"。 ②悌(tì):敬爱兄长之称。古代伦理常以"孝悌"连称,强调父慈子孝、兄友弟恭。按:《公孙龙子》作"处乡则顺",似以"顺"字为是。顺,犹恭。 ③已:同"矣"。 ④若人:这样的人。 ⑤庙朝:庙堂,代指公共活动场所。旧校谓"庙"一作"广"。《公孙龙子》及《孔丛子·公孙龙》篇皆作"广庭大众"。 ⑥深见侮而不斗:深受侮辱而不争斗。见,被。按:宋钘、尹文学派有此主张,意欲以辱去辱,"使人不斗"。 ⑦大夫:当从《孔丛子》作"夫士",指士人而言,"夫"为发语词。 ⑧四行:指上文所说"孝"、"忠"、"信"、"悌"。 ⑨以上文字当有衍误。参考《公孙龙子》校正,疑当作:"未失其四行者,是未失其所以为士矣。未失其所以为士,一而王以为臣,一而王不以为臣,则向之所谓士者乃非士乎?"盖传抄者误以"未失其所以为士一"连读,遂于上句"未失其所以为士"下亦加"一"字,又于下"一而"上添入"失其所以为士"诸字,故致文义全乱而不可读。而,犹"则"。句末"非"字,《公孙龙子》、《孔丛子》皆有而本文无,当亦传抄者误删。 ⑩恶(wù):反感,憎恨。 ⑪下吏:您下面的官吏。实为指责齐湣王的委婉

用语。 ⑫使寡人治信若是：假如我治国真的像您说的这样。使，假如。信，诚，果然。《公孙龙子》"治"下有"国"字，疑此脱。 ⑬意者未至然乎：我想还未到这种地步吧。 ⑭无说：无理由。 ⑮全：顾全，忍而行之。 ⑯此处"夫"字下文字当亦有误，宜从《公孙龙子》所记校正理解。《公孙龙子》之文如下："谓之辱，非之也。无非而王辱之，故因除其籍，不以为臣也。不以为臣者，罚之也。"意思是说：王谓其人不斗即是辱，则是认为他的这种行为有过错。他的这种行为本无过错而王以为是一种耻辱，故因此而剥夺他为官的资格，不用以为臣。不用以为臣，就是对他的一种惩罚。除其籍，指除其为官之籍，犹言不起用。按：疑本书古本此处曾有残简而脱去十余字，现存文字乃传抄者臆补而成。 ⑰论：指判断是非的标准。 ⑱走而之谷如卫：指齐湣王在诸国兵攻破齐都临淄后出逃，先到谷邑（今山东东阿县南之东阿镇），又到了卫国。 ⑲此处"齐湣王"三字当只作"齐"字，"湣王"二字疑亦衍文。句意是说：齐国原是周王室分封的诸侯之长，是姜太公用以养老的封地。史载周武王灭商后，以齐国为首封，故此称"孟侯"。孟，长。老，养老。 ⑳末句是说：桓公尝以齐国称霸，靠的就是管仲对齐国士人名实的精审明辨。辩，通"辨"。

卷十七　审分览第五

审　分　览

一曰　凡人主必审分①,然后治可以至②,奸伪邪辟之塗可以息③,恶气苛疾无自至④。夫治身与治国,一理之术也⑤。今以众地者,公作则迟,有所匿其力也;分地则速,无所匿迟也⑥。主亦有地,臣主同地,则臣有所匿其邪矣,主无所避其累矣⑦。

【注】①审分:审察名分。主要指君臣上下等级名义、职事本分及相关权利与责任的差别。　②治可以至:太平治世可以达到。　③塗:通"途",此指奸邪进身之路。息:止,堵塞。　④恶气苛疾无自至:邪气疾病无从而来。此相对于养生而言。苛,通"疴",疾病。　⑤句意谓治身与治国之术,道理是一样的。　⑥以上是说:譬如众人共耕一地,集体劳作则完成得慢,因为各人都有所偷懒而不尽全力;分开劳作则完成得快,因为各有定额而无从偷懒与推迟。今,表假设。匿,隐藏。　⑦此数句承上作比喻,意为:人主亦有自己的土地,假如人主与臣下共耕,则臣下出于私心而有所不尽力,人主便无所避其劳累。邪,犹言私。

凡为善难,任善易①。奚以知之②?人与骥俱走③,则人不胜骥矣；居于车上而任骥，则骥不胜人矣。人主好治人官之事④，则是与骥俱走也，必多所不及矣。夫人主亦有居车、无去车⑤，则众善皆尽力竭能矣，谄谀诐贼巧佞之人无所窜其奸矣⑥，坚穷廉直忠敦之士毕竞劝骋骛矣⑦。人主之车所以乘物也⑧，察乘物之理则四极可有⑨。不知乘物而自怙恃⑩，夺其智能、多其教诏而好自以⑪，若此则百官恫扰⑫，少长相越⑬，万邪并起，权威分移⑭，不可以卒⑮，不可以教⑯，此亡国之风也。

【注】①此句意谓：凡事自己去做要做得好就难，利用会做的人去做就容易。 ②奚：何。 ③骥：骏马，千里马。 ④人官之事：人臣官职分内的事。 ⑤有居车、无去车：总是坐于车上而不离开车。 ⑥诐(bì)：邪僻。窜：逃，藏匿。 ⑦坚穷：刚毅恭谨。穷，通"劌"，谨敬。毕：尽，皆。竞劝：争相勉力。骋骛：驰驱，竭能效力之意。 ⑧乘物：因任众物，用众人的力量。乘，因。物，众，兼指物和人。 ⑨四极可有：犹言可领有天下。四极，四方极远之地，代指天下。 ⑩自怙恃：靠个人之力。 ⑪夺：当是"奋"字之误，指自矜、自逞。教诏：指令。自以：自用。句意指不知因物之主好逞智能、多以具体指令干涉臣下事务而师心自用。 ⑫恫(dòng)扰：惶恐扰乱。 ⑬少长相越：资历浅、职位低者僭越资历老、职位高者。 ⑭权威分移：权势分散转移（旁落私门）。 ⑮卒：终止。 ⑯教：训诫，规谏。

王良之所以使马者①，约审之以控其辔②，而四马莫敢不尽力。有道之主，其所以使群臣者亦有辔。其辔何如？正名审分，是治之辔已③。故按其实而审其名，以求其情④；听其言而察其类，无使放悖⑤。夫名多不当其实，而事多不当其用者，故人主不可以不审名分也。不审名分，是恶壅而愈塞也⑥。壅塞之任⑦，不在臣下，在于人主。尧、舜之臣不独义,汤、禹之臣不独忠,得其数也⑧;桀、纣之臣不独鄙,幽、厉之臣不独辟,失其理也⑨。

【注】①王良:古代善驭马驾车者。相传为春秋时晋国人,即赵简子、襄子之御者邮无恤,又称邮无正、邮良、王子于期等,异名甚多。 ②约审:约束审察。控:勒马。辔:马缰绳。 ③已:同"矣"。 ④情:真,指名实关系的真实情况。 ⑤类:事类,事例。放悖:放任悖乱。 ⑥恶壅而愈塞:不欲壅蔽而更加阻塞。 ⑦任:责任。 ⑧"尧、舜"以下是说:并非只有尧、舜的臣下才仁义,也并非只有汤、禹的臣下才忠诚,而是因为他们驾驭臣下有方。数,通"术"。 ⑨鄙、辟:庸俗、邪辟。失其理:失其驾驭臣下之理。

今有人于此,求牛则名马①,求马则名牛,所求必不得矣;而因用威怒②,有司必诽怨矣③,牛马必扰乱矣。百官,众有司也;万物,群牛马也。不正其名,不分其职,而数用刑罚④,乱莫大焉。夫说以智通而实以过悗,誉以高贤而充以卑下,赞以洁白而随以污德,任以公法而处以贪枉,用以勇敢而埋以罢怯⑤。此五者,皆以牛为马,以马为牛,名不正也。故名不正则人主忧劳勤苦,而官职烦乱悖逆矣。国之亡也,名之伤也,从此生矣。白之顾益黑⑥,求之愈不得者,其此义邪!

【注】①求牛则名马:想得到牛却称之为马。 ②因用威怒:因此发威动怒。 ③有司:主管人员。 ④数(shuò):频繁。 ⑤以上五句大意是说:称道某人智术明通,用之则其人表现得愚昧糊涂;赞誉某人高雅贤能,用之则其人表现得平庸卑下;表扬某人修身清洁,用之则其人随即便有污秽之行;以公法选举任用某人,而其人处官却贪赃枉法;以勇猛果敢起用某人,而其人却表现得疲弱怯懦。过悗(mán),一说为"遇悗"之误,通"愚悗",即愚惑之意,当是。埋,与"实"、"充"同义,皆指被任用者的表现而言。罢,通"疲"。

⑥白之顾益黑:欲使之白反而更黑。顾,反。

　　故至治之务,在于正名。名正则人主不忧劳矣,不忧劳则不伤其耳目之主①。问而不诏,知而不为,和而不矜,成而不处②;止者不行,行者不止,因形而任之,不制于物,无肯为使③;清静以公,神通乎六合,德耀乎海外,意观乎无穷,誉流乎无止④。此之谓定性于大湫⑤,命之曰无有⑥。故得道忘人,乃大得人也夫,其非道也⑦?知德忘知,乃大得知也夫,其非德也⑧?至知不几,静乃明几也夫,其不明也⑨?大明不小事,假乃理事也夫,其不假也⑩?莫人不能,全乃备能也夫,其不全也⑪?是故于全乎去能,于假乎去事,于知乎去几,所知者妙矣⑫。若此则能顺其天,意气得游乎寂寞之宇矣,形性得安乎自然之所矣⑬。全乎万物而不宰,泽被天下而莫知其所自姓,虽不备五者,其好之者是也⑭。

【注】①耳目之主:犹言视听之正。主,正。　②四"不"字句:考察而不指令,知悉而不自为,协调而不傲慢,事成而不居功。问,考察。　③以上五句:静者不使动,动者不使静,皆因事物运动状态而随其自然,不控制外物,亦不为外物所役使。形,指事物发展的实际情形,犹言运动状态。毕校本改为"刑",不妥,今仍从旧。　④以上五句:清静无为而公正无私,精神贯通于天地四方,品德光耀于四海之外,意气显示于无穷之境,名声流传于不尽之时。观,显示。　⑤定性于大湫:安定性命于大寂静。湫,"湫漻(qiū liú)"之省,清静寂寞之貌。　⑥命之曰无有:以"无有"名之。指"大湫",亦即"无"的境界。　⑦此句意思是:得道者忘人,乃能大得人;能大得人者,难道不是道吗?句中"夫"字为语末助词,"其"读作"岂"。高诱注:"得道淡然无所思虑,故忘人也;而人慕之,此乃所以大得人也。""忘人"而能"得人",为一相反相成的

命题,实谓人主无为则可有天下。 ⑧此句句法同上句,意思是:有德之人忘知,乃能大得知识;能大得知识者,难道不是有德吗? ⑨此句意思是:至知者不察,虚静则明察;能虚静者,难道不能明察吗?至知,谓所知极精微。几(jī),察。静,虚静,指无为的境界。 ⑩此句意思是:大明者不治事,假他物即事治;治事之道,难道能不假他物吗?大明,指极高明。小事,"小"字疑衍。假,假借,犹本篇上文所说"乘物",亦即因众人、众物之力。理,即"治",当是唐人避讳改字。 ⑪此句意思是:得道的真人无所能,全其天性乃备有人之所能;备有人之所能,难道其天性能不全吗?莫人,一说当作"真人",一说指清静之人,今从前说。道家所说的"真人",犹儒家所推崇的"圣人"。 ⑫"是故"下是说:为保全天性就要屏去自用智能,为假他物以治就要屏去躬亲事事,为认知和了解事物就要屏去苛察,屏去苛察则所知者精妙。于,犹"为"。 ⑬此三句是说:如此则能顺其天性,意气得以遨游于寂静空廓的宇宙之中,身心得以安适于自然之境。形性,犹身心。 ⑭以上是说:全天性于万物而不主宰万物,恩泽普及天下而无人知道它来自谁,人虽不能具备上述五者,而若有好慕此道者也值得肯定。姓,犹言谁氏、何人。毕校本改"姓"为"始",无说,今仍从旧。五者,指道、德、明、假、全。

君　守

二曰　得道者必静①。静者无知,知乃无知,可以言君道也②。故曰中欲不出谓之扃,外欲不入谓之闭③。既扃而又闭,天之用密④。有准不以平,有绳不以正,天之大静⑤。既静而又宁,可以为天下正⑥。

【注】①静:虚静无为。 ②以上是说:虚静之人无所知,知之而如无知,才可以谈得上为君之道。乃,犹"若"。 ③"故曰"下是说:不想让里面的人出来叫做"扃",不想让外面的人进入叫做"闭"。扃(jiōng),从外面关门的门闩。闭,从里面关门的门闩。此处二字皆用作动词,"扃"以喻"静者无知","闭"以喻"知乃无知"。 ④天之用密:因此而有天然的静谧。用,因此。

密,静谧无声,后世通用"谧"字。 ⑤以上是说:有测量水平的仪器也不用以测量水平,有取直的墨绳也不用以取直,那就形成天然的大寂静。按:道家主张一切顺应自然,认为文明成果会破坏自然,故此有不用准绳之喻。 ⑥可以为天下正:犹言可以统治天下。正,通"政"。"正"的转义可以指君主、主宰。

身以盛心,心以盛智①。智乎深藏,而实莫得窥乎②?《鸿范》曰:"惟天阴骘下民③。"阴之者,所以发之也④。故曰:不出于户而知天下,不窥于牖而知天道;其出弥远者,其知弥少⑤。故博闻之人、强识之士阙矣⑥,事耳目、深思虑之务败矣⑦,坚白之察、无厚之辩外矣⑧。不出者,所以出之也;不为者,所以为之也⑨。此之谓以阳召阳,以阴召阴⑩。东海之极,水至而反;夏热之下,化而为寒⑪。故曰:天无形而万物以成,至精无象而万物以化,大圣无事而千官尽能⑫。此乃谓不教之教,无言之诏⑬。故有以知君之狂也,以其言之当也;有以知君之惑也,以其言之得也⑭。君也者,以无当为当,以无得为得者也。当与得不在于君,而在于臣⑮。故善为君者无识,其次无事。有识则有不备矣,有事则有不恢矣⑯。不备不恢,此官之所以疑⑰,而邪之所从来也。今之为车者,数官然后成⑱。夫国岂特为车哉?众智众能之所持也⑲,不可以一物一方安车也⑳。

【注】①盛(chéng):装盛。此犹言藏。 ②此句是说:人的智能深藏在心里,而实是不可以窥见的吗? ③《鸿范》:即《尚书·洪范》篇。阴骘(yīn zhì)下民:荫庇和安定天下人。阴,通"荫"。骘,安定。 ④此句意思是:凡是荫庇覆盖的东西,正表明它可以被揭发。 ⑤此"故曰"之文本于《老子》,

意谓:不出门户而能知天下之事,不窥窗外而能知天道变化;出去得越远,知道得就越少。户,门。牖,窗。弥,越。按:知识的积累多出于间接的途径,若凡事必亲历,则亲历愈多,知识的积累就越慢。 ⑥此句指凡事必亲历,则将少有博闻强记之人。强识(zhì),强记。阙,同"缺",少。 ⑦此句指凡事必亲听亲见、过分思虑,则其事将败。 ⑧此句指若无书本知识和思维能力,名家的察辩也将被放弃而不会发生。外,弃。坚白之察,指战国时名家公孙龙的"离坚白"命题,认为石头的"坚"、"白"两种属性可以分离。无厚之辩,指惠施的"无厚不可积也,其大千里"的命题,此命题所指即抽象的平面。 ⑨此二句仍谈出与不出、为与不为的辩证关系:不出而知、不为而成,则是以不出为"出"、以不为当"为"。 ⑩以阳召阳,以阴召阴:按文义,当作"以阴召阳,以阳召阴"。"不出"、"不为"是阴,"出"、"为"是阳,二者相互联系,相反而相成。 ⑪此二句意谓:东海的边际,水到了那里就会回流;夏天酷热之后,天气就会慢慢转化为寒冷。反,同"返"。下,后。 ⑫此三句意谓:广漠的上天无形状,而万物赖以生成;精微的元气无影像,而万物赖以化生;英明的圣人不事事,而所有的官员都各尽其能。按:句首"天"字上,载籍所引或有"昊"字,校者因谓"故"下"曰"字即"昊"字之残,"曰"字本不当有,其说疑是。精,指精气,即阴阳二气。 ⑬不教之教:不令而令。无言之诏:无言的命令。 ⑭此二句皆以状语分句置后,若置前则可译为:由君主恰当的言论,就可以知道他也有乱说的时候;由君主自得的言论,就可以知道他也有困惑的时候。狂,乱。 ⑮以上是说:做君主的,就是要以不求恰当为恰当,不求自得为自得。事情的得当与否,责任不在于君主,而在于臣下。 ⑯以上是说:善于做君主的,首先是不要随意发表见解,其次是不要躬亲职能部门的事务。有见解则必有不完备之处,躬亲事务也必有不周到之处。识,见解。恢,广,不广即不周到。 ⑰疑:乱。 ⑱数官然后成:由几个职能部门相互配合才能造成。 ⑲持:犹治。 ⑳不可以一物一方安车:不是可以用一项条件、一种方法而使它像车子那样安稳的。

夫一能应万无方而出之务者,唯有道者能之①。鲁鄙人遗宋元王闭②,元王号令于国,有巧者皆来解闭。人莫之能解,兒说之弟子请往解之③,乃能解其一,不能解其一,且曰:"非可解而我不能解也④,固不可解也。"问之鲁鄙人,鄙人曰:"然,固不可解也。我为之而知其不可解也。今不为而知其不可解也⑤,是巧于我。"故如兒说之弟子者,以不解解之也⑥。郑大师文终日鼓瑟而兴⑦,再拜其瑟前曰:"我效于子,效于不穷也⑧。"故若大师文者,以其兽者先之⑨,所以中之也⑩。

【注】①首句意谓:执守一种信条,而能灵活地应对万变而处理好各项事务,只有得道之人才能做到。一,实指道。无方,无固定方法,喻灵活。②鄙人:犹言乡下人。遗(wèi):送给。宋元王(?—前517):即宋元公。春秋时宋国君主。子姓,名佐,公元前532年即位。闭:一种供游戏用的连环结。两环套在一起,而环上无缝隙可使二者脱离,故谓之"闭"。 ③兒说:见《知士》篇"剂貌辩"注。 ④不能解:解不开。 ⑤不为:与上"为之"相对,指此结不出于解者所造。 ⑥以不解解之:犹今言证明一题,知其无解,也是一种解答。 ⑦大师文:春秋时郑国乐师。大师,即太师,乐官之长。文为其名。兴:站起来。 ⑧子:对瑟的称呼。效于不穷:犹言致力不懈,求其变化而无穷。《列子·汤问》篇载郑师文尝学琴于师襄,三年而不能成曲,乃自谓其用心不在于弦与声,唯求能掌握弹琴的得心应手之道。及其以三年所积累的心得小试之,其琴声竟如自然界四季景观之变幻,妙入神化。师襄叹为观止,因称即师旷再世,亦当从之游而在后。 ⑨兽:通"守"。句意谓其首先重视的是执守为琴瑟的得心应手之道。 ⑩中(zhòng):合,指所弹变化无穷而无不合于声律。

故思虑自心伤也,智差自亡也,奋能自殃,其有处自狂也①。故至神逍遥倏忽而不见其容,至圣变习移俗而莫知其所从,离世别群而无不同,君民孤寡而不可障壅②。此则奸邪之情得③,而险陂谗慝诌谀巧佞之人无由入④。凡奸邪险陂之人，必有因也⑤。何因哉？因主之为。人主好以己为，则守职者舍职而阿主之为矣⑥。阿主之为，有过则主无以责之，则人主日侵而人臣日得⑦。是宜动者静、宜静者动也，尊之为卑、卑之为尊从此生矣。此国之所以衰，而敌之所以攻之者也⑧。

【注】①"故"下四句意谓：思虑过度则自伤，用智差失则自亡，矜能好夸则自殃，自处臣职则自狂。首句"心"字当衍。末句"其"字，一说为"也"字之误，当属上句。有处，指人主总万机，当无为无处，若有处则形同自处臣职。狂，乱。 ②以上四句意谓：得道者的精神达到极高的境界，逍遥自得，倏忽往来无定处，而不可见其形容；其治化极其圣明，虽移风易俗，而人皆不知其所从来；虽出世超群，而无时不和同于芸芸众生；为君主而称孤道寡，却无人能使之障蔽壅塞。倏忽，转瞬之间。君民，当作"君名"，指人主自称"孤"、"寡"。 ③情：实。 ④险陂：同"忴诐(xiān bì)"，邪僻不正。入：进身。 ⑤因：凭借。 ⑥守职者舍职而阿主之为：担任各种官职的人就会放弃制度规定的职责而屈从君主的做法。 ⑦侵：指权力受到削弱。得：指得以成其私。 ⑧敌：敌国。攻：进犯。

奚仲作车，仓颉作书，后稷作稼，皋陶作刑，昆吾作陶，夏鲧作城①。此六人者所作当矣②，然而非主道者③。故曰：作者忧，因者平，惟彼君道，得命之情④。故任天下而不彊，此之谓全人⑤。

【注】①以上皆为传说的发明创造。相传奚仲为夏代的车正而始造车，仓颉为黄帝的史官而始造文字，后稷为周人的祖先而发明耕稼，皋陶为舜的刑官而始制刑法，昆吾为夏代的陶正而开创制陶业，夏鲧(鲧)为大禹之父而最早建城郭。 ②当：合宜，适应社会需要。 ③非主道者：不属于人主的职责范围。犹言非人主所宜为。 ④此"故曰"是说：创造者忧勤，因任者成之，只有为君之道，能得性命之真情。平，成。彼，指示形容词，可以不译。按：

"忧"、"平"二句即上篇所说"为善难,任善易"之意。 ⑤末句意思是:担当天下而轻松自如,这样的人才可以称得上是全德之人。彊,勉强,费力为之,其反面即轻松自如。

任　　数①

三曰　凡官者,以治为任②,以乱为罪。今乱而无责③,则乱愈长矣④。人主以好暴示能、以好唱自奋⑤,人臣以不争持位、以听从取容⑥,是君代有司为有司也⑦,是臣得后随以进其业⑧。君臣不定,耳虽闻不可以听,目虽见不可以视,心虽知不可以举,势使之也⑨。凡耳之闻也藉于静⑩,目之见也藉于昭⑪,心之知也藉于理。君臣易操,则上之三官者废矣⑫。亡国之主,其耳非不可以闻也,其目非不可以见也,其心非不可以知也;君臣扰乱,上下不分别,虽闻曷闻⑬,虽见曷见,虽知曷知?驰骋而因耳矣⑭。此愚者之所不至也⑮。不至则不知,不知则不信⑯。无骨者不可令知冰⑰。有土之君能察此言也⑱,则灾无由至矣。

【注】①任数:言君人之术的运用。数,通"术"。　②治:职事整伤,治理得好。任:胜任。　③责:追究。　④长(zhǎng):加重。　⑤好暴(pù):喜欢自我表现。暴,显露。唱:通"倡",倡导。奋:矜夸争胜。　⑥不争:不谏诤。持位:保持官位,犹言尸位素餐。取容:犹取悦、讨好。　⑦有司:职事机关。　⑧得后随以进其业:言其随从在人主之后,得以持位和取容,而使职位不断升迁。业,指人臣进身之业,实指职位和功名。　⑨以上意思是:正常的君臣关系不能建立,人主虽有耳能听而听不到真话,有目能视而见不到真相,有心能知而做不了合理的事,这是由君臣易位的形势造成的。　⑩藉(jiè):

凭借。　⑪昭：明亮。　⑫易操：所握持者换易。犹言易位。三官：指耳、目、心。　⑬曷：同"何"。　⑭驰骋而因耳矣：犹言因其驰骋而已。"耳矣"读作"而已"。驰骋，指随心所欲，言行无法。　⑮此愚者之所不至：这是愚蠢的人智力不及的表现。愚者，指上所言亡国之主。　⑯此二句是说：智力不及则不知为君之道，不知为君之道则不相信会有此道。　⑰无骨者不可令知冰：无骨的虫子，无法让它们知道冰是什么。古人认为无骨的虫子春生秋死，故不知有冬。　⑱有土：有疆土，犹言有国。

　　且夫耳目智巧固不足恃，惟修其数、行其理为可①。韩昭厘侯视所以祠庙之牲②，其豕小，昭厘侯令官更之③。官以是豕来也，昭厘侯曰："是非向者之豕邪④？"官无以对，命吏罪之⑤。从者曰："君王何以知之？"君曰："吾以其耳也⑥。"申不害闻之曰⑦："何以知其聋？以其耳之听也。何以知其盲？以其目之明也。何以知其狂？以其言之当也⑧。故曰：去听无以闻则聪，去视无以见则明，去智无以知则公⑨。去三者不任则治⑩，三者任则乱。"以此言耳目心智之不足恃也⑪。耳目心智，其所以知识甚阙⑫，其所以闻见甚浅。以浅阙博居天下⑬，安殊俗⑭治万民，其说固不行。十里之间而耳不能闻，帷墙之外而目不能见，三亩之宫而心不能知⑮。其以东至开梧，南抚多颗，西服寿麋，北怀儋耳，若之何哉⑯？故君人者，不可不察此言也。

【注】①修其数、行其理：遵循君人之术，依道理行事。修，犹循。　②韩昭厘侯（？—前333）：即韩昭侯，战国时韩国君主。姬姓，名武，公元前362年即位。即位初屡为诸侯所侵，后用申不害为相，国势复振。载籍多言其以小术驾驭臣下的故事。祠庙之牲：祭祀宗庙的牺牲。　③更之：指换个大的。

④是非向者之豕邪:这不是刚才那头猪吗? ⑤吏:指司法机关。 ⑥以其耳:以其耳朵上的某种标志。 ⑦申不害(?—前337):战国时法家学者。曾为韩昭侯之国相近二十年。其学"本于黄老而主刑名",尤重于术,实为术家代表人物。《汉书·艺文志》录有《申子》六篇,已佚。 ⑧以上大意:以耳之能听可以知其亦会有聋,以目之能视可以知其亦会有盲,以言之当务可以知其亦会有狂乱。 ⑨此三句仍就无为之术言之,强调人主不要自恃其聪、明、智力。 ⑩去:此字当衍。或说为"夫"字之误。任:用。 ⑪以此:"此"字当衍。"以"即"此"。 ⑫所以知识:所知所识。阙:同"缺",少。 ⑬博居天下:广任天下之事。 ⑭安殊俗:安定不同风俗的边远之地。 ⑮三亩之宫:谓宫内之事。 ⑯此处大意是说:若要开疆拓土,怀抚远方,那又该怎么办呢? 开梧、多颗(yǐng)、寿靡、儋(dān)耳,分别为传说中的东、南、西、北极地之国。

　　治乱安危存亡,其道固无二也。故至智弃智,至仁忘仁,至德不德①。无言无思,静以待时;时至而应,心暇者胜②。凡应之理,清净公素,而正始卒③。焉此治纪,无唱有和,无先有随④。古之王者,其所为少,其所因多。因者君术也,为者臣道也。为则扰矣,因则静矣。因冬为寒,因夏为暑,君奚事哉? 故曰:君道无知无为,而贤于有知有为⑤,则得之矣。

【注】①此三句意谓:至智之人不用智,至仁之人忘记仁,至德之人不显德。至,指达到极高的境地。 ②此十六字意谓:少言语,不过虑,清静处之,以待时机;时机到来,应之而动,心境闲暇者,动有成功。 ③此三句意谓:凡应物之理,要清心寡欲,公正质朴,以正其始,善其终。而,犹"以"。始卒,按韵当作"卒始",即终始。 ④此三句是说:于此整顿应物处事的纲纪,要做到不倡导,有随和,勿争先,但随后。焉此,犹"于此",指基于清净公素的无为之道。纪,在此实指静因之术。 ⑤贤于:优于,胜过。

有司请事于齐桓公，桓公曰："以告仲父①。"有司又请，公曰："告仲父。"若是三。习者曰②："一则仲父，二则仲父，易哉为君③！"桓公曰："吾未得仲父则难，已得仲父之后，曷为其不易也④？"桓公得管子，事犹大易，又况于得道术乎？

【注】①仲父：管仲。　②习者：指桓公之近习，即身边的侍御者。　③易哉为君：当君主真容易。　④曷为其不易：为何还要不容易？

孔子穷乎陈、蔡之间，藜羹不斟，七日不尝粒①。昼寝，颜回索米②，得而爨之③。几熟，孔子望见颜回攫其甑中而食之④。选间食熟⑤，谒孔子而进食⑥，孔子佯为不见之⑦。孔子起曰："今者梦见先君⑧，食洁而后馈⑨。"颜回对曰："不可。向者煤室入甑中⑩，弃食不祥，回攫而饭之⑪。"孔子叹曰："所信者目也，而目犹不可信；所恃者心也，而心犹不足恃。弟子记之，知人固不易矣。"故知非难也，孔子之所以知人难也⑫。

【注】①以上参见《慎人》篇。斟，当是"糂"字之误。《慎人》篇作"糁"，与"糂"同字。　②昼寝：指孔子白天睡觉。颜回：见《劝学》篇注。索米：出去讨米。　③爨（cuàn）：烧火做饭。　④攫其甑中：抓取甑中的饭。甑（zèng），古代的蒸锅。　⑤选间：少选，不一会儿。　⑥谒：请。　⑦佯为不见之：假装没看见颜回攫食。　⑧今者：刚才。先君：先祖。　⑨馈：以食物歆享鬼神之称。此指饭前先祭祖。　⑩向者：刚才。煤室：读作"煤窒"，"室"通"窒"。句意谓烟囱中的烟灰阻塞而掉入了锅中。　⑪饭：吃掉。　⑫孔子之：犹言如孔子所说。

勿 躬①

四曰　人之意苟善,虽不知,可以为长②。故李子曰③:"非狗则不得兔,兔化而狗则不为兔④。"人君而好为人官,有似于此⑤。其臣蔽之,人时禁之,君自蔽则莫之敢禁⑥。夫自为人官,自蔽之精者也⑦。祓篲日用而不藏于箧⑧,故用则衰⑨,动则暗⑩,作则倦⑪。衰、暗、倦三者,非君道也⑫。

【注】①勿躬:言人主不可躬亲事务。　②此处语意,按下文所述,当是指人的技艺假如精善的话,那么他虽有所不知,也可以以其技艺为优。意,疑当作"艺",或古时二字可通。苟,假如。长(cháng),优长,义同优。　③李子:即李悝(约前455—前395)。战国初魏国大臣。为魏文侯相,佐文侯实行一系列改革措施,使魏国趋于强大。曾编集《法经》一书,为我国古代第一部较完整的法典。《汉书·艺文志》录有《李子》32篇,已佚。　④此处"李子曰"意思是:不用狗就不能猎取野兔,如果让兔子变得像狗,那它就不会去捉野兔。化,变。而,犹"如"。为,字本从"爪",此犹言捕捉。句意实指以兔捉兔则不得兔。　⑤有似于此:此承上举"李子曰",意指人主好为人臣职分内的事,有如弃狗而以兔捉兔。按:人主好为人官则官职废,官职废则必用近习,用近习则是以兔捉兔。　⑥此全句是说:人主的近臣蒙蔽人主,朝野还会时时有人加以制止;而人主若自蔽,就没有人敢于出面制止了。　⑦精:甚,严重。　⑧祓篲(fú huì):扫帚。祓,通"拂"。箧:箱子。　⑨用则衰:用之(篲)则衰敝。　⑩动则暗:疑本作"㨃则憾"。"动"可通"㨃","暗"则为"恨"字之误。"㨃"同"挏(dòng)",《说文》:"挏,拥引也。""恨"古读如"憾"。如是,"㨃则恨"乃指拥敝帚扫除则憾其不可用。　⑪作则倦:指用敝帚劳作则疲倦。　⑫此句"暗"字亦读作"憾"。按:以上喻人主躬亲事务如用敝帚,则不免有衰、憾、倦之弊,故此言"非君道"。

大桡作甲子,黔如作房首,容成作历,羲和作占日,尚仪作占月,后益作占岁,胡曹作衣,夷羿作弓,祝融作市,仪狄作酒,高元作室,虞姁作舟,伯益作井,赤冀作臼,乘雅作驾,寒哀作御,王冰作服牛,史皇作图,巫彭作医,巫咸作筮①。此二十官者②,圣人之所以治天下也。圣王不能二十官之事,然而使二十官尽其巧,毕其能,圣王在上故也。圣王之所不能也,所以能之也;所不知也,所以知之也③。养其神、修其德而化矣④,岂必劳形愁弊耳目哉⑤?是故圣王之德,融乎若月之始出⑥,极烛六合而无所穷屈⑦;昭乎若日之光,变化万物而无所不行⑧。神合乎太一,生无所屈而意不可障⑨;精通乎鬼神,深微玄妙而莫见其形⑩。今日南面⑪,百邪自正而天下皆反其情⑫,黔首毕乐其志、安育其性⑬,而莫为不成⑭。故善为君者,矜服性命之情而百官已治矣⑮,黔首已亲矣,名号已章矣⑯。

【注】①以上均为传说中的发明创造。相传大桡(náo)始创用六十甲子纪日的方法,黔如始创历法上十九年七闰的蔀首方法("房首"通"蔀首",古代历法名词),容成始制定历法,羲和始望日以占测吉凶,尚仪始望月以占测吉凶,后益始观测岁星(即木星)的运动以判断吉凶,胡曹始制衣裳,夷羿始造弓箭,祝融首创市肆贸易,仪狄始用粮食酿酒,高元始造房子,虞姁(xū)始造船,伯益始凿井,赤冀始造舂米的臼,乘雅始用马驾车,寒哀始创驾车的技术,王冰始用牛拉车,史皇始绘制图画,巫彭始发明医术,巫咸始创用蓍草占卦的方法。这些人物,传说以为赤冀是神农氏之臣,大桡、容成、羲和、胡曹、史皇则都是黄帝之臣;一说史皇即黄帝史官仓颉,因其曾发明文字(最初的文字亦如图画),故又称颉皇、史皇。黔如、高元、虞姁、寒哀(一作韩哀),都不知为何时人。尚仪,一作常仪,相传出于帝喾及大舜的时代,后来衍化出嫦娥的故事。后益即伯益,为上古东夷族首领,见《当染》篇注。夷羿即后羿,实为东夷

伯益部的继承者,在夏王朝建立时期曾取代夏人为盟主,而在传说中最以善射著称,故有"羿射九日"的故事流传。祝融异名颇多,为"五帝"时代的部落首领,因相传曾为颛顼、帝喾的火官(主祭大火星并掌民事),故后世被尊为火神。仪狄相传为夏禹时人。乘雅,一作乘杜,据学者考证,即商王室先祖相土。王冰,当是"王亥"之误,也是商王室先祖。巫彭号称神医,传说时代较早;巫咸则为商代大巫,见于甲骨文,曾为商王太戊的大臣。　②二十官:指上述二十种职事的设置。官,职能。　③此二句谓圣王以不能为能,以不知为知。己不知不能,而所用之人皆知皆能,是己亦知亦能。　④化:指化育万物,犹言使天下得治。　⑤劳形愁弊耳目:疲劳身体,忧心积虑,以致使得听力目力受损。"愁"下当有"虑"字,该书多以"愁虑"连言。　⑥融:大明亮。下文"昭"字与此同义。古籍或以"大明"通指日、月。按:毕校本改此句"月"字为"日",无版本依据,今仍从旧。　⑦极烛:遍照。六合:上、下及东西南北四方。穷屈(jué):穷尽。屈,枯竭,尽。下"屈"字同此。　⑧变化:犹言化育。行:成。　⑨此句意谓:精神合于道,生命之源不竭而意气不可障蔽。太一,古人对"道"的别称,以言其至高无上的唯一性。　⑩此句意谓:精气通于神明变化,深微玄妙而不见其形象。　⑪今日南面:一旦为君主。　⑫反其情:返其真。谓皆回归质朴诚信。　⑬黔首:百姓。毕:皆。志:意。安育:安养。　⑭莫不为成:无事不可成。　⑮矜服性命之情:谨慎地顺从天性之本真。指养生修德。　⑯章:同"彰",昭著。

管子复于桓公曰①:"垦田大邑②,辟土艺粟③,尽地力之利,臣不若宁遫,请置以为大田④。登降辞让,进退闲习⑤,臣不若隰朋,请置以为大行⑥。蚤入晏出⑦,犯君颜色,进谏必忠,不辟死亡⑧,不重贵富,臣不如东郭牙,请置以为大谏臣⑨。平原广城,车不结轨,士不旋踵⑩,鼓之三军之士,视死如归,臣不若王子城父,请置以为大司马⑪。决狱折中,不杀不辜,不诬无罪⑫,臣不若弦章,请置以为大理⑬。君若欲治国彊兵,则五子者足矣;君欲霸王,则夷吾在此。"桓公曰:"善。"令五子皆任其事⑭,以受令于管子。十年,九合诸侯,一匡天下⑮,皆夷吾与五子之能也。管子,人臣也,不任己之不能,而以尽五子之能,况于人主乎?

【注】①复:回答提问。 ②大邑:《管子·小匡》作"入邑",《新序·杂事》作"刱(创)邑",皆指因垦田而新增聚落。此"大"字当误。 ③艺粟:犹殖谷,种植庄稼。 ④宁遬:即宁戚。原为卫国人,家贫,为人赶车。后至齐,于车下喂牛,击牛角而歌,桓公闻而异之,使管仲迎见,拜为大夫。事见《举难》篇。大田:官名,为农官之长。 ⑤登降辞让,进退闲习:指熟悉接待宾客的各种礼仪。闲习,犹娴熟。 ⑥隰朋:见《贵公》篇注。大行:官名,主接待诸侯宾客及出使诸侯,实为外交总管。 ⑦蚤入晏出:早入朝,晚退朝。蚤,通"早"。 ⑧辟:通"避"。 ⑨东郭牙:《管子·小匡》作"鲍叔牙"。一说二名为一人,一说非一人。按:此处管仲所称诸人,皆为齐襄公、桓公之际重臣,疑以东郭牙即鲍叔牙为是。或鲍叔牙本居于齐国都城之东郭,故又称东郭牙。鲍叔牙见《贵公》篇注。大谏臣:《管子·小匡》又称"大谏",为谏官之长。 ⑩此三句指率军野战,士卒皆勇往直前。广城,《管子》作"广牧",《新序》作"广囿"。"囿"通"域",此作"城"当是"域"字之误。然按文义,作"牧"字尤惬。"牧"即牧兵,犹治兵、用兵。车不结轨,指战车直前不回,轨迹不相交结。士不旋踵,指士兵不后退,足迹亦不回旋。 ⑪王子城父:"城父"或作"成父"、"成甫"。齐襄公时大夫,桓公时仍用为将领。史载其为姬姓,而以"王子"为氏,似是周王室后裔。为著名军事家,《史记·律书》称"晋用咎犯,而齐用王子(城父)、吴用孙武,申明军约,赏罚必信,卒伯(霸)诸侯,兼列邦土"。《汉书·艺文志》录有《王孙》十六篇,即其所传兵法。大司马:最高军事长官。 ⑫决狱折中:依法断案,力求中正无失。不辜:无罪之人。不诬:不冤枉。 ⑬弦章:《管子·小匡》作"宾胥无",而同篇又谓"弦子旗为理"。疑弦章字子旗,本为弦国(在今湖北浠水西)宗室,后仕于齐,别称宾胥无,遂为齐国弦氏之祖。《左传》载公元前718年楚灭弦,弦子奔黄(今河南潢川西)。时黄国方睦于齐,而弦、黄为婚姻之国,弦亦不事于楚,故楚灭之。他书

或载弦章之名为"商"、"宁","商"通"章","宁"当是误字。其人当亦为齐襄公时旧臣。大理:司法长官。 ⑭令五子皆任其事:亦即令五人各任管仲所说的官职。 ⑮此处意指齐桓公任用诸人,只用十年左右的时间,就使齐国强大起来,多次会盟诸侯而称霸天下。按:桓公称霸时仍打着匡扶周王室的旗号,故此称"一匡天下","天下"犹言"天子"。

人主知能不能之可以君民也①,则幽诡愚险之言无不职矣②,百官有司之事毕力竭智矣。五帝三王之君民也③,下固不过毕力竭智也。夫君人而知无恃其能、勇、力、诚、信,则近之矣。凡君也者,处平静,任德化,以听其要④。若此则形性弥赢而耳目愈精⑤,百官慎职而莫敢愉绽⑥。人事其事,以充其名,名实相保⑦,之谓知道⑧。

【注】①能不能:能与不能。因人之能则能,用己之能则不能。君(jūn)民:为民之君,犹言治国治民。 ②幽诡愚险:隐蔽、欺诈、愚弄、邪佞。险,通"憸(xiān)",奸邪、谄媚,亦可理解为阴险。职:疑当作"戢"(从王念孙说),收敛。旧时"职"字或俗写为"戠",与"戢"字形近易误。 ③五帝三王:分见《贵公》、《先己》篇注。 ④听其要:犹言治其要。意指总揽政事的要领、要点以求治,而不干涉职能部门的具体事务。 ⑤嬴:疑当作"嬴"或"赢",通"盈";或古时"嬴"字亦可与诸字通用。句意指如此则身心越充实而耳愈聪、目愈明,所闻所见愈精。 ⑥愉绽:读作"偷诞",指苟且欺骗。 ⑦以充其名,名实相保:指所事与事功的名义相符合,功名和业绩互相维持。充,与"实"同义。 ⑧之:此。

知　　度

五曰　明君者,非徧见万物也①,明于人主之所执也。有术之主者,非一自行之也②,知百官之要也③。知百官之要,故事省而国治也。明于人主之所执,故权专而奸止④。奸止则说者不来而情谕矣⑤,情者不饰而事实见矣⑥。此谓之至治。

【注】①徧:同"遍"。　②一:全,皆。　③知百官之要:知晓统领百官的要领。句意强调用人之道。　④权专:权力得专擅,即集中于君主一人。⑤说者不来而情谕:取悦者不至,故真情皆可知。说,通"悦"。而,犹"故"。谕,了解,明白。　⑥情者不饰而事实见:诚实者不雕饰,故事实皆可见。

至治之世,其民不好空言虚辞,不好淫学流说①。贤不肖各反其质②,行其情不雕其素③,蒙厚纯朴以事其上④。若此则工拙、愚智、勇惧可得以故易官⑤,易官则各当其任矣。故有职者安其职,不听其议⑥;无职者责其实,以验其辞⑦。此二者审,则无用之言不入于朝矣。君服性命之情,去爱恶之心⑧,用虚无为本,以听有用之言,谓之朝⑨。凡朝也者,相与召理义也,相与植法则也⑩。上服性命之情,则理义之士至矣,法则之用植矣,枉辟邪挠之人退矣⑪,贪得伪诈之曹远矣⑫。故治天下之要存乎除奸,除奸之要存乎治官,治官之要存乎治道,治道之要存乎知性命。故子华子曰⑬:"厚而不博,敬守一事,正性是喜⑭。群众不周,而务成一能;尽能既成,四夷乃平⑮。唯彼天符,不周而周⑯。此神农之所以长⑰,而尧、舜之所以章也⑱。"

【注】①淫学流说:泛滥无所归的学说。　②反其质:返回其质朴的天性。③行其情不雕其素:其行为真诚,朴素不加雕饰。　④蒙厚:犹言憨厚。⑤以故易官:各据其旧业治理官事。易,治。疑"易官"犹言"服官",如今言

为国家服务。 ⑥此句意谓:有职位的人都安分守职,不允许越职言事。听,允许。按:法术家主张一切权力归于人主,禁止人臣越职言事,尤其不允许各部门之间互相串通。 ⑦此句意谓:无职位的人进言议事,各督责其所言之事的实效,以验证其言辞。按:法术家主张人主行无为之术,对人臣建议的可行之事不作评判,即令其人按所言行之,以其言责求其事功,有功则赏,无功则罚,各以其功过验证其言之真伪。 ⑧服:从,顺。爱恶:爱憎。 ⑨谓之朝:为之举行朝会,犹上朝听政。谓,通"为"。"谓"上疑脱"则"或"乃"字。 ⑩二"相"字句:谓共同商讨义理,共同树立法度。召,同"招",寻求之意。植,树立。 ⑪柱辟邪挠:邪僻不正。柱、挠,义皆为"曲"。 ⑫曹:辈。 ⑬子华子:见《贵生》篇注。 ⑭这里所引"子华子曰"均是就养生而言的。此三句意谓:厚养而不博求,敬重持守养生之道,唯以正性修德为乐事。一事,指养生正性。 ⑮此二分句意谓:养生之物虽不周备,而务求每物都成其一善;万物尽善尽成,四海之内乃得治平。群众,犹言众多,指可供养生之物。一能,犹言一善,指物之用。既,义同"尽"。四夷,四方周边民族,代指四海、天下。 ⑯此句是说:那上天的符命,以不周备为周备。彼,指示形容词,也可不译。天符,犹言天道的展现,这种展现以万物的生成为信息符号。天地成物,人尽物用而为生,就一物而言不为备,合万物而言则为备,故谓天符"不周而周"。 ⑰长:为天下之长(首领)。意指初民质朴,以神农能生养万物,故推以为长。 ⑱章:同"彰",显耀。意指尧、舜为帝王,光耀天下,文明程度已较神农时代更为发达。

人主自智而愚人①,自巧而拙人,若此则愚拙者请矣,巧智者诏矣②。诏多则请者愈多矣,请者愈多且无不请也。主虽巧智,未无不知也;以未无不知应无不请,其道固穷③。为人主而数穷于其下④,将何以君人乎?穷而不知其穷,其患又将反以自多⑤,是之谓重塞之主⑥,无存国矣。故有道之主,因而不为,责而不诏,去想去意,静虚以待⑦。不伐之言,不夺之事,督名审实,官使自司,以不知为道,以奈何为实⑧。尧曰:"若何而为及日月之所烛⑨?"舜曰:"若何而服四荒之外⑩?"禹曰:"若何而治青北、化九阳、奇怪之所际⑪?"

【注】①自智而愚人:自以为聪明并因此认为他人愚蠢。下句参此。 ②"若此"句意谓:由此造成的结果,便是所谓愚拙者遇事即须请示,所谓巧智者每事都须指示。愚拙者、巧智者,实分指人臣和人主。诏,教令,指示。 ③其道固穷:其智谋必穷尽。道,应对的方法,犹言智谋。固,必。 ④数:同"术"。 ⑤反以自多:反而以此自高自大。自多,犹自夸。 ⑥重(chóng)塞:双重的壅蔽。被臣下壅蔽为一重,人主自蔽又为一重。按:据诸家校释,此处当脱"重塞"二字之重文,即原文连下四字当作:"是之谓重塞;重塞之主,无存国矣。" ⑦此四句意谓:因臣下之为而不自为,督责臣下事功而不作指令,去掉想像和猜度,虚静无虑以等待臣下效进其功。 ⑧以上是说:不诛求臣下之言,不剥夺臣下之事,察其所言而审其实效,使各官职自司其事,以知而不知为道术,以徒唤"奈何"为宝物。伐,诛伐,指责备臣下的建议而言。两"之"字皆犹"其",指臣下。督、审,皆审察之意,谓按名(言)求实。奈何,如何,谓人主对臣下之言总是唯唯诺诺,凡事明知而不表态,遇请示也只是不断地反问"如何、如何"而已。实,旧校谓一作"宝",《淮南子·主术训》亦作"宝",当以作"宝"为是,即自以为最宝贵的东西。 ⑨此"尧曰"是说:如何才能达到日月所能照到的极远的地方?烛,照。按:此与下"舜曰"、"禹曰"均以"若何"开头,都是作者用来证明上文"以奈何为宝"之言的。 ⑩服四荒之外:怀抚荒服之外的地方。喻四方极远之地。荒,指荒服。古人把王畿之外的地方按远近划分为五服,包括侯服、甸服、绥服、要服、荒服。各服所包含的距离为五百里,则荒服的外圈距王畿最远,凡二千五百里。 ⑪青北:当作"青丘","丘"、"北"形近而误。青丘为传说中的禹所至东方日出之界的地名,见《求人》篇。九阳:传说中的禹所至南方边际之山,亦见《求人》篇。奇怪:或说当作"奇肱",即《山海经·海外西经》所见的奇肱之国,应是。本书《求人》篇作"共肱"(毕沅改为"其肱")。此指西方边际之地。所际:各方所及的边际之地。

赵襄子之时①,以任登为中牟令②。上计③,言于襄子曰:"中牟有士曰胆胥己④,请见之⑤。"襄子见而以为中大夫⑥。相国曰⑦:"意者君耳而未之目邪⑧?为中大夫若此其见也⑨,非晋国之故⑩。"襄子曰:"吾举登也,已耳而目之矣。登所举,吾又耳而目之,是耳目人终无已也⑪。"遂不复问⑫,而以为中大夫。襄子何为?任人则贤者毕力⑬。

【注】①赵襄子:见《论威》篇注。　②任登:赵襄子家臣。中牟令:中牟(约在今河南鹤壁市西)地方的守令。　③上计:地方官年终总汇赋税收入及狱讼等事报告朝廷的制度。战国、秦、汉时皆行之,并用以考核地方官员的政绩。　④胆胥己:人名。《韩非子·外储说左上》作"中章、胥己",为二人。　⑤见:召见。　⑥中大夫:职官等级名称。先秦时大夫有上、中、下之分,中大夫约相当于地方守令一级。　⑦相国:指赵氏家相。是时赵氏尚未被承认为诸侯,然在三家分晋后实已形成立国的局面。　⑧意者:想来。耳而未之目:耳闻而未目见之。犹言只是听说此人而并未亲自考察试用过他。　⑨见:指召见而用之。毕校本改此"见"字为"易",未有版本依据,今仍从旧。　⑩晋国之故:晋国旧有的成法。赵国出于晋,故此以晋法言之。　⑪无已:无止,没完没了。　⑫问:审查。　⑬末句意谓:襄子为什么要这样做?为的是能用人则贤者皆尽其力。按:"任"上疑脱重文"为"字。

人主之患,必在任人而不能用之,用之而与不知者议之也①。绝江者托于船②,致远者托于骥,霸王者托于贤③。伊尹、吕尚、管夷吾、百里奚④,此霸王者之船骥也。释父兄与子弟,非疏之也⑤;任庖人、钓者与仇人、仆虏,非阿之也⑥;持社稷、立功名之道,不得不然也。犹大匠之为宫室也⑦,量小大而知材木矣,訾功丈而知人数矣⑧。故小臣、吕尚听⑨,而天下知殷、周之王也;管夷吾、百里奚听,而天下知齐、秦之霸也;岂特骥远哉⑩?

【注】①与不知者议之:与不了解者议论他们。 ②绝江:渡江。 ③霸王者:建立霸业、王业者。 ④伊尹、吕尚(太公望):见《当染》篇注。管夷吾(管仲):见《贵公》篇注。百里奚:见《慎人》篇注。 ⑤释父兄与子弟:不用父兄与子弟。释,放弃。按:此相对于突破宗法制度的任人唯亲而起用异姓之人的任人唯贤言之。疏:疏远。 ⑥庖人、钓者、仇人、仆虏:分指伊尹、吕尚、管仲、百里奚。阿:偏袒。 ⑦大匠:指高明的工匠,犹言匠作大师。 ⑧此二句意为:测量宫室的大小就知道所用木料的多少,计算总工作量的多少就知道所需劳役的人数。訾,通"赀(zī)",计算。功丈,实指工作量;古人建宫室用版筑,以版筑长度按日计功,故称"功丈"。 ⑨小臣:指伊尹。伊尹初为商汤的小臣(职名)。听:用为被动词,指他们的计谋被听从。犹言被重用。 ⑩岂特骥远哉:此句当有脱误。《说苑·尊贤》篇作"岂特船乘哉",毕沅以为当作"岂特船骥哉",陈奇猷《校释》以为当作"岂特船骥之绝江致远哉"。

夫成王霸者固有人,亡国者亦有人。桀用羊辛①,纣用恶来②,宋用唐鞅③,齐用苏秦④,而天下知其亡。非其人而欲有功⑤,譬之若夏至之日而欲夜之长也,射鱼指天而欲发之当也⑥。舜、禹犹若困⑦,而况俗主乎?

【注】①羊辛:《当染》篇作"干辛"。 ②恶来:见《当染》篇注。 ③唐鞅:见《当染》、《淫辞》篇。旧本作"驶唐",毕沅从《说苑·尊贤》篇改为"唐鞅",今权从之。"驶唐"当是"唐驶"之误。 ④苏秦(?—前284):战国时纵横家。字季子,洛阳人。燕昭王时入燕,得昭王敬重。后奉昭王命入齐,进行反间活动,以防止齐国攻燕。曾被齐湣王任为相,又曾策划齐、楚及三晋合纵攻秦。及燕将乐毅率诸国兵攻齐(参见《权勋》篇),其反间活动暴露,被车裂而死。 ⑤非其人:指用人不当。 ⑥射鱼指天而欲发之当:射水中之鱼,

却将箭指向天空,而欲发箭射中。 ⑦犹若困:尚且困窘。指"非其人而欲有功"而言。

慎　势

六曰　失之乎数,求之乎信,疑①;失之乎势,求之乎国,危②。吞舟之鱼,陆处则不胜蝼蚁③。权钧则不能相使,势等则不能相并,治乱齐则不能相正④。故小大、轻重、少多、治乱,不可不察,此祸福之门也。

【注】①此句意谓:人主失之于驾驭臣下之术,而求之于君臣之间的诚信,就会生乱。数,同"术"。失,犹言不用。求,犹言依赖。疑,犹"乱"。　②此句意谓:人主失之于势位的独尊,而求之于国家权力的运作,就会造成自身的危亡。按:人主无势则大权旁落,大权旁落则国虽存而人主危。　③此句是说:大得可吞舟的海中之鱼,若到了陆地上,就不能承受蚂蚁的侵袭。蝼蚁,通指蚂蚁。　④此三句意谓:权力相同就不能互相驱使,势力相等就不能互存并立,治乱一样就不能互相控制。钧,同"均",与"等"、"齐"皆为等同之义。正,即控制之意。　⑤小大、轻重、少多:均指权势而言。治乱:偏指君臣关系。

凡冠带之国,舟车之所通,不用象、译、狄鞮,方三千里①。古之王者,择天下之中而立国②,择国之中而立宫③,择宫之中而立庙④。天下之地,方千里以为国,所以极治任也⑤。非不能大也,其大不若小,其多不若少⑥。众封建,非以私贤也,所以便势全威,所以博义⑦。义博利则无敌,无敌者安。故观于上世⑧,其封建众者,其福长⑨,其名彰。神农十七世有天下⑩,与天下同之也⑪。

【注】①以上意思是：凡是文明国家的版图，其舟车所能通达、部族语言不用翻译的范围，大约不过在方圆三千里左右。冠带，本指峨冠博带的服饰制度，转义指礼仪和文明。象、译、狄鞮(dī)，均指语言翻译而言。《周礼》有象胥之官，旧注谓其所属分译东、南、西、北之语言者，则分称寄(羁)、象、狄鞮、译。　②国：以下文所说"方千里以为国"，知此"国"字应是指王畿、京畿，即古人通常所称的国都周围千里之地。句意指建京畿于天下之正中。　③宫：与上"国"字相对，应是指都城。都城之中立王宫，故此以"宫"称之，实指宫城而代指都城。　④庙：祖庙，兼指社稷。　⑤此全句意谓：以天下土地之广，而只以千里之地为京畿，是为了使它成为治理天下的中心。极，中，用如意动。治任，治理之任。　⑥大小、多少：指京畿的方圆大小、人口多少。⑦此全句意谓：(之所以要在京畿之外)分封众多的诸侯国，并不是因为偏爱有贤德之人，而是为了便利权势的应用和保持威严不失，为了推广道义和利益于天下。封建，封邦建国。博义，唐李善《文选·五等论》注引作"博利博义"，下句"义博利"则引作"利博义博"。按：古籍重文往往写作"博ˍ义ˍ博ˍ利ˍ"的形式，后人改作易误。疑此处上下句仍当皆作"博义博利"，盖八字中间脱去"博利博"三字。　⑧上世：前世。　⑨福：福祚，实指王朝的存续时间。　⑩十七世有天下：犹言有天下十七世(代)。十七，他书或作"七十"。　⑪与天下同之：指与各地诸侯共同享有天下。

　　王者之封建也，弥近弥大，弥远弥小，海上有十里之诸侯①。以大使小，以重使轻，以众使寡，此王者之所以家以完也②。故曰以滕、费则劳，以邹、鲁则逸，以宋、郑则犹倍日而驰也，以齐、楚则举而加纲旃而已矣③。所用弥大，所欲弥易④。

【注】①此全句是说：王者封邦建国，离京畿越近而封国越大，越远而封国越小，远至海上则有方圆不过十里左右的小诸侯国。　②以上是说：因大国而使令小国，因势重者使令势轻者，因人多者使令人少者，这就是王者之所以能以天下为家的原因。句中上三"以"字皆理解为"因"。使，有役使、使令、

使随从等意。家以完,犹言家而全,亦即以全天下为家。 ③以上大意:王者号令行事,用滕、费这样的小国就费力,用邹、鲁这样稍大些的诸侯国就相对轻松,用宋、郑这样再大些的国家就犹如乘好马倍道而行,用齐、楚这样的大国则举其大纲而加之而已。滕,原为西周初文王子错叔绣的封国,都治今山东滕州西南;春秋战国时已为小国,战国初曾为越国所灭,不久复国,后又为宋国所灭。费,春秋时为鲁国季孙氏的私邑,治今山东费县西北;或说季氏在春秋末曾以其僭号称国。邹,即邾国,亦西周封国,与鲁国毗邻,春秋时都治今山东邹城东南,战国时灭于楚。倍日而驰,指马行之速,两天的路程一天就走完了,喻甚轻易。举而加纲旃,"而"犹"其","加纲"当为"纲加"之误倒,"旃(zhān)"为"之焉"之合音("焉"为语气词)。举其纲加之,谓但指示事体之要领即可办,喻尤为轻松。 ④此二句是说:所用以号令行事的国家越大,所要做成的事情就越容易。

汤其无郼①,武其无岐③,贤虽十全,不能成功。汤、武之贤,而犹藉知乎势②,又况不及汤、武者乎?故以大畜小吉④,以小畜大灭,以重使轻从,以轻使重凶。自此观之,夫欲定一世、安黔首之命、功名著乎槃盂、铭篆著乎壶鉴⑤,其势不厌尊,其实不厌多⑥。多实尊势,贤士制之,以遇乱世,王犹尚少⑦。天下之民穷矣苦矣,民之穷苦弥甚,王者之弥易⑧。凡王也者,穷苦之救也⑨。水用舟,陆用车,塗用輴,沙用鸠,山用樏⑩,因其势也者令行。

【注】①其:犹若。郼:通"殷",见《慎大览》篇注。此用以代指"商",即商汤为天子以前的封国。 ②岐:指岐山周原,见《古乐》篇注。此亦代指周武王灭商以前的封国。 ③藉知:"藉"同"借",凭借;"知"疑为"之"字音误。句意谓商汤、周武王虽贤,而犹借助天子的分封以树立自己的威势。 ④以大畜(xù)小吉:以势力大而役使势力小者则吉善。畜,养,犹役使。下三句之句式与此同。 ⑤"功"、"铭"二句:指功名昭著于传世金文文献,犹言名留

青史。槃、盂、壶、鉴,括指古代青铜器,"槃"同"盘","鉴"同"鉴"。铭篆,篆刻的铭文,因古人铭刻大率为歌功颂德之辞,故此以代指功名。　⑥二"其"字句:谓对权势之尊崇、实力之增长从不感到满足。厌,满足。　⑦以上是说:人主实力雄厚,权重势尊,有德才之人皆从之,如此而遭遇乱世,则即使称王天下也不算多。制,从。犹尚,二字义复,疑"尚"字衍。　⑧王者之:疑当作"王之者"。一说"者之"下脱"王"字。　⑨穷苦之救:犹言穷苦是救,即救穷苦。　⑩以上谓水行、陆行、泥行、沙行、山行各有不同的用具,以适应行路的形势。辁(chūn),板制的泥橇。鸠,或写作"軌",一种小车。欙,亦作"檋",一种轿子。　⑪因其势也者令行:疑当作"因其势也。因其势者令行"。前四字属上,下六字引申言之,指人主顺应事势则号令通行。

位尊者其教受①,威立者其奸止,此畜人之道也。故以万乘令乎千乘易,以千乘令乎一家易②,以一家令乎一人易。尝识及此,虽尧、舜不能。诸侯不欲臣于人而不得已,其势不便,则奚以易臣?③权轻重④,审大小,多建封,所以便其势也。王也者,势也⑤;王也者,势无敌也⑥,势有敌则王者废矣。有知小之愈于大、少之贤于多者⑦,则知无敌矣。知无敌,则似类嫌疑之道远矣⑧。故先王之法,立天子不使诸侯疑焉,立诸侯不使大夫疑焉,立適子不使庶孽疑焉⑨。疑生争,争生乱。是故诸侯失位则天下乱⑩,大夫无等则朝廷乱,妻妾不分则家室乱,適孽无别则宗族乱。慎子曰⑪:"今一兔走,百人逐之,非一兔足为百人分也,由未定⑫。由未定,尧且屈力⑬,而况众人乎?积兔满市,行者不顾⑭,非不欲兔也,分已定矣。分已定,人虽鄙不争⑮。"故治天下及国,在乎定分而已矣。

【注】①其教受:其诏令为人所接受。　②家:指诸侯所属的卿大夫。诸

侯受封于天子而有版图称"国",卿大夫受封于诸侯而有采邑称"家"。
③以上自"尝识"以下文字当有讹脱,疑当作:"尝识反此,虽尧、舜不能臣诸侯。诸侯不欲臣于人,臣于人而不得已;其势不便,则奚以易臣?"意谓若与上述情形相反,则虽圣贤如尧、舜,也不能使诸侯臣服,因为诸侯都不欲臣于人,王者若无有利的权势地位,又怎能让他们轻易臣服? ④权:权衡。 ⑤王也者,势也:此五字意义不完整,且与下句重复。疑"王"字本作"臣","臣也者,势也"原在上文"权轻重"三字之上,传抄者误置下,而又改"臣"字为"王"。"臣也者,势也"承上"易臣"言,谓臣服诸侯靠的是权势。如此则下接"权轻重"云云,又别谓"王也者,势无敌也"云云,乃文从字顺,上下文意皆无龃龉。 ⑥无敌:无匹,无能与抗衡者。 ⑦愈于、贤于:皆超过、胜过之意。句意指权势重则可以小胜大、以少胜多。 ⑧似类嫌疑:因地位类似遂生怨恨而比拟。嫌,怨。疑,读作"拟",此指超越自身名分而与在上的等级相匹敌,犹言僭越。下文"疑"字皆读作"拟"。 ⑨适子:同"嫡子",指正妻所生而有继位资格的长子。庶孽:指嫡子之外的诸子。 ⑩诸侯失位:指大国窃拟天子,号令诸侯,而使诸侯的地位失去正常的秩序。下文"大夫无等"、"妻妾不分"、"適孽无别",均指卿大夫僭越诸侯、宠妾僭越正妻、庶子僭越嫡子而言。 ⑪慎子:慎到(约前395—约前315)。战国时学者,赵国人。曾在齐国稷下学宫讲学,有盛名,齐宣王时授以上大夫之位。治学主张人主以法、术、势并重,为稷下黄老学派的代表人物之一,亦为由道入法的道法思想史上的主要转关人物,对韩非的思想体系影响甚大。著有"十二论",《汉书·艺文志》录为《慎子》四十二篇(包括序一篇),已佚;今有辑本七篇,仅存片断文字。 ⑫由未定:指其名分(归属)犹未定。由,通"犹"。又,此三字下按语气当有"也"字。 ⑬屈(jué)力:竭力,尽力。指尽力追逐。 ⑭顾:回头看。 ⑮鄙:庸俗,此指贪财。

　　庄王围宋九月①,康王围宋五月②,声王围宋十月③。楚三围宋矣,而不能亡;非不可亡也,以宋攻楚④,奚时止矣?凡功之立也,贤不肖、强弱、治乱异也⑤。

【注】①庄王：楚庄王，见《情欲》篇注。其攻宋事在公元前595年秋，次年初与宋和解。史载是时楚围宋凡五月，与此作"九月"不同。　②康王：楚康王(？—前545)。春秋时楚国君主。芈姓，名招(一作昭)，公元前559年即位。其围宋事不见于史书。　③声王：楚声王(？—前402)。战国时楚国君主。芈姓，名熊当，在位六年，为盗所杀。其围宋事亦未见史载。　④以宋攻楚：此文有误。疑本作"宋以楚攻，楚以宋攻"，指宋国虽被楚国所攻，而楚国亦因攻宋而被诸侯所攻。因传写脱误，遂不可通。　⑤此句意谓伐人之国而欲功成，须是以贤伐不肖、以强攻弱、以治攻乱，若楚不治而宋治则不可伐。《召类》篇载有"宋不可攻"之论，可以参考。

　　齐简公有臣曰诸御鞅①，谏于简公曰："陈成常与宰予②，之二臣者③，甚相憎也，臣恐其相攻也。相攻唯固④，则危上矣，愿君之去一人也。"简公曰："非而细人所能识也⑤。"居无几何⑥，陈成常果攻宰予于庭，即简公于庙⑦。简公喟焉太息曰⑧："余不能用鞅之言，以至此患也。"失其数，无其势，虽悔无听鞅也，与无悔同。是不知恃可恃，而恃不恃也⑨。周鼎著象，为其理之通也⑩。理通君道也。

【注】①齐简公(？—前481)：春秋末齐国君主。姜姓，名壬，在位四年而为田恒所杀。诸御鞅：当是诸御氏，名鞅，为齐简公掌驾车之官。或说为齐大夫。　②陈成常：即田恒、田常，亦称田成子，见《长见》篇注。宰予：孔子弟子。宰氏，名予，字子我，又称宰我，鲁国人。在孔门以善言辞著称。按：《史记·仲尼弟子列传》记宰予为临淄大夫，因参与齐国内部斗争，为田恒所杀，遭夷族，孔子耻之。然简公时与田恒对立者实为监止(又称阚止)，非宰予之地位所能及。史载监止为齐国正卿，因有宠于简公，与田恒并为左右相，田恒忌而攻杀之，遂并弑简公。或说监止亦字自我，后人遂误以为田氏所杀者为宰予。疑宰予曾为监氏家臣，在田氏作乱时并被害，后人为表彰其气节，乃与

监止事相混。此所记应理解为监止之事。　③之：此。　④唯固：若必定发生。固，必。　⑤细人：小人，指身份低微。识：知。　⑥居无几何：过了没多久。　⑦即简公于庙：就攻简公于宗庙。他书多作"贼（弑）简公于朝"。　⑧喟（kuì）焉：喟然，叹气的样子。　⑨可恃：指术与势。不恃：与"可恃"相对，当作"不可恃"。应是指本篇开头所说的"求之乎国"，实指不可依恃的权臣。　⑩为其理之通：为的是象物之理通于君道。按：此句高诱无注。疑此下"理通君道也"五字即本为高注，而传抄错入了正文。句意当本于《先识览》所说："周鼎著饕餮，有首无身，食人未咽，害及其身，以言报更也。"谓齐简公之行不善，又不听贤者之言，遂罹杀身之祸。

不　　二①

七曰　听群众人议以治国②，国危无日矣。何以知其然也？老耽贵柔③，孔子贵仁④，墨翟贵廉⑤，关尹贵清⑥，子列子贵虚⑦，陈骈贵齐⑧，阳生贵己⑨，孙膑贵势⑩，王廖贵先⑪，兒良贵后⑫。此十人者，皆天下之豪士也⑬。

【注】①不二：言治国统一于法，不用两种或多种理论学说。　②群众人议：疑本作"群议"二字，"众人"为抄注而混入正文者。一说"人"为"之"字之讹。　③老耽：即老聃、老子，见《贵公》篇注。贵柔：崇尚柔弱之术。按：此处所述诸子十家，皆以一字括指其学说的主要观点。老子倡无为，其传世言论多主于柔弱胜刚强，故此谓之"贵柔"。　④孔子：见《贵公》篇注。孔子开创儒学，其思想体系的重大特点之一是刷新仁学，提倡"仁者爱人"，故此谓之"贵仁"。　⑤墨翟：即墨子，见《当染》篇注。贵廉：贵俭。墨家学术团体号称"摩顶放踵利天下"，以俭约自苦为行，其学说亦主张"非乐"、"节用"、"节丧"等，反对奢侈，故此谓之"贵廉"。　⑥关尹：载籍通称关尹子。相传为春秋末学者，《庄子·天下》篇以其与老子并称为"古之博大真人"。生平不可考，一说他曾为函谷关守关之吏，故称关尹；一说他为周人，尹氏，名喜。也有人认为他就是战国时稷下学者环渊。《汉书·艺文志》录有《关尹子》九篇。

其学说与老子一致,主张清净无为,故此谓之"贵清"。 ⑦子列子:即列御寇、列子。相传为战国时学者,郑人,《庄子》书中多有其传说。《汉书·艺文志》录有《列子》八篇。其学亦本于道家之说,主张虚静无为,故此谓之"贵虚"。"子列子"用两"子"字,当是其后学特加尊重之称。 ⑧陈骈:即田骈。战国时学者,齐国人,齐国田氏又称陈氏。相传为彭蒙弟子,与彭蒙、慎到俱为稷下黄老学派的代表人物。《汉书·艺文志》录有《田子》二十五篇。这一派的学术有"齐万物"之说,主张平等看待一切事物,不要抱有主观的是非评价观念,故此谓之"贵齐"。 ⑨阳生:即杨朱,又称杨子、杨子居、杨子取或阳生等。相传为战国初学者,卫国(或魏国)人,曾从学于老子。其学说一度甚为流行,《孟子·滕文公下》曾称"杨朱、墨翟之言盈天下,天下之言不归杨则归墨"。他主张全性葆真,反对损人利己,而亦不提倡损己利人,意谓若交相利则必有交相损。因孟子说过"杨子取为我,拔一毛而利天下不为也"的话,故此谓之"贵己"。 ⑩孙膑:战国时著名军事家。出于由齐国田氏家族分化出的支族孙氏,为《孙子兵法》作者孙武的后人。早年曾与庞涓同学于鬼谷子,及庞涓为魏将,忌之,遂借故处之以膑刑(去掉膝盖骨的刑罚),故人称孙膑。《汉书·艺文志》著录《齐孙子》八十九篇并图四卷,已佚,1972年在山东临沂银雀山汉墓中出土有《孙膑兵法》残简三十篇。其用兵实践和理论特重战争形势,故此谓之"贵势"。 ⑪王廖:不详。或说即秦穆公时的内史廖,又称王子廖,曾助穆公称霸西戎。贵先:指用兵特重权谋,审形势,察战机,必先计而启动。抑或指用兵策略上的先发制人。 ⑫兒(ní)良:战国时兵家。《汉书·艺文志》录有《兒良》一篇。贵后:义未详,疑指后发制人的策略。 ⑬此十人者,皆天下之豪士也:此十一字旧本无,为毕沅据李善《文选注》所引补入。按:本篇文字过短,前后亦不相衔接,必有脱简,而今已无从作补。或者本书在成编时,此篇因割裂原作篇幅而增出,初即不完整。

有金鼓,所以一耳也①;同法令,所以一心也;智者不得巧,愚者不得拙,所以一众也②;勇者不得先,惧者不得后,所以一力也③。故一则治,异则乱;一则安,异则危。

夫能齐万不同④,愚智工拙皆尽力竭能,如出乎一穴者⑤,其唯圣人矣乎！无术之智,不教之能,而恃彊速贯习,不足以成也⑥。

【注】①金鼓:指退兵用的金属乐器和进兵用的鼓。古时作战击鼓则进,击金则退,金有钲、铙等物。一耳:一听,犹言统一号令。 ②此句意指统一调度,使智、愚各随其才分而任事,智者不得出其巧诈而欺瞒,愚者亦不得借口笨拙而败事,故谓"一众"。 ③此句指统一行动,勇武者不得争先,懦弱者不得后退,故谓"一力"。 ④齐万不同:整齐种种不一致之处。 ⑤一穴:喻一条门径、一个中心。 ⑥此全句是说:人主有智能而无驾驭臣下之术,有才干而不能使令臣下,只靠自己做事的强健、敏捷、经验和习熟,是不足以取得成功的。教,诏,犹使令。贯,通"惯"。

执　一①

八曰　天地阴阳不革②,而成万物不同。目不失其明,而见白黑之殊;耳不失其听③,而闻清浊之声。王者执一,而为万物正④。军必有将,所以一之也;国必有君,所以一之也;天下必有天子,所以一之也。天子必执一,所以抟之也⑤。一则治,两则乱⑥。今御骊马者使四人⑥,人操一策⑦,则不可以出于门闾者⑧,不一也。

【注】①执一:犹言执道、守道。古人以"一"指"道","执一"的概念体现在哲学上,注重的是"道"作为万物本原的唯一性;应用到政治上,则指所有政令都统一于君主而言,反映的是法家的专制集权思想。 ②不革:不变。此指天地和阴阳二气作为物质存在及其所体现的四时运行规律是不变的。 ③听:一说当作"聪",与上"明"字相对。 ④正:主。王者治天下而体道,则是为天下表率,齐万物之不同而一之,故为万物之主。 ⑤抟(tuán):团聚,集中。 ⑥两:"一"的对立面,兼有"多"义,指不统一。 ⑦骊马:同"丽

马"、"俪马",指成双成对的马。此实指两对马,即共驾一车的四匹马。使四人:用四人驾一车,各控一匹马。　⑧策:马鞭。　⑨门闾:街巷大门。

楚王问为国于詹子①,詹子对曰:"何闻为身②,不闻为国。"詹子岂以国可无为哉?以为为国之本在于为身。身为而家为,家为而国为,国为而天下为。故曰以身为家③,以家为国,以国为天下。此四者,异位同本④。故圣人之事,广之则极宇宙、穷日月,约之则无出乎身者也⑤。慈亲不能传于子,忠臣不能入于君,唯有其材者为近之⑥。

【注】①为国:治国。本段下文之"为"字,除"以为"一词外,皆理解为"治"。詹子:即詹何。战国时楚国隐士。《审为》篇载有其"重生"之言,思想接近道家。　②何:詹子自称其名。　③以身为家:以治身求治家。　④异位同本:指身、家、国、天下之治层次不同,而实质是一样的。　⑤此全句意谓:圣人的行事,广而言之则极尽天地四方、古往今来之所能有,要而言之则无出于自身之外者。极、穷,皆"尽"字之义。宇宙,指空间。日月,指时间。约,犹"要",简要。　⑥以上意谓:修身之道,父母不能传于儿子,忠臣不能纳于君主,只有自身具备某种资质者才能不断努力接近它。入,同"纳"。材,资质,兼指道德行为。

田骈以道术说齐①,齐王应之曰:"寡人所有者,齐国也,愿闻齐国之政。"田骈对曰:"臣之言无政而可以得政②,譬之若林木无材而可以得材③。愿王之自取齐国之政也④。骈犹浅言之也⑤;博言之,岂独齐国之政哉?变化应求而皆有章⑥,因性任物而莫不宜当⑦,彭祖以寿,三代以昌,五帝以昭,神农以鸿⑧。"

【注】①田骈:见上篇"陈骈"注。说(shuì)齐:游说于齐国。疑当作"说

齐王"。　②此句意谓:我要说的话不及于政事,但从中也可得到为政的道理。　③此句是说:譬如林木多不成材,但从中也可得到有用之材。　④自取齐国之政:自择而用于齐国政事。取,择,指择其言之有用者。　⑤浅:犹狭。　⑥变化应求而皆有章:随事物变化而应和趋之,莫不皆有纹理章法。应,因应。求,犹聚,意为趋向。章,纹理,指自然变化本有纹理,应之而为人事则亦有条理。按:句中"求"字,旧本皆作"来",唯毕校本作"求"。"应求"实取《易经》"同声相应,同气相求"之意,乃古人成语,当以作"求"字为是。　⑦此句意谓:因万物之性而任使之,则治道莫不适当。　⑧以上四句大意:传说的长寿者彭祖因此而长寿,夏商周三代因此而昌盛,传说的五帝因此而昭著于后世,更早的神农氏也因此而兴起壮大。鸿,通"洪",大。

吴起谓商文曰①:"事君果有命矣夫!"商文曰:"何谓也?"吴起曰:"治四境之内,成训教②,变习俗,使君臣有义,父子有序,子与我孰贤③?"商文曰:"吾不若子。"曰:"今日置质为臣④,其主安重⑤;今日释玺辞官⑥,其主安轻。子与我孰贤?"商文曰:"吾不若子。"曰:"士马成列,马与人敌,人在马前⑦,援枹一鼓⑧,使三军之士乐死若生,子与我孰贤?"商文曰:"吾不若子。"吴起曰:"三者子皆不吾若也⑨,位则在吾上,命也夫事君!"商文曰:"善。子问我,我亦问子。世变主少⑩,群臣相疑,黔首不定,属之子乎⑪,属之我乎?"吴起默然不对,少选曰⑫:"与子⑬。"商文曰:"是吾所以加于子之上已⑭。"吴起见其所以长,而不见其所以短;知其所以贤,而不知其所以不肖。故胜于西河而困于王错⑮,倾造大难⑯,身不得死焉⑰。

【注】①吴起:见《当染》篇注。商文:不详。旧注谓为魏臣。　②训教:教化。旧本"训"作"驯",二字可通,今仍从毕校本。　③贤:能。　④置质:

犹委质,指委身于人主。 ⑤安:承接连词,犹"乃"。 ⑥释玺:放弃官印。 ⑦马与人敌,人在马前:指战马和人一样勇猛,只要人在,战马即勇往直前。敌,匹敌,相当。 ⑧枹:鼓槌。 ⑨不吾若:不如我。 ⑩世变主少:世道变乱而君主年少。 ⑪属(zhǔ):托付。 ⑫少选:须臾,一会儿。 ⑬与:同"予",犹上文"属"。 ⑭加于子之上:君主加给我的职位在您之上。已:同"矣"。 ⑮此句指吴起在魏,恢复和治理西河有功,最终为王错所谮而奔楚。事见《长见》篇。 ⑯倾:通"顷",犹言不久。造:至于。一说通"遭"。 ⑰不得死:不得善终。

夫吴胜于齐而不胜于越,齐胜于宋而不胜于燕①。故凡能全国完身者,其唯知长短赢绌之化邪②!

【注】①此所记数事,吴胜齐见《知化》篇,越破吴见《顺民》篇,齐灭宋见《壅塞》篇,燕将乐毅伐齐见《权勋》篇。 ②赢绌:盈余和不足。化:变化。

卷十八　审应览第六

审　应　览①

一曰　人主出声应容②,不可不审。凡主有识,言不欲先,人唱我和,人先我随。以其出为之入,以其言为之名③;取其实以责其名④,则说者不敢妄言,而人主之所执其要矣⑤。

【注】①审应:言人主应对臣下言论要审慎。　②出声应容:指应对时的发言和神色态度。　③二"以"字句:即以其所建议的事功为其事功,以其所言称的名分为其名分。出、入,犹言支出、收入。人臣言事,若使行之则必有所费,是谓"出";行而成之,功归于人主,是谓"入"。《韩非子·南面》篇对此有具体的解释。　④取其实以责其名:取其所从事的功过之实,以究其与所得名分的符合情况。责,求,追究。按:此为法家论人主"无为"之术的要点之一,大要谓人主为政,凡事不自为,而因任臣下自为,人主但行督责赏罚而已,臣下事功与名分相当则赏,不当则罚。　⑤其:语气词,有差不多之意。要:用作动词,指把握了要领、关键,实指赏罚之柄。

孔思请行①,鲁君曰:"天下主亦犹寡人也,将焉之②?"孔思对曰:"盖闻君子犹鸟也,骇则举③。"鲁君曰:

"主不肖而皆以然也④？违不肖,过不肖⑤,而自以为能论天下之主乎⑥？"凡鸟之举也,去骇从不骇。去骇从不骇,未可知也。去骇从骇,则鸟曷为举矣⑦？孔思之对鲁君也亦过矣。

【注】①孔思:即子思(前483—前402)。孔氏,名伋,字子思,孔子之孙。相传受业于曾子,尝为鲁穆公之师。孟子受业于其门人,发挥其学说而形成思孟学派。请行:指请求离开鲁国。 ②焉之:何之,往哪里去。 ③骇则举:受到惊吓则飞走。 ④此句是说:若所到之处人主都无贤德,是不是也像这样子飞走？以然,亦然,也这样。 ⑤违不肖,过不肖:离开了一个不肖之主,又过从另一个不肖之主。违,离。 ⑥论:择。 ⑦去骇从骇:离开了一个受惊吓之地,又到另一个受惊吓之地。曷:通"何"。

魏惠王使人谓韩昭侯曰①:"夫郑乃韩氏亡之也②,愿君之封其后也③。此所谓存亡继绝之义④,君若封之则大名⑤。"昭侯患之,公子食我曰⑥:"臣请往对之。"公子食我至于魏,见魏王曰:"大国命弊邑封郑之后⑦,弊邑不敢当也。弊邑为大国所患。昔出公之后声氏为晋公,拘于铜鞮,大国弗怜也⑧；而使弊邑存亡继绝,弊邑不敢当也。"魏王惭曰:"固非寡人之志也⑨,客请勿复言。"是举不义以行不义也⑩。魏王虽无以应,韩之为不义愈益厚也⑪。公子食我之辩,适足以饰非遂过⑫。

【注】①魏惠王:见《长见》篇"惠王"注。韩昭侯:见《任数》篇"韩昭厘侯"注。 ②亡:灭。郑为韩昭侯祖父哀侯所灭。 ③封其后:谓封郑国公室的后人,使之再建国。 ④存亡继绝:使已亡的诸侯不绝祀。 ⑤大名:使名声大显。 ⑥公子食我:韩国公室人物。《韩非子·说林上》谓其能"得民"。 ⑦大国、弊邑:公子食我分别对魏国的尊称和对自己国家的谦称。

⑧此处公子食我所举晋事不尽可考。疑"出公"当作"烈公",即晋烈公(名止);"声氏"则指晋桓公(名倾)、静公(名俱酒)父子。史载晋幽公被杀,魏文侯出兵平晋乱,立烈公;烈公死,桓公继位。魏惠王元年(前369),桓公被韩、赵迁于屯留(今山西屯留),后死于其地,静公继为晋君。及韩取屯留,迁静公于端氏(今山西沁水东北)。魏惠王二十一年(前349),赵取端氏,复迁静公于屯留,而为韩所杀。公子食我之意,盖谓晋桓公、静公先后被拘而晋祀绝,魏惠王不救,反使韩国存郑祀,是责人不责己,故下云"惠王惭"。铜鞮(dī),春秋时晋邑,在今山西沁县西南,距屯留不远,疑实指一地。 ⑨志:意。 ⑩举不义以行不义:此为作者评论,意谓公子食我所辩,实是拿魏国所行不义之事,以为韩国行不义的借口。 ⑪厚:多。 ⑫遂:成。

　　魏昭王问于田诎曰①:"寡人之在东宫之时,闻先生之议曰'为圣易',有诸乎②?"田诎对曰:"臣之所举也③。"昭王曰:"然则先生圣于④?"田诎对曰:"未有功而知其圣也,是尧之知舜也⑤;待其功而后知其舜也,是市人之知圣也⑥。今诎未有功,而王问诎曰'若圣乎',敢问王亦其尧邪?"昭王无以应。田诎之对昭王固非,曰"我知圣也"耳⑦。问曰"先生其圣乎",已因以"知圣"对昭王,昭王有非其有,田诎不察⑧。

　　【注】①魏昭王(?—前277):战国时魏国君主。姬姓,魏氏,名遫,襄王之子。公元前295年即位。在位时国势已衰,屡遭秦国攻侵,失去大片土地。田诎(qū):未详,疑为魏襄王时国相田需后人。 ②诸:之。 ③举:提到过。 ④于:犹"乎"。 ⑤此二句是说:其人尚未有功于天下就知道他是圣人,只有尧对舜的了解是这样。相传尧举舜于民间,故田诎有此言。 ⑥此二句中的"舜"、"圣"二字,据《论衡·知实》篇所引当互易。意谓必待其人有大功于天下而始知其为圣人,则如普通人之知舜。 ⑦此二句是说:田诎对昭王的回答本来是错误的,他只不过是说"我知道什么样的人是圣人"罢了。

⑧以上意谓:昭王问的是"先生您是圣人吗",田诎却以"知道圣人"回答昭王,这样昭王所得到的答案就不是他所想要的答案,田诎并没有明白昭王问话的意思。

赵惠王谓公孙龙曰①:"寡人事偃兵十余年矣②,而不成,兵不可偃乎?"公孙龙对曰:"偃兵之意,兼爱天下之心也③。兼爱天下,不可以虚名为也,必有其实。今蔺、离石入秦④,而王缟素布总⑤;东攻齐得城⑥,而王加膳置酒⑦。秦得地而王布总,齐亡地而王加膳,所非兼爱之心也。此偃兵之所以不成也。"今有人于此,无礼慢易而求敬⑧,阿党不公而求令⑨,烦号数变而求静⑩,暴戾贪得而求定⑪,虽黄帝犹若困⑫。

【注】①赵惠王(?—266):亦称赵惠文王。嬴姓,赵氏,名何。公元前298年即位。承赵武灵王之业,用平原君赵胜为相,以廉颇、赵奢为大将,后又以蔺相如为相,将相一心,屡挫秦军。公孙龙:见《听言》篇注。 ②偃兵:指战国时后期墨家及部分名家所提倡的息兵学说,详见《荡兵》篇。 ③偃兵之说本于墨家的"兼爱"思想。 ④蔺、离石:古邑名,分别在今山西离石西及离石。本属赵邑,赵肃侯二十三年(前327)曾被秦攻取,后又归还赵。至赵惠王十七年(前282),秦复取蔺,次年又取离石,即此处公孙龙所说二邑之"入秦"。 ⑤缟(gǎo)素布总:指赵惠王穿丧服以吊丧兵失地。缟素,白色丧服。布总,束发根而戴布冠,亦为丧事装束。古人以为丧国之服。 ⑥攻齐得城:指赵惠王十九年(前280)赵奢率军攻取了齐邑麦丘(在今山东商河西北)。 ⑦加膳置酒:设宴庆祝。 ⑧无礼慢易而求敬:指自身无礼傲慢而又希求别人尊敬。慢易,傲慢轻怠。按:自此以下,皆喻赵惠王好战无兼爱而又欲偃兵。 ⑨阿党不公而求令:偏私结党不公正而又希望能令行禁止。 ⑩烦号数(shuò)变而求静:号令繁琐苛细且屡次变更而又想使朝野上下安静。 ⑪暴戾贪得而求定:残暴贪婪而又企求国家安定。戾,暴。 ⑫虽黄

帝犹若困:即使黄帝再世尚且困窘无奈。

卫嗣君欲重税以聚粟①,民弗安,以告薄疑曰②:"民甚愚矣。夫聚粟也,将以为民也。其自藏之与在于上,奚择③?"薄疑曰:"不然。其在于民而君弗知,其不如在上也;其在于上而民弗知,其不如在民也④。"凡听必反诸己⑤,审则令无不听矣⑥。国久则固⑦,固则难亡。今虞、夏、殷、周无存者⑧,皆不知反诸己也。

【注】①卫嗣君(? —前283):战国时卫国君主。姬姓,名失传,公元前324年即位。在位时国势衰落,仅领有濮阳一隅之地。本称侯,即位五年,秦贬其号为君。聚粟:聚敛粮食。 ②以告:指卫嗣君告诉薄疑。薄疑:卫嗣君大臣。相传卫嗣君曾以为上卿。 ③此句是说:粮食由民众自藏与藏在官府,有何区别? 上,指官府。择,区别。 ④此处薄疑之言是说:若粮食藏于民而君主不能有,则不如藏于官;若粮食藏于官而民众不能有,则不如藏于民。高诱注:"知犹得也。"按:"知"当通"置",犹存留。薄疑之意盖谓民有则君有,不当藏于官。 ⑤反诸己:反身求己以自省。意谓卫嗣君只知重税以自有,而不知民有即国家有。 ⑥审则令无不听:能审慎地做到反诸己则号令无不被听从。 ⑦国久则固:"国"疑"故"字之误。盖"故"写为"固"(二字古可通),后人又误改为"国"字。"久则固"指反身求己而令行久,则君主的地位巩固。 ⑧虞、夏、殷、周无存者:指四代所封之国已百不存一。

公子沓相周①,申向说之而战②。公子沓訾之曰③:"申子说我而战,为吾相也夫④!"申向曰:"向则不肖。虽然,公子年二十而相,见老者而使之战,请问孰病哉⑤?"公子沓无以应。战者不习也⑥,使人战者严驵也⑦。意者恭节而人犹战,任不在贵者矣⑧。故人虽时有自失者⑨,犹无以易恭节⑩。自失不足以难,以严驵则可⑪。

【注】①公子沓:战国时周人,事迹不详。 ②申向:战国时周人。韩昭侯国相申不害之族,时亦称申子。说(shuì)之而战:进说公子沓而战栗(颤抖)。③訾(zǐ):非议。 ④为吾相也夫:大概因为我是相国吧! ⑤病:毛病,过错。 ⑥不习:此指不习惯见尊贵者。 ⑦严驵:严厉蛮横。驵,疑通"驻(zhì)",蛮横无理。 ⑧此二句意思是:想来贵者恭敬折节待人而人犹战栗,则责任不在贵者。 ⑨自失:指失态。 ⑩无以易恭节:没有理由改变恭节的态度。 ⑪此二句意为:人有失态不足以责难,若因严厉蛮横而使人失态则应该受到责难。

重 言①

二曰 人主之言,不可不慎。高宗②,天子也,即位谅闇③,三年不言。卿大夫恐惧患之④,高宗乃言曰:"以余一人正四方⑥,余唯恐言之不类也⑤,兹故不言。"古之天子,其重言如此,故言无遗者⑦。

【注】①重言:论人主要慎重其言。 ②高宗:即商王武丁。商汤十一世孙,小乙之子。载籍谓其在位五十余年,国力强盛,为商王朝鼎盛时期。③谅闇(liáng ān):"谅"亦作"亮"、"梁","闇"亦作"阴"。古代用为帝王居丧之称。相传武丁为小乙服丧,三年不言,其事无从详考。 ④患:忧虑。⑤余一人:古代天子自称。正:治理。此有为天下表率之意。 ⑥不类:不善。 ⑦无遗:无失。

成王与唐叔虞燕居①,援梧叶以为珪②,而授唐叔虞曰:"余以此封女③。"叔虞喜,以告周公。周公以请曰④:"天子其封虞邪?"成王曰:"余一人与虞戏也。"周公对曰:

"臣闻之,天子无戏言。天子言则史书之,工诵之,士称之⑤。"于是遂封叔虞于晋。周公旦可谓善说矣,一称而令成王益重言⑥,明爱弟之义,有辅王室之固⑦。

【注】①唐叔虞:周初晋国开国君主。姬姓,名虞,武王之子,成王之弟。因封于唐(今山西翼城西),故称唐叔。其地又称晋,自叔虞子燮父以后率称晋国。相传成王即位时尚年少,因嬉戏而以桐叶封叔虞,即此处所记故事。燕居:闲居,犹今言公余时间。古代多用于指称尊者之闲暇。此时成王虽年少,因已在王位,故以此称之。 ②珪:同"圭",古代帝王诸侯所执的长形玉制手版(一般上圆或尖而下方)。诸侯所执有一定规格,表示受封的符信。 ③女:同"汝",你。 ④以请:以此请示。 ⑤三"之"字句:天子有言则史官记录之,乐工讽诵之,列士称扬之。 ⑥一称:犹言一句话。指所说"天子无戏言"。 ⑦有:通"又"。辅王室之固:犹言辅助王室而固之(指封晋)。

荆庄王立①,三年不听而好讔②。成公贾入谏③,王曰:"不谷禁谏者④。今子谏,何故?"对曰:"臣非敢谏也,愿与君王讔也。"王曰:"胡不设不谷矣⑤?"对曰:"有鸟止于南方之阜⑥,三年不动、不飞、不鸣,是何鸟也?"王射之曰⑦:"有鸟止于南方之阜,其三年不动,将以定志意也;其不飞,将以长羽翼也;其不鸣,将以览民则也⑧。是鸟虽无飞,飞将冲天;虽无鸣,鸣将骇人。贾出矣,不谷知之矣。"明日朝,所进者五人,所退者十人⑨。群臣大说⑩,荆国之众相贺也。故《诗》曰:"何其久也?必有以也。何其处也?必有与也。"⑪其庄王之谓邪?成公贾之讔也,贤于太宰嚭之说也⑫。太宰嚭之说听乎夫差⑬,而吴国为墟;成公贾之讔喻乎荆王⑭,而荆国以霸。

【注】①荆庄王:见《情欲》篇注。 ②不听:不上朝听政,即不理政事。

好讔(yǐn):好猜谜语。　③成公贾:楚臣,有善谏之称。　④不谷:古代诸侯自称。　⑤胡不设不谷:何不拿我设个谜语?　⑥阜:山阜。　⑦射:猜。　⑧览民则:犹言观民俗。则,法度。　⑨进、退:拔擢、罢黜。　⑩说:通"悦"。　⑪此所引诗见于今本《诗经·邶风·旄丘》,唯今本"何其处"句在上。原文指何以安处而久不来,此借以喻指楚庄王久不动。处,安处。有与,同"有以",有原因。　⑫贤于:胜过。太宰嚭:见《当染》篇注。　⑬听乎夫差:被夫差听从。其事见《知化》篇。　⑭喻乎荆王:为楚王所理解。喻,通"谕"。

　　齐桓公与管仲谋伐莒①,谋未发而闻于国②。桓公怪之,曰:"与仲父谋伐莒,谋未发而闻于国,其故何也?"管仲曰:"国必有圣人也。"桓公曰:"嘻!日之役者③,有执蹠癐而上视者④,意者其是邪?"乃令复役,无得相代⑤。少顷,东郭牙至⑥。管仲曰:"此必是已。"乃令宾者延之而上,分级而立⑦。管子曰:"子邪言伐莒者⑧?"对曰:"然。"管仲曰:"我不言伐莒,子何故言伐莒?"对曰:"臣闻君子善谋,小人善意⑨。臣窃意之也。"管仲曰:"我不言伐莒,子何以意之?"对曰:"臣闻君子有三色:显然喜乐者,钟鼓之色也⑩;湫然清静者,衰绖之色也⑪;艴然充盈,手足矜者,兵革之色也⑫。日者臣望君之在台上也⑬,艴然充盈,手足矜者,此兵革之色也。君呿而不唫,所言者'莒'也⑭;君举臂而指,所当者莒也⑮。臣窃以虑,诸侯之不服者,其惟莒乎?臣故言之。"凡耳之闻,以声也。今不闻其声,而以其容与臂⑯,是东郭牙不以耳听而闻也。桓公、管仲虽善匿,弗能隐矣。故圣人听于无声,视于无形,詹何、田子方、老耽是也⑰。

【注】①莒:古国名、邑名,治今山东莒县。西周时莒国原治介根(今山东

胶州西南),春秋初年迁于莒,一度占有今鲁东南及苏北地区,势力颇盛。战国初为楚国所灭,后莒为齐邑。齐桓公在即位前曾因避内乱而逃于莒,即位之次年灭谭国,谭国君主亦逃于莒,此处所说的桓公与管仲谋伐莒可能即此时事。 ②发:公开。闻于国:都城内都传开了。国,都城。 ③日之役者:那天受指派服侍的人。 ④有执跖瘸而上视者:"跖瘸"不详,下字不见于字书。《管子·小问》篇作"席食",《说苑·权谋》篇作"柘杵",皆与此不同。疑句意实指有持某种遮蔽脸面之物而进至高台堂上的服侍者。视,视事,指服侍。 ⑤此句指再叫那人来服侍,不准他人代替。 ⑥少顷:不一会儿。东郭牙:见《勿躬》篇注。《管子·小问》作"东郭邮"。按:疑此所记实是由鲍叔牙的谏诤事迹化出的故事,盖谓鲍叔扮作侍者而察桓公之意,以谏阻其伐莒。⑦此句是说:令礼宾官员引东郭牙上堂,在东西阶上分宾主之位站定。表示极尊重。级,台阶。 ⑧管子:当作"管仲",不用敬称。子邪:同"子也","也"表示停顿语气。 ⑨意:揣度,推测。 ⑩显然:读作"欣然"。《管子》作"欣然",《意林》引作"欢然"。钟鼓之色:欣赏钟鼓之乐的神色。 ⑪湫(qiū)然:清冷寂静之貌。衰绖(cuī dié)之色:服丧时不言不思的神色。衰,通"缞",丧服的一种。绖,麻制的丧带,系于腰间或缠于头上,亦用麻绳。⑫鲍然充盈:勃然发怒,怒气满盈。鲍,通"勃"。矜:通"遽",急切的样子。扬雄《方言》卷二:矜,遽也,秦晋或曰矜。《管子》作"手足拇动","拇动"当即对此"矜"字的解释,后世用以指跃然欲试。兵革之色:要打仗的神色。⑬日者:当日。君:当是指管仲。 ⑭此句意谓从管仲说话的口形看,所说的是"莒"。呿(qū)、唫(jìn),开口、合口,指说话时口形的开合。"莒"字古读当是开口音,或如"榉"。 ⑮所当者莒:所指的方向正当莒国的方位。⑯容:姿态,神态。 ⑰末句是说:圣人能于无声之中有所闻,于无形之中有所见,詹何、田子方、老子等人的主张就是这样。意谓得道之人能预测事物的发展趋势。詹何,见《执一》篇"詹子"注。田子方,见《当染》篇注。

精　　谕①

三曰　圣人相谕不待言②,有先言言者也③。

海上之人有好蜻者④,每居海上⑤,从蜻游。蜻之至者,百数而不止,前后左右尽蜻也,终日玩之而不去⑥。其父告之曰:"闻蜻皆从女居⑦,取而来⑧,吾将玩之。"明日之海上,而蜻无至者矣。

【注】①精谕:谓精神相通而互相晓谕精微之意、之事、之理者,不靠言辞。仍阐释道法家不言而言之术。 ②圣人相谕不待言:圣人以己意晓谕他人不靠言辞。 ③有先言言者:有先于言辞而告诉人们的东西。下"言"字犹"告",告诉,使人知道。 ④蜻:蜻蜓。一说指一种鸟。《列子·黄帝》篇作"沤(鸥)鸟"。 ⑤每:常常。 ⑥玩:耍,嬉戏。 ⑦女:同"汝",你。 ⑧而:犹"其"。

胜书说周公旦曰①:"廷小人众,徐言则不闻,疾言则人知之。徐言乎,疾言乎?"②周公旦曰:"徐言。"胜书曰:"有事于此,而精言之而不明,勿言之而不成③。精言乎,勿言乎?"周公旦曰:"勿言。"故胜书能以不言说,而周公旦能以不言听,此之谓不言之听④。不言之谋,不闻之事,殷虽恶周,不能疵矣⑤;口嚼不言,以精相告,纣虽多心,弗能知矣⑥;目视于无形,耳听于无声,商闻虽众,弗能窥矣⑦。同恶同好,志皆有欲,虽为天子,弗能离矣⑧。

【注】①胜书:人名,不详。说(shuì):进说。 ②此处胜书之语意谓:朝廷堂小而人多,小声说则怕您听不到,大声说则又怕别人知道。是小声说呢,还是大声说? ③"有事"下是说:假如有件事,只隐微地说则说不清楚,不说则办不成事。精,隐微。下两"而"字皆犹"则"。 ④"故"字下意谓:胜书能以不言而言进谏周公,而周公能于无言之中有所听闻,这就叫做听不言之言。按:据下文,此乃设为周灭商以前事。 ⑤此全句意谓:有谋而不言,有事而不使人知,殷王朝虽憎恶周国,也无从挑出毛病。 ⑥以上意谓:言辞不出

口,但以精微的意图相告谕,殷纣王虽多疑心,也无法知道。口嚼,同"口吻"。 ⑦以上意谓:目视之则无形,耳听之则无声,商人探听的消息虽多,也不能窥见其秘密。于,犹"焉",则。 ⑧句中"欲"字疑为"谕"字音误。如是,则全句意为:凡是具有相同好恶的人,心意皆有相谕之处,即使贵为天子,也不能使这种相谕分离。

孔子见温伯雪子①,不言而出。子贡曰:"夫子之欲见温伯雪子好矣②,今也见之而不言,其故何也?"孔子曰:"若夫人者③,目击而道存矣④,不可以容声矣⑤。"故未见其人而知其志⑥,见其人而心与志皆见,天符同也⑦。圣人之相知,岂待言哉?

【注】①温伯雪子:不详。或说为南国贤人。 ②子贡:见《当染》篇注。欲:将要。好:喜,高兴。 ③夫人:彼人,那人。 ④目击而道存:看他一眼就知道他是有道之人。 ⑤不可以容声:无法用语言形容。容声,犹言容之以声,即用语言形容。 ⑥志:意。 ⑦天符:上天的符命。义近于天道、天性。参见《知度》篇注。

白公问于孔子曰①:"人可与微言乎②?"孔子不应。白公曰:"若以石投水,奚若③?"孔子曰:"没人能取之④。"白公曰:"若以水投水,奚若?"孔子曰:"淄、渑之合者,易牙尝而知之⑤。"白公曰:"然则人不可与微言乎?"孔子曰:"胡为不可?唯知言之谓者为可耳⑥。"白公弗得也,知谓则不以言矣⑦。言者谓之属也,求鱼者濡,争兽者趋,非乐之也⑧。故至言去言,至为无为,浅智者之所争则末矣⑨。此白公之所以死于法室⑩。

【注】①白公:即白公胜(?—前479)。春秋末楚国贵族。楚平王之孙,

太子建之子。曾因内乱随伍子胥奔吴,惠王即位后受召回国,居楚边邑,号白公。其父先后逃亡宋、郑,后为郑人所杀。及晋国攻郑,楚国出兵救之,白公大为不满,遂起兵作乱,攻入楚都,杀执政大臣令尹子西、司马子期,并废惠王。未几被叶公子高击败,逃山中自缢。其作乱在孔子谢世后数月,这里所记的传闻即关涉此事。　②微言:不明言,因有所避忌而以暗喻示意。犹言讲隐秘话。　③以石投水:将石头沉入水中。指不为人知,喻微言。奚若:如何。　④没(mò)人能取之:会潜水的人能取出它。　⑤此二句是说:把淄水、渑水中的水混合在一起,易牙尝一尝味道也能区别它们。淄水,即今山东省北部淄河。渑(shéng)水,距淄水不远,已久湮。易牙,见《知接》篇注,此代指善品味者。　⑥此句意指:真知道自己在说些什么才可以微言。谓,犹言意义、涵义,指所以言的旨意之所在。　⑦此二句意谓:白公胜不知道自己在说些什么,要是知道就不会用言辞说出来了。言外之意,作乱之事关乎身家性命,怎可对他人言之,即微言亦不可。弗得,不能,不懂得。又,句末"言"字,他书所记多重叠。　⑧以上意思是:言语是表达意图的,如果像捕鱼会沾湿衣裳,争猎野兽要加速奔跑,那就不是人们所乐意做的事。意指鱼、兽之得,最好不濡、不趋;意图之表达,亦最好不用可能产生负面作用的言辞。属(zhǔ),寄托,犹表达。　⑨以上意谓:最高境界的言语是不用言语,最高境界的行为是无所作为,智识短浅者的所争所竞则都是舍本逐末。　⑩法室:古代拘禁和刑处贵族犯人之所。按:《左传》载白公自杀,与此不同。

齐桓公合诸侯①,卫人后至,公朝而与管仲谋伐卫②。退朝而入③,卫姬望见君④,下堂再拜,请卫君之罪。公曰:"吾于卫无故,子曷为请⑤?"对曰:"妾望君之入也⑥,足高气强⑦,有伐国之志也⑧。见妾而有动色⑨,伐卫也?"明日君朝⑩,揖管仲而进之⑪。管仲曰:"君舍卫乎?"公曰:"仲父安识之⑫?"管仲曰:"君之揖朝也恭⑬,而言也徐,见臣而有惭色,臣是以知之。"君曰:"善。仲父治外,夫人治内,寡人知终不为诸侯笑矣。"桓公之所以匿者不言也⑭,今管子乃以容貌音声⑮,夫人乃以行步气志,桓公虽不言,若暗夜而烛燎也⑯。

【注】①合:会盟。或说指齐桓公三十五年(前651)葵丘之会,时当卫文公九年。 ②"公朝"句:指桓公回国后朝见群臣,欲出兵伐卫,以惩罚会盟时卫君后至的不敬行为。 ③退朝而入:指桓公退朝而回后宫。 ④卫姬:齐桓公夫人。卫公室之女,姬姓,故称卫姬。桓公有两卫姬,为姐妹,此当是指其长者。 ⑤无故:无事。曷:同"何"。 ⑥妾:古代贵族之妻自用的谦称。 ⑦足高气强:犹趾高气扬。 ⑧伐国之志:伐人之国之意。 ⑨动色:变脸色。 ⑩君朝:当从上文作"公朝"。 ⑪揖管仲而进之:向管仲作揖,让他先进去。 ⑫识:知。 ⑬揖朝:揖大臣上朝。 ⑭句意谓桓公以不言匿其意。 ⑮以容貌音声:此承上"所以匿",省略知其意之文。下句同此。 ⑯烛燎(liáo):燃火炬照明。烛,照。燎,火炬。

晋襄公使人于周曰①:"弊邑寡君寝疾②,卜以守龟③,曰'三塗为祟'④。弊邑寡君使下臣⑤,愿藉途而祈福焉⑥。"天子许之⑦。朝礼使者事毕⑧,客出,苌弘谓刘康公曰⑨:"夫祈福于三塗,而受礼于天子,此柔嘉之事也⑩。而客武色⑪,殆有他事,愿公备之也。"刘康公乃儆戎车卒士以待之⑫。晋果使祭事先⑬,因令杨子将卒十二万而随之⑭,涉于棘津⑮,袭聊阮、梁、蛮氏⑯,灭三国焉。此形名不相当⑰,圣人之所察也,苌弘则审矣。故言不足以断小事⑱,惟知言之谓者可为⑲。

【注】①晋襄公:见《悔过》篇注。 ②弊邑:晋使对本国的谦称。寝疾:有病卧床。 ③卜以守龟:用先人传下来的龟板占卜吉凶。 ④三塗为祟:此指占卜结果,谓三塗神作祟。三塗,古山名,在今河南嵩山西南,春秋时为陆浑戎的居地。按:晋人实以此占用为伐陆浑的借口。因陆浑依附于楚,故

晋伐之。《左传》载其事在晋顷公元年(前525),此作晋襄公当误。 ⑤使:派遣。 ⑥藉途:借道。周在洛阳,晋伐陆浑须道经其地。祈福:名义上指到三塗山祈祷求福。 ⑦天子:晋顷公时天子为周景王。 ⑧朝礼使者:上朝接见使者,给以礼遇。 ⑨苌弘:见《必己》篇注。刘康公:周宗室。周定王少子。食采于刘(今河南偃师南),谥称康公。 ⑩柔嘉之事:文明嘉美之事。指行礼而言。 ⑪武色:用兵动武的神态。 ⑫儆:警戒,戒备。 ⑬使祭事先:史载晋国先派人到洛水杀牲祭神。 ⑭杨子:晋国军帅。疑为原杨国(治今山西洪洞东南)君主而入晋为大夫者。《左传》作荀吴,与此不同。 ⑮棘津:当是指孟津,黄河古渡口,在今河南孟津东北。 ⑯聊阮、梁、蛮氏:当即陆浑之戎所建小国。 ⑰形名:行事的实际和名义。 ⑱小事:"小"字疑衍。 ⑲可为:按文例当作"为可"。

离　谓①

四曰　言者以谕意也。言意相离,凶也。乱国之俗,甚多流言而不顾其实,务以相毁,务以相誉,毁誉成党,众口熏天②,贤不肖不分。以此治国,贤主犹惑之也,又况乎不肖者乎?惑者之患,不自以为惑,故惑。惑之中有晓焉③,冥冥之中有昭焉④。亡国之主,不自以为惑,故与桀、纣、幽、厉皆也⑤。然有亡者国⑥,无二道矣。

【注】①离谓:指言意相离。谓,意。 ②熏天:如火焰升腾而冲天。犹言气势汹汹。 ③惑之中有晓:"惑"当作"惑惑",即连上句,"故"下共有三"惑"字,疑传抄误脱其一。"惑惑"犹言"惑于惑",即对所惑有所疑。有疑于惑则有所晓知,与上句"不自以为惑"相对。 ④冥冥:亦理解为"冥于冥",即以冥为冥。习惯了黑暗,眼睛也能看到微弱的光亮。 ⑤皆:同"偕",在一起。句意指亡国之主的自以为是都与夏桀、殷纣王、西周厉王和幽王没有什么两样。 ⑥有亡者国:犹言凡灭亡的国家。有,语首助词。者,犹"之"。

郑国多相县以书者①。子产令无县书,邓析致之②;子产令无致书,邓析倚之③。令无穷,则邓析应之亦无穷矣,是可不可无辨也④。可不可无辨,而以赏罚,其罚愈疾⑤,其乱愈疾。此为国之禁也。故辨而不当理则伪⑥,知而不当理则诈⑦。诈伪之民,先王之所诛也。理也者,是非之宗也⑧。

　【注】①多相县以书者:多有在街巷悬挂法令条文以互相辩论的。县,古"悬"字;以文辞言,犹如今所称"张贴",该书《介立》篇的"悬书公门"是其义,参见该篇注。书,此指书写在竹木简牍上的法令条文。　②此句是说:子产下令不准悬书,邓析就收集这类法令条文。致,罗致,犹收集。子产,郑国相,见《下贤》篇注。邓析(前545—前501),春秋末学者。郑国人,尝为郑大夫。创办私学,以法令条文写在竹简上作为教材,时称《竹刑》;宣传法理,又以善辩教人打官司。为当时统治者所不容,被杀,见本篇下文。《汉书·艺文志》录有《邓析》二篇,列入名家,已佚。后世学者多称之为法家的先驱。③此句是说:子产又下令不准收集法令文辞,邓析却把这类文辞作为他立身的依靠。倚,依靠,指立身而言,实指其编《竹刑》而收徒讲学。　④以上是说:国家的法令无穷无尽,邓析的应对解释也无穷无尽,这样,法令的是和非就没有什么辨别标准了。可不可,即是和非。辨,区别。　⑤其罚:仍当理解为其赏罚。或传抄误删"赏"字。疾:力,力度大。下句"疾"字理解为"甚",犹严重。　⑥辨:通"辩",指善辩。不当理:不合乎法理、事理。伪:奸巧。⑦知:了解、理解,兼指解释。　⑧宗:宗主,犹言宗旨、核心、根本。

　洧水甚大①,郑之富人有溺者②。人得其死者③,富人请赎之,其人求金甚多④。以告邓析,邓析曰:"安之⑤,人必莫之卖矣⑥。"得死者患之,以告邓析,邓析又答之曰:"安之,此必无所更买矣⑦。"夫伤忠臣者⑧,有似于此也。夫无功不得民,则以其无功不得民伤之;有功得民,则又以其有功得民伤之⑨。人主之无度者,无以知此,岂不悲哉!比干、苌弘以此死,箕子、商容以此穷,周公、召公以此疑,范蠡、子胥以此流⑩,死生、存亡、安危从此生矣。

【注】①洧(wěi)水:即今河南双洎河。本为颖水上游支流,元以来改入贾鲁河,流经长葛、扶沟等地。 ②溺:淹死。 ③死:同"尸",尸体。下文"得死者"亦即"得尸者"。 ④求金:要求赎金。 ⑤安之:安心等待。 ⑥人必莫之卖:这尸体必不可能卖出去。"人"疑当作"此",与下文"此必"同例。 ⑦此必无所更买:这尸体必不可能换个买主。 ⑧伤忠臣者:使忠臣受到伤害的人。指诋毁、谗害者。 ⑨此二分句指忠臣无功则诋之以无功,有功则又要人主防止其得民。盖谓无功则犹如不得卖身,有功则须更买人主之赏。法家把君臣关系看成是买卖关系。 ⑩以上人物,比干见《功名》篇注,苌弘、箕子皆见《必己》篇注,商容见《慎大览》篇注,周公、范蠡、子胥皆见《当染》篇注,召公见《音初》篇注。周公之疑,指其摄政而被管叔、蔡叔等怀疑之事。召公之疑未详。范蠡、伍子胥流乎江,见《悔过》、《知化》篇。

子产治郑,邓析务难之。与民之有狱者约①,大狱一衣,小狱襦裤②,民之献衣襦裤而学讼者不可胜数。以非为是,以是为非,是非无度,而可与不可日变。所欲胜因胜,所欲罪因罪③,郑国大乱,民口谨哗④。子产患之,于是杀邓析而戮之⑤,民心乃服,是非乃定,法律乃行。今世之人多欲治其国,而莫之诛邓析之类,此所以欲治而愈乱也。

【注】①狱:狱讼案件。约:约定。 ②大狱一衣,小狱襦裤:大案子收一件长袍,小案子收短上衣和胫衣。一衣,不分上下装的长衣,即长至脚踝的袍子。一,犹"整"。襦(rú),短上衣,但古时亦到膝盖以上。裤,即后世的"裤"字,但古时的裤子只套在腿上,无裆,故又称"胫衣"。按:先秦时期办私学者常会收受学生的一些拜师礼物,这里所说当亦指邓析的私学而言,容有夸张。

③此二句指想让谁胜诉谁就能胜诉,想让谁得罪谁就会得罪。　④謼诈:同"喧哗"。　⑤戮:陈尸示众。按:《左传》定公九年载邓析为郑国执政者驷歂(字子然)所杀,时距子产去世已二十余年,故学者或谓本篇所记"子产"皆当作"子然"。子然虽杀邓析,而仍用其《竹刑》。

　　齐有事人者,所事有难而弗死也①。遇故人于塗②,故人曰:"固不死乎?"对曰:"然。凡事人,以为利也。死不利,故不死。"故人曰:"子尚可以见人乎?"对曰:"子以死为顾可以见人乎③?"是者数传,不死于其君长④,大不义也。其辞犹不可服,辞之不足以断事也明矣⑤。夫辞者,意之表也⑥;鉴其表而弃其意,悖,故古之人得其意则舍其言矣。听言者,以言观意也;听言而意不可知,其与桥言无择⑦。

　　【注】①难:死难。弗死:不殉死。　②塗:通"途"。　③顾:反而。　④此二句意谓:肯定这种行为的人辗转相传,都不为其君长殉死。是,以为正确,肯定。数(shuò)。屡次。此指传者非一。　⑤此二句意谓:他说的话尚且不能服人,可见仅凭言辞不足以决断事实,这是再清楚不过的了。言外之意,若此类言辞能够服人,将去事实更远。　⑥意之表:意图、思想的外在表现。　⑦桥言:伪诈之言。桥,通"矫"。无择:无区别。

　　齐人有淳于髡者①,以从说魏王②。魏王辩之③,约车十乘④,将使之荆。辞而行,有以横说魏王⑤,魏王乃止其行。失从之意,又失横之事,夫其多能不若寡能⑥,其有辩不若无辩。周鼎著倕而龁其指⑦,先王有以见大巧之不可为也。

　　【注】①淳于髡:见《报更》篇注。　②从:通"纵",指合纵。战国时,游说

之士主张关东南北六国联合抗秦,称"合纵"。说(shuì):游说。 ③辩之:以为他善辩。 ④约车十乘:套车十辆。 ⑤有:通"又"。横:连横。战国时,秦国为破合纵,与关东六国各自横向联系而展开外交攻势,称"连横"。 ⑥夫:犹"彼",指示形容词。 ⑦此句指周鼎上铸有倕的像,而让他咬着自己的手指。应是表示倕伤了手指。其意盖谓善泳者溺,善跑者蹶,故善巧者亦伤指,以见大巧之不可为。倕,见《重己》篇注。龁(hé),咬。

淫 辞①

五曰 非辞无以相期,从辞则乱②。乱辞之中又有辞焉,心之谓也;言不欺心,则近之矣③。凡言者,以谕心也④;言心相离,而上无以参之,则下多所言非所行也、所行非所言也⑤。言行相诡⑥,不祥莫大焉。

【注】①淫辞:指诡辩、欺诈、便嬖不正的言论及不合语言常规的言辞等。作者认为"淫辞"的根本特征是与心意、行为相脱离。 ②此二句意指:凡事非有言辞则无法相互约定,但约定仅仅依从言辞则容易发生混乱。期,约,达成某种关系。从,依从。 ③以上是说:容易发生混乱的言辞中更有一种"言辞",这种"言辞"就叫做心意;如果言辞不昧心意,那么二者就相接近了。以"辞"喻"心",即所谓"不言之言"。欺,犹言昧,说话时藏其心意,所言与所想不一致,是谓"欺心"。 ④谕心:表明心意。 ⑤此全句大意:言辞与心意相背离,而在上者无从考察,那么在下者就会多有言行不一的情况。参,参验,检验。 ⑥诡:乖违,相矛盾。

空雄之遇①,秦、赵相与约约②,曰:"自今以来③,秦之所欲为赵助之,赵之所欲为秦助之。"居无几何④,秦兴兵攻魏,赵欲救之。秦王不说⑤,使人让赵王曰⑥:"约曰'秦之所欲为赵助之,赵之所欲为秦助之'。今秦欲攻魏,而赵因欲救之,此非约也。"赵王以告平原君⑦,平原君以告公孙龙⑧。公孙龙曰:"亦可以发使而让秦王曰:'赵欲救之,今秦王独不助赵,此非约也。'"

【注】①空雄之遇:指战国后期秦、赵之间的一次会盟。空雄,《听言》篇作"空洛",未详孰是。陈奇猷《校释》以为当作"中阳",空雄即中阳,"洛"(雒)为"雄"字之误。史载秦昭王二十二年(前285),秦、赵会盟于赵邑中阳(今山西中阳);二十四年,秦攻魏至大梁,赵、燕救之,秦军去。其事与此处所记正相合,当是。按:疑"空雄"或"空洛"为中阳附近一小地名,或即中阳邑驻地之本名,犹如春秋时晋文公会诸侯于衡雍(今河南原阳西南),而史称"践土之盟",践土实即衡雍之地一小邑。 ②约约:作"要(yāo)约",即结约、结盟。 ③自今以来:犹今言"自今以后"。 ④居无几何:过了不多久。 ⑤说:同"悦"。 ⑥让:责备。 ⑦平原君:即赵胜(?—前251)。战国时赵国宗室大臣。又称公子胜,因初封于平原(今山东平原西南),故号平原君。赵武灵王之子,惠王、成王时为国相。以礼贤下士著称,有门客数千,与齐孟尝君、魏信陵君、楚春申君并称战国"四公子"。 ⑧公孙龙:见《听言》篇注。

孔穿、公孙龙相与论于平原君所①,深而辩②,至于"藏三牙"③。公孙龙言藏之三牙甚辩④,孔穿不应,少选⑤,辞而出。明日,孔穿朝⑥,平原君谓孔穿曰:"昔者公孙龙之言甚辩⑦。"孔穿曰:"然,几能令藏三牙矣。虽然,难⑧。愿得有问于君:'谓藏三牙甚难而实非也,谓藏两牙甚易而实是也⑨。不知君将从易而是者乎,将从难而非者乎?'"平原君不应。明日,谓公孙龙曰:"公无与孔穿辩。"

【注】①孔穿:见《听言》篇注。 ②深而辩:深入他们的辩论。而,犹"其"。 ③藏三牙:战国时名家的一个辩论命题。《孔丛子·公孙龙》篇作"臧三耳",学者多谓"藏"通"牂"(母羊),以为照名家之辩,羊有两耳,外加

为共名(即今所称集合概念)的"耳",是谓"三耳"。若此,则"藏三耳"与"坚白石"、"鸡三足"之类皆同其辩,但先秦古籍中未见提及其例。疑"藏三牙"仍当从公孙龙的基本命题"坚白论"上理解。今本《公孙龙子·坚白论》篇有"藏三"之语,大意谓人触石头则知其坚,看石头则知其白(无色),二者之外还藏有一个作为共名的"石"。古"牙"字通"互"(音形俱近),"藏三牙"盖即"藏三互",谓"坚"、"白"、"石"三个概念互有隐藏,如知"石"则忘"坚"、"白",知"坚"则忘"白"、"石",知"白"则忘"坚"、"石"。后人或不知"牙"为"互"字之借,乃改为"耳"以释之,则与原意已不相合。　④辩:指辩之捷给有力,犹雄辩。　⑤少选:不一会儿。　⑥朝:指觐见平原君。　⑦昔者:昨日。"昔"犹"夕",即今所称昨夜,古人则用以指昨日。　⑧难:此字下疑脱"矣"字。《孔丛子》作"实难"。谓"藏三牙"之说难以成立。　⑨藏两牙:若按"坚白论"理解,此当是指"坚石"、"白石"之说尚可成立,人于石头可以各忽略其"坚"、"白"的一面,如通常所说的"硬石头"即忽略其"白","白石头"则忽略其"坚";若必谓二者之外还隐藏着一个"三",则不合情理。

荆柱国庄伯令其父①,视曰"日在天";视其奚如,曰"正圆";视其时,曰"当今";令谒者驾,曰"无马";令涓人取冠,"进上"②。问马齿,圉人曰:"齿十二,与牙三十。"③人有任"臣不亡"者,臣亡,庄伯决之,任者无罪④。

【注】①柱国:战国时楚国官称。亦称上柱国,为最高武官,地位仅次于令尹。庄伯:不详。令其父:疑为庄伯之字,是否有讹不知。若讲为指令其父亲,则文义难通。　②以上文字亦难晓,旧说皆不明。疑"在天"上"曰"字当在"曰"字前,读作"视日,曰'在天'";"当今"上"曰"字当作"曰","进上"二字上亦当有"曰"字。句中三"视"字则皆当理解为"示",为通假字。如是,则以上意谓:表示某日,则说"在天";表示到哪里去(奚如),则说"正圆";表示某时,则说"当今";令近侍(谒者)驾车,则说"无马";令掌洒扫者(涓人)取帽子,则说"进上"。按:此类当皆是用中原语言译楚语,以讥讽庄伯的言语不规范。大约庄伯为武人,说话多用不好懂的方言语汇,且口音过重而又出语

过简,故易生歧义。但以通用文字描摹方言口语,仅从字面上理解是不合理的。如说"无马",可能实是楚语之"驾马";说"进上",也未必就是以"上"字代指冠。此类记录实属于文字游戏。　③此句意思是:庄伯问马齿(马的年龄),养马人回答说:"马的上下门齿十二颗,与上下槽牙共三十颗。"古人称门牙为"齿",口腔后部的槽牙为"牙"。按:此指答非所问,亦见庄伯的问话不清楚。可能他误将表示马的年龄的特定用语"马齿"说成"马牙"了,故圉人亦随机开个玩笑而答以马的牙数和齿数。　④此处意思是:有人曾担保"臣不亡"(臣指奴仆),结果奴仆逃亡了,庄伯判这个案子,却最终判决担保者无罪。任,保。按:此当是指以言辞歪曲法律(即所谓"析言破律")。大约被判决者狡辩当初担保的"臣不亡"是指我自己不逃亡("臣"用做自称),并非是说奴仆不逃亡,而庄伯亦误信之,遂判其无罪。又按:此类故事皆似寓言,然诉诸言意关系,亦有其理之所在。

宋有澄子者①,亡缁衣②,求之塗③。见妇人衣缁衣④,援而弗舍⑤,欲取其衣,曰:"今者我亡缁衣。"妇人曰:"公虽亡缁衣,此实吾所自为也⑥。"澄子曰:"子不如速与我衣。昔吾所亡者,纺缁也⑦;今子之衣,襌缁也⑧。以襌缁当纺缁,子岂不得哉⑨?"

【注】①澄子:当是假托的寓言人物。澄即清,不清即糊涂,盖指其名清而实不清。因宋人为亡国(商)后裔,故先秦寓言每托称宋人,且此处"澄子"之"子"亦有指宋人为子姓的寓意。　②亡:丢失。缁衣:黑色上衣。　③塗:通"途"。　④上"衣(yì)"字为动词,穿。　⑤援而弗舍:抓住不放。　⑥自为:自己缝制的。　⑦纺:疑通"复",指有衬里的夹衣。"纺"即古"绑"字,而古"绑"字皆作"缚",与"复"字音同。　⑧襌:即单衣,无衬里的衣服。　⑨得:占便宜。

宋王谓其相唐鞅曰①:"寡人所杀戮者众矣,而群臣愈不畏,其故何也?"唐鞅对曰:"王之所罪尽不善者也。罪不善,善者故为不畏②。王欲群臣之畏也,不若无辨其善与不善而时罪之③。若此,则群臣畏矣。"居无几何,宋君杀唐鞅。唐鞅之对也,不若无对。

【注】①宋王:宋康王,见《当染》篇注。唐鞅:亦见《当染》篇。 ②故为不畏:犹言"固不为畏"。 ③辨:分别。时:不时,说不定什么时候。

惠子为魏惠王为法①。为法已成,以示诸民人,民人皆善之。献之惠王,惠王善之,以示翟翦②。翟翦曰:"善也。"惠王曰:"可行邪?"翟翦曰:"不可。"惠王曰:"善而不可行,何故?"翟翦对曰:"今举大木者,前呼舆謣③,后亦应之,此其于举大木者善矣。岂无郑卫之音哉④?然不若此其宜也。夫国亦木之大者也⑤。"

【注】①惠子:惠施,见《听言》篇注。魏惠王:见《长见》篇注。为法:制定法令。 ②翟翦:魏文侯大臣翟璜后人。事魏惠王,多所建谋。 ③舆謣(yú):对抬重物所呼号子声的摹写。 ④郑卫之音:见《本生》篇注。句意指靡靡之音虽悦耳,而不可用做抬大木的号子。 ⑤末句谓治国任重,有如抬大木,故法律亦宜粗而不宜细,宜简要而不宜繁琐。当是指惠施所定法条过细,而又流于言辞修饰,故虽善而不可用。

不　　屈①

六曰　察士以为得道则未也②。虽然,其应物也,辞难穷矣。辞虽穷③,其为祸福犹未可知。察而以达理明义,则察为福矣;察而以饰非惑愚④,则察为祸矣。古者之贵善御也,以逐暴禁邪也⑤。

【注】①不屈(jué)：即不竭、不尽。本篇以此为标题，如篇首所示，系指察辩之士应对事物之辞难以穷尽。篇旨则在批评察辩，与上篇《淫辞》所论相应。　②首句意谓：察辩之士以为得道，即表明他尚未得道。则，即。按：此"察士"之"察"犹"察察"、"苛察"，以辩说言之，实指过分追求辞义的辨析与概念应用上的细微差别。作者的批评指向名家。　③辞虽穷：即使能够穷尽应对事物之辞。此为假设句，意谓察辩之士即使无所不能辩。旧校谓"虽"一作"难"，毕校本据改，不可从，今仍从旧。　④惑愚：迷惑所谓不智之人。⑤此句意思是：古代人主重视善于控制人臣之道，就是为了逐除凶人，禁止邪佞。言外之意，人主善于制御，则饰非惑愚的察士就将得祸。贵，重视。御，控制。

魏惠王谓惠子曰①："上世之有国，必贤者也②。今寡人实不若先生，愿得传国③。"惠子辞。王又固请，曰："寡人莫有之国于此者也④，而传之贤者，民之贪争之心止矣。欲先生之以此听寡人也。"惠子曰："若王之言，则施不可而听矣⑤。王固万乘之主也，以国与人犹尚可⑥；今施，布衣也，可以有万乘之国而辞之，此其止贪争之心愈甚也⑦。"惠王谓惠子曰"古之有国者，必贤者也"⑧。夫受而贤者舜也，是欲惠子之为舜也；夫辞而贤者许由也，是惠子欲为许由也；传而贤者尧也，是惠王欲为尧也⑨。尧、舜、许由之作⑩，非独传舜而由辞也⑪，他行称此⑫。今无其他，而欲为尧、舜、许由，故惠王布冠而拘于鄄，齐威王几弗受⑬；惠子易衣变冠，乘舆而走，几不出乎魏境⑭。凡自行不可以幸，为必诚⑮。

【注】①魏惠王、惠子：参见上《淫辞》篇。　②必贤者：指人主自身必是圣贤。　③传：授，给予。　④莫有之国：按文法当作"莫之有国"，即不做国

主。于此：表示假设。又，"于此"下"者"字累赘，疑本在上文"上世之有国"下而错入此处。　⑤施：惠施自称。而：犹"以"。　⑥以国与人犹尚可：等于说尚能以国予人。可，能。　⑦止贪争之心愈甚：就更能制止人们的贪婪争夺之心了。按：这是顺着惠王的话所出的辩辞，在逻辑上是以惠王"让"的理由作为自己"辞"的根据，若自己的命题成立，则将使对方的命题不能成立。⑧此为本篇作者复述惠王与惠子的对话。自此以下皆为作者的评论。⑨尧传位给舜及许由辞天子事，参见《去私》及《当染》篇。此处作者所说，实是假定惠王欲传国之事为真，如此则惠王乃自比为尧，而以惠施比为舜，惠施之推辞又是自比为许由。　⑩作：作为，行为。　⑪传舜而由辞：当作"尧传、舜受而由辞"，疑脱"尧"、"受"二字。　⑫他行称此：诸人的其他行为也都与此相称。　⑬"故"下二句意思是：魏惠王曾穿着丧国之服而拘留于鄄地（今山东鄄城），齐威王逞威而几乎不接受他的赔罪。布冠，指丧服，参见《审应览》"缟素布总"注。按：其事不见于史书。史载魏惠王十七年（前353）、二十九年（前341），齐国先后以桂陵、马陵二役大败魏军，遂取代魏国而称雄诸侯，齐威王亦自称为王而号令天下。联系本篇下文来看，此处所说若属实，似为桂陵之战后魏惠王朝见齐威王以媾和事。　⑭此所记当是指惠施失位而离开魏国时的情景。盖谓其仓皇换装，乘车逃去，魏人欲追杀之，让他差点出不了魏国边境。按：其事亦不见于史书。据考证，惠施入魏实在魏惠王三十二年（前338），其去魏则在惠王后元十二年（前323）。去魏的原因是惠王见其联齐抗秦之策无效果，遂起用张仪而逐之。惠施离魏后，先至楚国，后又至宋，与庄子论学。惠王去世前逐张仪，惠施复回魏。吕氏本篇所传，在时间上多与惠施的事迹不合，此所记其去魏情景恐亦不属实。　⑮此句意指：凡自身行事不可以存侥幸心理，这是说一定要有诚意（言意相符）。为，通"谓"。必，动词，必定做到之意。

匡章谓惠子于魏王之前曰①："蝗螟②，农夫得而杀之，奚故？为其害稼也。今公行③，多者数百乘，步者数百人；少者数十乘，步者数十人。此无耕而食者，其害稼亦甚矣。"惠王曰:"惠子施也,难以辞与公相应。虽然,请言其志。"④惠子曰:"今之城者⑤,或者操大筑乎城上⑥,或负畚而赴乎城下⑦,或操表掇以善晞望⑧。若施者,其操表掇者也? 使工女化而为丝,不能治丝;使大匠化而为木,不能治木;使圣人化而为农夫,不能治农夫⑨。施而治农夫者也⑩? 公何事比施于螟螣乎?"惠子之治魏为本⑪,其治不治。当惠王之时,五十战而二十败,所杀者不可胜数,大将、爱子有禽者也⑫。大术之愚,为天下笑,得举其讳,乃请令周太史更著其名⑬。围邯郸,三年而弗能取,士民罢潞,国家空虚,天下之兵四至⑭;众庶诽谤,诸侯不誉,谢于翟翦而更听其谋,社稷乃存⑮。名宝散出,土地四削⑯,魏国从此衰矣。仲父、大名也,让国、大实也,说以不听不信⑰。听而若此,不可谓工矣⑱。不工而治,贼天下莫大焉,幸而独听于魏也⑲。以贼天下为实,以治之为名⑳,匡章之非,不亦可乎?

【注】①匡章:又称章子,齐人。据《孟子》所记,其人与孟子在师友之间,曾因谏其父而不见听,为其父所逐,故有"不孝"之名,而孟子独礼敬之。一说《孟子》所记亦即《战国策》所见齐将章子,历事齐威王、宣王、湣王而皆有战功。 ②蝗螟:蝗虫和螟虫。一说据下文当作"螣螟"。旧注谓食稼叶为螣,食稼心为螟。此泛指作物害虫。螣,参见《季夏纪》篇注。 ③公行:"公"指惠施,"行"谓出行。 ④此处"惠王曰","施也"二字疑当在"请言其志"上。句意是说:惠子不好用辩辞跟您相答对,虽然如此,也还是请惠施谈谈他自己的想法。 ⑤城:筑城,建城墙。 ⑥操大筑乎城上:当作"操大筑筑乎城上",脱重文"筑"字。大筑,读作"大杵",指夯具。下"筑"字为动词,指筑土、夯土。 ⑦负畚(běn)而赴乎城下:指运土。畚,畚箕,用草绳编成的盛器,古人多用以运土。 ⑧操表掇以善晞(xī)望:谓用标杆校正完善目测的城墙

规格尺度。表掇,犹表臬、标杆。睎,与"望"同义。 ⑨此三句意谓:假如使精巧的制衣女工变其事而去缫丝,她便不能缫丝;使高明的匠作大师变其事而去造木器,他便造不出木器;使圣人变其事而去做农夫的事,他便做不了农夫的事。化,变。 ⑩而:犹"乃"。治农夫者:做农夫的事。 ⑪惠子之治魏为本:犹言惠子以治魏为己任。之,犹"于"。本,本职,本分。 ⑫此处所说魏惠王"五十战而二十败",乃约略言之,非是实数如此。"所杀者不可胜数",指魏国战死者,意谓君主驱民而战,则是陷之死地而杀之。"大将、爱子有禽者","禽"通"擒"。其见于史书之例,最著名的是马陵之战齐军虏魏太子申,魏大将庞涓自杀(近世出土的《孙膑兵法·擒庞涓》似谓桂陵之战时庞涓曾被擒);此外,则如魏惠王八年(前362),秦、魏少梁之战,秦曾虏魏相公孙痤;三十年(前340),秦商鞅攻魏,又俘魏公子卬;三十二年,秦攻魏岸门,复擒魏将魏错;至魏惠王后元五年(前330),秦又擒魏将龙贾。 ⑬此处意谓:惠施为魏惠王制定的大策略甚愚蠢,为天下所讥笑,惠王却尊称他为"仲父",竟请求周天子让太史在王朝文件中更改其名号。得举其讳,指得立其避讳名号。举,立。高诱注:"言惠王比惠子于管夷吾,欲更著其名。名,'仲父'之名也。"称"仲父"则不称其名氏,故曰"讳"。"仲父"之名见下,其义参见本书"通说"叙吕不韦生平部分。 ⑭此处所述"围邯郸"云云,皆指齐、魏桂陵之战前后的形势。魏惠王十六年(前354),魏为救卫而围赵都邯郸(今河北邯郸)。次年,魏破邯郸,齐则用"围魏救赵"之计,大破魏军于桂陵(今河南长垣西南)。时楚亦救赵侵魏,又次年秦、宋、卫等亦皆攻魏,故此云"天下之兵四至"。至十九年,魏被迫以邯郸归还赵国,是以本文粗略言之,谓之"围邯郸,三年而弗能取"。魏国从此走向下坡路,文侯、武侯时的称霸局面不复存。士民罢潞,指军民疲弱,"罢潞"通"疲羸"。国家空虚,指仓储尽空,财源枯竭。按:其时距惠施入魏尚有十余年,本篇以此指责惠施,实与史实不符。 ⑮此数句意谓:民怨沸腾,各诸侯国皆不相助,惠王向翟翦道歉请罪而更听从其谋划,国家才得保存下来。誉,旧校谓一作"举",二字皆通"与",犹助。翟翦,见上篇注。 ⑯名宝散出,土地四削:指国家名贵宝物流散国外(主要被用于贿赂诸国以求缓解形势),国土被四邻侵削。 ⑰此三句意谓:"仲父"是显赫的名号,"让国"是赋予他实权地位的重大行为,其言因而无不被听从相信。句中两"不"字皆读作"丕",为语中助词,"丕听丕信"即无不被听信之意。 ⑱此二句是说:被听信而如此,就不可谓之善治了。工,善。 ⑲此三句意谓:不善治世而治世,将会给天下造成莫大的危害,幸好他只在魏国被信任。贼,害。 ⑳之:指天下。

白圭新与惠子相见也①,惠子说之以强②,白圭无以应。惠子出,白圭告人曰:"人有新取妇者③,妇至,宜安矜烟视媚行④。竖子操蕉火而钜⑤,新妇曰:'蕉火大钜⑥。'入于门,门中有敛陷⑦,新妇曰:'塞之。将伤人之足。'此非不便之家氏也⑧,然而有大甚者⑨。今惠子之遇我尚新⑩,其说我有大甚者。"惠子闻之曰:"不然。《诗》曰:'恺悌君子⑪,民之父母。'恺者大也,悌者长也。君子之德,长且大者,则为民父母⑫。父母之教子也,岂待久哉⑬?何事比我于新妇乎?《诗》岂曰'恺悌新妇'哉?"诽污因污,诽辟因辟,是诽者与所非同也⑭。白圭曰"惠子之遇我尚新,其说我有大甚者",惠子闻而诽之,因自以为为之父母⑮,其非有甚于白圭"亦有大甚者"⑯。

【注】①白圭:见《听言》篇注。新:初。据下文所记,此实指惠施初到魏国,白圭首次接见他。按:白圭为魏相,惠施初入魏即通过他见到魏王。此所记盖亦出于传闻。 ②以强:而强。谓惠施强词夺理,辩说占上风,白圭说不过他。 ③取:同"娶"。 ④安矜烟视媚行:安详矜重,低眉顺眼,缓步徐行。矜,持重。烟,通"燕",犹燕婉,温顺貌。媚行,徐行。 ⑤竖子:童仆。蕉火:通"燋火",火把。钜:大。 ⑥大:同"太"。 ⑦敛陷:指为老人行走方便而减低的地面。似坑,故可能伤足。 ⑧不便之家氏:不便于家室。 ⑨大甚:太过分。指新妇不当才过门就指责这指责那。 ⑩遇我尚新:才刚刚受到我的礼遇。 ⑪此引诗见《诗·大雅·泂酌》。恺悌(kǎi tì),原诗作"岂弟",和乐平易。 ⑫此处惠施对上引诗句的训解,大意谓"恺"是长辈(大)对晚辈

的慈爱,"悌"是兄长对弟弟的关护,君子之德有长者之风,则为民之父母。⑬此句的喻意是:我新来乍到,白圭应该像父母教子那样给我以指教,何必要久后才给以指教呢? ⑭"诽污"句:因为自己有污点就非议他人的污点,因为自己行为不正就非议他人行为不正,这样非议者和被非议者就没有什么两样了。"诽"、"非"二字通用。 ⑮自以为为之父母:此句当是作者理解有误。白圭比惠子为"新妇",则惠子乃比白圭为"父母",非是相反。 ⑯末句意思是:惠施批评白圭之言的过分之处,比之白圭批评惠施的太过分之处还要过分。

应　言①

七曰　白圭谓魏王曰:"市丘之鼎以烹鸡②,多洎之则淡而不可食,少洎之则焦而不熟③。然而视之蝺焉美④,无所可用。惠子之言有似于此。"惠子闻之曰:"不然。使三军饥而居鼎旁⑤,适为之甑⑥,则莫宜之此鼎矣⑦。"白圭闻之曰:"无所可用者,意者徒加其甑邪⑧?"白圭之论自悖,其少魏王大甚⑨。以惠子之言蝺焉美,无所可用,是魏王以言无所可用者为仲父也,是以言无所用者为美也⑩。

【注】①应言:论言谈应对之道。　②市丘之鼎:指大鼎。市丘,高诱注以为是魏邑之名。《孙膑兵法·擒庞涓》有此名,谓在宋、卫之间,或即载籍多见的楚丘(在今山东曹县东)。后世多引作"函牛之鼎",指可以容得下一条牛的鼎。　③洎(jì):往炊器中加水之称。引申为用肉煮成的汤汁。句意指用大鼎煮鸡,水加多了则鸡汤淡而无味,加少了则水很快烧干,鸡却下面焦煳而上面不熟。　④蝺(qǔ)焉美:高壮美观。指大鼎而言。蝺焉,同"竘然",高壮貌。　⑤居:停留。　⑥适为之甑(zèng):适当为它安上一个算子。甑,古代陶制蒸食用具,有透气孔,置于煮器上使用,实即算子。这里代指用其他棒

状物做成的算子。　⑦之：犹"于"。句意指用大鼎蒸饭可供许多人食用。⑧此句是说：没什么用处的器物，想来都只是为了加个"算子"喽？　⑨少：轻视。大：同"太"。句意指白圭之论有谬误的一面，就是太小看魏王。　⑩按：上篇批评魏惠王以惠施为"仲父"，这里又批评白圭不当认为惠王会以无用者为"仲父"。正反之论似不一律，实则皆指惠施之辩无用，惠王则失察，反言中寓有讽刺。

公孙龙说燕昭王以偃兵①。昭王曰："甚善，寡人愿与客计之②。"公孙龙曰："窃意大王之弗为也。"王曰："何故？"公孙龙曰："日者大王欲破齐③，诸天下之士，其欲破齐者，大王尽养之；知齐之险阻要塞、君臣之际者④，大王尽养之；虽知而弗欲破者，大王犹若弗养⑤。其卒，果破齐以为功⑥。今大王曰：'我甚取偃兵。'诸侯之士在大王之本朝者，尽善用兵者也，臣是以知大王之弗为也。"王无以应。

【注】①公孙龙、燕昭王：皆见《听言》篇注。偃兵：见《荡兵》篇注。②客：宾客，指公孙龙。　③日者：往日。　④君臣之际：君臣关系，实指齐国统治集团内部情况。　⑤下"弗"字疑为"费"字之讹，或本为通假字。句意应是指虽了解齐国情况而不欲破齐的士人，大王尚且养之。犹若，尚且。⑥其卒：最后。破齐以为功：破齐而成就了大功名。指乐毅破齐之举，详见《权勋》篇。

司马喜难墨者师于中山王前以非攻①，曰："先生之所术非攻夫②？"墨者师曰："然。"曰："今王兴兵而攻燕，先生将非王乎？"墨者师对曰："然则相国是攻之乎③？"司马喜曰："然。"墨者师曰："今赵兴兵而攻中山，相国将是之乎?"司马喜无以应。

【注】①此句指司马喜在中山王面前,就"非攻"的主张诘难中山王尊以为师的墨家学者。司马喜,"喜"亦作"熹",战国时中山国相。相传为宋人,受膑刑而亡入中山,中山用为相。其生平约当魏惠王时(中山国于公元前323年始称王,时当魏惠王后元十二年)。非攻,墨家的基本主张之一,旨在提倡兼爱,反对战争,参见《荡兵》篇。 ②所术:所持的主张。术,用为动词,即以为术,犹主张。夫:犹"乎"。 ③是:赞成。

路说谓周颇曰①:"公不爱赵,天下必从②。"周颇曰:"固欲天下之从也,天下从则秦利也。"③路说应之曰:"然则公欲秦之利夫④?"周颇曰:"欲之。"路说曰:"公欲之,则胡不为从矣⑤?"

【注】①路说、周颇:皆不详。疑周颇即周袑,战国时赵大夫,曾谏阻赵武灵王的改革。按:此所述故事以秦、赵对举,反映的实是战国后期形势。战国后期,当秦国日趋强大之时,东方各国相继衰落,唯赵国曾在较长时间内尚可勉强与秦国抗衡。 ②此句是说:您若不喜欢赵国,天下人一定会都随您不喜欢赵国。 ③此处"周颇曰"实以"从"字指合纵,因古时"从"字都读作"纵",故周颇反路说之意而用之。其真实意思是说:我固然想使天下合纵,那样秦就可取了。利,犹言取,即有而利之之意。 ④此句指路说不解周颇所说"利"字之意,以为是指对秦有利。夫:犹"乎"。 ⑤胡:何。为从:路说是指服从秦国,在周颇看来则是指合纵。此皆以"从"、"利"为双关语,以见不解对方之意而应对背谬。

魏令孟卬割绛、汾、安邑之地以与秦王①。王喜,令起贾为孟卬求司徒于魏王②。魏王不说③,应起贾曰:"卬,寡人之臣也。寡人宁以臧为司徒④,无用卬。愿大王之更以他人诏之也⑤。"起贾出,遇孟卬于廷,曰:"公之事何如?"起贾曰:"公甚贱于公之主⑥。公之主曰宁用臧为司徒,无用公。"孟卬入见,谓魏王曰:"秦客何言?"王曰:"求以女为司徒⑦。"孟卬曰:"王应之谓何?"王曰:"宁以臧,无用卬也。"孟卬太息曰:"宜矣,王之制于秦也⑧!王何疑秦之善臣也⑨?以绛、䣜、安邑令负牛书与秦,犹乃善牛也⑩。卬虽不肖,独不如牛乎?且王令三将军为臣先曰'视卬如身',是重臣也⑪。令二轻臣也⑫,令臣责⑬,卬虽贤⑭,固能乎?"居三日,魏王乃听起贾⑮。凡人主之与其大官也,为有益也;今割国之锱锤矣,而因得大官,且何地以给之?⑯大官,人臣之所欲也。孟卬令秦得其所欲,秦亦令孟卬得其所欲,责以偿矣,尚有何责⑰?魏虽强,犹不能责无责,又况于弱⑱?魏王之令乎孟卬为司徒,以弃其责,则拙也⑲。

【注】①孟卬:史籍通作"芒卯",亦作"孟卯",疑"卬"字(即古"昂"字)误。相传为齐人,以智术重于魏,魏昭王、安厘王时为大臣。安厘王四年(前273),曾率魏军拒秦将白起于华阳(今河南新郑北),大败而走(一说被擒),魏军被斩首十余万。此处所记当是魏昭王时事。绛、䣜、安邑:皆战国时魏邑。绛邑在今山西翼城东南;"䣜"字不识,疑即"汾"之别体,汾邑在今山西新绛东北;安邑在今山西夏县西北,曾为魏国都。史载魏昭王十年(前286),秦攻河内,魏以安邑献于秦。 ②起贾:一说即须贾,为魏臣,昭王时为中大夫,曾出使秦国游说。但此所记实以起贾为秦昭王之臣。司徒:古代官名。三公之一,位比后世所称宰相。 ③说:同"悦"。 ④臧:奴仆。 ⑤诏:诏示,命令。 ⑥贱:被轻视。 ⑦女:同"汝",你。 ⑧太息:叹息。"宜矣"句:倒装说法,谓我王为秦所制也应该。 ⑨善臣:善待我,对我好。"臣"为孟卬自称。 ⑩高诱注:"言王使负牛持绛、䣜、安邑之书致之于秦,秦犹善牛。"据此注,正文"书"上似当有"持"字。负牛,犹驾牛使负之。 ⑪"且"下意谓:王令三将军到秦国替我说话,说让秦人"对待孟卬像对待我一样",这是

重用我。先,通"诜",致言。视,看待。身,魏王自指,犹言"我"。 ⑫令二:各家校注谓为"今王"之误,应是。 ⑬责:求。据《战国策·魏策》所记,此"责"字实指责求秦得地后兑现出兵攻齐的承诺。 ⑭贤:有才能。 ⑮乃:竟。 ⑯"凡"字下意谓:凡是人主授予臣下高官,为的是有益于国家;现在有人因为割少量土地给别国就得到大官,将来会有多少土地能满足这种因割地而求大官的欲望呢? 锱锤,犹锱铢,指少量。给(jǐ),足。 ⑰尚有何责:此指孟卬行私,以割地求大官,则其得官后,秦已报偿其所求,他便更无所求。 ⑱此句仍就孟卬的行私而言:秦既已报偿孟卬所求,则已尽到对魏的承诺,魏即使是强国,尚不能责求无所责求的东西,况且它还是个弱国。 ⑲此句意思是:魏国使孟卬为司徒,实际上已放弃了要秦国出兵攻齐的要求,这是非常拙劣的做法。意指秦以偿孟卬代替偿魏,魏则受秦愚弄而命孟卬为司徒,故谓之"拙"。按:此类皆为外交手段。实则秦于是年攻魏河内,迫使魏献地;次年(前285)又越韩、魏境攻齐,取齐九城。

秦王立帝①,宜阳令许绾诞魏王②,魏王将入秦。魏敬谓王曰③:"以河内孰与梁重④?"王曰:"梁重。"又曰:"梁孰与身重?"王曰:"身重。"又曰:"若使秦求河内,则王将与之乎⑤?"王曰:"弗与也。"魏敬曰:"河内,三论之下也⑥;身,三论之上也。秦索其下而王弗听,索其上而王听之,臣窃不取也。"王曰:"甚然。"乃辍行⑦。秦虽大胜于长平⑧,三年然后决,士民倦,粮食⑨。当此时也,两周全⑩,其北存⑪;魏举陶削卫⑫,地方六百⑬。有之势是⑭,而入大蚤⑮,奚待于魏敬之说也?夫未可以入而入,其患有将可以入而不入⑯。入与不入之时,不可不熟论也⑰。

【注】①秦王立帝:公元前288年,秦、齐曾相约称帝,秦昭王称西帝,齐湣王称东帝,欲共灭赵而分其地。不久齐去帝号,秦亦去之。但本文此处所记非是其时事,详下。 ②宜阳:原为韩邑,后归秦,治今河南宜阳西。许绾:高

诱注以为秦臣,《战国策·魏策三》及《新序·刺奢》篇则皆谓之为魏臣。疑以作魏臣为是。诞:诳。指秦王并未称帝,而许绾谎称秦已称帝,并令魏王入朝。 ③魏敬:未详。按:《战国策·魏策》载此为公元前273年秦将白起大破魏军于华阳之后事,而谓劝魏王入秦者为许绾,谏阻者为周欣。然本文所记言及长平之战,后于华阳之战十余年,则又与《魏策》不合。疑传闻异辞,《魏策》以有关故事属之华阳之战后,本文则属之长平之战后。考魏安厘王十九年(前258),因秦军大举围攻赵都邯郸,魏曾遣新垣衍说赵王,欲尊秦为帝,而以鲁仲连"义不帝秦"的反驳而罢。或本文作者实以所记属之此时,故有"秦王立帝"之语,且又指为许绾的谎说。 ④河内:指魏国在黄河以北的地区。梁:即魏都大梁,在今河南开封西北。魏惠王时自安邑迁都于此。 ⑤与:通"予"。 ⑥三论:三种选择,指上面所说的身(王身)、梁(都城)、河内(地区)三者。 ⑦辍:止,罢。 ⑧长平之战在公元前260年,参见《介立》篇注。 ⑨粮食:此二字下脱一字。陈奇猷《校释》据《战国策·秦策一》"士民病,蓄积索"之文,疑当补"索"字。索,尽。 ⑩两周全:意指当时代表周统的西周、东周两小国尚得保全,仍可为秦东攻的障碍。公元前256年,因西周君与诸侯联合而隔断秦攻阳城(今河南登封东南)的通路,秦遂灭西周。 ⑪其北存:指魏都大梁以北的河内一些地方尚未被秦占领。 ⑫举陶削卫:指攻占了秦在东方设立的陶郡(今山东定陶),又灭掉了卫国。事在魏安厘王二十三年(前254)。 ⑬地方六百:指魏所攻占的陶、卫之地幅员六百里。 ⑭势是:当作"是势",即此等实力形势。 ⑮入大蚤:指魏王入朝秦国还太早。大,同"太"。蚤,通"早"。 ⑯其患有将可以入而不入:犹言又将患其可以入而不入。有,通"又"。按:此为特殊句式,实是将动词"患"提前,而以副词"有将"置后。也可译为:所患又将在可以入而不入。 ⑰熟论:仔细考察。

具 备①

八曰 今有羿、蠭蒙、繁弱于此而无弦②,则必不能中也③。中非独弦也,而弦为弓④,中之具也⑤。夫立功名亦有具,不得其具,贤虽过汤、武,则劳而无功矣。汤尝约于郼薄矣⑥,武王尝穷于毕裎矣⑦,伊尹尝居于庖厨矣⑧,太公尝隐于钓鱼矣⑨,贤非衰也,智非愚也,皆无其具也。故凡立功名,虽贤,必有其具,然后可成。

【注】①具备:器具、工具之备。言功名之建立须具备一定的条件。②羿、蠭蒙:泛指善射者。羿,即后羿,又称夷羿,见《勿躬》篇注。蠭蒙,又作"蠭门",即逢蒙,见《听言》篇注。繁弱:古代大弓之名。也用做良弓的通称。③中(zhòng):射中。 ④弦为弓:弓弦与弓体。为,和、与。 ⑤具:器具。下文"具"字皆喻指条件。 ⑥此句指商汤在灭夏以前,曾拘束于商人故居地而不得伸展。约,拘束,困迫。郼薄,同"殷亳",指商汤始建都的亳邑(约在今河南商丘附近)。 ⑦此句指周武王在灭商以前,也曾困迫于周人故地。毕裎(chéng),又作"毕郢"、"毕程",相传文王初都于此(或说在今陕西咸阳东),后迁于丰(今陕西长安西南)。 ⑧伊尹:见《当染》篇注。居:处。⑨太公:亦见《当染》篇注。《谨听》篇谓"太公钓于滋泉"。

宓子贱治亶父①,恐鲁君之听谗人,而令己不得行其术也②,将辞而行,请近吏二人于鲁君③,与之俱。至于亶父,邑吏皆朝④,宓子贱令吏二人书⑤。吏方将书,宓子贱从旁时掣摇其肘⑥;吏书之不善,则宓子贱为之怒。吏甚患之,辞而请归,宓子贱曰:"子之书甚不善,子勉归矣⑦。"二吏归报于君,曰:"宓子不可为书。"君曰:"何故?"吏对曰:"宓子使臣书,而时掣摇臣之肘,书恶而有甚怒⑧。吏皆笑宓子⑨,此臣所以辞而去也。"鲁君太息而叹曰:"宓子以此谏寡人之不肖也。寡人之乱子⑩,而令宓子不得行其术,必数有之矣⑪。微二人⑫,寡人几过。"遂发所爱而令之亶父⑬,告宓子曰:"自今以来⑭,亶父非寡人之有也,子之有也。有便于亶父者⑮,子决为之矣。五岁而言其要⑯。"宓子敬诺,乃得行其术于亶父。

【注】①宓子贱:春秋末孔子弟子。宓氏,名不齐,字子贱,鲁国人。曾为单父宰。亶父:即单(shàn)父,春秋时鲁邑,治今山东单县南。 ②术:指其治理单父的主张和方式。 ③近吏:指鲁君身边的吏人。 ④朝:觐见。 ⑤书:书写记录。 ⑥掣摇:牵拉和摇动。 ⑦子勉归矣:意谓只好强请你们回去了。 ⑧有:通"又"。 ⑨吏:邑吏。 ⑩乱子:当作"乱宓子"。 ⑪数(shuò):屡次。 ⑫微:无。 ⑬所爱:所亲近喜欢的人。 ⑭自今以来:犹今言从此以后。 ⑮便:利。 ⑯言其要:指以书面形式报告其大略情况。

三年,巫马旗短褐衣弊裘而往观化于亶父①,见夜渔者,得则舍之②。巫马旗问焉③,曰:"渔为得也。今子得而舍之,何也?"对曰:"宓子不欲人之取小鱼也。所舍者小鱼也。"巫马旗归,告孔子曰:"宓子之德至矣,使民闇行④,若有严刑于旁⑤。敢问宓子何以至于此?"孔子曰:"丘尝与之言曰:'诚乎此者刑乎彼⑥。'宓子必行此术于亶父也。"夫宓子之得行此术也,鲁君后得之也⑦。鲁君后得之者,宓子先有其备也⑧。先有其备,岂遽必哉⑨?此鲁君之贤也。三月婴儿,轩冕在前,弗知欲也;斧钺在后,弗知恶也;慈母之爱谕焉,诚也⑩。故诚有诚,乃合于情;精有精,乃通于天⑪。乃通于天,水木石之性皆可动也⑫,又况于有血气者乎?故凡说与治之务⑬,莫若诚。听言哀者,不若见其哭也⑭;听言怒者,不若见其斗也。说与治不诚,其动人心不神⑮。

【注】①巫马旗:即巫马施,春秋末孔子弟子。巫马氏,名施,字子期,又称巫马期(此用"旗"字,为传写之异,《察贤》篇仍作"期")。鲁国(一说陈国)人。据《察贤》篇所记,他也曾做过单父宰。短褐衣弊裘:指穿着粗布衣服和破旧的皮衣。短褐,即"裋褐(shù hè)",粗布衣。观化:观察教化情况。②此二句谓:见到夜里捕鱼的人,捕到鱼就放掉。 ③焉:犹"之"。 ④阇行:夜行。喻指无人在身边。 ⑤严刑:读作"严型",犹言典范。宓子贱教民注重以身作则,故所要求者,民亦自觉行之。 ⑥丘:孔子自称其名。诚乎此者刑乎彼:意谓自身诚实正直则可为他人表率。刑,亦通"型"。 ⑦此二句意谓:宓子能够行此术,是由于鲁君后来使之得以实行。下"得"字为使动用法。 ⑧先有其备:犹言先有其具之备,即自身先已具备了推行此术(以身作则)的条件。 ⑨遽必:意谓马上就能产生实际效果。必,用作动词,指必可推行而有效。宓子治单父,鲁君信任之,三年然后有成效,故下谓"鲁君之贤"。 ⑩以上是说:三个月大的婴儿,高官的峨冠博带放在他面前,他也不知道喜欢;行刑的斧钺器具摆在他身后,他也不知道憎恶;而对慈母的爱他却心领神会,这是由于婴儿的心一片赤诚。轩冕,古代卿大夫的车服,代指高官厚禄。斧钺,指刑具。谕,明白。 ⑪此二句意谓:诚而又诚,乃能合乎真情;精而又精,乃能通乎天性。两"有"字皆读作"又"。精,指真情所达到的微妙境地。 ⑫此二句意谓:能通于天性,则水火木石之性皆可感动。或说"水"下当有"火"字,于语气较顺。或"水"字因"木"误写而衍,去此字亦可通。⑬务:所致力者。 ⑭此句是说:听他人说话悲哀,不如看到他哭泣。下句参此。 ⑮不神:不能达到出神入化的程度。

卷十九　离俗览第七

离　俗　览①

一曰　世之所不足者,理义也;所有余者,妄苟也②。民之情贵所不足,贱所有余③。故布衣人臣之行,洁白清廉中绳④,愈穷愈荣,虽死,天下愈高之,所不足也⑤。然而以理义斫削⑥,神农、黄帝犹有可非,微独舜、汤⑦。飞兔、要褭⑧,古之骏马也,材犹有短。故以绳墨取木,则宫室不成矣⑨。

【注】①离俗:超凡脱俗。指不同于世俗的思想和行为。　②妄苟:姑妄苟且。　③贵、贱:重视、轻视。　④中绳:合乎规矩,守法。　⑤所不足:一说此三字上当有"贵"字。　⑥斫削:本义指加工,此引申为处处按法度规矩要求,不准越出于理义的教条之外。犹言苛求。　⑦微独:不只是。　⑧飞兔、要褭:皆古代骏马名。要褭,同"騕褭(yǎo niǎo)"。　⑨此句意指:完全用绳墨取直木料,那么宫室就建不成了。用材须各随其宜,取之一律则不得其用。

舜让其友石户之农①,石户之农曰:"棬棬乎②!后之为人也③,葆力之士也④。"以舜之德为未至也⑤,于是乎夫负妻妻携子以入于海⑥,去之终身不反⑦。舜又让其友北人无择,北人无择曰:"异哉!后之为人也,居于畎亩之中⑧,而游入于尧之门⑨。不若是而已⑩,又欲以其辱行漫我⑪,我羞之⑫。"而自投于苍领之渊⑬。

【注】①让:指让天下。石户之农:与下文北人无择皆无可考。 ②捲捲(juàn juàn):《庄子·让王》篇作"捲捲",通"勌勌"、"倦倦",劳力之貌。 ③后:上古首领或君主之称。下文"后"字皆为此义。此处指舜。 ④葆力:恃力,勤劳任力。 ⑤未至:未达到最高的境界。 ⑥此句"乎夫"、"妻妻"当各衍一字。《庄子》作"于是夫负妻戴携子以入于海",亦衍"戴"字。毕校本据《庄子》改下"妻"字为"戴",读作"于是乎夫负妻戴,携子以入于海",以"夫"与"妻"相对为文,恐不当。今仍从旧文,但以为当读作"于是夫负妻携子以入于海"。"夫"犹"乎"。 ⑦反:同"返"。 ⑧畎亩:田亩。句意谓舜为平民。 ⑨句中"入"字疑衍,《庄子》无此字。 ⑩不若是而已:不仅是如此而已。指舜不只是游于尧门以求富贵。 ⑪辱行:令人感到羞耻的品行。漫:污,玷污。 ⑫羞之:对此感到羞耻。《庄子》作"羞见之"。 ⑬而:乃。苍领:又作"清泠"、"青令",或即"沧浪",传说中的水名。渊:犹水。

汤将伐桀,因卞随而谋①。卞随辞曰:"非吾事也。"汤曰:"孰可?"卞随曰:"吾不知也。"汤又因务光而谋,务光曰:"非吾事也。"汤曰:"孰可?"务光曰:"吾不知也。"汤曰:"伊尹何如②?"务光曰:"强力忍诟③,吾不知其他也。"汤遂与伊尹谋夏。伐桀,克之,以让卞随。卞随辞曰:"后之伐桀也谋乎我,必以我为贼也④;胜桀而让我,必以我为贪也。吾生乎乱世,而无道之人再来询我,吾不忍数闻也⑤。"乃自投于颍水而死。汤又让于务光曰:"智者谋之,武者遂之⑥,仁者居之⑦,古之道也。吾子胡不位之⑧？请相吾子⑨。"务光辞曰："废上⑩,非义也；杀民,非仁也；人犯其难,我享其利,非廉也。吾闻之：'非其义,不受其利；无道之世,不践其土⑪。'况于尊我乎？吾不忍久见也⑫。"乃负石而沈于募水⑬。

【注】①卞随：与下文所述务光均为传说中的夏商之际贤人。二人传说事迹大略如本段文字所见。　②伊尹：见《当染》篇注。　③诟(gòu)：同"诟",耻辱。　④贼：害。此指害主之人,犹言弑。　⑤数(shuò)闻：屡次听到。　⑥遂：成。　⑦居：处,执掌。　⑧胡不位之：为何不莅王位？位,读作"莅"。　⑨请相吾子：请让我辅佐您。相,辅佐。　⑩废上：废天子,指汤伐桀灭夏而言。　⑪不践其土：犹言不临其地。　⑫久见：长久看到这种情况。　⑬沈：同"沉"。募水：传说中的古水名。《庄子·让王》篇作"庐水"。

故如石户之农、北人无择、卞随、务光者,其视天下若六合之外,人之所不能察①。其视富贵也,苟可得已,则必不之赖②；高节厉行,独乐其意,而物莫之害；不漫于利,不牵于埶③,而羞居浊世：惟此四士者之节④。若夫舜、汤,则苞裹覆容,缘不得已而动⑤；因时而为,以爱利为本,以万民为义⑥。譬之若钓者,鱼有小大,饵有宜适,羽有动静⑦。

【注】①此二句意谓：他们看待天下犹如天地四方之外的世界,所见者人所不能见。　②此处意谓：他们看待富贵,认为如果可以得到,就一定不会对自己有什么好处。苟,假如。已,同"矣"。赖,通"利"。　③埶：同"势"。　④惟此四士者之节：这是四位高士独具的风节。惟,独。　⑤"若夫"句：至于舜、汤等帝王,则包容万物,皆因不得已而取天下为帝王。苞裹覆容,四字皆包容之义。不得已,谓非不欲避世,但为利万物而不得不行动。　⑥以万民

为义:犹言为万民而行事之所宜。以,与,为。 ⑦羽:指垂钓用的浮漂。按:句意似未完,疑此下尚有脱文。作者之意,盖比帝王为钓者,比万民为鱼,帝王以爱利为"饵",动静有宜,则可得民。

齐、晋相与战,平阿之余子亡戟得矛①。却而去②,不自快,谓路之人曰:"亡戟得矛,可以归乎?"路之人曰:"戟亦兵也,矛亦兵也。亡兵得兵,何为不可以归?"去行③,心犹不自快。遇高唐之孤叔无孙④,当其马前曰:"今者战,亡戟得矛,可以归乎?"叔无孙曰:"矛非戟也。亡戟得矛,岂亢责也哉⑤?"平阿之余子曰:"嘻!还反战,趋尚及之⑥。"遂战而死。叔无孙曰:"吾闻之:君子济人于患,必离其难⑦。"疾驱而从之,亦死而不反⑧。令此将众⑨,亦必不北矣⑩;令此处人主之旁,亦必死义矣。今死矣而无大功,其任小故也⑪。任小者,不知大也⑫。今焉知天下之无平阿余子与叔无孙也?故人主之欲得廉士者⑬,不可不务求。

【注】①平阿:疑即祝阿,即春秋战国时齐国的柯邑,又称祝柯,在今山东长清东北。余子:指该邑大夫之庶子。亡戟得矛:指在战场上被敌人夺去了手中的戟,而缴获了敌人的一杆矛。戟,一种合戈、矛为一体的长兵器。 ②却而去:退而离开了战场。却,旧校谓一作"退",二字义同。 ③去行:继续往回走。 ④高唐:春秋战国时齐邑,在今山东禹城南,与柯邑邻近。孤叔无孙:当是名无孙,字叔,为已故高唐大夫之遗孤,故又称孤叔,而继其父为高唐大夫者。 ⑤亢责:当责。句意指用缴获的矛不能抵偿丢失戟的责任。 ⑥此句是说:返回去参加战斗,快跑还来得及。反,同"返"。趋,跑。 ⑦"君子"句:君子以患难加于别人,则必与别人共罹其患难。济,增加。于,用法同"以"。离,通"罹",遭受。 ⑧死:战死。反:同"返"。 ⑨此:这样的人。 ⑩北:战败逃走。 ⑪其任小:对其任用太轻。 ⑫此句意思是:任

用这样的人太轻,就是不懂得怎样才能得大功。　⑬廉士:刚正之士。

齐庄公之时①,有士曰宾卑聚②,梦有壮子白缟之冠③、丹绩之袧④、东布之衣⑤、新素履⑥、墨剑室⑦,从而叱之⑧,唾其面。惕然而寤⑨,徒梦也⑩,终夜坐不自快。明日,召其友而告之曰:"吾少好勇,年六十而无所挫辱。今夜辱,吾将索其形⑪,期得之则可,不得将死之。"每朝与其友俱立乎衢⑫,三日不得,却而自殁⑬。谓此当务则未也⑭;虽然,其心之不辱也,有可以加乎⑮?

【注】①齐庄公(?—前548):春秋时齐国君主。姜姓,名光,公元前553年即位。为权臣崔杼所迎立,后因与杼妻通奸而为杼所杀。　②宾卑聚:无考。　③壮子:强壮男子。白缟:白色绢。　④丹绩之袧(xún):红色丝带做的帽缨。绩,当作"缋",丝带。袧,系帽的缨带。　⑤东布:或说当作"柬布",即练帛,疑是。练帛即白色的熟丝布。　⑥素履:白色鞋子。　⑦墨剑室:黑色的剑套。室,指剑鞘。　⑧从而叱之:跟上来叱骂他。　⑨惕然:畏惧之貌。寤:醒。　⑩徒梦:只是个梦。　⑪索其形:寻找其形迹。　⑫衢:通衢,四通八达的街道。　⑬却:退。自殁:自刎。"殁"通"刎"(刎),即伏剑自杀。　⑭谓此当务则未:要说这种行为合乎事理则未可。　⑮有可以加乎:犹言无以复加。

高　义

二曰　君子之自行也,动必缘义,行必诚义①,俗虽谓之穷,通也;行不诚义,动不缘义,俗虽谓之通,穷也。然则君子之穷通,有异乎俗者也。故当功以受赏,当罪以受罚②。赏不当,虽与之必辞;罚诚当,虽赦之不外③。度之于国必利长久,长久之于主必宜,内及于心不惭然后动④。

【注】①动必缘义,行必诚义:谓一行一动都要求遵循和忠实于义理评价的道德原则。　②此二句意谓:赏当其功则受赏,罚当其罪则受罚。当,相当、相应,用为动词。以,犹"则"。　③诚当:确实得当。不外:不逃于法之外。谓甘愿受罚而不接受赦免。　④此全句意谓:考虑到所行必定会对国家长久有利,对国家长久有利则必定适合于人主之所行,同时反躬自问内心无愧,然后才付诸行动。按:下一"长久"上疑脱重文"利"字。又,句中"及"字,毕校本改作"反",然作"及"字亦可通,今权从旧本。

孔子见齐景公,景公致廪丘以为养①。孔子辞不受,入谓弟子曰:"吾闻君子当功以受禄。今说景公②,景公未之行而赐之廪丘③,其不知丘亦甚矣。"令弟子趣驾,辞而行④。孔子,布衣也,官在鲁司寇⑤,万乘难与比行⑥,三王之佐不显焉⑦,取舍不苟也夫⑧!

【注】①齐景公(?—前490):春秋晚期齐国君主。姜姓,名杵臼,庄公异母弟。公元前547年即位,在位将近六十年。曾任用晏婴整顿内政外交,然其时田氏私门崛起,姜姓政权已趋向衰落。致廪丘以为养:指欲以孔子为齐大夫,封廪丘为他的采邑。致,送给,犹言赐予。廪丘,春秋时齐邑名,在今山东郓城西北。《史记·孔子世家》谓景公"欲以尼谿田封孔子",其地当属廪丘。　②说:游说。景公:此为谥称,不当形于当时人语言,盖后人追述如此。③行:实行,指采纳孔子的话。　④趣驾:赶快驾车。趣,通"促"。行:离去。按:孔子游齐约在公元前517年冬至次年初,其时他35岁。相传当时晏婴不欲用孔子,齐大夫又有人欲害之,孔子遂仓促离去。　⑤在:理解为"才"。孔子晚年做过鲁国的司寇(司法长官)。　⑥万乘:指大国君主。比行:犹言并驾。　⑦三王之佐不显:指夏、商、周三代的一些名臣在历史上的名声都不如孔子显赫。　⑧取舍不苟:谓有自己的道德标准,可取则取,不可取则舍弃,皆不苟且。

子墨子游公上过于越①。公上过语墨子之义,越王说之②,谓公上过曰:"子之师苟肯至越,请以故吴之地阴江之浦书社三百以封夫子③。"公上过往复于子墨子④,子墨子曰:"子之观越王也,能听吾言、用吾道乎?"公上过曰:"殆未能也⑤。"墨子曰:"不惟越王不知翟之意⑥,虽子亦不知翟之意。若越王听吾言、用吾道,翟度身而衣,量腹而食⑦,比于宾萌⑧,未敢求仕。越王不听吾言、不用吾道,虽全越以与我,吾无所用之。越王不听吾言、不用吾道,而受其国⑨,是以义翟也⑩。义翟何必越,虽于中国亦可⑪。"凡人不可不熟论。秦之野人⑫,以小利之故,弟兄相狱⑬,亲戚相忍⑭。今可得其国,恐亏其义而辞之,可谓能守行矣⑮;其与秦之野人相去亦远矣。

【注】①游公上过于越:使公上过到越国去游说。公上过,墨子弟子。②说:同"悦"。　③故吴之地阴江之浦书社三百:指原属吴国在阴江边上的大片好土地。阴江,疑即载籍所称山阴江,即今浙江浦阳江。书社,古代为掌握土地和人口情况而划分的居民组织单位,见《慎大览》篇注。夫子:指墨子。④往复:回去禀报。　⑤殆:恐怕。　⑥翟(dí):墨子自称其名。　⑦度身而衣,量腹而食:谓衣能蔽体、食能果腹即可。　⑧比于宾萌:自比于客居之民。宾,客,指迁徙他地而言。萌,通"氓",民。　⑨受其国:指接受越王的分封。⑩翟:《墨子·公问》篇作"耀",毕沅以为当是"耀(枲)"字之误,四库全书本《墨子》作"枲"。按:疑"耀"即古"赁"字,与"枲"同义,于此均指卖身而言。下句"翟"字同此。　⑪中国:中原。　⑫野人:乡下人。　⑬狱:狱讼,打官司。秦有告奸连坐之法,规定家庭成员犯法亦必须告发。　⑭亲戚:指家族而言。忍:残害。　⑮守行:保持操行。犹言守义。

荆人与吴人将战,荆师寡,吴师众。荆将军子囊曰①:"我与吴人战,必败。败王师,辱王名,亏壤土②,忠臣不忍为也。"不复于王而遁③。至于郊,使人复于王曰:"臣请死。"王曰:"将军之遁也,以其为利也。今诚利④,将军何死?"子囊曰:"遁者无罪,则后世之为王者将⑤,皆依不利之名而效臣遁。若是,则荆国终为天下挠⑥。"遂伏剑而死。王曰:"请成将军之义。"乃为之桐棺三寸,加斧锧其上⑦。人主之患,存而不知所以存,亡而不知所以亡,此存亡之所以数至也⑧。鄩、岐之广也,万国之顺也,从此生矣⑨。荆之为四十二世矣⑩,尝有乾谿、白公之乱矣⑪,尝有郑襄、州侯之避矣⑫,而今犹为万乘之大国,其时有臣如子囊与⑬?子囊之节,非独厉一世之人臣也⑭。

【注】①子囊:春秋时楚国令尹。名贞,字子囊,楚庄王子,共王弟。史载其于楚康王元年(前559)率军伐吴,为吴所败,归而卒,与此处所记不同。②亏壤土:失去一些国土。③复:禀报。遁:逃回。④诚利:果有利。⑤王者将:毕沅据《说苑·立节》篇增为"王臣者",又以"将"字属下句;陈奇猷《校释》改为"王将者"。按:"者"字通"诸",犹"之",原文本通,不烦改,今仍从旧。⑥挠:削弱。⑦桐棺三寸:古代用以指有罪受刑者死后的棺材。"三寸"指棺木很薄。加斧锧其上:表示死后仍给以刑罚。锧(zhì),与斧钺相配的刑具,即斩首用的铁砧板。⑧存亡之所以数(shuò)至:可能亡国的危机屡次到来。存亡,义偏于"亡"。⑨此数句意思是:像商人的鄩(殷亳)、周人的岐(岐山周原)这样的诸侯国不断扩大版图,以致最后万国都背离天子而归顺了商汤、周武王,就是由夏桀、殷纣王不知存亡之理而造成的。⑩句中"为"下疑脱"国"字。⑪乾(gān)谿、白公之乱:乾谿之乱,指春秋时楚灵王(?—前529)之死。灵王,芈姓,名熊围(又改熊虔),公元前541年杀其侄郏敖自立。在位无道,以诸侯盟主自居,穷兵黩武,最后在率大军伐吴时,驻于乾谿(今安徽亳县东南),为楚司马公子弃疾等所逼,逃于山中自缢而死。

白公之乱,参见《精谕》篇"白公"注。 ⑫郑襄、州侯之避:避,通"辟",指嬖幸、邪佞。郑襄,当作"郑袖",即战国时楚怀王(?—前296)夫人郑袖。有宠于怀王,而相信在秦为官的纵横家张仪,以致怀王屡为秦所欺骗,最后被秦扣留而死于秦。州侯,战国时楚顷襄王(?—前263)宠臣。《战国策·楚策》载其贵而主断,专门怂恿顷襄王侈靡淫逸,不顾国政,最后郢都被秦人攻破。 ⑬时:不时,常。与:通"欤",句末疑问语气词。 ⑭厉:激励。

　　荆昭王之时有士焉①,曰石渚②。其为人也,公直无私,王使为政。道有杀人者,石渚追之,则其父也。还车而反③,立于廷,曰:"杀人者,仆之父也。以父行法,不忍;阿有罪④,废国法,不可。失法伏罪,人臣之义也。"于是乎伏斧锧,请死于王。王曰:"追而不及,岂必伏罪哉?子复事矣⑤。"石渚辞曰:"不私其亲⑥,不可谓孝子;事君枉法,不可谓忠臣。君令赦之,上之惠也;不敢废法,臣之行也。"不去斧锧,殁头乎王廷⑦。正法枉必死⑧,父犯法而不忍,王赦之而不肯,石渚之为人臣也,可谓忠且孝矣。

　　【注】①荆昭王(?—前489):春秋时楚国君主。芈姓,名熊珍,公元前515年即位。在位时屡与吴交兵,郢都亦曾陷落。 ②石渚:载籍多作"石奢"。其事则略如此处所记。 ③反:同"返"。 ④阿:偏袒,庇护。 ⑤复事:仍恢复原职任事。 ⑥私:爱。 ⑦殁头:犹言刎颈而死。 ⑧正法:主法,指主持司法。枉:不公正。

上　　德①

　　三曰　为天下及国②,莫如以德,莫如行义。以德以义,不赏而民劝③,不罚而邪止,此神农、黄帝之政也。以德以义，则四海之大、江河之水不能亢矣④，太华之高、会稽之险不能障矣⑤，阖庐之教、孙吴之兵不能当矣⑥。故古之王者，德回乎天地⑦，澹乎四海⑧，东西南北，极日月之所烛⑨。天覆地载，爱恶不臧，虚素以公⑩。小民皆之其之敌，而不知其所以然，此之谓顺天教⑪；变容改俗，而莫得其所受之，此之谓顺情⑫。故古之人身隐而功著，形息而名彰，说通而化奋，利行乎天下而民不识⑬。岂必以严罚厚赏哉？严罚厚赏，此衰世之政也。

【注】①上德：意同"尚德"，"上"、"尚"二字古通用。言治世应以道德为本。　②为：治。　③劝：自勉、自励。指自觉避恶从善。　④亢：通"抗"，匹敌。句意指德义之用无边，虽四海之广大，江河之水汇为大海之汪洋，都不能与之相比。按：古人认为德义出于道，道无边则德义亦无边。　⑤太华、会稽：即今陕西华山和浙江会稽山。此代指高山。障：阻挡。　⑥阖庐之教：指吴王阖庐训练培养死士之举，可参《用民》篇。阖庐，见《当染》篇注。孙吴之兵：指训练有素的军队。孙吴，孙武和吴起。孙武，春秋时军事家，即著名兵书《孙子兵法》的作者。为齐国田氏家族后裔，字长卿。曾为吴将，治军严明，先后协助吴王阖庐、夫差转弱图强及争霸中原。吴起，见《当染》篇注。当：面对，引申为阻挡。　⑦回乎天地：回旋于天地之间。　⑧澹乎四海：充满于四海之内。澹，通"赡"，丰足。　⑨烛：照。　⑩此三句意谓：王者之德如天覆地载，对于万物都不怀爱憎，虚静朴素而公正无私。不臧，犹"不藏"，指胸中无所怀藏。按：此仍就该书所反复强调的无为而治言之，亦如《知度》篇所说"君服性命之情，去爱恶之心，用虚无为本"。　⑪此处上句末之"敌"字当是衍文。其字通"适"（到……去），盖本为"之"字的抄注而混入了正文。"之其之"表示意向之所趋，犹言行其所当行。如是，全句可译为：普通民众都行其所当行，而不知其所以然，这就叫做顺天性。天教，语出《尚书·多方》的"天惟式教"。就统治者而言，"天教"犹如德教，如清人《御制日讲书经解义》所说："仁民之德，孚契上天，即是天教也。"就百姓而言，则"天教"犹如天性。

⑫此全句意谓:百姓不断改变旧风貌、旧习俗而趋新,却不知道他们所接受的新东西来自何处,这就叫做顺情。按:上言顺性,此言顺情。合而言之,即王者之德治顺乎人民之性情。 ⑬以上意思是:古代圣王深居简出而大功著明,形迹不露而名声昭彰,号令通畅而教化振兴,利民的措施行乎天下而民不知利之所从来。按:此皆就道家所主张的无为而治言之,以喻德治如"天教"之无私。

三苗不服①,禹请攻之。舜曰:"以德可也。"行德三年而三苗服②。孔子闻之曰:"通乎德之情,则孟门、太行不为险矣③。故曰:德之速,疾乎以邮传命④。"周明堂,金在其后⑤,有以见先德后武也。舜其犹此乎⑥,其臧武通于周矣⑦。

【注】①三苗:上古部族名。古人多用以指称长江中下游流域的古部族。②行德:载籍亦作"修教",指采用感化和招抚政策。 ③孟门、太行:《有始览》皆列入"九山",参见该篇注。 ④此句意谓:用德教感化远方之民,其迅速要超过以邮亭传递命令。邮,古代传递文书者的住宿之所,其有车马者即驿站。 ⑤明堂:参见《孟春纪》篇"青阳"注。金在其后:疑指整个明堂以东向为正向,以西向为后向。按五行说,东属木、主生,西属金、主杀,故先东后西即代表先德后武。一说此指明堂陈设的金属器物都置于堂后。 ⑥舜其犹此乎:舜的时候大概就是如此吧。 ⑦臧武通于周:藏武显文的原则贯通三代而至于周。臧,通"藏"。

晋献公为丽姬远太子①。太子申生居曲沃,公子重耳居蒲,公子夷吾居屈②。丽姬谓太子曰:"往昔君梦见姜氏③。"太子祠而膳于公,丽姬易之④。公将尝膳,姬曰:"所由远⑤,请使人尝之。"尝人人死,食狗狗死⑥,故诛太子。太子不肯自释⑦,曰:"君非丽姬,居不安,食不甘。"遂以剑死⑧。公子夷吾自屈奔梁⑨,公子重耳自蒲奔翟⑩。

去翟过卫,卫文公无礼焉⑪。过五鹿,如齐⑫。齐桓公死,去齐之曹,曹共公视其骈胁,使袒而捕池鱼⑬。去曹过宋,宋襄公加礼焉⑭。之郑,郑文公不敬,被瞻谏曰⑮:"臣闻贤主不穷穷⑯。今晋公子之从者,皆贤者也。君不礼也,不如杀之。"郑君不听。去郑之荆,荆成王慢焉⑰。去荆之秦,秦缪公入之⑱。晋既定,兴师攻郑,求被瞻。被瞻谓郑君曰:"不若以臣与之。"郑君曰:"此孤之过也。"被瞻曰:"杀臣以免国⑲,臣愿之。"被瞻入晋军,文公将烹之。被瞻据镬而呼曰⑳:"三军之士皆听瞻也㉑:自今以来㉒,无有忠于其君,忠于其君者将烹。"文公谢焉㉓,罢师,归之于郑㉔。且被瞻忠于其君,而君免于晋患也;行义于郑,而见说于文公也㉕。故义之为利博矣㉖。

【注】①晋献公:见《权勋》篇注。丽姬:即骊姬(?—前651)。骊戎之女,晋献公伐戎得之,立为夫人,甚有宠。生公子奚齐,欲立为太子,因而谗害太子及诸公子。献公死,奚齐继位,旋为里克所杀,骊姬亦被鞭杀。事见《原乱》篇。远:疏远。 ②太子申生(?—前656):晋献公太子。遭骊姬谗害,出居曲沃(今山西闻喜东北);及骊姬诬其欲毒死献公,又不愿背负恶名逃亡,遂自杀。公子重耳:即晋文公,见《当染》篇注。其初遭骊姬谗害时出居蒲(今山西隰县西北),及骊姬遣人杀之,得以越墙而走,从此在外流亡十九年。公子夷吾:即晋惠公,见《爱士》篇注。其初遭骊姬谗害时出居屈(今山西吉县北)。 ③往昔:昨夜。"昔"通"夕"。君:指晋献公。姜氏:太子申生的生母。 ④此二句意为:太子祭祀其母,而以祭肉进于献公为膳食(古人以食祭肉为尊尚),骊姬偷换其肉而下了毒。 ⑤所由远:指食物由远方送来。 ⑥尝人:使人先尝吃。食(sì):喂。 ⑦自释:自我申辩。 ⑧剑死:史籍载其自缢死。 ⑨梁:古国名。嬴姓,在今陕西韩城南。公元前641年为秦穆公所灭。 ⑩翟:通"狄"。重耳出亡,先逃于狄人中,在狄凡十二年。下述皆为其此后流亡经过。 ⑪卫文公(?—前635):春秋时卫国君主。姬姓,名毁,

公元前 659 年即位。在位时得齐桓公支持,国势趋盛。无礼:不加礼敬。犹言不愿接待。　⑫五鹿:春秋时卫邑名,在今河南濮阳东北。重耳过此至齐国,齐桓公礼遇之,并为之娶姜姓女为妻,配以驷车二十辆,重耳大安之。及桓公死(前 643),姜女不愿其消磨志气,遂与其随从共谋,逼其离齐而去。
⑬曹共公(？—前 618):春秋时曹国君主。姬姓,名襄,公元前 652 年即位。前 637 年,重耳至曹,共公大不敬。后重耳为晋君,伐曹,虏之,不久又放其回国。视其骈胁:相传晋文公胸部较平,肋骨不分明,时称"骈胁"。曹共公欲观之,是为大不敬。《左传》载共公欲其裸浴时隔簾观之,此则谓使之袒胸入池捕鱼,传闻有异。　⑭宋襄公(？—前 637):春秋时宋国君主。子姓,名兹父,公元前 650 年即位。继齐桓公为诸侯盟主,后世或列入春秋五霸。以过分讲求仁义,在宋、楚泓之战中受重伤,次年卒。　⑮郑文公(？—前 628):春秋时郑国君主。姬姓,名捷,公元前 672 年即位。晋文公与楚争霸时,他曾助楚击晋。被瞻:史籍多作"叔詹"、"叔瞻",或又称"郑詹"。郑大夫,为文公之弟。有贤名,时与堵叔、师叔并称郑之"三良"。　⑯不穷穷:不以困穷为困穷。言不以一时的困窘为意,穷极则通。　⑰荆成王(？—前 626):春秋时楚国君主。芈姓,名熊恽,公元前 672 年杀兄自立。曾大败宋军于泓(今河南柘城西北),使宋襄公称霸的企图破灭。后被晋文公击败于城濮(今河南范县西南)。晚年欲废太子商臣,因商臣发动兵变,自缢而死。慢:慢待,不敬。据《左传》记载,重耳至楚后,曾与楚成王有"退避三舍"之言,成王知其有志于回国为君,遂礼送之入秦。　⑱秦缪公:即秦穆公,见《尊师》篇注。入之:当作"入之晋",盖脱重文"晋"字。入,同"纳"。公元前 636 年,秦穆公发兵送重耳回晋即君位。其事详见《原乱》篇。　⑲免国:使国家免于难。　⑳据镬(huò):靠着大锅。　㉑三军之士皆听瞻:三军将士皆听我说。　㉒自今以来:自今以后。　㉓谢:道歉。　㉔归之于郑:让他回郑国。按:晋围郑在晋文公七年(前 630)。《史记·郑世家》谓叔詹未入晋军而自杀,郑以其尸体予晋,与此所记不同。　㉕见说:同"见悦",被喜欢。此犹言得赏识。　㉖博:大。

墨者钜子孟胜①,善荆之阳城君②。阳城君令守于国③,毁璜以为符④,约曰:"符合,听之⑤。"荆王薨,群臣攻吴起,兵于丧所,阳城君与焉。荆罪之,阳城君走,荆收其国。⑥孟胜曰:"受人之国,与之有符。今不见符而力不能禁,不能死不可⑦。"其弟子徐弱谏孟胜曰:"死而有益阳城君,死之可矣;无益也,而绝墨者于世⑧,不可。"孟胜曰:"不然。吾于阳城君也,非师则友也,非友则臣也。不死,自今以来,求严师必不于墨者矣,求贤友必不于墨者矣,求良臣必不于墨者矣。死之,所以行墨者之义而继其业者也。我将属钜子于宋之田襄子⑨。田襄子,贤者也,何患墨者之绝世也?"徐弱曰:"若夫子之言,弱请先死以除路⑩。"还殁头前于孟胜⑪。因使二人传钜子于田襄子⑫。孟胜死,弟子死之者百八十三人。以致令于田襄子⑬,欲反死孟胜于荆⑭。田襄子止之,曰:"孟子已传钜子于我矣。"不听⑮,遂反死之。墨者以为不听,钜子不察,严罚厚赏不足以致此⑯。今世之言治,多以严罚厚赏,此上世之若客也⑰。

【注】①钜子:见《去私》篇注。孟胜:生平不详,其事迹仅见于此段所记。②善:与……友好。阳城君:楚国贵族,名氏无考。当是封邑在阳城,故有此称。古阳城地点不一,距楚腹地较近者,一在今河南方城东,一在今河南商水西,一在今安徽宿州南,未详孰是。 ③国:指阳城君封邑。 ④毁璜以为符:破璜玉以为符信。璜,半璧形的玉。破之以为二,双方各执其一,作为互通信使的凭证。 ⑤符合,听之:此指阳城君若有令,即使人持璜符至其封邑,若璜符与孟胜所持者相合,孟胜即听之。 ⑥以上大意:楚悼王死后,群臣(实指一批楚国大贵族)攻击吴起,加兵于悼王停尸处,阳城君也参与了。事后楚嗣君(肃王)追究参与这一事件者之罪,阳城君逃走,楚国便下令收回他的封邑。按:其事详见《贵卒》篇。吴起,见《当染》篇注。 ⑦此处孟胜的

话是说:受人之托守邑,与人有符契之约。现在不见符契,而又无力阻止其邑被收回,若不能为之杀身则不可。　⑧绝墨者:谓断绝墨家之业。　⑨田襄子:事迹无考。疑即《当染》篇末所提到的田系,亦即田俅子。或"俅"误为"係",又写为"繋(系)",进而转讹为"襄"。　⑩除路:开路。　⑪还殁头前于孟胜:旋即自刎以为孟胜自杀的前驱。还,通"旋",旋即、随即。殁,通"刎"。　⑫此句"因"字上疑脱重文"孟胜"二字。一说上句"前于"二字误倒,"孟胜"二字当属此句。　⑬以致令于田襄子:毕沅校注谓句上当有"二人"二字,"以"犹"已"。一说上句当以"百八十"断句,"三人"二字属此句,而为"二人"之误。按:疑上句本作"百八十人",下接"二人",或"人二"二字误合为"三"。　⑭欲反死孟胜于荆:欲返回楚国为孟胜而死。反,同"返"。　⑮不听:此二字旧本作"当听",毕沅据文义改,今权从之。疑"当听"、"不听"原并存,"当听"二字接上句,为田襄子之言。　⑯此处意谓:二人为墨家弟子而不听从钜子(指田襄子),钜子亦不苛察其不听,虽严罚厚赏也不足以导致此种必死的行为(指二人之返死)。　⑰若客:此语难晓。或谓二字为"苛察"、"若害"之误,皆不可通。考1973年长沙马王堆出土的黄老帛书《十大经·姓争》篇有如下文字:"明明至微,时反以为儿,天道环〔周〕,于人反为之客。争(静)作得时,天地与之,争(静)不衰。时静不静,国家不定。可作不作,天稽环周,人反为之〔客〕。静作得时,天地与之;静作失时,天地夺之。"大意谓治道清净,因时而动,则天道(自然规律)为客体,可为人所利用;反之,若治道不静,动作失时,则人为客体,反为天道所控制。疑本文"若客"之语即本此,意谓严罚厚赏有如自外于客观规律,滥用则天下不宁,社会不治。"上世之若客",即前世所称的"若客"。

用　民

　　四曰　凡用民,太上以义①,其次以赏罚。其义则不足死②,赏罚则不足去就③,若是而能用其民者,古今无有。民无常用也,无常不用也,唯得其道为可。

【注】①太上以义:最上等的是用仁义道德。此"义"字涵义较广泛,不仅指伦理道德,还包括给民众带来实际利益的意思。 ②其义则不足死:意谓在德治方面倘若不足以让民众效死力。犹言无惠政或惠政不够。则,犹"若"。 ③去就:字面意思是离开和接近,犹言取向、选择。此指道德和行为取向上的避恶从善而言,赏罚不公则不能达到这一目的。

阖庐之用兵也不过三万,吴起之用兵也不过五万①。万乘之国,其为三万五万尚多。今外之则不可以拒敌②,内之则不可以守国③,其民非不可用也,不得所以用之也。不得所以用之,国虽大,势虽便④,卒虽众,何益?古者多有天下而亡者矣,其民不为用也。用民之论,不可不熟⑤。

【注】①阖庐、吴起:均见《当染》篇注。 ②外之:对外。 ③内之:对内。守国:保国,保持政权不失。 ④势:指国家在诸侯国中的地位和形势。便:有利。 ⑤熟:仔细考察了解。

剑不徒断①,车不自行,或使之也②。夫种麦而得麦,种稷而得稷③,人不怪也。用民亦有种④,不审其种而祈民之用⑤,惑莫大焉。

【注】①徒断:平白无故地斩断东西。 ②或使之:有某种东西使它们发挥各自的功能。指人力及特定的技术而言。 ③稷:一般认为是指黍子的一种(米不粘或粘性差的)。也有说是指谷子(粟)或高粱的。 ④种(zhòng):种植。此喻统治者取民的举措。 ⑤审其种:指统治措施要慎重,种德不种怨,有利于树立惠政。祈:求。

当禹之时,天下万国,至于汤而三千余国①。今无存者矣,皆不能用其民也。民之不用,赏罚不充也②。汤、武因夏、商之民也,得所以用之也;管、商亦因齐、秦之民也③,得所以用之也。民之用也有故,得其故,民无所不用。用民有纪有纲,壹引其纪,万目皆起,壹引其纲,万目皆张④。为民纪纲者何也?欲也、恶也⑤。何欲、何恶?欲荣利,恶辱害。辱害所以为罚充也⑥,荣利所以为赏实也。赏罚皆有充实,则民无不用矣。

【注】①上古中华境内方国、部落甚多,相传夏代尚有万国,商代尚有三千余国,皆非夸张。 ②充:与"实"同义。此用为赏罚术语,"充"、"实"、"充实"皆指赏罚公正,当赏则赏,当罚则罚,赏当其赏,罚当其罚;反之,则称"不充"、"不实"、"不充实"。 ③管、商:管仲、商鞅。先秦诸子言及推行法治以求富民、强国、建功业者,常以管、商并提。 ④纪、纲、目:"纪"本指丝缕的头绪,引申开来与"纲"同义,皆指提网、张网的总绳。"目"指网眼。句意犹成语"纲举目张",喻凡事抓住主要环节,则各项具体事务都可带动起来。 ⑤欲、恶:分指希冀、憎恶的情感。法家认为赏罚制度基于人的好恶和荣辱的利害关系,故称欲望为"纪纲"。 ⑥辱害所以为罚充:此句直译为耻辱和危害是惩罚的实质,可以转译为惩罚公正是为了使人们知道什么是耻辱和危害而避免违法犯罪。下句意思参此。

阖庐试其民于五湖①,剑皆加于肩,地流血几不可止②;句践试其民于寝宫③,民争入水火,死者千余矣,遽击金而却之④:赏罚有充也。莫邪不为勇者兴、惧者变⑤,勇者以工,惧者以拙,能与不能也⑥。

【注】①试:检验。此指演练。五湖:见《顺民》篇注。 ②地流血:据《论衡·率性》篇所引,当作"流血至地"。 ③句践:见《当染》篇注。寖宫:同"寝宫"。相传勾践曾自焚其宫室,以试其将士是否可用。 ④遽:立即。击金而却:发出退兵信号,使救火者退下来。击金,见《权勋》篇注。 ⑤莫邪:亦作"镆铘"、"镆釾"等,传说中的宝剑名。参见《当务》篇"干将"注。

⑥工、拙：指使用宝剑的技术精工或拙劣。能与不能：善于或不善于使用。

夙沙之民自攻其君而归神农①，密须之民自缚其主而与文王②。汤、武非徒能用其民也③，又能用非己之民。能用非己之民，国虽小，卒虽少，功名犹可立。古昔多由布衣定一世者矣④，皆能用非其有也。用非其有之心，不可察之本⑤。三代之道无二，以信为管⑥。

【注】①夙沙：亦作"宿沙"，传说中的古部族名。或说在今山东胶东地区，不可考。　②密须：一作"密"，古国名。姞姓，在今甘肃灵台南（一说在渭南）。商末为周文王所灭，改封同姓。与：跟随，依附。　③非徒：不只是。　④由布衣定一世：由平民而为天子。一世，指天下。　⑤不可察之本：疑当作"不可不察之"，下"不"字误置后而讹为"本"。　⑥管：管钥，关键。

宋人有取道者①，其马不进，倒而投之鸿水②。又复取道，其马不进，又倒而投之鸿水。如此者三，虽造父之所以威马③，不过此矣。不得造父之道而徒得其威，无益于御。人主之不肖者有似于此，不得其道而徒多其威，威愈多，民愈不用。亡国之主多以多威使其民矣④。故威不可无有而不足专恃。譬之若盐之于味，凡盐之用有所托也⑤，不适则败而不可食⑥。威亦然，必有所托然后可行。恶乎托⑦？托于爱利⑧。爱利之心谕⑨，威乃可行。威太甚则爱利之心息，爱利之心息而徒疾行威⑩，身必咎矣⑪，此殷、夏之所以绝也。君，利势也，次官也⑫。处次官，执利势⑬，不可而不察于此⑭。夫不禁而禁者⑮，其唯深见此论邪⑯！

【注】①取道:赶路。 ②倒而投之鸿(xī)水:指以鞭针猛刺其马而使之投入鸿水中。倒,犹言"倒策",倒用马鞭。古人马鞭在柄的后端安装金属尖状物,叫作"錣(zhuì)",俗称鞭针。若马不听从,策之无效,则倒策以刺其臀部,以示惩罚,此处"倒"字即用此义。投,此用为使动,即使之突然惊惧而腾入水中。鸿水,水名。按:其马不进,当是指马见溪水湍急而畏渡。 ③造父:古代善驾驭者,参见《听言》篇注。威马:使马慑于其威而服从。 ④句中上"多"字疑当作"徒"。 ⑤托:依托,此指口味标准。 ⑥不适则败:不适度则会毁掉食物。 ⑦恶(wū)乎托:依托于什么。恶,疑问代词。 ⑧爱利:参见《精通》篇注。 ⑨谕:明,为人所了解。 ⑩疾:急切,加厉。 ⑪咎:遭殃,致祸。 ⑫此句意思是:君主的本分在强化权势,设官分职。利,使……有利、有力。次,次第,犹言设置。 ⑬处次官,执利势:处在授官予爵的地位上,执持固位强势的权柄。 ⑭而:犹"以"。此:指爱利明则威行,爱利息则身殃。 ⑮不禁而禁:威行则禁,威不行则不禁。威托于爱利,不恃其威而威自行,是谓不禁而禁。 ⑯其:殆,表示拟议之辞。邪,用法犹"乎"。

适　威①

五曰　先王之使其民若御良马,轻任新节②,欲走不得③,故致千里。善用其民者亦然。民日夜祈用而不可得④,苟得为上用⑤,民之走之也,若决积水于千仞之谿,其谁能当之⑥?《周书》曰:"民善之则畜也,不善则雠也⑦。"有雠而众⑧,不若无有。厉王,天子也,有雠而众,故流于彘⑨,祸及子孙,微召公虎而绝无后嗣⑩。今世之人主,多欲众之而不知善,此多其雠也。不善则不有,有必缘其心爱之谓也,有其形不可谓有之⑪。舜布衣而有天下,桀天子也而不得息⑫,由此生矣⑬。有无之论,不可不熟⑭。汤、武通于此论,故功名立。

【注】①适威:言人主役使民众,用其威势要适度。 ②轻任新节:减轻其载重量,重新调整其节制。意谓每次使用,都按良马的具体情况和任务的轻重等,适当减轻其可以承担的载重量,并调节马具及驾驭措施,使之尽量舒适。 ③欲走不得:疑当作"欲不走不得",脱上"不"字。良马本能负重,今轻其载而适其驾,则想不走都不可能。 ④祈用:求为上(人主)所用。 ⑤苟:毕校本作"若",当是误书,今从诸本。 ⑥走之:趋之。千仞之谿:地势很高的山谷。当:阻挡。 ⑦善之则畜:善待之则可养而使之。畜(xù),养。《尚书·泰誓下》:"古人有言曰:抚我则后(以为君主),虐我则雠(仇)。"《逸周书·芮良夫解》:"德则民戴,否则民雠。" ⑧有雠而众:犹言有众而仇,虽臣民众多而相敌对。 ⑨厉王、彘:见《当染》篇注。 ⑩微:无。召公虎:周厉王、宣王大臣。姬姓,名虎,周初召公奭后裔。厉王时为卿士。及国人暴动,逐厉王而索太子靖,赖他藏太子于家,又交出己子代之,使太子得免死。厉王死后,他与周公(周公旦后裔)等共立太子为王,是为宣王。绝无后嗣:犹言绝嗣无后。 ⑪此全句意谓:不能善待民众就不能得到他们的拥护,所谓拥护必须是出于他们真心的爱戴,仅有表面上的从属还不能称之为拥护。 ⑫息:安。 ⑬由此生:由此造成。 ⑭"有无"句:是否能真正得到民众的拥护,其间的道理不可不详察。

古之君民者,仁义以治之,爱利以安之,忠信以导之,务除其灾,思致其福。故民之于上也,若玺之于塗也①,抑之以方则方,抑之以圜则圜②;若五种之于地也③,必应其类而蕃息于百倍④。此五帝三王之所以无敌也。身已终矣,而后世化之如神,其人事审也⑤。

【注】①玺:印章。塗:封泥。古代公私文书、信件以竹木简书写,用皮绳或丝绳穿连,投递时须捆牢,于绳结处加泥封死,泥上钤盖印章,以防私拆。 ②此二句指印若为方印,则印泥上钤压出来的标志即为方;印为圆者也是一样。抑,钤压。圜,圆。此喻人主用民若得其道,则可随所欲使之为方圆。 ③五种:五谷。 ④应其类:指土质适应于作物的类别。蕃息于百倍:指作物

茂盛,较之不适应的土质可增加许多倍的产量。 ⑤此全句意谓:五帝三王身后,历世继承他们的遗教而移风易俗,有如神化,这是由于他们生前精审安民治世之道的缘故。

魏武侯之居中山也①,问于李克曰②:"吴之所以亡者何也?"李克对曰:"骤战而骤胜③。"武侯曰:"骤战而骤胜,国家之福也。其独以亡,何故?"对曰:"骤战则民罢④,骤胜则主骄。以骄主使罢民,然而国不亡者,天下少矣。骄则恣,恣则极物⑤;罢则怨,怨则极虑⑥。上下俱极,吴之亡犹晚⑦。此夫差之所以自殁于干隧也⑧。"

【注】①魏武侯:见《长见》篇注。按:魏文侯时曾灭中山国,而封太子为中山君,此所记当即武侯为太子时事。 ②李克:战国初魏国大臣。史载魏灭中山后,翟璜荐其于文侯以治中山。《汉书·艺文志》录有《李克》七篇,注云"子夏弟子,为魏文侯相"。 ③骤战而骤胜:频战而频胜。骤,屡次。 ④罢:通"疲"。下同。 ⑤恣:放纵。极物:极尽物欲。 ⑥极虑:极尽忧虑。 ⑦犹晚:还算迟了。 ⑧夫差:见《当染》篇注。殁:通"刎"。干隧:古邑名。亦作"干遂",在今江苏吴县西北阳山下。

东野稷以御见庄公①,进退中绳,左右旋中规②。庄公曰:"善。"以为造父不过也。使之钩百而少及焉③。颜阖入见④,庄公曰:"子遇东野稷乎⑤?"对曰:"然,臣遇之。其马必败。"庄公曰:"将何败⑥?"少顷,东野之马败而至⑦。庄公召颜阖而问之曰:"子何以知其败也?"颜阖对曰:"夫进退中绳,左右旋中规,造父之御无以过焉。乡臣遇之⑧,犹求其马⑨,臣是以知其败也。"

【注】①东野稷:东野氏,名稷。疑为齐人。以御见庄公:以驾驭技术被引

荐见庄公。庄公,或说为卫庄公。 ②中绳、中规:即中规中矩,合乎法度。 ③钩百:疑指一种马术游戏,即撒百钱于地,骑马转圈以探取之。句意盖指让东野稷跟其他善御者比赛钩百,少有人能比得上他。 ④颜阖:见《贵生》篇注。 ⑤遇东野稷乎:当是指看到东野稷的比赛没有。 ⑥何败:为什么会失败。 ⑦此句意为不大一会儿,就传来东野稷比赛失败的消息。 ⑧乡:通"向",刚才。 ⑨求其马:指其马已跑得很好,而东野稷犹苛求之不已。

故乱国之使其民,不论人之性,不反人之情,烦为教而过不识①,数为令而非不从②,巨为危而罪不敢③,重为任而罚不胜④。民进则欲其赏,退则畏其罪,知其能力之不足也,则以为继矣⑤;以为继知⑥,则上又从而罪之,是以罪召罪⑦。上下之相雠也,由是起矣。故礼烦则不庄⑧,业烦则无功,令苛则不听,禁多则不行。桀、纣之禁,不可胜数,故民因而身为戮⑨,极也⑩。不能用威适⑪。子阳极也好严⑫,有过而折弓者恐必死,遂应猘狗而弑子阳⑬,极也。周鼎有窃曲,状甚长,上下皆曲,以见极之败也⑭。

【注】①烦为教而过不识:所定教条繁琐而又责备人们不能了解。过,以为过错,犹指责。识,知,了解。 ②数(shuò)为令而非不从:所出号令频繁而又非难人们不能听从。 ③巨为危而罪不敢:所要做的事有巨大危险而又要惩治人们不敢做的罪过。 ④重为任而罚不胜:所下达的任务异常繁重而又要追究人们不能胜任的过错。 ⑤以上意谓:民众进而效力是为了得到奖赏,退而不效力则怕受到惩罚,若知其技能和力量不足以得赏,就会以虚假的行为继续从事。为,通"伪"。 ⑥以为继知:以伪继事被发现。 ⑦以罪召罪:指不当罪而罪,则是惩治一罪便又招致另一罪。召,同"招"。 ⑧庄:敬。 ⑨民因而身为戮:旧校谓"因"一作"用"。或说为"不用"之讹,当是。句意谓桀、纣禁令无数而不得用其民,故有杀身之辱。 ⑩极也:指过分恃其威势到了极点。 ⑪不能用威适:此五字当是衍文,参见下条注。 ⑫此句"极也"

二字意义不妥,且与下文"极也"重复。按:古本上文"极也"二字下,当是曾有"不能用威适,极也"七字抄注,后来误入正文,而又以正文"子阳"二字窜入注中,遂成现在的样子。七字当删。子阳:即郑子阳,见《首时》篇注。好严:好用严刑。　⑬此所记子阳事详见《首时》及《观世》篇。　⑭窃曲:古代青铜器上的一种文饰。疑即春秋战国时盛行的蟠螭纹。此种文饰表现的是传说中的螭(没有角的龙),张口、弓身、卷尾,但除填充和衬托性质的头部尚具有动物写生的意味外,其身体部分实已图案化,且在展开后为长条形的栏框内连续勾画出许多螭,身体皆相衔接,上下弓屈都几成直角,粗看类似今日地图上用以表示长城的图案形状。此形略合所谓"状甚长,上下皆曲"的说法。本文盖以为"曲"即"屈",亦即竭尽,与"极"同义,故谓窃曲所喻为"极之败"。

为　　欲①

六曰　使民无欲②,上虽贤,犹不能用。夫无欲者,其视为天子也与为舆隶同③,其视有天下也与无立锥之地同,其视为彭祖也与为殇子同④。天子至贵也,天下至富也,彭祖至寿也,诚无欲⑤,则是三者不足以劝⑥;舆隶至贱也,无立锥之地至贫也,殇子至夭也,诚无欲,则是三者不足以禁⑦。会有一欲⑧,则北至大夏,南至北户,西至三危,东至扶木,不敢乱矣⑨;犯白刃,冒流矢,趣水火,不敢却也⑩;晨寤兴,务耕疾庸樸,为烦辱,不敢休矣⑪。故人之欲多者,其可得用亦多;人之欲少者,其得用亦少;无欲者,不可得用也。人之欲虽多,而上无以令之⑫,人虽得其欲,人犹不可用也。令人得欲之道,不可不审矣。

【注】①为欲:犹言治欲、行欲。篇旨谓人主治国,当顺民之性、因民之欲而用之。　②使:假如。　③视:看待。舆隶:庶人、仆隶,泛指身份和地位低

贱的人。《左传》昭公七年谓"人有十等","十等"之名分为王、公、大夫、士、皂、舆、隶、僚、仆、台,自皂以下实皆指服劳役者,故古籍常以皂隶、舆隶、仆隶、仆台等括指从事各种贱役之人。　④彭祖:传说中的长寿者,参见《情欲》篇注。殇(shāng)子:未成年而死者。古籍或谓不满二十岁而死者皆为"殇"。亦称夭亡、夭折。　⑤诚:果真。　⑥三者不足以劝:指贵、富、寿三者不足以鼓励人们去争取。　⑦三者不足以禁:指贱、贫、夭三者不足以阻止人们求避免。　⑧会有一欲:犹言当人们有欲。会,值、当。一,语中助词,有"其"字的意味。　⑨此句指人们若追求富贵长寿,则不论在东西南北边际以内的什么地方,都将不敢作乱。大夏,传说中的古地区名、湖泽名,见《古乐》篇注。北户,传说以为南方国名,而实即古人常称的"北向户",亦即在古人心目中位于正南天的太阳之南、窗户朝北开的地区。三危,传说中的古山名、国名,地点亦不能确指。扶木,即扶桑,本指传说中的太阳神树,用做地名则指太阳升起的地方。　⑩此句指人们若欲通过战功求得富贵,则不避赴汤蹈火,虽夭亡不寿亦不退却。趣,通"趋",赴。　⑪此句相对于求富而言,指一天到晚劳作不休。寤兴,醒来,即起床。务耕疾庸椻,此五字疑本作"疾庸椻"三字,"务耕"二字或是注文误入正文而又错置于前者。椻(yì),高诱注谓即古"耕"字,《广雅》录其字从耒从异。"疾庸耕"即尽力劳作于农事。烦辱,指劳苦。　⑫无以令之:无恰当的措施役使之。

善为上者,能令人得欲无穷,故人之可得用亦无穷也。蛮夷反舌、殊俗异习之国①,其衣服冠带、宫室居处、舟车器械、声色滋味皆异,其为欲使一也②。三王不能革③,不能革而功成者,顺其天也④;桀、纣不能离⑤,不能离而国亡者,逆其天也⑥。逆而不知其逆也,湛于俗也⑦。久湛而不去则若性⑧。性异非性,不可不熟⑨。不闻道者,何以去非性哉?无以去非性,则欲未尝正矣。欲不正,以治身则夭,以治国则亡。故古之圣王,审顺其天而以行欲⑩,

则民无不令矣,功无不立矣。圣王执一,四夷皆至者,其此之谓也⑪!

【注】①蛮夷反舌、殊俗异习:见《功名》篇注。 ②使一:疑"使"为"实"字音误。一说"使"为衍文。 ③不能革:指不能除去民欲。 ④顺其天:指顺从民众的天性,使之得欲而为用。 ⑤不能离:指不能失去民欲。 ⑥逆其天:指违反民众的天性,夺其欲而不得其用。 ⑦湛于俗:沉湎于流俗。湛,通"沉"。后世多用"耽"字,古音同"沉"。按:此指桀、纣自身的骄奢淫逸而言,疑"俗"字当作"欲"。 ⑧若性:若成天性。 ⑨此句意思是:天性不同于习性,对此不可不详察。非性,非天性,指后天的习性。一说句中"异"字当作"与",亦通。 ⑩审顺其天而以行欲:谨慎地顺从天性,而使人皆得其欲。按:此指古之圣王首先是自己顺性养生而正欲,然后以此正欲推行于天下。 ⑪此句是说:圣王执道而四方边远之民皆归附,指的就是这种行欲之术。一,代指"道"。

执一者,至贵也,至贵者无敌①。圣王托于无敌,故民命敌焉②。群狗相与居,皆静无争,投以炙鸡则相与争矣③。或折其骨,或绝其筋,争术存也④。争术存因争,不争之术存因不争。取争之术而相与争,万国无一⑤。

【注】①此句意谓:圣王所执守的道是最尊贵的,最尊贵的东西没有任何事物能跟它相匹敌。敌,对等,相当。 ②此句意谓:圣王治天下依托于无可匹敌的道,故为民生利害所归系。民命,民众的命运,犹言民生利害。下"敌"字读作"适",义为归,犹言归属、归系,《淮南子·齐俗训》作"系"。焉,犹"之",代指道。 ③炙鸡:烤熟的鸡。代指有香味的肉食。 ④争术:泛指使人相争之术。圣王正欲以息争,若以欲止欲,如以美味的肉食投之群狗,则争将愈烈。 ⑤此处是说:治国而采取使人相争之术,以致国人互相争夺,则能存国者万无其一。

凡治国,令其民争行义也①;乱国,令其民争为不义也。强国,令其民争乐用也;弱国,令其民争竞不用也②。夫争行义、乐用,与争为不义、竞不用,此其为祸福也,天不能覆,地不能载③。

【注】①争行义:争做符合道义之事。 ②竞不用:竞相不为用。 ③天不能覆,地不能载:喻祸福之大、之多。

晋文公伐原①,与士期七日②。七日而原不下③,命去之④。谋士言曰⑤:"原将下矣。"师吏请待之⑥,公曰:"信,国之宝也。得原失宝,吾不为也。"遂去之。明年,复伐之,与士期,必得原然后反。原人闻之,乃下⑦。卫人闻之⑧,以文公之信为至矣,乃归文公。故曰"攻原得卫"者,此之谓也。文公非不欲得原也,以不信得原,不若勿得也。必诚信以得之,归之者非独卫也。文公可谓知求欲矣⑨。

【注】①原:古国名、邑名。周初文王之子封于原,初在今山西沁水境,后迁都于今河南济源西北。春秋时已衰微,晋文公二年(前635)降于晋,遂为晋邑,文公四年封于赵衰。 ②士:将士。期七日:约定以七日为期。 ③下:此指投降。下文"下"字均为此义。 ④去:撤离。 ⑤谋士:此二字疑为误书。《左传》僖公二十五年及《国语·晋语四》皆作"谍出",谓潜入原之城内探听消息的人从城中出来。 ⑥师吏:诸将领。 ⑦《左传》及《国语》均载晋文公二年围原,命携三日之粮,原不降而去之,退出几十里后原人降服,与此所记不同。 ⑧卫人:当从《淮南子·道应训》及《新序·杂事四》作"温人"。温,本为苏国都邑,在今河南温县西南。《左传》载文公伐原之年围温,当是其国闻原降而亦降。 ⑨求欲:求其所欲之道。

贵　信

七曰　凡人主必信。信而又信,谁人不亲?故《周书》曰:"允哉,允哉①!"以言非信则百事不满也②。故信之为功大矣!信立则虚言可以赏矣③。虚言可以赏,则六合之内皆为己府矣④;信之所及,尽制之矣。制之而不用,人之有也;制之而用之,己之有也⑤。己有之,则天地之物毕为用矣⑥。人主有见此论者,其王不久矣⑦;人臣有知此论者,可以为王者佐矣。

【注】①允:信。《逸周书·大戒解》:"王拜曰:允哉,允哉!敬天行道。"②以:此。满:充实,成。　③虚言:指授予官爵。信用立则人为用,人为用则官爵即为赏。官爵出于口而无穷,故谓"虚言";"虚言"而信,故皆可得赏劝之实。　④己府:己之府库。句意谓以官爵为赏,则天下财物皆可为赏资,如同出于己之府库。　⑤二"制"字句意指:凡在自己控辖范围之内的财物,己若不用则为人所有,己若用则如同为己之所有。实谓信立则得人得地,虽人、地不必尽为己所私有,而皆可为己所用。　⑥毕:尽,皆。　⑦王不久:犹言称王天下不需很久。

天行不信①,不能成岁②;地行不信,草木不大③。春之德风④,风不信,其华不盛⑤,华不盛则果实不生;夏之德暑⑥,暑不信,其土不肥,土不肥则长遂不精⑦;秋之德雨,雨不信,其谷不坚,谷不坚则五种不成⑧;冬之德寒,寒不信,其地不刚,地不刚则冻闭不开⑨。天地之大,四时之化,而犹不能以不信成物,又况乎人事?君臣不信,则百姓诽谤,社稷不宁;处官不信⑩,则少不畏长,贵贱相轻;赏罚不信,则民易犯法⑪,不可使令;交友不信,则离散郁怨⑫,不能相亲;百工不信,则器械苦伪⑬,丹漆染色不贞⑭。夫可与为始,可与为终,可与尊通,可与卑穷者,其惟信乎⑮!信而又信,重袭于身⑯,乃通于天。以此治人⑰,则膏雨甘露降矣,寒暑四时当矣。

【注】①天行不信:指自然规律失调。下文凡涉自然现象之"不信"皆为失调之义。 ②成岁:本指成就好年景,引申为岁时季节正常。四时有规律地更替为成岁,乱之则不成岁。 ③大:犹言生长。 ④春之德风:春天的特征是多风。古人按五行说,以为春之德在木,木气盛则多风。 ⑤华:古"花"字。 ⑥暑:天气热。 ⑦长遂不精:犹言生长不茂盛。遂,指顺利生长。精,通"菁",茂盛。 ⑧坚:实。五种:五谷。成:饱满,俗言实成。 ⑨冻闭不开:虽能冰冻闭地气,但冻不到地面开裂的程度。 ⑩处官:做官。 ⑪易:轻易。 ⑫离散郁怨:关系破裂,忧伤怨恨。 ⑬苦(gǔ)伪:粗劣不合法度。 ⑭丹漆:指布帛的染色和器物的涂漆。此二字下"染色"二字当衍,盖误注而窜入正文。不贞:不正,指颜色不正。 ⑮以上大意是指:可以善始善终,可以尊贵通达而不自高、可以低贱穷困而不自卑者,大概只有守诚信才能做到。可与,犹"可以"。 ⑯重袭:重叠。指不断积累自身的信用。 ⑰人:当是本作"民"字,唐人避讳而改。

齐桓公伐鲁,鲁人不敢轻战,去鲁国五十里而封之①。鲁请比关内侯以听②,桓公许之。曹翙谓鲁庄公曰③:"君宁死而又死乎,其宁生而又生乎?"庄公曰:"何谓也?"曹翙曰:"听臣之言,国必广大,身必安乐,是生而又生也;不听臣之言,国必灭亡,身必危辱,是死而又死也。"庄公曰:"请从④。"于是明日将盟,庄公与曹翙皆怀剑至于坛上。庄公左搏桓公⑤,右抽剑以自承⑥,曰:"鲁国去境数百里,今去境五十里,亦无生矣⑦。钧其死也⑧,戮于君前⑨。"管仲、鲍叔进⑩,曹翙按剑当两陛之间⑪,曰:"且二君将改图,毋或进者⑫。"庄公曰:"封于汶则可⑬,不则请死。"管仲曰:"以地卫君,非以君卫地,君其许之⑭。"乃遂封于汶南,与之盟。归而欲勿予,管仲曰:"不可。人特劫君而不盟⑮,君不知,不可谓智;临难而不能勿听,不可谓勇;许之而不予,不可谓信。不智、不勇、不信,有此三者,不可以立功名。予之,虽亡地,亦得信。以四百里之地见信于天下,君犹得也。"庄公仇也,曹翙贼也⑯,信于仇贼,又况于非仇贼者乎?夫九合之而合,一匡之而听,从此生矣⑰。管仲可谓能因物矣⑱。以辱为荣,以穷为通,虽失乎前,可谓后得之矣。物固不可全也⑲。

【注】①去鲁国五十里而封之:指齐国把边界推到了离鲁国都城(今山东曲阜)只有五十里的地方。国,都城。封,指设置标识以为边界。　②比关内侯以听:像齐国关内的卿大夫封邑那样听从齐国。　③曹翙:载籍亦作"曹刿"、"曹沫"。春秋时鲁国将领。鲁庄公十年(前684),以士人身份献谋于庄公,在长勺之战中败齐军,被任为将。后齐国屡侵鲁,鲁被迫割地求和。庄公十三年,齐、鲁会盟于柯(今山东东阿西南),相传他曾持匕首劫齐桓公,逼桓公退还所侵鲁地,即本段下文所记事。鲁庄公(?—前662):春秋时鲁国君主。姬姓,名同,公元前694年即位。　④请从:愿意听您的话。　⑤左:左手。搏:执,抓住。　⑥右:右手。承:通"乘",防卫。　⑦此处庄公之言是说:鲁都本来距边境数百里,现在距边境却只有五十里,反正也无生存的希望了。　⑧钧:同"均",同样。　⑨戮于君前:死在您的面前。意谓要拼命。按:他书或谓劫桓公者为曹刿,与此不同。　⑩鲍叔:鲍叔牙,见《贵公》篇注。　⑪两陛:两阶。　⑫此二句谓:现在两国君主将另作商量,谁都不要进去。　⑬封于汶:指沿着汶水划定两国边界。　⑭此处"管仲曰"意指:要的是以土地保卫君主,而不是拿君主的性命保卫土地,君上您就答应他。　⑮人特劫

君而不盟:人家本来只是想劫持您而并未打算跟您订立割地的盟约。
⑯仇、贼:仇敌,刺客。　⑰"夫"字下意谓:桓公九合诸侯而皆能会盟成功,一匡天下而可使诸侯听从,就由这种信用造成。九合、一匡,参见《勿躬》篇注。
⑱因物:因势利导。　⑲物固不可全:事情本来就没有十全十美的。

举　难①

八曰　以全举人固难,物之情也②。人伤尧以不慈之名③,舜以卑父之号④,禹以贪位之意⑤,汤、武以放弑之谋,五伯以侵夺之事⑥。由此观之,物岂可全哉?故君子责人则以人⑦,自责则以义⑧。责人以人则易足,易足则得人⑨;自责以义则难为非,难为非则行饰⑩;故任天地而有余⑪。不肖者则不然,责人则以义,自责则以人⑫。责人以义则难赡⑬,难赡则失亲⑭;自责以人则易为,易为则行苟⑮;故天下之大而不容也⑯,身取危、国取亡焉,此桀、纣、幽、厉之行也⑰。尺之木必有节目⑱,寸之玉必有瑕瓋⑲。先王知物之不可全也,故择务而贵取一也⑳。

【注】①举难:言举选人才之难,并申以用人不可求全责备之理。　②物之情:人情事理的客观情况。　③伤:诋毁。按:此字通贯下面四句。　④卑父:轻视父亲,犹言不孝。　⑤贪位:指传说在舜死后,禹曾避舜之子于阳城,而后来还是继承了帝位。　⑥按:以上自尧以下文字,与《当务》篇所记略同,并参见该篇注。　⑦责人:要求他人。以人:因人、从人。指顾及他人情况,因人而异。　⑧自责:自我要求。以义:从义。指服从严格的道义标准。　⑨易足:容易满足要求。得人:与人相得(指关系融洽)。　⑩非:指不符合道义的事。饰:通"饬",整饬,谨慎。　⑪任天地而有余:因任(应接利用)天地间万事万物而游刃有余。　⑫以人:此指比同他人的行事标准。　⑬赡:当作"赡",与上文"足"字同义。或"赡"、"赡"古可通。又,此句"则"字,毕校

本作"责",当是误刻,今改从诸本。 ⑭亲:亲近、亲和。 ⑮苟:苟且,得过且过。 ⑯不容:不能容身。 ⑰幽、厉:周幽王、周厉王,见《当染》篇注。⑱尺之木必有节目:尺把长的木料也会有不顺之处。节目,指枝干交接及纹理不顺而不好破解之处,犹言有疙瘩。 ⑲寸之玉必有瑕瓋(tì):一寸大小的玉石也会有瑕疵。瑕瓋,玉的斑点,犹今言瑕疵。 ⑳此二句意谓:先王知道事物都不可求全,故在从事选择时注重截长补短。择务,选择之所务,犹言从事选择。取一,犹言取整、整合,指截长补短而言。按:"择务"二字,近世诸本多作"择物",恐不妥,今仍从毕校本(《四库全书》本同)。《博志》篇云:"先王知物之不可两大,故择务当而处之。"与此文略同。

季孙氏劫公家①,孔子欲谕术则见外②,于是受养而便说③,鲁国以訾④。孔子曰:"龙食乎清而游乎清,螭食乎清而游乎浊,鱼食乎浊而游乎浊⑤。今丘上不及龙⑥,下不若鱼,丘其螭邪?"夫欲立功者,岂得中绳哉⑦?救溺者濡,追逃者趋⑧。

【注】①季孙氏:春秋时鲁国执政贵族,为"三桓"中最有势力的一家。劫公家:指把持公室权力。 ②欲谕术则见外:欲晓之以道术之理则会被疏远。③受养:指接受季氏的衣食供给而为之服役。按:孔子早年曾为季氏吏人,此所记是否为其时之事不可考。便说:以便于进说。 ④訾(zǐ):非议。⑤此三句中的"清"和"浊"分指天空和地下。古人以为天由轻清之气构成,地由重浊之气构成,故分谓之"清"和"浊"。如此则三句可译为:龙食于天上而游于天上,螭食于天上而游于地下,鱼食于地下(水中)而游于地下。螭(chī),传说中的一种无角的龙,古人或谓之似龙而黄,又称地蝼,盖即指其行于土中。 ⑥丘:孔子自称其名。 ⑦中绳:此指完全按标准的法度要求。⑧此八字意为:拯救溺水之人会沾湿衣服,追赶逃跑之人就要奔跑。

魏文侯弟曰季成①,友曰翟璜②。文侯欲相之而未能决,以问李克③。李克对曰:"君欲置相,则问乐腾与王孙苟端孰贤④。"文侯曰:"善。"以王孙苟端为不肖,翟璜进之⑤;以乐腾为贤,季成进之;故相季成。凡听于主,言人不可不慎⑥。季成弟也,翟璜友也,而犹不能知,何由知乐腾与王孙苟端哉?疏贱者知,亲习者不知,理无自然⑦。自然而断相过⑧,李克之对魏文侯也亦过。虽皆过,譬之若金之与木,金虽柔,犹坚于木⑨。

【注】①魏文侯:见《下贤》篇注。季成:亦称季成子、魏成子。有礼贤下士之名,相传文侯所师事的子夏、田子方、段干木皆为其所荐。《史记·魏世家》亦载文侯以其为相故事,而与本文所记不同。　②友:指为文侯之友。翟璜:见《下贤》篇"翟黄"注。　③李克:见《适威》篇注。　④乐腾、王孙苟端:均不详。　⑤进:荐举。　⑥此句意谓:凡是说话能被人主听信的人,谈论他人不可不谨慎。　⑦此三句是说:对疏远低贱的人能够了解,对亲近熟悉的人却不了解,道理无从是这个样子。无自,无从。然,这样。　⑧自然而断相过:此六字上当脱"理无"二字重文。句意指因无此种道理,故用以决定相职就出错。　⑨此处金、木之喻,大意谓魏文侯、李克虽有过错,而仍可称是有作为的君臣,是金而不是木。

孟尝君问于白圭曰①:"魏文侯名过桓公②,而功不及五伯③,何也?"白圭对曰:"文侯师子夏,友田子方,敬段干木④,此名之所以过桓公也。卜相曰'成与璜孰可'⑤,此功之所以不及五伯也。相也者,百官之长也;择者,欲其博也⑥。今择而不去二人⑦,与用其雠亦远矣⑧。且师友也者,公可也;戚爱也者,私安也。以私胜公,衰国之政也⑨。然而名号显荣者,三士羽之也⑩。"

【注】①孟尝君、白圭:分见《知士》、《听言》篇注。　②桓公:指齐桓公。

③五伯:指春秋五霸,见《贵公》篇注。 ④子夏、田子方、段干木:均见《当染》篇注。 ⑤卜相:择相。 ⑥博:广。此指选择范围要广。 ⑦不去二人:不出于二人(指季成与翟璜)之外。 ⑧用其雠:指齐桓公任用管仲,参见《贵公》篇注。雠,通"仇"。 ⑨以上意谓:以师友为相要符合公义,以亲属近爱为相则只为迎合私心。以私心凌驾于公义之上,这是使国家走向衰落的政治。 ⑩三士:指子夏、田子方、段干木。羽:犹"翼"、"翊",辅佐。

宁戚欲干齐桓公①,穷困无以自进,于是为商旅将任车以至齐②,暮宿于郭门之外③。桓公郊迎客,夜开门,辟任车④,爟火甚盛⑤,从者甚众。宁戚饭牛居车下⑥,望桓公而悲,击牛角疾歌⑦。桓公闻之,抚其仆之手曰⑧:"异哉!之歌者非常人也⑨。"命后车载之⑩。桓公反,至⑪,从者以请。桓公赐之衣冠,将见之。宁戚见,说桓公以治境内。明日复见,说桓公以为天下。桓公大说⑫,将任之,群臣争之曰:"客,卫人也。卫之去齐不远,君不若使人问之,而固贤者也⑬,用之未晚也。"桓公曰:"不然。问之,患其有小恶⑭。以人之小恶,亡人之大美⑮,此人主之所以失天下之士也已。"凡听必有以矣⑯,今听而不复问⑰,合其所以也。且人固难全,权而用其长者,当举也⑱,桓公得之矣。

【注】①宁戚:参见《勿躬》篇"宁遬"注。干(gān):求取。此指谋求任用。 ②商旅:商人。将任车:赶载重的车运送货物。将,送。 ③郭门:指齐都临淄外城的城门。 ④辟任车:让载货物的车子躲开。辟,通"避",此为使动用法。 ⑤爟火:火把。 ⑥饭牛:喂牛。 ⑦疾歌:大声歌唱。载籍所引"歌"上多有"商"字。古代五行说以商音配秋(见"十二月纪"),其音悲。 ⑧仆:车夫。 ⑨之:此。 ⑩后车:副车,侍从之车。 ⑪反:同"返"。至:

到了宫廷。　⑫说:通"悦"。　⑬而:犹"若"。　⑭小恶:小毛病。　⑮亡:失。　⑯有以:有原因、根据,此指判断标准。下文"合其所以"即符合其判断标准。　⑰今听:指听宁戚之言。　⑱当举:是适应选举的好做法。

卷二十　恃君览第八

恃　君　览①

一曰　凡人之性,爪牙不足以自守卫②,肌肤不足以扞寒暑③,筋骨不足以从利辟害④,勇敢不足以却猛禁悍⑤。然且犹裁万物⑥,制禽兽⑦,服狡虫⑧,寒暑燥湿弗能害,不唯先有其备而以群聚邪⑨？群之可聚也,相与利之也⑩。利之出于群也,君道立也⑪。故君道立,则利出于群而人备可完矣⑫。

【注】①恃君:言治世要依赖君主制度。文中所说反映了古人对社会制度起源问题的朴素看法。　②爪牙:手爪和牙齿,代指人自身的防卫能力。　③肌肤:代指身体。扞:今通作"捍",抵御。　④筋骨:代指体格。从利辟害:趋利避害。辟,通"避"。　⑤却猛禁悍:击退和禁止凶猛强悍动物的攻击。　⑥裁:节制,控制(并加以利用)。　⑦禽兽:野兽。"禽"亦指兽。　⑧狡虫:大毒虫。古籍多用为猛兽及毒蛇之类的总称。狡,强壮,凶猛。　⑨"不唯"句:不是因为能够预先采取防备措施而依靠群体聚居吗？　⑩相与利之:相互保护而共同获得利益。　⑪此句意指:利益出于群体聚居,那就要推举共同的首领,这样君主制度就产生了。　⑫人备可完:人为的防备措施可以完善。

昔太古尝无君矣①，其民聚生群处②，知母不知父③，无亲戚④、兄弟、夫妻、男女之别，无上下长幼之道，无进退揖让之礼，无衣服履带、宫室畜积之便⑤，无器械舟车、城郭险阻之备⑥。此无君之患。故君臣之义，不可不明也。自上世以来，天下亡国多矣，而君道不废者，天下之利也。故废其非君，而立其行君道者⑦。君道何如？利而物利章⑧。

【注】①太古：远古时期。　②聚生群处：生而相聚，成群居处。　③知母不知父：男女杂交，生者知其母而不知其父。　④亲戚：亲属。此偏指父母。　⑤畜（xù）积：积蓄。原始时代衣食资料无剩余，亦无私有制度，故无积蓄。便：便利。　⑥险阻：指包括城郭在内的防御设施。备：防备设施。　⑦以上意指历代国家有兴有亡，而君主制度并不废弃，只不过为了天下的共同利益，废掉那些不堪为君主的人，而另立能实行君道的人。　⑧利而物利章：陈奇猷《校释》谓即"利而勿利焉"，《贵公》篇"利而勿利也"可证。依此说，"物"通"勿"；"章"通"旃"，犹"焉"，即"之"字义；句意可解为：为君之道就是利天下而勿以其自利。按：疑古本原文作"利而勿利，物利章焉"八字，或传抄误脱"勿利"二字及"章"下语助字。若此则句意是说：为君之道是什么样子？就是利天下而勿以自利，则众利即彰显焉。"章"同"彰"。

非滨之东，夷、秽之乡①，大解、陵鱼、其、鹿野、摇山、扬岛、大人之居②，多无君；扬、汉之南，百越之际③，敝凯诸、夫风、余靡之地，缚娄、阳禺、驩兜之国④，多无君；氐、羌、呼唐、离水之西⑤，僰人、野人、篇笮之川，舟人、送龙、突人之乡⑥，多无君；雁门之北⑦，鹰隼、所鸷、须窥之国，饕餮、穷奇之地，叔逆之所，儋耳之居⑧，多无君。此四方之无君者也。其民麋鹿禽兽⑨,少者使长,长者畏壮,有力者贤,暴傲者尊⑩,日夜相残,无时休息,以尽其类⑪。圣人深见此患也,故为天下长虑,莫如置天子也;为一国长虑,莫如置君也。置君非以阿君也⑫,置天子非以阿天子也,置官长非以阿官长也。德衰世乱,然后天子利天下,国君利国,官长利官⑬。此国所以递兴递废也,乱难之所以时作也。故忠臣廉士,内之则谏其君之过也,外之则死人臣之义也⑭。

【注】①非滨之东,夷、秽之乡:东方海滨之外,东夷、秽貊居住的地区。非滨,《诗·小雅·北山》"率土之滨,莫非王臣"的缩略语,其东则指滨海地区以东,犹言海外。夷,又称东夷,古代对东方沿海及海岛居民的统称。秽,"秽貊"的简称,古代多用以指东北亚地区的少数民族。 ②大解、陵鱼、其、鹿野、摇山、扬岛、大人:均为传说的东海中部族名或国名,在大荒之东,见于《山海经》。据《山海经》所记,"大解"即"大蟹","陵鱼"即"鲮鱼";"其"则当作"共人",盖"共"字误作"其"而又脱"人"字。 ③扬、汉之南,百越之际:扬州、汉水以南,百越部族居住的地区。泛指汉水、长江中下游及江淮以南地区。相对于中原而言,古代江南亦属边地。 ④敝凯诸、夫风、余靡、缚娄、阳禺、骧兜:按所记,当均为传说中大荒之南的部族名或国名,但不尽见于《山海经》,且有与东荒、北荒的国名相近者。骧兜,相传为尧之子丹朱被流放之地。 ⑤氐、羌、呼唐、离水之西:指氐、羌等古部族居住地以西的地区。呼唐、离水,皆为古水名,相传在周代西疆的塞外。 ⑥僰(bó)人、野人、篇笮(zuó)、舟人、送龙、突人:均为古代统称的西夷及西南夷所属的部族名。大抵舟人、突人偏于西北,其余皆分布于今渝、川、云、贵地区。 ⑦雁门之北:雁门塞(在今山西代县西北雁门山上)以北的地区。 ⑧鹰隼、所鸷、须窥、饕餮(tāo tiè)、穷奇、叔逆、儋(dān)耳:均为传说中的北方古部族名。"鹰隼所鸷"四字或可连读,指鹰隼攫食之地。饕餮、穷奇,皆为传说中的食人怪兽,当是因上古图腾制度而用为部族名,且古籍多指穷奇为少昊或颛顼的"不才子"(不才

犹不善)。叔逆,疑即《山海经·大荒北经》所见"叔歇(chù)",号称为颛顼之子。儋耳,亦见于《大荒北经》,号称为任姓国。 ⑨其民麋鹿禽兽:指其民进化程度低,像禽兽那样生活。麋鹿,即俗所称的"四不像"动物。 ⑩有力者贤,暴傲者尊:以强有力者为贤能,以凶暴骄横者为尊贵。 ⑪无时休息,以尽其类:没有停止的时候,从而导致其种族灭绝。 ⑫阿:私,使之以国家为私有。 ⑬"德衰"下是说:国运衰落,世道混乱,然后才导致天子以天下为私利,国君以国家为私利,官长以官事为私利。 ⑭外之:对外。死人臣之义:指国亡君死,则人臣亦殉义而死。

豫让欲杀赵襄子①,灭须去眉②,自刑以变其容③。为乞人而往乞于其妻之所④,其妻曰:"状貌无似吾夫者,其音何类吾夫之甚也?"又吞炭以变其音⑤。其友谓之曰:"子之所道⑥,甚难而无功。谓子有志则然矣,谓子智则不然。以子之材而索事襄子⑦,襄子必近子。子得近而行所欲⑧,此甚易而功必成。"豫让笑而应之曰:"是先知报后知也,为故君贼新君矣⑨。大乱君臣之义者无此⑩,失吾所为为之矣⑪。凡吾所为为此者,所以明君臣之义也,非从易也⑫。"

【注】①豫让、赵襄子:见《论威》篇注。 ②灭须去眉:拔去胡须眉毛。 ③自刑:犹言自残。变其容:换容,改变脸面。 ④乞人:乞丐。 ⑤吞炭以变其音:吞咽炽热的火炭(破坏声带)以改变说话的声音。 ⑥所道:所由,指其所采取的行为路径。道,由,从。 ⑦材:才能。索事襄子:请求从事(侍奉)于赵襄子。 ⑧所欲:指行刺赵襄子而言。 ⑨此二句是说:您这说法是要我为先知己者报复后知己者,为旧主人杀害新主人。"先知"二字上,《战国策·赵策一》有"为"字,疑此脱。按:豫让实为其故主智伯而欲刺杀赵襄子,然其不欲以赵襄子为新主而受知遇,故有此言。 ⑩无此:也没有这样的。犹言无过于此。 ⑪所为(wèi)为之:所以要做这事的目的。上"为"

字为介词,"所为"表目的。 ⑫非从易:不取容易做的路子。豫让自谓所行是为了彰明君臣大义,难为则其义在,易为则失其义。按:此段文字与本文"恃君"之旨不甚相合,或以为是《不侵》篇之文而错简于此。

柱厉叔事莒敖公①,自以为不知而去②,居于海上,夏日则食菱芡③,冬日则食橡栗④。莒敖公有难,柱厉叔辞其友而往死之。其友曰:"子自以为不知,故去。今又往死之,是知与不知无异别也。"柱厉叔曰:"不然。自以为不知,故去。今死而弗往死,是果知我也⑤。吾将死之,以丑后世人主之不知其臣者也⑥,所以激君人者之行而厉人主之节也⑦。行激节厉,忠臣幸于得察⑧。忠臣察则君道固矣。"

【注】①柱厉叔:载籍又作"朱厉附",当是莒国宗室。莒敖公:"敖"一作"郊",或说即莒穆公。春秋末莒国君主。著丘公之子。据《左传》所记,公元前528年,他以内乱奔齐。前519年,因莒子庚舆被国人所逐,齐国遂送他回国即位。 ②不知:不被知遇。 ③菱芡:即俗所称菱角。 ④橡栗:橡树的果实。 ⑤果知我:意谓知我果然不可用。 ⑥丑:意动词,使以……为惭愧。 ⑦激:激励。厉:砥砺。 ⑧察:察知,了解。

长　利①

二曰　天下之士也者②,虑天下之长利,而固处之以身若也③。利虽倍于今,而不便于后④,弗为也;安虽长久,而以私其子孙⑤,弗行也。自此观之,陈无宇之可丑亦重矣⑥。其与伯成子高、周公旦、戎夷也,形虽同,取舍之殊岂不远哉⑦!

【注】①长利:言行事当为国家和天下的长久利益着想。 ②天下之士:胸怀天下的杰出人士。 ③固处之以身若:坚持做到这点并终身如此。固处,坚持做到。以身,犹言以此生,终身。若,如此。 ④便于后:利于后世。 ⑤私其子孙:为其子孙谋私利。 ⑥陈无宇:即田桓子。春秋时齐国权臣。妫姓,田氏,名无宇。为齐国田氏之祖田(陈)完玄孙,田文子之子。初事齐庄公,甚得宠信。景公时嗣其父为卿,执国政。可丑:可耻。按:此当是指田氏篡齐而言的。陈无宇逐庆封而专齐国之政(见该书《慎行》篇),后其子田乞杀高、国贵族及晏孺子而立悼公,其孙田常又杀简公而立平公(疑悼公亦为田常所杀)。大约作者认为田氏之篡齐实始于陈无宇。 ⑦此处所说"形虽同"云云,当是指陈无宇为卿相亦为后世着想,然皆私其子孙,与伯成子高、周公旦、戎夷诸人(见下文)的为天下、为他人着想不可同日而语。就为后世着想这一点而言,二者形同而实不同,故谓取舍殊远。

尧治天下,伯成子高立为诸侯①。尧授舜,舜授禹,伯成子高辞诸侯而耕。禹往见之,则耕在野。禹趋就下风而问曰②:"尧理天下③,吾子立为诸侯。今至于我而辞之,故何也?"伯成子高曰:"当尧之时,未赏而民劝,未罚而民畏,民不知怨,不知说④,愉愉其如赤子⑤。今赏罚甚数⑥,而民争利且不服,德自此衰,利自此作⑦,后世之乱自此始。夫子盍行乎⑧?无虑吾农事⑨。"协而耰⑩,遂不顾。夫为诸侯,名显荣,实佚乐⑪,继嗣皆得其泽⑫,伯成子高不待问而知之。然而辞为诸侯者,以禁后世之乱也。

【注】①伯成子高:传说人物,无考。或即《当染》篇所见为舜之七友之一的伯阳。 ②下风:逆风向。面对受访者,让对方背风顺向且避尘土,自己逆风而不避,以表示尊敬。 ③理:当是本作"治",唐人避本朝讳而改。 ④说:同"悦"。 ⑤愉愉:和乐天真的样子。赤子:儿童。 ⑥数(cù):密,犹言多。 ⑦作:兴,起。 ⑧盍(hé)行:何不离开。盍,"何不"的合音词。

⑨虑:他书或作"落"、"留",皆可训为"止",犹今言耽搁。疑此"虑"字假为"勴(lǜ)",义为助,"无勴"即无助于。 ⑩协而耰(yōu):《庄子·天地》篇作"俋俋乎耕"。疑此"协"字本作"挹",通"揖","揖而耰"指作个揖(让禹离开)而继续平土。耰,一种平土的木制农具,类似大榔头。 ⑪实佚乐:谓有安乐之实。 ⑫继嗣:继承者,后人。泽:恩惠。

辛宽见鲁缪公①,曰:"臣而今而后,知吾先君周公之不若太公望封之知也②。昔者太公望封于营丘之渚③,海阻山高,险固之地也,是故地日广,子孙弥隆④。吾先君周公封于鲁,无山林谿谷之险,诸侯四面以达⑤,是故地日削,子孙弥杀⑥。"辛宽出,南宫括入见⑦,公曰:"今者宽也,非周公,其辞若是也⑧。"南宫括对曰:"宽少者,弗识也⑨。君独不闻成王之定成周之说乎⑩?其辞曰:'惟余一人⑪,营居于成周。惟余一人,有善易得而见也,有不善易得而诛也⑫。'故曰:善者得之,不善者失之,古之道也。夫贤者岂欲其子孙之阻山林之险,以长为无道哉⑬?小人哉,宽也!今使燕爵为鸿鹄凤皇虑⑭,则必不得矣。其所求者,瓦之间隙、屋之翳蔚也⑮,与一举则有千里之志,德不盛、义不大则不至其郊⑯。愚庳之民⑰,其为贤者虑,亦犹此也。固妄诽訾⑱,岂不悲哉?"

【注】①辛宽:《说苑·至公》篇作"辛栎"。当是鲁国宗室,为鲁穆公晚辈。鲁缪公(?—前375):即鲁穆公。战国时鲁国君主。姬姓,名显,公元前407年即位。在位时国势不振,而有礼贤之名,相传曾以孔子之孙子思为师。②此句大意谓辛宽指责周公受封于鲁不如姜太公受封于齐更为明智。封,受封,按所说有择封之意。句末"知"字读作"智"。 ③营丘:周初齐国初都之地。以史实考之,其地不在后来的齐都临菑(今山东临淄),而在其东,更接近

海滨。渚:通"陼(zhǔ)",土丘。"营丘之陼"指营丘所在地为土丘,"营丘"之名亦起于此,泛言之则指其地处于丘陵地带。 ④弥隆:越来越盛。 ⑤诸侯四面以达:指鲁都曲阜处在平原上,在战争时期,各诸侯国从四面八方都可侵入鲁地。 ⑥杀(shài):衰落。 ⑦南宫括:《说苑》作"南宫边子",《汉书·古今人表》有"南宫边",疑当从《说苑》。史所见鲁人南宫括(适)字子容,与孔子同时,曾从学于孔子,与鲁穆公生平不合。 ⑧若是:此为复述辛宽之言的省略语,谓所说如此如此云云。 ⑨弗识:无知。 ⑩成周:指西周都城洛邑(在今河南洛阳洛水北岸)。周初为加强对中原及东部地区的控制,在周公的主持下,于此营建新都,成王时迁居之。 ⑪余一人:古代帝王的自称。 ⑫诛:谴责,指正。 ⑬长为无道:久为不合道义之举。 ⑭燕爵:同"燕雀",泛指在人类居处地营巢的小鸟。喻目光短浅者。鸿鹄凤凰:天鹅与凤凰。喻志向远大者。 ⑮瓦之间隙、屋之翳(yì)蔚:房瓦的缝隙、屋顶或屋檐的遮蔽之处。指燕雀做窝的地方。翳蔚,遮蔽。 ⑯此处自"与"字以下文意不完。疑"与"上脱"无"字,"无与"犹言无为、无能。如是则全句意为:(燕雀)不能(像鸿鹄凤凰那样)一举则有千里之志,人主功德不隆盛、道义不弘大,凤凰就不会飞到其国的郊野。按:《山海经·南次三经》谓凤凰"首文(纹)曰德,翼文曰义,背文曰礼,膺文曰仁,腹文曰信","见(现)则天下安宁"。传说又谓黄帝时天下大治,凤凰曾留止于黄帝之东园。该书《开春论》篇亦谓"王者厚其德、积众善,而凤皇、圣人皆来至矣"。 ⑰愚陋:同"愚卑",愚昧低下。 ⑱固妄诽訾:固陋狂妄地非议贤者。

　　戎夷违齐如鲁①,天大寒而后门②,与弟子一人宿于郭外③。寒愈甚,谓其弟子曰:"子与我衣④,我活也;我与子衣,子活也。我国士也,为天下惜死⑤;子不肖人也,不足爱也。子与我子之衣⑥。"弟子曰:"夫不肖人也,又恶能与国士之衣哉⑦?"戎夷太息叹曰⑧:"嗟乎,道其不济夫⑨!"解衣与弟子,夜半而死,弟子遂活。谓戎夷其能必定一世,则未之识⑩;若夫欲利人之心,不可以加矣⑪。达乎分⑫,仁爱之心识也⑬,故能以必死见其义。

【注】①戎夷:《汉书·古今人表》作"视夷",颜师古注援《吕氏春秋》以为即"式夷",故校者或谓此"戎"字为"式"字之误。又,高诱注谓之为"齐之仁人",《古今人表》则称之为卫人,未详孰是。依下述故事,其人当是墨家学者,以兼爱为本。违齐如鲁:离开齐国到鲁国去。 ②后门:后于关城门的时间。指到达鲁国都城后天已晚,城门已关闭。 ③郭外:外城之外。 ④与:同"予",给。 ⑤惜死:爱惜生命。 ⑥此句末"衣"字下,疑仍当有"与"字,用作"欤",表疑问,或为传抄所误删。 ⑦恶(wū):疑问副词。句意谓既说我是"不肖人",我又怎能把衣服给"国士"? ⑧太息叹曰:类书所引或作"笑曰",无"太息"二字及此下"嗟乎"二字。 ⑨道其不济夫:为师之道大概不能解决问题了。夫,犹"乎"。 ⑩此二句意谓:要说戎夷一定有辅佐人主定天下的才能,那么这还是未可知的事。 ⑪若夫:至于。不可以加:无以复加。 ⑫达乎分:通达于名分之理。此偏指达乎死生之分,亦即通达死生之理,坚持以道义立身,若在特殊情境下需为道义而献身,则视死如归,不惜牺牲性命。 ⑬识:或说为"诚"字之误,当是。仁爱之心诚则忠实于道义,故不惜死,即本文开头所说苟利天下而"以身若"。

知　　分

三曰　达士者,达乎死生之分。达乎死生之分,则利害存亡弗能惑矣①。故晏子与崔杼盟而不变其义②;延陵季子③,吴人愿以为王而不肯;孙叔敖三为令尹而不喜④,三去令尹而不忧:皆有所达也。有所达则物弗能惑⑤。

【注】①以上为释题之语,旨意衔接上篇,谓义理通达之士明于死生之分,故所有利害存亡都不能惑乱其心志。 ②事见下文。 ③延陵季子:即春秋时吴王寿梦少子季札。博学多识,有贤明之称。相传寿梦欲立以为嗣,他固辞不受;其兄诸樊立,又欲让之,他又弃室而耕。后居于封邑延陵(在今江苏

常州南),不入吴都。曾奉使鲁国观周礼,深受鲁人器重。又游于齐、郑、晋等国,与晏婴、子产等著名人物有交往。　④孙叔敖:见《情欲》篇注。　⑤物:一切事物。

荆有次非者①,得宝剑于干遂②。还反涉江③,至于中流,有两蛟夹绕其船④。次非谓舟人曰:"子尝见两蛟绕船,能两活者乎⑤?"船人曰:"未之见也。"次非攘臂祛衣⑥,拔宝剑曰:"此江中之腐肉朽骨也⑦。弃剑以全己,余奚爱焉⑧!"于是赴江刺蛟,杀之而复上船,舟中之人皆得活。荆王闻之,仕之执圭⑨。孔子闻之曰:"夫善哉!不以腐肉朽骨而弃剑者,其次非之谓乎⑩!"

【注】①次非:此用为人名。当即汉代用为官称的"佽飞","佽"或作"兹","飞"或作"非"。秦时称为左弋,为主管射禽以供祭祀之官。　②干遂:参见《适威》篇"干隧"注。　③反:同"返"。　④蛟:民间传说的蛟龙。　⑤两活:指蛟龙不死,船上人亦得活。　⑥攘(rǎng)臂祛(qū)衣:揎拳捋臂,撩起衣襟。此当是实指甩去衣服。　⑦腐肉朽骨:指蛟龙。意谓此物看似凶猛,刺杀之即变成江中的腐肉朽骨。表示次非蔑视它们的气概。　⑧此二句意谓:哪怕丢了这把宝剑,为保全自己,我又有何舍不得!爱,惜。　⑨仕之执圭:犹言使之为高官。圭,玉版。古代大臣或爵位高者上朝则执圭,不同形制的圭表示不同的爵位等级。　⑩此二句意思是:不因刺杀蛟龙而丢掉宝剑,只有次非才能做得到。

禹南省①,方济乎江②,黄龙负舟③,舟中之人五色无主④。禹仰视天而叹曰:"吾受命于天,竭力以养人⑤。生、性也,死、命也⑥,余何忧于龙焉?"龙俛耳低尾而逝⑦。则禹达乎死生之分、利害之经也⑧。

【注】①南省(xíng):到南方巡视。 ②济:渡。 ③黄龙:黄色的龙。相传禹之父鲧死后化为黄龙。负:背负。 ④五色无主:犹言不知所措。五色,喻脸色瞬间屡变,犹如五彩。 ⑤人:当是本作"民"字,唐人避讳改之。 ⑥此六字谓生由天,死由命。性,犹言"天"。 ⑦俛耳:疑当作"俛首"。俛,同"俯"。逝:离去。 ⑧经:常理。

凡人物者,阴阳之化也①。阴阳者,造乎天而成者也②。天固有衰嗛废伏③,有盛盈坌息④;人亦有困穷屈匮⑤,有充实达遂⑥。此皆天之容、物理也⑦,而不得不然之数也⑧。古圣人不以感私伤神⑨,俞然而以待耳⑩。

【注】①此句是说:凡是人和物,都由阴阳二气化育。 ②造乎天而成:始于自然而成就万物。造,始。 ③衰嗛废伏:衰亏废隐。指自然规律相对于人事而言亦有失常之时。嗛,通"歉",亏欠,不足。 ④盛盈坌息:盛满蓄息。指自然规律相对于人事而言亦常可致风调雨顺。坌,通"纷",繁,"繁息"犹"蓄息"。 ⑤困穷屈(jué)匮:困迫贫乏。屈,竭,尽。 ⑥充实达遂:充裕顺畅。 ⑦天之容:大自然的本来面貌。物理:当作"物之理",即事物的内在机制。 ⑧数:规律。 ⑨感私:感叹自身处境。犹言个人情感。 ⑩俞然而以待:安然处之而等待时机。俞,通"愉"。

晏子与崔杼盟①,其辞曰:"不与崔氏而与公孙氏者②,受其不祥。"晏子俛而饮血③,仰而呼天曰:"不与公孙氏而与崔氏者,受此不祥。"崔杼不说④,直兵造胸,句兵钩颈⑤,谓晏子曰:"子变子言,则齐国吾与子共之⑥;子不变子言,则今是已⑦。"晏子曰:"崔子!子独不为夫《诗》乎⑧?《诗》曰:'莫莫葛藟,延于条枚。凯弟君子,求福不回。'⑨婴且可以回而求福乎?子惟之矣⑩。"崔杼曰:"此贤者,不可杀也。"罢兵而去。晏子援绥而乘⑪,其仆将驰⑫,晏子抚其仆之手曰:"安之,毋失节⑬。疾不必生,徐不必死⑭。鹿生于山而命悬于厨⑮,今婴之命有所悬矣。"晏子可谓知命矣。命也者,不知所以然而然者也,人事智巧以举错者不得与焉⑯。故命也者,就之未得,去之未失⑰。国士知其若此也,故以义为之决而安处之⑱。

【注】①晏子:见《士节》篇注。崔杼(?—前546):春秋时齐国大臣。姜姓,崔氏,名杼。初为大夫,以迎立庄公得为正卿。后因庄公与其妻通奸,遂发难杀庄公,立景公,与庆封共为左右相执政。景公二年,因庆封灭其家而自杀。庆封事见《慎行》篇。按:此处所记晏子与崔杼之盟,为崔氏弑庄公、立景公时事。《左传》襄公二十五年载晏子入哭庄公,崔氏以其为"民之望",舍之不杀;及崔氏盟群臣,晏子叹称"不唯忠于君,利社稷者是与",遂歃血与盟。其文与此处所记有异。 ②与:助。公孙氏:当是指齐国公室诸公子,非是指一人。国君兄弟称公子,其下辈即称公孙。当时诸公子应有欲讨崔杼者。 ③饮血:即歃血。古人约盟则杀牲饮血,以示诚信。 ④说:同"悦"。 ⑤直兵造胸,句兵钩颈:直刺的兵器抵到胸膛上,弯曲的兵器钩住脖颈。句,同"勾"。 ⑥共之:指共执齐国之政。 ⑦今是已:现在就让你了结。是,助词。已,止、终。 ⑧为:指学、读。夫:指示形容词,那。 ⑨此引诗句见于《诗·大雅·旱麓》,意为:茂密的葛藤,蔓延到树的枝条上。和乐平易的君子,不用邪道求福。延,今本《诗经》作"施(yì)",与"延"同义。凯弟,见《不屈》篇"恺悌"注。回,奸邪。 ⑩惟:思。 ⑪绥:上车用的拉绳。 ⑫仆:车夫。驰:快驶。 ⑬安之:稳重点。毋失节:犹言莫慌张,不要失态。 ⑭疾不必生,徐不必死:快逃未必能活,慢走未必会死。 ⑮悬:系。此犹言被操纵。厨:厨师。 ⑯举错:同"举措"。不得与:无法干预。 ⑰就之未得,去之未失:接近它未必能得到,离开它未必就失去。犹言相信命运未必能活,不相信命运未必就丧生。 ⑱以义为之决而安处之:以义决断生死而安然对待。

白圭问于邹公子夏后启曰①："'践绳之节、四上之志',三晋之事此,天下之豪英②。以处于晋而迭闻晋事,未尝闻'践绳之节、四上之志'③,愿得而闻之。"夏后启曰:"鄙人也,焉足以问④?"白圭曰:"愿公子之毋让也⑤。"夏后启曰:"以为可为,故为之;为之,天下弗能禁矣⑥。以为不可为,故释之⑦;释之,天下弗能使矣⑧。"白圭曰:"利弗能使乎?威弗能禁乎?"夏后启曰:"生不足以使之⑨,则利曷足以使之矣⑩!死不足以禁之,则害曷足以禁之矣!"⑪白圭无以应,夏后启辞而出。凡使贤不肖异⑫:使不肖以赏罚,使贤以义。故贤主之使其下也必义⑬、审赏罚,然后贤不肖尽为用矣。

【注】①白圭:见《听言》篇注。邹公子夏后启:疑其人为邹国之公子,名启,字夏父,时人或浑称之为夏后启。　②此数句费解,疑可译为:有一种"践绳之节,四上之志"的说法,以为三晋之人奉行这样的信条,故能成为天下之英豪。践绳之节,指实现名誉追求的节操;绳,名誉。四上之志,指四种受崇尚的意志,"上"同"尚",见下文注。　③此二句意谓:我因为在晋地而经常听说三晋的事,但未尝弄明白"践绳之节,四上之志"是什么意思。按:疑此八字之语曾在晋地流行,白圭可能猜测实出于邹公子,故与之辩难。　④鄙人:见识浅陋的人。焉:犹"何"。　⑤让:谦虚。　⑥禁:阻止。　⑦释:放弃。　⑧使:驱使。　⑨生不足以使之:即使生存不能维持也不足以驱使他。　⑩曷:同"何"。　⑪按:以上邹公子的回答,疑即上文所说的"四上"。以为可为而为之,为之则无人能禁,此为一上;以为不可为则不为,不为则无人能使,此为二上;无人能使,则虽生存亦不顾,尤不屑于高官厚禄,此为三上;无人能禁,则虽杀身亦不惜,何况威势刑罚,此为四上。古时燕赵多死士,所谓"四上"或因此而言之。　⑫使贤不肖异:使用贤者和不肖者应采取不同的方法。　⑬必义:"必"为动词,"义"为宾语,犹言义之则必,即以义用之则必尚其义。

召 类

　　四曰　类同相召①，气同则合，声比则应。故鼓宫而宫应，鼓角而角动。以龙致雨，以形逐影。祸福之所自来，众人以为命焉，不知其所由②。故国乱非独乱，有必召寇③。独乱未必亡也，召寇则无以存矣。

【注】①同：《应同》篇作"固"，二字皆可通。按：本篇标题之义，以及头两段文字之所以与《应同》篇相重复，皆参见《应同》篇注。因这两段文字并见于《应同》篇，故下面唯就个别异文稍做说明，其余均不再另注。　②此处"焉不知其所由"六字，校者多单独断为一句，以为是"焉知其所"之误。《应同》篇作"安知其所"，以韵求之，或当从《应同》篇，但也不能排除作者变文的可能性。这里以"焉"字属上句，视为语末助词，亦可通读，故权且不做误文处理。"由"字实与下"寇"字读音相近。　③有：读作"又"。《应同》篇作"又"。

　　凡兵之用也，用于利，用于义。攻乱则服①，服则攻者利；攻乱则义，义则攻者荣。荣且利，中主犹且为之，有况于贤主乎②？故割地、宝器、戈剑、卑辞屈服不足以止攻③，唯治为足。治则为利者不攻矣，为名者不伐矣。凡人之攻伐也，非为利则固为名也④。名实不得，国虽强大，则无为攻矣。

【注】①服：使之降服。《应同》篇作"脆"，不甚切，疑以此文作"服"字为是。　②有：读作"又"。《应同》篇无此字。　③戈剑：《应同》篇无此二字，当从《应同》篇。　④固：必。《应同》篇作"因"，不如作"固"为惬。

兵所自来者久矣。尧战于丹水之浦①，以服南蛮；舜却苗民②，更易其俗③；禹攻曹、魏、屈骜、有扈④，以行其教⑤。三王以上⑥，固皆用兵也。乱则用，治则止⑦。治而攻之，不祥莫大焉；乱而弗讨，害民莫长焉⑧。此治乱之化也⑨，文武之所由起也。文者爱之征也，武者恶之表也⑩。爱恶循义，文武有常，圣人之元也⑪。譬之若寒暑之序，时至而事生之。圣人不能为时⑫，而能以事适时。事适于时者，其功大。

【注】①丹水：传说中的古水名。或说在今陕西与河南之间，不可考。浦：水边。　②却：拒，击退。　③更易其俗：指舜改用感化政策以招抚三苗之民。参见《上德》篇。　④曹、魏、屈骜、有扈：皆为传说中的古国名、部族名。或说"曹、魏、屈骜"即《庄子·齐物论》所见"宗、脍、胥敖"。《庄子·人间世》又云"禹攻有扈"。史籍多载启伐有扈，见《先己》篇。　⑤教：教化。　⑥三王：指夏、商、周，见《先己》篇注。　⑦治则止：指对治理得好的国家不用兵。⑧长：犹言多。　⑨化：变。　⑩此二句意谓：文治教化是爱悦赞同的表征，武力征伐是憎恶反对的表现。　⑪元：善。犹言功德。　⑫为时：制造时势、时机。

士尹池为荆使于宋①，司城子罕觞之②。南家之墙犨于前而不直③，西家之潦径其宫而不止④，士尹池问其故。司城子罕曰："南家工人也，为鞔者也⑤。吾将徙之⑥，其父曰：'吾恃为鞔以食三世矣。今徙之，是宋国之求鞔者不知吾处也，吾将不食。愿相国之忧吾不食也⑦。'为是故，吾弗徙也。西家高，吾宫庳⑧，潦之经吾宫也利⑨，故弗禁也。"士尹池归荆，荆王适兴兵而攻宋⑩。士尹池谏于荆王曰："宋不可攻也。其主贤，其相仁。贤者能得民，仁者能用人。荆国攻之,其无功而为天下笑乎!"故释宋而攻郑⑪。孔子闻之曰:"夫修之于庙堂之上⑫,而折冲乎千里之外者⑬,其司城子罕之谓乎!"宋在三大万乘之间⑭,子罕之时无所相侵,边境四益⑮,相平公、元公、景公以终其身⑯,其唯仁且节与⑰!故仁节之为功大矣。故明堂茅茨蒿柱⑱,土阶三等⑲,以见节俭。

【注】①士尹池:春秋末楚大夫。当即《左传》昭公十九年(前523)所见工尹赤,"士尹"为"工尹"之讹。工尹,楚官名,为工官之长。《左传》、《国语》中所记楚大夫多有以"工尹"为氏者。 ②司城子罕:见《异宝》篇注。觞:古代酒器名。此用为动词,指宴请。 ③此句指子罕南邻人家的后墙正挡在子罕住宅的前面,而子罕却不问。雠,同"雠",面对。直,用为动词指争辩是非,此犹言诘问。 ④此句指子罕西邻人家院子里的雨水都流过子罕住宅的庭院,而子罕却不制止。潦(lǎo),雨水。径,通"经",经过。宫,指子罕的住宅。止,制止。 ⑤为鞔(mán)者:制鞋的。鞔,本义为鞋帮,此代指鞋。 ⑥徙之:使之迁走。 ⑦忧:以……为忧,犹怜悯。 ⑧庳:低下。 ⑨利:便利,顺当。 ⑩适:刚好。兴兵而攻宋:此当是楚平王七年(前522)事。是年平王太子建遭谗奔宋,继又奔郑。 ⑪释:放弃。 ⑫修:指制定方略。庙堂:指朝廷。 ⑬折冲:本义指挫败敌人的车攻,引申为制胜。冲,指冲车,古代用以攻城陷阵的一种坚固战车。 ⑭三大万乘:犹言三大国。宋都于商丘,东为齐,北为晋,南为楚,皆当时大国。 ⑮益:高诱注谓"四境不侵削则为益",欠通。疑此字本作"谧",通"谧",即安宁,或传抄误为"益"。 ⑯平公、元公、景公:皆春秋末宋国君主,为祖、父、孙关系。平公(?—前532),名成,公元前576年即位。元公、景公,分见《君守》、《制乐》篇注。 ⑰节:节俭。与:同"欤",语末助词,表感叹。 ⑱故:疑当作"古"。明堂:见《孟春纪》篇"青阳"注。茅茨蒿柱:以茅草盖屋顶,用蒿秆做柱子。茨,草盖的屋顶。蒿柱,相传古时蒿草茂盛,其茎秆可为宫柱,故此类建筑又称"蒿堂"或"蒿宫"。按:疑"蒿宫"本指以特别栽植的灌木丛为墙垣,久传而遂以为用蒿秆为宫柱。 ⑲土阶三等:夯土而成的台阶只有三级。按:上古质朴,宫室亦为草屋,后人

则借以喻节俭。

赵简子将袭卫①,使史默往睹之②,期以一月③,六月而后反④。赵简子曰:"何其久也?"史默曰:"谋利而得害,犹弗察也⑤。今蘧伯玉为相⑥,史䲡佐焉⑦,孔子为客⑧,子贡使令于君前⑨,甚听⑩。《易》曰:'涣其群,元吉⑪。'涣者贤也,群者众也,元者吉之始也⑫。涣其群元吉者,其佐多贤也。"赵简子按兵而不动。凡谋者,疑也⑬,疑则从义断事。从义断事则谋不亏⑭,谋不亏则名实从之⑮。贤主之举也,岂必旗偾将毙而乃知胜败哉⑯?察其理而得失荣辱定矣⑰。故三代之所贵⑱,无若贤也。

【注】①赵简子:见《爱士》篇注。 ②史默:或作"史墨"、"蔡墨"、"蔡史墨"、"史黯"、"史鹰"等。当是名墨,字蔡,非是蔡氏,"默"、"黯"、"鹰"则皆为其名之转借字。古"墨"字指龟卜的墨兆,"蔡"指大龟,名与字相应。为春秋时晋国太史,以博物著称,先秦文献中多载其议论,曾有"社稷无常奉,君臣无常位"之语。睹:视,犹言伺察。 ③期以一月:约定一个月回来。 ④反:同"返"。 ⑤此二句意谓:若本为图利而反得祸害,就说明还未能明察。其意在不欲赵简子袭卫,故延迟既久,而复以"弗察"言之。 ⑥蘧(qú)伯玉:春秋时卫国大夫。姬姓,蘧氏,名瑗,字伯玉,为卫国公族。卫献公时曾避乱出亡,后返国,历事殇公、襄公、灵公,有贤名。孔子曾称他"邦有道则仕,邦无道则可卷而怀之"(《论语·卫灵公》)。 ⑦史䲡(qiū):春秋时卫国史官。名䲡,字子鱼。以正直著称,孔子曾称他"邦有道如矢,邦无道如矢"(《论语·卫灵公》)。 ⑧客:宾客,客卿。孔子晚年周游列国,以在卫国的时间为最长。 ⑨子贡:见《当染》篇注。使令于君前:指卫君重视子贡的外交才能,常使其出使。 ⑩甚听:指上举诸人之言甚被卫君听从。 ⑪涣其群,元吉:此为《易经·涣卦》的爻辞,有不同解释。一说指解散小人的朋党则大吉。涣,散。 ⑫此三句以"贤"训"涣",以"众"训"群",以"始"训"元"。盖谓有众

贤则为吉祥之始,故下谓"涣其群元吉",实指"其佐多贤"。此为作者的特定理解。 ⑬疑也:是因为对计划之事有疑。 ⑭不亏:不欠缺,犹言周全。 ⑮名实:名誉和实际利益。 ⑯旗偾(fèn)将毙:指作战时旗帜倒下而将领被击毙。喻既成的胜败之迹。偾,倒下。 ⑰此句意谓:知其行事是否合乎义理,即可事先预见到成败荣辱。 ⑱贵:尊崇。

达　郁①

五曰　凡人三百六十节,九窍、五藏、六府②。肌肤欲其比也③,血脉欲其通也,筋骨欲其固也④,心志欲其和也⑤,精气欲其行也⑥。若此则病无所居⑦,而恶无由生矣⑧。病之留、恶之生也,精气郁也。故水郁则为污⑨,树郁则为蠹⑩,草郁则为蒉⑪。国亦有郁。主德不通,民欲不达⑫,此国之郁也。国郁处久则百恶立起⑬,而万灾丛至矣⑭。上下之相忍也⑮,由此出矣⑯。故圣王之贵豪士与忠臣也,为其敢直言而决郁塞也⑰。

【注】①达郁:疏通积滞。由人身生理机能之畅通言及人主政治祛除积弊之道。 ②三百六十节、九窍、五藏:分见《本生》、《情欲》、《尽数》篇注。六府:即"六腑",指胆、胃、小肠、大肠、膀胱、三焦(消化系统的三个关节点)。 ③比:细密平滑。 ④固:强壮。 ⑤心志:心意。和:平和。 ⑥行:流行。指精气贯通各器官而使之各具最佳的功能。 ⑦病:指病因。居:留,积滞。 ⑧恶:指疾病。 ⑨水郁:精气郁积于水。污:停滞的脏水。 ⑩蠹(dù):虫蛀。 ⑪蒉(kuì):义同"殨"、"溃",败烂。 ⑫此二句意指:人主的恩惠不能通于下,人民的愿望不能达于上。主德,原作"生德",毕沅校注谓当作"主德",陈奇猷《校释》从之,今据改。 ⑬处久:积久。 ⑭丛至:聚集而至。 ⑮忍:残害。 ⑯出:生,造成。 ⑰决郁塞:冲破积滞壅塞的状况。

周厉王虐民①，国人皆谤②。召公以告曰："民不堪命矣③。"王使卫巫监谤者④，得则杀之，国莫敢言，道路以目⑤。王喜，以告召公曰："吾能弭谤矣⑥。"召公曰："是障之也⑦，非弭之也。防民之口，甚于防川，川壅而溃，败人必多⑧。夫民犹是也，是故治川者决之使导⑨，治民者宣之使言⑩。是故天子听政，使公卿列士正谏⑪，好学博闻献诗⑫，矇箴师诵⑬，庶人传语⑭，近臣尽规⑮，亲戚补察⑯，而后王斟酌焉。是以下无遗善，上无过举。今王塞下之口，而遂上之过⑰，恐为社稷忧。"王弗听也。三年，国人流王于彘⑱。此郁之败也。郁者，不阳也⑲。周鼎著鼠，令马履之，为其不阳也。不阳者，亡国之俗也⑳。

【注】①周厉王：见《当染》篇注。虐：残暴统治。　②谤：怨恨非议。③召公：即召公虎，见《适威》篇注。不堪命：不能承受役使。　④卫巫：周厉王宠信的巫师。因是卫国人，故称"卫巫"。监：监视。　⑤国莫敢言，道路以目：都城的人都不敢议论，在路上相遇只能用眼光交流。国，指国都。史籍多作"国人"。　⑥弭（mǐ）：消除。　⑦障：堵塞。　⑧败：伤害。史籍或作"伤"。　⑨导：畅通。　⑩宣：使……通达，犹引导。　⑪公卿列士：三公、诸卿及在位士大夫。正谏：犹净谏。正，通"证"，与"净"同义。　⑫好学博闻：博学的人，指史官等。献诗：献进从民间采集的诗歌。周时有采诗以观民风的传统。　⑬矇箴（méng zhēn）师诵：指乐师进其规诫，乐官陈述政事功过。矇，盲人乐师。箴，规诫。师，乐官长。诵，陈述。　⑭庶人传语：平民通过在位者转达意见。　⑮近臣尽规：在王身边的近习之臣亦进其规劝。尽，通"进"。　⑯亲戚补察：王的亲属亦拾遗补缺，以纠察王的过失。亲戚，指王的家人和族人，即宗室。按：此处"天子听政"以下文字，《国语·周语上》作"使公卿至于列士献诗，瞽献曲，史献书，师箴瞍赋矇诵，百工谏，庶人传语，近臣尽规，亲戚补察，瞽史教诲，耆艾修之"，与此不尽相同。　⑰遂上之过：加重王的过失。遂，增长，此犹加重。　⑱彘：并见《当染》篇注。　⑲不阳：读作

"否(pǐ)阳",指阴阳二气闭塞不通。按:此用《易经·否卦》之义。《否卦》的复合卦体为下坤上乾,与《泰卦》的下乾上坤相反。《泰卦》表示天气(阳气)下降,地气(阴气)上升,阴阳二气相交合和而万物亨通;《否卦》反之,则指阴阳二气不交而天地隔绝。古人又以六十四卦与阴阳五行相比附,认为《否卦》的上体属阳金,故称"否阳"。卦之下、上亦犹内、外。《否卦》象传:"天地不交而万物不通也,上下不交而天下无邦也。内阴而外阳,内柔而外刚,内小人而外君子,小人道长、君子道消也。"此正可喻政治上的"郁"。 ⑳以上意谓:周鼎上铸有马踏老鼠的图像,就是因为老鼠是使阴阳不通之物。凡是阴阳不通的现象,显示的都是亡国之俗。按:《易传·说卦》谓乾为马,艮为鼠。下艮上乾为《遁卦》,象征"君子以远小人"。

　　管仲觞桓公①,曰暮矣②,桓公乐之而征烛③。管仲曰:"臣卜其昼④,未卜其夜,君可以出矣。"公不说⑤,曰:"仲父年老矣,寡人与仲父为乐将几之⑥?请夜之⑦。"管仲曰:"君过矣。夫厚于味者薄于德⑧,沈于乐者反于忧⑨;壮而怠则失时,老而解则无名⑩。臣乃今将为君勉之⑪,若何其沈于酒也?"管仲可谓能立行矣⑫。凡行之堕也于乐⑬,今乐而益饬⑭;行之坏也于贵⑮,今主欲留而不许。伸志行理⑯,贵乐弗为变,以事其主,此桓公之所以霸也。

【注】①觞:宴请。 ②曰暮:毕校本改为"日暮",恐不当。"曰"为语助词,有将要的意味,改为"日暮"则失其意味。今仍从旧。 ③征烛:要求点上烛火。征,求。烛,火炬。 ④卜:打算,准备。 ⑤说:通"悦"。 ⑥几之:还有几回。 ⑦夜之:继之以夜。 ⑧厚于味:贪图美味。实指嗜于酒。 ⑨沈于乐:沉湎于享乐。沈,同"沉"。反:同"返"。 ⑩解:通"懈"。无名:使名声丧失。 ⑪为君勉之:犹言与君共勉。为,与。 ⑫立行:成其行,犹言善始善终。 ⑬堕:衰落。于:犹以、因。 ⑭饬:修谨。 ⑮行之坏:疑此

"行"字当作"名",与上文"无名"相对。"坏"字义为缺损,与作"名"字相合。⑯伸志行理:伸展其抱负,依义理行事。

列精子高听行乎齐湣王①。善衣东布衣、白缟冠、颡推之履②,特会朝③,雨,祛步堂下④,谓其侍者曰:"我何若?"侍者曰:"公姣且丽⑤。"列精子高因步而窥于井⑥,粲然恶丈夫之状也⑦。喟然叹曰⑧:"侍者为吾听行于齐王也,夫何阿哉⑨!又况于所听行乎⑩?万乘之主,人之阿之亦甚矣,而无所镜⑪,其残亡无日矣。孰当可而镜⑫?其惟士乎!人皆知说镜之明己也⑬,而恶士之明己也。镜之明己也功细⑭,士之明己也功大。得其细,失其大,不知类耳⑮!"

【注】①列精子高:旧注谓之为战国时贤人,无考。疑原作"孔穿子高","列"为"孔"字形误,"精"为"穿"字音误。孔穿,字子高,见《听言》篇注。《孔丛子·对魏王》载有孔穿劝齐王去车裂之刑及以管穆为临淄宰事。又按,依古人行文,疑此处本当只称"孔穿"或"孔子高","穿"或"子高"似有一称本为抄注而衍入了正文。听行:指其言被听从实行,犹言得信任。齐湣王:见《审己》篇注。 ②善:以……为漂亮。东布:当作"柬布",同"练布",即未染色的熟丝布。白缟:未染色的生丝布。颡推之履:指方头鞋。《孔丛子·儒服》篇载"子高衣长裾,振褒袖,方屦粗翣,见平原君",并谓所服为"布衣之服",为儒者"从容徒步"之服,则此"颡推之履"即指"方屦",亦即木底的方头鞋。"颡推"通"颡顀",本指突出的额头(参见《遇合》篇"推颡"注),此喻鞋的方头。 ③特会朝:特意穿着参加朝会。 ④雨:正逢有雨。祛(qū)步堂下:提着衣袍的下摆走到堂下。 ⑤姣且丽:美好而漂亮。 ⑥步而窥于井:走到井边照照。 ⑦粲然恶丈夫之状:分明是个丑男子的形象。 ⑧喟然:叹气的样子。 ⑨阿:阿谀,曲意逢迎。 ⑩所听行:听行者,指齐湣王。 ⑪无所镜:没有自照的"镜子"。镜,照。 ⑫孰当可而镜:什么人可以充当这

样的"镜子"？可而，犹"可以"。 ⑬说：通"悦"。 ⑭细：小。 ⑮不知类：不知事物类别。先秦时多用以指不知是非善恶。按：本段所记，当是由子高服"儒服"而化出的故事，而又指"儒服"为奇装异服。

赵简子曰①："厥也爱我，铎也不爱我②。厥之谏我也，必于无人之所；铎之谏我也，喜质我于人中③，必使我丑④。"尹铎对曰："厥也爱君之丑也⑤，而不爱君之过也；铎也爱君之过也，而不爱君之丑也。臣尝闻相人于师，敦颜而土色者忍丑⑥。不质君于人中，恐君之不变也。"此简子之贤也，人主贤则人臣之言刻⑦。简子不贤，铎也卒不居赵地⑧，有况乎在简子之侧哉⑨？

【注】①赵简子：见《爱士》篇注。 ②厥、铎：二人名。高诱注谓即赵厥、尹铎，皆赵简子家臣。按：赵厥疑即高赦（赫），见《义赏》篇，"赦"、"厥"当是同名之异书。或当时因其为赵人，而亦有称之为赵厥者。《说苑·臣术》篇作"赦厥"，乃误合二异名为一。尹铎，见《似顺》篇。《说苑》作"尹绰"，"绰"亦为同名之异字。 ③质：质问而纠正。 ④丑：愧。 ⑤爱君之丑：惜君之愧。犹言不使之愧。 ⑥"臣"、"敦"二句：我曾拜师学习给人看相，凡是容貌敦厚而脸色正黄的人都能够忍受惭愧。土色，犹言正黄。此皆就赵简子之相貌言之。 ⑦刻：尖刻。 ⑧卒：终，究竟。居：留。 ⑨有：读作"又"。

行　　论①

六曰　人主之行与布衣异。势不便，时不利，事雠以求存②，执民之命③。执民之命，重任也，不得以快志为故④；故布衣行此，指于国，不容乡曲⑤。

【注】①行论：论人主之行事。 ②事雠以求存：侍奉仇敌以求保存国家。

③执民之命：此四字下当有"也"字，表原因。意谓这是由于人主掌握着所属人民的命运。　④快志：快意，恣意行事。故：事。　⑤此全句意谓：况且即使为一介平民这样行事，也会被国人指斥，不容于乡里。故，通"姑"，且。此，指快意为事。

尧以天下让舜，鲧为诸侯①，怒于尧曰："得天之道者为帝，得地之道者为三公②。今我得地之道，而不以我为三公。"以尧为失论③，欲得三公，怒甚猛兽④，欲以为乱。比兽之角，能以为城⑤；举其尾，能以为旌⑥。召之不来，仿佯于野以患帝⑦。舜于是殛之于羽山⑧，副之以吴刀⑨。禹不敢怨，而反事之，官为司空⑩，以通水潦⑪。颜色黧黑⑫，步不相过⑬，窍气不通⑭，以中帝心⑮。

【注】①鲧(gǔn)：同"鮌"，相传为禹之父。　②得地之道：与得天道(天命)同义而降一等，实指为诸侯而治地有道而言。三公：见《孟春纪》篇注。　③失论：失择，选官不当。论，选择。　④怒甚猛兽："甚"当是"其"字之误，《论衡·率性》篇引作"其"。四字意谓鲧激怒其所统领的猛兽。按：上古神话传说多谓部落领袖人物能驱禽兽作战。在今可从原始宗教上理解，视这些禽兽为他们所属的各氏族的图腾。当出征作战时，各氏族都打着绘有本族图腾的旗帜，以象征和区分各自的武装。　⑤此句是说：鲧所统领的兽将角排列起来，就能成为一座城。比，排列。　⑥旌：旌旗。　⑦仿佯(páng yáng)：即"彷徨"、"徜徉"，指徘徊、游荡。以患帝：以向舜帝发难。类书或引作"以为患"，而以"帝"字属下句。　⑧殛(jí)：诛杀。按：传说多谓鲧治水未能成功而被杀，与这里所记的传说不同。羽山：传说中的山名。或说在今山东郯城东北。　⑨副(pì)之以吴刀：传说鲧死后，其尸体三年不腐烂，于是舜又使人用吴刀剖其尸，鲧乃化为黄龙而去。又传鲧被剖腹后，出生了禹。副，本作"疈"，又作"掰"、"擗"，剖判、劈裂。吴刀，又称"吴钩"，相传为吴人所制的一种锋利的弯刀。　⑩司空：官职名。相传禹为舜之司空，掌管治理天下

水土,又为百官之长。 ⑪通水潦(lǎo):疏通积水。指相传的大禹治理洪水。 ⑫颜色黎黑:面目黧黑。黎,通"黧",黑中带黄的颜色。 ⑬步不相过:即俗所称的"禹步"。相传禹曾得偏枯病,故走路后脚不能超过前脚。一说禹治水而跋涉山川,以致病足而行跛。后世巫觋多效法此种步态,实则上古部落领袖都是酋长兼大巫。本文实取禹疲病之意。 ⑭窍气不通:身体各关节的气脉因疲劳而不通。 ⑮中(zhòng):得,迎合而取得。

昔者纣为无道,杀梅伯而醢之①,杀鬼侯而脯之②,以礼诸侯于庙③。文王流涕而咨之④,纣恐其畔⑤,欲杀文王而灭周。文王曰:"父虽无道,子敢不事父乎?君虽不惠⑥,臣敢不事君乎?孰王而可畔也⑦?"纣乃赦之。天下闻之,以文王为畏上而哀下也⑧。《诗》曰:"惟此文王,小心翼翼。昭事上帝,聿怀多福。"⑨

【注】①梅伯:商末诸侯。梅为地名,伯为爵称。相传因屡谏纣王而得罪,被处以剁为肉酱之刑。醢(hǎi):肉酱。此用为动词。 ②鬼侯:亦作"九侯",商末诸侯。鬼(九)为地名,侯为爵称。相传与鄂侯、周西伯(文王)同为纣王之三公。又传他有女而美,献于纣王,纣王以为不美,反处他以诛死后又将尸体制成肉干之刑。脯:肉干。按:载籍或谓纣王醢鬼侯而脯鄂侯、菹梅伯,又或谓脯九侯之女而烹九侯,皆传闻异辞。 ③礼诸侯于庙:指在宗庙行礼,用梅伯、鬼侯之肉招待诸侯。 ④文王:周文王。咨:叹息。 ⑤畔:通"叛"。 ⑥不惠:不仁慈。 ⑦孰王而可畔:谁为王而臣子可以背叛? ⑧哀:哀怜。 ⑨此引诗见于《诗·大雅·大明》。原意指文王恭敬谨慎,光大对上帝的祭祀,以致多福。聿,语助词,无义。怀,使……来,犹"致"。

齐攻宋①,燕王使张魁将燕兵以从焉②,齐王杀之。燕王闻之,泣数行而下③,召有司而告之曰:"余兴事而齐杀我使,请令举兵以攻齐也④。"使受命矣⑤,凡繇进见⑥,

争之曰:"贤王故愿为臣⑦。今王非贤主也,愿辞不为臣。"昭王曰:"是何也?"对曰:"松下乱⑧,先君以不安弃群臣也⑨。王苦痛之而事齐者,力不足也。今魁死而王攻齐,是视魁而贤于先君。"王曰:"诺。""请王止兵。"王曰:"然则若何?"凡繇对曰:"请王缟素辟舍于郊⑩,遣使于齐,客而谢焉⑪,曰:'此尽寡人之罪也。大王贤主也,岂尽杀诸侯之使者哉?然而燕之使者独死,此弊邑之择人不谨也⑫。愿得变更请罪⑬。'"使者行至齐,齐王方大饮,左右官实御者甚众⑭,因令使者进报。使者报言,燕王之甚恐惧而请罪也。毕,又复之⑮,以矜左右官实⑯。因乃发小使以反,令燕王复舍⑰。此济上之所以败。齐国以虚也七十城,微田单,固几不反⑱。湣王以大齐骄而残⑲,田单以即墨城而立功。《诗》曰:"将欲毁之,必重累之。将欲踣之,必高举之。"⑳其此之谓乎!累矣而不毁,举矣而不踣,其惟有道者乎!

【注】①齐攻宋:按下文所言齐湣王之败,此当是指公元前286年湣王联合魏、楚等灭宋事。 ②燕王:指燕昭王,见《听言》篇注。张魁:1973年出土的《战国纵横家书》作"张庳"。疑"魁"字本作"魋",与"庳"字皆读如"颓",而传写易为"魁",仍可视为音近通假字。其人疑即《战国策》所见的"张醜(丑)",为齐国策士,曾为质于燕。然其事传闻异辞,此所记与《战国策》不尽相合。 ③泣:泪。 ④令:毕沅校注谓疑当作"今",犹"即"。 ⑤使受命:已使群臣受命。 ⑥凡繇:人名,事迹未详。 ⑦贤王故愿为臣:以大王为贤,故愿为臣。别本多据下文改"贤王"为"贤主",然不改亦通。 ⑧松下乱:指公元前314年齐国占领燕国事。前318年,燕王哙让王位给相国子之,引起国内动乱。前315年,太子平与将军市被起兵攻子之,子之反攻,构难数月,死者数万人。次年齐国出兵干涉,五月而占领全燕。燕王哙曾领兵在松

下(未详今何地)抵抗,兵败逃亡,为乱兵所杀。齐军入燕后残暴,后燕人群起反抗,齐国被迫撤军。 ⑨先君:指燕王哙。姬姓,名哙,公元前320年即位,余见上条注。死后无谥,故史书只称其名。以不安弃群臣:此为忌讳用语,"不安"即不宁,"弃群臣"实指死。 ⑩缟素:服丧国之服。参见《审应览》篇"缟素布总"注。辟舍于郊:指离开王宫避居郊外。表示谢罪自责。辟,通"避"。 ⑪客:通"恪",恭敬。谢:谢罪,道歉。 ⑫弊邑:外交辞令,对自己国家的谦称。 ⑬变更:指换个使臣。 ⑭官实:犹言"官氏",指官员。实,读作"是",通"氏"。御:侍奉。 ⑮复之:让燕国使者再重复一遍。 ⑯以矜左右官实:意指齐湣王向左右官员夸耀其可使燕国臣服的威权。矜,夸耀。 ⑰此二句是说:于是派遣一个低级官吏充当使者,陪同燕国使者返国,令燕王返回王宫。反,同"返"。此为使动用法,指让燕国使者返回。 ⑱以上指公元前284年,燕将乐毅率诸国兵攻齐,大破齐军于济西,又连下齐国七十余城,齐国几亡。赖田单死守即墨城(今山东平度东南),至公元前279年燕昭王死,始得以火牛阵大破燕军,收复失地。济上之役,参见《权勋》篇。虚,指齐国的国土几空。微,无。田单,齐国宗室田氏人,湣王末年仅为市场掾吏,至燕军攻齐时,以守即墨有功,始被拥立为将军。收复失地后,迎襄王回都城临淄,任相国。齐王建继位后出走赵国,赵国亦曾以为相。 ⑲湣王:见《审己》篇注。残:指国残身亡。 ⑳此引诗不见于今本《诗经》,而与《老子》的"将欲废之,必固兴之"云云同意。重累之,使之重叠如累卵。踣(bó)之,使之仆倒。高举之,使之抬高地步。

楚庄王使文无畏于齐①,过于宋,不先假道。还反,华元言于宋昭公曰②:"往不假道,来不假道,是以宋为野鄙也③。楚之会田也,故鞭君之仆于孟诸④。请诛之。"乃杀文无畏于扬梁之堤⑤。楚王方削袂⑥,闻之曰:"嘻!"投袂而起,履及诸庭,剑及诸门,车及之蒲疏之市,遂舍于郊,兴师围宋⑦。九月⑧,宋人易子而食之,析骨而爨之⑨。宋公肉袒执牺,委服告病曰⑩:"大国若宥图之⑪,惟命是听。"

庄王曰："情矣⑫，宋公之言也。"乃为却四十里而舍⑬，于卢门之阖所以为成而归也⑭。凡事之本在人主。人主之患在先事而简人⑮，简人则事穷矣⑯。今人臣死而不当，亲帅士民以讨其故，可谓不简人矣⑰；宋公服以病告而还师，可谓不穷矣⑱。夫舍诸侯于汉阳而饮至者，其以义进退邪⑲！强不足以成此也⑳。

【注】①楚庄王：见《情欲》篇注。使：派遣出使。据《左传》所记，其事在楚庄王元年（前613）。文无畏：楚国大夫。又称申舟、申周、子舟、文之无畏等。当是文氏，名无畏，字子舟，封于申邑。　②反：同"返"。华元：见《察微》篇注。宋昭公（？—前）：春秋时宋国君主。子姓，名杵臼，公元前619年即位。在位无道，楚解宋围之次年，被宋贵族攻杀。　③野鄙：犹言楚之边地。　④此二句追述公元前617年楚、宋等会猎事。田，田猎。是年楚穆王会见陈、郑、蔡诸国君主，声言欲攻宋，宋被迫慰劳楚穆王而听命，遂共田猎于孟诸泽（在今河南商丘东北）。其间楚穆王借口宋昭公违令，曾命文无畏鞭打其御者（车仆）以徇诸侯。《左传》载楚庄王遣文无畏出使齐国，过宋而不借道，文氏已知自己必死无疑，庄王则称若宋杀文氏则即出兵攻宋。　⑤扬梁：春秋时宋地名，在今商丘东南。地近涣水，有堤防。　⑥削袂：义未详。疑指庄王使人缩减其肥大衣袖（可参《仪礼·丧服》篇"削幅"，或此时庄王尚为穆王服丧）。　⑦此处自"投袂"而下意为：庄王拂袖而起，（不等装束就急匆匆出门，侍从反应不及），管鞋子的追到宗庙的前庭才给他穿上鞋，管剑的追到宗庙的大门外才给他佩上剑，管车子的追到蒲疏市（市场名）才让他乘上车，当天他就调兵驻扎于郊外，然后起兵包围宋都。据《左传》所记，此文"庭"、"门"都是就宗庙而言的，盖庄王先到宗庙禀告祖先，然后出征。舍，驻扎。　⑧九月：此二字上疑脱"围宋"二字重文。　⑨此二句指宋人处围城中，食物皆尽，以致互换孩子杀食，劈死人尸骨为炊。　⑩肉袒执牺，委服告病：袒背牵牲，匍匐进前，向楚王陈诉城中的困境。肉袒，指负荆请罪。执牺，指奉上供祭祀的牛牲。委服，当通"委伏"，犹逶迤、匍匐，指伏地向前。病，犹"困"。　⑪宥图之：犹言"图宥之"，打算赦免宋国。　⑫情：真诚，恳切。　⑬却：让军

队后退。 ⑭于卢门之阖所以为成:以关闭宋城卢门的形式达成和解。卢门,宋城门名,疑指宋城正南门。阖,关闭。成,讲和。 ⑮先事而简人:犹言重视事情而轻视人。先,谓首先考虑,即重视之意。简,怠慢,轻视。 ⑯穷:陷于困境。 ⑰讨其故:意指因其事而讨伐。故,事。不简人:指楚庄王不怠慢臣下。 ⑱此二句亦指楚庄王而言。使宋国降服告病而还师,则庄王之行事不困。按:"宋公"下"服"字仍当从上文作"委服",连绵字不可单用。 ⑲此二句意思是:楚庄王不去征伐为楚国近邻的汉阳诸侯,而远到中原征伐宋国并取得成功,大概就是以义为进退吧。饮至,古时出征凯旋,合饮于宗庙,称"饮至",此代指伐宋之功。以义,指楚庄王亟惩文无畏之被杀而伐宋,是为了君臣之"义"。句末"邪"字犹"乎"。 ⑳强不足以成此:单凭国力强大不足以做成这样的事。按:其事出于报复,实为恃强凌弱以树威之举;但在作者看来,庄王此举有以义伐不义之名,内可笼络臣下之心,外可拒斥他人干涉,故谓之非仅是恃强所能为。

骄 恣①

七曰 亡国之主必自骄,必自智,必轻物②。自骄则简士③,自智则专独④,轻物则无备⑤。无备召祸,专独位危,简士壅塞。欲无壅塞必礼士,欲位无危必得众,欲无召祸必完备⑥。三者,人君之大经也⑦。

【注】①骄恣:言人主不可傲慢放纵。 ②轻物:轻视众人众事众物。 ③简:怠慢,轻视。 ④专独:独断专行。 ⑤无备:无防备措施。 ⑥完:使……完整、完善。 ⑦大经:常行的大原则。

晋厉公侈淫①,好听谗人,欲尽去其大臣而立其左右②。胥童谓厉公曰③:"必先杀三郄④。族大多怨,去大族不偪⑤。"公曰:"诺。"乃使长鱼矫杀郄犨、郄锜、郄至于朝而陈其尸⑥。于是厉公游于匠丽氏⑦，栾书、中行偃劫而幽之⑧，诸侯莫之救，百姓莫之哀，三月而杀之。人主之患，患在知能害人，而不知害人之不当而反自及也。是何也？智短也。智短则不知化⑨，不知化者举自危⑩。

【注】①晋厉公：见《权勋》篇注。侈淫：指其多宠姬而言。 ②左右：指近习佞幸。 ③胥童：晋厉公佞臣。为厉公宠姬之兄，因其父胥克被废而与公族郤氏有宿怨，遂于厉公七年（前574）奉命袭杀"三郤"（见下），并劫栾氏、中行氏于朝。当年末栾氏、中行氏捕杀之，并囚厉公，次年正月厉公亦被杀。 ④三郤(xì)：即下述郤氏三人。郤，同"郄"。 ⑤不偪：指公室权力不受威胁。偪，同"逼"。 ⑥长鱼矫：长鱼氏，名矫。晋厉公佞臣，为胥童死党，亦与郤氏有宿怨。时胥童率甲士八百人发难，长鱼矫自称不用众，遂奋戈击杀三郤。郤犫、郤锜、郤至：均为晋大夫。《左传》分称苦成叔、驹伯、温季，皆以食邑加字称之。三人为堂兄弟，多有战功。初为群佞所陷，郤锜欲起兵抗之，郤至以"不叛君"、"不害民"、"不作乱"为言，遂并被杀。陈其尸：陈尸示众。 ⑦于是：同"于时"，其时。匠丽氏：亦厉公诸姬嬖大夫之家。 ⑧栾书(？—前573)：晋国正卿。又称栾武子。郤锜之父郤克死，代为中军帅，执国政。多次率军出征，有功于晋之霸业。胥童等作乱时，与中行偃并被劫持于朝，厉公不忍杀，使复职。不久，惧祸及己，遂捕杀诸佞幸，并幽杀厉公，立悼公。不久病卒。中行偃(？—前554)：晋国正卿。出荀氏分支，中行氏，名偃，字伯游，又称中行献子、献伯游。厉公时为上军佐，胥童之乱后，与栾书共立悼公。后执国政，助悼公复霸。 ⑨不知化：不知事物变化。 ⑩举自危：动辄危及自身。

魏武侯谋事而当①，攘臂疾言于庭曰②："大夫之虑，莫如寡人矣。"立有间③，再三言。李悝趋进曰④："昔者楚庄王谋事而当，有大功，退朝而有忧色。左右曰：'王有大功，退朝而有忧色，敢问其说。'王曰：'仲虺有言⑤，不谷说之⑥。曰:"诸侯之德,能自为取师者王,能自取友者存,其所择而莫如己者亡。"⑦今以不谷之不肖也,群臣之谋又莫吾及也⑧,我其亡乎?'曰此霸王之所忧也⑨,而君独伐之⑩,其可乎?"武侯曰:"善。"人主之患也,不在于自少,而在于自多⑪。自多则辞受⑫,辞受则原竭⑬。李悝可谓能谏其君矣,壹称而令武侯益知君人之道⑭。

【注】①魏武侯:见《长见》篇注。 ②攘臂疾言:揎拳捋袖说大话。③立有间:站了不多会儿。 ④李悝:见《勿躬》篇"李子"注。 ⑤仲虺:见《当染》篇注。 ⑥不谷:古代诸侯自称。说:通"悦"。 ⑦此所引为仲虺之语,大意是说:能求贤于己者为师可以称王,能求与自己相当者为友可以自存,其所择之人若皆不如己则亡。按:此语略见于《尚书·仲虺之诰》,而仅有"能自得取师者王,谓人莫己若者亡"二句,他书所引则多有异文。《荀子·尧问》篇作"诸侯自为取师者王,得友者霸,得疑者存,自为谋而莫己若者亡"。疑本文"自取其友"下当有"霸"字,"存"字上有脱文。 ⑧莫吾及:莫及吾。即上文所说"莫如己"。 ⑨曰:言,认为。此:指所择莫如己。⑩伐:自矜,自夸。 ⑪少、多:分指贬低、称誉。 ⑫辞受:拒绝接受他人意见。 ⑬原竭:源泉枯竭。原,同"源"。此指言路壅塞而言。 ⑭壹称:一加讽喻劝谏。

齐宣王为大室①,大益百亩,堂上三百户②。以齐之大,具之三年而未能成③,群臣莫敢谏王。春居问于宣王曰④:"荆王释先王之礼乐而乐为轻⑤,敢问荆国为有主乎⑥?"王曰:"为无主。""贤臣以千数而莫敢谏,敢问荆国为有臣乎?"王曰:"为无臣。""今王为大室,其大益百亩,堂上三百户。以齐国之大,具之三年而弗能成,群臣莫敢谏。敢问王为有臣乎?"王曰:"为无臣。"春居曰:"臣请辟矣⑦。"趋而出。王曰:"春子!春子反⑧!何谏寡人之晚也?寡人请今止之。"遽召掌书曰⑨:"书之:寡人不肖而好为大室,春子止寡人。"箴谏不可不熟⑩。莫敢谏若⑪,非弗欲也。春居之所以欲之与人同,其所以入之与人异⑫。宣王微春居⑬,几为天下笑矣。由是论之,失国之主多如宣王,然患在乎无春居。故忠臣之谏者亦从入之⑭,不可不慎,此得失之本也。

【注】①齐宣王:见《知士》篇注。大室:大型宫室。或说为明堂。 ②三百户:有三百个门。 ③具:操办。 ④春居:《尚书大传》称之为春子,又载其自称名卫,为曾子后学乐正子春门生。疑为春氏,名卫,字子居。 ⑤释:弃。 ⑥有主:指有贤主。下文"有臣"亦指有贤臣。反之,曰"无主"、"无臣",即指无贤主、无贤臣。 ⑦辟:通"避"。犹言朝中既无贤臣,臣亦请离去。 ⑧反:同"返",回来。 ⑨遽:立即。掌书:主管记事者,即史官。 ⑩箴谏:此指规劝之道。熟:详察。 ⑪若:当作"者"。或解"若"为"此",亦略可通。 ⑫所以入之:使其言被采纳的方法。入,同"纳",用为被动词。 ⑬微:无。 ⑭亦从入之:亦应选择被君主采纳的方法。

赵简子沈鸾徼于河①,曰:"吾尝好声色矣,而鸾徼致之②;吾尝好宫室台榭矣,而鸾徼为之;吾尝好良马善御矣,而鸾徼来之③。今吾好士六年矣,而鸾徼未尝进一人也,是长吾过而绌善也④。"故若简子者,能厚以理督责于其臣矣⑤。以理督责于其臣,则人主可与为善,而不可与为非;可与为直,而不可与为枉。此三代之盛教⑥。

【注】①赵简子:见《爱士》篇注。沈鸾徼于河:沉鸾徼于黄河而杀之。鸾徼,他书或作"栾激",疑为晋公族栾氏人,而为赵简子家臣。其被杀或是赵氏攻逐范氏、中行氏时事。 ②致:送。 ③来:同"徕",招致。他书所引或作

"求"。　④绌:同"黜",减损,废去。按句意,此字下当有"吾"字。　⑤厚:旧本作"后",毕校本据《水经注》所引改,仍不切,疑为衍字。下句用连珠句式,而不重复此字。　⑥盛教:盛世之教化。二字下当有"也"字。

观　表①

八曰　凡论人心,观事传②,不可不熟,不可不深。天为高矣,而日月星辰、云气雨露未尝休矣;地为大矣,而水泉草木、毛羽裸鳞未尝息也③。凡居于天地之间、六合之内者,其务为相安利也,夫为相害危者不可胜数④。人事皆然。事随心,心随欲。欲无度者,其心无度;心无度者,则其所为不可知矣。人之心隐匿难见,渊深难测,故圣人于事志焉⑤。圣人之所以过人,以先知。先知必审征表,无征表而欲先知,尧、舜与众人同等⑥。征虽易,表虽难,圣人则不可以飘矣⑦。众人则无道至焉⑧;无道至则以为神,以为幸⑨。非神非幸,其数不得不然⑩。邱成子、吴起近之矣⑪。

【注】①观表:言深入观察事物的征表以预测事物的发展。按:据文中所说,作者分"征"与"表"为二,乃以"征"为事物的外在特征,以"表"为意向概念而用以指事象背后的意涵(犹今言表象的实质)。　②事传:人事的转移。③毛羽裸鳞:指各种动物,可参"十二月纪"。息:灭绝。　④夫:彼,那些。⑤志:当作"观志",即观意。下文"观其志"与此相应。　⑥同等:"等"字累赘,疑为抄注而误入正文。　⑦飘:旋风,引申为乱。句意谓审征易,审表难,而圣人却不会发生迷乱。　⑧无道:无由。至:指能够清楚地区分征、表。⑨神、幸:神明、侥幸。指圣人的审知而言。　⑩数:理数、规律。　⑪邱成子:春秋末鲁国贵族。名瘠,食采于邱(今山东东平东南),又称邱成叔。为鲁孝公八世孙,襄公时为大夫。吴起:见《当染》篇注。

邮成子为鲁聘于晋①,过卫,右宰谷臣止而觞之②,陈乐而不乐③,酒酣而送之以璧④。顾反,过而弗辞⑤。其仆曰⑥:"向者右宰谷臣之觞吾子也甚欢⑦,今侯渫过而弗辞⑧?"邮成子曰:"夫止而觞我,与我欢也;陈乐而不乐,告我忧也;酒酣而送我以璧,寄之我也⑨。若由是观之⑩,卫其有乱乎?"倍卫三十里⑪,闻宁喜之难作,右宰谷臣死之⑫。还车而临⑬,三举而归⑭。至⑮,使人迎其妻子,隔宅而异之⑯,分禄而食之⑰,其子长而反其璧⑱。孔子闻之曰:"夫智可以微谋⑲、仁可以托财者,其邮成子之谓乎!"邮成子之观右宰谷臣也,深矣妙矣! 不观其事而观其志⑳,可谓能观人矣。

【注】①聘:出访。 ②右宰谷臣:卫大夫。右宰氏,名谷臣(一作右宰谷)。曾因内乱随卫献公出亡,后返回卫国。止:使之留宿。觞:宴请。 ③陈乐而不乐:指谷臣陈设音乐而自己却不快乐。 ④送之以璧:指谷臣以玉璧送给邮成子。 ⑤顾反,过而弗辞:指邮成子自晋国返回过卫时,未再向谷臣辞行。 ⑥仆:御者,车夫。 ⑦向者:先前。甚欢:甚是好意。下文"欢"字亦示好之意。 ⑧侯:疑问副词,犹"何"。渫过:不恭敬地路过。渫,通"媟(xiè)",不恭敬。 ⑨寄:托。指托以后事。璧为贵重之物,送以璧即表示托以家财及子女之抚养。 ⑩若由:二字当衍一字(疑下字本为抄注)。 ⑪倍:通"背"。与"往"相反,犹言去、离开。 ⑫按:此所记右宰谷臣之死,似指卫大夫宁喜弑卫殇公时,谷臣并被杀,与《左传》所载不同。据《左传》,先是卫献公十八年(前559),宁喜之父宁殖与孙林父逐献公而立殇公,献公奔齐。殇公十二年(前547),宁喜攻孙林父,孙林父奔晋。是时献公借晋、齐之势,诱宁喜弑殇公,遂得复位。次年,献公不满于宁喜专权,乃指使其党公孙免余等攻杀宁喜,右宰谷臣亦于此时被杀。 ⑬还车而临(lìn):指邮成子回车至卫哭悼右宰谷臣。临,哭吊。 ⑭三举:指三次临哭。 ⑮至:指邮成

子回到鲁国。　⑯隔宅而异之:指邱成子将自己住宅的房屋隔离出一幢,让右宰谷臣的遗孀和子女居住。隔宅,《淮南子·泰族训》作"割宅",意同。异,通"翼",遮蔽、庇护,犹言使之有房屋居住。类书所引或改"异"为"居",属循义而改字,义当而文不当。　⑰食(sì):供养。　⑱反:同"返",归还。　⑲微谋:无谋。句意指有智之人互相交往,可以心照不宣,不用说破所图之事而做具体的谋划。　⑳志:意。

吴起治西河之外①,王错谮之于魏武侯,武侯使人召之。吴起至于岸门,止车而休②,望西河,泣数行而下。其仆谓之曰:"窃观公之志,视舍天下若舍屣③。今去西河而泣,何也?"吴起雪泣而应之曰④:"子弗识也。君诚知我,而使我毕能,秦必可亡,而西河可以王。今君听谗人之议,而不知我,西河之为秦也不久矣⑤。魏国从此削矣。"吴起果去魏入荆,而西河毕入秦,魏日以削,秦日益大。此吴起之所以先见而泣也。

【注】①按:本段文字亦见于《长见》篇,且大致无异,这里除说明个别异字外,均不再重注。　②休:《长见》篇无此字。依文义不当有。　③此句二"舍"字,《长见》篇皆作"释",又"屣"字作"蹝",义均同。　④雪:拭。《长见》篇作"抿",义同。　⑤此句"秦"字下,《长见》篇有"取"字,无"也"字。按:以"取也"二字并存为胜。

古之善相马者,寒风是相口齿①,麻朝相颊②,子女厉相目,卫忌相髭③,许鄙相尻④,投伐褐相胸胁,管青相䏮䐱⑤,陈悲相股脚,秦牙相前⑥,赞君相后⑦。凡此十人者,皆天下之良工也。其所以相者不同,见马之一征也,而知节之高卑⑧,足之滑易⑨,材之坚脆⑩,能之长短⑪。非独相马然也，人亦有征，事与国皆有征。圣人上知千岁，下知千岁，非意之也⑫，盖有自云也⑬。绿图幡薄⑭，从此生矣。

【注】①寒风是：人名，"是"同"氏"。按：此与下文的麻朝、子女厉、卫忌、许鄙、投伐褐、管青、陈悲、秦牙、赞君，均为传闻的相马者之名，不可考。②颊：面颊。 ③髭（zī）：嘴上边的胡子。 ④尻（kāo）：臀部，脊骨的末端。⑤脣肳：读作"唇吻"，即唇部。 ⑥前：指马前行的姿态。 ⑦后：指马后退的姿态。 ⑧节之高卑：品格的高下。"节"指品格、气质而言，此用做对马的精神状貌的评价。 ⑨足之滑（gǔ）易："足"字与上下文的"节"、"材"、"能"均不相合，疑为"生"字之误，"生"则读作"性"。"性之滑易"，指马的性情是狡黠暴烈还是温顺平和。滑，通"猾"，引申为乱，《明理》篇记云状"若众马以斗，其名曰滑马"，是其义。 ⑩材之坚脆：犹言体格的强弱。 ⑪能之长短：犹言能力的大小。 ⑫意：臆度，猜测。 ⑬有自：有来由。云：语气词。⑭绿图幡薄：校者解释不一，疑即指传说中的"洛出丹书，河出绿图"（《淮南子·俶真训》），亦即古籍统称的"河图洛书"。幡薄，或是指小幅的缣帛，而实以代指用丹漆书写的所谓"丹书"。作者引此，盖谓此类预测吉凶祸福的图文，皆因人、事、国各有其兴替存亡的征象而产生。

卷二十一　开春论第一

开　春　论①

一曰　开春始雷则蛰虫动矣，时雨降则草木育矣②。饮食居处适，则九窍百节千脉皆通利矣③。王者厚其德，积众善，而凤皇、圣人皆来至矣④。共伯和修其行⑤，好贤仁，而海内皆以来为稽矣⑥。周厉之难，天子旷绝，而天下皆来谓矣⑦。以此言物之相应也⑧。故曰行也成也⑨。善说者亦然，言尽理而得失利害定矣，岂为一人言哉⑩？

【注】①开春论：此论取篇首二字为题，欲与"十二月纪"相照应，故与他篇取题之例不一，且所论偏重于"善说"，亦与标题无关系。　②此二句可分别参见《仲春纪》、《季春纪》。　③九窍百节千脉：指人体各器官及关节经脉。通利：通畅无疾病。　④此句指世治则凤凰至，圣人出。凤皇，可参见《长利》篇"鸿鹄凤皇"注。圣人，于此实指帝王贤佐。　⑤共伯和：见《慎人》篇"共伯"注。　⑥海内皆以来为稽：意指海内诸侯皆已归向共伯和的人望。以，犹"已"。为，犹"与"。稽，同，相合。"与稽"为古人成语，犹言与之相一致。按：此指周厉王被逐之前的形势，谓诸侯于天下大事已失望，皆瞩目于共伯和，希望他能起而挽救。　⑦谓：当作"请"，形近而误。《庄子·让王》篇司马彪注："共伯名和，修其行，好贤人。周厉王之难，天子旷绝，诸侯皆请以

为天子。"此当即吕氏本文之引释。 ⑧以此言:当作"以言",本书多有此用法。"以"犹"此",其下不当更赘"此"字,应是抄注而误入正文者。 ⑨行也成也:此四字不可通。疑当作"行理也成也"五字,脱"理"字,上"也"字则仅表示停顿语气。盖谓行能尽理则有成,下文"言尽理"与此相应。《达郁》篇谓"管仲可谓能立行矣……伸志行理,贵乐弗为变,以事其主,此桓公之所以霸也",可与此互参。 ⑩末二句若改用肯定句式则意为:善于劝说者言能尽理,则天下之得失利害可定,故凡是尽理之言皆不限于一人之行。

魏惠王死,葬有日矣①,天大雨雪②,至于牛目。群臣多谏于太子者,曰:"雪甚,如此而行葬,民必甚疾之③,官费又恐不给④。请弛期更日⑤。"太子曰:"为人子者,以民劳与官费用之故⑥,而不行先王之葬,不义也。子勿复言。"群臣皆莫敢谏,而以告犀首⑦。犀首曰:"吾未有以言之。是其唯惠公乎⑧?请告惠公。"惠公曰:"诺。"驾而见太子,曰:"葬有日矣?"太子曰:"然。"惠公曰:"昔王季历葬于涡山之尾⑨,栾水啮其墓⑩,见棺之前和⑪。文王曰:'譆!先君必欲一见群臣百姓也夫⑫?故使栾水见之。'于是出而为之张朝⑬,百姓皆见之,三日而后更葬。此文王之义也。今葬有日矣,而雪甚,及牛目,难以行。太子为及日之故⑭,得无嫌于欲亟葬乎⑮?愿太子易日。先王必欲少留而抚社稷、安黔首也?故使雨雪甚。因弛期而更为日,此文王之义也。若此而不为,意者羞法文王也⑯?"太子曰:"甚善。敬弛期,更择葬日。"惠子不徒行说也⑰,又令魏太子未葬其先君而因有说文王之义⑱。说文王之义以示天下,岂小功也哉!

【注】①魏惠王:见《长见》篇注。葬有日:安葬已确定日期。 ②雨(yù)

雪:下雪。 ③疾之:因之更加劳苦。 ④不给(jǐ):不充裕。 ⑤弛期更日:延期改日。 ⑥官费用:"用"字疑衍。 ⑦犀首:即战国时纵横家公孙衍。公孙氏,名衍,号犀首(一说犀首为魏之职名或爵号)。出身魏国公族。初游秦,得秦惠王信重。后为张仪所排斥,返魏,魏惠王任为将。秦武王即位,再入秦为相,复为甘茂所谮,又返魏。后遭诬陷,为魏王所杀。 ⑧惠公:即惠施,见《听言》篇注。 ⑨王季历:周文王之父,见《首时》篇注。涡山之尾:涡山脚下。涡山,或说即今陕西户县之南山。 ⑩栾(luán)水:一说为水名,一说为渗于地下的积水,皆可通。啮(niè):咬。此指浸蚀而坏。 ⑪见:同"现",暴露出。棺之前和(hú):指棺材的前端(大头)。和,亦作"胉"、"桓",本指棺材的盖板和两侧板探出前挡板的部分所夹的空间,方言或称"前怀",这里实代指棺头。 ⑫此句意谓:先君在天之灵大概一定要再见一见群臣和百姓吧。必,表假设。夫,原作"天",毕沅校注已指出《战国策》、《论衡》作"夫",今据改。 ⑬张朝:设朝,设置朝见的场所。 ⑭及日:将就既定的日期。 ⑮嫌:嫌疑,被人猜嫌。亟葬:赶快埋葬。 ⑯意者:想来,是不是。羞法:耻于效法。 ⑰不徒行说:不只是使其劝说被采纳。 ⑱有说:读作"又悦",又倾心于。下"说"字亦同"悦"。

韩氏城新城①,期十五日而成。段乔为司空②,有一县后二日,段乔执其吏而囚之③。囚者之子走告封人子高曰④:"唯先生能活臣父之死,愿委之先生。"封人子高曰:"诺。"乃见段乔,自扶而上城⑤。封人子高左右望,曰:"美哉,城乎!一大功矣。子必有厚赏矣⑥。自古及今,功若此其大也,而能无有罪戮者⑦,未尝有也。"封人子高出,段乔使人夜解其吏之束缚也而出之。故曰封人子高为之言也,而匿己之为而为也⑧;段乔听而行之也,匿己之行而行也。说之行若此其精也⑨,封人子高可谓善说矣。

【注】①韩氏城新城:指韩国加筑新城的城池。上"城"字为动词,犹言筑

城。新城，战国时韩邑，在今河南伊川西南。　②段乔：生平不详。司空：掌水土工程的最高长官。　③执：拘捕。吏：指主管官吏。　④封人：管理国境边界事务的官员。子高：不详。　⑤扶：攀缘。　⑥子：您，指段乔。　⑦罪戮：治罪杀戮。此指为立功而惩罚下属而言。　⑧此二句意思是：封人子高为他人说话，而掩藏自己为他人说话的动机，实际却达到了为他人说话的目的。　⑨说之行：其说之成。精：微妙。

　　叔向之弟羊舌虎善栾盈①。栾盈有罪于晋，晋诛羊舌虎，叔向为之奴而朡②。祈奚曰③："吾闻小人得位，不争不祥④；君子在忧，不救不祥。"乃往见范宣子而说也⑤，曰："闻善为国者，赏不过而刑不慢⑥。赏过则惧及淫人⑦，刑慢则惧及君子。与其不幸而过，宁过而赏淫人，毋过而刑君子⑧。故尧之刑也，殛鲧于虞而用禹⑨；周之刑也，戮管、蔡而相周公⑩：不慢刑也。"宣子乃命吏出叔向。救人之患者，行危苦，不避烦辱，犹不能免⑪。今祈奚论先王之德，而叔向得免焉。学岂可以已哉⑫？类多若此。

【注】①叔向：春秋时晋国正卿。晋武公后裔。姬姓，羊舌氏，名肸(xī)，字叔向。博学多识，平公、昭公时得信重，参与国政，以公正无私著称。孔子曾称其有古贤之遗风。羊舌虎：晋大夫。名虎，字叔黑。叔向异母弟。晋平公六年(前552)，因牵连栾盈事，为范宣子所杀。栾盈：晋大夫。亦出晋公族，姬姓，栾氏，名逞(一作盈)，又称栾孺子。因与贵族范氏不合，于平公六年被范宣子攻逐奔楚。八年，潜回晋国，起兵攻范氏，兵败，被灭族。　②奴而朡(zōng)：没入为官府奴隶而被拘系。朡，通"稷"，捆缚。　③祈奚：即祁黄羊，"祈"、"祁"字通。见《去私》篇注。　④争：同"诤"，诤谏。　⑤范宣子：春秋时晋国卿。范氏，名匄(gài)，亦称士匄。悼公时为中军佐，有战功。平公时攻灭栾氏，操纵国政。　⑥赏不过而刑不慢：赏当其赏而不可过赏，刑当其刑而不可滥刑。慢，通"漫"，滥，轻率无节制。　⑦淫人：奸邪之人。

⑧此全句意谓:如果不幸而赏罚失当,则与其赏过而及于奸人,也不要刑过而及于君子。　⑨殛鲧于虞而用禹:为虞舜诛杀鲧而仍然任用禹。参见《行论》篇。　⑩管、蔡,见《察微》篇"管叔、蔡叔"注。　⑪此全句意为:救人于患难之中,往往自身经历危险辛苦,不避烦劳屈辱,而仍不能使人免除患难。⑫学岂可以已:字面意思是学习无止境,实谓有学问见识则凡事可不劳而成。

察　贤

二曰　今有良医于此,治十人而起九人①,所以求之万也②。故贤者之致功名也③,比乎良医④,而君人者不知疾求⑤,岂不过哉？今夫塞者⑥,勇力、时日、卜筮、祷祠无事焉⑦,善者必胜⑧。立功名亦然,要在得贤⑨。魏文侯师卜子夏,友田子方,礼段干木⑩,国治身逸。天下之贤主,岂必苦形愁虑哉⑪？执其要而已矣。雪霜雨露时⑫,则万物育矣⑬,人民修矣⑭,疾病妖厉去矣⑮。故曰尧之容若委衣裘⑯,以言少事也。

【注】①起:由起身、起立之意转指病愈。　②万:犹言成千上万,指极多。句意谓良医收治病人,能治愈者十之八九,则上门求医的病人便极多。③致:使……到来,犹取得。　④比乎:譬如。比,别本多作"必"。疑本作"怂",《广雅·释诂》:"怂,比也。"　⑤疾:急切。　⑥塞:同"簺",古代的一种五子棋,亦称"格五"。　⑦勇力:指角力。时日:古人占测时、日吉凶的迷信活动。祷祠:祈祷。无事:犹言无与,用不上。　⑧善:此指棋艺精善。⑨要:关键。　⑩魏文侯:见《下贤》篇注。卜子夏、田子方、段干木:见《当染》篇注。　⑪苦形愁虑:劳苦身体,忧愁思虑。　⑫时:合乎时令。　⑬育:发育长成。　⑭修:长,指寿命延长。　⑮妖厉:指由反常现象而导致的祸患。　⑯容:仪表。委衣裘:犹言"垂衣裳",古人喻无为而治的常用语。委,拖地,犹言垂。

宓子贱治单父①,弹鸣琴②,身不下堂而单父治。巫马期以星出、以星入③,日夜不居④,以身亲之,而单父亦治。巫马期问其故于宓子,宓子曰:"我之谓任人⑤,子之谓任力。任力者故劳,任人者故逸。"宓子则君子矣,逸四肢,全耳目,平心气,而百官以治义矣⑥,任其数而已矣⑦。巫马期则不然,弊生事精⑧,劳手足,烦教诏⑨,虽治犹未至也⑩。

【注】①宓子贱、单父:见《具备》篇注。 ②鸣琴:声响如鸟鸣之琴。喻自然之音。 ③巫马期:见《具备》篇注。以星出、以星入:犹言披星戴月,早出晚归。 ④居:停,休息。 ⑤我之谓任人:我的办法叫用人。 ⑥治义:"义"字疑误。疑本作"乂","治乂"犹言事治而安于其职。 ⑦数:通"术"。 ⑧弊生事精:败为生之道而费心劳神。弊,败。事精,犹《禁塞》篇之"事心任精",即费心劳神之意。 ⑨烦教诏:指具体指令过多。诏,令。 ⑩未至:未达到最好的境界。

期 贤

三曰 今夫爚蝉者①,务在乎明其火、振其树而已。火不明,虽振其树,何益?明火不独在于火②,在于闇③。当今之时,世闇甚矣,人主有能明其德者,天下之士其归之也,若蝉之走明火也。凡国不徒安④,名不徒显,必得贤士。

【注】①爚(yuè)蝉:他书或作"耀蝉",即在夜间以明火照蝉而使之自投于火光。 ②明火:此"火"字当衍,类书所引多无此字。 ③在于闇:指火在黑暗中而愈显其明。闇,同"暗"。 ④徒:无故。

赵简子昼居①,喟然太息曰:"异哉②!吾欲伐卫十年矣,而卫不伐③。"侍者曰:"以赵之大,而伐卫之细,君若不欲则可也。君若欲之,请令伐之。"简子曰:"不如而言也④。卫有士十人于吾所,吾乃且伐之⑤,十人者其言不义也⑥。而我伐之,是我为不义也。"故简子之时,卫以十人者按赵之兵⑦,殁简子之身⑧。卫可谓知用人矣,游十士而国家得安⑨。简子可谓好从谏矣,听十士而无侵小夺弱之名。

【注】①赵简子:见《爱士》篇注。昼居:白天闲坐。 ②太息:叹息。异:怪。 ③卫不伐:伐卫之事不成。 ④而:你。 ⑤且:将。 ⑥其:语中助词,无义。 ⑦按:抑止。 ⑧殁简子之身:直到简子去世。 ⑨游十士:使十位士人游于赵。

魏文侯过段干木之闾而轼之①。其仆曰:"君胡为轼②?"曰:"此非段干木之闾欤?段干木盖贤者也,吾安敢不轼?且吾闻段干木未尝肯以己易寡人也③,吾安敢骄之?段干木光乎德,寡人光乎地④;段干木富乎义,寡人富乎财。"其仆曰:"然则君何不相之⑤?"于是君请相之。段干木不肯受,则君乃致禄百万而时往馆之⑥。于是国人皆喜,相与诵之曰:"吾君好正,段干木之敬⑦;吾君好忠,段干木之隆。"居无几何,秦兴兵欲攻魏,司马唐谏秦君曰⑧:"段干木贤者也,而魏礼之,天下莫不闻,无乃不可加兵乎⑨?"秦君以为然,乃按兵,辍不敢攻之⑩。魏文侯可谓善用兵矣。尝闻君子之用兵,莫见其形,其功已成,其此之谓也?野人之用兵也⑪,鼓声则似雷,号呼则动地,尘气充天,流矢如雨,扶伤舆死,履肠涉血⑫,无罪之民其死者量于泽矣⑬,而国之存亡、主之死生犹不可知也,其离仁义亦远矣。

【注】①魏文侯、段干木:均见上篇。闾:里巷之门。轼:车厢前用做扶手的横木。此用做动词,指伏轼致敬。 ②仆:驾车人。胡:何。 ③以己易寡人:以自身跟我调换位置。句意指段干木守其操行,即使让他为人主,他也不肯。 ④光:显。地:地位。 ⑤相之:使之为国相。 ⑥致禄百万而时往馆之:指给以百万石的俸禄,而又时时派人去修缮他的居舍。句中"馆"字用为动词,犹言缮治其住处,使之有如公侯的馆舍。 ⑦段干木之敬:犹言"段干木是敬",即敬段干木。下句"隆"字义为尊,用法同此。 ⑧司马唐:"唐"或作"庚"。秦大夫,事迹未详。 ⑨无乃:恐怕。 ⑩辍:停止。句中"敢"字疑衍。 ⑪野人:粗鄙之人。 ⑫扶伤舆死,履肠涉血:搀扶着受伤的人,抬着死尸,践踏着流出的肠子,趟着血泊。舆,抬。死,同"尸"。 ⑬量于泽:犹言填满沟壑。量,如以斗斛量粟而使之满。

审　　为①

四曰　身者所为也,天下者所以为也,审所以为而轻重得矣②。今有人于此,断首以易冠,杀身以易衣③,世必惑之④,是何也? 冠所以饰首也⑤,衣所以饰身也,杀所饰,要所以饰⑥,则不知所为矣。世之走利有似于此⑦,危身伤生、刈颈断头以徇利⑧,则亦不知所为也。

【注】①审为(wèi):审察人生是为了什么。全篇旨意在重生轻物。 ②此三句可译为:人生首先是为了生存,即使占有天下也不过是为了生存,如果确实弄清了占有天下也不过是为了生存的道理,那就知道事物的轻重了。 ③此二句是说:为了换帽子而砍掉脑袋,为了换衣服而残杀身躯。 ④惑之:认为他神经错乱。 ⑤饰:装扮。 ⑥要(yāo):求。 ⑦走利:趋利,逐利。

⑧徇利:为逐利而死。徇,通"殉"。

太王亶父居邠①,狄人攻之。事以皮帛而不受②,事以珠玉而不肯,狄人之所求者地也。太王亶父曰:"与人之兄居而杀其弟,与人之父处而杀其子,吾不忍为也③。皆勉处矣④,为吾臣与狄人臣奚以异⑤?且吾闻之,不以所以养害所养⑥。"杖策而去⑦,民相连而从之,遂成国于岐山之下。太王亶父可谓能尊生矣。能尊生,虽贵富不以养伤身⑧,虽贫贱不以利累形⑨。今受其先人之爵禄⑩,则必重失之⑪。生之所自来者久矣⑫,而轻失之,岂不惑哉⑬!

【注】①太王亶(dǎn)父:商代周人首领。又称古公亶父,为文王祖父,周人追称太王。相传为周人始祖后稷第十二代孙,始居邠(今陕西彬县东北),因受戎狄骚扰,率族人迁居岐山下。从此大力开发周原,周族势力渐强。②事:进奉,犹言贿赂。 ③此全句意指:与父老乡亲居住在一起,不忍心为了土地与狄人战斗,以致人之子弟被杀。 ④勉处:努力住下去。 ⑤奚以异:有何不同。 ⑥不以所以养害所养:此指不因用以养民的土地而危害所养之民。 ⑦杖策:拄着拐杖。 ⑧养:指所以养生之物。 ⑨累形:犹害身。累,害。 ⑩今:表假设。 ⑪重失之:以失去为重,犹言不轻易使之失去。 ⑫久:久远。此句以生命与上句先人之爵禄相对而言,谓生命受之于先祖,较之爵禄要久远得多。 ⑬惑:糊涂。

韩、魏相与争侵地,子华子见昭厘侯①,昭厘侯有忧色。子华子曰②:"今使天下书铭于君之前③,书之曰:'左手攫之则右手废④,右手攫之则左手废。'然而攫之必有天下,君将攫之乎,亡其不与⑤?"昭厘侯曰:"寡人不攫也。"子华子曰:"甚善。自是观之,两臂重于天下也,身又重于两臂。韩之轻于天下远;今之所争者,其轻于韩又远⑥。君固愁身伤生以忧之戚不得也⑦?"昭厘侯曰:"善。教寡人者众矣,未尝得闻此言也。"子华子可谓知轻重矣。知轻重,故论不过。

【注】①昭厘(xī)侯:即韩昭侯,见《任数》篇注。 ②子华子:见《贵生》篇注。 ③此句假设在昭厘侯面前书写一段文字,铭刻于一件器物上,就用这器物代表天下。 ④攫之:指抓取代表天下的器物。右手废:指砍掉右手。 ⑤亡其不与:读作"无其否欤"。无其,选择连词,或者、还是。否,指不抓。 ⑥此二句谓韩国的版图远小于天下,与魏国相互侵夺的土地又远小于韩国的版图,故其轻重亦各相悬远。 ⑦固:通"顾",反而。忧之戚不得:《庄子·让王》篇作"忧戚不得",故或谓"之"字为衍文。按:旧本"戚"作"臧",毕沅据《庄子》改。疑本作"忧之不得",意谓忧虑所争之地不能得,"戚"或原为抄注而写作"慽",又误为"臧"。

中山公子牟谓詹子曰①:"身在江海之上,心居乎魏阙之下②,奈何?"詹子曰:"重生。重生则轻利③。"中山公子牟曰:"虽知之,犹不能自胜也④。"詹子曰:"不能自胜则纵之⑤,神无恶乎⑥!不能自胜而强不纵者,此之谓重伤⑦,重伤之人无寿类矣⑧。"

【注】①中山公子牟:又称魏牟,战国时魏国贵族。一说为魏文侯子,文侯灭中山国而以为其采邑,故称中山公子牟。按:史载文侯灭中山,以封子击(即魏武侯),及子击为太子,改封子挚,不云公子牟曾封中山。下谓其自称"身在江海之上",则似其人曾隐居民间。先秦诸子书多见其名,以为道家人物,《汉书·艺文志》录有《公子牟》四篇。詹子:即詹何,参见《执一》篇注。 ②魏阙之下:代指魏朝廷。 ③利:名利。 ④自胜:自我克制。 ⑤纵之:意谓放纵形骸,不拘于修谨自身。 ⑥神无恶乎:大概这样在精神上可以无伤害。恶,害,此指忧虑而言。 ⑦重伤:双重的伤害。此指养生而言:不能

自胜已为伤,强抑之不纵则伤而又伤。 ⑧寿类:长寿之人。

爱 类①

五曰 仁于他物②,不仁于人,不得为仁;不仁于他物,独仁于人,犹若为仁③。仁也者,仁乎其类者也。故仁人之于民也,可以便之④,无不行也。神农之教曰⑤:"士有当年而不耕者⑥,则天下或受其饥矣⑦;女有当年而不绩者⑧,则天下或受其寒矣。"故身亲耕⑨,妻亲绩,所以见致民利也⑩。贤人之不远海内之路,而时往来乎王公之朝⑪,非以要利也⑫,以民为务故也⑬。人主有能以民为务者,则天下归之矣。王也者,非必坚甲利兵、选卒练士也⑭,非必隳人之城郭⑮、杀人之士民也。上世之王者众矣,而事皆不同⑯,其当世之急⑰、忧民之利、除民之害同。

【注】①爱类:言仁爱于同类。主旨偏重于"爱利",提倡统治者以爱民利民为务。 ②他物:指人类以外的其他物类。 ③犹若:尚且,仍然。 ④便:利。 ⑤教:教化条令。按:此所记实为先秦农家托始神农的言论。 ⑥士:男子。 ⑦或:有人。 ⑧绩:绩麻,捻麻成线。泛指纺织。 ⑨身:自身,指神农。 ⑩致民利:给民众带来利益。 ⑪往来乎王公之朝:指在王者或诸侯的朝廷为官。为官则有来者,有去者,故称"往来"。 ⑫要(yāo):求。 ⑬以民为务:以利民为务。 ⑭非必坚甲利兵、选卒练士:不一定仅靠坚利的铠甲兵器和精心挑选、训练有素的士兵。 ⑮隳(huī):毁坏。 ⑯事:治世措施。 ⑰当世之急:适应并解决世人急切盼望的事情。

公输般为高云梯①,欲以攻宋。墨子闻之,自鲁往,裂裳裹足②,日夜不休,十日十夜而至于郢③。见荆王,曰:

"臣北方之鄙人也,闻大王将攻宋,信有之乎④?"王曰:"然。"墨子曰:"必得宋乃攻之乎,亡其不得宋且不义犹攻之乎⑤?"王曰:"必不得宋,且有不义⑥,则曷为攻之⑦?"墨子曰:"甚善。臣以宋必不可得。"王曰:"公输般,天下之巧工也,已为攻宋之械矣。"墨子曰:"请令公输般试攻之,臣请试守之⑧。"于是公输般设攻宋之械,墨子设守宋之备⑨。公输般九攻之,墨子九却之⑩,不能入,故荆辍不攻宋⑪。墨子能以术御荆⑫,免宋之难者,此之谓也。

【注】①公输般:参见《慎大览》篇注。为:制造。云梯:古代攻城器具。后世云梯造成有六轮的车形,装载蒙以生牛皮的小房间以藏人,上面架有可以放下及立起的高大木梯。 ②裂裳裹足:撕破衣裳裹脚。指长途急行,脚板磨破,裂裳缠裹,继续前进。 ③郢:楚国都城,在今湖北江陵西北。 ④信:果然。 ⑤亡其:或者。不得宋且不义:不能攻下宋国都城且出兵不义。 ⑥有:通"又"。 ⑦曷:通"何"。 ⑧此二句指墨子请与公输般演练攻守。 ⑨设:设置。备:防御设施。 ⑩九:指多次。却:击退。 ⑪辍:停止。 ⑫御:防御,抵抗。

圣王通士①,不出于利民者无有。昔上古龙门未开②,吕梁未发③,河出孟门④,大溢逆流⑤,无有丘陵沃衍⑥、平原高阜,尽皆灭之,名曰鸿水⑦。禹于是疏河决江⑧,为彭蠡之障⑨,干东土⑩,所活者千八百国。此禹之功也。勤劳为民,无苦乎禹者矣。

【注】①通士:指通达天下之事而在位的贤人。 ②龙门:龙门山,见《古乐》篇注。 ③吕梁:即今山西西部的吕梁山。相传古时黄河为吕梁所阻,大禹开凿之以通河水。或说禹所凿处在今离石县境。 ④孟门:孟门山,见《有始览》篇注。 ⑤大溢逆流:大水横溢以致倒流。指川壑山原尽满。 ⑥沃

衍:平坦肥沃的土地。 ⑦鸿水:同"洪水"。 ⑧疏河决江:疏通黄河,导引长江。 ⑨为彭蠡之障:在彭蠡泽(即今江西鄱阳湖)周围筑堤防。 ⑩干东土:使东部地区的洪水消退。

匡章谓惠子曰①:"公之学去尊②,今又王齐王③,何其到也④?"惠子曰:"今有人于此,欲必击其爱子之头,石可以代之⑤?"匡章曰:"公取之代乎,其不与⑥?""施取代之。子头,所重也;石,所轻也。击其所轻,以免其所重,岂不可哉?"匡章曰:"齐王之所以用兵而不休,攻击人而不止者,其故何也?"惠子曰:"大者可以王,其次可以霸也。今可以王齐王,而寿黔首之命⑦,免民之死,是以石代爱子头也⑧,何为不为?"民寒则欲火,暑则欲冰,燥则欲湿,湿则欲燥。寒暑燥湿相反,其于利民一也。利民岂一道哉?当其时而已矣⑨。

【注】①匡章:见《不屈》篇注。惠子:惠施,见《听言》篇注。 ②去尊:一说指《不屈》篇所记魏惠王欲让位给惠施而惠施不受之事;一说惠施主张偃兵,此"去尊"二字当作"去争"。按:据文义,此"去尊"似指惠施曾一度反对尊大国诸侯为王的主张。 ③王(wàng)齐王:尊称齐王为王。魏惠王后元元年(前334),魏用惠施联齐之策,与齐威王会于徐州(今山东滕州南),尊威王为王,而威王也承认惠王为王,史称"会徐州相王"。 ④到:古用作"倒"字,即相反之义。 ⑤此处惠子之语为问句,句末"之"字下似脱"乎"字。惠子之意详下。 ⑥取之代:按上下文,当作"取代之"。不与:读作"否欤",指不这样做。 ⑦寿黔首之命:使百姓得以寿终。 ⑧以石代爱子头:等于说是通过满足大国称王的愿望,以求息战而保护百姓。按:惠子之意,盖以"爱子之头"和"石(头)"为喻,辩解"王齐王"为权宜措施。齐欲称霸而用兵不休,是"必欲击其爱子之头";若"王齐王"可以止之,则犹如以石头代替"爱子之头"。作者借此以见"爱类"之意,正可申明本篇开头所说"不仁于他物,独

仁于人,犹若为仁"之旨。 ⑨末二句是说:利民的途径不一,只不过要各适其时宜而已。

贵　　卒①

六曰　力贵突②,智贵卒。得之同则邀为上③,胜之同则湿为下④。所为贵骥者⑤,为其一日千里也,旬日取之⑥,与驽骀同⑦。所为贵镞矢者⑧,为其应声而至,终日而至,则与无至同。

【注】①贵卒:言行事崇尚敏速捷给。卒,通"猝",突然,出其不意。 ②突:与"猝"同义,亦如今言突击。 ③得之同则邀为上:同样是获得则以速得为上。邀,同"速"。 ④湿:迟滞。疑假作"迟"。 ⑤骥:骏马。 ⑥旬日:十天。取:通"趣",同"趋"。此指到达。 ⑦驽骀(nú tái):劣马。 ⑧镞矢:装有金属箭头的箭。

吴起谓荆王曰①:"荆所有余者地也,所不足者民也。今君王以所不足,益所有余②,臣不得而为也③。"于是令贵人往实广虚之地④,皆甚苦之。荆王死,贵人皆来,尸在堂上⑤,贵人相与射吴起。吴起号呼曰:"吾示子,吾用兵也⑥!"拔矢而走,伏尸插矢而疾言曰⑦:"群臣乱王⑧,吴起死矣⑨!"且荆国之法⑩,丽兵于王尸者⑪,尽加重罪,逮三族⑫。吴起之智可谓捷矣。

【注】①吴起:见《当染》篇注。荆王:指楚悼王。 ②以所不足,益所有余:此就宗法贵族与国争民而言。贵族封地上民愈多,则流离失所之民也愈多,由此便导致空旷土地不断增加,故吴起谓之"以所不足,益所有余"。 ③不得而为:指治国无能为。 ④往实广虚之地:迁居而充实空荒之地的人

口。 ⑤尸:停尸。 ⑥吾示子:犹言我告诉你们。吾用兵:当作"毋(或无)用兵",指吴起制止围攻他的贵族动用兵器。此句高诱无注,"吾"字当是后人误改。 ⑦插矢:指吴起将从自己身上拔下的箭直立于悼王的尸体上。疾言:大声说。 ⑧群臣乱王:群臣对大王造反作乱。 ⑨死:意指为王而死。 ⑩且:发语词,犹"夫"。 ⑪丽兵:犹言施加兵器。丽,附着。 ⑫逮三族:及三族,即株连及三族。三族,或谓祖、父、孙,或谓父族、母族、妻族。史载吴起死,楚贵族射王尸者被族灭七十余家。

齐襄公即位①,憎公孙无知②,收其禄③。无知不说④,杀襄公,公子纠走鲁⑤,公子小白奔莒⑥。既而国杀无知⑦,未有君,公子纠与公子小白皆归俱至,争先入公家⑧。管仲扞弓射公子小白⑨,中钩⑩,鲍叔御公子小白僵⑪。管子以为小白死,告公子纠曰:"安之⑫,公子小白已死矣。"鲍叔因疾驱先入,故公子小白得以为君。鲍叔之智应射而令公子小白僵也⑬,其智若镞矢也。

【注】①齐襄公(?—前686):春秋时齐国君主。姜姓,名诸儿,公元前697年即位。在位荒淫,与其胞妹鲁桓公夫人通奸,以致因此而使人杀死鲁桓公。又滥杀大臣,诸公子亦惧而出逃。后为公孙无知所杀。 ②公孙无知:齐庄公之孙,僖公之侄。僖公时受宠,禄位车服等皆如太子(襄公)。襄公即位,贬其秩服,因此结怨。襄公十二年,杀襄公自立。次年出游时被袭杀,无谥。 ③收其禄:实指贬其位及减其俸。 ④说:通"悦"。 ⑤公子纠:见《不广》篇注。 ⑥公子小白:即齐桓公,与下文管仲、鲍叔(牙)皆见《贵公》篇注。 ⑦国:当作"国人",脱"人"字。 ⑧公家:犹言公室。句意指争夺君位。 ⑨扞(hàn)弓:弯弓。或疑"扞"当作"扜(yū)",引。 ⑩中钩:射中衣带钩。 ⑪御:使。一说此"御"字仍指驾车,下脱"令"字。僵:仰倒,指装死。 ⑫安之:犹言不着急,从容走。 ⑬应射:随着箭射过来即…… 此"应"字犹本篇首段"应声而至"之"应"。又,"应射"上"智"字与下句"智"字

重复,疑为衍文。

周武君使人刺伶悝于东周①,伶悝僵②,令其子速哭曰:"以谁刺我父也③?"刺者闻,以为死也。周以为不信④,因厚罪之⑤。

【注】①周武君:战国时小国西周君主。伶悝(kuī):战国时小国东周之臣。 ②僵:与上段"僵"字同义,指装死。 ③以:此,犹今言"是"。 ④不信:不诚实。句意指周武君已知伶悝未死,以为刺客并未去行刺而谎称已杀死伶悝。 ⑤厚罪:重加惩治。之:指刺客。

赵氏攻中山,中山之人多力者曰吾丘鸩①,衣铁甲、操铁杖以战,而所击无不碎,所冲无不陷。以车投车②,以人投人也,几至将所而后死③。

【注】①吾(yú)丘鸩:人名,吾丘氏。鸩,毕沅以为即"欻(yù)"字;类书或引作"鸠"。 ②以车投车:指入敌方车阵即举起战车投击战车。 ③将所:指赵君主将之所。按:此所记为"力贵突"之例。

卷二十二　慎行论第二

慎　行　论

一曰　行不可不孰①。不孰如赴深谿②,虽悔无及。君子计行虑义③,小人计行其利,乃不利④。有知不利之利者⑤,则可与言理矣。

【注】①孰:同"熟",考虑周到、仔细。　②赴深谿:跳进深山谷。　③计行虑义:疑当作"计行其义",与下句句式相同。盖"虑"字本为抄注而误入正文,遂又落"其"字。高诱注及于"虑"字,则其误当在东汉以前。"行其义"犹言行其所义,即行其所认为的符合道义之事。　④乃不利:此三字上疑当重"计行其利"四字。　⑤不利之利:犹言不为利之利,或说义之利。按作者的观念,行义则利,行利则不利,不行利而行义,则是"不利之利"。

荆平王有臣曰费无忌①,害太子建②,欲去之。王为建取妻于秦而美③,无忌劝王夺④。王已夺之而疏太子,无忌说王曰:"晋之霸也,近于诸夏⑤;而荆僻也,故不能与争⑥。不若大城城父而置太子焉,以求北方⑦;王收南方,是得天下也。"王说⑧,使太子居于城父。居一年,乃恶之曰⑨:"建与连尹将以方城外反⑩。"王曰:"已为我子矣⑪,又尚奚求?"对曰:"以妻事怨。且自以为犹宋也⑫,齐、晋又辅之⑬。将以害荆,其事已集矣⑭。"王信之,使执连尹,太子建出犇。左尹郤宛⑮,国人说之⑯,无忌又欲杀之,谓令尹子常曰⑰:"郤宛欲饮令尹酒⑱。"又谓郤宛曰:"令尹欲饮酒于子之家。"郤宛曰:"我贱人也,不足以辱令尹⑲。令尹必来辱,我且何以给待之⑳?"无忌曰:"令尹好甲兵,子出而寘之门㉑,令尹至,必观之已㉒,因以为酬㉓。"及飨日㉔,惟门左右而寘甲兵焉㉕。无忌因谓令尹曰:"吾几祸令尹。郤宛将杀令尹,甲在门矣。"令尹使人视之,信㉖,遂攻郤宛,杀之。国人大怨,动作者莫不非令尹㉗。沈尹戍谓令尹曰㉘:"夫无忌,荆之谗人也,亡夫太子建㉙,杀连尹奢,屏王之耳目㉚。今令尹又用之,杀众不辜,以兴大谤㉛,患几及令尹。"令尹子常曰:"是吾罪也,敢不良图㉜。"乃杀费无忌,尽灭其族,以说其国㉝。动而不论其义㉞,知害人而不知人害己也,以灭其族,费无忌之谓乎!

【注】①荆平王:楚平王(?—前516)。春秋时楚国君主。芈姓,名弃疾,又改称熊居。公元前529年,作乱逼杀灵王自立。初恐国人不服,尚能宽简刑政。后用嬖臣费无忌,导致一系列内乱,情形略如本文所记。费无忌:"忌"又作"极"。楚大夫。平王时为太子建少傅,与太子不合,遂谗害之,逼使出奔。平王死,昭王即位,又谗杀郤宛,均见下文。为众僚所恶,被令尹子常处死。 ②害:嫉恨。太子建(?—前519):楚平王太子。名建,字子木。为费无忌所谮,奔宋。遇宋国内乱,复奔郑,郑善待之。后又至晋,与晋合谋袭郑,事发,为郑人所杀。 ③取:同"娶"。 ④夺:疑当作"夺之",脱"之"字。 ⑤诸夏:指中原各国。 ⑥此句指楚国相对于中原较偏远,故难以与晋国争霸。 ⑦此句意谓:不如大建城父城,而安置太子在那里镇守,以谋求向北方

发展。城父,春秋时楚邑,在今河南宝丰东。求,《左传》昭公十九年作"通",亦扩张之意。 ⑧说:通"悦",高兴。 ⑨恶(wù):犹诋毁。此指费无忌又进谗言。 ⑩连尹:楚官名,为射官(一说为连地之尹)。此指下文所称"连尹奢",即伍奢(?—前522)。楚大夫,伍子胥之父。平王时为太子太傅,遭费无忌之谗,与长子伍尚同被害,子胥出奔。方城:古山名,在今河南叶县南、方城东北。春秋时为楚国北部要塞。其位置在城父邑之南,故费无忌诬太子建欲以方城外反叛。 ⑪已为我子:指已立为太子。"子"犹"嗣"。 ⑫犹宋:像宋国那样的不大不小的诸侯国。诬指太子闹独立。 ⑬辅:助。 ⑭集:成。 ⑮左尹:楚官名。位在令尹之下、司马之上,佐令尹治军政及统领军队。郤(xì)宛(?—前515):"郤"同"郄"。楚大夫。名宛,字子恶。为人正直而温和,昭王即位初官至左尹,得上下欢心。因费无忌之设计谗害,被令尹子常所攻,自杀。 ⑯说:通"悦",喜欢。 ⑰令尹子常:楚国宗室贵族。名囊瓦,庄王曾孙。平王、昭王时为令尹,执国政,性贪而信谗。昭王十年(前506),率军抵御吴、蔡等国联兵进攻,大败于柏举(今湖北麻城东),旋致郢都陷落,竟出奔郑国。 ⑱饮(yìn)令尹酒:置酒请令尹赴宴。 ⑲贱人:身份低微之人。辱:谦词,使……屈尊光临。下句"来辱"亦犹言屈尊而来。 ⑳何以给待:拿什么供给招待。按:"待"疑当作"侍",指侍奉。 ㉑出而寘之门:出甲士而置于门庭。寘,同"置"。 ㉒已:同"矣"。 ㉓因以为酬:意指就挑选一些甲士送给子常,以作为对他光临的答谢。《左传》载费无忌称"吾择焉以进子常",即由他挑选甲士给子常。 ㉔飨日:宴请之日。 ㉕惟:通"帷",帷幕。《左传》作"帷"。 ㉖信:果然如此。 ㉗国人:都城的人。动作者:《左传》作"进胙者",不可通,当以此作"动作者"为是。此应是指被迫参与灭郤氏行动的人。《左传》载郤宛自杀后,子常下令国人皆去焚烧郤府,不去者与同罪。国人不得已而赴之,多只投一片苫或一把禾秆,郤府竟未烧掉。非:通"诽",怨。 ㉘沈尹戍(?—前506):楚大夫。沈尹氏,名戍(一作戌),庄王曾孙,叶公子高之父。昭王时为左司马,吴、楚柏举之战时死于战阵。 ㉙亡夫:《左传》作"丧"。陈奇猷《校释》以为"亡夫"乃"丧"字误析为二所致(先讹为"夫亡"而又倒为"亡夫"),疑是。郤宛被杀时,太子建已死去数年。 ㉚屏:遮蔽。 ㉛大谤:大怨。 ㉜良图:做好的打算,指改正错误。

㉝说:通"悦",取悦,讨好。　㉞动:行动。论:择。

　　崔杼与庆封谋杀齐庄公①。庄公死,更立景公,崔杼相之。庆封又欲杀崔杼而代之相,于是椓崔杼之子②,令之争后③。崔杼之子相与私鬨④,崔杼往见庆封而告之。庆封谓崔杼曰:"且留,吾将兴甲以杀之⑤。"因令卢满嫳兴甲以诛之⑥,尽杀崔杼之妻子及枝属,烧其室屋。报崔杼,曰:"吾已诛之矣。"崔杼归无归,因而自绞也。庆封相景公,景公苦之。庆封出猎,景公与陈无宇、公孙灶、公孙虿诛封⑦。庆封以其属斗,不胜,走如鲁。齐人以为让⑧,又去鲁而如吴,王予之朱方⑨。荆灵王闻之⑩,率诸侯以攻吴,围朱方,拔之,得庆封。负之斧质⑪,以徇于诸侯军⑫,因令其呼之曰:"毋或如齐庆封,弑其君而弱其孤⑬,以亡其大夫⑭。"乃杀之。黄帝之贵而死,尧、舜之贤而死,孟贲之勇而死⑮。人固皆死,若庆封者,可谓重死矣⑯。身为僇⑰,支属不可以见⑱,行忮之故也⑲。

【注】①崔杼:见《知分》篇注。庆封(?—前538):春秋时齐国大夫。庆氏,名封,字子家。与崔杼合谋杀庄公,立景公,分为左右相。不久又逼杀崔杼,独专国政。鲍、高、栾等诸家贵族不服,与景公合谋诛之,他惧而逃鲁,又奔吴,后被楚灵王捕杀。齐庄公:见《离俗览》篇注。　②椓:通"诼",说坏话。此指在崔杼诸子之间说坏话,即挑拨离间。　③争后:争做继承人。④私鬨(hòng):私斗,内斗。鬨,"哄"字之别体,即内讧。　⑤兴甲:动用甲士。按:此处庆封之语,《左传》襄公二十七年作"子姑退,吾图之"。此后崔氏诸子互相攻杀,并杀东郭偃等大夫,庆封乃遣甲灭之。本文概括《左传》之文,于其事过程不甚明晰。　⑥卢满嫳(piè):当作"卢蒲嫳","满"字误。卢蒲氏,名嫳,为庆封之属大夫。奉庆封之命,杀崔杼全家及其族人,事后被景

公流放于齐国北境。　⑦陈无宇：见《长利》篇注。公孙灶、公孙虿(chài)：齐大夫。分字子雅(一作子夏)、子尾，皆为齐惠公孙，于景公为伯叔辈。诛：讨伐，以兵攻之。　⑧让：责备。此指责备鲁国接纳庆封。　⑨王予之朱方：指吴王以朱方为庆封的封地。朱方，春秋时吴邑，在今江苏丹徒东南。　⑩荆灵王：参见《高义》篇"乾溪"注。　⑪负之斧质：使之背负刑具。斧质，同"斧锧"，处斩刑用的大斧和铁砧板。　⑫徇：巡行示众。　⑬弱其孤：指杀前君而另立弱小的君主。古人以"孤"代称嗣君，一般就子继父而言。齐景公于庄公实为弟，此乃泛言之。　⑭亡其大夫："亡"假作"盟"。盟其大夫，谓逼迫群臣盟誓以服从自己。　⑮孟贲：见《用众》篇注。　⑯重死：双重的死。实指"死"与人同，受尽屈辱而刑死又与人异。　⑰为僇：通"为戮"，被辱杀。⑱支属：犹言肢体。支，通"肢"。　⑲忮(zhì)：狠毒。

凡乱人之动也①，其始相助，后必相恶②。为义者则不然，始而相与③，久而相信，卒而相亲，后世以为法程④。

【注】①乱人：作乱的人。　②相恶：互相反目憎恨。　③与：助。　④法程：法度，准则。指后人皆效法之而行义。

无　　义

二曰　先王之于论也极之矣①。故义者，百事之始也，万利之本也，中智之所不及也②。不及则不知，不知趋利③。趋利固不可必也④，公孙鞅、郑平、续经、公孙竭是已⑤。以义动则无旷事矣⑥。人臣与人臣谋为奸，犹或与之⑦；又况乎人主与其臣谋为义，其孰不与者⑧？非独其臣也，天下皆且与之⑨。

【注】①论：择，指义利的选择。极之：谓已极尽其选择标准。②中智之所不及：指普通人的智力达不到先王所要求的标准。③不知趋利：当作"不

知则趋利",脱"则"字。 ④趋利固不可必:意谓逐利固不能保证最后必定得利。 ⑤公孙鞅:即商鞅,见《长见》篇"御庶子鞅"注。郑平:即郑安平(? —前255)。战国时秦国将领。魏国人。早年对范雎有救命之恩,及范雎为秦相,荐以为将。长平之战后,为范雎所倚重,一度取代大将白起统兵攻赵。后攻邯郸不克,反被赵军所围,竟率二万人降赵,又受赵所赐武阳君封号。续经:赵人,其事仅见于下文所记。公孙竭:秦官,其事亦仅见于下文所记。已:同"矣"。 ⑥旷:荒废。 ⑦犹或与之:尚且有人赞同。与,赞同,帮助。 ⑧孰:谁。 ⑨且:将。

公孙鞅之于秦,非父兄也,非有故也①,以能用也②。欲埋之责③,非攻无以④,于是为秦将而攻魏。魏使公子卬将而当之⑤。公孙鞅之居魏也,固善公子卬⑥,使人谓公子卬曰:"凡所为游而欲贵者,以公子之故也⑦。今秦令鞅将,魏令公子当之,岂且忍相与战哉?公子言之公子之主⑧,鞅请亦言之主,而皆罢军。"于是将归矣,使人谓公子曰:"归未有时相见,愿与公子坐而相去别也⑨。"公子曰:"诺。"魏吏争之曰:"不可。"公子不听,遂相与坐。公孙鞅因伏卒与车骑以取公子卬⑩。秦孝公薨,惠王立,以此疑公孙鞅之行,欲加罪焉。公孙鞅以其私属与母归魏⑪,襄疵不受⑫,曰:"以君之反公子卬也⑬,吾无道知君⑭。"故士自行不可不审也。

【注】①故:指故旧关系。 ②以能用:以才能被任用。 ③埋(yīn)之责:犹言搪塞其责任。之,其。责,指为秦相之职责。 ④非攻无以:意指其非攻击别国则无由塞责。以,由。 ⑤公子卬(áng):战国时魏惠王之子。公元前340年为商鞅所俘,即此处所记事。当:抵御。 ⑥善:与……友好。 ⑦此处商鞅的话是说:凡是我游秦而做的求显贵的事,都是为了公子您。按:此为诳语,意指要帮助公子卬提高他在魏国的地位。 ⑧公子之主:指魏王。

下句"主"字指秦王。　⑨去别:离别,此指话别。　⑩取:虏,俘。句意兼指商鞅败魏军。　⑪以:率领。私属:家众。　⑫襄庇:"庇"亦作"疵"。魏惠王臣,曾为邺令。载籍谓秦惠王立,欲捕商鞅,商鞅出走,初欲归魏,襄庇拒其入境。　⑬反:叛。　⑭无道:无由。

　　郑平于秦王臣也,其于应侯交也①,欺交反主,为利故也。方其为秦将也,天下所贵之无不以者,重也②。重以得之③,轻必失之。去秦将,入赵、魏,天下所贱之无不以也,所可羞无不以也。行方可贱可羞,而无秦将之重,不穷奚待④?

　　【注】①应侯:即范雎(?—前255)。战国时秦国大臣。字叔,魏国人。早年在魏国受辱,几丧命。后化名西入秦,游说秦昭王,得为秦相。制定远交近攻的策略,助昭王东向扩张,有功于秦。晚年与大将白起不和,致白起自杀,而代之以郑安平。及郑氏叛归赵,忧惧不宁,自请免相。或说被昭王论罪处死。交:友。　②此句意谓:当他为秦将时,天下人所崇尚的德行无不归于他,是由于他位高权重。以,由,从,犹言归之。下文"所贱"、"所羞"二句之意与此相反。　③以:而。　④穷:穷困潦倒。

　　赵急求李欬①,李言续经②,与之俱如卫,抵公孙与③。公孙与见而与入④,续经因告卫吏使捕之。续经以仕赵五大夫⑤,人莫与同朝,子孙不可以交友⑥。

　　【注】①求:搜捕。李欬:不详。　②言:疑本作"信",传抄误为"言"字。续经:人名,亦不详。　③抵公孙与:犹言投归公孙与。公孙与,当是卫国宗室,名与,事未详。　④见而与入:指出面见二人而同意接纳李欬。与,同意。入,同"纳"。　⑤以:"以此"之省,所省宾语指其告密之事。五大夫:先秦爵位名。按史书所记载的秦国二十级军功爵,一级最低,二十级最高,五大夫为第九级,是大夫所授爵位中的最高级别。汉初尚规定得此爵者可赐食邑,属

于高爵。　⑥此二句指赵国士大夫厌恶续经之为人,都不愿与续经同朝为官,并且不许自己的子孙与续经的子孙交友。以,与。

公孙竭与阴君之事①,而反告之樗里相国②,以仕秦五大夫。功非不大也③,然而不得入三都④,又况乎无此其功而有行乎⑤?

【注】①与:参与。阴君之事:不详,阴君当是人名。　②樗里相国:当是指樗里疾。战国时秦惠文王异母弟,嬴姓,名疾,又称樗里子。因家住渭南樗里,遂以里为氏。为人滑稽多智,号称"智囊"。屡有战功,武王、昭王时为相国。　③功:指公孙竭告密之功。　④三都:高诱注谓指"赵、卫、魏",费解。未详确指。　⑤无此其功而有行:毕沅校注谓当作"无此功而有其行"。句意盖指其人即使告密无功,也已有背信弃义之行。

疑　　似

三曰　使人大迷惑者,必物之相似也。玉人之所患①,患石之似玉者;相剑者之所患,患剑之似吴干者②;贤主之所患,患人之博闻辩言而似通者③。亡国之主似智,亡国之臣似忠。相似之物,此愚者之所大惑,而圣人之所加虑也。故墨子见岐道而哭之④。

【注】①玉人:加工玉石的人。　②吴干:吴之干将。见《当务》篇注。　③辩言:能言善辩。通:通达事理。　④墨子见岐道而哭之:此句用典与载籍不合,当有脱误。陈昌齐《吕氏春秋正误》认为据《淮南子·说林训》及本书高诱注,当作如下增正:"墨子见练丝而泣之,为其可以黄可以黑;杨子见岐道而哭之,为其可以南可以北。"练丝,白色的熟绢。杨子,即杨朱,见《不二》篇"阳生"注。

周宅酆镐①,近戎人。与诸侯约,为高葆祷于王路②,置鼓其上,远近相闻。即戎寇至③,传鼓相告,诸侯之兵皆至救天子。戎寇当至④,幽王击鼓⑤,诸侯之兵皆至,褒姒大说喜之⑥。幽王欲褒姒之笑也,因数击鼓⑦,诸侯之兵数至而无寇。至于后戎寇真至,幽王击鼓,诸侯兵不至,幽王之身乃死于丽山之下⑧,为天下笑。此夫以无寇失真寇者也。贤者有小恶以致大恶⑨。褒姒之败,乃令幽王好小说以致大灭⑩,故形骸相离⑪,三公九卿出走。此褒姒之所用死⑫,而平王所以东徙也⑬,秦襄、晋文之所以劳王劳而赐地也⑭。

【注】①宅:建都。酆镐:西周都城,参见《简选》篇"酆郭"注。 ②为高葆祷于王路:句中"葆祷"有不同的解释。一说"葆"通"堡","祷"为衍字;一说"葆祷"当作"堢埻(bǎo dǎo)",或是古文假借,或是声近而误。"堢埻"即土城、土堡。"王路"即大路,"王"犹大。大抵句意应指在通衢筑高台,以为警备之设施。 ③即:若。 ④当:通"尝",别本或作"尝"。 ⑤幽王:周幽王,见《当染》篇注。 ⑥褒姒:周幽王宠妃。褒国之女,姒姓,因幽王伐褒而褒侯进之。说喜:即悦而乐。按:此所记事,载籍多以举烽火言之。 ⑦数(shuò):多次。 ⑧丽山:即今陕西临潼东南之骊山。史载周幽王被申侯、缯侯联合犬戎攻杀于骊山下。 ⑨恶:过错,祸殃。 ⑩小说:即"小悦"。大灭:指西周灭亡。《诗·小雅·正月》:"赫赫宗周,褒姒灭之。" ⑪形骸相离:犹言肢体分离。代指被杀。 ⑫所用:所以。 ⑬平王:周平王(?—前720)。东周第一位王。姬姓,名宜臼,本为幽王太子。幽王死,西周亡,在晋、郑、秦等诸侯之兵的护送下东迁洛邑,史称东周。 ⑭秦襄:秦襄公(?—前766)。两周之际秦国君主。嬴姓,名失传,公元前777年即位,并为王朝所封西垂(陲)大夫。西周灭亡时,以率兵救周及护送平王东迁有功,平王封以为诸侯,又赐以岐山以西之地,许其自行从戎人手中夺取。晋文:晋文侯(前805—前746)。两周之际晋国君主。姬姓,名仇,公元前781年袭杀其弟殇

叔,夺位自立。周幽王死后,与郑武公等共同拥立周平王,平王亦封晋为诸侯(或说《尚书·文侯之命》即当时命辞)。劳(lào)王劳:勤劳王事之意。或说下"劳"字衍。"劳王劳"讲为慰劳(分担)王室之劳扰亦可通。

梁北有黎丘部①,有奇鬼焉,喜效人之子姪昆弟之状②。邑丈人有之市而醉归者③,黎丘之鬼效其子之状,扶而道苦之④。丈人归,酒醒而诮其子⑤,曰:"吾为汝父也,岂谓不慈哉⑥?我醉,汝道苦我,何故?"其子泣而触地曰:"孽矣⑦!无此事也。昔也往责于东邑⑧,人可问也。"其父信之,曰:"嘻!是必夫奇鬼也⑨。我固尝闻之矣。"明日端复饮于市⑩,欲遇而刺杀之。明旦之市而醉,其真子恐其父之不能反也⑪,遂逝迎之⑫。丈人望其真子,拔剑而刺之。丈人智惑于似其子者,而杀其真子⑬。夫惑于似士者,而失于真士,此黎丘丈人之智也。疑似之迹,不可不察。察之必于其人也。舜为御,尧为左,禹为右⑭,入于泽而问牧童,入于水而问渔师,奚故也?其知之审也。夫孪子之相似者⑮,其母常识之,知之审也。

【注】①梁:魏。魏国自迁都大梁(前361),又被称为梁。黎丘:地名,或说在今河南虞城北。部:犹邑。　②喜:他书或引作"善"。效:即"效"字,模仿。此实取变化之意。姪:同"侄"。昆弟:兄弟。　③丈人:老人。之:至。④道苦之:在路上让他受苦(折磨他)。　⑤诮:责骂。　⑥谓:通"为"。句意谓何曾作不慈爱的事。　⑦孽矣:作孽啊!　⑧昔:昨天。责:同"债"。此用作动词,指讨债。　⑨夫:那个。　⑩端:故意。古"端"字可与"耑(专)"相通,故有此义。　⑪反:同"返"。　⑫逝:往。　⑬其:旧本作"于",毕沅据《文选注》改。　⑭御、左、右:分指驾车人、车左、车右。车左为尊者,车右为护卫者。　⑮孪子:双生子。按:别本"孪"字皆作"人",毕校本作"孪"而

无注,当是从梁玉绳说,据《战国策·韩策三》及《淮南子·修务训》改。

壹　　行①

四曰　先王所恶,无恶于不可知②。不可知,则君臣、父子、兄弟、朋友、夫妻之际败矣③。十际皆败④,乱莫大焉。凡人伦,以十际为安者也。释十际,则与麋鹿虎狼无以异,多勇者则为制耳矣⑤。不可知,则知无安君⑥、无乐亲矣⑦,无荣兄⑧、无亲友、无尊夫矣⑨。

【注】①壹行:此标题似有误。疑本作"恶行",因古字"恶"、"壹"形近而误抄。全篇主旨在批评人事行为之不可知,且开篇即言"先王所恶,无恶于不可知",故以"恶行"为题;而本卷前三篇分别以"慎行"、"无义"、"疑似"为题,此作"恶行"亦正相承。若作"壹行",则与篇旨及内容皆不相合,无法讲通。　②所恶(wù):所憎恶。无恶于:犹言无过于。不可知:指言行诡秘,不可测度。下文所说"可知",则指言行有信,正大光明。　③际:分界,代指关系准则。　④十际:指上面所举五种人伦关系。五种关系各有相互对待的行为准则,故称"十际"。　⑤多勇者:有勇力者。则:即。为制:施行控制。耳矣:犹"而已"。按:古人认为人类社会与动物界的区别即在于人类社会有礼法,无礼法则如动物界,以凶猛者为王而已。　⑥则知:此"知"字当衍。　⑦乐亲:欢心的父母。　⑧荣兄:感到荣耀的兄长。　⑨尊夫:受尊敬的丈夫。

强大未必王也,而王必强大①。王者之所藉以成也何②?藉其威与其利。非强大,则其威不威,其利不利③。其威不威,则不足以禁也;其利不利,则不足以劝也④。故贤主必使其威利无敌,故以禁则必止,以劝则必为。威利敌⑤,而忧苦民、行可知者王;威利无敌,而以行不知者亡。

小弱而不可知,则强大疑之矣。人之情不能爱其所疑⑥,小弱而大不爱则无以存。故不可知之道,王者行之废,强大行之危,小弱行之灭。

【注】①王(wàng):称王天下。按:本段中的"强"字凡五见,原均作"强",与旧本大率写作"彊"的字例不一。疑传世本或曾脱去此段文字,而后人以俗本抄补之,所用晚起字体亦因循未改。今一从旧文,唯易"強"为"强"。 ②藉:同"借",凭借。 ③其威不威,其利不利:其威势不能使天下人畏惧服从,其财富不能使天下人获得利益。 ④劝:劝勉,鼓励。 ⑤敌:匹敌,相当。 ⑥爱:喜。

今行者见大树,必解衣悬冠倚剑而寝其下。大树非人之情亲知交也①,而安之若此者,信也。陵上巨木②,人以为期③,易知故也。又况于士乎?士义可知故也,则期为必矣④。又况强大之国?强大之国诚可知⑤,则其王不难矣。

【注】①情亲:有亲情关系的人,即亲属。 ②陵:高丘。巨木:大树。 ③期:期会,约会。此指约会于大树下。 ④此处自"又况"至"必矣",凡十六字,当是衍文。上文言"陵上巨木"云云,下接"又况强大之国"("国"下当脱"乎"字),文从字顺,且"巨木"与"强大之国"正相为比,插入此十六字则文义不伦。疑"又况于士乎"五字原在篇末"贼不与谋"之下,因误窜至此,传抄者遂又牵合上文而加注"士义可知故也,则期为必矣"十一字,且一并混入了正文,当删。 ⑤诚:诚然,确实。

人之所乘船者,为其能浮而不能沈也①。世之所以贤君子者②,为其能行义而不能行邪僻也。孔子卜,得贲③。孔子曰:"不吉。"子贡曰:"夫贲亦好矣④,何谓不吉乎?"

孔子曰:"夫白而白,黑而黑⑤。夫贲又何好乎⑥?"故贤者所恶于物,无恶于无处⑦。

【注】①沈:古"沉"字。 ②贤:以为……贤能,犹言敬重。 ③贲(bì):指六十四卦中的贲卦。 ④贲亦好:《易经》载贲卦的卦辞,谓之"亨,小利有攸往",向来认为是个吉卦,所以子贡说"好"。子贡,见《当染》篇注。 ⑤白而白,黑而黑:要白就是纯白,要黑就是纯黑。而,犹"则"。 ⑥贲又何好:这里所托孔子认为贲卦"不吉"的话,似是就古人所称的互卦而言的。贲卦是个复合卦,它的下体是离,上体是艮。如果将它的六个爻从下往上推,每三个爻构成一个单卦,那么就可顺次得到离、坎、震、艮四个单卦。在古人的观念中,这四个单卦分别代表红、黑、青、黄四种颜色,五色中独缺白,而它的上九爻辞又说"白贲"。古人还认为"贲之言文也",贲卦是讲文饰的,所以五色俱全。大约此托孔子之言,认为贲卦文饰太过而斑驳不纯,故谓之"不吉"。其意盖喻指君子之为人当保持其质素,而不应使之被文饰所掩蔽以致不可见。 ⑦无处:不固定,变化无常。此句二"恶"字亦如本篇首句,下"恶"字理解为"过"。

　　夫天下之所以恶,莫恶于不可知也。夫不可知,盗不与期,贼不与谋①。盗贼,大奸也,而犹所得匹偶②,又况于欲成大功乎?夫欲成大功,令天下皆轻劝而助之③,必之士可知④。

【注】①"盗"、"贼"二句:强盗也不与他结伙,杀人者也不与他相谋。按:上文"又况于士乎"五字疑当在此处,意指士人尤不与"不可知"者约从谋议。 ②所:语中助词,无义。得:犹"求"。匹偶:伙伴。 ③轻劝:易于劝勉。轻,易。 ④必之士可知:此为宾语前置句,犹言"必士可知之"。意谓所行对于士人必须可见可知。按:此"士"字承上"又况于士乎"言之,亦可反证"又况于士乎"五字之窜乱。

求　　人①

　　五曰　身定国安天下治,必贤人②。古之有天下也者七十一圣③。观于《春秋》④,自鲁隐公以至哀公十有二世,其所以得之、所以失之,其术一也⑤:得贤人,国无不安,名无不荣;失贤人,国无不危,名无不辱。先王之索贤人⑥,无不以也⑦,极卑极贱⑧,极远极劳⑨。虞用宫之奇、吴用伍子胥之言,此二国者,虽至于今存可也,则是国可寿也⑩。有能益人之寿者⑪,则人莫不愿之;今寿国有道⑫,而君人者而不求⑬,过矣。

【注】①求人:谓求贤人而用之。　②必:必有、必须依靠之意。　③七十一圣:参见《察今》篇注。　④《春秋》:我国现存最早的编年史。本为鲁国史书,相传曾经孔子修订。记事起于鲁隐公元年(前722),迄于鲁哀公十四年(前481),凡十二公,共242年,历史上即以此为春秋时期(或下及前476年)。按:此下所说"十有二世",主要指历史时期而言,所说"得之"、"失之"谓政治上的得失(包括君主的得位、失位),亦泛指《春秋》所记的各诸侯国情况,不仅是指鲁国。　⑤术:犹"道",办法、途径,可以理解为道理。　⑥索:求。　⑦无不以:无不用,指各种办法无不采取。　⑧极卑极贱:按下段所述,此"卑"字乃指明主礼贤放低姿态而极谦恭,"贱"字则指所用贤人先前的身份、地位和职业极低贱。　⑨极远极劳:指明主求贤,极尽江湖之远和亲访之劳。　⑩此全句意谓:当初虞、吴两国如果能用宫之奇、伍子胥二人之言,那么它们至今还存在也在情理之中,可见国运是可以长久的。寿,指国家可以长久存在。宫之奇、伍子胥劝谏事,分见《权勋》、《知化》篇。　⑪益:增加。　⑫寿国有道:使国运长久有一定办法。　⑬此句中下"而"字犹"却"。

　　尧传天下于舜,礼之诸侯,妻以二女,臣以十子,身请北面朝之,至卑也①。伊尹,庖厨之臣也②;傅说,殷之胥靡也③:皆上相天子,至贱也。禹东至榑木之地,日出九津、青羌之野,攒树之所,㯉天之山,鸟谷、青丘之乡,黑齿之国④;南至交阯、孙朴、续樠之国,丹粟、漆树、沸水、漂漂、九阳之山,羽人、裸民之处,不死之乡⑤;西至三危之国,巫山之下,饮露吸气之民,积金之山,其肱、一臂、三面之乡⑥;北至人正之国,夏海之穷,衡山之上,犬戎之国,夸父之野,禹强之所,积水、积石之山⑦。不有懈堕⑧,忧其黔首,颜色黎黑⑨,窍藏不通⑩,步不相过⑪,以求贤人,欲尽地利⑫,至劳也。得陶、化益、真窥、横革、之交五人佐禹⑬,故功绩铭乎金石,著于盘盂⑭。

【注】①此全句是说:尧传天子之位给舜,让天下诸侯都礼敬他,并把自己的两个女儿(相传分名娥皇、女英)嫁给他为妻,让自己的十个儿子给他做臣下,自己也请求以人臣的身份对他行北面朝见天子之礼,姿态至为谦恭。②伊尹:见《当染》篇注。庖厨之臣:在厨房供役的奴隶。相传伊尹以媵臣身份为厨师,参见《本味》篇。 ③傅说(yuè):商王武丁之相。相传曾在傅岩地方从事版筑,武丁得而悦之,以为相。胥靡:服劳役的刑徒。 ④以上皆传说中的东方极远之地、之国。榑木,即"扶木",见《为欲》篇注。九津,犹天汉、天河,此代指水天交接的日渡之处。青羌,当即阳谷,日出的山谷。攒(cuán)树,树木丛生。㯉(mǐn)天,犹摩天。黑齿,牙齿尽黑。 ⑤以上皆为传说中的南方极远之地、之国。交阯,作为历史地名,一般指今五岭以南以至越南北方地区。樠,读如"蛮"。丹粟,有丹砂为圆粟状。漆树,黑色的树。沸水,当是指多温泉。漂漂,水流湍急。九阳,指阳气极盛。羽人,长翅膀的人。裸民,不穿衣之民。不死之乡,人皆长生不死之国。 ⑥以上皆传说中的西方极远之地、之国。三危,传说多用为山名。巫山,《山海经·大荒西经》谓在日月所入之处。饮露吸气,《大荒西经》谓沃国之民"凤鸟之卵是食,甘露是饮"。其(jī)肱(旧本"其"皆作"共",此从毕校本),《海外西经》作"奇(jī)

肱",为国名,谓其民一臂三目。一臂,《海外西经》有"一臂国",在奇肱国之南,其民一臂一目一鼻孔。三面,三张脸,《大荒西经》谓之为颛顼之子,三面一臂。　⑦以上皆传说中的北方极远之地、之国。人正,一说当作"令止",即"令支",古代有此部族名。夏海之穷,指北方大海穷尽处。夏,大。衡山,即《山海经·大荒北经》所见的"衡石山"。犬戎,古代北方部族名。夸父,《大荒北经》有夸父山。相传夸父追日,道中渴死,弃其杖而化为邓林。禹(yù)强,北海神名。积水,北方极地之山,一说当作"积冰"。按:以上所罗列的东西南北之地,皆极言禹求贤所至之远,故或说依文例,"积石之山"下当有"至远也"三字。　⑧堕:通"惰"。　⑨黎:通"黧"。　⑩窍藏:通"窍脏",九窍五脏,代指身体各器官及关节。　⑪步不相过:即所谓"禹步",参见《行论》篇注。　⑫尽地利:指禹平水土,以丰物产。　⑬陶、化益:指皋陶、伯益,见《当染》篇注。"陶"上应有"皋"字,不当省,疑脱。真窥、横革、之交:均不详。"真窥"又作"直成",或说即《尊师》篇所见禹之师大成贽;"之交"或疑为"支父"之讹,即《尊师》篇所见尧之师子州支父。　⑭"铭"、"著"二句:指禹的功绩铭刻于金石器物而流传于后世。

　　昔者尧朝许由于沛泽之中①,曰:"十日出而焦火不息,不亦劳乎②?夫子为天子③,而天下已治矣④,请属天下于夫子⑤。"许由辞曰:"为天下之不治与⑥?而既已治矣。自为与⑦?鹪鹩巢于林⑧,不过一枝;偃鼠饮于河⑨,不过满腹。归已,君乎⑩!恶用天下⑪?"遂之箕山之下、颍水之阳,耕而食,终身无经天下之色⑫。故贤主之于贤者也,物莫之妨⑬,戚爱习故不以害之⑭,故贤者聚焉⑮。贤者所聚,天地不坏,鬼神不害,人事不谋,此五常之本事也⑯。

　　皋子,众疑取国,召南宫虔、孔伯产而众口止。⑰

　　【注】①朝:前往拜见。许由:见《当染》篇注。沛泽:水草丰茂的沼泽。

此用为地名,指许由在颍水之滨的隐居之处。 ②此二句为尧自谦之辞,而与《庄子·逍遥游》所记不同。《逍遥游》原文是:"日月出矣,而爝火不息,其于光也,不亦难乎?时雨降矣,而犹浸灌,其于泽也,不亦劳乎?"谓尧以日月、时雨比许由,而以爝火(火炬)、浸灌自比。陈奇猷《校释》以为本文当同《庄子》而有脱,唯"十日"和"焦"(通"爝")字可以不改。 ③夫子:对许由的尊称。 ④已:犹"则"。 ⑤属(zhǔ):托付。 ⑥为:因为。 与:同"欤"。 ⑦自为与:是为了自己(以天下为己利)吗? ⑧啁噍(zhōu jiāo):一种小鸟名,即"鹪鹩(jiāo liáo)",又称桃雀。 ⑨偃鼠:即"鼹鼠",一种田鼠。 ⑩归已,君乎:您还是回去做您的君主吧! ⑪恶(wū)用天下:我要天下又有何用? 恶,疑问代词,犹乌、何。 ⑫经:治理。 色:神态。此犹言欲望。 ⑬物莫之妨:不以外界的事物妨害他们。 ⑭戚爱习故不以害之:不使亲属、爱幸、近习、故旧之人嫉妒他们。以,使。害,嫉妒。 ⑮故:犹"则"。 ⑯此全句大意是说:贤主与贤人聚集,天地四时的运行就不会衰败,鬼神就不会造成祸害,人事行为也不会互相算计,这是五行规律本来应有的正常状态。句中"五常"的具体涵义不明,这里权且理解为古代五行家所认为的自然和社会规律。或说此"五常"即指后世所称人伦关系上属"三纲"的"五常",按文义不甚确切。 ⑰此所记事无可考,大意是说:皋子是位贤人,众人怀疑他将窃国,他召用了南宫虔、孔伯产二位贤者,众人的非议就停止了。

晋人欲攻郑,令叔向聘焉①,视其有人与无人②。子产为之诗曰③:"子惠思我,褰裳涉洧;子不我思,岂无他士④?"叔向归,曰:"郑有人,子产在焉,不可攻也。秦、荆近,其诗有异心⑤,不可攻也。"晋人乃辍攻郑⑥。孔子曰:"《诗》云:'无竞惟人⑦。'子产一称而郑国免⑧。"

【注】①叔向:见《开春论》篇注。聘:访问。 ②有人与无人:指有无贤人。 ③子产:见《下贤》篇注。为之诗:指为叔向诵诗。 ④此所引诗句见于《诗·郑风·褰裳》,意为:如果你思念我,就提起衣服过洧河来与我相会;如果你不思念我,难道不会另有男士与我相约? 惠,犹"唯"。褰(qiān),提起

衣服。洧(wěi),水名。 ⑤其诗有异心:指由子产所诵诗意推测,晋若不与郑国修好,郑国可能会与秦、楚结盟。 ⑥辍:停止。 ⑦无竞惟人:见《诗·大雅·抑》,谓国家强大惟在于有贤人。无,语首助词,无义。竞,强。 ⑧一称:犹言一开口。免:免于战祸。

察　传①

六曰　夫得言不可以不察②。数传而白为黑,黑为白。故狗似玃③,玃似母猴④,母猴似人,人之与狗则远矣。此愚者之所以大过也。

【注】①察传:言审察传言。　②得言:听到传言。　③玃(jué):一种似猕猴而形体较大的猴。　④母猴:通"沐猴",即猕猴。

闻而审,则为福矣;闻而不审,不若无闻矣。齐桓公闻管子于鲍叔,楚庄闻孙叔敖于沈尹筮①,审之也,故国霸诸侯也。吴王闻越王勾践于太宰嚭②,智伯闻赵襄子于张武③,不审也,故国亡身死也。

【注】①"齐桓"、"楚庄"二句:详见《赞能》篇。闻,闻知。　②"吴王"句:详见《知化》篇。按:此句之"闻"字实指听从太宰嚭之言,下句"闻"字则指听从张武之言,与上文之"闻"字指闻知有所不同。　③参见《当染》篇。

凡闻言必熟论①,其于人必验之以理②。鲁哀公问于孔子曰③:"乐正夔一足④,信乎⑤?"孔子曰:"昔者舜欲以乐传教于天下⑥,乃令重黎举夔于草莽之中而进之⑦,舜以为乐正。夔于是正六律,和五声⑧,以通八风⑨,而天下大服。重黎又欲益求人,舜曰:'夫乐,天地之精也,得失之节也⑩。故唯圣人为能和,乐之本也⑪。夔能和之,以平天下⑫,若夔者一而足矣⑬。'故曰夔一足,非一足也⑭。"宋之丁氏,家无井而出溉汲⑮,常一人居外⑯。及其家穿井,告人曰:"吾穿井得一人。"有闻而传之曰:"丁氏穿井得一人。"国人道之⑰,闻之于宋君⑱,宋君令人问之于丁氏,丁氏对曰:"得一人之使,非得一人于井中也。"求能之若此⑲,不若无闻也。

【注】①熟论:仔细考察。 ②此句是说:对于它(传言)跟人的关系一定要用人情事理加以验证。 ③鲁哀公:见《先己》篇注。 ④乐正夔:传说人物。相传精通音律,为虞舜之乐正(乐官长),协助舜制定《韶》乐。《尚书·益稷》篇记有他指挥乐队演奏的盛大场面。一足:传说以为夔只有一只脚。神话则谓夔兽状如牛,苍身而无角,一足,出入水则必风雨,其光如日月,其声如雷。 ⑤信乎:真的吗? ⑥以乐传教:用音乐传布教化。按:古代教化依托于反映等级观念的礼制,而以音乐作为辅助礼制的重要手段,故礼制亦习称礼乐制度。 ⑦重(chóng)黎:上古传说或以重、黎为二人之名,或合二名为一人,多用以指古帝王所属执掌历法的官员。后来重黎渐成为一种可以世袭的称号,故从颛顼直到尧、舜时代皆有重黎。草莽:草野,指民间。按:由传说推考,夔当是上古帝喾部族的后裔。商王室亦以夔为远祖,见于甲骨文。 ⑧六律、五声:实指古代音乐上的十二律和五声音阶,详见《音律》篇及《孟春纪》篇注。 ⑨以通八风:古人以为音律是和时令相适应的,音乐能感通八方之风(古代乐名亦称"风"),有调节时令的作用,可促进植物的生长。 ⑩天地之精、得失之节:此就音乐的本原和作用言之。古人以为音乐出于天籁之音,是由天然的乐音按一定规则组合而成的,展示的是精气的神明变化,故谓之"天地之精"。音乐有五声的配合和节拍,有节则成乐,无节则不成乐,反映出万事万物之间相互节制的规律,故谓之"得失之节"。 ⑪乐之本:此三字承上句,省主语"和"字,谓和谐为音乐的根本。推广而言之,天地和谐乃为天下大治的根本条件。 ⑫平:成,安定。 ⑬一而足:一个就够了。谓有其一人而舜所用的音乐即可成。 ⑭夔一足,非一足:有夔一人就足够了,并不是

说他只有一只脚。按：此托孔子之言解释如此，实则并未明白上古巫乐和巫舞的真实情形。原始时代的乐师、舞师同时是高级巫师，盖夔最擅长独脚舞，故相传其"一足"（商代甲骨文的"夔"字尚画为独脚的形象）。若必谓"夔一足"是指一人即足够，则反而失去传说之本真。　⑮溉汲：洗涤和打水。溉，洗涤。　⑯居外：在外。　⑰道：传说。　⑱闻之于宋君：被宋君听到了。⑲求能之若此：此句"能"字疑误。疑本作"求之而若此"，"而"字古通"能"，或传抄误写为"能"字而又置于"之"字之上，遂不可通。求，犹闻。

　　子夏之晋①，过卫，有读史记者曰②："晋师三豕涉河③。"子夏曰："非也，是己亥也。夫己与三相近，豕与亥相似④。"至于晋而问之，则曰"晋师己亥涉河"也。辞多类非而是，多类是而非⑤。是非之经⑥，不可不分，此圣人之所慎也⑦。然则何以慎？缘物之情及人之情以为所闻⑧，则得之矣。

　　【注】①子夏：见《当染》篇注。之晋：到晋国去。　②史记：史书。③此句为读史者念出的史文，若按字面意思则会使人理解为：晋军有三条猪渡过了黄河。　④己亥：日名，即己亥这一天。子夏指出读史者所见史文的"三豕"是"己亥"之误，致误的原因是古写的"己"和"三"、"亥"和"豕"字形分别相近。　⑤类：似。　⑥经：界限。　⑦慎：慎重对待，犹审察。　⑧缘：沿着，顺着。以为所闻：对待所听到的传言。

卷二十三　贵直论第三

贵　直　论

一曰　贤主所贵莫如士。所以贵士,为其直言也,言直则枉者见矣①。人主之患,欲闻枉而恶直言②。是障其源而欲其水也③,水奚自至④?是贱其所欲而贵其所恶也⑤,所欲奚自来?

【注】①枉:曲,不正直、不正派。此与"直"字相对,偏指阿谀奉承。见:显。　②恶:厌恶。　③障:塞。　④奚:何。　⑤贱、贵:犹轻视、崇尚。句意谓本当崇尚者反而轻视之,本当轻视者反而崇尚之。

能意见齐宣王①,宣王曰:"寡人闻子好直,有之乎?"对曰:"意恶能直②?意闻好直之士,家不处乱国,身不见污君③。身今得见王,而家宅乎齐④,意恶能直?"宣王怒曰:"野士也!"将罪之,能意曰:"臣少而好事,长而行之⑤,王胡不能与野士乎⑥?将以彰其所好耶⑦?"王乃舍之⑧。能意者,使谨乎论于主之侧,亦必不阿主。不阿主之所得岂少哉?此贤主之所求,而不肖主之所恶也。

【注】①能意：人名，不详。齐宣王：见《知士》篇注。　②恶（wū）：疑问副词，犹"乌"，哪里、怎么。　③污君：德行污秽的君主。　④宅：居住。　⑤少而好事，长而行之：年少时就好惹事得罪人，长大了还是这种德行改不了。好事，指说话做事直率而言。　⑥胡：何。与：从，随……的便。犹言容忍。　⑦彰其所好：若罪之，则恰是彰显其直。　⑧舍：不加罪。

狐援说齐湣王①，曰："殷之鼎陈于周之廷②，其社盖于周之屏③，其干戚之音在人之游④。亡国之音不得至于庙，亡国之社不得见于天，亡国之器陈于廷，所以为戒⑤。王必勉之，其无使齐之大吕陈之廷⑥，无使太公之社盖之屏⑦，无使齐音充人之游。"齐王不受，狐援出而哭国三日⑧。其辞曰："先出也衣绨纻，后出也满囹圄⑨。吾今见民之洋洋然⑩，东走而不知所处⑪。"齐王问吏曰："哭国之法若何⑫？"吏曰："斮⑬。"王曰："行法。"吏陈斧质于东闾⑭，不欲杀之，而欲去之⑮。狐援闻而蹶往过之⑯。吏曰："哭国之法斮。先生之老欤，昏欤⑰？"狐援曰："曷为昏哉？"于是乃言曰："有人自南方来，鲋入而鲵居⑱，使人之朝为草而国为墟⑲。殷有比干，吴有子胥⑳。齐有狐援，已不用若言㉑，又斮之东闾。每斮者以吾㉒，参夫二子者乎㉓！"狐援非乐斮也，国已乱矣，上已悖矣，哀社稷与民人，故出若言㉔。出若言，非平论也㉕，将以救败也，固嫌于危㉖。此触子之所以去之也，达子之所以死之也㉗。

【注】①狐援：亦作"狐爰"、"狐咺"，齐人。说（shuì）：劝谏。齐湣王：见《审己》篇注。按：下述实为预言故事，所依据的事实背景则是公元前284年燕将乐毅率诸国兵大破齐国及齐湣王之逃亡被杀。　②鼎：代表国家的重器。相传周灭商后，将夏、商传承的九鼎迁于洛邑。古人认为这类器物不能

用以祭祀新朝的宗庙,只能陈设于庭中。　③社:社稷坛。古代以社稷代表国家。盖:覆盖。屏:屏蔽,指社坛上的棚屋。古籍谓亡国之社仍可保留以供其族人祭祀,但必须"掩其上而柴其下",即上面有棚屋以隔绝天阳,下面铺柴草以阻断地阴。　④干戚之音:指宫廷音乐。干、戚,盾牌和大斧,指用于武舞的舞具。在人之游:只供人们游乐欣赏。古人认为亡国的音乐也不能用于新朝的祭祀活动。　⑤为戒:用作谨慎保持政权的警戒。　⑥大吕:大钟。参见《侈乐》篇注。　⑦太公:指战国时田齐君主田和(?—前384)。公元前386年,周正式承认田齐为诸侯,田氏号之为太公。　⑧哭国三日:指为将要发生的国难,对着都城哭了三天。　⑨此二句意谓:先逃出城的还可穿粗布衣活命,逃晚了就会被囚禁满监狱。绤紵(chī zhù),葛纤维布和苎麻布。囹圄(líng yǔ),监狱。　⑩洋洋然:无所归的样子,犹"茫茫然"。　⑪东走:向东逃走。此预言诸国兵从齐国西境攻来。　⑫哭国之法:哭丧国家之罪所适用的法律。　⑬斲:同"斫",斩。　⑭斧质:同"斧锧",行斩刑所用的大斧和铁砧板。东闾:齐都城的东门。　⑮去之:使之离去。谓陈刑具使其知之而逃走。　⑯蹷(guì)往过之:急忙前去过刑。蹷,行急的样子。　⑰昬:同"昏"。　⑱鮒(fù)入而鲵(ní)居:进来时像条小鲫鱼,住下后却像头大鲸鲵。喻前温顺而后凶猛。此预言齐湣王将被楚将淖齿所杀(见《正名》篇"卓齿"注),故谓"有人自南方来"。　⑲朝为草而国为墟:朝堂变成荒芜之地而国都变成废墟。　⑳比干、子胥:分见《功名》、《当染》篇注。　㉑已:既。若:其。　㉒每斲者以吾:意谓虽斩杀了吾身。每,虽。者,读作"诸",犹"之"。　㉓参(sān)夫二子:亦使我与二子(比干、子胥)并列为三。参,古用作"三"字,如今大写的"叁"。　㉔若言:此言。　㉕平论:普通的议论。　㉖固嫌于危:故似危言耸听。　㉗触子、达子之事见《权勋》篇。

　　赵简子攻卫附郭①,自将兵。及战,且远立,又居于犀蔽屏橹之下②。鼓之而士不起③,简子投枹而叹曰④:"呜呼!士之遬弊⑤,一若此乎⑥?"行人烛过免胄横戈而进曰⑦:"亦有君不能耳⑧,士何弊之有?"简子艴然作色曰⑨："寡人之无使⑩，而身自将是众也。子亲谓寡人之无能，有说则可⑪，无说则死。"对曰："昔吾先君献公即位五年⑫，兼国十九，用此士也；惠公即位二年⑬，淫色暴慢，身好玉女⑭，秦人袭我，逊去绛七十⑮，用此士也；文公即位二年，厎之以勇⑯，故三年而士尽果敢，城濮之战五败荆人⑰，围卫取曹，拔石社⑱，定天子之位⑲，成尊名于天下，用此士也。亦有君不能耳，士何弊之有？"简子乃去犀蔽屏橹，而立于矢石之所及⑳，一鼓而士毕乘之㉑。简子曰："与吾得革车千乘也，不如闻行人烛过之一言。"行人烛过可谓能谏其君矣。战斗之上，枹鼓方用㉒，赏不加厚，罚不加重，一言而士皆乐为其上死。

【注】①赵简子：见《爱士》篇注。附郭：同"郛郭"，即郭城，外城。②居：止。犀蔽屏橹：当从类书所引作"屏蔽犀橹"，指遮蔽设施和用犀牛皮制作的大盾牌。下文"屏蔽犀橹"亦当乙正。　③鼓之：鸣鼓进攻。　④枹(fú)：鼓槌。　⑤遨弊：犹言衰敝之速。　⑥一：犹"乃"，竟。　⑦行人烛过：赵简子之臣。行人氏，名烛过。免胄横戈：脱去头盔，横执其戈。此为甲胄在身的将领对君主的礼节。　⑧有：或。不能：不能用之。　⑨艴(bó)然作色：勃然发怒而变了脸色。艴然，盛怒的样子。　⑩无使：无人可使。指缺少可独当一面之人。　⑪有说：有说法，解释的理由能成立。　⑫献公：见《权勋》篇注。　⑬惠公：见《爱士》篇注。　⑭玉女：美女。　⑮逊去绛七十：逃离绛都七十里。逊，遁。"十"下疑脱"里"字。　⑯厎：同"砥"，砥砺。⑰城濮之战：参见《简选》《义赏》篇。　⑱石社：未详，疑为地名。　⑲定天子之位：指晋文公平定周襄王之弟叔带作乱事，参见《不广》篇。其事在城濮之战前。　⑳矢石之所及：指对方城上发箭和抛石所能达到的地方。　㉑毕乘之：尽登城。　㉒枹：同"桴"。

直 谏

二曰　言极则怒①,怒则说者危。非贤者,孰肯犯危?而非贤者也,将以要利矣②。要利之人,犯危何益?故不肖主无贤者。无贤则不闻极言,不闻极言则奸人比周③,百邪悉起。若此则无以存矣。凡国之存也,主之安也,必有以也④。不知所以⑤,虽存必亡,虽安必危,所以不可不论也。

【注】①言极则怒:指臣下尽情规谏、直言无隐则人主会发怒。极,尽。②要(yāo):求。　③比周:勾结。　④以:原因。　⑤所以:(国存主安的)原因之所在。下文"所以"同此。

齐桓公、管仲、鲍叔、宁戚相与饮①。酒酣,桓公谓鲍叔曰:"何不起为寿②?"鲍叔奉杯而进曰:"使公毋忘出奔在于莒也,使管仲毋忘束缚而在于鲁也,使宁戚毋忘其饭牛而居于车下③。"桓公避席再拜曰④:"寡人与大夫能皆毋忘夫子之言⑤,则齐国之社稷幸于不殆矣⑥。"当此时也,桓公可与言极言矣⑦。可与言极言,故可与为霸。

【注】①齐桓公、管仲、鲍叔:皆见《贵公》篇注。宁戚:见《勿躬》篇"宁遬"注。　②寿:祝寿。　③桓公奔莒事详《贵卒》篇,管仲束缚事详《顺说》及《赞能》篇,宁戚饭牛事详《举难》篇。　④避席:离开坐席。表示尊敬惶恐。⑤夫子:对鲍叔的尊称。　⑥不殆:无危险。　⑦桓公可与言极言:对于桓公,可以跟他讲极情无隐的话。

荆文王得茹黄之狗①、宛路之矰②,以畋于云梦③,三月不反④;得丹之姬,淫⑤,朞年不听朝⑥。葆申曰⑦:"先王卜以臣为葆⑧,吉。今王得茹黄之狗、宛路之矰,畋三月不反;得丹之姬,淫,朞年不听朝。王之罪当笞⑨。"王曰:"不穀免衣襁褓而齿于诸侯⑩,愿请变更而无笞⑪。"葆申曰:"臣承先王之令,不敢废也。王不受笞,是废先王之令也。臣宁抵罪于王⑫,毋抵罪于先王。"王曰:"敬诺。"引席,王伏,葆申束细荆五十,跪而加之于背⑬。如此者再⑭,谓:"王起矣。"王曰:"有笞之名一也,遂致之⑮。"申曰:"臣闻君子耻之,小人痛之⑯。耻之不变,痛之何益⑰?"葆申趣出⑱,自流于渊⑲,请死罪。文王曰:"此不穀之过也,葆申何罪?"王乃变更⑳,召葆申,杀茹黄之狗,析宛路之矰㉑,放丹之姬㉒。后荆国兼国三十九,令荆国广大至于此者,葆申之力也㉓,极言之功也。

【注】①荆文王:见《长见》篇注。茹黄:名贵猎犬名。当是茹地所产的黄犬。 ②宛路:精良竹材名。当是宛地所产的箘簬。路,通"簬"、"辂",亦称"箘簬(jùn lù)",一种细直而坚硬的竹,适于做箭杆。矰(zēng):一种短箭。系有细丝绳,发射后可以收回。 ③畋(tián):打猎。这个意义亦通用"田"字。云梦:泽薮名,见《至忠》篇注。 ④反:同"返"。 ⑤丹之姬:丹地的美女。丹,一说指丹山(与今长江三峡所在的巫山相近),一说指丹阳(在今湖北秭归东或枝江西)。疑此即用传说的巫山神女故事,而宋玉《高唐赋》、《神女赋》所称的楚襄王实指楚文王。淫:沉湎于女色。 ⑥朞(jī)年:一年。朞,同"期"。 ⑦葆申:楚文王臣。"葆"通"保",官名,即太保。"申"为其名。 ⑧卜:通过占卜选择。 ⑨笞:用竹板或荆条抽打的刑罚。 ⑩不穀:古代诸侯自称。免衣襁褓而齿于诸侯:指自从脱离襁褓就即君位而列于诸侯。衣,他书或作"于"。襁褓,同"襁褓",裹婴儿用的布带和布兜。齿,列。 ⑪变更:指改换一种处罚。 ⑫抵罪:偿罪。此犹言得罪。 ⑬"引席"下意谓:葆申牵席至王前,王伏在席上,葆申捆细荆条五十根,跪在

王前,把荆条轻轻触到王的背上。　⑭再:两次。指轻触两次。　⑮此处"王曰"意思是:假笞和真笞都一样有受笞之名,就请竟加真笞。遂,竟。致,意指达到真笞的程度。　⑯君子耻之,小人痛之:君子耻于受笞,小人则只知道受笞而身体会疼痛。　⑰耻之不变,痛之何益:如果被笞感到羞耻而又不改变自己的行为,那么即使痛笞之又有什么用处?　⑱趣:通"趋"。　⑲自流于渊:自己流放自己于渊薮之地。　⑳变更:指改正过错。　㉑析:破毁。他书或作"折"。　㉒放:犹逐,送走。　㉓葆申之力也:疑"力"字本作"功",下"极言之功也"五字本为注文。

知　化①

三曰　夫以勇事人者,以死也②;未死而言死不论,以虽知之,与勿知同③。凡智之贵也,贵知化也。人主之惑者则不然:化未至则不知化;已至,虽知之,与勿知一贯也④。事有可以过者⑤,有不可以过者。而身死国亡,则胡可以过⑥?此贤主之所重,惑主之所轻也。所轻⑦,国恶得不危⑧,身恶得不困?危困之道,身死国亡,在于不先知化也,吴王夫差是也。子胥非不先知化也,谏而不听,故吴为丘墟,祸及阖庐⑨。

【注】①知化:言人的行为要能够适应事物发展变化的必然趋势。事未变而能预知其变化,循此当理而行之,是谓知化;反之,不知事物变化而行不当理,则谓之不知化。　②此句意谓:以勇敢侍奉主子的人,要勇于为主子死难。　③此分句意谓:未能为主子死难而称死了不伦,这样的人虽知当死则死,与不知没有什么两样。论,通"伦"。以,此。按:此言当死不死为不知化,可参《离谓》篇所记齐人以为"死不利,故不死"之例。　④"不然"下意谓:变化未显著到来时不知道变化;变化显著到来时,虽然知道了要随之变化,却仍然与不知变化时一个样。一贯,一样。按:此言当变不变,与上文所指当死不

死相应。　⑤过：犯错误。　⑥此句是说：若是关系到身死国亡的大事，又怎么可以犯错误呢？而，犹"若"。胡，何。　⑦所轻：若轻忽于此。此"所"字犹"若"，与上二句用法不同。　⑧恶（wū）得：怎么能。　⑨夫差、子胥、阖庐：均见《当染》篇注。下段所言及的太宰嚭亦并见该篇注。按：此处概括下述故事之意，谓夫差不听子胥之言而亡国，以致吴国绝祀，祸及其父阖庐。

吴王夫差将伐齐，子胥曰："不可。夫齐之与吴也，习俗不同，言语不通，我得其地不能处①，得其民不得使②。夫吴之与越也，接土邻境，壤交通属③，习俗同，言语通，我得其地能处之，得其民能使之。越于我亦然。夫吴、越之势不两立。越之于吴也，譬若心腹之疾也，虽无作④，其伤深而在内也。夫齐之于吴也，疥癣之病也，不苦其已也，且其无伤也⑤。今释越而伐齐，譬之犹惧虎而刺猏⑥，虽胜之，其后患未央⑦。"太宰嚭曰："不可。君王之令所以不行于上国者⑧，齐、晋也。君王若伐齐而胜之，徙其兵以临晋，晋必听命矣。是君王一举而服两国也，君王之令必行于上国。"夫差以为然，不听子胥之言，而用太宰嚭之谋。子胥曰："天将亡吴矣，则使君王战而胜；天将不亡吴矣，则使君王战而不胜。"夫差不听。子胥两袪高蹶而出于廷⑨，曰："嗟乎！吴朝必生荆棘矣。"夫差兴师伐齐，战于艾陵⑩，大败齐师，反而诛子胥⑪。子胥将死，曰："与吾安得一目⑫，以视越人之入吴也！"乃自杀。夫差乃取其身而流之江⑬，抉其目，著之东门⑭，曰："女胡视越人之入我也⑮？"居数年，越报吴，残其国，绝其世，灭其社稷，夷其宗庙⑯，夫差身为擒。夫差将死，曰："死者如有知也，吾何面以见子胥于地下？"乃为幎以冒面死⑰。夫患未至，则不可告也;患既至,虽知之无及矣。故夫差之知惭于子胥也,不若勿知。

【注】①处:居住,犹言占据。 ②不得使:不能役使。依上下文例,此"得"字仍当作"能"。 ③壤交通属(zhǔ):校者谓"通"字当作"道",应是。四字指土地交错,道路连接。 ④无作:不发作。 ⑤此三句意谓:疥疮和癣之类的病,即使再严重也不致有多痛苦,而且不会危及性命。已,甚,过分。 ⑥猏(jiān):通"豣",三岁的兽。 ⑦央:尽。 ⑧上国:指中原各国。 ⑨两袪(qū)高蹶:指两手提起衣服,高抬脚大步走去。蹶,踏。 ⑩艾陵:春秋时齐地,在今山东莱芜东北。是役在公元前484年,吴杀齐卿国书等。 ⑪反:同"返"。 ⑫与吾:疑当作"吾与","与"为语助词。 ⑬流之江:见《必已》篇"伍员流乎江"注。 ⑭著:置放。 ⑮女:同"汝",你。胡:怎么能。 ⑯夷:平。 ⑰为幎(mì)以冒面死:用幎巾而蒙面死去。幎,当是"幎目"之省,指用以覆盖死者面部的方巾。冒,蒙。面,毕校本参照高诱注改为"而",今仍从旧。

过　　理①

四曰　亡国之主一贯②。天时虽异③,其事虽殊④,所以亡同者⑤,乐不适也⑥。乐不适则不可以存⑦。

【注】①过理:失理。按:《明理》篇谓乱国之主无"至乐",多以"妖祥"言之;此篇则直斥亡国之主纵欲无度,行为荒诞,而全不顾人情事理,故谓之"过理"。 ②一贯:都是一样的。 ③天时:犹言时势。 ④其事:各自的行为。殊:异。 ⑤所以亡同:所以灭亡的原因都相同。 ⑥乐不适:指他们所追求的享乐总不能满足他们的欲望。犹言纵欲无度。下文凡称"不适"均为此意。 ⑦不可以存:指君位、国家都不能保持。

糟丘、酒池、肉圃①,为格雕柱而桔诸侯②,不适也;刑鬼侯之女而取其瓌③,戳涉者胫而视其髓④,杀梅伯而遗文王其醢⑤,不适也,文王貌受以告诸侯⑥;作为琁室,筑为顷宫⑦,剖孕妇而观其化⑧,杀比干而视其心⑨,不适也。孔子闻之曰:"其窍通则比干不死矣⑩。"夏、商之所以亡也。

【注】①糟丘、酒池、肉圃:此三词皆用为动词,指殷纣王酿酒之多以致酒糟堆成山,器物不足以盛酒而灌于池,悬肉如林而似园圃。按:此下所记大抵为殷纣王之行,而亦偶涉及夏桀,故段末谓"夏、商之所以亡",而段首遂省去主格词。 ②为格雕柱:犹言造铜格,雕铜柱。指炮烙之刑,参见《顺民》篇"炮烙"注。桔诸侯:高诱注谓"雕画高柱,施桔槔于其端,举诸侯而上下之,故曰不适"。此说有可取之处,但高氏实以"为格"与上"肉圃"连读,而以"雕柱而桔诸侯"为一句,故解"柱"为"高柱"。按之文义,"为格雕柱"当连读,"雕柱"实指用于炮烙之刑的铜柱亦加雕饰,与"格"有别。句意盖指以炮烙之刑加于诸侯,而用桔槔将受刑者举置于铜格和铜柱上。 ③刑鬼侯之女:参见《行论》篇"鬼侯"注。刑,杀。瓌:同"瑰",珠宝,当是泛指饰品。毕校本以为讹字,改作"环",反嫌拘泥,今仍从旧。 ④戳:即"截"字。此句参见《先识览》篇"三不辜"注。 ⑤梅伯:见《行论》篇注。遗(wèi):送给。醢(hǎi):肉酱。 ⑥文王:周文王。貌受:表面接受。按:此句依文例似不当有,疑原作者改编时失删。本段全部文字亦似未定稿。 ⑦琁(xuán)室、顷宫:他书亦作"瑶台"、"琼室",相传分别为夏桀、殷纣王所作,均为玉石建筑。⑧化:育,引申指胚胎。其事亦参见《先识览》"三不辜"注。 ⑨比干:见《功名》篇注。 ⑩此处所托孔子之言,高诱注谓指纣"一窍通则比干不见杀",各家皆从之,恐不妥。句意当是指人之心窍生则通,死则窒,杀比干则即无由观其心窍之通,故谓"其窍通则比干不死矣"。此乃幽默反语,以见纣之无道,"其"字非是指纣。又,此句依文例亦不当有。

晋灵公无道①,从上弹人而观其避丸也②;使宰人臑熊蹯不熟③,杀之,令妇人载而过朝以示威④:不适也。赵盾骤谏而不听⑤,公恶之⑥,乃使沮麛⑦。沮麛见之,不忍贼⑧,曰:"不忘恭敬,民之主也⑨。贼民之主不忠,弃君之命不信。一于此⑩,不若死。"乃触廷槐而死。

【注】①晋灵公:见《报更》篇注。 ②从上弹人:从台上用弹弓射人。按:"从"下当脱"台"字,《左传》宣公二年有。 ③宰人:厨师。腼:通"胹(ěr)",煮,煮烂。熊蹯(fān):熊掌。 ④令妇人载而过朝:《左传》作"寘诸畚,使妇人载以过朝",即肢解宰人尸体,放在草筐子里,让宫女背着经过朝廷。示威:显示其淫威。 ⑤赵盾:即赵宣子,见《报更》篇"赵宣孟"注。骤:屡次。 ⑥恶:憎恨。 ⑦沮麛:《左传》作"鉏麑(chú ní)",晋灵公卫士,以勇力著闻。按:此下当有脱文。《左传》下接"贼之,晨往,寝门辟矣,盛服将朝,尚早,坐而假寐"十八字,当据补。其文谓晋灵公遣沮麛刺杀赵盾,沮麛一大早前往,看到赵盾寝舍的门已开,赵盾整齐地穿好官服准备上朝,见时间尚早,正坐在那里闭目打个盹儿。 ⑧贼:杀。 ⑨民之主:能够为民做主的人。 ⑩一于此:《左传》作"有一于此",即二者有其一。

齐湣王亡居卫①,谓公王丹曰②:"我何如主也?"王丹对曰:"王,贤主也。臣闻古人有辞天下而无恨色者③,臣闻其声④,于王而见其实。王名称东帝⑤,实辨天下⑥。去国居卫,容貌充满⑦,颜色发扬⑧,无重国之意⑨。"王曰:"甚善!丹知寡人。寡人自去国居卫也,带益三副矣⑩。"

【注】①齐湣王:见《审己》篇注。 ②公王丹:即《审己》篇所见"公玉丹"。秦汉时篆隶"玉"字往往与"王"不分。 ③辞天下而无恨色:失去天子的位置也无遗憾的表情。 ④声:名。 ⑤东帝:公元前288年,秦、齐曾相约称帝,秦昭王为西帝,齐湣王为东帝。不久皆取消其号。 ⑥辨:古用作"办"字,即治理。 ⑦容貌充满:体貌丰满。 ⑧颜色发扬:容光焕发。 ⑨无重国之意:不以为去国是大不了的事。 ⑩带益三副:指腰带增加了三

副带钩的长度。副,用作量词。此言其苟活而肥。

宋王筑为蘖帝①、鸱夷血②,高悬之,射著甲胄从下③,血坠流地。左右皆贺,曰:"王之贤过汤、武矣。汤、武胜人,今王胜天,贤不可以加矣。"宋王大说④,饮酒,室中有呼万岁者,堂上尽应;堂上已应,堂下尽应,门外庭中闻之,莫敢不应:不适也。

【注】①宋王:指宋康王,见《当染》篇注。筑:疑当作"筑台",脱"台"字。为:造。蘖帝:用树枝扎成的天帝之形。蘖,树桩新生的枝条。 ②鸱夷血:盛血的大革囊。鸱夷,大革囊。 ③射著(zhuó)甲胄从下:当作"著甲胄从下射",即身穿甲胄从下往上射。 ④说:通"悦"。

壅　　塞

五曰　亡国之主不可以直言。不可以直言,则过无道闻①,而善无自至矣②。无自至则壅。

秦缪公时③,戎强大,秦缪公遗之女乐二八与良宰焉④。戎王大喜,以其故数饮食⑤,日夜不休。左右有言秦寇之至者,因扞弓而射之⑥。秦寇果至,戎王醉而卧于樽下⑦,卒生缚而擒之。未擒则不可知,已擒则又不知⑧。虽善说者犹若此⑨,何哉?

【注】①无道:无由。 ②无自:无从。 ③秦缪公:即秦穆公,见《尊师》篇注。此下所记事在穆公三十四年(前626)。 ④遗(wèi):赠送。女乐二八:歌舞女子十六人。良宰:好厨师。 ⑤数饮食:频繁宴饮聚餐。 ⑥扞(hàn)弓:弯弓。毕校本改"扞"为"扞",因皆可通,今仍从旧。 ⑦樽:古籍通作"尊",盛酒器。 ⑧又不知:指大醉未醒而仍不知。 ⑨此句"善说者"

三字上疑脱"有"字。其事又见《不苟》篇,该篇有"由余骤谏而不听"之语,当即此处所指"善说者"。

齐攻宋①,宋王使人候齐寇之所至②。使者还,曰:"齐寇近矣,国人恐矣。"左右皆谓宋王曰:"此所谓肉自至虫者也③。以宋之强,齐兵之弱,恶能如此④?"宋王因怒而诎杀之⑤。又使人往视齐寇,使者报如前,宋王又怒诎杀之。如此者三。其后又使人往视。齐寇近矣,国人恐矣⑥。使者遇其兄,曰:"国危甚矣,若将安适?"其弟曰:"为王视齐寇。不意其近而国人恐如此也⑦。今又私患乡之先视齐寇者⑧,皆以寇之近也报而死,今也报其情死⑨,不报其情又恐死,将若何?"其兄曰:"如报其情,有且先夫死者死,先夫亡者亡⑩。"于是报于王曰:"殊不知齐寇之所在,国人甚安。"王大喜,左右皆曰:"乡之死者宜矣。"王多赐之金⑪。寇至,王自投车上驰而走⑫,此人得以富于他国⑬。夫登山而视牛若羊,视羊若豚⑭。牛之性不若羊⑮,羊之性不若豚,所自视之势过也⑯。而因怒于牛羊之小也,此狂夫之大者⑰。狂而以行赏罚,此戴氏之所以绝也⑱。

【注】①齐攻宋:指公元前286年齐湣王灭宋之役。 ②宋王:指宋康王,见《当染》篇注。候:侦察。寇:入侵军队。 ③肉自至虫:肉自会招致蛆虫。至,使……至,犹"致"。此以"虫"喻入侵者,谓微不足道。 ④恶(wū):怎么。 ⑤诎杀:枉杀。诎,同"屈",冤枉。 ⑥此处"齐寇近矣,国人恐矣"八字,当在接下"使者遇其兄曰"六字下,为使者之语。其下仍当有"其兄曰"三字。盖传抄错乱。 ⑦不意:没有料到。按:此二字上当脱"王"字。 ⑧私患:窃自担心。乡:通"向",此前。 ⑨情:真实情况。 ⑩"有且"句:可能

将先于那该死者死,先于那该亡者亡。有,或。且,将。夫,指示代词。死者、亡者,分指君主、国家。齐军至则必君死国亡。 ⑪金:钱财。 ⑫自投车上:独自一头栽进车里。驰而走:赶车飞奔而逃。 ⑬富于他国:指其携所得赏赐逃至他国而致富。 ⑭豚(tún):小猪。 ⑮性:特征。此实指形体。 ⑯所自视之势过:所从视物的地位造成的错觉。 ⑰狂夫之大:狂人的大过。 ⑱戴氏:宋国公族别支。大约自春秋初年宋戴公之后,其庶孙即别立为戴氏。宋灭国前相继为君的剔成君(疑即司城子罕皇喜)及其弟王偃(即康王)当皆出自戴氏,故此谓宋亡而戴氏绝祀。

齐王欲以淳于髡傅太子①,髡辞曰:"臣不肖,不足以当此大任也。王不若择国之长者而使之②。"齐王曰:"子无辞也。寡人岂责子之令太子必如寡人也哉③?寡人固生而有之也④。子为寡人令太子如尧乎,其如舜也⑤?"凡说之行也⑥,道不智听智⑦,从自非受是也⑧。今自以贤过于尧、舜,彼且胡可以开说哉⑨?说必不入⑩,不闻存君⑪。

【注】①齐王:指齐宣王,见《知士》篇注。淳于髡:见《报更》篇注。傅太子:为太子师傅。 ②长者:年长而德高望重的人。 ③责:要求。令:使。 ④生而有之:生而有才能。即自负天赋超人。 ⑤其:或。 ⑥行:被采纳。 ⑦道不智听智:由自身不明智而听从明智的意见。道,由。 ⑧自非受是:由不正确而接受正确的意见。此四字上"从"字疑本为上"听"字注文而误入正文。 ⑨彼:指进言者。开说:陈说。 ⑩入:同"纳"。按:依文义和词气,"说必不纳"四字当重,分属上下句。 ⑪不闻存君:未尝听说如此还能保持君位的人主。

齐宣王好射,说人之谓己能用强弓也①。其尝所用不过三石②,以示左右。左右皆试引之,中关而止③,皆曰:"此不下九石,非王,其孰能用是?"宣王之情④,所用不过三石,而终身自以为用九石,岂不悲哉?非直士,其孰能不阿主⑤?世之直士,其寡不胜众,数也⑥。故乱国之主,患存乎用三石为九石也⑦。

【注】①说:通"悦"。 ②三石:三石的弓力。石,古代重量单位,一石为一百二十斤。 ③中关而止:拉到半满弓而止。表示再也拉不动。 ④情:真实情形。 ⑤阿:阿谀,奉承。 ⑥数:规律。 ⑦存:疑本作"在"。为:认为。

原　　乱①

六曰　乱必有弟②。大乱五,小乱三,訽乱三③。故诗曰"毋过乱门"④,所以远之也;"虑福未及,虑祸之"⑤,所以皃之也⑥。武王以武得之,以文持之,倒戈弛弓⑦,示天下不用兵,所以守之也。

【注】①原乱:推究祸乱之源。 ②有弟:次第发生。弟,同"第",别本或作"第"。句意实指根源性的祸乱一旦发生,即会导致一系列的变乱相继而起。 ③此九字就春秋中叶晋国的变乱言之,详后。疑九字上当有"晋"字。 ④此引诗不见于今本《诗经》,似为谚语。 ⑤二"虑"字句:此亦当是谚语。《淮南子·人间训》引作"计福不及,虑祸过之",此当脱"过"字。意谓计虑得福之事宁可不及,考虑可能的祸患则宁可过头。 ⑥皃:"貌"之本字。此通"邈",与上文"远"字同义,乃为行文避复而变其字。 ⑦倒戈弛弓:倒置干戈,松弛弓弦。犹后世习称的"刀枪入库,马放南山"。《尚书·武成》篇载周武王灭商后"偃武修文,归马于华山之阳,放牛于桃林之野"。

晋献公立骊姬以为夫人①,以奚齐为太子②,里克率国人以攻杀之③。荀息立其弟公子卓④,已葬,里克又率国人攻杀之。于是晋无君⑤,公子夷吾重赂秦以地而求入⑥，秦缪公率师以纳之，晋人立以为君，是为惠公。惠公既定于晋，背秦德而不予地。秦缪公率师攻晋，晋惠公逆之⑦，与秦人战于韩原。晋师大败，秦获惠公以归，囚之于灵台⑧。十月，乃与晋成⑨，归惠公而质太子圉⑩。太子圉逃归也，惠公死，圉立为君，是为怀公。秦缪公怒其逃归也，起奉公子重耳以攻怀公，杀之于高梁⑪，而立重耳，是为文公。文公施舍，振废滞⑫，匡乏困⑬，救灾患，禁淫慝⑭，薄赋敛，宥罪戾⑮，节器用，用民以时；败荆人于城濮，定襄王⑯，释宋，出谷戍⑰，外内皆服，而后晋乱止。故献公听骊姬，近梁五、优施⑱，杀太子申生，而大难随之者五，三君死，一君虏⑲，大臣卿士之死者以百数，离咎二十年⑳。

【注】①晋献公、骊姬：分别参见《权勋》、《上德》篇注。 ②奚齐（前665—前651）：骊姬亲子。骊姬之乱，尽逐群公子而立奚齐以为太子。立一月，被里克攻杀。 ③里克（？—前650）：春秋时晋国正卿。骊姬之乱时，先杀奚齐，继而又杀荀息及公子卓。欲立公子重耳（即晋文公），而未能阻止惠公抢先即位（见下）。惠公即位后惧其变乱，迫令自杀。 ④荀息：参见《权勋》篇注。公子卓（？—前651）：又称"卓子"、"倬子"、"悼子"。晋献公之子，骊姬之妹所生。 ⑤于是：通"于时"，其时。 ⑥公子夷吾：即晋惠公，参见《爱士》篇注。按：惠公回国前，曾答应割让晋国黄河以南的五城之地给秦国，以使秦出兵送他回国即君位。及其即位，则又食言不予。下述韩原之战及其被俘事，并参见《爱士》篇。 ⑦逆：迎，迎战。 ⑧灵台：秦高台名。原为周台，在今陕西户县境。 ⑨十月：指秦攻晋之年（前645）的十月份。成：讲和。次月晋惠公被放回国。 ⑩质太子圉（yǔ）：以晋惠公之太子圉为人质。圉，即晋怀公（？—前637）。惠公回国时，入秦为人质。至惠公十三年（前638），闻惠公病重，逃归。次年惠公卒，继位。未几，因秦军送重耳回国即位，出逃被杀。 ⑪高梁：春秋时晋地，在今山西临汾东北。 ⑫施舍：发

放财物。 振废滞:救济生业荒废停滞的民户。振,后世用"赈"字。 ⑬匡乏困:扶助贫困。 ⑭淫慝(tè):奸邪行为。 ⑮宥罪戾:赦免轻罪。 ⑯定襄王:参见《不广》篇。 ⑰释宋,出谷戍:指城濮之战(前632),晋大败楚军,解除了楚人对宋国的围困,并迫使楚人撤出了在所占齐国谷邑(今山东平阴西南东阿镇)的戍兵。按:"释宋"下当脱"围"字,《左传》僖公二十七年作"出谷戍,释宋围,一战而霸"。城濮之战参见《简选》、《义赏》篇。 ⑱梁五、优施:均为晋献公嬖臣,劝献公立奚齐者。《左传》庄公二十八年作"外嬖梁五与东关嬖五",时称"二五"。《国语·晋语一》有优施,为俳优(扮演杂戏以侍奉人主者),名施,与骊姬私通。 ⑲申生:见《上德》篇注。大难随之者五:疑指重耳流亡一,奚齐被杀二,公子卓被杀三,惠公被虏四,怀公被杀五。三君死:指奚齐、公子卓、怀公之死。一君虏:指惠公被虏。 ⑳离咎二十年:指晋国内乱之祸,从骊姬诬杀太子申生(前656)到文公即位(前636),前后共历二十年。离咎,罹祸、遭祸,"离"通"罹"。按:通观本篇所记,文章开头所说的"大乱五"当即上述"大难随之者五"。"小乱三"疑指惠公即位后杀里克及其党,怀公即位后杀重耳之党狐突,文公即位后杀惠公之党吕甥、郤芮。三事皆与文公有关系(里克亦曾欲迎文公回国),而本文未言及。"訓乱三"疑指文公即位后消除内乱的三项措施,包括整顿内政(即文中所说"振废滞"云云)、定襄王及城濮一战而称霸。"訓"字不见于字书,《一切经音义》以为"讨"字之古文,当有依据。"讨乱"犹言消除动乱。

  自上世以来,乱未尝一,而乱人之患也,皆曰一而已①。此事虑不同情也②。事虑不同情者,心异也③。故凡作乱之人,祸希不及身④。

  【注】①以上可译为:自上古以来,作乱之事未尝一律,只不过作乱之人的忧虑,大体上可说都一个样罢了。 ②此事虑不同情:这是由于对事体的计虑有不同的心思。情,情状,偏指欲望而言。 ③心异:指与人主有二心。 ④祸希不及身:殃祸少有不反及自身的。希,同"稀",少。

卷二十四　不苟论第四

不　苟　论

一曰　贤者之事也①,虽贵不苟为,虽听不自阿②,必中理然后动③,必当义然后举。此忠臣之行也,贤主之所说④。而不肖主虽不肖其说⑤,非恶其声也⑥。人主虽不肖,其说忠臣之声与贤主同,行其实则与贤主有异⑦。异,故其功名祸福亦异。异,故子胥见说于阖闾,而恶乎夫差⑧;比干生而恶于商⑨,死而见说乎周。

【注】①事:行事,行为。　②听:被听从。自阿:自私。　③中(zhòng)理:合乎义理。下句"当义"与此同意。　④说:通"悦"。本段此下诸"说"字均同此。　⑤虽不肖其说:当作"虽不说(悦)","肖其"二字衍。毕校本改此五字为"之所不说"四字,不妥,今仍从旧。　⑥恶(wù)其声:讨厌其名声。本段末二句之"恶"字与此"恶"字同义。　⑦行其实:用其实,对贤者行实的采纳。犹言使用贤人。"实"与上"声"字相对。　⑧子胥、阖闾、夫差:均见《当染》篇注。　⑨比干:见《功名》篇注。

武王至殷郊,系堕①。五人御于前②,莫肯之为③,曰:

"吾所以事君者,非系也。"武王左释白羽,右释黄钺④,勉而自为系。孔子闻之曰:"此五人者之所以为王者佐也,不肖主之所弗安也⑤。"故天子有不胜细民者⑥,天下有不胜千乘者⑦。

【注】①武王:周武王。系堕:袜带(或鞋带)掉下来了。他书或作"袜系解"、"履系解",又或谓为文王事。 ②五人:当是指武王的辅佐大臣,参见《分职》篇"武王之佐五人"注。御:侍奉。 ③莫肯之为:犹"莫肯为之",谁也不肯为武王系上。 ④左、右:左手、右手。释:放下。白羽、黄钺:用白色羽毛装饰的旗帜和金黄色的青铜大斧。 ⑤弗安:不能容忍。指不能容忍如五人者不侍奉琐事的行为。 ⑥细民:小民。 ⑦天下:指天子。千乘:指普通诸侯。

秦缪公见戎由余①,说而欲留之②,由余不肯。缪公以告蹇叔③,蹇叔曰:"君以告内史廖④。"内史廖对曰:"戎人不达于五音与五味,君不若遗之。"缪公以女乐二八人与良宰遗之。戎王喜,迷惑大乱,饮酒昼夜不休⑤。由余骤谏而不听⑥,因怒而归缪公也。蹇叔非不能为内史廖之所为也,其义不行也⑦。缪公能令人臣时立其正义⑧,故雪殽之耻⑨,而西至河雍也⑩。

【注】①秦缪公:见《尊师》篇注。由余:春秋时秦大夫。本为晋人,后入戎。秦穆公闻其贤,遂设计罗致之,即此处所记事。事又见《壅塞》篇,可以互参。 ②说:通"悦"。 ③蹇叔:见《悔过》篇注。 ④内史廖:参见《不二》篇"王廖"注。 ⑤以上并参见《壅塞》篇。"二八人"之"人"字当衍。 ⑥骤:屡次。 ⑦其义不行:不能行其义。意谓赠女乐之手段不正当,蹇叔守其正派作风,故不言,而推托于谋士内史廖。 ⑧时立其正义:此指蹇叔守正,则不使勉为所难。 ⑨雪殽之耻:殽之战详见《悔过》篇,穆公雪耻事亦并

参该篇"获其三帅以归"注。 ⑩西至河雍：指秦霸西戎，版图西扩至黄河上游及雍水地区（约当今甘肃东部）。

秦缪公相百里奚①，晋使叔虎、齐使东郭蹇如秦②。公孙枝请见之③，公曰："请见客，子之事欤？"对曰："非也。""相国使子乎④？"对曰："不也⑤。"公曰："然则子事非子之事也⑥。秦国僻陋戎夷⑦，事服其任⑧，人事其事，犹惧为诸侯笑。今子为非子之事，退，将论而罪⑨。"公孙枝出，自敷于百里氏⑩，百里奚请之。公曰："此所闻于相国欤？枝无罪，奚请？有罪，奚请焉？"⑪百里奚归，辞公孙枝⑫。公孙枝徙⑬，自敷于街⑭，百里奚令吏行其罪。定分官⑮，此古人之所以为法也。今缪公乡之矣⑯，其霸西戎，岂不宜哉？

【注】①百里奚：见《慎人》篇注。 ②叔虎：春秋时晋大夫。郤氏，名豹，字叔虎。郤芮之父。东郭蹇：不详。 ③公孙枝：见《慎人》篇注。见：会见，犹言接待。 ④相国：指百里奚。 ⑤不：读作"否"。 ⑥此句意谓：这样说来，你是要做你职分以外所事。 ⑦僻陋戎夷：偏处戎夷杂居地区。 ⑧事服其任：事事都各任其职。服，履行。任，职事。 ⑨退：退下去。将：当。而：你。 ⑩敷：陈诉。 ⑪此"公曰"意谓：这样的事是相国该过问的吗？公孙枝若无罪，你请求什么？若有罪，你又怎可说情？闻，犹问、管。 ⑫辞：向……推辞。 ⑬徙：疑当作"徒"，指跣足、赤脚。盖形近而误。 ⑭敷：疑当作"缚"，盖涉上文"自敷"而误。按：此故事类似公孙枝"自刖而尊百里"，当是传闻异辞。 ⑮定分官：陈奇猷《校释》以为当作"定分治官"，应是。 ⑯乡：通"向"，近。

晋文公将伐邺①，赵衰言所以胜邺之术②，文公用之，果胜。还,将行赏,衰曰:"君将赏其本乎,赏其末乎?赏其末则骑乘者存③,赏其本则臣闻之郄子虎④。"文公召郄子虎曰:"衰言所以胜邺,邺既胜,将赏之,曰:'盖闻之于子虎,请赏于虎。'"子虎曰:"言之易,行之难。臣言之者也。"公曰:"子无辞。"郄子虎不敢固辞,乃受矣。凡行赏欲其博也,博则多助。今虎非亲言者也,而赏犹及之,此疏远者之所以尽能竭智者也。晋文公亡久矣⑤,归而因大乱之余,犹能以霸,其由此欤!

【注】①邺:古邑名,在今河北临漳西。春秋时属齐,桓公筑其城。 ②赵衰(cuī)(?—前622):春秋时晋大夫。嬴姓,赵氏,名衰,字子余,又称赵成子。赵盾之父。曾从文公在外流亡十九年,文公即位后为大臣,以功封原大夫。襄公时为中军佐。 ③骑乘者:此为赵衰对自己的谦称。存:在。 ④闻之郄子虎:指其胜邺之计闻自郄子虎。郄子虎,当即上文叔虎,即郄豹。 ⑤亡:指文公即位前的流亡。

赞　　能①

二曰　贤者善人以人,中人以事,不肖者以财②。得十良马,不若得一伯乐;得十良剑,不若得一欧冶③;得地千里,不若得一圣人。舜得皋陶而舜受之④,汤得伊尹而有夏民,文王得吕望而服殷商。夫得圣人,岂有里数哉⑤?

【注】①赞能:引荐贤能之人。赞,引。 ②此三句意思是:贤者与人为善,看重的是对方的为人;普通人与人为善,多因为具体的事情;不肖者与人为善,则不过是因财物。"善"为动词,并贯后二句。 ③欧冶:载籍多称欧冶子。相传为春秋时善铸剑者,曾应越王之请铸宝剑五枚。 ④舜得皋陶而舜受之:陈奇猷《校释》以为此句有脱,当作"舜得皋陶而尧受之,禹得伯益而舜

受之"二句,或是。受,同"授",分指尧、舜授位于舜、禹。皋陶、伯益及下文伊尹、吕望皆见《当染》篇注。　⑤岂有里数:指得贤人则功成,功成则得地之广不可以里计。

　　管子束缚在鲁,桓公欲相鲍叔①。鲍叔曰:"吾君欲霸王,则管夷吾在彼,臣弗若也。"桓公曰:"夷吾,寡人之贼也,射我者也②。不可。"鲍叔曰:"夷吾为其君射人者也。君若得而臣之,则彼亦将为君射人。"桓公不听,强相鲍叔。固辞让,而相桓公果听之③。于是乎使人告鲁曰:"管夷吾,寡人之雠也,愿得之而亲加手焉④。"鲁君许诺,乃使吏鞹其拳⑤,胶其目⑥,盛之以鸱夷⑦,置之车中。至齐境,桓公使人以朝车迎之⑧,祓以爟火,衅以牺猳焉⑨。生与之如国⑩,命有司除庙筵几而荐之⑪,曰:"自孤之闻夷吾之言也,目益明,耳益聪。孤弗敢专⑫,敢以告于先君。"因顾而命管子曰⑬:"夷吾佐予。"管仲还走,再拜稽首,受令而出。管子治齐国,举事有功,桓公必先赏鲍叔,曰:"使齐国得管子者,鲍叔也。"桓公可谓知行赏矣。凡行赏欲其本也,本则过无由生矣。

【注】①管子、桓公、鲍叔:皆见《贵公》篇注。管仲"束缚"事参见《顺说》篇。　②射我:参见《贵卒》篇。　③此句"相"字当衍。　④雠:仇人。亲加手:谓亲手杀之。　⑤鞹(kuò)其拳:用皮革套住他的双手。　⑥胶其目:用胶粘住他的眼睛。　⑦鸱夷:大革囊。　⑧朝车:古代君主的仪仗车。可赐给大臣或有殊功者,用以陪从君主出行。　⑨祓以爟火,衅以牺猳:指为管仲被除不祥。参见《本味》篇"爓以爟火,衅以牺猳"注。　⑩生与之如国:"生"字疑误,或是"躬"字残讹。句意当是指桓公亲自陪管仲入国都。《国语·齐语》作"桓公亲逆之于郊"。　⑪除庙筵几:整理宗庙的用具。除,治。筵,席

子。几,小矮桌。荐之:指祭告祖先,请允许起用管仲。 ⑫孤:诸侯自称。弗敢专:不敢擅自决定。此为古人祭祖的套语。 ⑬顾:回头。

孙叔敖、沈尹茎相与友①。叔敖游于郢②,三年,声问不知,修行不闻③。沈尹茎谓孙叔敖曰:"说义以听,方术信行④,能令人主上至于王,下至于霸,我不若子也。耦世接俗,说义调均⑤,以适主心,子不如我也。子何以不归耕乎?吾将为子游⑥。"沈尹茎游于郢,五年,荆王欲以为令尹⑦。沈尹茎辞曰:"期思之鄙人有孙叔敖者⑧,圣人也。王必用之,臣不若也。"荆王于是使人以王舆迎叔敖⑨,以为令尹。十二年而庄王霸,此沈尹茎之力也。功无大乎进贤。

【注】①孙叔敖:见《情欲》篇注。沈尹茎:见《当染》篇"沈尹蒸"注。 ②郢:楚国国都。 ③声问不知,修行不闻:名声不为人所知,修饬的德行也无人听说。问,通"闻",名誉。不闻,犹不显。 ④说义以听,方术信行:谈说道理可使人听从,制定方略可使人信服采纳。行,实行,此犹言采纳。 ⑤耦世接俗,说义调均:配合接洽世俗观念,谈说道理调和折中。耦,合。 ⑥为子游:替你游说。 ⑦令尹:楚国相职。 ⑧期思:春秋时楚邑,在今河南淮滨东。鄙人:乡下人。 ⑨王舆:王所乘车。

自　　知

三曰　欲知平直则必准绳,欲知方圆则必规矩。人主欲自知则必直士。故天子立辅弼①,设师保②,所以举过也。夫人故不能自知③,人主犹其④。存亡安危勿求于外,务在自知。

【注】①辅弼：辅佐大臣。古籍有天子大臣"左辅右弼"之说。 ②师保：师、傅、保的合称，有太师、太傅、太保及少师、少傅、少保等。皆为古代辅导及协助帝王之官。 ③故：通"固"。 ④犹其：此二字误，《太平御览》卷77引作"独甚"。一说当作"尤甚"。

尧有欲谏之鼓①，舜有诽谤之木②，汤有司过之士③，武王有戒慎之鞀④，犹恐不能自知。今贤非尧、舜、汤、武也，而有掩蔽之道⑤，奚繇自知哉⑥？荆成、齐庄不自知而杀⑦，吴王、智伯不自知而亡⑧，宋、中山不自知而灭⑨，晋惠公、赵括不自知而虏⑩，钻荼、庞涓、太子申不自知而死⑪。败莫大于不自知。

【注】①欲谏之鼓：为方便进谏者所置之鼓。欲进言则击之。他书"欲"或作"敢"。 ②诽谤之木：供书写（或悬挂）批评意见的木柱。诽谤，批评。 ③司过之士：专掌纠察人主过失的官吏。他书"过"或作"直"。 ④鞀(táo)：亦写作"鼗"、"鞉"，一种有柄的小摇鼓，如今之拨浪鼓。 ⑤揜：同"掩"。 ⑥繇：由。 ⑦荆成：楚成王，见《上德》篇注。齐庄：齐庄公，见《离俗览》篇注。杀：被杀。 ⑧吴王：指吴王夫差，见《当染》篇注及《知化》篇。智伯：见《当染》篇注及《义赏》篇。 ⑨宋亡国事可参见《壅塞》篇，中山亡国事可参见《乐成》、《先识览》篇。 ⑩晋惠公：见《爱士》篇注及《原乱》篇。赵括：战国时赵国将领。以只善于纸上谈兵，代替廉颇为将，以致秦、赵长平之战，赵人全军覆没，他本人亦被杀。参见《介立》篇"秦人之围长平"注。
⑪此句意指战国时齐、魏马陵之战（前341），魏军大败，魏将钻荼、庞涓及魏惠王太子申均被杀。参见《不屈》篇"当惠王之时……大将、爱子有禽者"注。按：此役庞涓自杀，太子申被俘死，均见于史载；钻荼则不见于他书，事已无考。或疑钻荼即龙贾，而史载龙贾曾于魏惠王后元五年（前330）为秦军所擒，则其人并未死于马陵之战。

范氏之亡也①,百姓有得钟者,欲负而走,则钟大不可负;以椎毁之②,钟况然有音③,恐人闻之而夺己也,遽揜其耳④。恶人闻之可也⑤,恶己自闻之,悖矣。为人主而恶闻其过,非犹此也？恶人闻其过尚犹可⑥。

【注】①范氏之亡:指春秋末晋国贵族范氏被智、赵、韩、魏四家所灭事。参见《当染》篇"范吉射"注。 ②以:犹"及",表示连续的动作。椎毁:犹捶毁,指用可击打的东西敲坏。椎,同"槌"、"锤",此用作动词,指敲击。 ③况然:形容击钟的声音,指声音宏大。 ④遽揜其耳:急忙捂起他自己的耳朵。 ⑤恶(wù):不欲,不愿。 ⑥尚犹可:还可理解。按:此句语意未完,或说当补"恶己自闻其过,悖矣"诸字。

魏文侯燕饮①,皆令诸大夫论己。或言君之智也②。至于任座③,任座曰:"君不肖君也。得中山不以封君之弟,而以封君之子④,是以知君之不肖也。"文侯不说⑤,知于颜色⑥。任座趋而出,次及翟黄⑦。翟黄曰:"君,贤君也。臣闻其主贤者,其臣之言直。今者任座之言直,是以知君之贤也。"文侯喜曰:"可反欤⑧?"翟黄对曰:"奚为不可？臣闻忠臣毕其忠⑨,而不敢远其死⑩。座殆尚在于门⑪。"翟黄往视之,任座在于门,以君令召之。任座入,文侯下阶而迎之,终座以为上客⑫。文侯微翟黄⑬,则几失忠臣矣。上顺乎主心以显贤者,其唯翟黄乎！

【注】①魏文侯:见《下贤》篇注。燕饮:同"宴饮"。 ②或言君之智:疑"智"上当有"贤"字,或"智"字本作"贤"。下文皆以"贤"与"不肖"对举,不涉及"智"。按:《太平御览》卷六百二十二引作"或言君仁,或言君义,或言君智",句型有异,疑为后人擅增字为句。 ③任座:陈奇猷《校释》以为即公叔痤,或是;然又谓之任姓,公叔氏,名痤,恐不当。公叔痤实出于魏公族,为姬

姓,参见《长见》篇注。疑"任座"为"叔痤"之讹。 ④君之子:指太子击,即魏武侯。文侯初灭中山,曾以为太子封邑。 ⑤说:通"悦"。 ⑥知:犹表现、显露。 ⑦翟黄:见《下贤》篇注。 ⑧反:同"返"。此用为使动词,谓使任座返回。 ⑨毕:尽。 ⑩远其死:逃离其死。句意指既为忠臣,则即使获死罪,亦决不躲避。 ⑪殆:必。在于门:在大门口。 ⑫终座:同"终坐",即终席,直到宴会结束。 ⑬微:无。

当　　赏①

四曰　民无道知天②,民以四时寒暑、日月星辰之行知天;四时寒暑、日月星辰之行当③,则诸生有血气之类皆为得其处而安其产④。人臣亦无道知主,人臣以赏罚爵禄之所加知主⑤;主之赏罚爵禄之所加者宜,则亲疏、远近、贤不肖皆尽其力而以为用矣。

【注】①当赏:言赏罚得当。 ②无道:无由。 ③当:适宜。 ④诸生有血气:指动植物。为:因之。得其处而安其产:得其适宜的生存环境而顺利生长繁殖。 ⑤所加:所施予。实指施行是否得当。

晋文公反国①,赏从亡者,而陶狐不与②。左右曰:"君反国家,爵禄三出而陶狐不与③,敢问其说④。"文公曰:"辅我以义、导我以礼者,吾以为上赏;教我以善、强我以贤者⑤,吾以为次赏;拂吾所欲、数举吾过者⑥,吾以为末赏⑦。三者所以赏有功之臣也。若赏唐国之劳徒⑧,则陶狐将为首矣。"周内史兴闻之曰⑨:"晋公其霸乎!昔者圣王先德而后力,晋公其当之矣。"

【注】①反国:同"返国",指其结束流亡后已回国即位。 ②陶狐:他书

或作"陶叔狐"、"壶叔"。当是狐氏,本居陶地,出于晋文公母家狐氏之族,为狄人。据下文所记,其从文公流亡时为执役者。不与:不在其中。　③出:颁赐。　④问:请闻。他书或载请者为咎犯,即狐偃。说:理由。　⑤以:从。强,勉励。　⑥拂:违背。举:指出。　⑦末:下,再次等。　⑧唐国:犹言本国。周初晋初封时称唐,后改称晋。劳徒:执力役之人。　⑨内史兴:周大夫。为内史,名兴。时奉周襄王之命,从尹氏、王子虎至晋,册封文公为诸侯。

秦小主夫人用奄变①,群贤不说自匿②,百姓郁怨非上③。公子连亡在魏④,闻之,欲入⑤,因群臣与民从郑所之塞⑥。右主然守塞⑦,弗入⑧,曰:"臣有义不两主⑨,公子勉去矣。"公子连去,入翟,从焉氏塞⑩,菌改入之⑪。夫人闻之,大骇,令吏兴卒⑫,奉命曰"寇在边"。卒与吏其始发也,皆曰"往击寇"。中道,因变曰:"非击寇也,迎主君也。"公子连因与卒俱来。至雍⑬,围夫人,夫人自杀。公子连立,是为献公。怨右主然而将重罪之,德菌改而欲厚赏之⑭。监突争之曰⑮:"不可。秦公子之在外者众,若此,则人臣争入亡公子矣⑯。此不便主。"献公以为然,故复右主然之罪⑰,而赐菌改官大夫⑱,赐守塞者人米二十石。献公可谓能用赏罚矣。凡赏非以爱之也,罚非以恶之也,用观归也⑲。所归善,虽恶之,赏;所归不善,虽爱之,罚。此先王之所以治乱安危也⑳。

【注】①小主夫人:指秦出子之母。"夫人"为其身份(诸侯妻)称呼。出子,秦惠公之子。惠公死(前387),被立为嗣君,时年仅二岁,故称"小主"。献公夺位(见下)时,与其母并被杀。用奄变:用阉人乱政。奄,通"阉",宦官。变,犹乱。　②不说自匿:不悦而自隐不出。　③郁怨非上:忧虑埋怨,非议朝廷。　④公子连:即秦献公(前424—前362)。战国时秦国君主。嬴

姓,名连,一名师隰、师显,或又称元献公。本为灵公太子,灵公死后受排斥,不得立,长期亡居魏之河西。于小主出子为从祖兄弟,在出子即位之次年(前385),回国夺得君位,即本文此下所记。在位励精图治,东向扩张,屡破魏军,秦国复振。　⑤欲入:欲入秦国夺位。　⑥因群臣与民从郑所之塞:"从郑"二字当在"所之"二字下,意指顺从其部下臣民所要走的路线,从郑塞入秦。句中"从郑塞"下,承上"欲入"之文,省"入"字(下文"从焉氏塞"亦省"入"字)。郑塞,秦国在郑地的关塞。郑,西周末为宣王之弟友(郑桓公)的封地,即郑国初都之地(今陕西华县),郑东迁新郑后归秦。　⑦右主然:守塞官吏。当是官(或爵)为右主,名然。　⑧人:同"纳"。　⑨有:犹言有义务,有做人臣应遵守的原则。义不两主:按道义不能同时侍奉两位君主。　⑩翟:通"狄"。焉氏塞:古关塞名,在今宁夏固原东南。　⑪菌改:菌氏,名改,职守塞。按:《史记·秦本纪》作"庶长改",庶长当是其后来爵位。秦二十等爵中,左、右庶长分别为第十一、十二级,驷车庶长、大庶长分别为第十七、十八级,皆属高爵,而菌改拥立献公之初尚只赐官大夫(见下)。人之:纳之。　⑫吏:军吏。兴卒:起兵。　⑬雍:当时秦国都城,在今陕西凤翔南。　⑭德:感激。　⑮监突:秦大夫。争:同"诤",力谏。　⑯争入亡公子:争着接纳逃亡在外的诸公子。　⑰复:免除。　⑱官大夫:秦二十等爵的第六级,为大夫爵位(共五级)的第二级。　⑲用观归:用以显示所倡导的行为趋向。观,示。归,归趋。　⑳治乱安危:拨乱反正,转危为安。"治乱"、"安危"皆为动宾词组。

博　志①

五曰　先王有大务②,去其害之者,故所欲以必得、所恶以必除③,此功名之所以立也。俗主则不然,有大务而不能去其害之者,此所以无能成也。夫去害务与不能去害务,此贤不肖之所以分也。使獐疾走④,马弗及至⑤,已而得者⑥,其时顾也⑦。骥一日千里,车轻也;以重载则不能数里,任重也⑧。贤者之举事也,不闻无功,然而名不大立、利不及世者⑨,愚不肖为之任也⑩。

【注】①博志:按文义当作"搏志",即专心致志之意,盖"搏"字误作"博"。搏,简体作"抟",古用作"专"字。志,意。 ②大务:重大事务,大事。 ③以:犹"则"。 ④使:假如。獐:即今所称獐子。疾走:快跑。 ⑤弗及:赶不上。至:疑为"之"字音误。 ⑥已而:不多久。得:被捕获。 ⑦时顾:时时回头张望。 ⑧任:载负。 ⑨利不及世:恩惠不能传到下代。 ⑩为之任:为其造成负担、拖累。

冬与夏不能两刑①,草与稼不能两成②;新谷熟而陈谷亏③;凡有角者无上齿④,果实繁者木必庳⑤;用智褊者无遂功⑥:天之数也⑦。故天子不处全,不处极,不处盈⑧。全则必缺,极则必反,盈则必亏。先王知物之不可两大⑨,故择务当而处之⑩。

【注】①两刑:通"两形",同时形成、出现。 ②成:长成。 ③亏:已匮乏。 ④有角者无上齿:有些食草的反刍动物,如牛、羊、鹿等,多无上门齿及犬齿。 ⑤庳:低。果树结果多,则必不如结果少或不结果的同类果树长得高大。 ⑥褊(biǎn):褊狭。遂功:成功。 ⑦天之数:自然规律。 ⑧不处:即处事而不求……,犹"不为"。全、极、盈:十分周全、彻底、完满。 ⑨两大:并立的两者皆强大。 ⑩务当:务必合宜之事。

孔、墨、宁越①,皆布衣之士也。虑于天下②,以为无若先王之术者,故日夜学之,有便于学者无不为也③,有不便于学者无肯为也。盖闻孔丘、墨翟,昼日讽诵习业,夜亲见文王、周公旦而问焉④。用志如此其精也⑤,何事而不达、何为而不成?故曰精而熟之,鬼将告之⑥。非鬼告之也,精而熟之也⑦。今有宝剑、良马于此,玩之不厌,视之无倦⑧,宝行良道,一而弗复⑨,欲身之安也、名之章也⑩,不亦难乎?

【注】①孔、墨:孔子、墨子。宁越:见《不广》篇注。 ②虑于天下:思考天下之治理。 ③便:利。 ④夜亲见:指梦见。典出《论语·述而》:"甚矣吾衰也,久矣吾不复梦见周公。"故上云"盖闻"。 ⑤精:犹言精勤、精进,特指专心致志而言。 ⑥鬼:神灵、神明。古人称祖先神灵曰"鬼"。 ⑦高诱注引史游曰:"日精所学,致无鬼神。"今本《急就篇》作"积学所致非鬼神",颜师古注:"言飨此爵禄,皆由勤学即可致之,非别有鬼神之力。" ⑧玩、视:指把玩、观赏。 ⑨宝行良道,一而弗复:意谓欲使宝剑得用,良马驯从,皆练习一次即不再重复练习。行,犹用。道,由,从。 ⑩身之安、名之章:此仍就宝剑、良马言之。剑术、骑术精熟,武艺高强,方可身安名彰,否则便不能护身显名。章,同"彰"。全句喻勤学专精之用,戒玩物丧志。

宁越,中牟之鄙人也。苦耕稼之劳,谓其友曰:"何为而可以免此苦也?"其友曰:"莫如学。学三十岁则可以达矣①。"宁越曰:"请以十五岁。人将休,吾将不敢休;人将卧,吾将不敢卧。"十五岁而周威公师之②。矢之速也③,而不过二里止也;步之迟也④,而百舍不止也⑤。今以宁越之材而久不止⑥,其为诸侯师,岂不宜哉?

【注】①达:指成名出仕而显达。 ②周威公:见《先识览》篇注。 ③矢之速:射出的箭飞行极快。 ④步之迟:步行很慢。 ⑤百舍不止:可以走数百里不停止。舍,古代用以指三十里的路程。 ⑥材:通"才"。

养由基、尹儒①,皆文艺之人也②。荆廷尝有神白猿③,荆之善射者莫之能中,荆王请养由基射之。养由基矫弓操矢而往④,未之射而括中之矣⑤,发之则猱应矢而下,则养由基有先中中之者矣⑥。尹儒学御三年而不得焉,苦痛之,夜梦受秋驾于其师⑦。明日往朝⑧,其师望而谓之曰:"吾非爱道也⑨,恐子之未可与也⑩。今日将教子以秋驾。"尹儒反走⑪,北面再拜曰:"今昔臣梦受之⑫。"先为其师言所梦,所梦固秋驾已⑬。上二士者,可谓能学矣,可谓无害之矣⑭。此其所以观后世已⑮。

【注】①养由基:见《精通》篇注。尹儒:或作"尹需",事不详。 ②文艺:技艺。"文"字本义出于文饰,凡饰身之技艺皆可称"文"。别本或作"六艺",指射、御皆属于"六艺"范畴,亦可通。古人总称礼、乐、射、御、书、数为"六艺"。 ③神白猱:被认为有神性的白猿。猱,同"猿"。 ④矫弓:指重系弓弦而加强弓力。矫,强。 ⑤括:通"筈",箭的末端,接弦的部分。句意谓养由基技艺高超,一举手则箭的发射点已对准白猿。 ⑥先中中之者:指其心中先于射中(诸"中"字皆读作去声)。 ⑦秋驾:一种高超的驾驭技术。疑"秋"字通"鞦",指套在马大腿后的革带,巧妙利用此革带而使驾车之马更为自如的技术称"秋驾"。一说"秋驾"指飞车技术。 ⑧朝:朝见其师。他书引《庄子》逸文,"朝"下或有"其师"二字,与下句首二字为重文。 ⑨爱道:吝惜技艺。 ⑩与:他书或作"予",字通,指授予。 ⑪反走:返身而走(古人礼节)。 ⑫今昔:犹今言昨夜。 ⑬已:同"矣"。本段末句"已"字同此。 ⑭无害之:没有什么东西能妨害他们。 ⑮观:示。

贵　　当①

六曰　名号大显,不可强求,必繇其道②。治物者不于物,于人;治人者不于事,于君③;治君者不于君,于天子;治天子者不于天子,于欲;治欲者不于欲,于性。性者,万物之本也,不可长,不可短,因其固然而然之,此天地之数也④。窥赤肉而乌鹊聚⑤,狸处堂而众鼠散⑥,衰绖陈而民知丧⑦,竽瑟陈而民知乐⑧,汤、武修其行而天下从,桀、纣慢其行而天下畔⑨,岂待其言哉?君子审在己者而已矣⑩。

【注】①贵当:言人主行事贵在当务,即务求合宜。 ②繇:同"由"。道:指恰当的途径。 ③"治物"、"治人"二句:此二句中的"人"、"事"二字,按句法不相应。疑原文当作如下三句:"治物者不于物,于事;治事者不于事,于人;治人者不于人,于君。"其文当本于《文子·下德》篇所见"老子曰":"治物者不以物,以和;治和者不以和,以人;治人者不以人,以君。"《淮南子·齐俗训》所记略同《文子》,唯"和"字作"睦"。若从"事"字作解,则按本文之意,三句可译为:治物之道,关键不在于治物,而在于治事;治事之道,关键不在于治事,而在于治人;治人之道,关键不在于治人,而在于治君。按:句中"人"字实指人臣,"君"字则指诸侯国主(与下文"天子"相对)。又,"治君"相对于为君之道而言,与"治人"涵义不同。按儒家观念,"治君"要归结于人主自身的道德修养;按道家观念,则强调人主应掌握"无为"之术,注重养生去欲。 ④天地之数:犹言自然法则。按:此处言性为"万物之本",有不可改变者,然情欲可以改变人的本性,故治欲须归结于治性。 ⑤窥:看见。赤肉:鲜肉,尚带血的肉。乌鹊:别本或作"乌鹊"。 ⑥狸:猫。 ⑦衰绖:丧服,见《重言》篇注。 ⑧竽瑟陈:指演奏音乐。乐:快乐,有喜事。 ⑨慢:怠慢,轻忽。畔:通"叛"。 ⑩在己者:指修身养性。

荆有善相人者①,所言无遗策②,闻于国③,庄王见而问焉④。对曰:"臣非能相人也,能观人之友也。观布衣也,其友皆孝悌纯谨畏令⑤,如此者其家必日益、身必日荣矣⑥,所谓吉人也;观事君者也,其友皆诚信有行好善,如此者事君日益、官职日进,此所谓吉臣也;观人主也,其朝臣多贤,左右多忠,主有失皆交争证谏⑦,如此者国日安、主日尊、天下日服,此所谓吉主也。臣非能相人也,能观人之友也。"庄王善之,于是疾收士⑧,日夜不懈,遂霸天下。故贤主之时见文艺之人也⑨,非特具之而已也⑩,所以就大务也⑪。夫事无大小,固相与通。田猎驰骋,弋射走狗,贤者非不为也,为之而智日得焉⑫;不肖主为之而智日惑焉。志曰:"骄惑之事⑬,不亡奚待?"

【注】①相人:给人看相。 ②无遗策:无失算,都说得准。 ③闻于国:名声传到了国都。 ④庄王:楚庄王,见《情欲》篇注。 ⑤畏令:犹今言守法。畏,服,服从。令,法令。 ⑥日益:天天长进。按:此"益"字指家道兴旺而言,下文"事君日益"之"益"字则仕途顺利而言。又,句末"矣"字,按此下句型,当作"此"字而属下句。 ⑦交争证谏:交相诤谏。争,同"诤"。证,谏,他书多作"正"。 ⑧疾收士:尽力延揽士人。疾,力。 ⑨文艺之人:有一技之长的人。 ⑩非特具之:不只是拿他们做摆设。 ⑪就大务:成就大事。 ⑫智日得:犹言心性日适。贤者田猎为放松身心,故得其谐适;不肖主沉湎于田猎,则心性日迷。 ⑬志:犹"记",指古籍的记录。骄惑之事:此为宾语前置句,犹言"事骄惑",即以骄纵迷乱为事。

齐人有好猎者,旷日持久而不得兽,入则愧其家室①,出则愧其知友州里②。惟其所以不得之故③,则狗恶也。欲得良狗,则家贫无以④,于是还疾耕⑤。疾耕则家富,家富则有以求良狗。狗良则数得兽矣,田猎之获常过人矣。非独猎也,百事也尽然。霸王有不先耕而成霸王者⑥,古今无有。此贤者不肖之所以殊也。贤不肖之所欲与人同,尧、桀、幽、厉皆然,所以为之异⑦。故贤主察之,以为不可,弗为;以为可,故为之。为之必繇其道,物莫之能害,此功之所以相万也⑧。

【注】①媿:同"愧"。　②州里:邻里乡亲。　③惟:思。　④无以:无用以……的东西。"以"下承上省"得良狗"三字。　⑤疾耕:力耕。　⑥先耕:以农耕为先,即首先重视农业。按:此指春秋战国时期各诸侯国普遍实行的耕战政策,即以重农和强兵作为兴国的两件头等大事,而重农又是强兵的基础。秦自商鞅变法以后,奖励耕战的政策成效最为显著。　⑦所以为之异:用以满足欲望的行为不同。　⑧相万:相去万倍。指贤主的功业较之不肖主不啻超过万倍。

卷二十五　似顺论第五

似　顺　论

一曰　事多似倒而顺，多似顺而倒。有知顺之为倒、倒之为顺者，则可与言化矣①。至长反短，至短反长，天之道也②。

【注】①化：指事物发展变化的趋势和规律。　②此句就四时运行的规律言之。夏至白天最长，过此则变短；冬至白天最短，过此则变长。

荆庄王欲伐陈①，使人视之。使者曰："陈不可伐也。"庄王曰："何故？"对曰："城郭高，沟洫深，蓄积多也②。"宁国曰③："陈可伐也。夫陈，小国也而蓄积多，赋敛重也，则民怨上矣。城郭高，沟洫深，则民力罢矣④。兴兵伐之，陈可取也。"庄王听之，遂取陈焉。⑤

【注】①伐陈：当是指楚庄王十六年（前598）率兵入陈杀夏征舒事，参见《禁塞》篇"夏征舒"注。　②城郭、沟洫、蓄积：分指陈都的城墙、护城河、粮草积蓄。　③宁国：高诱注谓"楚臣"，不详。　④罢：通"疲"，疲弊。⑤按：本段文字又见于《说苑·权谋》篇，而自"对曰"以下有所不同，文义较

本文为胜。其文如下:"对曰:'其城郭高,沟壑深,蓄积多,其国宁也。'王曰:'陈可伐也。夫陈,小国也而蓄积多,蓄积多则赋敛重,赋敛重则民怨上矣。城郭高,沟壑深,则民力罢矣。'兴兵伐之,遂取陈。"

  田成子之所以得有国至今者①,有兄曰完子②,仁且有勇。越人兴师诛田成子③,曰:"奚故杀君而取国?"田成子患之。完子请率士大夫以逆越师④,请必战,战请必败,败请必死。田成子曰:"夫必与越战可也。战必败,败必死,寡人疑焉。"完子曰:"君之有国也,百姓怨上,贤良又有死之臣蒙耻⑤。以完观之也,国已惧矣⑥。今越人起师,臣与之战,战而败,贤良尽死⑦,不死者不敢入于国⑧。君与诸孤处于国⑨,以臣观之,国必安矣。"完子行,田成子泣而遣之⑩。夫死败,人之所恶也,而反以为安,岂一道哉⑪?故人主之听者与士之学者,不可不博。

【注】①田成子:即田常,见《长见》篇注。其弑齐简公而篡夺齐国事见《慎势》篇。　②完子:不详。史载助田常弑君者为田逆,字子行,"完子"或其别称。　③诛:讨伐。按:史载田成子弑主,孔子曾请鲁哀公出兵讨之,为哀公及三桓所拒,不闻越曾兴师问罪。其时越尚未灭吴,无由北上,此所记完子故事当亦出于传闻。　④逆:迎,拒敌。　⑤有死之臣蒙耻:意指为人臣当为君主殉死而未死是蒙受了耻辱。　⑥惧:令人担心,犹危。国如累卵则危且惧。　⑦贤良尽死:此与上"蒙耻"句相应,谓驱使自认为苟活屈辱的诸大夫临战,以故意战败而使之尽死于战场。　⑧不死者不敢入于国:即使不战死也无脸面再回国都。意指若有士大夫既不能为故主简公而死,又助田氏拒敌而不能死,则必遁去而不再为田氏所患。　⑨诸孤:指战死诸大夫的遗孤。句意指让田成子抚恤战死诸人的孤儿以收买人心。　⑩遣:送。　⑪岂一道:指行事的路数无定规。按:完子之求死败,以人情言之为"倒",以其自谋言之则为"顺",是正可为事多"似倒而顺"、"似顺而倒"之证。

尹铎为晋阳下①,有请于赵简子②。简子曰:"往而夷夫垒③,我将往。往而见垒,是见中行寅与范吉射也④。"铎往而增之⑤。简子上之晋阳⑥,望见垒而怒曰:"嘻!铎也欺我。"于是乃舍于郊⑦,将使人诛铎也。孙明进谏曰⑧:"以臣私之⑨,铎可赏也。铎之言固曰⑩:'见乐则淫侈,见忧则诤治⑪。'此人之道也⑫。今君见垒念忧患,而况群臣与民乎?夫便国而利于主,虽兼于罪⑬,铎为之。夫顺令以取容者⑭,众能之,而况铎欤?君其图之⑮。"简子曰:"微子之言⑯,寡人几过。"于是乃以免难之赏赏尹铎⑰。人主太上喜怒必循理⑱;其次不循理,必数更⑲,虽未至大贤,犹足以盖浊世矣⑳,简子当此。世主之患,耻不知而矜自用㉑,好愎过而恶听谏㉒,以至于危。耻无大乎危者。

【注】①尹铎为晋阳下:指尹铎为治理晋阳的事来到绛都。晋都于绛(今山西曲沃),晋阳在绛北且地势高,故自晋阳至绛都习称"下"。尹铎,赵氏家臣,《韩非子·十过》篇载其继董阏于之后治晋阳,其为人可并参《达郁》篇。晋阳,春秋时晋邑,在今山西太原南。赵简子时筑城据之,曾为赵都。 ②赵简子:见《爱士》篇注。 ③往而夷夫垒:指让尹铎回去以后平掉那些壁垒。夷,平。夫,指示形容词。壁垒,指此前中行氏、范氏攻赵简子于晋阳时留下的工事。按:据高诱注,原文"垒"下当有"培"字,《国语·晋语九》作"垒培"。"培"即"培塿(pǒu lǒu)",小土丘,亦指壁垒。 ④中行寅、范吉射:见《当染》篇注。 ⑤增之:指增筑先前的壁垒。 ⑥上之:与上文"下"相反,指由绛都至晋阳。之,到。 ⑦舍于郊:住到晋阳郊外,不入城。 ⑧孙明:高诱注谓即赵简子之御者邮无恤(参见《审分览》篇"王良"注)。或说邮无恤字伯乐,而传说的善相马者姓孙名阳,此遂相牵连而误为"孙明"。 ⑨私:谦词,

犹言私忖、窃虑。　⑩固曰:曾说过。固,通"故"。　⑪见乐:得以享乐。见忧:遇到忧患。诤治:竞相致力求治。诤,通"争"。　⑫道:常理,常情。⑬兼于罪:加倍得罪。　⑭取容:取悦主人。　⑮其:表示希望。图:想一想。⑯微:无。　⑰免难之赏:使君主免于患难的奖赏。指高规格的奖赏。⑱太上:第一等的行为修养。　⑲不循理,必数更(cù gēng):有时不能循理而动,必定赶紧改正。数,通"促"。　⑳盖浊世:在乱世君主中出类拔萃。盖,超过。　㉑矜自用:因自以为是而自大。　㉒愎过:固执己过。恶:憎恶。

别　　类①

二曰　知不知,上矣②。过者之患,不知而自以为知。物多类然而不然③,故亡国僇民无已④。夫草有莘有藟⑤,独食之则杀人⑥,合而食之则益寿,万堇不杀⑦。漆淖水淖⑧,合两淖则为蹇⑨,湿之则为干⑩。金柔锡柔⑪,合两柔则为刚⑫,燔之则为淖⑬。或湿而干,或燔而淖,类固不必⑭,可推知也⑮?

【注】①别类:言区分事物类别而求其理。　②知不知:知道自己有所不知。上:高明。　③类然而不然:类似某种样子而其实不是那样子。　④僇:通"戮",辱。无已:不停止。谓历代都有。　⑤莘(xīn)、藟(lěi):两种草药名,即细莘(细辛)、葛藟。分属马兜铃科、葡萄科。前者全草入药,后者多以根、果入药,皆有毒性。　⑥独食:即单独作药用。　⑦万堇(jǐn)不杀:以乌头配入各种各样的草药制剂,它都不会毒死人。堇,草药名,即乌头。多年生草本植物,含乌头碱,有剧毒。"万"用作动词,指用乌头可以配药无数种。又,疑此处"万"上脱"故"字。　⑧淖(chuò):柔软润滑。此指漆、水的液体性质。　⑨蹇(jiǎn):凝滞。漆见水则凝,故器物新涂漆须置阴湿处。　⑩湿之则为干:使它湿润而它却变得干燥。　⑪金:铜。　⑫刚:指青铜的性质。铜锡合金为青铜,即较坚硬。　⑬燔之则为淖:熔化它则它又变成柔软的液

体。燔,烧,此指熔炼。　⑭类固不必:事物的形态类型本来就不是固定不变的。　⑮可推知也:疑本作"何可推知也",脱疑问副词。古"何"字或写作"可",则"可可"连文,易被误删。推,推想。下文"安可推也"与此相应。

小方,大方之类也①;小马,大马之类也。小智,非大智之类也②。鲁人有公孙绰者③,告人曰:"我能起死人。"人问其故,对曰:"我固能治偏枯④。今吾倍所以为偏枯之药⑤,则可以起死人矣。"物固有可以为小,不可以为大;可以为半,不可以为全者也。

【注】①方:方形。泛指物体形状的方的性质。　②此句谓小聪明与大智能不属于一类。　③公孙绰:他书或作"王孙绰"。　④偏枯:即半身不遂症。⑤倍:加倍投放。为:治。

相剑者曰:"白所以为坚也,黄所以为牣也。黄白杂则坚且牣,良剑也①。"难者曰:"白所以为不牣也,黄所以为不坚也,黄白杂则不坚且不牣也②。又柔则锩③,坚则折,剑折且锩,焉得为利剑?"剑之情未革④,而或以为良,或以为恶,说使之也⑤。故有以聪明听说则妄说者止⑥,无以聪明听说则尧、桀无别矣。此忠臣之所患也,贤者之所以废也⑦。

【注】①此处"相剑者曰"是说:剑的光泽泛白是为了使它坚硬,呈金黄色是为了使它柔软。两色相杂,白中有金黄,则既坚硬又柔软,这样的剑才是好剑。牣,通"韧",有柔性。　②此处"难者曰"是说:剑的光泽泛白是为了使它不柔软,呈金黄色是为了使它不坚硬。两色相杂,金黄中有白,则既不坚硬又不柔软。难,辩难,反驳。　③锩:指刀剑等刃部的卷曲。今通用"卷"字。④情:真实质地。革:变。　⑤说使之:只不过论辩使得各自的看法不同。

⑥以聪明听说:犹言用脑子听他人议论而能明察。　⑦废:被废弃不用。

义①,小为之则小有福,大为之则大有福。于祸则不然,小有之不若其亡也②。射招者欲其中小也③,射兽者欲其中大也。物固不必,安可推也?高阳应将为室家④,匠对曰:"未可也。木尚生⑤,加涂其上⑥,必将挠⑦。以生为室,今虽善,后将必败⑧。"高阳应曰:"缘子之言⑨,则室不败也。木益枯则劲⑩,涂益干则轻。以益劲任益轻⑪,则不败。"匠人无辞而对,受令而为之。室之始成也善,其后果败。高阳应好小察,而不通乎大理也。

【注】①义:符合道义之事。　②亡:无。　③招:箭靶。中小:射中小靶。④高阳应:他书或作"高阳魋"。"应"当是"雁"字之误,"雁"、"魋"二字通。按:此所记故事,《韩非子·外储说左上》以为虞卿事,或二者实为一人。史载虞卿为战国后期游说之士,以事赵孝成王得为上卿,食采于虞(今山西平陆),故称虞卿。其名失传,据本文所记则或名雁(魋),"高阳"为其别号(疑其里贯在今河北高阳一带)。为室家:造房子。　⑤生:犹今言所称鲜木头的"鲜"字之义。　⑥涂:泥。　⑦挠:变弯曲。　⑧败:毁掉。　⑨缘子之言:照你所说。　⑩劲(jìng):强有力。　⑪任:负担。

骥骜、绿耳背日而西走①,至乎夕则日在其前矣②。目固有不见也,智固有不知也,数固有不及也③。不知其说所以然而然④,圣人因而兴制⑤,不事心焉⑥。

【注】①骥骜、绿耳:皆骏马名。相传绿耳为周穆王八骏之一。背日而西走:背对着从东方升起的太阳而向西奔驰。　②此句指日行似慢,马行似疾,而到了傍晚,太阳却在马的前方。　③数:通"术",人所掌握的道术。　④此句"说"字疑衍。"不知其所以然而然",谓自然之理不能为人所尽知,文义已

足,不当更有"说"字。　⑤圣人因而兴制:圣人因自然之理而建立法度。此即《易传》所谓"制器尚象",亦即依据自然法则制器施用,确立人类生活制度。　⑥不事心:不作主观的推测。

有　　度①

三曰　贤主有度而听,故不过②。有度而以听,则不可欺矣,不可惶矣,不可恐矣,不可喜矣③。以凡人之知④,不昏乎其所已知⑤,而昏乎其所未知,则人之易欺矣⑥,可惶矣,可恐矣,可喜矣,知之不审也⑦。

【注】①有度:论人主听言当一皆推本于无为政治的法度。　②不过:不犯错误。　③欺、惶、恐、喜:被欺骗、使惊慌、遭恐吓、被取悦。　④以:而。⑤昏:暗昧,糊涂。　⑥之:用法同"焉",于是。　⑦不审:不确实。

客有问季子曰①:"奚以知舜之能也②?"季子曰:"尧固已治天下矣③,舜言治天下而合己之符④,是以知其能也。""若虽知之⑤,奚道知其不为私⑥?"季子曰:"诸能治天下者⑦,固必通乎性命之情者,当无私矣⑧。夏不衣裘,非爱裘也⑨,暖有余也。冬不用箑⑩,非爱箑也,清有余也⑪。圣人之不为私也,非爱费也,节乎己也⑫。节己,虽贪污之心犹若止⑬,又况乎圣人?"

【注】①季子:见《谕大》篇注。　②奚以:何以。按:据此下所说,此"奚"字上当有"尧"字,为主词。　③尧固已治天下:尧本来已为天子治天下。④合己之符:合乎自己的治理措施。符,道,犹言治理措施。　⑤若:其,指尧。　⑥奚道:何由。私:指自身之利。　⑦诸:犹"凡"。　⑧此处"者"字上,按文法当重"通乎性命之情"六字而分作两句,即以"固必通乎性命之情"

为一句,下接"通乎性命之情者,当无私矣"又为一句。通乎性命之情,指正确处理情和欲的关系而言。情生于内而欲求于外,若过分追求以外物满足情欲则贪而害生,通乎此理则当不贪而无私。　⑨爱:惜,爱惜。　⑩翣(shà):同"箑",羽扇。　⑪清:凉,寒。　⑫爱费:吝惜费用。指自身消费而言。节乎己:指为自身养生而节俭。如上所说,养生重在达乎性命之情而不在财物,若纵欲而奢侈则必害生,故尚节俭。　⑬贪汙:贪婪而自污。汙,同"污"。犹若:尚且。

许由非强也①,有所乎通也②,有所通则贪汙之利外矣③。孔、墨之弟子徒属充满天下,皆以仁义之术教导于天下,然而无所行④。教者术犹不能行⑤,又况乎所教!是何也?仁义之术外也⑥。夫以外胜内⑦,匹夫徒步不能行⑧,又况乎人主?唯通乎性命之情,而仁义之术自行矣⑨。

【注】①许由:见《当染》篇注。强:勉强。指传说的许由让天下之举并非出于勉强。　②通:通达性命之情。　③外:弃。　④无所行:指不能被统治者采纳实行。　⑤教者:指孔、墨。下句"所教"指孔、墨弟子。　⑥仁义之术外:此为道家观念,意指儒、墨所倡导的仁义之术还只是一种外在的修饰,而没有深入到内在的性命修养层次。　⑦以外胜内:以外修胜内修。实指以外在的行为要求克制人性所本有的欲望。　⑧徒步:与"匹夫"同义,指平民。乘车者为贵族,则徒步者为平民。　⑨此二句是说:只要能通乎性命之情,仁义之道也就自然得以推行。意谓得性命之本真,去私心,无贪欲,节乎己,不害人,则所行自臻于仁义。

先王不能尽知,执一而万物治①。使人不能执一者,物惑之也②。故曰:通意之悖,解心之缪,去德之累,通道之塞③。贵、富、显、严、名、利六者④,悖意者也;容、动、色、理、气、意六者⑤,缪心者也;恶、欲、喜、怒、哀、乐六者,累德者也;智、能、去、就、取、舍六者⑥,塞道者也。此四六者,不荡乎胸中则正⑦。正则静,静则清明⑧,清明则虚⑨,虚则无为而无不为也。

【注】①执一:执道。 ②感:动,扰。 ③此四语意谓:理清意念上的混乱,解除心理上的谬误,去掉德行上的牵累,疏通道术上的壅塞。悖,乱。缪,通"谬"。按:此四语与下文皆见于《庄子·庚桑楚》篇,唯个别用字有异。 ④显、严:显荣、威势。 ⑤容、动、色、理、气、意:仪容、举止、表情、言辞、意气、情感。理,指说话的条理。 ⑥去、就、取、舍:离开、接近、求取、舍弃。皆指价值取向而言。 ⑦荡:动,荡动。 ⑧清明:耳目心智皆通明。 ⑨虚:不窒塞。

分　职①

四曰　先王用非其有如己有之②,通乎君道者也。夫君也者,处虚素服而无智③,故能使众智也;智反无能④,故能使众能也;能执无为⑤,故能使众为也。无智、无能、无为,此君之所执也。人主之所惑者则不然⑥,以其智强智,以其能强能,以其为强为⑦,此处人臣之职也。处人臣之职而欲无壅塞,虽舜不能为。

【注】①分职:言人主与人臣职任不同,人主不当躬亲事务,如处人臣之职。 ②用非其有如己有之:此为本篇宗旨,主要指贤主广集众智众能,各种人才的智能虽非己有,而用之如己有。 ③处虚素服而无智:守虚静,以素朴为事,而不以一己之智能用事。 ④智反无能:有智能反而不以一己之才能用事。按:句首"智"字承上句,为连珠式。能集众智则有大智,有大智则有大能。 ⑤能执无为:有才能而仍执无为之道。句首"能"字亦承上句。 ⑥所

惑:指惑于无智、无能、无为。　⑦三"以"字句意指:以其一己之智强充智者之智,以其一己之能强逞能者之能,以其一己之为强为难为之事。

　　武王之佐五人①,武王之于五人者之事无能也,然而世皆曰取天下者武王也。故武王取非其有如己有之,通乎君道也。通乎君道,则能令智者谋矣,能令勇者怒矣②,能令辩者语矣③。夫马者,伯乐相之,造父御之④,贤主乘之⑤,一日千里,无御、相之劳而有其功,则知所乘矣。

　　【注】①武王之佐五人:当即《不苟论》篇所说"武王至殷郊,系堕,五人御于前,莫肯之为",而孔子闻称"所以为王者佐"的五人。高诱注谓指周公旦、召公奭、太公望、毕公高、苏公忿生,他书所说或有不同。　②怒:奋勇。③语:出其辞。　④伯乐、造父:分见《精通》、《听言》篇注。　⑤贤主乘之:此四字疑当重。

　　今召客者①,酒酣,歌舞鼓瑟吹竽。明日,不拜乐己者而拜主人②,主人使之也。先王之立功名有似于此,使众能与众贤,功名大立于世,不予佐之者而予其主③,其主使之也。譬之若为宫室,必任巧匠,奚故?曰:匠不巧则宫室不善。夫国,重物也,其不善也,岂特宫室哉?巧匠为宫室,为圆必以规,为方必以矩,为平直必以准绳。功已就,不知规矩绳墨而赏匠巧匠之④;宫室已成,不知巧匠,而皆曰:"善,此某君某王之宫室也。"此不可不察也。人主之不通主道者则不然,自为人则不能⑤,任贤者则恶之,与不肖者议之。此功名之所以伤,国家之所以危。

　　【注】①今:假设连词。召客:请客。　②不拜乐己者:指客人不拜谢使自

己快乐的歌舞者和乐人。拜,谢。 ③予:此指功名之所归。 ④匠巧匠之:此四字有误,按文义当作"巧匠之巧"。句意指工程完成以后,人们便不记得规矩绳墨之功,而只奖赏巧匠的精巧。此与下句分两层,下句指宫室建成以后,人们便不记得巧匠之功,而只知是某君某王的宫室。 ⑤自为人:应作"自为之","人"当是"之"字之讹。

枣,棘之有①;裘,狐之有也。食棘之枣,衣狐之皮,先王固用非其有而己有之。汤、武一日而尽有夏、商之民,尽有夏、商之地,尽有夏、商之财。以其民安而天下莫敢之危②,以其地封而天下莫敢不说③,以其财赏而天下皆竞④。无费乎鄣与岐周⑤,而天下称大仁、称大义,通乎用非其有。

【注】①棘:酸枣树。有:犹言出产。 ②莫敢之危:犹"莫敢危之",没有人敢制造危害。 ③封:分封诸侯。说:通"悦"。 ④竞:劝勉,尽力。 ⑤无费乎鄣与岐周:意谓商汤、周武王为天子,用天下财富安定诸侯、人民,并未耗费他们先前所有的本土财富。鄣,通"殷",指汤灭夏以前的封地。岐周,即周原,指周人灭商以前的居地。

白公胜得荆国①,不能以其府库分人②。七日,石乞曰③:"患至矣。不能分人则焚之,毋令人以害我。"白公又不能。九日,叶公入④,乃发太府之货予众⑤,出高库之兵以赋民⑥,因攻之,十有九日而白公死。国非其有也⑦,而欲有之,可谓至贪矣;不能为人,又不能自为⑧,可谓至愚矣。譬白公之嗇⑨,若枭之爱其子也⑩。

【注】①白公胜:见《精谕》篇注。 ②府库:指府库的钱财。 ③石乞:白公胜的党羽。助白公作乱,乱平后被烹杀。 ④叶公:春秋末楚大夫。沈

氏,名诸梁,字子高,因食采于叶(今河南叶县西南),又称叶公、叶公子高。白公胜作乱,被他起兵入都平定。 ⑤太府:国家仓库。货:财物。 ⑥高库之兵:高库的兵器。"高库"当是国家兵器库之名。赋:予,发放。 ⑦国非其有:指白公胜本无资格为楚国君主。 ⑧自为:为自己着想。此就石乞怂恿他焚烧府库而言。 ⑨荅:荅荅。 ⑩枭(xiāo):相传为一种长大后即食其母的恶鸟。今人多以为枭即猫头鹰,恐未必确。古籍亦称"枭獍(jìng)",谓枭食母,獍食父,或本是一种兽。

卫灵公天寒凿池①,宛春谏曰②:"天寒起役,恐伤民。"公曰:"天寒乎?"宛春曰:"公衣狐裘③,坐熊席④,陬隅有灶⑤,是以不寒。今民衣弊不补,履决不组⑥。君则不寒矣,民则寒矣。"公曰:"善。"令罢役。左右以谏曰:"君凿池,不知天之寒也,而春也知之。以春之知之也而令罢之,福将归于春也⑦,而怨将归于君。"公曰:"不然。夫春也,鲁国之匹夫也,而我举之。夫民未有见焉⑧,今将令民以此见之。曰春也有善⑨,于寡人有也⑩,春之善非寡人之善欤?"灵公之论宛春,可谓知君道矣。君者固无任⑪,而以职受任⑫。工拙,下也⑬;赏罚,法也;君奚事哉?若是,则受赏者无德⑭,而抵诛者无怨矣⑮,人自反而已⑯。此治之至也。

【注】①卫灵公(?—前493):春秋末卫国君主。姬姓,名元,公元前534年即位。晚年因其夫人南子与太子有隙,曾造成公室内乱。 ②宛春:未详。 ③公:《新序·刺奢》篇作"君"。按文例,当以作"君"为是。 ④熊席:铺垫熊皮的坐席。 ⑤陬隅:《新序》作"隩隅"。指住室的西南角,古人以此隅为尊长居处之位。灶:火炉。 ⑥履决不组:鞋子破了不能织。组,编织,指草鞋而言。《新序》作"苴(jū)",类书所引亦多作"苴",即补苴(以草补鞋)。 ⑦福:《新序》作"德",指民众对罢役的感激之情。 ⑧未有见:指未闻其有

益政利民之举。　⑨曰:《新序》作"且"。　⑩于:犹"如"。　⑪无任:无具体职事。　⑫以职受任:根据臣下的职位分别授以具体的责任。受,同"授"。　⑬工拙:工善与拙劣。指事情做得好坏。下也:意谓这是臣下的责任。　⑭无德:无须感激君主。　⑮抵诛者:当罚者。抵,当。诛,惩罚。　⑯人自反:人人反躬自省,犹言自励。

处　　方①

五曰　凡为治,必先定分②。君臣、父子、夫妇,君臣、父子、夫妇③,六者当位,则下不踰节而上不苟为矣④,少不悍辟而长不简慢矣⑤。金木异任,水火殊事,阴阳不同,其为民利一也⑥。故异所以安同也,同所以危异也⑦。同异之分,贵贱之别,长少之义,此先王之所慎,而治乱之纪也⑧。

【注】①处方:言人臣处官守职要方正。官有职,职有分,人臣各守其职分,依法按规章处事,不得随意变通,是谓处方。　②定分:确立名分。　③按:此处"君臣、父子、夫妇"六字重出,凡十二字,当作"君君、臣臣、父父、子子、夫夫、妇妇"。盖古本原以简省的重文符号赘于六字之下,后人不知当每字分别相重,遂误抄为现在的样子。按每字相重理解,"君君"谓君有君的名分,"臣臣"谓臣有臣的名分,其余依次类推。　④下不踰节而上不苟为:意谓在下位者不僭越在上的名分等级,而在上位者亦不苟且行事而降低自己的名分。　⑤悍辟:凶暴邪僻。简慢:傲慢无礼。　⑥以上意指:金、木、水、火、阴、阳,都有不同的功能(任)、作用(事)和性质,但它们都可为人所利用则是一致的。所举六者实括指由阴阳二气所化生而以五行作区分的万物。　⑦"异"、"同"二句:事物的特殊性可以稳定其同一性,事物的同一性可以保证其特殊性。此为哲学译法,若言之于古代等级制度,则可译为:等级的划分是为了保持群体的统一,群体的统一则为了端正不同的等级。安,稳定,保

持。危,正,犹"危言"、"危行"、"正襟危坐"之"危"。《广雅·释诂》:"危,正也。" ⑧治乱之纪:治乱的纲领。句意谓同异有分、贵贱有别、少长有义则治,反之则乱。

今夫射者仪毫而失墙①,画者仪发而易貌②,言审本也③。本不审,虽尧、舜不能以治。故凡乱也者,必始乎近而后及远,必始乎本而后及末。治亦然。故百里奚处乎虞而虞亡,处乎秦而秦霸④;向挚处乎商而商灭,处乎周而周王⑤。百里奚之处乎虞,智非愚也⑥;向挚之处乎商,典非恶也⑦:无其本也。其处于秦也,智非加益也;其处于周也,典非加善也:有其本也。其本也者,定分之谓也⑧。

【注】①今夫:犹"且夫",发语词。射者仪毫而失墙:集中精力射箭的人只见秋毫之微而不见墙壁之大。仪,度、准,又引申为察。《广雅·释诂》:"仪,见也。"毫,参见《察微》篇"秋毫"注。 ②画者仪发而易貌:为人画像者精确观察细微的毛发而忽视整体的面部。易,轻忽。此指绘画精工者亦重细部。整体易于勾勒,细部则难工,善画者兼而能之,然功夫尤在细部。 ③言审本:这是说要审察根本。按作者的观点,射、画的根本在功夫着力处,治事的根本则在区别等级名分。 ④百里奚:见《慎人》篇注。其在虞而言不见听,在秦则得重用,故此以"虞亡"、"秦霸"言之。 ⑤向挚:见《先识览》篇注。此言"商灭"、"周王(wàng)",与上句所说百里奚之事同意。 ⑥智非愚:他的才智并非就因为在虞而变得低下了。 ⑦典非恶:他所掌握的典籍法制并非就因为在商而变得不好了。 ⑧定分之谓:此由百里奚、向挚之例,揭示定名分为治世之根本。二人在虞、在商不得其名位,故才能无从发挥;在秦、在周得其名位,故能助秦称霸西戎、助周建立起一整套法制。

齐令章子将①,而与韩、魏攻荆②。荆令唐蔑将而拒之③,军相当,六月而不战。齐令周最趣章子急战④,其辞甚刻⑤。章子对周最曰:"杀之、免之、残其家,王能得此于臣⑥;不可以战而战,可以战而不战,王不能得此于臣⑦。"与荆人夹沘水而军⑧。章子令人视水可绝者⑨,荆人射之,水不可得近。有刍水旁者⑩,告齐候者曰⑪:"水浅深易知。荆人所盛守⑫,尽其浅者也;所简守,皆其深者也。"候者载刍者,与见章子。章子甚喜,因练卒以夜奄荆人之所盛守⑬,果杀唐蔑。章子可谓知将分矣⑭。

【注】①章子:战国时齐国将领。疑即《孟子》书中所见匡章,参见《不屈》篇注。将:为将,将兵。 ②与韩、魏攻荆:指史籍所记载的垂沙之战,事在公元前301年(是年齐宣王死而湣王立)。是役匡章与魏将公孙喜、韩将暴鸢联兵攻楚方城(楚之长城),相持半年,而后破楚军于垂沙(在今河南唐河县境),即本文此处所记。 ③唐蔑:"蔑"亦作"蔑"、"昧"。楚将领,垂沙之战被击杀。按:毕校本改"蔑"为"蔑"、"拒"为"应",今仍从旧。 ④周最:战国时周人,曾仕于齐。趣:通"促",督促。 ⑤刻:尖刻,严厉。 ⑥此二句是说:要诛杀、罢免领兵将领或破其家,王对我能做得到。 ⑦此三句是说:如果不可以交战而硬让交战,或者可以交战而不让交战,王对我做不到。按:此即古人所称"将在外,君命有所不受"。 ⑧沘(bǐ)水:即今河南泌阳河。发源于泌阳县东山区,流经唐河县境入唐河。旧本"沘"皆作"沘",毕校本改为"沘",当是,今从之。 ⑨绝:渡。 ⑩刍:割草喂牲口。 ⑪候者:今言侦察员。 ⑫盛守:盛兵防守,指防守严密。下句"简守"与此相对,指防守宽松。 ⑬因:以,用。练卒:训练有素的士卒,犹精兵。奄:通"掩",掩袭。 ⑭将分:做将领的职责名分。

韩昭厘侯出弋①,靷偏缓②。昭厘侯居车上,谓其仆③:"靷不偏缓乎?"其仆曰:"然。"至舍④,昭厘侯射鸟,其右摄其一靷适之⑤。昭厘侯已射⑥,驾而归。上车,选间⑦,曰:"乡者靷偏缓⑧,今适,何也?"其右从后对曰:"今者臣适之⑨。"昭厘侯至⑩,诘车令⑪,各避舍⑫。故擅为妄意之道,虽当,贤主不由也⑬。今有人于此,擅矫行则免国家⑭,利轻重则若衡石⑮,为方圜则若规矩⑯,此则工矣巧矣,而不足法⑰。法也者,众之所同也,贤不肖之所以其力也⑱。谋出乎不可用,事出乎不可同,此为先王之所舍也⑲。

【注】①韩昭厘侯:即韩昭侯,见《任数》篇注。出弋:外出射猎。 ②靷(yǐn):骖马拉车的革带。先秦驷车用独辕,夹辕的两马称服马,服马外侧的两马称骖马。服马拉车靠车衡(辕头上的横木);骖马在车衡之外,直接以革带系于车轴上用力,所系革带称为"靷"。偏缓:偏松。据下文,此指有一侧骖马的靷带松了,靷松则此马便用不上力。 ③仆:车夫。 ④舍:停驻之地,指射猎场所。古人行军一天而住宿称舍,田猎停留亦称舍。 ⑤右:车右,即护卫,见《音初》篇"为王右"注。摄:拉,收紧。适之:使之松紧适当。 ⑥已:停止,结束。 ⑦选间:过了一小会儿。 ⑧乡者:先前。 ⑨今者:刚才。 ⑩至:指回到宫廷。 ⑪诘车令:追究车令的责任。车令,主管人主车马事务的官。 ⑫各避舍:指车令和车右各避舍待罪。避舍,古人待罪的一种方式,指离开住处而露宿于外。 ⑬此句意谓:擅自行动、妄加猜测的做法,即使是恰当的,贤主也不允许。由,从。 ⑭擅矫行则免国家:擅自假借人主命令行事而能免除国家的祸患。矫,假传命令。 ⑮利轻重则若衡石:权衡事体的轻重利害就像用衡器称重量那样准确。衡,衡器,称。石,重量单位,古时为一百二十斤。 ⑯为方圜则若规矩:处事的措施就像用规矩画方圆那样周正。 ⑰不足法:不足以为法度。按:依法术家的理论,人臣行事须绝对遵守各自的职分,不足及超出都不允许。如韩昭侯出弋之例,靷缓是车令失职,车右整理缓靷则是越职,故皆当受罚。越职者,即使如上面所假设,行事绝对正确且有功于国家,在法术家看来也会威胁人主的权威,故不足效法。 ⑱此全句意谓:法令是所有人必须共同遵守的行为标准,也是使贤不肖各尽其力的根本依据。以,用。 ⑲此全句意思是:如果有好的计谋而不能用以推行法令,有好的事为而不能使之与法令相合,这些都是先王施政所

要舍弃的。出,犹言出于法令之外。

慎　　小

六曰　上尊下卑,卑则不得以小观上①。尊则恣,恣则轻小物②,轻小物则上无道知下③,下无道知上。上下不相知,则上非下④、下怨上矣。人臣之情,不能为所怨⑤;人主之情,不能爱所非。此上下大相失道也,故贤主谨小物以论好恶⑥。

【注】①不得以小观上:不能以小事示于主上。意指人臣位卑,自身之事琐细,无从为君主所了解。观,示。　②恣:放纵。此实指傲慢。小物:小事。③无道:无由。　④非:责怪。　⑤为所怨:为所怨恨的君主尽力。　⑥论:明。

巨防容蝼而漂邑杀人①,突泄一熛而焚宫烧积②,将失一令而军破身死,主过一言而国残名辱为后世笑③。

【注】①巨防:大堤。容蝼:有蝼蚁藏其中。蝼,常"蝼蚁"连用,指蝼蛄洞或蚂蚁窝。漂邑:指堤坝决口而冲毁村庄。　②突:烟囱。熛(biāo):飞迸的火焰、火花。积:存储之物。　③残:破。

卫献公戒孙林父、宁殖食①。鸿集于囿②,虞人以告③,公如囿射鸿。二子待君④,日晏⑤,公不来至。来,不释皮冠而见二子⑥。二子不说⑦,逐献公,立公子黚⑧。卫庄公立⑨,欲逐石圃⑩。登台以望,见戎州而问之曰⑪:"是何为者也?"侍者曰:"戎州也。"庄公曰:"我姬姓也⑫,戎人安敢居国?"使夺之宅⑬,残其州。晋人适攻卫⑭,戎州人因与石圃杀庄公，立公子起⑮。此小物不审也。人之情不蹷于山，而蹷于垤⑯。

【注】①卫献公（？—前544）：春秋时卫国君主。姬姓，名衎，公元前577年即位。立十八年（前559）而被逐，出奔齐。居齐十二年，复在齐、晋支持下返国，再度执政三年卒。戒：嘱咐。犹约定，因是君主约臣下，故称"戒"。孙林父：卫大夫。又称孙文子。卫定公时曾因得罪奔晋，后在晋国支持下回国复职。献公十八年，与宁殖共逐献公，立殇公。至殇公十八年（前547），又因与宁殖子宁喜争权被攻，复奔晋，借晋兵使献公回国即位，致殇公、宁喜等先后被杀。参见《观表》篇所记右宰谷臣事。宁殖：卫大夫。又称宁惠子。与孙林父共逐献公，立殇公，执卫政。死后其子宁喜代之执政。食：会食，一起吃饭。 ②鸿：大雁。囿：苑囿，畜养禽兽以供游猎的林园。 ③虞人：管理苑囿的官吏。 ④二子：指孙林父、宁殖。 ⑤日晏：天色已晚。晏，晚。 ⑥不释皮冠：不摘下射猎时戴的皮帽子。指其对臣下不礼貌。 ⑦说：通"悦"。 ⑧公子黚（qián）：即卫殇公（？—前547）。春秋时卫国君主。载籍记其名作焱、猋、剽、狄、秋等，当以此处所记名黚为正。献公之弟，献公被逐后即位。在位十二年，献公复位时被杀。 ⑨卫庄公（？—前478）：春秋时卫国君主。姬姓，名蒯聩（亦作蒉聩）。初为灵公太子，以欲加害于灵公宠姬南子不遂，惧而奔宋，又奔晋，依附于赵简子。灵公死后，出公即位，即其子辄。又欲夺其子之位，复不果，乃逃至宿（今河南濮阳东北），据地自保。公元前480年，串通大夫孔悝等作乱，攻逐出公即位。在位二年余，因背叛赵简子，简子发兵逐之。未几逃回，又因乱而为戎州人所杀，即本文此下所记事。 ⑩石圃："圃"或作"傅"、"尃"。春秋末卫国卿。以曾不欲纳庄公，为庄公所不满。知庄公欲逐之，遂利用戎州人及奉命毁戎州的工匠攻庄公，庄公出逃被杀。不久，因齐国出兵干涉，被迫废公子斑师而立公子起。次年复逐公子起，公子起奔齐，齐再出兵纳出公，并逐石氏。 ⑪戎州：指卫国都城外戎人居住的邑落。问之："之"字当衍。 ⑫我：指卫国。 ⑬之：犹"其"。 ⑭晋人适攻卫：指赵简子攻卫。 ⑮公子起：灵公之子。其事如上。按：是年十月赵简子攻卫，立公子斑师，未几庄公逃回复位。十一月庄公被杀，石圃复

立斑师。十二月齐人伐卫,卫立公子起,齐执斑师以归。本文所记皆简略言之。　⑯蹷:即"蹶"字,跌倒。垤(dié):即蚁封、蚁冢,蚂蚁窝口的小土堆。

齐桓公即位,三年三言①,而天下称贤,群臣皆说②:去肉食之兽③,去食粟之鸟,去丝罝之网④。

【注】①三言:指下文三"去"字句。"言"犹指示要做的事。　②说:通"悦"。　③去肉食之兽:指去掉供君主游乐的范围中或在其他地方所豢养的各种食肉的兽。肉食,《淮南子·主术训》作"食肉"。下句"去食粟之鸟"意同此。　④丝罝(jū)之网:用丝织成的捕兽的网。

吴起治西河①,欲谕其信于民②,夜日置表于南门之外③,令于邑中曰:"明日有人偾南门之外表者④,仕长大夫⑤。"明日日晏矣,莫有偾表者。民相谓曰:"此必不信。"有一人曰:"试往偾表,不得赏而已,何伤?"往偾表,来谒吴起⑥,吴起自见而出仕之长大夫⑦。夜日又复立表,又令于邑中如前。邑人守门争表⑧,表加植⑨,不得所赏。自是之后,民信吴起之赏罚。赏罚信乎民,何事而不成,岂独兵乎?

【注】①吴起、西河:分见《当染》、《长见》篇注。　②谕其信:表明其信用。　③夜日:此语费解。一说指前一日,一说指当夜。疑犹言夕时,指傍晚。置表:立木柱。　④偾(fèn):使之仆倒,犹今言扳倒。"偾"字上毕校本增"能"字,今仍从诸本不录此字。　⑤长(zhǎng)大夫:官名。当即上大夫,大夫中居上位者。　⑥谒:报告。　⑦自见:亲自接见。犹言推荐。出仕之长大夫:使之出仕为长大夫。　⑧守门:守在门前。　⑨加植:加深栽植。

卷二十六　士容论第六

士　容　论①

一曰　士不偏不党②,柔而坚③,虚而实④。其状朖然不偆⑤,若失其一⑥。傲小物而志属于大⑧,似无勇而未可恐狼⑦,执固横敢而不可辱害⑨;临患涉难而处义不越⑩,南面称寡而不以侈大⑪,今日君民而欲服海外⑫;节物甚高而细利弗赖⑬,耳目遗俗而可与定世⑭,富贵弗就而贫贱弗朅⑮;德行尊理而羞用巧卫⑯,宽裕不訾而中心甚厉⑰,难动以物而必不妄折⑱。此国士之容也⑲。

【注】①士容:士之形容姿态。以今语译之,犹言知识阶层的行为举止所体现的处世准则、品行风节和社会性格。　②不偏不党:不偏私,不结党。③柔而坚:柔弱而刚强。　④虚而实:清虚而充实。　⑤朖然不偆(xuān):善良淳朴而不巧慧。朖,通"俍(liáng)",善。偆,通"譞",聪慧。　⑥若失其一:犹言若失其天性。一,犹"初",指人之天性而言。按:《庄子·徐无鬼》篇以相狗、相马为喻,谓狗有下、中、上三种材质,其"上之质若亡其一";又谓"天下马有成材(天生之材),若恤(怜)若失,若丧其一,若是者超轶绝尘,不如其所"。此皆谓狗、马之天性超绝者不同于普通的狗、马,似乎有失狗、马的本性。本文借以说明士之性格,亦指正直贤能之士不为物欲所驱,貌似善然

而不慧,行为举止不同于常人。下文所举"良狗"不能捉鼠之例,正可诠释《庄子》的"上之质若亡其一"。　⑦傲小物:轻忽琐事。志属(zhǔ)于大:心意寄托于大事。犹言志向远大。　⑧恐狼:一说当作"恐猲",即恐吓。按:疑"恐狼"为连绵语,即孟浪、鲁莽,在此表示以言语冒犯之意。　⑨执固横敢:指操守坚定,行事果敢。高诱注:"横犹勇。"　⑩处义不越:守持道义而不失。越,逾越,"不越"即不越出于其外,犹不失。　⑪南面称寡:指即使为天子。不以侈大:不以地广人众而自夸自大。侈,犹奢、夸。　⑫今日君民而欲服海外:一旦君临天下之民,即欲化服海外荒远之地。此即本书《务大》等篇所强调的"务大"。　⑬节物甚高而细利弗赖:节制物欲的风节甚高而不贪小利。赖,通"利",用作动词,犹贪。　⑭耳目遗俗而可与定世:耳目视听超乎流俗而可与之定天下。遗,弃,此犹言出类拔萃。　⑮富贵弗就而贫贱弗揭(qiè):富贵虽可得亦不苟且趋就,而贫贱即可去亦不无故而去。高诱注:"轻富贵,甘贫贱。"揭,去。　⑯尊:通"遵"。羞:耻。卫:当作"𧗸",通"伪"。　⑰宽裕不訾而中心甚厉:宽宏大度不可量而内心非常严肃。裕,宽宏。《新书·道术》:"包容众物谓之裕。"訾,通"赀(zī)",量。　⑱难动以物而必不妄折:难以被外物打动而必不随意屈服。　⑲国士:一国中的杰出人才。

齐有善相狗者,其邻假以买取鼠之狗①,暮年乃得之②,曰:"是良狗也。"其邻畜之数年而不取鼠③,以告相者。相者曰:"此良狗也。其志在獐麋豕鹿④,不在鼠。欲其取鼠也则桎之⑤。"其邻桎其后足,狗乃取鼠。夫骥骜之气⑥,鸿鹄之志,有谕乎人心者⑦,诚也⑧。人亦然,诚有之则神应乎人矣⑨。言岂足以谕之哉?此谓不言之言也⑩。

【注】①假:托,委托。　②朞(jī)年:一年。　③畜:养。　④麋豕:麋鹿、野猪。　⑤桎:古代械系犯人两脚的刑具。此用做动词,指束缚、拴住。　⑥骥骜之气:骏马的气质。　⑦谕:明。　⑧诚:此为哲学概念,指善而不伪,天然无矫饰。如骥骜、鸿鹄之灵,因其天然无矫饰,故可为人心所感通而明乎人心。　⑨诚有之则神应乎人:天然之诚存乎其人,则神明亦与其人相感应。

实谓人有此"诚",则精神气貌亦必与此"诚"相应。 ⑩此二句是说:言语又怎能明谕此种精神气貌?这是一种不言之言。

　　客有见田骈者①,被服中法,进退中度,趋翔闲雅,辞令逊敏②。田骈听之毕而辞之③。客出,田骈送之以目④。弟子谓田骈曰:"客士欤?"田骈曰:"殆乎非士也⑤。今者客所弇敛⑥,士所术施也⑦;士所弇敛,客所术施也。客殆乎非士也。"故火烛一隅,则室偏无光⑧;骨节蚤成,空窍哭历,身必不长⑨。众无谋方,乞谨视见,多故不良,志必不公⑩。不能立功,好得恶予⑪,国虽大不为王,祸灾日至。故君子之容,纯乎其若钟山之玉⑫,桔乎其若陵上之木⑬,淳淳乎慎谨畏化而不肯自足⑭,乾乾乎取舍不悦而心甚素朴⑮。

【注】①田骈:见《不二》篇"陈骈"注。 ②此十六字意为:穿戴合乎礼法,进退合乎规矩,趋跄娴静文雅,言辞谦逊敏捷。被(pī)服,服饰。趋翔,犹"趋跄",小步快走有礼节的样子。按:此可与《庄子·徐无鬼》篇的下列文字相对照:"吾相马,直者中绳,曲者中钩,方者中矩,圆者中规,是国马也,而未若天下马也。" ③辞:谢绝。 ④送之以目:犹言目送之。 ⑤殆:恐怕。 ⑥客所弇敛:指上述其人中规中矩的表现。弇敛,掩饰约束,"弇"通"掩"。 ⑦术施:读作"坠弛",即废弛。术,通"述",假作"坠"。施,通"弛"。 ⑧此句是说:拿火炬只照一个角落,室内便有一半空间无光亮。烛,照。偏,半,实指火光被身体遮挡而照不到的部分。喻为人过分修饰则光彩必亏。 ⑨此句意思当是:人体的骨节若过早长成,则九窍发育不好,身体必然长不高。蚤,通"早"。空窍,同"孔窍",当是指九窍,见《情欲》篇注。哭历,连绵词,未详其确解;疑与"苦窳"义近,指粗疏,亦犹《情欲》篇"九窍寥寥"之意。按:此当是指软骨病(即佝偻病)。喻人在交往礼节方面若过分早熟,则未必能成器。 ⑩以上意谓:士众而无谋事方略,都只求谨饰外表,多巧伪而不善,则

用心必不公正。乞,通"讫",尽。视见,可以被看见的东西,指外表。故,巧伪。　⑪好得恶予:指士人但喜索取名利而不愿为君主出力。　⑫钟山之玉:指传说中的昆仑山的玉石。《淮南子·俶真训》:"钟山之玉,炊以炉炭,三日三夜而色泽不变,则至德天地之精也。"⑬桔(jié):树木直而高,犹挺拔。别本或作"梏",义同。　⑭淳淳:犹"惇惇",勤勉努力的样子。畏化:提防世事的变化。　⑮乾乾:自强不息的样子。不悦:读作"不侻",犹不苟。侻(tuō),轻率。

唐尚敌年为史①,其故人谓唐尚愿之②,以谓唐尚。唐尚曰:"吾非不得为史也,羞而不为也。"其故人不信也。及魏围邯郸,唐尚说惠王而解之围③,以与伯阳④,其故人乃信其羞为史也。居有间,其故人为其兄请⑤。唐尚曰:"卫君死⑥,吾将汝兄以代之⑦。"其故人反兴再拜而信之⑧。夫可信而不信,不可信而信,此愚者之患也。知人情不能自遗⑨。以此为君,虽有天下何益?故败莫大于愚。愚之患在必自用,自用则戆陋之人从而贺之。有国若此,不若无有。古之与贤⑩,从此生矣。非恶其子孙也⑪,非徼而矜其名也⑫,反其实也⑬。

【注】①唐尚:战国中期人,事未详。敌年为史:年龄已适合为吏。敌,通"适"。史,通"吏"。《说文解字·叙目》:"尉律:学僮十七以上始试,讽籀书九千字,乃得为吏。"　②谓:以为。　③说(shuì):说服。惠王:魏惠王,见《长见》篇注。解之围:史载公元前354年魏围赵之邯郸,次年破之,又二年以邯郸还赵,与此所记唐尚事不甚相合。　④以与伯阳:当是指魏惠王以唐尚为伯阳邑(在今河南安阳西北)守令。或说此指赵以伯阳邑予唐尚,然伯阳本为魏邑,赵虽在公元前282年曾取伯阳,而越二年复还魏,此外则不闻伯阳曾为赵邑。　⑤请:请为吏。此承上句"羞为史"言之,故"请"下省略了宾语。⑥卫:别本多作"魏",疑以"魏"字为是。　⑦将:请。按:此所记唐尚之语当

是说,等魏君死了以后,我请你兄长代我为伯阳令。旧注皆以为唐言卫君死后,我将以汝兄代为卫君,似过于不近人情,恐属误解。 ⑧反兴:犹言起身反走。兴,起身。 ⑨自遗:自忘。句意实指人不能忘情。不能忘情则有贪欲,有贪欲则会不信其可信而信其不可信。 ⑩与贤:指以君位授予贤者。 ⑪非恶其子孙:指让贤之举并不是因为嫌恶自己的子孙而不以君位传给他们。 ⑫非徼而矜其名:也不是为了追求让贤的名声并以此自夸。徼,通"邀",求。矜,夸耀。 ⑬反其实:复归于使国家长治久安的根本实际。反,同"返"。

务　　大

二曰　尝试观于上志①,三王之佐,其名无不荣者,其实无不安者,功大故也。俗主之佐,其欲名实也与三王之佐同,其名无不辱者,其实无不危者,无功故也②。皆患其身不贵于其国也,而不患其主之不贵于天下也,此所以欲荣而逾辱也③,欲安而逾危也④。

【注】①上志:前世古书的记录。志,记录,《务本》篇作"上古记"。按:本段文字皆择要录自《务本》篇首段,以下除注出个别异字外,均不再另注。 ②功:《务本》篇作"公"。二字古时可通用,但按《务本》篇上下文,作"公"字意义较胜,此下文字亦实就公私言之。 ③逾:《务本》篇作"愈",字通。 ④此句"逾"字,《务本》篇作"益",旧校云一作"愈"。

孔子曰①:"燕爵争善处于一屋之下,母子相哺也,区区焉相乐也②,自以为安矣。灶突决,上栋焚③,燕爵颜色不变,是何也?不知祸之将及之也④。不亦愚乎!"为人臣而免于燕爵之智者寡矣。夫为人臣者,进其爵禄富贵,父子兄弟相与比周于一国,区区焉相乐也,而以危其社稷。

其为灶突近矣,而终不知也,其与燕爵之智不异。故曰:"天下大乱,无有安国;一国尽乱,无有安家;一家尽乱,无有安身。"此之谓也。故细之安必待大⑤,大之安必待小。细大贱贵,交相为赞⑥,然后皆得其所乐。

【注】①孔子:《谕大》篇作"季子"。按:本段文字与《谕大》篇的末段基本相同,这里亦仅注出个别异文。　②区区:《谕大》篇作"姁姁",均为象声词,可通用。　③上栋焚:《谕大》篇作"火上焚栋",意义较胜。此种异文盖出于作者增补篇章时随手调整,非是由后人传抄造成。　④及之:《谕大》篇作"及己"。　⑤细之安:《谕大》篇作"小之定"。待:此与下句之"待"字,《谕大》篇均作"恃",义同。　⑥赞:助,佐。此字《谕大》篇亦作"恃"。

　　薄疑说卫嗣君以王术①,嗣君应之曰:"所有者千乘也,愿以受教②。"薄疑对曰:"乌获举千钧,又况一斤③?"杜赫以安天下说周昭文君④,昭文君谓杜赫曰:"愿学所以安周。"杜赫对曰:"臣之所言者不可⑤,则不能安周矣;臣之所言者可,则周自安矣⑥。"此所谓以弗安而安者也⑦。

【注】①薄疑、卫嗣君:均见《审应览》篇注。王术:为王之术。　②此二语意谓:我所有的不过是个千乘的诸侯国,愿以千乘受教。千乘,与万乘大国相对言之,指普通诸侯国。句首"所有"二字上,《淮南子·道应训》有"予"字,为第一人称,作主语。　③此处薄疑之语,以能举千钧的乌获提一斤之物,喻以王术治千乘侯国之易。乌获,见《重己》篇注。又,句中"举"字,毕校本有校语而仍旧本作"奉",今从许维遹《集释》本改。　④杜赫:战国时谋士。周人,相传为周宣王大夫杜伯之后。曾游说于周、齐、楚等国。周昭文君:参见《报更》篇。　⑤不可:犹言不可用。　⑥周自安:自可用于安周。⑦弗安而安:意指杜赫虽不言安周而可安周。

郑君问于被瞻曰①:"闻先生之义不死君、不亡君②,信有之乎③?"被瞻对曰:"有之。夫言不听,道不行,则固不事君也;若言听道行,又何死亡哉④?"故被瞻之不死亡也,贤乎其死亡者也⑤。

【注】①被瞻:见《上德》篇正文及注。按:句首"郑君"疑当作"郑君子"。被瞻为郑文公之弟,故又称叔瞻,见《史记·郑世家》。若"郑君"指文公或文公之子穆公,则皆不当称之为"先生"。　②义:主张。不死君、不亡君:不为君主而死或逃亡。　③信:确实。　④又何死亡:句意谓贤者之言若被听从,其道得行,则君主无灭国杀身之祸,贤者亦无从殉死或逃亡。　⑤按:被瞻之死有两说:一如本书《上德》篇所记,晋文公伐郑时指名索之而又免其死,使之归郑,郑复用为将领;一如《史记·郑世家》所说,当时他为免除国难遂自杀。本文此处所记似是依据前说。

昔有舜欲服海外而不成①,既足以成帝矣;禹欲帝而不成,既足以王海内矣②;汤、武欲继禹而不成,既足以王通达矣③;五伯欲继汤、武而不成④,既足以为诸侯长矣;孔、墨欲行大道于世而不成,既足以成显荣矣⑤。夫大义之不成,既有成已,故务事大⑥。

【注】①有舜欲服海外:《谕大》篇作"舜欲旗古今"。按:本段为《谕大》篇的首段,而颇有改动,并参见该篇注。　②王海内:《谕大》篇作"正殊俗"。　③王通达:犹言舟车所通、人可到达之处,莫不在王朝的统治范围之内,即古人所称"莫非王土"。《谕大》篇以汤、武之事分述,作"汤欲继禹而不成,既足以服四荒矣;武王欲及汤而不成,既足以王道矣"。此则括二者为一。　④汤、武:《谕大》篇作"三王"。　⑤荣:《谕大》篇作"名"。　⑥务事大:以追求远大目标为务。《谕大》篇作"务在事,事在大",亦可通读,然不如作"务事大"简括。或本作"务在事大",前篇衍"事在"二字,此篇则脱"在"字。

上 农①

三曰　古先圣王之所以导其民者,先务于农②。民农非徒为地利也,贵其志也③。民农则朴,朴则易用,易用则边境安,主位尊④。民农则重⑤,重则少私义,少私义则公法立,力专一⑥。民农则其产复⑦,其产复则重徙⑧,重徙则死其处而无二虑⑨。民舍本而事末则不令⑩,不令则不可以守,不可以战。民舍本而事末则其产约⑪,其产约则轻迁徙,轻迁徙则国家有患皆有远志⑫,无有居心。民舍本而事末则好智,好智则多诈,多诈则巧法令⑬,以是为非,以非为是。

【注】①上农:同"尚农",即重视农业,把农业生产放到治理国家的首要位置上。　②先务于农:首先让民众致力于农业。　③"民农"句:让民众致力于农业不只是为了土地的出产,更要重视的是他们安心务农的观念。下文"民农"皆有民众安心务农的意思。　④以上意谓:民众安心务农则民风朴实,民风朴实则易为国家役使,易为国家役使则边境安宁,人主之位尊崇。按:民役的种类很多,在春秋战国时代最重要的一种是兵役。民易用则兵力充足,外可拒敌,内可平乱,以保持国家安定,故此言"边境安,主位尊"。　⑤重:指民风厚重,不轻浮。　⑥私义:指与公法相抵触的行为标准,古籍亦多称"私曲"。民间是非,特重义气,其极端的负面表现形式是群体的私斗,故先秦各国的法律皆加禁止,而秦国禁之尤严。这里所说的"私义"即主要指私斗而言,故谓减少"私义"可使"公法立,力专一"。"力专一"指专心一力地从事农业生产。旧注有关"私义"的各种说法皆不可从。　⑦产:家产。复:增多。　⑧重徙:不轻易流亡迁徙。　⑨死其处而无二虑:老死故地而无另外的打算。　⑩舍本而事末:舍弃本业而从事末业。古人称农业为"本",称工商业及其他对农业有妨害的行业为"末"。不令:不听从号令。　⑪约:少,

菲薄。⑫远志:流徙远走的意向。下句"居心"与此相反,指留下来的心。
⑬巧法令:犹言逃避法令,以奸巧钻法律的空子。

后稷曰①:"所以务耕织者,以为本教也②。"是故天子亲率诸侯耕帝籍田③,大夫士皆有功业④。是故当时之务⑤,农不见于国⑥,以教民尊地产也⑦。后妃率九嫔蚕于郊,桑于公田⑧,是以春秋冬夏皆有麻枲丝茧之功⑨,以力妇教也⑩。是故丈夫不织而衣⑪,妇人不耕而食,男女贸功以长生⑫,此圣人之制也。故敬时爱日⑬,非老不休,非疾不息,非死不舍。

【注】①后稷:周人的传说始祖,古代亦用为农神、农官之称,参见《首时》篇注。这里所引当出自托名后稷的古农书《后稷》。该书已失传,学者一般认为,《吕氏春秋》这最后的农学四篇应该大部分是该书遗文。　②本教:本业之教,犹言使民众致力于本业的措施。　③籍田:参见《孟春纪》篇。　④功业:犹后世所称功课、作业,指举行籍田礼时所规定的各级别参加者的劳动量。如《孟春纪》所说"天子三推,三公五推,卿、诸侯、大夫九推",及《国语·周语上》所说"王耕一墢,班三之,庶人终于千亩"等。　⑤当时之务:字面意思是正值农时而尽力从事,犹言正当农忙季节。　⑥农不见于国:农民不见于城邑中。指居民皆至郊野干农活,城里不准有闲人。　⑦尊地产:重视农耕生产。　⑧"后妃"句:参见《季春纪》篇。　⑨枲(xǐ):古籍或用以指不结籽的麻,即麻的雄株,此与"麻"并用为大麻的总称。功:事。　⑩力妇教:劝勉妇道之教,犹言加强妇女参加劳动的措施。　⑪丈夫:男子。　⑫男女贸功以长生:男女劳动互相补充以长养生息。贸功,交换劳动所得,犹言互补。　⑬敬时爱日:谨守农时,爱惜光阴。指勤奋劳动。

上田夫食九人,下田夫食五人①,可以益,不可以损②。一人治之,十人食之③,六畜皆在其中矣④。此大任地之道也⑤。

【注】①此二句谓上等、下等的可耕田,每夫所种所收可分别养活九人、五人。夫,成年男丁,亦用以指一夫所耕之田。《周礼·小司徒》注引《司马法》:"亩百为夫。"《汉书·食货志》引李悝说:"今一夫挟五口,治田百亩。"百亩又称一顷,约合今29市亩左右。食(sì),供养。　②益、损:增加、减少。古代地广人稀,耕作粗放,作物产量低,故鼓励多种,不许少种。《乐成》篇载史起说:"魏氏之行田也以百亩,邺独二百亩,是田恶也。"是知下等地可以耕至二百亩。《周礼·大司徒》说:"不易之地家百亩,一易之地家二百亩,再易之地家三百亩。"《周礼·遂人》也说,"上地夫一廛,田百亩,莱五十亩","中地夫一廛,田百亩,莱百亩","下地夫一廛,田百亩,莱二百亩"。"不易之地"即每年都耕种的土地,"一易之地"、"再易之地"指耕种一年之后分别休耕一年、二年的土地,"莱"即指供休耕的土地。这些都说明先秦时一夫百亩是基本的制度,荒地则可尽量开垦。　③十人食之:指上等土地供养九人,加上可授田的男丁本人则共十人。　④六畜皆在其中:指一夫的收获不但可供家口食用,而且包括家畜的饲料所需在内也可满足。　⑤大任地之道:充分利用土地的措施所能达到的成效。

故当时之务,不兴土功①,不作师徒②。庶人不冠弁、娶妻、嫁女、享祀,不酒醴聚众③。农不上闻,不敢私籍于庸④。为害于时也⑤。

【注】①不兴土功:不兴起土木工程。　②不作师徒:不振军旅。指不进行战争。　③此全句意指:平民百姓除非举行冠礼及娶妻、嫁女、祭祀等礼节,都不得聚众饮宴。　④此句意谓:农民如果不报告官府,不准私自托庇于贵族的户口为雇佣劳动力。上闻,指报告官府。编户农民皆有户口在官府,不报告则不准更动。私籍,指私入贵族门下。古代贵族有荫庇农户为私家耕种及服事各种贱役的规定。庸,雇佣,出卖劳动力。按:句意实指不准贵族随便占有国家编户农民,与国家争夺租税之源。　⑤为害于时:有害于农时。

然后制野禁①。苟非同姓,农不出御,女不外嫁②,以安农也。野禁有五③。地未辟易,不操麻,不出粪④。齿年未长,不敢为园圃⑤。量力不足,不敢渠地而耕⑥。农不敢行贾,不敢为异事⑦。为害于时也。

【注】①野禁:有关民间活动的禁令。 ②"苟非"三句:只要不是在当地群体聚居者都出于同姓,农夫(男子)就不准离开当地到外地为赘婿,女子也不准嫁到外地。御,此与"嫁"字对举,实指男嫁女,亦即为赘婿。赘婿犹今言上门女婿,先秦时贫苦农民因无力娶妻而出赘者甚多,而赘婿的社会地位很低,在法律上接近于奴隶。按:此类禁令都是为了稳定各地的劳动力构成及增殖人口,以保证国家的税收。尤其是先秦时诸侯国尚多,若一国男女嫁到邻境的他国,则直接影响到本国的劳动力,故有此种禁令。 ③野禁有五:疑此四字当在上文"制野禁"下。下述按行文只有四项禁令,若包括"苟非同姓"一项乃为五禁。 ④此句意谓:土地未垦辟治理好,不要掺杂种麻,不要随意施肥。辟,开垦。易,整治。操,通"掺",掺杂。《礼记·学记》注:"操缦,杂弄。"是"操"有杂治之义。古代麻田不用好地,好地种麻则失其肥力,故此提倡整治粮田时"不操麻"。不出粪,指古代地多而肥料缺,不是种粮的熟田,不要滥用粪肥。熟地施肥,可提高单位面积产量,这是古人争取增加收获的主要途径;其他荒地则广种薄收,一般不施肥。 ⑤此句意谓:不是上了年纪,不要从事种植果木蔬菜的园圃的管理。古代有供给老人种植果蔬的园圃,本书《尊师》篇所说"治唐圃,疾灌浸,务种树"是其意。但青壮劳力须把主要精力投入到种田打粮上,不准随意扩大园圃而占用土地和劳动力。 ⑥此句意谓:估计力量不足,不要采取畎田的方式耕作。渠地,当是指畎田。"畎"亦作"甽",古农书又称区田法。其耕作方式实有两种:一种是在田间开沟种植,沟有一定宽度,作物植于沟中,沟与沟之间留宽垄;另一种是开方种植,就是把沟改成低于垄面的方块,作物植于方块中,方块四周都有垄。本篇之后的《任地》篇对畎田有所叙述。在古代生产条件下,畎田制有许多优点,有利于提高单位面积产量,但须有较好的土地及相当的人力物力乃至水利条件等才能实行,贫苦农民无法采取。古代主要在贵族土地上实行的"井田制"

与此有关。　⑦此句意谓:农民不准外出流动经商贩卖及做其他对农业有妨害的事。

　　然后制四时之禁①。山不敢伐材下木②,泽人不敢灰僇③。缳网罝罦不敢出于门④,罛罟不敢入于渊⑤,泽非舟虞不敢缘名⑥。为害其时也⑦。

【注】①四时之禁:指在不同季节所禁止的事。下述均非四时皆禁,有关禁令可检视"十二月纪"。　②山:疑当作"山人",脱"人"字。"山人"与下句"泽人"相对,盖分指山区和薮泽湖泊地区的居民。《荀子·王制》:"故泽人足乎木,山人足乎鱼,农夫不斫削不陶冶而足械用,工贾不耕田而足菽粟。"是为"山人"、"泽人"并举之例。伐材下木:砍伐木材及运木料下山。　③灰僇:以烧荒的形式杀草。灰,犹言焚烧。僇,通"戮",此指杀草。句意疑指不准在薮泽中烧草驱兽打猎。　④缳(huán)网罝罦(jū fú):皆指捕鸟兽的网。句意指在某些特定的季节不准田猎。　⑤罛罟(gū gǔ):此指捕鱼的网。句意指在某些特定的季节不许捕鱼。　⑥泽非舟虞不敢缘名:疑指出入湖泊中的船只皆归舟虞管理,不准私人假借各种名义侵占。舟虞,主管舟船的官员。缘,假借,凭借。名,犹言以某种名义占有,如汉代称占田为"名田"。　⑦为害其时:这里有两重含义,一是指有害于农时,一是指不利于草木鸟兽顺从时令的繁殖生长。

　　若民不力田①,墨乃家畜②,国家难治,三疑乃极③。是谓背本反则④,失毁其国⑤。

【注】①力田:尽力于农耕。　②墨乃家畜:放牧其牲畜。指把农田变为牧场。墨,通"牧",如传说的黄帝大臣"力牧"或写作"力墨"。又,"家畜"一词先秦时不见于他书,此"家"字当是指士大夫之家,先秦古籍以"家"代指士大夫习见。贵族之家霸占农田为牧场,将直接导致可耕地的减少,故此列之为农耕之业的大害之一。　③三疑乃极:谓"三官"之乱就会达到极至。"三

官"见下。疑,乱。 ④背本反则:背离农耕之本,违反法令。则,指法令。
⑤失毁:犹言丧亡。

凡民自七尺以上①,属诸三官②。农攻粟,工攻器,贾攻货③。时事不共④,是谓大凶⑤。夺之以土功是谓稽⑥,不绝忧唯⑦,必丧其秕⑧。夺之以水事是谓籥⑨,丧以继乐⑩,四邻来虚⑪。夺之以兵事是谓厉⑫,祸因胥岁⑬,不举铚艾⑭。数夺民时⑮,大饥乃来。野有寝耒⑯,或谈或歌,旦则有昏⑰,丧粟甚多。皆知其末,莫知其本真⑱。

【注】①七尺以上:指成年男子。"七尺"指身高而言,约当今1.61米左右。《周礼·乡大夫》载"国中自七尺以及六十,野自六尺以及六十有五,皆征之(征发赋役)",唐人疏云"七尺谓年二十","六尺谓年十五"。 ②三官:即此下所说农、工、贾(商)三种职业。 ③攻粟、攻器、攻货:犹言从事种田打粮、器物制作、货物流通。攻,治。 ④时事不共:三官的产品如果不能及时供给。事,实指所产。共,同"供"。 ⑤是谓大凶:就会闹大灾荒。按:三官的基础在农业,故下文主要就农业言之。 ⑥夺之:指侵占农时。土功:土木工程。稽:稽迟,指延误农时。 ⑦不绝忧唯:即"不绝忧",忧患不断。唯,通"为",用为语末助词,无义。 ⑧必丧其秕:必致丧失收成,连秕子也得不到。秕,不成实的谷粒,即今言秕子。 ⑨夺之以水事是谓籥:此句不可通。疑"水事"为"示事"之误,本指祭祀。籥,疑通"禴",泛指四时之祭;此用做动词,则指以四时之祭为欢乐。按:上文言"当时之务",以"不兴土功"、"不作师徒"与"不酒醴聚众"并举,此处上下文亦言"土功"、"兵事",则此句若指祭祀等礼事言之,正与上文相应。 ⑩丧以继乐:按上句的理解,此四字应指既丧失收成而反继之以欢乐。 ⑪四邻来虚:四邻敌国会乘虚来攻。一说"虚"字当作"虐",与上"籥"、"乐"为韵。 ⑫厉:犹言大凶,大灾难。 ⑬祸因胥岁:战祸因而使收成一空。胥,通"疏",旷,空。岁,收成。 ⑭不举铚艾(zhì yì):不用镰刀。指全无收获。铚艾,古代镰刀之类的农具。 ⑮数:屡次。指上述诸事交相害农。 ⑯野有寝耒:耒耜等农具闲置野外。指大灾之年,

农民无计耕种则农事皆罢。 ⑰或谈或歌,旦则有昏:指农民从早到晚闲谈悲歌。一说指人主的谈笑歌舞。有,读作"又"。 ⑱本真:"真"字疑当作"宜",与上"歌"、"多"为韵。

任　　地

四曰　后稷曰:子能以窐为突乎①?子能藏其恶而揖之以阴乎②?子能使吾土靖而甽浴土乎③?子能使保湿安地而处乎④?子能使菫夷毋淫乎⑤?子能使子之野尽为泠风乎⑥?子能使藁数节而茎坚乎⑦?子能使穗大而坚均乎⑧?子能使粟圜而薄糠乎⑨?子能使米多沃而食之强乎⑩?无之若何⑪?

【注】①子:你。以窐为突:因凹而为凸。窐,通"窪"、"洼",指凹下。突,凸起。按:据下文,此实指造畎田时因开沟而造出田垄。详后。　②藏其恶而揖之以阴:掩藏干燥的土而压上湿润的土。恶,恶土,此与"阴"相对,当是指干燥的土。揖,通"挹"、"抑",犹压。阴,阴土,湿润的土。　③使吾士靖而甽浴士:使各种土质都得到治理,而畎沟里都有湿润的土。句中二"士"字皆当作"土"。吾土,当是"五土"之讹,指黄、白、黑、青、赤五种颜色的土。靖,治。甽,同"畎",今多用"畎"字,即畎田的沟。浴土,犹沃土,指湿润的土;此以"浴土"起谓词的作用。　④使保湿安地而处:使墒情保持湿润而让庄稼适宜地在地里生长。　⑤使菫夷毋淫:使杂草不蔓延。菫夷,当读作"菅荑(jiān tí)",指茅草,"菅"为总称,"荑"指其嫩芽。此代指杂草。"菫"字,旧从本字作解,以为指芦荻类植物,恐不当。　⑥泠(líng)风:和风。句意就保持庄稼的通风而言。　⑦藁数节而茎坚:作物的茎秆多节而强壮。藁,同"稾",禾秆。　⑧坚均:结实而均匀。　⑨粟圜而薄糠:籽粒圆实饱满而糠皮薄。　⑩米多沃而食之强:米有油性而吃起来有劲道。沃,肥美。　⑪无之若何:若不能,又该怎么做呢?

凡耕之大方①,力者欲柔,柔者欲力②;息者欲劳,劳者欲息③;棘者欲肥,肥者欲棘④;急者欲缓,缓者欲急⑤;湿者欲燥,燥者欲湿⑥。上田弃亩,下田弃甽,五耕五耨,必审以尽⑦。其深殖之度⑧,阴土必得⑨,大草不生,又无螟蜮⑩,今兹美禾,来兹美麦⑪。是以六尺之耜,所以成亩也⑫;其博八寸,所以成甽也⑬。耨柄尺,此其度也⑭;其耨六寸,所以间稼也⑮。地可使肥,又可使棘⑯。人肥必以泽⑰,使苗坚而地隙⑱;人耨必以旱⑲,使地肥而土缓⑳。

【注】①大方:大方向,大原则。　②力、柔:指土性过强和过弱。强则硬,弱则不粘。　③息、劳:指休耕和不休耕。休耕之地再加种植则其地"劳",频年种植之地使之休耕则其地"息"。　④棘、肥:指土质过瘦和过肥。棘,通"瘠"。　⑤急、缓:指土地过实和过松。过实则易干,过松则作物根不固。⑥湿、燥:指低洼地和干旱地的特性。　⑦此十六字意谓:地势高而易旱的土地种沟不种垄,地势低而易涝的土地种垄不种沟,多次耕作,多次耘锄,必须周密安排而尽力做好。亩,田垄。甽,沟。五,指多次。耨(nòu),锄草工具,用做动词指锄草。按:此处"上田"、"下田"分指高旱地和低洼地。"弃亩"、"弃甽"实皆相对于畎田法而言,在较好的土地上可通行此法,一般只种沟,但须因地制宜,有些土地不宜于种沟则也可种垄。　⑧深殖之度:指耕种的深度。殖,种植。　⑨阴土必得:一定要能见到湿土。　⑩螟蜮(míng yù):食稼害虫。高诱注谓"食心曰螟,食叶曰蜮"。泛指害虫。深翻土地可以除草根、灭虫卵。　⑪"今"、"来"二句:今年收好谷子,明年收好麦子。兹,犹"则"。　⑫六尺之耜:指耒耜的木柄长六尺。耒耜,古代最重要的耕作农具,犹后世的"犁"。相对言之,"耒"指木柄,"耜"指犁头;但在散用时,"耒"和"耜"都可代指耒耜。　所以成亩:是用来造成田垄的。按:此与下句是谈畎田制度的,详下条注按语。　⑬其博八寸:指耒耜的犁头宽八寸。所以成甽:是用来造成畎沟的。按:古代的畎田制,照载籍中的标准说法,一般是"六尺为步,步百为亩,亩百为夫"。就是说,长、宽各六尺的方块为一步之田,这样

的方块如果按纵行拼接起来,那么一百个方块就是一亩地。也就是说,一亩地相当于长六百尺、宽六尺的面积,此即一夫之地。如此,则百亩之地就相当于长、宽各六百尺的正方形的面积。在这种方整的土地上,按纵向开沟种植,沟与沟之间留垄,即造成畎田。沟的宽度,依《周礼·考工记》所说:"匠人为沟洫,耜广五寸,二耜为耦,一耦之伐(刺土),广尺深尺谓之甽。"也就是说,犁头宽五寸,两个犁头并起来叫"耦",一耦的宽度是一尺,然后下挖的深度也是一尺,这宽、深各一尺的沟就叫做"甽"。甽中挖出的土培到旁边,就形成"亩",亦即后世统称的垄。一沟一垄的宽度应该是总为六尺,而不是垄宽六尺、沟宽一尺,否则百亩的总面积会加大。这样,实际的情形应该是沟宽一尺(约23厘米),垄宽五尺(约1.15米)。本文以"六尺之耜"为言,说的是用耒耜木柄的长度作为一沟一垄总宽度的标准;又说"耦"的宽度为八寸,可能当时实有沟的宽、深各八寸的操作法,或者实是"广尺深尺"的变通说法(因为畎沟实际上并不是壁边陡直的槽)。大抵开沟须深翻,沟中填熟土,等禾苗生长时,依次将垄上的土培入沟中,如此可固根、保湿、保肥、防倒伏等;留宽垄则便于田间管理及庄稼通风等。这是古代劳动人民世代耕作所创造的优秀经验。另有仅种方块而不开沟的做法,也可称畎田制,参见上篇"渠田"注。

⑭耨柄尺:锄柄长一尺。这是用做株距的标准。古人锄小,须下蹲操作。

⑮其耨六寸:指耨刃六寸宽。株距若为一尺,则刃须能入于苗株间,显然要窄于株距。间稼:犹今言间苗,亦指在苗株间运锄。 ⑯又可:疑当作"不可"。

⑰人肥必以泽:施肥必在下雨天的时候。疑此"人"字与下"人耨"之"人"字皆当作"入"。 ⑱苗坚而地隙:禾苗得以加固,而土地亦得透气。隙,有透气孔。 ⑲人耨必以旱:锄地必在干旱的时候。 ⑳地肥而土缓:土地保持肥力,而土壤亦变得疏松。雨天不锄,地有气孔可透水;旱天耘锄,则可隔断气孔以保持水分。

草諯大月①。冬至后五旬七日,菖始生②。菖者,百草之先生者也,于是始耕。孟夏之昔③,杀三叶而获大麦④。日至⑤,苦菜死而资生⑥,而树麻与菽⑦。此告民地宝尽死⑧。凡草生藏,日中出⑨。豨首生而麦无叶⑩,而从事于蓄藏⑪。此告民究也⑫。五时见生而树生,见死而获死⑬。天下时,地生财,不与民谋⑭。

【注】①草𢒺大月:草始萌芽便到了大年正月。𢒺,通"耑",即古"端"字。《说文》:"耑,物初生之题也。上象生形,下象其根也。"指植物开始萌发。大月,指夏历正月,亦即孟春之月。下言"冬至后五旬七日",冬至在夏历十一月中旬,则过此 57 天,已入正月之中旬。高诱注谓"大月,孟冬月也",盖以为"大月"指冬至的前一月,即秦代为岁首的十月,恐属误解。今人从高注,谓"𢒺"指草木枯萎,于训诂难通。 ②菖:菖蒲。一种水草,为多年生草本植物。 ③孟夏之昔:指四月下旬。孟夏,四月。昔,通"夕",此指月之夕,即月的下旬。 ④杀三叶而获大麦:三叶枯死而大麦始收获。三叶,指荠(荠菜)、葶苈(狗荠、䔬菜)、菥蓂(遏蓝菜),皆属十字花科草本植物。 ⑤日至:指夏至。 ⑥苦菜:即苣荬菜。其嫩茎叶可食。资:通"茨",即蒺藜。古代亦以其嫩叶为蔬。 ⑦树:种植。麻与菽:大麻和豆类作物。 ⑧告民:告诉人们。地宝尽死:意不明。疑"地宝"指物产而言,"尽"通"进","死"为"也"字之误。盖谓夏季正是各种物产相继增加的时候。 ⑨此句意指:凡是草木的生长和敛藏,都分别从春分、秋分前后开始。日中,指春分、秋分。出,犹言发生。 ⑩豨(xī)首生而麦无叶:当是指豨首开花而小麦尚未长叶的时候,即秋分时节。豨首,即中药所称的天名精,一种菊科多年生草本植物,夏秋开花。 ⑪从事于蓄藏:开始收集储藏过冬的物品。 ⑫究:尽。当是承上文"地宝"而言的,指物产将尽。 ⑬五时见生而树生,见死而获死:此用阴阳家言,意指按自然五行的运行规律,某种作物能生于某时就种植这种能生的作物,某种作物将死于某时就收获这种将死的作物。犹言当种则种,当收则收,皆依物候时令行事。五时,指阴阳家以五行配四时所划分的一年五个时段,每段为 72 天,参见《孟春纪》篇"其日甲乙"注。 ⑭末句直译是:上天降时令,土地生财富,是不与人类商量的。犹言物产出于自然,各有其时,人类生产活动须遵从时令。

有年瘗土,无年瘗土①,无失民时,无使之治下②。知贫富利器,皆时至而作,渴时而止③。是以老弱之力可尽起,其用曰半,其功可使倍④。不知事者⑤,时未至而逆之⑥,时既往而慕之⑦;当时而薄之⑧,使其民而郤之⑨。民既郤,乃以良时慕⑩,此从事之下也。操事则苦⑪,不知高下⑫,民乃逾处⑬。种稑禾不为稑⑭,种重禾不为重⑮,是以粟少而失功。

【注】①此二句谓:丰收了要祭祀土神,歉收时也要祭祀土神。前者为报功,后者为禳灾。年,收成。瘗(yì),古代埋牲之祭。 ②治下:指治事后于农时。下,后。下文"从事之下"同此。 ③此全句意谓:可知脱贫致富的有效途径,皆在于农时一到便要立即行动,直到农时过去之后才停止劳作。贫富,偏正词,义偏在富。利器,本喻指精良的工具,此指有效的方法、途径。渴,同"竭",尽。 ④二"其"字句:用一半力,可收到成倍的功效。 ⑤事:农事。 ⑥逆之:犹先之,指先于农时而动。 ⑦慕:追念,犹后悔。 ⑧当时:正当农时之际。薄:轻视。 ⑨使其民而郤之:意谓以各种徭役驱使其民而闲置了农时。郤,同"隙",空闲,古称农闲为"农隙"。此用作动词,犹言错过。 ⑩乃以良时慕:乃后悔错过了好时机。 ⑪操事则苦:犹言草率从事。苦(gǔ),粗劣。 ⑫不知高下:意指不管土地的高下好坏。 ⑬逾处:越地耕种。指不按常规因地制宜地耕种而乱种一气。 ⑭稑(lù):后种先熟的谷物。 ⑮重:通"穜(tóng)",先种后熟的谷物。

辩　土①

五曰　凡耕之道,必始于垆②。为其寡泽而后枯③,必厚其靹④。为其唯厚而及燧者莛之⑤;坚者耕之⑥,泽其靹而后之⑦。上田则被其处⑧,下田则尽其汙⑨。

【注】①辩土:言土质的辨别。辩,通"辨"。篇中实多述耕种技术。②垆(lú):指性刚的粘壤土。《说文》:"垆,黑刚土也。"然古籍亦有"赤垆"、"黄垆"之称,则"垆"不仅指黑土,实为良性粘壤土的总名。或称"埴垆",则特指细密疏松的粘壤土。 ③为其寡泽而后枯:为了使它在少雨的季节干枯得慢。泽,雨水。后枯,犹言保持水分的性能好,耐旱。 ④厚其䇞(nà):当是指增厚其熟土层。䇞,同"㶞"。《广雅·释诂》:"㶞,弱也。"在此应是指软土,即熟土层。 ⑤为其唯厚而及饶者荏之:当是指对于熟土层独厚而至于水分饱和的垆地要注意养护而使之苏息。为,于,对于。唯,独。饶,同"饱",此指水分饱和。荏,不见字书,疑同"荏"字,在此读作"苏",指休养苏息。《方言》卷三:"苏亦荏也,关之东西或谓之苏,或谓之荏。" ⑥坚者耕之:对于坚硬的垆地要勤加翻耕。 ⑦泽其䇞而后之:使其熟土层能够吸收雨水、保持水分而干枯得慢。泽、后,皆承上文"寡泽而后枯"而言,用如使动。⑧上田则被其处:"被"字疑当作"陂",或假作"陂"。句意盖指在地势高而易旱的土地旁边建水塘,以利灌溉。 ⑨下田则尽其汙:如果是低洼地,则要把积水排干净。汙,同"洿"、"污",停而不流的水。

无与三盗任地①。夫四序参发②,大畂小亩③,为青鱼脥④,苗若直猎⑤,地窃之也⑥。既种而无行⑦,耕而不长⑧,则苗相窃也。弗除则芜⑨,除之则虚⑩,则草窃之也。故去此三盗者,而后粟可多也。

【注】①无与三盗任地:不要随"三盗"使用土地。犹言利用土地不要使之出现"三盗"的情况。三盗,指下述三种"窃"。 ②四序参发:依四时之序多次耕作。参,同"三",指屡次。 ③大畂小亩:指畎田的沟大而垄小。④为青鱼脥(qū):未详其确指,按文义当是形容沟大垄小的形状。疑指小垄像青鱼搁浅在沙土上。为,如、像。青鱼,古称鲭,即鲐鱼,背青而腹白,长者可达60厘米。脥,搁浅。 ⑤苗若直猎:禾苗像兽类颈部直立的鬃毛。猎,通"鬣"。 ⑥地窃之:土地本身窃取了收成。当是指由于耕作不当,沟过大,垄过小,不能起到保墒保肥的作用,故致禾苗瘦弱而失收。 ⑦无行:无行

列。当是指种植太密,以致纵不成列,横不成行。 ⑧耕而不长:意谓虽尽力耕耘,禾苗还是不能长高。 ⑨除:除草。芜,荒芜。 ⑩虚:指禾稼虚弱。种地若不及时除草,待其疯长而荒芜,则禾稼皆瘦黄不堪,此时即使除去杂草,禾稼也已弱不禁风。

所谓今之耕也,营而无获者①,其蚤者先时②,晚者不及时,寒暑不节③,稼乃多菑④。实其为亩也⑤,高而危则泽夺⑥,陂则埒⑦,见风则僵⑧,高培则拔⑨,寒则雕⑩,热则脩⑪,一时而五六死⑫,故不能为来⑬,不俱生而俱死⑭。虚稼先死,众盗乃窃,望之似有余,就之则虚⑮。农夫知其田之易也⑯,不知其稼之疏而不适也⑰;知其田之际也⑱,不知其稼居地之虚也⑲。不除则芜,除之则虚⑳,此事之伤也。故亩欲广以平㉑,甽欲小以深。下得阴,上得阳㉒,然后咸生。

【注】①营:经营。 ②蚤:通"早"。 ③寒暑不节:指种植不能适应寒暑变化的节令时序。 ④菑:同"灾"。 ⑤实:通"是"。为亩:造田垄。⑥高而危则泽夺:使田垄高而陡则会被雨水冲坏。夺,通"坠",犹堕。 ⑦陂(pō)则埒(liè):使田垄倾斜又会变得和畎沟一样平。陂,倾斜。埒,相等。⑧见风则僵(jué):指田垄过低会使庄稼遇风而倒伏。僵,通"蹶",倒下。⑨高培则拔:指培土过高,庄稼犹如长在地面之上。拔,超出,此指超出地面。⑩寒则雕:天冷了会凋零。雕,通"凋"。此与下句均承上句"高培则拔"而言。 ⑪热则脩:天热了又将会枯萎。脩,将干枯之状。 ⑫五六死:受到五六种可能枯死的情况的伤害。 ⑬来:疑本作"采",即古"穗"字,因形近而误。"不能为穗"指或者不能抽穗,或者抽穗而不能成熟。 ⑭不俱生而俱死:指不是同时出苗生长的,却要同时死去。其意偏指出苗晚者,不等抽穗或穗不成熟,已到了收获期而开始枯萎。 ⑮此全句意谓:那些虚弱的庄稼先死去,各种减产的情况乃一齐发生,远远看去似乎庄稼还长势良好而绰绰有

余,走近一看就知道地里已经是一片片空虚。句末"虚"字与"有余"相对,指不足,犹言能打粮的庄稼已经没有多少。　⑯易:治,治理。　⑰稼之疏而不适:耕种粗疏而不适当。稼,用做动词,指耕种。　⑱际:或说当作"除",疑是。"除"亦治理之意。　⑲居地之虚:在地里的空虚。此"虚"字即上文"就之则虚"之"虚"。　⑳此处"不除则芜,除之则虚"八字已见上文,疑为抄者误注而衍入正文者。　㉑以:而。　㉒下得阴,上得阳:使庄稼下得水分,上得阳光。

　　稼欲生于尘而殖于坚者①。慎其种②,勿使数③,亦无使疏。于其施土④,无使不足,亦无使有余。熟有耰也⑤,必务其培⑥。其耰也植,植者其生也必先⑦。其施土也均,均者其生也必坚⑧。是以亩广以平,则不丧本⑨;茎生于地者,五分之以地⑩。茎生有行,故遬长⑪;弱不相害,故遬大⑫。衡行必得,纵行必术⑬。正其行,通其风,夬心中央,帅为泠风⑭。苗其弱也欲孤⑮,其长也欲相与居⑯,其熟也欲相扶⑰。是故三以为族⑱,乃多粟。

　　【注】①稼欲生于尘而殖于坚者:"尘"字,传世本皆作繁体的"塵",疑误。以下文"其生也必先"校之,此字似本作"先",或传抄者误写为俗体的"尘",后人又正其字为"塵"。若是,则句意应是指种庄稼都想使之发芽出苗早而生长时根扎得牢。句中二"于"字的用法皆近于"则","先"、"坚"则音近而略合韵。句末"者"字犹"也"。　②种:播种。　③数(cù):密。　④施土:在畎沟中下种后用以覆盖种子的土。　⑤熟有耰(yōu):仔细平整下种后的土地。有,为。耰,平土用的木椰头,用做动词即指平土。　⑥培:指在点种处多培覆一些细土(形成蚁窝状的小土堆)。　⑦植:疑当作"稙",或"植"可通"稙"。《广雅·释言》:"稙,早也。"句意盖谓平土培种的工作要及早做好,早做好的,所种发芽出苗也一定会快。　⑧均:与"匀"字义同,指精细均匀。句意谓覆土要精细均匀,如此则庄稼生长时根也一定扎得牢。　⑨此句谓田垄

宽而平,则田间管理就不会伤害到畎沟中的庄稼。 ⑩此句谓畎沟中的庄稼主茎长成并展开叶片后,约占到土地面积的五分之一。茎,代指已成茎的庄稼,犹言植株。按:以垄宽五尺、沟宽一尺计算,一垄一沟宽度的五分之一为一尺二寸,此当即作者所理解的一沟庄稼所遮蔽的宽度。 ⑪此句谓庄稼有行有列,故成长得快。行,指横行和纵行,即今言行列。邀,同"速"。 ⑫此句谓禾苗弱小时互不妨害,故长大也快。 ⑬衡行必得,纵行必术:谓畎沟中的庄稼横看也一定要成行,纵列则一定要和田垄上的道路相平行而端正。衡,通"横"。术,本指田间道路,此实指田垄上的走道,取正直之意。按:畎沟与田垄平行挖成,自可取直,而沟中的庄稼则未必会有横行。这里要求作物株距要留得适当,以使之横看也能成行。 ⑭央心中央,帅为泠风:让风能吹到庄稼地的内部,直到中心部分,里里外外都和风通畅。央,通"决",犹通。心,犹内。帅,同"率",皆。泠风,和风。 ⑮孤:单独生长。 ⑯相与居:互相接近而共处。 ⑰相扶:互相扶持依靠。 ⑱三以为族:指经过上述"孤"、"居"、"扶"三个阶段而聚集到一起。族,犹聚。

凡禾之患,不俱生而俱死。是以先生者美米,后生者为秕①。是故其耨也,长其兄而去其弟②。树肥无使扶疏③,树墝不欲专生而族居④。肥而扶疏则多秕,墝而专居则多死。不知稼者,其耨也去其兄而养其弟,不收其粟而收其秕,上下不安则禾多死⑤;厚土则孽不通⑥,薄土则蕃轓而不发⑦。垆埴冥色⑧,刚土柔种⑨,免耕杀匿⑩,使农事得⑪。

【注】①此二句是说:通常按时播种而出苗及时的,能够结出好的籽粒;出苗晚的,则往往只结些秕子。 ②长其兄而去其弟:指间苗时保留那些早出而苗壮的大苗并使之顺利成长,而去掉那些晚出而不成气候的小弱之苗。 ③树肥无使扶疏:意谓在肥沃的土地上耕种要适当密植,不要因种得太稀而使得庄稼疯长。树,种植。肥,肥地。扶疏,枝繁叶茂的样子。作物疯长则往

往籽粒不实而多秕子。 ④树挠(qiāo)：种瘠薄地。专生而族居：挤成团而聚处在一起。指种植过密。专，通"抟(tuán)"，聚成团。 ⑤上下不安：指种植技术不当，以致禾稼之生长与土地状况不相适应。 ⑥厚土则孽不通：指肥沃地稀植则庄稼冒枝杈而养分不能上通。孽，通"蘖"，用作动词，指多生枝杈。一说"通"字当作"达"，与下句"发"字为韵，意同。 ⑦薄土则蕃辐而不发：指瘠薄地密植则庄稼互相挤压遮蔽而不能拔节。蕃辐(fān)，同"藩辐"，障蔽之意。发，指拔节生长。 ⑧垆埴(zhí)：见篇首"垆"字注。冥色：暗黑色。 ⑨刚土柔种：谓改造性刚的粘壤土，使之不断柔熟而耕种。 ⑩免耕杀匿：勉力耕作，减少灾害。免，通"勉"。杀，减少。匿，通"慝(tè)"，灾害，指上文所说"三盗"等情况。 ⑪得：得当，适宜。

审　时①

六曰　凡农之道，厚之为宝②。斩木不时，不折必穗③；稼就而不获，必遇天菑④。夫稼，为之者人也⑤，生之者地也，养之者天也。是以人稼之容足，耨之容耨，据之容手，此之谓耕道⑥。

【注】①审时：言农事活动要谨慎地顺从时令。 ②厚之：疑当作"厚天"，犹言尊重天时。下文"必遇天菑"、"养之者天"，皆以"天"为言。 ③必穗："穗"字不可通。疑本作"执"，犹裂，后人或写作"捰"，遂又误为"穗"字。如是则句意为：伐木不按时节，则木材不折必裂。 ④此句意谓：农事都完成了而没有收获，必是遇上了天灾。稼，用做动词，统指农事。就，完成。 ⑤为：犹种植。 ⑥此处自"是以"以下可译为：人们种稼治田以脚(步)为尺度，耘耨除草以锄为尺度，秉持禾稼以手为尺度，这些都是说的耕作技术。容，犹法式。《广雅·释诂》："容，法也。"本书《士容》篇"国士之容"高诱注亦云："容犹法也。"这里的"容足"、"容耨"，应是分别代指畎沟、株距的尺度标准。耨(nòu)，锄草工具，用做动词即指锄草。据，犹言秉，秉持。此当是就收获而言的，代指产量的估计。"秉"字本义为禾盈把，亦用做量词。古籍或

说"十斗曰斛,十六斗曰籔(shù),十籔曰秉";或说"四秉曰筥(jǔ)……四百秉为一秅(chá)",一车可装三秅。

是以得时之禾①,长秱长穗②,大本而茎杀③,疏穖而穗大④。其粟圆而薄糠⑤,其米多沃而食之强⑥。如此者不风⑦。先时者,茎叶带芒以短衡⑧,穗钜而芳夺⑨,秮米而不香⑩。后时者,茎叶带芒而末衡⑪,穗阅而青零⑫,多秕而不满⑬。

【注】①得时:种植得天时,不误季节。禾:此用做农作物的专名,即北方所称的谷子,其米为小米。 ②长秱(tóng)长穗:禾秱长,穗也长。秱,禾茎最上一节长叶处到穗之间细梗,即穗下无叶的梗。一般秱长则穗亦长。 ③大本而茎杀:本干长大而茎较短。杀,减,犹短。按:本文以"本"、"茎"对举,实指禾秆底部无叶片的部分为"本",其上带叶片的部分为"茎"。 ④疏穖(jī)而穗大:穖较稀疏而谷穗大。穖,组成谷穗的小穗。按:谷穗有分支,由自下而上依次旁出的小穗组成。小穗的结构亦如大穗,有短柄,粟粒则直接长在小穗再侧出的蒂上。一般小穗较疏则发育好,结籽多,而小穗大则整个谷穗大。 ⑤粟:指带皮的谷粒。糠:粟皮。 ⑥米:去皮的谷粒。沃:有油性。强:有劲道。 ⑦不风:指谷粒不会风落。 ⑧茎叶带芒以短衡:当是指茎和叶都带茸毛(短腺毛)而秱梗较短。以,而。衡,疑通"梗",即上文所称的秱。秱短则穗短。 ⑨穗钜而芳夺:疑指穗不密实而粟米失去芳香。钜,疑通"拒",指组成大穗的小穗相互拒斥,犹言松散。芳,指新鲜粟粒的芳香气味,不是指食用时的味道。夺,犹失。 ⑩秮米而不香:当是指米不好而吃起来味道不香。"秮"字不见于字书,疑读如"台",指劣米,犹劣马之称"骀"。 ⑪末衡:秱梗细小。末,旧校云"一作小"。 ⑫穗阅而青零:谷穗挺直且青而不黄。阅,取"直"字之义。《尔雅·释宫》:"枅(橡子)直而遂谓之阅。"青零,青色之貌,指后时之谷不能成熟。 ⑬不满:不实成。

得时之黍①,芒茎而徼下②,穗芒以长。抟米而薄糠③,舂之易④,而食之不嚘而香⑤。如此者不饴⑥。先时者,大本而华,茎杀而不遂⑦,叶藁短穗⑧。后时者,小茎而麻长⑨,短穗而厚糠,小米钳而不香⑩。

【注】①黍:黍子,粘黄米。 ②芒茎而徼下:茎带茸毛而挺拔。徼,读如"缴(zhuó)",古籍或用"檄"字、"擢"字,皆以喻直上直下之义,如言树木之挺拔为"檄"或"擢"。此借指黍茎上下挺直。 ③抟:通"团",圆。 ④舂之易:舂成米比较容易。黍米的外壳较硬,相对不易舂。 ⑤不嚘:同"不饇",不厌。 ⑥不饴:以上下文的"不风"、"不虫"等例之,疑当作"不蚀",指能够抵御虫灾。 ⑦大本而华,茎杀而不遂:此九字疑当作"大本而茎杀,华而不遂",或传抄误以"华"字置前。"大本而茎杀"指本干大而茎短,与上言得时之黍茎秆挺拔不同。"华而不遂"则指开花不遍,即不是所有的黍株都开花。华,古"花"字。遂,遍。 ⑧叶藁短穗:叶子肥而穗短。藁,《亢仓子·农道》篇引作"膏",疑是,"膏"犹肥。 ⑨小茎而麻长:茎小而像麻秆那样细长。 ⑩小米:米粒小。钳:疑通"黚(qián)",指浅黄黑色。

得时之稻,大本而茎葆①,长秱疏穖,穗如马尾。大粒无芒,抟米而薄糠,舂之易而食之香。如此者不益②。先时者,本大而茎叶格对③,短秱短穗,多秕厚糠,薄米多芒④。后时者,纤茎而不滋⑤,厚糠多秕,辟米,不得恃定熟,卬天而死⑥。

【注】①茎葆:茎叶茂盛。葆,草盛之貌,此指稻禾分蘖多。 ②不益:当读作"不燕",通"不偃",指不倒伏。按:古"燕"字本为燕子之象形,籀文尚略存其形,而后世多代之以同音字"益"。如上古东夷首领伯益之名,《汉书》仍偶用籀文,实为"燕"的象形字而读作"益"(《说文》口部读作"嗌");伯益后裔则有偃姓,亦由"燕"音而来,是知"燕"、"益"、"偃"古可通用。本篇此处旧校云"益一作蒜",类书或又引作"蒜",显然由籀文"燕"字讹变而来,知此处

"不益"当通"不偃"无疑。 ③本大:别本多作"大本",与上文词例一致。格对:未详其确诂。似是连绵词,疑可读作"落度"或"落驿",为稀疏之意,与上文"茎葆"之"葆"意思相反。 ④薄米多芒:籽粒少而稻芒多。 ⑤不滋:犹不殖、不长。 ⑥此处自"庑"字以下十二字当有误。"庑"字不见于字书,疑为"徒"字之讹。"辟米"疑本作"糵",误分为二。"恃"通"待",疑本为"得"字抄注而误入正文。"定"、"熟"二字同义,疑"熟"字亦本为抄注。如是,则原文当作:"徒糵不得定,卬天而死。"意谓徒然分糵而不能成熟,稻穗指天而死。糵,通"蘖"。卬,通"仰","仰天"指稻穗尚不及成熟下垂。

得时之麻①,必芒以长②,疏节而色阳③。小本而茎坚④,厚枲以均⑤。后熟多荣⑥,日夜分复生⑦。如此者不蝗⑧。

【注】①麻:当即今之大麻。古人以其皮纤维可织布,籽实可供食用(用作油料等),故列入谷类作物,今则归之于桑科。 ②芒以长:麻茎有茸毛而长得高。 ③疏节而色阳:茎节稀疏而色泽鲜亮。按:大麻的茎秆无分枝的部分较长,一般只在上部有分枝。此言"疏节",当是指得时之麻长势好,茎秆无分枝的部分更长,而上部分节亦少。 ④小本:指本干较细,与茎相对匀称。 ⑤厚枲(xǐ)以均:指大麻雄株的皮较厚而均匀细腻。枲,有麻的总名、麻的雄株、麻的皮纤维三义,此当是兼取后二义。大麻的花是单性的,雌雄异株,雄株茎细长,皮纤维产量高,质佳而早熟。 ⑥后熟多荣:后熟者多开花。荣,花。此当是指大麻的雌株,一般雌株茎较粗,皮纤维质量低,晚熟。 ⑦日夜分复生:到秋分时节还可再分蘖生长。 ⑧不蝗:不怕蝗灾。

得时之菽①,长茎而短足②,其荚二七以为族③,多枝数节④,竞叶蕃实⑤。大菽则圆,小菽则抟以芳⑥,称之重⑦,食之息以香⑧。如此者不虫⑨。先时者,必长以蔓⑩,浮叶疏节⑪,小荚不实。后时者,短茎疏节,本虚不实⑫。

【注】①菽:今统称大豆。"叔"、"豆"古音相近。下文所称"大菽"、"小菽"为大豆的不同品种。　②短足:指大豆植株底部的总干短。因大豆总干很矮即开杈生枝,故称"短足"。　③二七以为族:指豆荚聚在枝上,凡对称的两排叶子间所生的荚亦成两排,每排七个。大豆分有限结荚与无限结荚两种,此或是指有限结荚,而当时以结七荚者为多,故有此言。族,聚。　④多枝数节:枝多而节也多。　⑤竞叶蕃实:叶子茂密而结荚多。竞,竞相繁荣之意。蕃,繁衍,指增多。　⑥抟以芳:圆而有芳香气味。　⑦称之重:即本篇末所说"茎相若称之,得时者重"之意。得时的庄稼因籽粒饱满,收获后同样多的秸秆带穗实称之,自较先时、后时者分量要重得多。　⑧息:气息,此指将养人体的生气。豆制品气息较重,食之可以养气。　⑨不虫:可以抗虫灾。　⑩长以蔓:茎过长以致蔓生。　⑪浮叶疏节:叶子虚浮而茎节少。豆类作物的茎若是蔓生,则蔓生的部分徒长虚叶而不结荚。　⑫本虚不实:本干虚弱而结荚不实。

　　得时之麦,秱长而颈黑①,二七以为行而服②。薄稃而赤色③,称之重,食之致香以息④,使人肌泽且有力⑤。如此者不蚼蛆⑥。先时者,暑雨未至,胕动蚼蛆而多疾⑦,其次羊以节⑧。后时者,弱苗而穗苍狼⑨,薄色而美芒⑩。

【注】①颈:当作"颖",指带芒的穗。黑:指深绿色。　②二七以为行而服:当是指麦穗的小穗也是大致对称的七个一行的排列,但行数较豆荚的"二七"增加了一倍。服,通"备",此当是用做"倍"字。普通小麦的穗看上去有棱,并且往往是三棱、四棱的,大麦甚至有六棱的。如果是四棱的,则以"二七"言之即可称"倍"。又,小麦的籽粒实际每行不止七个,还可更多,此"二七"当亦只是平均约数。　③薄稃(zhuó)而赤色:指麦粒的包皮(麦糠)薄而麦粒略呈红色。稃,疑当作"稃(fú)"。二字古音相近,或可通用。"稃"即"孚甲",古籍用做五谷籽粒外包皮的统称。　④致香以息:口感绵密而有香

味。致,细密,犹软。 ⑤肌泽:肌肤润泽。 ⑥不蚼蛆(qú jū):不生蚼蛆。"蚼蛆"不详,疑指黑穗病。 ⑦胕动:"胕"字疑误。或本作"稃",讹为"脬",又误改为"胕"。动,犹生。若此则句意为:先时的小麦,未到收获的暑期,其籽粒的包皮已生蚼蛆而多病害。 ⑧其次羊以节:其次是茎秆有病而影响拔节。羊,通"恙",病。 ⑨苍狼:犹上文"青令",亦指色青而不能成熟。 ⑩薄色而美芒:指麦穗色泽暗淡而只是穗芒好看。

是故得时之稼兴,失时之稼约①。茎相若称之,得时者重,粟之多②。量粟相若而舂之,得时者多米。量米相若而食之,得时者忍饥③。是故得时之稼,其臭香④,其味甘,其气章⑤。百日食之,耳目聪明,心意叡智,四卫变强⑥,殃气不入⑦,身无苛殃⑧。黄帝曰:"四时之不正也,正五谷而已矣。"⑨

【注】①兴、约:犹丰、约。以禾稼言之指盛、衰,以产量言之指增产、减产。②粟之多:犹言谷物脱穗后得粮食多。粟,泛指各种谷物的籽粒。此用做动词,故以"粟之"为言,指脱穗得粟。 ③忍饥:耐饿。 ④臭:气味。 ⑤气章:犹言营养显著。章,同"彰"。古人称食五谷胃口好叫有"食气",实指五谷有营养,食之则气力强,引申之则谓五谷亦有"气"。 ⑥四卫:指四肢。四肢卫体,故言"四卫"。 ⑦殃气:同"凶气",邪气。 ⑧苛:通"疴",病。⑨此"黄帝曰"意谓:如果四时气候不正常,那就按不正常的气候使五谷的种植得时也就行了。

主要参考文献

〔汉〕高诱注,〔清〕毕沅校正:《吕氏春秋》,《诸子集成》本,北京:中华书局,1954年(1986年5次印)。

〔汉〕高诱注:《吕氏春秋》,影印《四库全书》文渊阁本,台北:商务印书馆,1986年。

〔汉〕高诱注:《吕氏春秋》,《四部丛刊》本(影印明万历间刻本),上海:商务印书馆,1936年。

〔清〕陈昌齐:《吕氏春秋正误》,北京:中华书局,1991年。

〔清〕梁玉绳:《吕子校补》,同上。

〔清〕蔡云:《吕子校补献疑》,同上。

〔清〕俞樾:《诸子平议·吕氏春秋》,北京:中华书局,1954年。

许维遹:《吕氏春秋集释》,北京:中国书店,1985年(据1935年清华大学版影印)。

蒋维乔、杨宽、沈延国、赵善诒:《吕氏春秋汇校》,上海:中华书局,1937年。

陈奇猷:《吕氏春秋校释》,上海:学林出版社,1984年。

陈奇猷:《吕氏春秋新校释》,上海:上海古籍出版社,2002年。

王利器:《吕氏春秋注疏》,成都:巴蜀书社,2002年。

李经彝:《吕氏春秋高注补正》,台北:广文书局,1975年。

范耕研:《吕氏春秋补注》,南京:《江苏国学图书馆年刊》第 6 期,1933 年。

张双棣、张万彬、殷国光、陈涛:《吕氏春秋译注》,长春:吉林文史出版社,1986 年。

牟钟鉴:《〈吕氏春秋〉与〈淮南子〉思想研究》,济南:齐鲁书社,1987 年。

王范之:《〈吕氏春秋〉研究》,呼和浩特:内蒙古大学出版社,1993 年。

洪家义:《吕不韦评传》,南京:南京大学出版社,1995 年。

辛冠洁、蒙登进、丁健生主编:《中国古代著名哲学家评传·吕不韦》,济南:齐鲁书社,1980 年。

张富祥:《王政全书——〈吕氏春秋〉与中国文化》,开封:河南大学出版社,2001 年。

李峻之:《吕氏春秋中古书辑佚》,《古史辨》第 6 册,海口:海南出版社,2005 年。

刘汝霖:《吕氏春秋之分析》,同上。

夏纬瑛:《吕氏春秋上农等四篇校释》,北京:农业出版社,1956 年。

王毓瑚:《先秦农家言四篇别释》,北京:农业出版社,1981 年。

王毓瑚:《中国农学书录》,北京:农业出版社,1964 年。

〔晋〕王弼注,〔唐〕孔颖达等疏:《周易正义》,《十三经注疏》影印本,北京:中华书局,1980 年(1987 年第 4 次印)。

旧题〔汉〕孔安国传,〔唐〕孔颖达等疏:《尚书正义》,同上。

〔汉〕毛亨传,郑玄笺,〔唐〕孔颖达等疏:《毛诗正义》,同上。

〔汉〕郑玄注,〔唐〕贾公彦等疏:《周礼注疏》,同上。

〔汉〕郑玄注,〔唐〕孔颖达等疏:《礼记正义》,同上。

〔晋〕杜预注,〔唐〕孔颖达等疏:《春秋左传正义》,同上。

〔隋〕陆德明:《经典释文》,《四库全书》本。

〔清〕刘宝楠:《论语正义》,《诸子集成》本。

〔清〕焦循:《孟子正义》,同上。

〔宋〕朱熹:《四书集注》,北京:中华书局,1983年。

〔清〕孙诒让:《墨子间诂》,《诸子集成》本。

〔晋〕王弼:《老子注》,同上。

〔清〕郭庆藩:《庄子集释》,同上。

〔清〕王先谦:《荀子集解》,同上。

〔清〕戴望:《管子校正》,同上。

〔清〕王先慎:《韩非子集解》,同上。

〔清〕严万里校:《商君书》,同上。

〔清〕钱熙祚辑校:《慎子》,同上。

〔民国〕张纯一:《晏子春秋校注》,同上。

《子华子》,《四库全书》本。

〔唐〕逢行珪注:《鹖子》,同上。

〔汉〕陆贾:《新语》,《诸子集成》本。

〔汉〕刘安等撰,高诱注:《淮南子》,同上。

〔汉〕王充:《论衡》,同上。

〔汉〕刘向撰,向宗鲁校证:《说苑校证》,北京:中华书局,1987年。

方诗铭、王修龄:《古本竹书纪年辑证》(修订本),上海:上海古籍出版社,2005年。

〔吴〕韦昭注:《国语》,上海:上海古籍出版社,1978年。

〔宋〕鲍彪校注:《战国策》,同上。

〔清〕郝懿行:《山海经笺疏》,《四部备要》本,上海:中华书局,1936年。

〔汉〕司马迁:《史记》,《二十五史》影印本,上海:上海古籍出版社、上海书店,1986年。

〔汉〕班固:《汉书》,同上。

〔南朝宋〕范晔:《后汉书》,同上。

〔唐〕魏征等:《隋书》,同上。

〔唐〕房玄龄等:《晋书》,同上。

〔后晋〕刘昫等:《旧唐书》,同上。

〔宋〕欧阳修、宋祁等:《新唐书》,同上。

〔唐〕杜佑:《通典》,北京:中华书局,1988年。

〔元〕马端临:《文献通考》,北京:中华书局,1986年。

〔宋〕李昉等:《太平御览》,《四库全书》本。

〔宋〕高似孙:《史略》,沈阳:辽宁教育出版社,1998年。

〔宋〕黄震:《黄氏日抄》,北京:中华书局,1985年。

〔宋〕王应麟:《困学纪闻》,北京:商务印书馆,1959年。

〔宋〕王应麟:《玉海》,南京:江苏古籍出版社,1987年。

〔宋〕王应麟:《汉艺文志考证》,《玉海》附录,同上。

〔元〕陈澔:《礼记集说》,《四库全书》本。

〔明〕方孝孺:《逊志斋集》,同上。

〔明〕朱载堉:《乐律全书》,同上。

〔清〕顾炎武撰,黄汝成集释:《日知录集释》,石家庄:花山文艺出版社,1990年。

〔清〕朱彝尊:《经义考》,北京:中华书局,1998年。

〔清〕钱大昕:《十驾斋养新录》,南京:江苏古籍出版社,2000年。

〔清〕章学诚:《文史通义》,北京:中华书局,1985年。

〔清〕段玉裁:《说文解字注》,上海:上海古籍出版社,1988年。

〔清〕王念孙:《读书杂志》,南京:江苏古籍出版社,2000年。

〔清〕卢文弨:《抱经堂文集》,《四部丛刊》本。

〔清〕汪中:《述学补遗》,《四部丛刊》本。

〔清〕孙星衍:《问字堂集》,北京:中华书局,1996年。

〔清〕姚文田:《邃雅堂集》,《续修四库全书》本,上海:上海古籍出版社,2002年。

〔汉〕扬雄:《方言》,《四库全书》本。

〔魏〕张揖:《广雅》,同上。

〔宋〕王尧臣等:《崇文总目》,同上。

〔宋〕陈振孙:《直斋书录解题》,同上。

〔宋〕晁公武:《郡斋读书志》,同上。

〔清〕《四库全书总目》,北京:中华书局,1987年(第4次印本)。

郭沫若:《十批判书》,北京:东方出版社,1996年。

郭沫若:《甲骨文字研究》,《郭沫若全集》考古编第1卷,北京:科学出版社,1982年。

侯外庐、赵纪彬、杜国庠:《中国思想通史》,北京:人民出版社,2004年(8次印本)。

胡适:《胡适文存》,合肥:黄山书社,1996年。

王玉哲:《中华远古史》,上海:上海人民出版社,2000年。

杨宽:《西周史》,上海:上海人民出版社,1999年。

杨宽:《杨宽古史论文选集》,上海:上海人民出版社,2003年。

余嘉锡:《四库提要辩证》,昆明:云南人民出版社,2004年。

张政烺:《张政烺文史论集》,北京:中华书局,2004年。

杨希枚:《先秦文化史论集》,北京:中国社会科学出版社,1995年。

金景芳讲述、吕绍纲整理:《周易讲座》,长春:吉林大学出版社,1987年。

熊铁基:《秦汉新道家》,上海:上海人民出版社,2001年。

李泽厚:《中国古代思想史论》,北京:人民出版社,1986年。

余英时:《士与中国文化》,上海:上海人民出版社,1987年。

冯天瑜:《中华元典精神》,上海:上海人民出版社,1994年。

李振宏:《圣人箴言录——〈论语〉与中国文化》,开封:河南大学出版社,1995年。

张富祥:《东夷文化通考》,上海:上海古籍出版社,2008年。

《睡虎地秦墓竹简》,北京:文物出版社,1978年。

栾劲:《秦律通论》,济南:山东人民出版社,1985年。

《纪念顾颉刚学术论文集》,成都:巴蜀书社,1990年。

《汉唐史籍与中国文化》,西安:三秦出版社,1992年。

《齐国治国思想论集》,济南:山东文艺出版社,2002年。

田昌五:《吕不韦和〈吕氏春秋〉》,《西北大学学报》1981年第1期。

金春峰:《论〈吕氏春秋〉的儒家思想倾向》,《哲学研究》1982年第2期。

朱绍侯:《秦相吕不韦功过简论》,《河南大学学报》2000年第5期。

陈鼓应:《从〈吕氏春秋〉看秦道家思想特点》,《中国哲学史》2001年第1期。

戴念祖:《秦简〈律书〉的乐律与占卜》,《文物》2002年第1期。

杨振红:《月令与秦汉政治再探讨——兼论月令源流》,《历史研究》2004年第3期。

《甘肃天水放马滩秦汉墓群的发掘》,《文物》1989年第2期。

李家骧:《中外〈吕氏春秋〉学评考综要》(上、下),《湘潭大学学报》1998年第6期、1999年第1期。

陈宏敬:《〈吕氏春秋〉的自然哲学》,《中国哲学史》2001年第1期。

陈宏敬:《〈吕氏春秋〉研究综述》,《中华文化论坛》2001年第2期。

俞长保:《20世纪〈吕氏春秋〉研究综述》,《徐州师范大学学报》2002年第4期。

王纪纲:《建国以来〈吕氏春秋〉研究评述》,《文史知识》1991年第6期。

近期国学读物要目

国学新读本

诗经　　梁锡锋　注说
论语　　臧知非　注说
尚书　　姜建设　注说
国语　　曹建国　张玖青　注说
孔子家语　杨朝明　注说
山海经　郑慧生　注说
墨子　　苏凤捷　程梅花　注说
孟子　　何晓明　周春健　注说
庄子　　曹础基　注说
荀子　　杨朝明　注说
韩非子　赵沛　注说
孙子兵法　赵国华　注说
楚辞　　李中华　邹福清　注说
潜夫论　王健　注说
文心雕龙　戚良德　注说
商君书　徐莹　注说
战国策　张彦修　注说
淮南子　杨有礼　注说
老子　　曹峰　注说
礼记　　杨天宇　注说
吕氏春秋　张福祥　注说
世说新语　赵成林　陈艳　注说
史通　　李振宏　注说
春秋繁露　曾振宇　注说

百年河大国学旧著新刊

河洛方言诠诂　王广庆　著
三统历表　邵瑞彭　著
中国戏剧概论　卢前　著
晚明思想史论　嵇文甫　著
论语新探　赵纪彬　著

天问研究　孙作云　著
汉魏六朝文学史　李嘉言　著
金艺文志　金登科记考　万曼　著
唐集叙录　万曼　著
中国文学史新编　张长弓　著
汉碑集释　高文　著
袁中郎研究　任访秋　著
东夷杂考　李白凤　著
宋会要辑稿考校　王云海　著
长江集新校　李嘉言　著
高适岑参选集　高文　王刘纯　选著
花间集注　华锺彦　著
庆湖遗老诗集校注　王梦隐　著
曾瑞散曲集校注　李春祥　著
辛弃疾选集　佟培基　选著

于安澜书画学四种
画论丛刊
画史丛书
画品丛书
书学名著选

元典文化丛书
中华第一经——《周易》与中国文化　宋会群　苗雪兰　著
教化百科——《诗经》与中国文化　孙克强　张小平　著
经国治民之典——《周礼》与中国文化　郝铁川　著
哲人的智慧——《老子》与中国文化　高秀昌　龚力　著
圣人箴言录——《论语》与中国文化　李振宏　著
武学圣典——《孙子兵法》与中国文化　龚留柱　著
亚圣思辨录——《孟子》与中国文化　何晓明　著
逍遥之祖——《庄子》与中国文化　白本松　王利锁　著
外王之学——《荀子》与中国文化　张曙光　著
中国帝王术——《韩非子》与中国文化　王宏斌　著
史家绝唱——《史记》与中国文化　邓鸿光　著
诸经总龟——《春秋》与中国文化　涂文学　周德钧　著
管理宝典——《管子》与中国文化　袁闯　著
纵横家书——《战国策》与中国文化　张彦修　著
人仙之间——《抱朴子》与中国文化　徐仪明　冷天吉　著

医学圣典——《黄帝内经》与中国文化　王庆宪　梁晓珍　著
礼乐渊薮——《礼记》与中国文化　黄宛峰　著
词章之祖——《楚辞》与中国文化　李中华　著
星学宝典——《历书天官书》与中国文化　郑慧生　著
天人衡中——《春秋繁露》与中国文化　曾振宇　范学辉　著
王政全书——《吕氏春秋》与中国文化　张富祥　著
神话之源——《山海经》与中国文化　高有鹏　孟芳　著
新道鸿烈——《淮南子》与中国文化　杨有礼　著
史家龟鉴——《史通》与中国文化　曾凡英　著
政事纲纪——《尚书》与中国文化　姜建设　著
春秋弦歌——《左传》与中国文化　龚留柱　著
平民理想——《墨子》与中国文化　苏凤捷　程梅花　著
人伦本原——《孝经》与中国文化　臧知非　著
法典之王——《唐律疏议》与中国文化　徐永康　吉霁光　郑取　著
文论巨典——《文心雕龙》与中国文化　戚良德　著

宋代研究丛书

北宋诗学　张海鸥　著
宋代东京研究　周宝珠　著
宋代地域经济　程民生　著
宋代监察制度　贾玉英　著
宋代官员选任和管理制度　苗书梅　著
宋代地域文化　程民生　著
宋代文学通论　王水照　主编
宋代司法制度　王云海　主编
宋代教育　苗春德　主编
清明上河图与清明上河学　周宝珠　著
宋代文化史　姚瀛艇　主编
黄庭坚与宋代文化　杨庆存　著
宋代交通管理制度研究　曹家齐　著
岳飞和南宋前期政治与军事研究　王曾瑜　著
成圣之道——北宋二程修养工夫论之研究　温伟耀　著
宋代绘画研究　邓乔彬　著

汉语史专书语法研究丛书

《三朝北盟会编》语法研究　刁晏斌　著
《荀子》虚词研究　黄珊　著
《晏子春秋》词类研究　姚振武　著

《聊斋俚曲》语法研究　冯春田　著
《孟子》词类研究　崔立斌　著
《朱子语类辑略》语法研究　吴福祥　著
敦煌变文12种语法研究　吴福祥　著
《吕氏春秋》句法研究　殷国光　著
《尚书》语法论稿　钱宗武　著
《左传》语法研究　何乐士　著
《元典章·刑部》语法研究　李崇兴　祖生利　著
汉语语法史断代专书比较研究　何乐士　著

图书在版编目（CIP）数据

吕氏春秋/张富祥注说. —开封：河南大学出版社，2009.11（2015.1 重印）

（国学新读本）

ISBN 978-7-5649-0089-2

Ⅰ. ①吕… Ⅱ. ①张… Ⅲ. ①杂家②吕氏春秋-青年读物 Ⅳ. ①B229.2-49

中国版本图书馆 CIP 数据核字（2009）第 210038 号

责任编辑 纪庆芳
责任校对 辛　媛
封面设计 马　龙

出　　版	河南大学出版社	
	地址：河南省开封市明伦街 85 号　邮编：475001	
	电话：0371—22825003（营销部）　网址：www.hupress.com	
排　　版	河南新华印刷集团有限公司	
印　　刷	开封智圣印务有限公司	
版　　次	2010 年 11 月第 1 版	印　次　2015 年 1 月第 4 次印刷
开　　本	650mm×960mm　1/16	印　张　45.75
字　　数	574 千字	印　数　3001—4000 册
定　　价	82.00 元	

（本书如有印装质量问题，请与河南大学出版社营销部联系调换）